Ingenieure auf der Leinwand

STUDIEN ZUR TECHNIK-, WIRTSCHAFTS- UND SOZIALGESCHICHTE

Herausgegeben von Hans-Joachim Braun

VOLUME 17

Zu Qualitätssicherung und Peer Review der vorliegenden Publikation

Die Qualität der in dieser Reihe erscheinenden Arbeiten wird vor der Publikation durch externe, vom Herausgeber benannte Gutachter geprüft.

Notes on the quality assurance and peer review of this publication

Prior to publication, the quality of the work published in this series is reviewed by external referees appointed by the editor.

Anke Woschech

Ingenieure auf der Leinwand

Technische Visionen und Ordnungsvorstellungen im deutschen Zukunftsfilm der 1930er Jahre

PETER LANG

Bibliografische Information der Deutschen Nationalbibliothek
Die Deutsche Nationalbibliothek verzeichnet diese Publikation in der Deutschen Nationalbibliografie; detaillierte bibliografische Daten sind im Internet über http://dnb.d-nb.de abrufbar.

Zugl.: Dresden, Techn. Univ., Diss., 2018

88
ISSN 0175-9868
ISBN 978-3-631-79309-1 (Print)
E-ISBN 978-3-631-80154-3 (E-PDF)
E-ISBN 978-3-631-80155-0 (EPUB)
E-ISBN 978-3-631-80156-7 (MOBI)
DOI 10.3726/b16107

Peter Lang – Berlin · Bern · Bruxelles · New York · Oxford · Warszawa · Wien

Diese Publikation wurde begutachtet.

www.peterlang.com

Für meine Eltern

Danksagung

Bei der vorliegenden Untersuchung handelt es sich um die teilweise überarbeitete Fassung meiner Dissertationsschrift im Fach Technikgeschichte, die im Sommersemester 2018 von der Philosophischen Fakultät der Technischen Universität Dresden angenommen wurde. Betreut wurde die Arbeit von Professor Dr. Thomas Hänseroth, der ihren Fortgang mit gutem Rat, viel Verständnis und noch mehr Geduld stetig begleitete. Hierfür möchte ich ihm an erster Stelle danken. Zu aufrichtigem Dank verpflichtet bin ich außerdem Professorin Dr. Susanne Schötz für ihre Expertise als Zweitgutachterin.

Ein vielfaches Dankeschön möchte ich den Mitarbeiterinnen und Mitarbeitern am Lehrstuhl für Technik- und Technikwissenschaftsgeschichte für die durchweg freundschaftlich-kollegiale Zusammenarbeit aussprechen. An dieser Stelle geht mein ganz besonderer Dank an Uwe Fraunholz, der über viele Jahre hinweg den Werdegang dieser Arbeit begleitete und ihr entscheidende Impulse gab. In der Anfangsphase unterstützten mich zudem Kristin Hähnel, Ulrike Marlow und Stefan Weise bei grundlegenden Recherchearbeiten.

Für die Untersuchung wurden Filmdokumente und Archivalien aus verschiedenen Institutionen gesichtet und ausgewertet, denen hiermit für ihre freundliche Unterstützung und Zusammenarbeit Dank gebührt: dem Deutschen Filminstitut, dem Filmarchiv des Bundesarchivs, der Friedrich-Murnau-Stiftung, dem Archiv Film- und Medienkunst der Akademie der Künste in Berlin, dem Musikarchiv der Deutschen Nationalbibliothek in Leipzig sowie dem Filmmuseum München. Dessen Direktor Stefan Drößler möchte ich zudem für das spontane und aufschlussreiche Gespräch, das er im Zuge der Filmsichtung anbot, danken. Dr. Hermann Ühlein und Susanne Hoeves vom Peter-Lang-Verlag danke ich für die angenehme und kompetente Zusammenarbeit und dem Herausgeber Professor Dr. Hans-Joachim Braun für die Aufnahme der Schrift in die Reihe *Studien zur Technik-, Wirtschafts- und Sozialgeschichte*.

Schließlich danke ich ganz herzlich meinen Freundinnen und Freunden, die mich durch ihre beharrliche Neugier auf das zu erwartende Endprodukt immer wieder bestärkt haben. Genannt seien an dieser Stelle Constanze Demuth, Mareen Hielscher, Daniela Kölling, Patricia Mellmann, Ronny Peters und Anja Weber, die zudem Teile des Manuskripts gelesen, kommentiert und korrigiert haben. Ebenfalls dies, und noch viel mehr leistete mein Lebensgefährte Morris Woschech, der gerade während der letzten Promotionsmonate die genau richtige Mischung aus herzlicher Ermunterung und stoischer Gelassenheit bewies. Last but not least danke ich meinen Eltern – für alles. Ihnen ist dieses Buch gewidmet.

Inhalt

1. Einleitung

> „Die SF zelebriert den ‚Mythos der Zukunft' und den Ingenieur als Messias; in der Zukunft wird die Menschheit dank dem *vernünftigen Einsatz* von Wissenschaft und Technik ihre Probleme hinter sich lassen."[1]

Im Hinblick auf das von Hollywood-Blockbustern dominierte Science-Fiction-Kino der letzten Jahrzehnte verwundert diese Aussage des Filmwissenschaftlers Simon Spiegel doch ein wenig: In den Universen von STAR WARS, ALIEN, BLADE RUNNER, TERMINATOR, PLANET OF THE APES bis hin zu AVATAR wimmelt es von bedrohlichen Monstern und dämonischen Maschinen, mächtigen und korrupten Großunternehme(r)n, tragisch-heroischen Abenteurern, und auch eine stattliche Vielfalt an mehr oder weniger verrückten Wissenschaftlern, den sprichwörtlichen *mad scientists*, lässt sich finden[2] – jedoch tauchen im seltensten Fall Ingenieure auf, schon gar nicht mit einem heilsgeschichtlichen Auftrag im Gepäck. Zudem bewegen sich die angeführten Akteure und Figuren vorzugsweise in einer Umgebung, in der von einer Läuterung der menschlichen Spezies dank eines segensreichen wissenschaftlich-technischen Fortschritts nichts auszumachen ist. Ganz im Gegenteil werden zumeist die Gefahren einer unkontrollierten und unkontrollierbaren technischen Entwicklung thematisiert und

1 Simon Spiegel: Die Konstitution des Wunderbaren. Zu einer Poetik des Science-Fiction-Films, Marburg 2007, S. 108 [Herv. i. O.].

2 Vgl. STAR WARS. EPISODE IV: EINE NEUE HOFFNUNG. Regie, Drehbuch: George Lucas, Produktion: Gary Kurtz, Lucasfilm Ltd., USA 1977. DVD, Twentieth Century Fox Home Entertainment 2008, Laufzeit: 120 min; ALIEN. Regie: Ridley Scott, Drehbuch: Dan O'Bannon/Ronald Shusett, Produktion: Gordon Carroll/David Giler/Walter Hill, 20th Century Fox/Brandywine Productions, Großbritannien/USA 1979. VHS-Kassette, Fox Video Germany 1993, Laufzeit: 118 min; BLADE RUNNER. Regie: Ridley Scott, Drehbuch: Hampton Fencher/David Webb Peoples, Produktion: Michael Deeley, The Ladd Company u. a., USA 1982. DVD, Warner Home Video 2006, Laufzeit: 112 min; THE TERMINATOR. Regie: James Cameron, Drehbuch: Ders./Gale Anne Hurd, Produktion: Gale Anne Hurd, Hemdale Film Corporation u. a., USA 1984. DVD, MGM Home Entertainment 2004, Laufzeit: 97 min; PLANET OF THE APES. Regie: Franklin J. Schaffner, Drehbuch: Michael Wilson/Rod Serling, Produktion: Arthur P. Jacobs, APJAC Productions, USA 1968. DVD, Twentieth Century Fox Home Entertainment 2014, Laufzeit: 107 min; AVATAR. Regie, Drehbuch: James Cameron, Produktion: Ders./Jon Landau, Lightstorm Entertainment u. a., Großbritannien/USA 2009. DVD, Twentieth Century Fox Home Entertainment 2010, Laufzeit: 155 min.

somit die mit technischem Fortschritt verknüpften Hoffnungen und Ängste in ihrer vollen Ambivalenz aufgezeigt. Tatsächlich bezieht sich Spiegel mit seiner Aussage eher auf die (gattungsgeschichtliche) Entstehungs- und anschließende Hochphase der Science-Fiction, wie sie in amerikanischen Pulp-Zeitschriften der 1920er bis 1940er Jahre zur Entfaltung kam. Die dort in Unmengen publizierten Kurzgeschichten und Heftromanserien mit ihren futuristischen Schwärmereien und technokratischen Phantasien, in denen – unter zunehmendem Einfluss von Autoren und Herausgebern wie Hugo Gernsback, John W. Campbell Jr. oder Robert Heinlein – vorrangig Ingenieure, Konstrukteure und Techniker als Protagonisten auftraten, zeugen von der nahezu omnipräsenten technik- und fortschrittsoptimistischen Grundstimmung jener im heutigen Fandom als *Golden Age* bezeichneten Ära.[3] Weitaus weniger bekannt als diese spezifische literarische Ausprägung (und Grundlegung) der Gattung sind motivisch ähnlich gelagerte Spielfilme, die in der ersten Hälfte der 1930er Jahre im Deutschen Reich produziert wurden und das expressionistisch geprägte Weimarer Kino des Phantastischen ablösten. Statt besessener Wissenschaftler und geisterhafter, künstlicher Kreaturen, die als filmische Verarbeitungen der entgrenzten technisierten Gewalterfahrungen des Ersten Weltkriegs eine dezidiert pessimistische Sicht auf den technischen Fortschritt aufzeigten,[4] standen nunmehr Ingenieursfiguren – heroische, tragische, aber auch tollpatschig-trottelige – sowie deren Großprojekte und Meisterwerke im Mittelpunkt der Handlung. In der Science-Fiction-Filmgeschichte wird diesen Werken gemeinhin eine „ganz und gar positive[ ] Sicht auf die technischen Erfordernisse der Zukunft“[5] bescheinigt. Die vorliegende Arbeit widmet sich diesen zeitgenössisch zumeist erfolgreichen, jedoch innerhalb der akademischen Auseinandersetzung vernachlässigten Werken aus einer dezidiert technikhistorischen Perspektive. Dabei verweisen bereits

---

3 Vgl. S. Spiegel: Konstitution, S. 86–91; Mike Ashley: The History of the Science Fiction Magazine. Bd. 1: The Time Machines: The Story of the Science-Fiction Pulp Magazines from the Beginning to 1950, Liverpool 2000; Roger Luckhurst: America: Pulp Fictions and the Engineer Paradigm, in: Ders: Science Fiction, Cambridge 2005, S. 50–75. Als Prototyp des diese Phase dominierenden „Engineer Paradigm“ (Luckhurst, S. 50) gilt Hugo Gernsbacks Geschichte *Ralph 124 C41+*, die erstmals 1911 als Fortsetzungsroman in der Zeitschrift *Modern Electrics* und 1925 in Buchform veröffentlicht wurde; vgl. Hugo Gernsback: Ralph 124 C 41+: A Romance of the Year 2660, Boston 1925.

4 Vgl. Philipp Blom: Die zerrissenen Jahre 1918–1938, München 2014, S. 224ff.; Georg Seeßlen/Fernand Jung: Science Fiction. Geschichte und Mythologie des Science-Fiction-Films Bd. 1, Marburg 2003, S. 85f.

5 G. Seeßlen/F. Jung: Science Fiction, S. 96.

die aufgeführten ersten Befunde auf einen engen Konnex von Ingenieursfigur und technisiertem Fortschrittsglauben. Dieser Zusammenhang prägt allerdings nicht allein literarische oder filmische Entwürfe, sondern ist zuvorderst in realgeschichtlichen Zeugnissen und Manifestationen der technischen Moderne anzutreffen, als deren Reflexionsmedium im Modus des Fiktional-Spekulativen die Science-Fiction letztendlich verstanden werden muss.[6]

Die Erfolgsgeschichte des Ingenieurs als Hüter und Garant eines normativ verstandenen technischen Fortschritts[7] begann mit der Hochindustrialisierung im letzten Drittel des 19. Jahrhunderts, als im Zuge von Urbanisierung und dem Aufkommen neuer Technologien und Industriezweige die Technik aus der Welt der Fabriken ausbrach und massiv in die Lebenswelt breiter Bevölkerungsschichten eindrang, deren Alltag zunehmend (über-)formte und gestaltete.[8] Die sich innerhalb weniger Jahrzehnte entfesselnde Dynamik eines umgreifenden wirtschaftlichen Strukturwandels, der gerade im Deutschen Kaiserreich schneller und tiefgreifender als in anderen europäischen Ländern verlief und erhebliche gesellschaftliche und soziokulturelle Änderungen und Umbrüche mit sich

6 So vielfältig und variabel die Erzeugnisse der Science-Fiction hinsichtlich ihrer Inhalte, medialen Formate, Qualitäten und Wirkungen heutzutage sein mögen, und dementsprechend ausdifferenziert die hierzu aufgebotene Definitionsarmada auch daherkommt (vgl. Brian Stableford et al.: Definitions of SF, in: John Clute/Peter Nicholls (Hg.): The encyclopedia of science fiction, London 1993, S. 311–314), so augenfällig ist ihre durchlaufend prominenteste Begriffsbestimmung: Sie wird gemeinhin als das Genre verstanden, das den als stetig und sich dabei beständig beschleunigend wahrgenommenen Fortschritt in Wissenschaft und Technik und die mit ihm verbundenen Hoffnungen und Verheißungen wie auch Befürchtungen und Ängste auf fiktional-spekulativer Ebene reflektiert; vgl. Jan A. Fuhse: Science Fiction als ästhetisches Versuchslabor der Gesellschaft, in: Ders. (Hg.): Technik und Gesellschaft in der Science Fiction, Berlin 2008, S. 6–18, hier S. 6.

7 Aus der Fülle an Literatur zur Fortschrittsidee vgl. Reinhart Koselleck: Fortschritt, in: Otto Brunner et al. (Hg.): Geschichtliche Grundbegriffe. Historisches Lexikon zur politisch-sozialen Sprache in Deutschland Bd. 2, Stuttgart 1975, S. 351–423; Friedrich Rapp: Fortschritt. Entwicklung und Sinngehalt einer philosophischen Idee, Darmstadt 1992; Daniel Speich Chassé: Fortschritt und Entwicklung, Version: 1.0, in: Docupedia-Zeitgeschichte vom 21.09.2012, online unter http://docupedia.de/zg/chasse_fortschritt_v1_de_2012 (Abruf: 05.03.2018); Ute Daniel: Innovation, Moderne, Fortschritt – oder: Von der Vergangenheit der Zukunft, in: Bernd Rebe/Ute Daniel (Hg.): Humanität – Wandel – Utopie, Hildesheim 2000, S. 149–166.

8 Vgl. Uwe Fraunholz/Sylvia Wölfel: Hochmoderne Ingenieure zwischen Altruismus und Eigensinn, in: Dies. (Hg.): Ingenieure in der Technokratischen Hochmoderne. Thomas Hänseroth zum 60. Geburtstag, Münster u. a. 2012, S. 17–28, hier S. 18f.

brachte,[9] basierte immer zu gewissen Teilen auf bahnbrechenden technischen Neuerungen und Innovationsschüben. Der rasante Aufstieg Deutschlands von einem rückständigen Agrarland zu einer der weltweit führenden Industrienationen wurde von den Zeitgenossen weitläufig reflektiert und kommentiert. Massenkulturelle wie intellektuelle Gegenwartsdiagnosen sprachen der modernen Technik eine gesonderte, wirkmächtige Rolle für die rasante Umgestaltung der Lebenswelt zu und interpretierten diese dabei ausnahmslos deterministisch. Die technizistische Metapher der „Technik als Motor der Geschichte" fand hier ihren prägnanten Ausdruck.[10] Neben kulturkritischen und fortschrittsskeptischen Deutungen, wie sie vornehmlich im schreibfreudigen Bildungsbürgertum und Intellektuellenmilieu vertreten wurden und darüber letztendlich Einzug in die philosophische und soziologische Theorienbildung des 20. Jahrhunderts erhielten,[11] dominierte um 1900 in weiten Teilen der wilhelminischen Öffentlichkeit ein „futuristischer Optimismus" im Sinne einer erwartungsvoll-zuversichtlichen Zukunftsorientierung.[12] Dieser war durchaus evidenzbasiert, speiste er sich doch aus den jüngeren und jüngsten Erfahrungen eines dank wirtschaftlich-technischer Entwicklungen gestiegenen materiellen Wohlstands und Lebensstandards, der mit Mobilität, Wohnen, Gesundheit und Konsum alle Bereiche des Alltagslebens umfasste und an dem zunehmend selbst ärmere Bevölkerungsschichten

---

9 Vgl. Anselm Doering-Manteuffel: Mensch, Maschine, Zeit. Fortschrittsbewußtsein und Kulturkritik im ersten Drittel des 20. Jahrhunderts, in: Jahrbuch des Historischen Kollegs 2003, München 2004, S. 91–119; Cornelius Torp: The Great Transformation: German Economy and Society 1850–1914, in: Helmut Walser Smith (Hg.): The Oxford Handbook of Modern German History, Oxford 2011, S. 336–358; Ulrich Herbert: Geschichte Deutschlands im 20. Jahrhundert, München 2014, S. 25–55.

10 Vgl. Hartmut Berghoff: „Dem Ziele der Menschheit entgegen". Die Verheißungen der Technik an der Wende zum 20. Jahrhundert, in: Ute Frevert (Hg.): Das neue Jahrhundert. Europäische Zeitdiagnosen und Zukunftsentwürfe um 1900, Göttingen 2000, S. 47–78, hier S. 47.

11 Vgl. Rolf Peter Sieferle: Fortschrittsfeinde? Opposition gegen Technik und Industrie von der Romantik bis zur Gegenwart, München 1984; Andreas Schüler: Erfindergeist und Technikkritik. Der Beitrag Amerikas zur Modernisierung und die Technikdebatte seit 1900, Stuttgart 1990, S. 139–275; Wolfgang Klems: Die unbewältigte Moderne. Geschichte und Kontinuität der Technikkritik, Frankfurt am Main 1988.

12 Paul Nolte: Die Machbarkeit der Welt. Technik, Gesellschaft und Politik im utopischen 20. Jahrhundert, in: Klaus Geus (Hg.): Utopien, Zukunftsvorstellungen, Gedankenexperimente. Literarische Konzepte von einer „anderen" Welt im abendländischen Denken von der Antike bis zur Gegenwart, Frankfurt am Main u. a. 2011, S. 229–253, hier S. 231.

partizipieren konnten.[13] Diese bis dato historisch einmaligen, völlig neuen Erfahrungsräume strukturierten die zeitgenössischen Erwartungshorizonte[14] zugunsten eines enthusiastisch übersteigerten technisierten Fortschrittsglaubens, in dem die Potenziale der modernen Technik durch die Extrapolation gegenwärtiger Erfolge von Wissenschaft und Technik mit nahezu heilsgeschichtlichen Bedeutungsaufladungen versehen wurden. Diese wiesen weit über ihren konkreten Anwendungsbereich hinaus, indem sie vor allem auf die Lösung sozialer und gesellschaftlicher Problemlagen zielten.[15] Zentrales Vehikel und Leittechnologie dieser Begeisterung war die Elektrifizierung. Mit ihrem Versprechen einer helleren, sauberen und gerechteren Zukunft verkörperte sie „die erste große Hoffnung auf eine umfassende technische Lösungsstrategie für alle Beschwernisse der industriellen Welt."[16]

Die Gruppe der Ingenieure war als zentraler Akteur des technischen Wandels sowohl Träger, Katalysator als auch Nutznießer solcher quasireligiös verbrämter Verheißungen und Hoffnungsüberschüsse, die ihren Kampf um sozialen Aufstieg in die Gesellschaftseliten des Deutschen Kaiserreichs stetig begleiteten.[17]

---

13 Vgl. U. Herbert: Geschichte Deutschlands, S. 25–30, 33ff., 38ff.

14 Vgl. Reinhart Koselleck: „Erfahrungsraum" und „Erwartungshorizont" – zwei historische Kategorien, in: Ders.: Vergangene Zukunft. Zur Semantik geschichtlicher Zeiten, Frankfurt am Main 1979, S. 349–375.

15 Vgl. Michael Salewski: Technik als Vision der Zukunft um die Jahrhundertwende, in: Ders./Ilona Stölken-Fitschen (Hg.): Moderne Zeiten. Technik und Zeitgeist im 19. und 20. Jahrhundert, Stuttgart 1994, S. 77–92; Angela Schwarz: Allmacht oder Ohnmacht: Technikvorstellungen und Krisenwahrnehmung im Übergang vom 19. ins 20. Jahrhundert, in: Helga Scholten (Hg.): Die Wahrnehmung von Krisenphänomen. Fallbeispiele von der Antike bis in die Neuzeit, Wien u. a. 2007, S. 203–222; Ulrich Wengenroth: Menschenbilder in der Technik und die säkularisierte Heilsbedürftigkeit, in: Kurt Weis/Gerd Albers (Hg.): Bilder vom Menschen in Wissenschaft, Technik und Religion, München 1993, S. 163–187; P. Nolte: Machbarkeit der Welt, S. 231ff.

16 U. Wengenroth: Menschenbilder, S. 174.

17 Vgl. Thomas Hänseroth: Technischer Fortschritt als Heilsversprechen und seine selbstlosen Bürgen: Zur Konstituierung einer Pathosformel der technokratischen Hochmoderne, in: Hans Vorländer (Hg.): Transzendenz und die Konstitution von Ordnungen, Berlin 2013, S. 267–288; Hans-Liudger Dienel: Zweckoptimismus und -pessimismus der Ingenieure um 1900, in: Ders. (Hg.): Der Optimismus der Ingenieure. Triumph der Technik in der Krise der Moderne um 1900, Stuttgart 1998, S. 9–24; H. Berghoff: Dem Ziele der Menschheit entgegen, S. 55ff.; zur Emanzipationsbewegung der Ingenieure vgl. u. a. Cornelis Gispen: New Profession, Old Order. Engineers and German Society, 1815–1914, Cambridge 1989; Hans-Joachim Braun: Professionalisierungsprozess, sozialökonomische Interessen und „Standesfragen": Zur Sozialgeschichte des Ingenieurs

In allmählicher Übereinstimmung von Selbst- und Fremdbild fungierte der Ingenieur als Bürge für die bereits erfahrbaren wie auch zukünftigen Segnungen des technischen Fortschritts; er galt gleichsam als zentraler Experte „für die Entfesselung wie Bändigung technischen Wissens und Könnens".[18] Die Wirkmächtigkeit dieser Zuschreibungen lässt sich auch am Anstieg massenmedialer Erzeugnisse in den ersten Jahrzehnten des 20. Jahrhunderts ablesen, in denen der Ingenieur zum Fortschrittshelden der Industriemoderne stilisiert wurde.[19] Während bereits im deutschen Erfinderroman des 19. Jahrhunderts die Ingenieursfigur als individuelle Verkörperung der Schlichtung sozialer Gegensätze auftrat, wobei diese Mittlerhaltung durchaus der Selbsteinschätzung dieser Berufsgruppe entsprach,[20] geriet sie um 1900 im aufkommenden Zukunftsroman schließlich zum Inbegriff für die grundsätzliche Ermöglichung und Umsetzung utopischer Welten, indem qua technischem Wissen und Expertise

> „die jeweils auf dem Spiel stehende Utopie (im Sinne einer technisierten Zukunft, eines perfekten Staatengebildes, einer sozialeren Gesellschaft oder einer verschiedentlich zu konkretisierenden, anderen Möglichkeit) vom Verdacht des Illusionären befreit und als herstellbar gezeigt"

wurde.[21] In der Konvergenz von Machbarkeitsdenken und Kultur- resp. Gesellschaftsauftrag geriet die Ingenieursfigur, spiegelbildlich zu den verheißungsvollen

---

1850–1914, in: Volker Schmidtchen (Hg.): Wirtschaft, Technik und Geschichte, Berlin 1980, S. 317–332; Tobias Sander: Die doppelte Defensive. Soziale Lage, Mentalitäten und Politik der Ingenieure in Deutschland 1890–1933, Wiesbaden 2009; Wolfgang König: Vom Staatsdiener zum Industrieangestellten: Die Ingenieure in Frankreich und Deutschland 1750–1945, in: Walter Kaiser (Hg.): Geschichte des Ingenieurs: ein Beruf in sechs Jahrtausenden, München 2006, S. 179–228, hier S. 198–225.

18 U. Fraunholz/S. Wölfel: Hochmoderne Ingenieure, S. 22f.

19 Vgl. Hans-Liudger Dienel: Herrschaft über die Natur? Naturvorstellungen deutscher Ingenieure 1871–1914, Stuttgart 1992, S. 106f.; Robert Leucht: Die Figur des Ingenieurs im Kontext. Utopien und Utopiedebatten im ersten Drittel des 20. Jahrhunderts, in: Internationales Archiv für Sozialgeschichte der Deutschen Literatur 36 (2011) 2, S. 283–312, hier S. 300–305.

20 Vgl. Christa Miloradovic-Weber: Der Erfinderroman 1850–1950. Zur literarischen Verarbeitung der technischen Zivilisation – Konstituierung eines literarischen Genres, Bern 1989, S. 60. Zum Berufsbild der Ingenieure vgl. Gerd Hortleder/Helmut Klages: Gesellschaftsbild und soziales Selbstverständnis des Ingenieurs im 19. und 20. Jahrhundert, in: Peter Lundgreen (Hg.): Ingenieure in Deutschland 1770–1990, Frankfurt am Main 1994, S. 269–293.

21 R. Leucht: Figur des Ingenieurs, S. 311.

Verlautbarungen der Emanzipationsbewegung dieses Berufsstandes,[22] zum literarisch verbrämten „Hohepriester[ ] des Fortschritts".[23]

Nun ist Ingenieuren und auch Wissenschaftlern in Geschichte und Gegenwart ein durchaus ambivalentes Verhältnis zur utopischen Literatur im Allgemeinen und der Science-Fiction im Besonderen zu attestieren. Ihre Stellungnahmen und Äußerungen zu diesem Genre bewegen sich zwischen seiner rigorosen Ablehnung aufgrund der ihm inhärenten phantastischen Spekulationen auf der einen Seite, oft verbunden mit der Beschwerde, dass die fiktionale Darstellung technischer und wissenschaftlicher Experten so gar nichts mit den Wirklichkeiten dieser Berufszweige zu tun hätte.[24] Auf der anderen Seite wurde und wird die Science-Fiction nicht nur als berufsbiographisch bedeutsame Inspirationsquelle, sondern sogar als Mobilisierungsressource für realtechnische Vorhaben gezielt in den Dienst genommen, indem eine zeitliche Nähe zu gegenwärtigen Technikentwicklungen und -vorhaben und somit die prinzipielle Machbarkeit der entworfenen Technikfiktion suggeriert wird. Diese Erzählungen werden von Autorenschaft wie Fandom oft als Lehrstück zu einem besseren Verständnis für aktuelle technische Entwicklungen angepriesen. Der bis heute populäre wie irrige Gedanke, dass die zentrale Funktion der Science-Fiction in der Prognostik wissenschaftlich-technischer Entwicklungen liege, sie also die gleichen Kompetenzen wie die ihrerseits heutzutage längst diskreditierte Futurologie innehabe, hat hier seine Ursprünge.[25] Dessen ungeachtet ist dieses Genre – diametral zur beschworenen nüchternen Wissenschaftlichkeit und spiegelbildlich zur Rationalitätsfiktion realtechnischer Entwicklungen – einer allzu unwissenschaftlichen, vielmehr zutiefst irrationalen Hoffnung verhaftet, mittels neuer technischer Mittel die bisherigen Grenzen und Beschränkungen des Menschen wie der Menschheit überwinden zu können. Die Science-Fiction spiegelt damit

---

22 Vgl. Burkhard Dietz et al.: Der „Kulturwert der Technik" als Argument der Technischen Intelligenz für sozialen Aufstieg und Anerkennung, in: Ders. (Hg.): Technische Intelligenz und „Kulturfaktor Technik". Kulturvorstellungen von Technikern und Ingenieuren zwischen Kaiserreich und früher Bundesrepublik Deutschland, Münster u. a. 1996, S. 1–34.

23 U. Fraunholz/S. Wölfel: Hochmoderne Ingenieure, S. 23.

24 Vgl. Joachim Schummer/Tami I. Spector: Visuelle Populärbilder und Selbstbilder der Wissenschaft, in: Bernd Hüppauf/Peter Weingart (Hg.): Frosch und Frankenstein. Bilder als Medium der Popularisierung von Wissenschaft, Bielefeld 2009, S. 341–372.

25 Vgl. Anke Woschech: Weltraumflug und künstliche Kontinente. Technische Utopien und Science Fiction als Mobilisierungsressourcen für Technik?, in: U. Fraunholz/S. Wölfel (Hg.): Ingenieure, S. 195–209.

die hochmoderne Sehnsucht nach innerweltlicher Erlösung des Menschen durch die Überschreitung seiner bisherigen Möglichkeiten und Grenzen durch Technik.[26] Darüber hinaus bestätigt die Science-Fiction den technisierten Fortschrittsglauben selbst in ihren dystopischen Varianten, in denen die mit Spekulationen zu Wissenschaft und Technik verbundenen Befürchtungen und Ängste verhandelt werden: Denn egal wie düster-apokalyptisch diese Szenarien daherkommen, letztlich liegt ihnen weiterhin die Annahme eines immerwährenden Voranschreitens von Technik und Wissenschaft, mithin die deterministische Konzeptualisierung des technischen Fortschritts als „Motor der Geschichte", zugrunde. Der eingangs zitierte „Mythos der Zukunft", der sich folglich als Fortschrittsmythos entpuppt, verweist somit auf die Unhintergehbarkeit von Fortschritt und Zukunft als Leitbilder modernen Denkens. In einem Wechselspiel von Rekursen auf Unverfügbares – also Zukunft – und der Verfügbarmachung des Unverfügbaren durch die „Beschreibung zukünftig sich vollziehender historischer Faktizität"[27] können im fiktionalen Rahmen der Science-Fiction technisierte Zukünfte als eingelöst präsentiert werden.

Im Medium des Spielfilms nun wird dieser Mythos nicht nur erzählt, sondern mithilfe der Darstellung technischer Nova visuell veranschaulicht und sichtbar gemacht. Da diese per definitionem (noch) nicht realitätskompatibel sind bzw. sein können – ansonsten wären es keine Nova mehr – muss ihre realistische Wirkung primär auf formal-ästhetischer Ebene erzeugt werden. Der Science-Fiction-Film bedient sich dabei einer szientistischen Ikonografie: In seinen Nova werden Bilder, die heutigen Vorstellungen von Wissenschaft und Technik entspringen, erweitert und überhöht, gleichsam visuell extrapoliert. Aufgrund ihres Ursprungs in der Gegenwart erscheinen sie plausibel und prinzipiell möglich,

---

26 Zur heilsgeschichtlichen Bedeutungsaufladung von Wissenschaft und Technik vgl. u. a. David F. Noble: Eiskalte Träume. Die Erlösungsphantasien der Technologen, Freiburg im Breisgau 1998; speziell für die jüngste Jahrhundertwende vgl. Hans Dieter Hellige: Technikgeschichte und Heilsgeschehen. Endzeiterwartungen in technischen Zukunftsszenarien für das Jahr 2000, in: Eva Schöck-Quinteros (Hg.): Bürgerliche Gesellschaft – Idee und Wirklichkeit. Festschrift für Manfred Hahn, Berlin 2004, S. 361–374; für den Zusammenhang von Religion und Science-Fiction vgl. Douglas E. Cowan: Sacred space. The quest for transcendence in science fiction film and television, Waco, TX 2000; Stephen R. L. Clark: Science Fiction and Religion, in: David Seed (Hg.): A companion to science fiction, Malden, MA 2005, S. 95–110.

27 Klaus-Peter Klein: Zukunft zwischen Trauma und Mythos: Science-fiction. Zur Wirkungsästhetik, Sozialpsychologie und Didaktik eines literarischen Massenphänomens, Stuttgart 1976, S. 217.

das heißt mit den Naturgesetzen vereinbar. Diese Erzeugung eines Realitätseffekts hat Simon Spiegel als Naturalisierung beschrieben:

> „Gerade in der *Evidenz des photographischen Filmbildes* liegt eine wesentliche Stärke des SF-Films: Das Novum bleibt nicht vage Vorstellung, sondern erscheint als *tatsächlich sichtbare Abbildung*. Dass ein Novum überzeugend wirkt, hängt nur in zweiter Linie von seiner wissenschaftlichen Plausibilität ab, viel wichtiger ist die Tatsache, dass es konkret sichtbar ist."[28]

Der utopische Charakter, der in technischen Spekulationen insofern stets ambivalent ist, als Technik notwendig eine zumindest über die Phantasie erschließbare Verheißung prinzipieller Mach- und Planbarkeit enthalten muss,[29] wird durch die in solcherlei visuellen Konkretisierungen angelegten Rationalitäts- und Realitätsfiktionen noch einmal zusätzlich negiert, mithin ent-utopisiert. Die dem Science-Fiction-Film eigenen narrativen Fiktionen stehen dabei in einem bestimmten Referenzverhältnis zur jeweiligen außerfilmischen Wirklichkeit, aus der heraus dieser Film entstanden ist. Eine technikhistorische Betrachtung dieser kinematographischen vergangenen Zukünfte kann helfen, den Blick für ihre Verhaftung in die jeweilige gesellschaftliche Gegenwart zu schärfen. Denn schließlich muss „im Grunde genommen [...] die Extrapolation bestehender Trends notgedrungen auch zur Aufdeckung der Wünsche und Ängste einer Generation führen."[30] Zwar ist die Science-Fiction im Allgemeinen und der Science-Fiction-Film im Besonderen vielleicht nicht gleich als „präziser Seismograph der herrschenden gesellschaftlichen Grundstimmung"[31] zu konzeptualisieren – dafür sind die Entwürfe dieses Genres auch innerhalb eines bestimmten Zeitraumes und epochalen Zuschnittes zu verschieden, dabei ausdifferenziert und in sich widersprüchlich. Aber zumindest kann sie als ein vielversprechender Zugang

---

28 S. Spiegel: Poetik, S. 48 [Herv. i. O.]. Spiegel entwickelt seinen Naturalisierungsbegriff gegen das in der literaturwissenschaftlichen Science-Fiction-Forschung prominente Konzept der „kognitiven Verfremdung" von Darko Suvin, welches dieser marxistisch geprägte Literaturtheoretiker aus den Arbeiten Bertolt Brechts entlehnte; beiden gemein ist wiederum der von Ernst Bloch übernommene Terminus des Novums; vgl. Darko Suvin: Poetik der Science Fiction. Zur Theorie einer literarischen Gattung, Frankfurt am Main 1979.

29 Vgl. Thomas Macho: Technische Utopien und Katastrophenängste, in: Gegenworte 10 (2002), S. 12–14, hier S. 14.

30 Susanne Päch: Das literarische Gedankenexperiment – zur Technikgeschichte der Science Fiction, in: Dietmar Guderian (Hg.): Technik und Kunst, Düsseldorf 1994, S. 439–449, hier S. 440.

31 Ebd., S. 449.

unter vielen zu einem tiefergehenden Verständnis vergangener Zukunftserwartungen und mithin als Teil der historischen Zukunftsforschung verstanden werden, die mit der Untersuchung von Zukunftserwartungen und -horizonten zu einem besseren Verständnis der jeweiligen gesellschaftlichen Gegenwart gelangen will.[32]

1.1 Untersuchungsgegenstand und Fragestellung

Entgegen der Prominenz oder gar, wie von Robert Leucht behauptet, Omnipräsenz der Ingenieursfigur in der deutschsprachigen Literatur im ersten Drittel des 20. Jahrhunderts war und ist die Filmfigur des Ingenieurs eher selten auf der Kinoleinwand anzutreffen. Diese Absenz betrifft nicht nur den (deutschen) Science-Fiction-Film, sondern internationale Spielfilmproduktionen im Allgemeinen.[33] Die populärste, Wissenschaft und Technik repräsentierende Spielfilmikone ist eindeutig der Wissenschaftler. Dies spiegelt auch die schier unübersichtliche Forschungsliteratur zu dieser Filmfigur wider.[34] Indessen existieren zur Filmfigur

---

32 Vgl. Joachim Radkau: Geschichte der Zukunft. Prognosen, Visionen, Irrungen in Deutschland von 1945 bis heute, München 2017, S. 15f.; Lucian Hölscher: Theoretische Grundlagen der historischen Zukunftsforschung, in: Ders. (Hg.): Die Zukunft des 20. Jahrhunderts. Dimensionen einer historischen Zukunftsforschung, Frankfurt am Main, New York 2017, S. 7–37.

33 Eine von Dirk van Laak und Gabriele Metzler konstatierte „zentrale Berücksichtigung" des Ingenieurs in Hollywood-Produktionen (Dirk van Laak/Gabriele Metzler: Die Konkretion der Utopie. Historische Quellen der Planungsutopien der 1920er Jahre, in: Patrick Wagner/Isabell Heinemann (Hg.): Wissenschaft – Planung – Vertreibung. Neuordnungskonzepte und Umsiedlungspolitik im 20. Jahrhundert, Stuttgart 2006, S. 23–43, hier S. 30) bezog sich auf folgende Studie der amerikanischen Literaturwissenschaftlerin Cecelia Tichi: Shifting gears. Technology, literature, culture in modernist America, Chapel Hill 1987. Tichi konzentriert sich in dieser Untersuchung jedoch auf amerikanische Literatur. Spielfilme werden nur am Rande behandelt; bei den wenigen angeführten Beispielen handelt es sich ausnahmslos um Literaturverfilmungen. Ein häufiges Auftreten des Ingenieurs im Spielfilm kann an dieser Stelle jedenfalls nicht bestätigt werden.

34 Aus der Fülle an Literatur vgl. grundlegend Roslynn D. Haynes: From Madman to Crime Fighter. The Scientist in Western Culture, Baltimore, MD 2017; Christopher Frayling: Mad, bad and dangerous. The scientist and the cinema, London 2005; Peter Weingart et al.: Of power maniacs and unethical genius: science and scientists in fiction film, in: Public Understanding of Science 12 (2003), S. 279–287; Thorsten Junge (Hg.): Wahnsinnig genial. Der Mad Scientist Reader, Aschaffenburg 2004; Sven Wagner: The scientist as God. A typological study of a literary motif 1818 to the present, Heidelberg 2012; Klaus W. Vowe: Weltherrschaft und Technik: Der verrückte

des Ingenieurs nur wenige Forschungsarbeiten. Eine Ausnahme bildet eine britische Studie, die bezeichnenderweise nicht in einer film- oder medienwissenschaftlichen, sondern bauwirtschaftlichen Fachzeitschrift veröffentlicht wurde und sich genau der Frage nach dem raren Erscheinungsbild des Ingenieurs widmet. Bei der vergleichenden Untersuchung der filmischen Repräsentation von Ingenieuren (speziell Bauingenieuren) und Anwälten kommt sie zu folgenden Ergebnissen: Im Gegensatz zu Anwälten, für die sich mit dem Gerichtsdrama sogar ein eigenes Genre herausbildete, werden Ingenieure, wenn sie überhaupt in Erscheinung treten, kaum innerhalb ihres Berufsfeldes porträtiert. Ihre Arbeit nimmt nur wenig inszenatorischen Raum ein. Ingenieurtechnisches Handeln wird sogar in Spielfilmen, in denen die Konstruktionstätigkeit den eigentlichen Kern und Anlass der Erzählung bildet, nur anhand kurzer Sequenzen abgebildet. Stattdessen tritt das fertige Artefakt, das vollendete Bauwerk, in den Vordergrund der Inszenierung:

> „[D]espite the large number of engineers working in the developed economies their lives and their work are seldom portrayed in cinema. [...] The process of engineering in real life is visible yet in cinematic terms it is ignored. In contrast, the legal process is invisible in real life but has high dramatic content in the cinema. The conclusion is that engineers have to re-engineer themselves to be more visible in society if they are to be regarded as cinematic heroes."[35]

Man muss nun diesem Appell, der sich aus dem bauwirtschaftlichen Kontext der Studie erklären lässt, nicht unbedingt folgen. Gleichwohl lassen sich ihre Ergebnisse, die sich auf Spielfilmproduktionen des angloamerikanischen Raumes beziehen, auf die deutsche Kinolandschaft im Allgemeinen und dessen Science-Fiction-Produktionen im Besonderen übertragen. Den Kriterien folgend, dass der Ingenieur erstens als Hauptfigur zu identifizieren ist und zweitens seine berufliche Tätigkeit eine tragende Rolle spielt, gelangen von den insgesamt 126 deutschen Spielfilmen, die sich von Beginn der Filmgeschichte bis 1989/90 diesem Genre zuordnen lassen, nur sechs Produktionen in die engere Auswahl: Der Tunnel (1915)[36], F.P.1 antwortet

---

Wissenschaftler als politischer Phänotyp des US-Films, in: Literatur für Leser 21 (1998) 1, S. 121–134.

35 David L. Langford/Peter Robson: The representation of the professions in the cinema: the case of construction engineers and lawyers, in: Construction Management and Economics 21 (2003) 8, S. 799–807, hier S. 799.

36 Vgl. Der Tunnel. Regie und Drehbuch: William Wauer, Produktion: Paul Davidson, Projektions-AG „Union", Deutschland 1915. DVD-Kopie Nr. DO927, Filmmuseum München 2015, Laufzeit: 84 min [im Folgenden abgekürzt: DTM] sowie Ders.,

NICHT[37], DER TUNNEL (1933)[38], GOLD[39], DER HERR DER WELT[40] und DIE WELT OHNE MASKE.[41] Hierbei überrascht zunächst, dass Produktionen aus der Bundesrepublik oder der DDR überhaupt nicht vertreten sind. Gerade bei letzterer, deren Programm des sozialistischen Umbaus der Gesellschaft in Anlehnung an die marxistisch-leninistische Doktrin auf einer dezidiert technisch pointierten Sozialutopie fußte,[42] wäre ein entsprechendes Popularisierungsbedürfnis doch

---

DVD-Kopie Nr. 3502, Friedrich-Wilhelm-Murnau-Stiftung, Laufzeit: 60 min [im Folgenden abgekürzt: DTMS].

37 Vgl. F.P.1 ANTWORTET NICHT. Regie: Karl Hartl, Drehbuch: Walter Reisch/Kurt Siodmak, Produktion: Erich Pommer, Universum-Film AG, Deutschland 1932. DVD, Black Hill Pictures 2009, Laufzeit: 107min [im Folgenden abgekürzt: FP1AN].

38 Vgl. DER TUNNEL. Regie: Kurt Bernhardt, Drehbuch: Ders./Reinhart Steinbicker, Produktion: Bavaria Film AG/Vandor-Film, Deutschland/Frankreich 1933. VHS-Kassette, Polyband Gesellschaft für Bild- u. Tonträger mbH & Co KG 1988, Laufzeit: 73 min [im Folgenden abgekürzt: DT].

39 Vgl. GOLD. Regie: Karl Hartl, Drehbuch: Rolf E. Vanloo, Produktion: Universum-Film AG, Deutschland 1934. DVD, Concorde Home Entertainment 2018, Laufzeit: 114min [im Folgenden abgekürzt: Gold].

40 Vgl. DER HERR DER WELT. Regie: Harry Piel, Drehbuch: Ders./Georg Mühlen-Schulte, Produktion: Harry Piel, Ariel-Film GmbH, Deutschland 1934. 35mm, Deutsches Filminstitut e. V. (DIF)/10.782/Laufzeit: 94 min [2570,1 m; im Folgenden abgekürzt: DHDW].

41 Vgl. DIE WELT OHNE MASKE. Regie, Drehbuch, Produktion: Harry Piel, Ariel-Film GmbH, Deutschland 1934. 35mm, Bundesarchiv Berlin, Abteilung Filmarchiv/14607/Laufzeit: 105 min [2865m; im Folgenden abgekürzt: DWOM]. Zur Recherche wurden folgende Filmlexika herangezogen: Phil Hardy (Hg.): Die Science Fiction Film Enzyklopädie. 100 Jahre Science Fiction, Königswinter 1998; C. J. Henderson: The Encyclopedia of Science Fiction Movies: From 1897 to the Present, New York u. a. 2001; Ronald M. Hahn/Volker Jansen: Das Heyne-Lexikon des Science-Fiction-Films. 1500 Filme von 1902 bis heute, München 1993.

42 Vgl. Martin Sabrow: Zukunftspathos als Legitimationsressource. Zu Charakter und Wandel des Fortschrittsparadigmas in der DDR, in: Heinz-Gerhard Haupt (Hg.): Aufbruch in die Zukunft. Die 1960er Jahre zwischen Planungseuphorie und kulturellem Wandel. DDR, CSSR und Bundesrepublik Deutschland im Vergleich, Weilerswist 2004, S. 165–184; Hubert Laitko: Wissenschaftlich-technische Revolution. Akzente des Konzepts in Wissenschaft und Ideologie der DDR, in: Utopie kreativ 73/74 (1996), S. 33–50; Dieter Langewiesche: Fortschritt als sozialistische Hoffnung, in: Klaus Schönhoven/Dietrich Staritz (Hg.): Sozialismus und Kommunismus im Wandel, Köln 1993, S. 39–55; Joachim Radkau: Revoltierten die Produktivkräfte gegen den real existierenden Sozialismus?, in: 1999. Zeitschrift für Sozialgeschichte des 20. und 21. Jahrhunderts 5 (1990), S. 13–42.

zumindest naheliegend gewesen. Während sich unter den rund 700 Spielfilmproduktionen der Deutschen Film AG (DEFA) immerhin noch 14 Werke finden, bei denen als Hauptfiguren Ingenieure bzw. – eine filmgeschichtliche Rarität – Ingenieurinnen auszumachen sind (von denen allerdings nur in neun Filmen die berufliche Tätigkeit einen größeren Raum einnimmt oder überhaupt thematisiert wird), dient in ihren Science-Fiction-Produktionen der Ingenieur nur als Nebenfigur, die sich zumeist innerhalb eines sozialistischen (Raumfahrt-)Kollektivs bewegt.[43] Im bundesdeutschen Science-Fiction-Kino gibt es ihn weder als Haupt- noch als Nebenfigur; und auch in den „gesamtdeutschen" Science-Fiction-Filmen seit 1990, denen aufgrund ihres europäischen resp. transatlantischen Produktionskontextes und der vorherrschenden Orientierung an Hollywood-Standards ohnehin kein nationalspezifischer Charakter mehr zuzusprechen ist, tritt kein Ingenieur als Hauptfigur in Erscheinung.[44]

Vor diesem Hintergrund fällt die relative, genregeschichtlich einmalige Häufung der Ingenieursfigur im deutschen Zukunftsfilm in der ersten Hälfte der 1930er Jahre umso mehr ins Gewicht.[45] Dieser Befund macht eine Einordnung

---

43 Die Auszählung erfolgte nach Schlagwortsuche und Recherche weiterführender Produktions- und Inhaltsangaben der Internet-Plattform filmportal.de; vgl. Deutsches Filminstitut e. V. (Hg.): Filmportal: Schlagwortsuche „Ingenieur", Filter: „Film", online unter https://www.filmportal.de/search?search_api_fulltext=ingenieur&f%5B0%5D=-content_type%3Amovie (Abruf: 13.02.2018). Zu Topoi und Motivik der wenigen Science-Fiction-Produktionen der DEFA vgl. u. a. Karsten Kruschel: Leim für die Venus. Der Science-Fiction-Film in der DDR, in: Sascha Mamczak/Wolfgang Jeschke (Hg): Das Science Fiction Jahr 2007, München 2007, S. 803–888; Michael Grisko: Zwischen Sozialphilosophie und Actionfilm. Grenzen und Möglichkeiten des Science-fiction-Genres bei der DEFA, in: Ralf Schenk/Erika Richter (Hg.): apropos: Film 2002. Das Jahrbuch der DEFA-Stiftung, Berlin 2002, S. 108–120 sowie Olaf Spittel: Science Fiction-Filme der DDR. Kino- und Fernsehfilmproduktionen, vom 21.01.2000, online unter http://www.spittel.de/sf/filme/filme.htm (Abruf: 13.02.2018).

44 Vgl. Deutsches Filminstitut e. V.: Filmportal: Schlagwortsuche „Ingenieur"; zur Internationalität des aktuellen Science-Fiction-Kinos, mit besonderer Berücksichtigung deutscher Koproduktionen vgl. Tobias Haupts: The empty Sky. A brief History of German Science Fiction Film, in: Rainer Rother/Annika Schaefer (Hg.): Future imperfect. Science – Fiction – Film, Berlin 2017, S. 64–81, hier S. 80f.

45 Der Terminus „Zukunftsfilm" wird häufig einfach als Synonym für „Science-Fiction-Film" gebraucht. Diese Arbeit verwendet ihn gemäß seinem historischen Verwendungskontext, gleichsam analog zum Begriff des Zukunftsromans. Beide bezeichnen eine spezifische Ausprägung der Science-Fiction avant la lettre, wie sie im deutschsprachigen Raum um 1900 aufkam und bis zur Übernahme des anglistischen Gattungsbegriffs nach dem Zweiten Weltkrieg vorzufinden war; vgl. Dina Brandt: Der deutsche

dieser außergewöhnlichen Kohorte nach (1) Inhalten und Motiven, (2) film(technik-)geschichtlichen Hintergründen sowie (3) zeitgenössischen Kontexten notwendig:

(1) In allen Filmen ist die Hauptfigur des Ingenieurs mit einem technischen Großprojekt oder einer zentralen, segensreichen Erfindung verknüpft, die das jeweilige technische Novum darstellt. Das Happy End ist an dessen erfolgreiche Realisierung gekoppelt. Die filmische Zukunft ist vornehmlich durch diese Erfindung von der Gegenwart der 1930er Jahre geschieden, wobei selbst die Inszenierung des Novums sich auf vorhandene zeitgenössische Technik stützt. Als Gegenspieler des Ingenieurs treten zumeist Unternehmer (seltener Wissenschaftler) auf, die das technische Projekt aufgrund finanzieller und machtpolitischer Interessen verschiedentlich zu unterminieren oder manipulieren suchen. Darüber hinaus spielen die an der Umsetzung des Vorhabens beteiligten Arbeiter eine wichtige Rolle. Das Spannungsverhältnis dieser für das Science-Fiction-Genre ungewöhnlichen Figurenkonstellation ergibt sich demzufolge aus der Konfliktlinie zwischen Repräsentanten der Technik (Ingenieure, Wissenschaftler, Erfinder), Kapital (Unternehmer, Fabrikanten, Spekulanten) und Arbeit (Industrie- und Landarbeiter sowie Angestellte).
(2) Mit dem Wechsel vom Stumm- zum Tonfilm fallen diese Werke in eine Zeit umwälzender technischer Innovationen, die an die Filmindustrie gänzlich neue Anforderungen hinsichtlich Stil, Ästhetik und Formensprache und, damit verbunden, der kommerziellen Verwertungsmöglichkeiten stellten. Mit Ausnahme der beiden Harry-Piel-Filme handelt es sich bei der vorliegenden Auswahl denn auch um Sprachversionsfilme: In der Frühphase des Tonfilms war es üblich, für den internationalen Verleih vorgesehene Filme parallel in mehreren Sprachen, d. h. mit verschiedenen Schauspielensembles, aber identischer Ausstattung und Kulisse, zu produzieren. F.P.1 ANTWORTET NICHT wurde neben Deutsch auch auf Englisch und Französisch gedreht. Für den englischsprachigen Markt wurden letztendlich zwei Varianten geschaffen – eine für das britische, eine für das amerikanische Kino – die in Länge, Tonschnitt und Szenenfolge zum Teil deutlich voneinander abweichen.[46] DER TUNNEL (1933) und GOLD wurden jeweils

Zukunftsroman 1918–1945. Gattungstypologie und sozialgeschichtliche Verortung, Tübingen 2007, S. 10; Hans-Edwin Friedrich: Science-fiction in der deutschsprachigen Literatur. Ein Referat zur Forschung bis 1993, Tübingen 1995, S. 127–155.

46 Vgl. F.P.1. Regie: Karl Hartl, Drehbuch: Walter Reisch/Kurt Siodmak, Produktion: Erich Pommer, Universum-Film AG, Deutschland 1932. DVD-Kopie, Friedrich-Wilhelm-Murnau-Stiftung 2014, Laufzeit: 78 min [im Folgenden abgekürzt: FP1-GB] sowie

auf Deutsch und auf Französisch gedreht.[47] Diese aus heutiger Sicht umständliche Vorgehensweise war nicht, wie oftmals kolportiert, einer seinerzeit noch mangelhaften Synchronisationstechnik geschuldet – so gab es ab 1929 Nachsynchronisierungen auf technisch hohem Niveau. Es handelte sich vielmehr um eine gezielte Anpassung an die angenommenen oder tatsächlichen Gewohnheiten und Präferenzen des anvisierten Publikums, das einerseits seine nationalen Filmstars bevorzugte und andererseits mit der Kulturtechnik der Synchronstimme noch nicht vertraut war, mithin die geforderte Zuordnung der „geliehenen Stimme“ zum auf der Leinwand agierenden Schauspieler irritierte.[48] Die Sprachversionstechnik wurde demnach nicht als Rück-, sondern als weiterer Entwicklungsschritt hinsichtlich der filmtechnischen Möglichkeiten gewertet:

> „Das ist der Fortschritt, den der Tonfilm vor den früheren internationalen Stummfilmen voraus hat: Man kann heute den Kinobesucher in der ganzen Welt packen, indem man den Darsteller nach der Mentalität der Sprachgebiete eine Rolle *gestalten* läßt, während diese Rolle früher durch die Zwischentitel nur *illustriert* wurde.“[49]

Dieses Verfahren, das die Produktion aufwändig und teuer werden ließ, verschwand also nicht allein durch verbesserte Synchronisationstechniken und deren schlussendliche Akkulturation, sondern auch im Zuge der nationalsozialistischen, vornehmlich auf den einheimischen Markt abzielenden Filmpolitik, die kaum noch internationale Großproduktionen vorsah.[50]

Ders. [F.P.1 doesn’t answer], DVD, Sinister Cinema 2008, Laufzeit: 71 min [im Folgenden abgekürzt: FP1-US].

47 Vgl. Le Tunnel. Regie: Kurt Bernhardt, Drehbuch: Ders./Reinhart Steinbicker, Produktion: Bavaria Film AG/Vandor-Film, Deutschland/Frankreich 1933. DVD. Collection Gabin. Studiocanal 2004, Laufzeit: 72 min [im Folgenden abgekürzt: LT] sowie L’Or. Regie: Karl Hartl/Serge de Poligny, Drehbuch: Rolf E. Vanloo, Produktion: Alfred Zeisler, Universum-Film AG im Auftrag von Alliance Cinématographique Européenne (Paris), Deutschland 1934, Laufzeit: 118 min, zit. in: Manfred Hobsch: Gold, in: Ders. (Hg.): Film im ‚Dritten Reich‘. Alle deutschen Spielfilme von 1933 bis 1945 Bd. 2 (F–H), Berlin 2010, S. 336–339, hier S. 336.

48 Vgl. Joseph Garncarz: Die bedrohte Internationalität des Films. Fremdsprachige Versionen deutscher Tonfilme, in: Sibylle M. Sturm (Hg.): Hallo? Berlin? Ici Paris! Deutsch-französische Filmbeziehungen 1918–1939, München 1996, S. 127–140, hier S. 132.

49 Anonymus: Versionen, in: Filmwelt vom 04.02.1934 [Herv. i. O.].

50 Vgl. Chris Wahl: Sprachversionsfilme aus Babelsberg. Die internationale Strategie der Ufa 1929–1939, München 2009, S. 252–344.

(3) Politikgeschichtlich fällt die Filmkohorte in eine Zeit radikaler, antidemokratischer Umbrüche und bürgerkriegsähnlicher Zustände – mithin in die späten „Krisenjahre“ der Weimarer Republik, die mit den Auswirkungen der ab Herbst 1929 sich entwickelnden Weltwirtschaftskrise ihren Ausgang nahmen, und die Phase der nationalsozialistischen „Machtergreifung“.

Für die deutsche Filmlandschaft zeitigte die Ernennung Adolf Hitlers zum Reichskanzler am 30. Januar 1933 direkte Folgen: Angesichts der seit Jahren geführten Hetze der Nationalsozialisten gegen jüdische und politisch links stehende Filmkünstler_innen setzte die erste große Emigrationswelle ein. Mit der Ernennung von Joseph Goebbels zum Minister für Volksaufklärung und Propaganda und seiner sich anschließenden Rede vor Vertretern der Filmbranche im Berliner Hotel Kaiserhof im März 1933 wurden die Grundzüge einer nationalsozialistischen Filmpolitik gelegt, die neben einer „völkischen“ Ausrichtung ihrer Inhalte zuvorderst die „Arisierung“ der Filmindustrie forderte. Diese wiederum, allen voran die Universum-Film Aktiengesellschaft (Ufa) als größter deutscher Filmkonzern, reagierte in vorauseilendem Gehorsam mit der Entlassung ihrer jüdischen Mitarbeiter_innen, noch bevor im Juli 1933 das allgemeine Berufsverbot für jüdische Filmschaffende durch die Errichtung der Reichsfilmkammer erfolgte. Filmzensur und Prädikatisierung waren im Vergleich zu diesen direkten Repressalien zunächst von juristischer und personeller Kontinuität geprägt, die sich allerdings aus dem eminent politisch-repressiven Charakter des Weimarer Zensursystems ergab. So wurde im April 1933 in einer ersten „Säuberungsaktion“ die Zulassung von 33 Filmen widerrufen, deren Billigung schon zu Republikzeiten hoch umstritten war. Auch das Lichtspielgesetz vom 16. Februar 1934, das mit der Prüfung aller Drehbuchvorhaben die Vorzensur einführte, brachte keine fundamentalen Änderungen, sondern Erweiterungen des Bestehenden: Neben den bereits erlassenen Verbotsgründen wie der Gefährdung der öffentlichen Sicherheit oder staatlicher Interessen sowie dem Verstoß gegen Sitte und öffentliche Moral kam das Verbot der Verletzung des nationalsozialistischen oder künstlerischen ‚Empfindens‘, das aufgrund seiner immensen Interpretationsoffenheit der Willkür im Genehmigungsverfahren vollends freien Lauf ließ. Letztendlich entschied oft das persönliche Votum der beiden selbsterklärten Cineasten Goebbels und Hitler, die in nahezu allabendlich stattfindenden Privatvorführungen neben einem Großteil der deutschen Produktionen auch viele ausländische Filme begutachteten.[51] Die etappenweise

51 Vgl. Karsten Witte: Film im Nationalsozialismus. Blendung und Überblendung, in: Wolfgang Jacobsen et al. (Hg.): Geschichte des deutschen Films, 2., aktual. u. erw.

verlaufende vertikale Zentralisierung und Zwangsorganisation der Filmindustrie hatte in den ersten Jahren wiederum nur mittelbare Auswirkungen auf die Filmkritik – einerseits durch den massiven Exodus bedeutender Filmrezensent_innen wie Siegfried Kracauer, Béla Balázs, Lotte Eisner und Rudolf Arnheim, andererseits durch die Vorzensur, die das Entstehen politisch unliebsamer Filme verhinderte. Bis zur faktischen Abschaffung der Filmkritik im November 1936 blieb jedoch innerhalb der verbliebenen Autorenschaft weiterhin ein gewisses Urteilsspektrum vertreten.[52]

Aus mentalitätsgeschichtlicher Perspektive verdichteten sich zu Beginn der 1930er Jahre die ohnehin virulenten krisenhaften Gegenwartsdiagnosen und Untergangsprophetien, die zuvorderst von den kulturellen Deutungseliten des Deutschen Reiches – Intellektuelle, Publizisten und Politiker jeglicher Couleur – vorgetragen oder befeuert wurden. Die dargelegten Lösungsstrategien und Umgestaltungsvisionen einte bis auf wenige Ausnahmen die radikale Verneinung der parlamentarischen Demokratie, die sukzessive im Verlauf der Weimarer Republik und spätestens infolge der Great Depression massiv an Plausibilität verloren hatte, und die Affirmation mindestens autoritärer, wenn nicht gar radikal völkischer oder totalitärer Ordnungsentwürfe, denen allesamt ein „gestaltungswilliger Grundkonsens" im Sinne eines optimistisch grundierten Gestaltungswillens und eines Glaubens an die prinzipielle Mach- und Planbarkeit sozialer Ordnung zugrunde lag.[53]

Nicht von ungefähr markiert – dies nunmehr die technikgeschichtliche Perspektive – diese Zeit auch den Höhepunkt der Technokratiebewegung, die von

Aufl., Stuttgart 2004, S. 117–166; Martin Loiperdinger: Filmzensur und Selbstkontrolle, in: Ebd., S. 525–544.

52 Vgl. K. Witte: Film im Nationalsozialismus, S. 121; David Steinitz: Geschichte der deutschen Filmkritik, München 2015, S. 104ff.

53 Rüdiger Graf: Die Zukunft der Weimarer Republik. Krisen und Zukunftsaneignungen in Deutschland 1918–1933, München 2008, S. 132. Graf betont die argumentativ-strategische Funktion gerade pessimistischer Gegenwartsdiagnosen, die als rhetorisch überspitzter Ausgangspunkt für dezidiert zukunftsoptimistische Lösungsangebote herhielten. Zur kritischen Einordnung des zeitgenössischen wie historiographischen Krisendiskurses zur Weimarer Republik vgl. Christoph Thonfeld: Krisenjahre revisited. Die Weimarer Republik und die Klassische Moderne in der gegenwärtigen Forschung, in: Historische Zeitschrift 302 (2016) 2, S. 390–420; einen aktuellen Überblick über intellektuelle Genese, Konjunktur und Ubiquität der Krisendiagnose in modernen Gesellschaften liefert Michael Freeden: Crisis? How Is That a Crisis!?: Reflections on an Overburdened Word, in: Contributions to the History of Concepts 12 (2017) 2, S. 12–28.

den USA und Kanada ihren Ausgang nahm. Ihre Forderung nach rationaler Organisation von Politik und Gesellschaft durch technische Experten resp. per auf Gesetzen der Wissenschaft und Technik basierendem Sachverstand wurde gerade in der Spätphase der Weimarer Republik von deren technischer Intelligenz verstärkt rezipiert und mit der Gründung einer eigenen Organisation, der Technokratischen Union, im Oktober 1932 auch institutionalisiert.[54] Bis zu ihrem baldigen Verbot durch die Nationalsozialisten im Frühjahr 1933 leistete die Technokratische Union allerdings nur einen eher kläglich ausfallenden programmatischen Beitrag zur „politischen Neuordnungsdebatte der Weimarer Krise", der auf einer vage und diffus verbleibenden Ebene

> „internationalistisch klingende Antipositionen gegen Staat, Imperialismus, Kapitalismus, Faschismus und Klassenherrschaft […] mit einer prinzipiellen Aversion gegen die bisherigen wirtschaftlichen und politischen Eliten und dem Wunsch nach einem Herrschaftsbereich des ‚technischen Menschen'"[55]

verband. Weitaus stärker als diese marginalisierte institutionelle Ausformung wirkte die bereits angedeutete Diffusion technokratischer Ideologeme in verschiedenste politische Ordnungsvorstellungen jenseits der Technokratiebewegung im Sinne eines allgemein planungsoptimistischen, technizistischen Denkens, indem technische Maximen auf genuin außertechnische – soziale, politische und ökonomische – Bereiche übertragen und angewendet wurden.[56]

---

54 Zur Technokratiebewegung vgl. William E. Akin: Technocracy and the American Dream: The Technocratic Movement, 1900–1941, Berkeley 1977; Stefan Willeke: Die Technokratiebewegung in Nordamerika und Deutschland zwischen den Weltkriegen, Frankfurt am Main 1995.

55 Stefan Willeke: Die Technokratiebewegung in Deutschland zwischen den Weltkriegen, in: Technikgeschichte 62 (1995), S. 221–246, hier S. S. 231.

56 „Von ‚Technokratie' kann dann gesprochen werden, wenn sich technische Rationalitat mit dem Anspruch auf politische, wirtschaftliche und gesellschaftliche Führung verbindet, wenn Gesellschaftsmodelle überwiegend der Logik des Technischen folgen oder wenn Techniker, Ingenieure oder vergleichbare Experten ‚wissenschaftlich' und ‚zweckrational' orientierte Kontroll-, Regelungs- oder sogar Entscheidungsbefugnisse für gesellschaftspolitisch relevante Fragen beanspruchen. […] In relativ unspezifischer Weise erscheint sie darüber hinaus als eine technizistische und planungsoptimistische Haltung gegenüber gesellschaftlichen Problemlagen." Dirk van Laak: Technokratie im Europa des 20. Jahrhunderts – eine einflussreiche „Hintergrundideologie", in: Lutz Raphael (Hg.): Theorien und Experimente der Moderne. Europas Gesellschaften im 20. Jahrhundert, Köln u. a. 2012, S. 101–128, hier S. 106.

Zu guter Letzt kam zu dieser Zeit auch die Aufstiegsbewegung der deutschen Ingenieure mit der (bereitwilligen) Indienstnahme dieses Berufsstandes und seiner erfolgreichen Integration in die Führungsriege des NS-Staates zu ihrem Abschluss.[57] Die rasch einsetzende, weitläufige (Selbst-)Mobilisierung von Wissenschaft und Technik für die Ziele der neuen Machthaber verweist darüber hinaus auf das in den Geschichtswissenschaften lange Zeit kontrovers diskutierte Verhältnis des Nationalsozialismus zur Technik bzw. zur (technischen) Moderne. Während ältere Arbeiten die völkische Agrarideologie von „Blut und Boden" als Indiz für eine allgemeine Technikfeindlichkeit des Naziregimes ansahen und ihm eine generell antimoderne Stoßrichtung bescheinigten, ging eine zweite Forschungsgeneration von einem affirmativen Beziehungscharakter aus, in dem sich antiwestliche und antimodernistische Traditionen mit der modernen Technik aussöhnten. Als einflussreichste begriffliche Bestimmung dieser eigentümlichen Melange von völkisch-nationalistischer Ideologie und technologischer Entwicklung ist Jeffrey Herfs „reactionary modernism" anzusehen.[58] Herfs Konzept wurde in der Forschung zum Nationalsozialismus vielfach angewandt, erweitert und in Teilen auch kritisch revidiert.[59] Gleichwohl lieferte es den wohl wichtigsten Impuls im Verstehen des Nationalsozialismus als Herrschaftssystem und -praxis, das mit genuin modernen Ordnungsvorstellungen kompatibel war.

---

57 Vgl. Thomas Rohkrämer: Die Vision einer deutschen Technik. Ingenieure und das „Dritte Reich", in: Wolfgang Hardtwig/Philip Cassier (Hg.): Utopie und politische Herrschaft im Europa der Zwischenkriegszeit, München 2009, S. 287–307; W. König: Vom Staatsdiener, S. 217–225; G. Hortleder/H. Klages: Gesellschaftsbild, S. 284.

58 Vgl. Jeffrey Herf: Reactionary Modernism: Technology, Culture and Politics in Weimar and the Third Reich, Cambridge u. a. 1986 sowie Ders.: Der nationalsozialistische Technikdiskurs. Die deutschen Eigenheiten des reaktionären Modernismus, in: Wolfgang Emmerich/Carl Wege (Hg.): Der Technikdiskurs in der Hitler-Stalin-Ära, Stuttgart u. a. 1995, S. 111–126.

59 So betont Thomas Rohkrämer zum einen, dass diese im ausgehenden 19. Jahrhundert aufkommende Mischung aus instrumenteller Vernunft und antiwestlichem Denken nicht spezifisch für Deutschland, sondern auch in anderen Nationen vorzufinden war; zum anderen sieht er ein in der Praxis vorherrschendes pragmatisches Verhältnis des Naziregimes zur modernen Technik gegeben: „Hätten die Nationalsozialisten nicht die moderne Technik für ihre Ziele eingesetzt, so wären sie harmlose Spinner geblieben. Der Einsatz moderner Machtmittel war notwendiger Bestandteil ihrer verbrecherischen Machtpolitik." T. Rohkrämer: Vision einer deutschen Technik, S. 288. Zur Übersicht über die angeschnittenen verschiedenen Forschungspositionen vgl. ebd., S. 287.

Ausgehend von den skizzierten Kontexten widmet sich diese Arbeit der Frage, welche Bedeutungszuschreibungen bezüglich der Technik und des technischen Fortschritts sich an die Filmfigur des Ingenieurs im deutschen Zukunftsfilm der 1930er Jahre knüpfen. In einem technikhistorischen Zugriff auf cineastische vergangene Zukünfte soll hierfür das Referenzverhältnis zwischen filmischer Narration und zeitgenössischen außerfilmischen Diskursen auf zweierlei Weise untersucht werden: zum einen hinsichtlich der verwendeten technizistischen Ästhetik, die sich in den jeweiligen Nova manifestiert, zum anderen hinsichtlich der die wissenschaftlich-technische Welt repräsentierenden Hauptfiguren – Wissenschaftler, Erfinder und Ingenieure. Folgende Ausgangsthesen werden die Untersuchung anleiten:

Im Gegensatz zur Figur des *mad scientist*, mittels derer das naturwissenschaftlich-technische Fortschrittsideal mindestens ambivalent bis eindeutig kulturkritisch verhandelt wird, dient die Figur des Ingenieurs *im Allgemeinen* dazu, technisches Handeln in seinen Hoffnungspotenzialen aufzuzeigen und damit technisierte Zukunftsversprechen als eingelöst oder einlösbar zu präsentieren. Diese positive Konnotation findet sich in Science-Fiction-Werken unterschiedlichster Provenienz; sie eint die ansonsten disparat verlaufende Entwicklung von Gattung und Genre, angefangen bei den *voyages fantastiques* eines Jules Verne, über die amerikanischen *pulp magazines* und die deutschen Zukunftsromane der 1920er und 1930er Jahre bis hin zu Werken der *Wissenschaftlichen Phantastik* resp. des *utopischen Films* in den ehemaligen Ostblock-Staaten. Diese metanarrative Klammer umfasst aus divergenten kulturgeschichtlichen Kontexten stammende Entwürfe der Science-Fiction.

Darüber hinaus knüpfen die deutschen Zukunftsfilme der 1930er Jahre *im Besonderen* an sozialpolitische Gesellschaftsvisionen an, die sich um technokratisch grundierte Lösungen der zeitgenössisch äußerst virulenten Frage nach dem Konflikt von Kapital und Arbeit bemühen, indem die Technik als vermittelndes und regulierendes Element eingesetzt wird und ihr Repräsentant, der Ingenieur, als entsprechende Mittlerfigur zwischen Industriearbeiterschaft und Unternehmertum auftritt. In ihrer hoch ideologisierten, symbolischen Verdichtung verarbeitet diese Figurenkonstellation mithin eine damalige sozioökonomische Konstellation, entsprach doch die deutsche Gesellschaft der Zwischenkriegszeit deutlich mehr dem Charakter einer industriellen Klassengesellschaft als noch das Deutsche Kaiserreich, dessen soziale Konfliktlinien mit dem Gegensatz von Stadt und Land oder auch der Frage der Religionszugehörigkeit wesentlich komplexer verliefen.[60] Mit dem Ingenieur als zentraler Ordnungsinstanz können

60 Vgl. Christoph Nonn: Das Deutsche Kaiserreich. Von der Gründung bis zum Untergang, München 2017, S. 164; U. Herbert: Geschichte Deutschlands, S. 41ff.

diese Filme gleichsam als fiktionalisierter Beitrag des zeitgenössischen Krisendiskurses gedeutet werden.

Schließlich fällt auf, dass die Lösungen des aufgeworfenen Konflikts zwischen Kapital und Arbeit geschlechtlich codiert sind, also anhand symbolischer Repräsentationen von Männlichkeit und Weiblichkeit erfolgen. So treten auf der Ebene der Figurencharakterisierung, gerade im Hinblick auf die Figur des Ingenieurs, miteinander konkurrierende Männlichkeitsbilder auf. Die Figurenkonstellation wiederum ist durch Relationen verschiedener Formen von Männlichkeit geprägt, die mithilfe des Konzepts der hegemonialen Männlichkeit der Soziologin Raewyn Connell entschlüsselt werden können.

1.2 Forschungsstand

Eine Analyse kinematographischer vergangener Zukünfte aus (technik-)historischer Perspektive betritt weitestgehend Neuland. Dem liegt eine doppelte Berührungsangst der (deutschsprachigen) Geschichtswissenschaften gegenüber dem Genre der Science-Fiction und dem Medium des Spielfilms zugrunde:

Das Potenzial der Science-Fiction für geschichtswissenschaftliche Perspektivierungen wurde bisher vornehmlich innerhalb der ohnehin der Populärkultur deutlich affineren anglo-amerikanischen Forschung ausgelotet. Doch selbst hier offenbart sich eine randständige, defensive Ausgangsposition, wenn etwa die britische Historikerin Farah Mendlesohn die titelgebende Fragestellung folgendermaßen formuliert: „Warum schreibt eine Geschichtswissenschaftlerin über Science Fiction?“[61] In ihrem Essay plädiert Mendlesohn für einen gesellschaftsgeschichtlichen Zugang, der sich der Erforschung des Allgemeinen und Typischen des Genres (im Gegensatz zum literaturwissenschaftlichen Analyseansatz der „privileged best examples“) unter Einbezug seiner spezifischen Produktions- und Distributionsbedingungen widmet.[62] Die amerikanische Historikerin Janice Liedl wiederum konzeptualisiert die Science-Fiction als wichtige Quelle zum Verständnis populärer Geschichtsbilder und -narrative, dies nicht ausschließlich, aber unter besonderem Augenmerk auf das Subgenre der *counterfactual history*.[63]

61 Vgl. Farah Mendlesohn: Warum schreibt eine Geschichtswissenschaftlerin über Science Fiction?, in: Zeitschrift für Fantastikforschung 3 (2013) 1, S. 88–96.

62 Vgl. ebd., S. 94.

63 Vgl. Janice Liedl: Tales of futures past: science fiction as a historical genre, in: Rethinking History 19 (2015) 2, S. 285–299; einen solchen Zugang verfolgen die Beiträge in

Innerhalb der deutschen Geschichtswissenschaften forderten zwar schon in den 1980er Jahren Michael Salewski und Susanne Päch eine analytische Auseinandersetzung mit der Science-Fiction; ihr programmatischer Aufruf, sie nicht trotz, sondern gerade aufgrund ihres massenkulturellen Charakters als „Ausdruck des gegenwärtigen historischen Selbstverständnisses, der geistigen Befindlichkeit der Gesellschaft" ernst zu nehmen, bewirkte außerhalb der eigenen Beiträge jedoch nur wenige Ergebnisse.[64] So wurden zur Geschichte der Raumfahrt und der Robotik/Künstlichen Intelligenz die diesbezüglichen fiktionalen Entwürfe, die gleichzeitig Hauptmotive des Genres darstellen, oftmals en passant abgehandelt oder den realtechnischen Entwicklungen beiseite gestellt.[65] Zum besseren Verständnis des komplexen Beziehungsgeflechts von Techno-Imaginärem und realtechnischen Entwicklungen favorisieren jüngste Ansätze ein Aufbrechen dichotomer Kategorien „such as science/fiction, real/imaginary"[66] zugunsten einer kulturwissenschaftlichen Perspektive, die auf die wissensstrukturierende und handlungsleitende Funktion techno-imaginären Denkens und damit einhergehender Realitätseffekte zielt. Anhand einer solchen Perspektive rückt zwar der Einfluss „technikbasierter Zukunftsvorstellungen", Utopien und Visionen „auf die Formung von Leitbildern der Technikentwicklung und die Technikakzeptanz"[67] in den Vordergrund; allerdings werden dabei

David C. Wright, Jr./Allan W. Austin: Space and time: essays on visions of history in science fiction and fantasy television, Jefferson, NC 2010.

64 Michael Salewski: Science-fiction und Geschichte. Anmerkungen zu einer merk-würdigen Quellengattung, in: Joachim H. Knoll/Wolfgang Schirmacher (Hg.): Von kommenden Zeiten. Geschichtsprophetien im 19. und 20. Jahrhundert, Stuttgart 1984, S. 275–302, hier S. 289. Salewskis leidenschaftliches Plädoyer liest sich in Teilen wie ein Manifest. Seine zwei Jahre später folgende, mit ebenso essayistischem Verve geschriebene Monographie behandelt auch Geschichtsbilder und -narrationen der Science-Fiction, vgl. Ders.: Zeitgeist und Zeitmaschine. Science Fiction und Geschichte, München 1986; s. auch S. Päch: Das literarische Gedankenexperiment.

65 Für die Raumfahrt vgl. bspw. Ralf Pulla: Raketentechnik in Deutschland. Ein Netzwerk aus Militär, Industrie und Hochschulen 1930 bis 1945, Frankfurt am Main 2006, S. 27–40; für die Robotik vgl. Daniel Ichbiah: Roboter: Geschichte – Technik – Entwicklung, München 2005; Museumsstiftung Post und Telekommunikation (Hg.): Die Roboter kommen: Mensch, Maschine, Kommunikation, Heidelberg 2007.

66 Alexander T. C. Geppert: Introduction: Rethinking the Space Age: astroculture and technoscience, in: History and Technology 28 (2012) 3, S. 219–223, hier S. 219.

67 Thomas Hänseroth et al.: Hochmoderne Visionen und Utopien. Zur Transzendenz technisierter Fortschrittserwartungen, in: Uwe Fraunholz/Anke Woschech (Hg.): Technology Fiction. Technische Visionen und Utopien in der Hochmoderne, Bielefeld 2012, S. 11–24, hier S. 12.

Medien der Popularisierung im Allgemeinen und die Science-Fiction im Besonderen tendenziell als diskursives „Anhängsel" betrachtet.[68] Somit behandelt die um 2000 revitalisierte historische Zukunftsforschung das Genre – wenn sie ihm nicht gleich die Zukunftsfähigkeit in Gänze abspricht[69] – allenfalls kursorisch.[70]

Zu dieser in der Geschichtswissenschaft im Großen und Ganzen vorherrschenden Missachtung der Science-Fiction gesellt sich die tradierte und weiterhin verbreitete Berührungsangst gegenüber dem Spielfilm als Quelle. So wurde der Historikerzunft zu Recht lange Zeit eine generelle Bilderfeindlichkeit nachgesagt, die visuellen Medien nur eine illustrierende Funktion zubilligte. In der Tat dominieren bis heute Untersuchungen textlich überlieferter Quellenbestände. Unterdessen hat jedoch der in den Kulturwissenschaften vor nunmehr 20 Jahren ausgerufene „iconic", „visual" oder auch „pictorial turn",[71] in dessen Rahmen sich um die Etablierung einer (zunächst kunstgeschichtlich verankerten) Allgemeinen Bildwissenschaft bemüht wurde, auch in der Historiographie deutliche Spuren hinterlassen. Ausgehend von der Einsicht, dass mit dem Siegeszug der Bildmedien in die Alltagskultur, der in der zweiten Hälfte

---

68 Vgl. bspw. Themenschwerpunkt und Beitragsstruktur in U. Fraunholz/A. Woschech: Technology Fiction; für die Technikpopularisierung vgl. Lars Bluma et al. (Hg.): Technikvermittlung und Technikpopularisierung. Historische und didaktische Perspektiven, Münster 2004.

69 So der Doyen der historischen Zukunftsforschung Lucian Hölscher: Zukunftsliteratur ohne Zukunft. Wie dem Genre buchstäblich die Zeit ausgeht, in: Sascha Mamczak/Wolfgang Jeschke (Hg.): Das Science Fiction Jahr 2007, München 2007, S. 75–94. Hölschers Diagnose reiht sich ein in das gattungsgeschichtliche „Krisenjahrzehnt" der 2000er Jahre und kann inzwischen selbst einer Historisierung zugeführt werden. Es wäre sicherlich interessant zu erfahren, ob er angesichts des jüngsten Revivals der Science-Fiction sein Urteil revidierte.

70 Bspw. in L. Hölscher: Theoretische Grundlagen; J. Radkau: Geschichte der Zukunft; Elke Seefried: Zukünfte: Aufstieg und Krise der Zukunftsforschung 1945–1980, Berlin 2015, S. 35ff.

71 Instruktiv zur Genese dieser Konzepte sowie Möglichkeiten und Grenzen ihres Analysepotenzials für die Kulturwissenschaften vgl. Doris Bachmann-Medick: Iconic Turn, in: Dies.: Cultural Turns. Neuorientierungen in den Kulturwissenschaften, Reinbek bei Hamburg 2006, S. 329–380; zur Einordnung der Geschichtswissenschaften innerhalb des Iconic Turns vgl. Jens Jäger: Geschichtswissenschaft, in: Klaus Sachs-Hombach (Hg.): Bildwissenschaften. Disziplinen, Themen, Methoden, Frankfurt am Main 2005, S. 185–195; Heike Talkenberger: Historische Erkenntnis durch Bilder. Zur Methode und Praxis der Historischen Bildkunde, in: Hans-Jürgen Goertz (Hg.): Geschichte. Ein Grundkurs, 3. überarb. u. erw. Aufl., Reinbek bei Hamburg 2007, S. 88–103.

des 19. Jahrhunderts seine Anfänge nahm, visuelle Botschaften eine wesentliche Funktion in der Produktion und Kommunikation von historischem Wissen und historischer Erfahrung innehaben, werden Bilder zunehmend in ihrer Bedeutung als historische Quellen ernst genommen und ihr eigenständiger Beitrag zu einer (Re-)Konstruktion der Vergangenheit untersucht.[72] Der Schwerpunkt liegt jedoch gleichbleibend auf statischen Bildern – wie dem Gemälde, der Karikatur, dem Plakat, und insbesondere der Fotografie.[73] Die Beschäftigung mit bewegten, also filmischen Bildern stellt bis heute eine besondere Herausforderung für die historische Forschung dar – egal, ob es sich dabei um zufällige Überreste oder in dokumentarischer Absicht erfolgte Aufnahmen (also Filmdokumente), um Dokumentarfilme, Unterrichtsfilme, Doku-Dramen oder die auch hier besonders interessierenden Spielfilme handelt.[74] Diesbezügliche Schwierigkeiten lassen sich bis zu den Anfängen des Films zurückverfolgen: Als dieser Ende des 19. Jahrhunderts aufkam, verfügten die gleichfalls noch jungen Geschichtswissenschaften bereits über ein festes Raster an Instrumentarien und Methoden zur historischen Quellenkritik, in welches sich dieses neue Medium schlechterdings nicht fügte. Auch der flüchtige und gleichzeitig komplexe Charakter der Filmbilder sowie deren primäre Wirkung im Bereich des Emotionalen und Unbewussten bereiten den vorzugsweise stabilitäts- und kausalitätsorientierten Geschichtswissenschaften besondere methodische Schwierigkeiten.[75] Darüber hinaus befinden sich gerade Spielfilme in ihrer Eigenschaft als „Mythomotoren" in direkter Konkurrenz zur Geschichtsschreibung. Sie

> „betreiben Geschichtspolitik, da sie in ihrer narrativen Struktur einer Geschichtserzählung gleichen. Beide – Historiografie und Spielfilm – organisieren den Diskurs über die

---

72 Eine Vielfalt an Untersuchungsperspektiven und -Gegenständen bietet der Sammelband von Gerhard Paul (Hg.): Das Jahrhundert der Bilder, 2 Bde.: Bildatlas I: 1900–1949, II: 1949 bis heute, Göttingen 2008–2009; vgl. auch diverse Fallstudien in Ders. (Hg.): Visual History. Ein Studienbuch, Göttingen 2006.

73 Vgl. Gerhard Paul: Visual History, Version: 3.0, in: Docupedia-Zeitgeschichte vom 13.03.2014, online unter https://docupedia.de/zg/Visual_History_Version_3.0_Gerhard_Paul#cite_ref-4 (Abruf: 19.03.2018).

74 Zu den möglichen Einteilungskriterien von filmischen Bildern vgl. Peter Meyers: Film im Geschichtsunterricht, in: Geschichte in Wissenschaft und Unterricht 52 (2001) 4, S. 246–259, hier S. 248–253. Zur Unterscheidung von filmischer Dokumentation und Fiktion vgl. Knut Hickethier: Film- und Fernsehanalyse, Stuttgart 2007, S. 181ff.

75 Vgl. Günter Riederer: Film und Geschichtswissenschaft. Zum aktuellen Verhältnis einer schwierigen Beziehung, in: G. Paul: Visual History, S. 96–113, hier S. 101f.

Vergangenheit und reklamieren jeweils für sich, Experte für die kollektive Erinnerung zu sein."[76]

Die Beschäftigung mit der „historischen Korrektheit" und Genauigkeit des Dargestellten bildete innerhalb des Fachs für Jahrzehnte den noch am ehesten anerkannten und entsprechend häufig praktizierten Zugang zum (historischen) Spielfilm.[77] Dieser enge und auch irreführende Fokus wurde seit den späten 1980er Jahren abgelöst zugunsten einer Betrachtung filmischer Bilder hinsichtlich ihres Einflusses auf Vorstellungswelten und Imaginationen der Vergangenheit, mithin ihrer Funktion als geschichtsvermittelndes Gedächtnismedium. Folgerichtig steht der historische Spielfilm (bzw. Historienfilm) im Mittelpunkt der geschichtswissenschaftlichen wie auch der -didaktischen Forschung, die gerade in den letzten Jahren eine Bandbreite an vorzugsweise rezeptionsanalytisch orientierten Untersuchungen hervorbrachte.[78]

---

76 Vgl. ebd., S. 101. Zum narrativen Charakter der Geschichtsschreibung vgl. grundlegend Hayden White: Metahistory. The Historical Imagination in Nineteenth-Century Europe, Baltimore u. a. 1974.

77 Vgl. P. Meyers: Film, S. 247 sowie Gisela Mettele: Geschichte in bewegten Bildern. Historisches Arbeiten mit Dokumentar- und Spielfilmen, in: Dieter Hein et al. (Hg.): Historie und Leben. Der Historiker als Wissenschaftler und Zeitgenosse. Festschrift für Lothar Gall zum 70. Geburtstag, München 2006, S. 287–299, hier S. 293; Marc Ferro: Gibt es eine filmische Sicht der Geschichte, in: Rainer Rother (Hg.): Bilder schreiben Geschichte. Der Historiker im Kino, Berlin 1991, S. 17–36, hier S. 17. Zur Kritik am Erkenntniswert dieser Herangehensweise vgl. Martin Gronau: Der Film als Ort der Geschichts(de)konstruktion. Reflexionen zu einer geschichtswissenschaftlichen Filmanalyse, in: AEON – Forum für junge Geschichtswissenschaft 1 (2009), S. 18–39, hier S. 28f. Ein breites Spektrum der Analyse filmischer Authentizitätsfiktionen bietet das Sonderheft der Österreichischen Zeitschrift für Geschichtswissenschaften 24 (2013) 3: Die Wahrheit des Films/Cinema's Truth.

78 Vgl. P. Meyers: Film, S. 250f. Zur Geschichtsdidaktik vgl. u. a. Geschichte in Wissenschaft und Unterricht 64 (2013) 7–8: Geschichte im Film (Themenheft); Waltraud Schreiber (Hg.): Geschichte im Film. Beiträge zur Förderung historischer Kompetenz, Neuried 2006; sowie Richard Rongstock: Film als mentalitätsgeschichtliche Quelle. Eine Betrachtung aus geschichtsdidaktischer Perspektive, Berlin 2011. In den deutschen Geschichtswissenschaften liegt, hier dem Schwerpunkt der öffentlichen Erinnerungskultur und Geschichtspolitik folgend, der epochenspezifische Fokus auf filmische Verarbeitungen des Nationalsozialismus im Allgemeinen und des Holocaust im Besonderen; vgl. bspw. den eindeutigen Schwerpunkt in Petra Rösgen/Juliane Steinbrecher (Hg.): Inszeniert – Deutsche Geschichte im Spielfilm, Berlin 2016; ähnlich auch die zahlreichen Fallstudien der Rubrik „Film & TV" des Internet-Fachportals Zeitgeschichte-online, online unter http://www.zeitgeschichte-online.de/film (Abruf: 19.02.2018).

Aufgrund dieses aus geschichtswissenschaftlicher Perspektive vollkommen verständlichen Fokus bleibt die Beschäftigung mit vergangenen Zukünften im Medium des Spielfilms inklusive ihrer Historizität und Historiographie mehrheitlich den Medien- und Filmwissenschaften überlassen.[79] Dies betrifft auch die Forschung zum deutschen Science-Fiction-Kino im Allgemeinen und zum Zukunftsfilm im Besonderen. Zu ersterem ist der Diagnose des Literaturwissenschaftlers Hans-Edwin Friedrich beizupflichten:

> „Eine zusammenhängende Geschichte des utopischen bzw. SF-Kinos in Deutschland läßt sich kaum schreiben, weil es nur punktuell solche Filme gibt und aufgrund zunehmender internationaler Verflechtung der Filmindustrie vom Konzept eines nationalen Kinos nicht mehr sinnvoll auszugehen ist […].“[80]

Die entsprechend wenigen über den lexikalischen Eintrag hinausgehenden Beiträge zu einer chronologisch verfahrenden Historiographie der deutschen Science-Fiction-Filmproduktionen verweigern sich für die Zeit nach 1945 auffallend einer vergleichenden deutsch-deutschen Perspektive, indem sie allein das bundesdeutsche Kino betrachten und den DDR-Spielfilm vollständig ausklammern, dahingehend bestenfalls auf entsprechende Forschungsarbeiten verweisen.[81] Eine Ausnahme bildet die Übersicht von Lutz Koepnick, der die filmästhetische Spezifität der Zukunftsfilme der späten 1920er und frühen 1930er Jahre (beginnend mit Fritz Langs letztem Stummfilm Frau im Mond von 1929) in den Mittelpunkt seiner Überlegungen stellt und deren bis in die technischen Nova sich einschreibende Gegenwartsverhaftung als eine zentrale Misere der deutschen Science-Fiction-Filmgeschichte ausmacht.[82] Eine ähnliche Diagnose stellt auch Tobias Haupts dieser Filmkohorte aus.[83]

---

79 Vielfältige Perspektiven auf die historischen Dimensionen des Science-Fiction-Films finden sich in Delia González de Reufels et al. (Hg.): Die Zukunft ist jetzt. Science-Fiction-Kino als audio-visueller Entwurf von Geschichte(n), Räumen und Klängen, Berlin 2016.

80 H.-E. Friedrich: Science-fiction, S. 227.

81 So bei T. Haupts: The empty Sky sowie in der Magisterarbeit von Bernd Perplies, die sich zwar erklärtermaßen „auf die Suche nach dem vernachlässigten Genre des deutschen Science-Fiction-Films“ begeben will, hierfür aber das DDR-Kino als Fußnote der Geschichte abhandelt; vgl. Bernd Perplies: Der deutsche Science-Fiction-Film. Annäherungen an ein vernachlässigtes Genre. Magisterarbeit, München 2006, S. 4f., S. 11.

82 Vgl. Lutz Koepnick: The Limits of Futurity: German Science-Fiction Film over the Course of Time, in: Jaimey Fisher (Hg.): Generic histories of German cinema. Genre and its deviations, Rochester, NY 2013, S. 116–148.

83 Vgl. T. Haupts: The empty Sky, S. 69.

Die deutschen Zukunftsfilme der 1930er Jahre sind seit den 1970er Jahren Gegenstand filmwissenschaftlicher Untersuchungen. Innerhalb der bundesdeutschen Forschung dominierten zunächst ideologiekritische Ansätze, die diesen Korpus, einschließlich des Weimarer Films F.P.1 ANTWORTET NICHT, als propagandistisch-faschistoide Machwerke verstanden.[84] Solchermaßen urteilten die Filmkritiker Kraft Wetzel und Peter Hagemann in ihrem Sammelband zum Phantastischen Film im Nationalsozialismus, indem sie die Science-Fiction per se als „stockreaktionäres Genre der populären Literatur", als „anti-utopisches Genre schlechthin" bewerteten, „insofern die Entfaltung emanzipatorischer Phantasie unmöglich gemacht wird durch eine kontemplative Passivität"[85], und dieses pauschale Urteil auf die von ihnen besprochenen Spielfilme übertrugen.[86] Trotz starker Polemik und auch vereinzelt unsauberer Quellenarbeit stellt dieser Sammelband für einen ersten Zugang zum Thema weiterhin eine wichtige Grundlage dar.

Neben diesen Gesamtbetrachtungen existieren einige Einzelstudien jüngeren Datums, die jedoch allesamt eine technikgeschichtliche Perspektive, die das Verhältnis von realgeschichtlicher Technikentwicklung und ihrer fiktionalen Anverwandlung untersucht, bis auf wenige kursorische Hinweise ausklammern.

Die stärkste filmanalytische Aufmerksamkeit bei größter Spannbreite an Interpretationen hat F.P.1 ANTWORTET NICHT erfahren. Die Deutungen reichen von der Verarbeitung eines vom imperialistischen Expansionismus geprägten deutschen Zeitgeistes[87] über sichtbare Anleihen beim reaktionären Modernismus à la

---

84 Vgl. Manfred Nagl: Science fiction. Ein Segment populärer Kultur im Medien- und Produktverbund, Tübingen 1981, S. 81. Diesem Urteil lag u. a. ein veralteter, undifferenzierter Faschismusbegriff zugrunde, vgl. hierzu Fernando Esposito: Faschismus – Begriff und Theorien, Version: 1.0, in: Docupedia-Zeitgeschichte vom 06.05.2016, online unter http://docupedia.de/zg/esposito_faschismus_v1_de_2016 (Abruf: 21.02.2018).

85 Kraft Wetzel: Liebe, Tod und Technik. Utopie und NS-Ideologie im Phantastischen Kino des Dritten Reiches, in: Ders./Peter A. Hagemann (Hg.): Liebe, Tod und Technik. Kino des Phantastischen 1933–1945, Berlin 1977, S. 7–41, hier S. 25.

86 Zu den in dieser Arbeit analysierten Spielfilmen DER TUNNEL, GOLD, DER HERR DER WELT und DIE WELT OHNE MASKE wurde von Wetzel und Hagemann auch EIN UNSICHTBARER GEHT DURCH DIE STADT genauer besprochen, vgl. ebd., S. 21–24. Da in diesem Zukunftsfilm der Ingenieur als Nebenfigur nur einen kurzen Auftritt hat, wurde er nicht in die vorliegende Untersuchung miteinbezogen; vgl. EIN UNSICHTBARER GEHT DURCH DIE STADT. Regie, Drehbuch, Produktion: Harry Piel, Ariel-Film GmbH, Deutschland 1933. DVD, Koch Media GmbH 2009, Laufzeit: 98 min.

87 Vgl. Stefanie Harris: Calling the Nation: Karl Hartl's F.P.1 antwortet nicht (1932), in: South Central Review 29 (2012) 1/2, S. 21–40.

Jeffrey Herf[88] bis hin zum „Beitrag zur faschistischen Modernisierung Deutschlands".[89] Darüber hinaus wurden neben Ausführungen zu Einsatz und Funktion der Filmmusik im frühen Tonfilm[90] die überlieferte deutsche und englische Sprachversion (die französische gilt als verschollen) insbesondere hinsichtlich der Ausprägungen verschiedener nationaler Stereotype in der Figurenzeichnung miteinander verglichen.[91] Über diesen Ansatz deutlich hinausgehend verfährt Jay P. Telotte, der anhand einer systematischen Kontrastierung der beiden Fassungen die für das Science-Fiction-Kino der frühen Tonfilmphase aufscheinende Problematik der Entfaltung einer übernational gültigen Bildsprache aufzeigen will.[92] Seine Analyse verkennt allerdings, dass es mit einer britischen und einer US-Variante genau genommen zwei englischsprachige Versionen gab; zudem hält er die ihm vorliegende US-Fassung fälschlicherweise für die britische.[93] Ein aus den gleichen Gründen bestehendes Defizit ist auch für die Analyse Stefanie Harris' zu konstatieren, die sich in Teilen ebenfalls auf einen Sprachversionsvergleich stützt.[94] Die vorliegende Arbeit konnte hingegen neben der auf DVD veröffentlichten US-Fassung auch auf eine der Friedrich-Wilhelm-Murnau-Stiftung

88 Dieses Urteil nicht weiter begründend vgl. Thomas Elsaesser: Moderne und Modernisierung. Der deutsche Film der dreißiger Jahre, in: montage/av. Zeitschrift für Theorie und Geschichte audiovisueller Medien 3 (1994) 2, S. 25–40, hier S. 32.

89 Klaus Kreimeier: Karl Hartl: Homo faber und Visionär, in: Ruth Beckermann (Hg.): Ohne Untertitel. Fragmente einer Geschichte des österreichischen Kinos, Wien 1996, S. 31–51, hier S. 44.

90 Vgl. Matthias Hurst: „Piloten ist nichts verboten" und „Jede Nacht ein neues Glück": Unterhaltungskino und Filmmusik im Spannungsfeld ideologischer Werte, in: Christoph Henzel (Hg.): Musik im Unterhaltungskino des Dritten Reichs, Würzburg 2011, S. 41–76; Fred Ritzel: „...vom Paradies ein gold'ner Schein" – Schlagerpräsentationen im Tonfilm der Weimarer Republik, in: Helmut Rösing (Hg.): Populäre Musik zur Zeit der Weimarer Republik. Beiträge zur Popularmusikforschung, Freiburg 1995, S. 157–180.

91 Vgl. Uta Berg-Ganschow: Deutsch, Englisch, Französisch, in: Wolfgang Jacobsen (Hg.): Babelsberg. 1912 ein Filmstudio 1992, Berlin 1992, S. 169–174; C. Wahl: Sprachversionsfilme, S. 224.

92 Vgl. Jay P. Telotte: F.P.1 and the Language of a Global Science Fiction Cinema, in: Jennifer L. Feeley/Sarah Ann Wells (Hg.): Simultaneous Worlds. Global Science Fiction Cinema, London u. a. 2015, S. 103–118.

93 Dies lässt sich anhand seiner Angaben zu Filmlänge und Szenenfolge einwandfrei nachweisen.

94 Vgl. S. Harris: Calling the Nation. Chris Wahl und Uta Berg-Ganschow geben nicht an, auf welche der beiden englischsprachigen Versionen sie sich beziehen; allerdings ist dies bei der von ihnen verfolgten Fragestellung tatsächlich auch vernachlässigbar.

vorliegende Kopie der britischen Version zurückgreifen und damit beide Varianten erstmals einer vergleichenden Betrachtung unterziehen.

Während Bernhard Kellermanns Roman *Der Tunnel* (1913) innerhalb der deutschen Literaturwissenschaften vertieft untersucht wurde,[95] sind seine Verfilmungen bisher nur partiell in den Fokus filmwissenschaftlicher oder -historischer Untersuchungen gerückt. Insgesamt sind drei Kinofilme überliefert: Der Tunnel (1915) unter der Regie William Wauers, Kurt Bernhardts Der Tunnel (1933), von dem unter dem Titel Le Tunnel auch eine französische Sprachversion existiert, sowie mit The Tunnel resp. Transatlantic Tunnel (1935) eine britische Variante des Regisseurs Maurice Elvey.[96] Die bisher gründlichste Studie zu der Verfilmung von 1933, die auch in dieser Arbeit den Schwerpunkt der Analyse bilden wird, legt Lutz Koepnick vor.[97] Abgesehen von einigen diesbezüglichen Randbemerkungen verzichtet er jedoch auf einen systematischen Vergleich der deutschen und der französischen Fassung, obwohl der Quellenzugang dies durchaus ermöglicht hätte. Zu den Kino-Filmen von 1915 bzw. 1935 existiert nur wenig Forschungsliteratur. Dahingehend instruktiv und gleichzeitig unterhaltsam geschrieben ist die 2016 erschienene Untersuchung

---

95 Weiterhin grundlegend hierzu die Studie von Harro Segeberg: Zur Verschwisterung von Technik und Ökonomie II. Bernhard Kellermanns Roman ‚Der Tunnel' (1913) als fordistische Utopie, in: Ders.: Literarische Technik-Bilder. Studien zum Verhältnis von Technik- und Literaturgeschichte im 19. und frühen 20. Jahrhundert, Tübingen 1987, S. 173–208. Vgl. auch in Abgrenzung dazu die diesbezüglichen Anmerkungen von R. Leucht: Figur des Ingenieurs, S. 300–305. Neben ebenso zahlreichen wie knapp gehaltenen Erwähnungen des Romans in übergreifenden Studien zur Geschichte der deutschen Zukunftsliteratur bieten weiterhin folgende Arbeiten ausführliche Einzelanalysen an: D. Brandt: Zukunftsroman, S. 69–76; Curt Riess: Bernhard Kellermann schreibt der Tunnel, in: Ders.: Bestseller. Bücher, die Millionen lesen, Hamburg 1960, S. 93–107; Werner Fuld: Bis an die Knöchel im Geld. Werner Fuld über Bernhard Kellermann: Der Tunnel (1913), in: Marcel Reich-Ranicki (Hg.): Romane von gestern – heute gelesen, Frankfurt am Main 1989, S. 180–186; C. Miloradovic-Weber: Erfinderroman, S. 113–171; Ulrich Kittstein: Der Erfinder als Messias und das eiserne Gesetz der Arbeit. Zukunftsvisionen in den Science-Fiction-Romanen von Hans Dominik und Bernhard Kellermann, in: Sprachkunst 36 (2005) 1, S. 127–145, hier S. 135–145.

96 Vgl. The Tunnel [Transatlantic Tunnel]. Regie: Maurice Elvey, Drehbuch: Curt Siodmak et al., Produktion: Gaumont British Picture Corporation, Großbritannien 1935. Internet Archive vom 18.03.2011, CC0 1.0 Universal Public Domain Dedication, online unter https://archive.org/details/transatlantic_tunnel (Abruf: 03.03.2018), Laufzeit: 93 min [im Folgenden: TT].

97 Vgl. Lutz Koepnick: Screening Fascism's Unterground: Kurt Bernhardt's The Tunnel, in: New German Critique 74 (1998), S. 151–178.

zu frühen Film-Thrillern von John T. Soister und Henry Nicolella, die diesen beiden Verfilmungen ein eigenes Kapitel widmen. Dabei verzichten sie jedoch auf einen systematischen Vergleich und gehen auf die 1933er Verfilmung nur kursorisch ein. Zudem bedingt der feuilletonistische Stil eine nachlässige Belegpraxis.[98] Außerhalb dieser jüngsten Veröffentlichung besitzt DER TUNNEL (1915) in den einschlägigen Lexika des Science-Fiction-Films nicht einmal einen eigenen Eintrag, sondern wird, wenn überhaupt, nur kurz im jeweiligen Artikel zur 1933er Verfilmung erwähnt.[99] Dies ist der lange Zeit desolaten Quellenlage geschuldet: Die wenigen vorliegenden, vorwiegend aus zeitgenössischen Filmzeitschriften stammenden Werbematerialien, Berichterstattungen und Rezensionen liefern hinsichtlich der Produktionsgeschichte zum Teil widersprüchliche Informationen. Zudem ist bei der Friedrich-Wilhelm-Murnau-Stiftung nur ein Fragment erhalten, das erst ab dem dritten Film-Akt beginnt und damit für eine Analyse ungeeignet ist; eine identische Kopie kann im Bundesarchiv Berlin (Abteilung Filmarchiv) gesichtet werden. Erst 2015 wurde der Film durch das Münchner Filmmuseum anhand einer in Moskau wiederentdeckten Export-Vorführfassung restauriert und auf einigen Filmfestivals aufgeführt.[100] Viele Details, wie Nachkolorierungen und Einfügen von Zwischentiteln, sind vom verantwortlichen Leiter der Restauration und Direktor des Filmmuseums, Stefan Drößler, nach umfassender Quellenrecherche und -auswertung und sorgfältiger Rücksichtnahme auf die Gepflogenheiten des frühen Stummfilms vorgenommen worden. Dessen ungeachtet wurde bei der Rekonstruktion die Handlungslogik des Films vorsichtig „geglättet", sodass sich an einigen Stellen divergierende Handlungsabläufe hinsichtlich der Münchener Fassung und der Kopie der Friedrich-Wilhelm-Murnau-Stiftung (vom vergleichbaren dritten Akt

---

98 Vgl. John T. Soister/Henry Nicolella: Down from the Attic. Rare Thrillers of the Silent Era through the 1950s, Jefferson, NC 2016, S. 7–19 [Kapitel *Der Tunnel; Transatlantic Tunnel*].

99 Z. B. in R. Hahn/V. Jansen: Heyne-Lexikon, S. 939–842, hier S. 841. Weder in der Science-Fiction-Enzyklopädie von Phil Hardy, die ansonsten gründlich die Frühphase des Kinos abhandelt, noch bei Georg Seeßlens und Fernand Jungs Standardwerk zur Geschichte des Science-Fiction-Films findet die Wauer-Verfilmung überhaupt Erwähnung; vgl. P. Hardy: Science Fiction, S. 52ff. (= Die Frühen Jahre: 1915); G. Seeßlen/F. Jung: Science Fiction.

100 Erstmals auf dem *Festival Le Giornate del Cinema Muto* (GCM), Pordenone (Italien) am 05.10.2015. Eine DVD-Veröffentlichung ist aufgrund der unsicheren Urheberrechtslage nicht in Sicht, vgl. Stefan Droessler: Der Tunnel, in: Festival El Giornate Del Cinema Muto/Catherine A. Surowiec (Hg.): Festival El Giornate Del Cinema Muto 34, 03.–11. Ottobre 2015, Catalogo, Spilimbergo 2015, S. 202–205.

an) ergeben. In der diesbezüglichen Analyse wird, wenn notwendig, auf diese Abweichungen hingewiesen. Eine „authentische" Restaurierung ist aufgrund der weiterhin schwierigen Quellenlage hinsichtlich des überlieferten Filmmaterials ohnehin nicht möglich.

Die britische Verfilmung TRANSATLANTIC TUNNEL (1935) wird in der Literatur manchmal als die englische Sprachversion der 1933er Fassung ausgegeben und sogar fälschlicherweise die Verwendung von diesbezüglichem Filmmaterial konstatiert.[101] Der Film von Maurice Elvey stellt jedoch in jeder Hinsicht ein eigenständiges Produkt dar, das außerdem am stärksten von der Romanvorlage abweicht. Ein Artikel Jay P. Telottes zum Einsatz der futuristischen Medientechnologie des Fernsehens in Science-Fiction-Filmen der 1920er und 1930er Jahre bezieht auch TRANSATLANTIC TUNNEL in die Analyse ein. Der britische Film- und Kulturhistoriker Jeffrey Richards widmet in seiner Studie zur britischen Filmindustrie der 1930er Jahre dem Film eine knappe Seite, auf der er dessen technizistisch grundierte Friedensbotschaft betont. Darüber hinaus hat abzüglich der bereits erwähnten Ausführungen von Soister und Nicolella eine vertiefende Untersuchung dieses Films bisher noch nicht stattgefunden.[102]

Auch bei GOLD gilt die französische Sprachversion als verschollen; somit erübrigt sich ein diesbezüglicher Vergleich. Zur deutschen Fassung war wiederum für Jahrzehnte nur eine im Vergleich zur Originalfassung um ca. 15 min gekürzte Version im Umlauf.[103] Durch die per Zensurkarte überlieferte Inhaltsangabe ließ sich jedoch grob nachvollziehen, welche Szenen fehlten.[104] Im November 2018 veröffentlichte die Friedrich-Wilhelm-Murnau-Stiftung eine neu restaurierte, nahezu vollständige Fassung mit 114 min Laufzeit[105] und sehr guter Bildqualität; das zwölfseitige DVD-Booklet enthält leider keine weiteren

---

101 Letzteres bei Andrew Higson: ‚A Film League of Nations': Gainsborough, Gaumont-British and ‚Film Europe', in: Pam Cook (Hg.): Gainsborough Pictures, London u. a. 1997, S. 60–79, hier S. 74.

102 Vgl. Jay P. Telotte: Lost in space. Television as Science Fiction Icon, in: Journal of Popular Film and Television 33 (2006) 4, S. 178–186; Jeffrey Richards: Age of the Dream Palace: Cinema and Society in 1930s Britain, New York 2010, S. 285.

103 Vgl. GOLD. VHS-Kassette, EuroVideo Medien GmbH 1990, Laufzeit: 105 min. Die Originallaufzeit des Films betrug ca. 120 min, vgl. M. Hobsch: Gold, S. 336.

104 Vgl. Film-Prüfstelle: Gold, Prüf-Nr. 47169 vom 29.12.1937, BArch, Microfiche-Nr. 1440.

105 Laut Filmvorspann der aktuellen DVD-Fassung, in dem die digitale Restaurierung kurz erläutert wird, liegt mit dieser nun die vollständige Überlieferung des Films vor, vgl. Gold, 00:00:09f. Die differierenden Längenangaben zwischen Originalfassung und digitaler Restaurierung kommen wohl durch unterschiedliche Abspielgeschwindigkeiten zustande.

Erläuterungen zum filmgeschichtlichen Werdegang der verschiedenen Formate, dafür einen ausführlichen Filmkommentar von Georg Seeßlen.[106]

Nur noch als Quelle zu gebrauchen sind die Ausführungen von David Stewart Hull, der nicht nur eine bemerkenswert verzerrte Inhaltsangabe, sondern mit einer in ihrem Sensationsgehalt äußerst zweifelhaften Anekdote eine sich bis heute hartnäckig haltende Legende zur Rezeptionsgeschichte des Films schuf.[107] Die ausführlichste Filmanalyse liefert bisher Linda Schulte-Sasse in ihrer Studie zum Spielfilm im „Dritten Reich", die in Anlehnung an psychoanalytisch-kulturtheoretische Konzeptionen Jacques Lacans und Slavoj Žižeks die diesem Zukunftsfilm inhärenten Anleihen zu einer Symboltheorie des Geldes untersucht. Die ausbleibende Quellenkritik – der Inhalt der in der gekürzten Filmfassung fehlenden Szenen wird von Schulte-Sasse nicht abgeglichen – führt allerdings zu einer Überinterpretation, auf die an entsprechender Stelle eingegangen wird.[108] Auf die Mittlerposition des Ingenieurs im verhandelten Klassendiskurs hat Thomas Elsaesser kursorisch verwiesen.[109]

Reichliches Material zu den Produktionshintergründen und zur Rezeptionsgeschichte von Der Herr der Welt und Die Welt ohne Maske bietet die quellengesättigte Harry-Piel-Biographie des Filmschaffenden Matias Bleckman. Gleichwohl fehlt ihm die nötige quellenkritische Distanz zu seinem Untersuchungsgegenstand; so wertet er Aussagen von Zeitzeugen und überlieferte Ego-Dokumente Piels als Ausdruck historischer Wahrheit. Die hagiographische Tendenz, die insbesondere bezüglich Piels Wirken während der Zeit des Nationalsozialismus exkulpatorische Züge annimmt, schlägt sich auch in seinen filmanalytischen Ausführungen nieder, die diese beiden Zukunftsfilme beinahe zu einem widerständigen Akt stilisieren.[110] Als richtungsweisender Beitrag sind hingegen die beiden Studien von Florentine Strzelczyk anzusehen, die diese Deutung einer apolitisch-ideologiefreien bzw. gar subversiven Lesart mit Rückgriff auf Herfs Konzept des reaktionären Modernismus kritisch revidiert.[111]

---

106 Vgl. Georg Seeßlen: Karl Hartls „Gold", in: Concorde Home Entertainment (Hg.): Gold. Ein Film von Karl Hartl [DVD-Booklet], Grünwald 2018, o. S.

107 Vgl. David Stewart Hull: Film in the Third Reich. A Study of the German Cinema 1933–1945, Berkeley, Los Angeles 1969, S. 56ff.

108 Vgl. Linda Schulte-Sasse: Entertaining the Third Reich. Illusions of wholeness in Nazi cinema, Durham, NC 1996, S. 246–253.

109 Vgl. T. Elsaesser: Moderne und Modernisierung, S. 32f.

110 Vgl. Matias Bleckman: Harry Piel. Ein Kino-Mythos und seine Zeit, Düsseldorf 1992, S. 242–265.

111 Vgl. Florentine Strzelczyk: Motors and Machines, Robots and Rockets. Harry Piel and Sci-Fi Film in the Third Reich, in: German Studies Review 27 (2004) 3, S. 543–561

Wenngleich außerhalb der erwähnten bauwirtschaftlichen Studie keine nennenswerten Untersuchungen zur Filmfigur des Ingenieurs existieren, so bieten doch Untersuchungen zur Ingenieursfigur in der deutschsprachigen Literatur und zu literarischen Selbstzeugnissen dieser Berufsgruppe für die vorliegende Arbeit weitere Anknüpfungspunkte.[112] Ebenso bezeugt ein diesbezüglicher Vergleich von Studien zur belletristischen Science-Fiction zwischen verschiedenen literaturgeschichtlichen Epochen und Kontexten ein gleichbleibendes Merkmal: der Konnex dieser Figur mit Machbarkeitsglauben und innerweltlichen Allmachtsphantasien.[113] Eine Kontrastierung zur ungleich negativer konnotierten Figur des Wissenschaftlers bestätigt sich nicht nur für fiktionale, sondern auch für mediale Darstellungen und Fremdbilder.[114]

Einen weiteren, oftmals erstgewählten Zugang zu Film-Produktionsdaten, weiterführenden Informationen und Quellenmaterialien bilden diverse Lexika zur Science-Fiction-Filmgeschichte. Hierbei erweist sich allerdings grundlegend

---

sowie Dies.: Innocent Action and Splendid Spectacle: Fascism and Entertainment in Harry Piel's Movie Die Welt ohne Maske (1934), in: The German Quarterly 77 (2004) 4, S. 427–442.

112 Vgl. Harro Segeberg: Technik-Bilder in der Literatur des zwanzigsten Jahrhunderts, in: Ders.: Technik in der Literatur. Ein Forschungsüberblick und zwölf Aufsätze, Frankfurt am Main 1987, S. 411–435; Katja Schwiglewski: Erzählte Technik. Die literarische Selbstdarstellung des Ingenieurs seit dem 19. Jahrhundert, Köln u. a. 1995; Christiane Todrowski: Bürgerliche Technik-„Utopisten": Ein Beitrag zur Funktion von Fortschrittsoptimismus und Technikeuphorie im bürgerlichen Denken des 19. Jahrhunderts, Münster 1996; Sigrid Lange: Ingenieure ohne Eigenschaften und die Philosophie der Technik in der Literatur der Moderne, in: H.-L. Dienel: Optimismus der Ingenieure, S. 129–152; C. Miloradovic-Weber: Erfinderroman; R. Leucht: Figur des Ingenieurs.

113 Für den Ingenieur im amerikanischen Pulp der 1930er und 1940er Jahre vgl. R. Luckhurst: Engineer Paradigm, S. 75; für die nahezu messianisch aufgeladene Bedeutung des Ingenieurs im deutschen Zukunftsroman vgl. Luke Springman: Technikbegeisterung und nationale Machtphantasien: Science-Fiction und Sachliteratur in der Jugendliteratur der Weimarer Republik (Teil 1), in: Kinder- und Jugendliteraturforschung 13 (2007), S. 41–49; Robert Hahn: Der Erfinder als Erlöser – Führerfiguren im völkischen Zukunftsroman, in: Hans Esselborn (Hg.): Utopie, Antiutopie und Science Fiction im deutschsprachigen Roman des 20. Jahrhunderts, Würzburg 2003, S. 29–46; D. Brandt: Zukunftsroman.

114 Vgl. Glen Scott Allen: Master mechanics & wicked wizards. Images of the American scientist as hero and villain from colonial times to the present. Amherst, Mass 2009; David C. Beardslee/Donald D. O'Dowd: The College-Student Image of the Scientist, in: Science-Fiction Studies 133 (1961), S. 997–1001.

als Problem, dass diese Enzyklopädien Angaben aus älteren Werken zumeist ungeprüft übernehmen und somit fehlerhafte Inhaltsangaben, inkorrekte produktionstechnische Daten und auch kolportierte Legenden und unbewiesene Anekdoten über Jahrzehnte hinweg filmgeschichtlich perpetuiert werden. Darüber hinaus werden oftmals statt eigener Bewertungen auch Urteile aus älteren Lexikoneinträgen übernommen oder einfach zeitgenössische Filmkritiken wiedergegeben – manchmal sogar, ohne diese als solche zu kennzeichnen.[115]

Zur Sichtung der Spielfilme des Untersuchungskorpus standen unterschiedliche Zugänge zur Verfügung. Von den deutschsprachigen Versionen von F.P.1 ANTWORTET NICHT, DER TUNNEL (1933) und GOLD lagen im VHS- oder DVD-Format veröffentlichte Editionen vor; ebenso von LE TUNNEL und der US-Version von F.P.1 ANTWORTET NICHT. Für die britische Version SECRETS OF F.P.1 sowie das dortig vorliegende Fragment von DER TUNNEL (1915) verlieh die Friedrich-Wilhelm-Murnau-Stiftung DVD-Kopien ihres Archivmaterials. Die vollständig restaurierte Fassung von DER TUNNEL (1915) wurde im Filmmuseum München vor Ort gesichtet. Der britische Spielfilm TRANSATLANTIC TUNNEL steht unter Creative-Commons-Lizenz, wenngleich in schlechter Ton- und Bildqualität, auf dem digitalen Bibliotheksportal *Internet Archive* zur Verfügung. Die beiden Harry-Piel-Filme DER HERR DER WELT und DIE WELT OHNE MASKE wurden im Filmarchiv Wiesbaden des Deutschen Filminstituts e. V. resp. im Bundesarchiv Berlin gesichtet. Von beiden letztgenannten Institutionen konnte zudem der zum Filmkorpus vorliegende Quellenbestand (v. a. Zensurkarten, Werbematerialien sowie Presseberichterstattung) ausgewertet werden.

1.3 Konzeptioneller Rahmen und Aufbau der Arbeit

> „Spielfilme […] sagen in der Tat mehr über das Geschichtsbild und die Mentalitäten ihrer Entstehungszeit als über die im Film dargestellte Zeit aus. Diese augenscheinlichen oder versteckten Botschaften sind in allen Filmarten, nicht nur in Geschichtsfilmen enthalten."[116]

---

115 Überaus anfällig für fehlerhafte oder gar völlig entstellte Inhaltsangaben ist die Science-Fiction-Enzyklopädie von Phil Hardy, die wiederum die Grundlage für die entsprechenden Einträge in Manfred Hobschs Enzyklopädie zum Spielfilm im Nationalsozialismus bildet. Dabei werden Textpassagen wortwörtlich und ohne Belegangabe übernommen; vgl. hierfür bspw. die entsprechenden Artikel zu DER HERR DER WELT in P. Hardy: Science Fiction, S. 96 und M. Hobsch: Film im Dritten Reich, S. 496f.

116 P. Meyers: Film, S. 252–253.

Unter mentalitätsgeschichtlicher Perspektive, die das „Ensemble der Weisen und Inhalte des Denkens und Empfindens, das für ein bestimmtes Kollektiv in einer bestimmten Zeit prägend ist“[117], untersucht, unterscheidet sich der spezifische Quellenwert des Zukunfts- resp. Science-Fiction-Films in der Tat nicht erheblich von dem des Historienfilms. Populäre Spielfilme, gleich welchen Genres, zielen als Erzeugnisse der Unterhaltungsindustrie auf ein Massenpublikum. Als „Spiegel und Verstärker der Populärkultur“[118], mithin Produkte wie Produzenten kollektiver Sinngebungen und Deutungsmuster, verarbeiten sie (dabei durchaus konträr zu etwaig beabsichtigten Intentionen) zeitgenössische Diskurse innerhalb der spezifischen Darstellungsform des Films. In Anlehnung an Siegfried Kracauer, freilich ohne dessen geschichtsteleologischen Impetus, können Spielfilme als Ausdruck bestimmter „Kollektivdispositionen“ verstanden werden, die Entschlüsselung „jene[r] Tiefenschichten der Kollektivmentalität“ zu einem fundierten Verständnis zeitgenössischer Problemlagen beitragen.[119] Der Gegenstand der historiographischen Filmanalyse, die untersucht, wie Vergangenheit im Medium des Spielfilms aufbereitet wird,[120] kann dem vorliegenden Erkenntnisinteresse und Genre gemäß transponiert werden: Statt der Geschichtsbilder des Historienfilms rücken nun die Zukunftsbilder des Science-Fiction-Films in den Fokus.

Die weiter oben vorgestellten Filme werden anhand ausführlicher Fallstudien untersucht. Als erster methodischer Ansatzpunkt dient das Modell der historischen Rezeptionsanalyse nach Helmut Korte, das die Berücksichtigung dreier Untersuchungsebenen erfordert: Mit der medienspezifischen Produktanalyse steht die differenzierte Auseinandersetzung mit dem Film selbst im Vordergrund (dessen Inhalt, formaler Aufbau, Gestaltungsmittel, Argumentationsweise und

---

117 Peter Dinzelbacher: Zur Theorie und Praxis der Mentalitätsgeschichte, in: Ders. (Hg.): Europäische Mentalitätsgeschichte: Hauptthemen in Einzeldarstellungen, Stuttgart 1993, S. XV–XXXVII, hier S. XXI.

118 Uwe Fraunholz: Baumeister der neuen Gesellschaft? Chemiker und chemische Industrie im DEFA-Spielfilm, in: Dresdener Beiträge zur Geschichte der Technikwissenschaften 31 (2006), S. 81–103, hier S. 82.

119 Siegfried Kracauer: Von Caligari zu Hitler. Eine psychologische Geschichte des deutschen Films, 3. Aufl., Frankfurt am Main 1995 [engl. Orig.: From Caligari to Hitler. A Psychological History of the German Film, Princeton 1947], S. 14, 12.

120 Vgl. Susanne Schattenberg: Als die Geschichte laufen lernte. Spielfilme als historische Quelle? Das Beispiel sowjetischer Werke der dreißiger Jahre (= Digitales Handbuch zur Geschichte und Kultur Russlands und Osteuropas), Dezember 2003, online unter http://epub.ub.uni-muenchen.de/566/1/schattenberg-film.pdf (Abruf: 26.02.2018), S. 2.

potenzielle Wirkung), auf deren Basis die Untersuchung des historisch-gesellschaftlichen Kontextes sowie des Rezeptionshintergrundes erfolgt. Korte selbst wies darauf hin, dass diese Anleitung als Idealmodell verstanden werden soll, welches je nach Fragestellung zu erweitern oder zu modifizieren ist.[121] So wird sich die vorliegende Arbeit auf der Ebene der Kontextanalyse, die die vielfältigen zeitgenössischen Bezüge des jeweiligen Films untersucht (den Stand der filmhistorischen Entwicklung, die Verhandlung des Themas in und intertextuelle Bezüge zu anderen Filmen und Medien, seine Bedeutung für Alltag und Lebenswelt des Publikums sowie seine kulturelle und gesellschaftliche Einbettung),[122] insbesondere den technikhistorischen Hintergründen widmen, also der Frage nach dem möglichen Beziehungsgeflecht zwischen den in den Zukunftsfilmen beheimateten Technikvisionen und der realen Wissenschafts- und Technikentwicklung. Dieser Wechselwirkung von Fakt und Fiktion kann jedoch ebenso auf der Ebene der Rezeptionsanalyse nachgegangen werden, indem untersucht wird, inwiefern und mit welchen Argumenten die in den Zukunftsfilmen präsentierten Nova als Bestandteile realistischer und glaubwürdiger versus utopistischer und unglaubwürdiger Szenarien verstanden bzw. verworfen wurden und welche Rollenzuschreibungen hierbei die Ingenieursfigur erfuhr. Allerdings ist die eingeschränkte Aussagekraft des vorliegenden Quellenmaterials zu beachten. Zwar liefern zahlreich vorliegende Werbematerialien der Produktionsfirmen – Programmhefte, Reklamevorschläge, Filmplakate und in Zeitungen und Zeitschriften veröffentlichte Darstellerporträts – wertvolle Anhaltspunkte zur *intendierten* Rezeption der Hersteller. Die Reaktion des breiten Kinopublikums und damit die generelle zeitgenössische Wirkung ist jedoch größtenteils nur gefiltert durch die Berichterstattung der kulturellen Deutungseliten – zumeist professionelle Filmkritiker_innen – zu erschließen, die oft allgemeine Hinweise auf den Erfolg des Films (neben Beobachtungen der Publikumsreaktion auch durch Angaben zu ausverkauften Häusern und Laufzeiten) liefern. Mikrohistorische Zugänge, die beispielweise durch Ego-Dokumente wie Briefe oder Tagebucheinträge Auskunft über das Urteil des allgemeinen Kinopublikums geben könnten, liegen hingegen nicht vor.

Schließlich wird auf der Ebene der Produktanalyse der technikhistorische Hintergrund in Bezug gesetzt zur filmischen Technikdarstellung und Figurencharakterisierung. Dabei wird erstere zum einen bezüglich der Inszenierung

---

121 Vgl. Helmut Korte: Einführung in die Systematische Filmanalyse, 4. neu bearb. u. erw. Aufl., Berlin 2010, S. 27ff.

122 Vgl. ebd., S. 28.

ihres Konstruktions- und Verwendungszusammenhangs und der dabei auftretenden Orte und Modi der Wissensproduktion, zum anderen hinsichtlich der damit einhergehenden Futurisierungs- und Defuturisierungstendenzen untersucht. Darauffolgend werden die Visualisierungen und Narrativierungen der Nova zu den jeweilig vorgefundenen Konzeptionen der Ingenieursfigur in Bezug gesetzt.

Auf der Ebene der Figurenanalyse wird neben den üblichen Analysebausteinen (Rollen, Typen, Stars, Setting und Konstellation)[123] zur Untersuchung der symbolischen Kodierung von Geschlecht mit dem Konzept der hegemonialen Männlichkeit ein zweiter methodischer Ansatzpunkt gewählt:

Die australische Soziologin und Erziehungswissenschaftlerin Raewyn Connell entwickelte seit den 1980er Jahren (noch unter dem Namen Robert Connell) diesen praxeologischen Ansatz einer kritischen Männerforschung in Auseinandersetzung mit dem Hegemoniekonzept Antonio Gramscis und gesellschaftskritischen Beiträgen der Psychoanalyse in dezidierter Abgrenzung zu essentialistisch-biologistischen wie sozialwissenschaftlich-funktionalistischen Konzepten der Geschlechterforschung sowie auch in kritischer Revision der in den 1990er Jahren aufkommenden diskurstheoretischen Ansätze. Prämisse ist, dass Männlichkeit weder eine essentialistisch monolithische noch eine überhistorisch stabile Größe darstellt. Sie ist ebenso wenig als Verhaltensdurchschnitt, Charakterzug oder Norm zu definieren, sondern vielmehr als eine historisch und kulturell variable Position im Geschlechterverhältnis, die sich im Wesentlichen in sozialer Interaktion herstellt. Dabei entwickeln sich bestimmte Formen von Männlichkeit immer in doppelter Relation: im Verhältnis von Männern gegenüber Frauen und von Männern untereinander.

Mit *Der gemachte Mann* ist für die deutsche Übersetzung ihres diesbezüglichen Standardwerkes ein Titel gewählt worden, der fast passender seinen Inhalt zusammenfasst als das mit *Masculinities* erstmals 1995 erschienene englische Original.[124] Denn sowohl die Genese des Gegenstands, dass männliche Subjekte gesellschaftlich konstituiert sind, als auch dessen soziopolitische Komponente kommen darin vor: Ein gemachter Mann ist vor allem einer, der mächtiger ist als andere – dessen Männlichkeit sich also hegemonial zu anderen Männlichkeiten

---

123 Vgl. Werner Faulstich: Grundkurs Filmanalyse, 3. aktual. Aufl., Paderborn 2013, S. 99–106; Jens Eder: Die Figur im Film. Grundlagen der Figurenanalyse, Marburg 2008.

124 Vgl. Raewyn Connell: Der gemachte Mann. Konstruktion und Krise von Männlichkeiten, 4. durchges. u. erw. Aufl., Opladen 2015 [engl. Orig.: Robert Connell: Masculinities, Cambridge 1995].

verhält. Macht und Herrschaft werden dabei von Connell nicht vorrangig als in Gewaltanwendung und -androhung fundiert begriffen, sondern die Bedeutung eines kulturell vermittelten, gleichsam impliziten Einverständnisses untergeordneter Gruppierungen mit ihrer Position hervorgehoben.[125] So sind Frauen zum einen an der (Re-)Produktion hierarchisch strukturierter Geschlechterverhältnisse aktiv beteiligt, zum anderen gibt es auch innerhalb untergeordneter Positionen gewisse Handlungsspielräume (*agency*). Vor diesem Hintergrund entwickelte Connell ein plurales und interdependentes Modell von Männlichkeit, das sowohl hinsichtlich der Partizipation und Stellung von Männern zur gesellschaftlichen Macht als auch im Bezug zu Weiblichkeit(en) geordnet ist. Dessen Attraktivität gegenüber dem klassischen Patriarchatskonzept resultiert insbesondere darin, dass es einerseits die systematische Analyse von Machtbeziehungen und sozialen Ungleichheiten unter Männern ermöglicht und andererseits hierarchisch strukturierte Geschlechterverhältnisse nicht einer simplifizierenden, binären Opposition aus unterdrückendem versus unterdrücktem Geschlecht zuschreibt.

Connell unterscheidet vier Männlichkeitsformen, deren Relation zueinander durch jeweils unterschiedliche Konstellationen – der Dominanz, der Unterordnung und des Bündnisses – gekennzeichnet ist. Als namensgebend für das Konzept fungiert mit der *hegemonialen Männlichkeit*

> „jene Konfiguration geschlechtsbezogener Praxis [...], welche die momentan akzeptierte Antwort auf das Legitimitätsproblem des Patriarchats verkörpert und die Dominanz der Männer sowie die Unterdrückung der Frauen gewährleistet (oder gewährleisten soll).“[126]

Es handelt sich dabei um jene Form von Männlichkeit, die in einer gegebenen Struktur des Geschlechterverhältnisses die bestimmende Position einnimmt. Ihre Autorität äußert sich nicht nur gegenüber Frauen, sondern auch in Relation zu differenten Männlichkeiten, „die aufgrund von ökonomischen, sozialen, kulturellen oder sexuellen Konstellationen marginalisiert oder ausgegrenzt werden.“[127] Sie muss nicht von einer Mehrheit von Männern ausagiert werden, um als handlungsleitende Norm und Ordnungsmuster zu gelten.[128] Selbst wenn nur wenige das hegemoniale Muster überhaupt in sich vereinigen oder umsetzen

---

125 Vgl. Michael Meuser/Ursula Müller: Männlichkeiten in Gesellschaft. Zum Geleit, in: R. Connell: Der gemachte Mann, S. 9–20, hier S. 10.

126 R. Connell: Der gemachte Mann, S. 130.

127 Jürgen Martschukat/Olaf Stieglitz: Geschichte der Männlichkeiten, Frankfurt am Main 2008, S. 42.

128 Vgl. ebd.

können, so profitiert doch ein Großteil der Männer von der jeweilig gegebenen Geschlechterhierarchie. Connell nennt dieses Phänomen etwas ökonomistisch die „patriarchale Dividende".[129] Die sogenannte *Komplizenschaft* zwischen Männern dient der Aufrechterhaltung einer generell übergeordneten Position im Geschlechterverhältnis. Indessen erfordert das Alltagsleben der meisten Männer Kompromisse mit Frauen (vorzugsweise durch Partner- und Vaterschaft), die im Widerspruch zum hegemonialen Leitbild stehen. Die Komplizenschaft sorgt dafür, dass Männer, die im privaten Bereich egalitäre Beziehungsmuster leben, trotzdem vom herrschenden Geschlechterverhältnis profitieren, indem sie bspw. trotz schlechterer Bildungsabschlüsse auf dem Arbeitsmarkt tendenziell bessere Karrierechancen haben, da ihnen Reproduktionsarbeit gesellschaftlich und privat weniger nahegelegt wird. Die *untergeordnete Männlichkeit* markiert hingegen alles, was mit Hilfe der patriarchalen Ideologie aus der hegemonialen Männlichkeit ausgeschlossen wird und in symbolische Nähe zum Weiblichen rückt. In modernen westlichen Gesellschaften sind dies nicht nur, aber zuvorderst homosexuelle Männlichkeiten. Die Abwertung oder der Ausschluss auch heterosexueller Männer erfolgt konsequenterweise über entsprechend feminisierende Zuschreibungen.[130] Die diesbezüglichen Abwehrmechanismen sind vielfältig und reichen von direkter Gewalt über strukturelle Diskriminierung und Boykott bis hin zur Leugnung oder Stigmatisierung; die patriarchale Dividende ist sozusagen gleich null. Die *marginalisierte Männlichkeit* markiert im Gegensatz zu den drei zuvor genannten Formen keine interne Relation in der Geschlechterordnung. Als marginalisiert werden Männlichkeiten aus untergeordneten Klassen oder ethnischen Gruppen bezeichnet. An dieser Stelle erlangt die Interaktion des sozialen Geschlechts mit weiteren Differenzkategorien wie „race" und „class" Bedeutung, was das Konzept anschlussfähig an die Intersektionalitätsforschung macht. Connell selbst führt als Beispiel an, dass trotz der Erfolge einzelner schwarzer Männer im Sport, im Kulturbetrieb oder in der Politik deren Mehrheit weiterhin von ethnischer Diskriminierung betroffen ist (der Erfolg Barack Obamas als erster afroamerikanischer Präsident der USA bei gleichbleibender oder sogar sich verstärkender Diskriminierung und Kriminalisierung vor allem junger männlicher Afroamerikaner mag als weiteres instruktives Beispiel gelten). Die patriarchale Dividende fällt gering aus; die oftmals von

129 R. Connell: Der gemachte Mann, S. 133.
130 Vgl. ebd., S. 132.

diesen Gruppen in homosozialen Räumen zelebrierte „rough manhood" wird u. a. als Kompensationsstrategie für den erfahrenen Machtverlust gedeutet.[131]

Connell verortet ihr Konzept zum einen ganz klar innerhalb einer gesellschafts- und herrschaftskritischen Soziologie, zum anderen als gewollt locker gestrickten „kargen Rahmen"[132], der einer sozial- und kulturwissenschaftlich orientierten Geschlechterforschung ein flexibles Interpretament anbietet.[133] Insbesondere seitens der Soziologie hat es innerhalb der letzten zwei Jahrzehnte produktive Kritik und zahlreiche Präzisierungen erfahren, die von Connell wiederum modifizierend aufgegriffen wurden.[134] Eine auch für die vorliegende Arbeit wichtige Anregung bestand in der weiteren Ausdifferenzierung des Konzepts hinsichtlich pluraler, miteinander konkurrierender hegemonialer Männlichkeiten zu einem gegebenen historischem Zeitpunkt.[135]

Aus geschichtswissenschaftlicher Perspektive wurde wiederum zunächst diskutiert, inwiefern sich ein soziologisches Modell, das sein empirisches Substrat aus Studien zur australischen Gegenwartsgesellschaft der 1980er und 1990er Jahre bezog, überhaupt auf vormoderne oder auch jüngste, postmoderne Gesellschaftsformen übertragen ließe. Connell selbst hatte die Genese der hegemonialen Männlichkeit im 15. Jahrhundert verortet – eine Überlegung, der sich Wolfgang Schmale in seiner Untersuchung historischer Männlichkeitsentwürfe

---

131 Zur „rough manhood" und diesbzgl. Untersuchungen der amerikanischen Industriearbeiterschaft im 19. und frühen 20. Jahrhundert vgl. Steve Meyer: Rough Manhood. The Aggressive and Confrontational Shop Culture of U. S. Auto Workers During World War II, in: Journal of Social History 36 (2002) 1, S. 125–147; Peter Way: Common Labor. Workers and the Digging of North American Canals, 1780–1860, Baltimore 1993.

132 R. Connell: Der gemachte Mann, S. 135.

133 Vgl. Martin Dinges: „Hegemoniale Männlichkeit" – Ein Konzept auf dem Prüfstand, in: Ders. (Hg.): Männer – Macht – Körper. Hegemoniale Männlichkeiten vom Mittelalter bis heute, Frankfurt am Main 2005, S. 7–33, hier S. 12.

134 Instruktiv hierzu vgl. Michael Meuser/Sylka Scholtz: Hegemoniale Männlichkeit. Versuch einer Begriffsklärung aus soziologischer Perspektive, in: M. Dinges: Männer – Macht – Körper, S. 211–228 sowie Sylka Scholtz: „Hegemoniale Männlichkeit" – Innovatives Konzept oder Leerformel, in: Hella Hertzfeld et al. (Hg.): GeschlechterVerhältnisse. Analysen aus Wissenschaft, Politik und Praxis, Berlin 2004, S. 33–45.

135 Für die deutsche Ingenieurskultur vgl. Tanja Paulitz: Mann und Maschine. Eine genealogische Wissenssoziologie des Ingenieurs und der modernen Technikwissenschaften 1850–1930, Bielefeld 2012; zur Pluralisierung vgl. auch M. Meuser/S. Scholtz: Hegemoniale Männlichkeit, S. 216ff.

anschloss.[136] In späteren Ergänzungen erläutert Connell zudem die genuine Historizität *moderner* hegemonialer Männlichkeit, die auch innerhalb moderner Gesellschaften einem historischen Wandel und damit beständiger Neuformationen unterliege.[137] Jüngere Ansätze betonen hingegen das heuristische Potenzial des Modells – unter der Voraussetzung, es inhaltlich unbestimmt zu lassen – hinsichtlich einer Analyse „historisch spezifische[r] Aushandlungsprozesse von Männlichkeit in ihrer Verschränkung mit weiteren sozio-kulturellen Machtstrukturen".[138] So könne dieses Modell auch für vor- und postmoderne Gesellschaften zu einem tieferen Verständnis für die Mechanismen privilegierter Zugriffe auf gesellschaftliche Ressourcen beitragen.[139] Letztendlich reicht der Anwendungsbereich innerhalb der Geschichtswissenschaften vom rein begrifflichen Gebrauch über das Aufgreifen einzelner Konzeptkomponenten bis hin zu detaillierten Einzelstudien.[140] Der von Connell vorgenommene und theoretisch begründete praxeologische Ansatz wird dabei zum einen größtenteils zugunsten einer Analyse von kulturellen Repräsentationen und Kodierungen normativer Männlichkeitsleitbilder aufgegeben, zum anderen spielt die im Ursprungskonzept angelegte herrschaftskritische Perspektive zumeist eine untergeordnete Rolle oder es wird in Gänze von ihr abgerückt, was vor allem dem historischen Untersuchungsgegenstand geschuldet sein dürfte.

---

136 Vgl. R. Connell: Der gemachte Mann, S. 248 sowie Wolfgang Schmale: Geschichte der Männlichkeit in Europa (1450–2000), Köln u. a. 2003; zur Kritik der historischen Genese Connells vgl. M. Dinges: Hegemoniale Männlichkeit, S. 14–19.

137 Konkret analysierte sie diesen Wandel anhand des Umbruchsjahrzehnts der 1970er Jahre, innerhalb dessen sich die allmähliche Entwicklung der hegemonialen Männlichkeit von einer der Industriegesellschaft adäquaten bürgerlichen Männlichkeit zu einer der postindustriellen, neoliberalen Gesellschaft kompatiblen *transnational business masculinity* vollzog; vgl. R. W. Connell/Julian Wood: Globalization and business masculinities, in: Men and Masculinities 7 (2005) 4, S. 347–364.

138 J. Martschukat/O. Stieglitz: Geschichte der Männlichkeiten, S. 43.

139 Vgl. ebd.

140 Einen entsprechenden Überblick zur internationalen Forschungslandschaft bis 2005 liefert M. Dinges: Hegemoniale Männlichkeit, S. 13ff., dessen Sammelband zahlreiche weitere Einzelstudien enthält. Zu jüngsten Arbeiten, die gleichfalls die große Spannbreite geschichtswissenschaftlicher Anwendungen dieses Konzeptes – u. a. auch für die Vormoderne – aufzeigen, vgl. Daniel Albrecht: Hegemoniale Männlichkeit bei Titus Livius, Heidelberg 2016; Martin Dröge: Männlichkeit und ‚Volksgemeinschaft'. Der westfälische Landeshauptmann Karl Friedrich Kolbow (1899–1945): Biographie eines NS-Täters, Paderborn 2015; Edith Schriefl: Zur Konstruktion von hegemonialen Männlichkeitsbildern in Zeiten der ‚Krise'. Männlichkeitsbilder in der Anzeigenwerbung der Zeitschrift *Auto, Motor, Sport* 1965 und 1980, in: Gudrun Loster-Schneider et al. (Hg.): GenderGraduateProjets I – Geschlecht, Fürsorge, Risiko, Leipzig 2015, S. 57–75.

Die vorliegende Arbeit wird unter einem heuristisch verstandenen Zugriff dieses Modell auf filmische Repräsentationen von Geschlecht anwenden.[141] Konstitutiv hierfür ist die Beobachtung, dass die in den Zukunftsfilmen perpetuierte Figurenkonstellation von Arbeit, Technik und Kapital durch Relationen verschiedener Formen von Männlichkeit und Weiblichkeit geprägt ist, die mit den Connellschen Verhältnisbegriffen beschrieben werden können: durch Bündnisse, Dominanz und Unterordnung. Des Weiteren interessiert, inwieweit auf der Ebene der Figurencharakterisierung miteinander konkurrierende hegemoniale Männlichkeitsleitbilder verhandelt werden – nicht nur, aber gerade auch im Hinblick auf den Ingenieur. Bei der Übertragung dieses Konzepts auf Filmwelten ist zuvorderst zu beachten, dass soziostrukturelle Merkmale wie Klassen- oder ethnische Zugehörigkeit, die einen bestimmten Männlichkeitstypus nahelegen könnten, nicht ungebrochen auf fiktionale Filmwelten übertragbar sind. So fällt die Filmfigur des Arbeiters nicht unbedingt zusammen mit dem Sozialtypus des Arbeiters: Sie muss also nicht per se einer marginalisierten Männlichkeit entsprechen, sondern kann durchaus alle sonstigen Formen bzw. Relationen – von Hegemonie über Komplizenschaft bis Unterdrückung – annehmen.

Aus den ausgeführten methodischen Überlegungen ergibt sich der Aufbau der folgenden Einzelanalysen, die einem übergeordneten, einheitlichen Schema folgen: Zuerst werden die technikgeschichtlichen Hintergründe zu dem jeweiligen zentralen filmischen Novum in seiner Verflechtung von Technikentwicklung und -imagination vorgestellt. Dem folgt eine Betrachtung der Produktions- und Rezeptionskontexte des jeweiligen Films. Im Anschluss erfolgt die Analyse der Technikinszenierung, zuletzt die Figurenanalyse. Diese Untersuchungsebenen werden in den jeweiligen Zwischenfazits noch einmal aufeinander bezogen.

Für die Reihenfolge der fünf Studien wurden neben der Chronologie der historischen Entstehungszeit auch inhaltlich-motivische Kriterien berücksichtigt; letzteres bei den drei Filmen, die 1934 aufgeführt wurden: Da GOLD ein technisches Großprojekt zum Thema hat, wird dieser Zukunftsfilm nach F.P.1 ANTWORTET NICHT und DER TUNNEL behandelt – und damit im Übrigen einer filmhistorischen Gepflogenheit entsprochen, nach welcher diese Filme aufgrund ihrer ähnlich angelegten Sujets als Trias betrachtet werden.[142] Auch die beiden Piel-Filme werden entgegen der chronologischen Logik vorgestellt. Da die WELT OHNE MASKE in mehrfacher Hinsicht eine Ausnahme darstellt, wird dieser Film den Abschluss der Untersuchung bilden.

141 Connell selbst erwähnt explizit Filmstars oder Filmfiguren, die Leitbilder hegemonialer Männlichkeit verkörpern können, vgl. R. Connell: Der gemachte Mann, S. 131.

142 Vgl. G. Seeßlen/F. Jung: Science Fiction, S. 96f.; G. Haupts: S. 69; T. Elsaesser: Moderne und Modernisierung, S. 32.

2. Auf der Suche nach dem „Neuen Menschen“: F.P.1 ANTWORTET NICHT (1932)

F.P.1 ANTWORTET NICHT basiert auf einer Mobilitätsvision der Atlantiküberquerung. Der Ingenieur und Kapitänleutnant Droste (Paul Hartmann) möchte eine Flugplattform mitten im Atlantischen Ozean errichten, um eine größere Sicherheit für Interkontinentalflüge zu gewährleisten – die schwimmende Landebahn soll den Piloten zum Auftanken und für Reparaturen an ihren Flugzeugen zur Verfügung stehen. Der draufgängerische Pilot Ellissen (Hans Albers) bewirbt das Projekt seines besten Freundes erfolgreich bei den Eigentümern der Lennartz-Werft, die sich schließlich zum Bau einer ersten Flugplattform, der F.P.1, bereit erklären. Nach zwei Jahren entsteht eine schwimmende Stadt mit Flugplatz, Hangars und Hotels, die jedoch kurz nach ihrer Einweihung durch einen Sabotageakt zu versinken droht.

Der sich an der Schnittstelle von Abenteuer-, Flieger- und Zukunftsfilm bewegende Streifen hat nicht nur eine bewegte Produktions-, sondern auch Rezeptionsgeschichte vorzuweisen. Uraufgeführt am 22. Dezember 1932 im Berliner Ufa-Palast am Zoo, also in den letzten Tagen der Weimarer Republik, kann er als einziger Film des Untersuchungskorpus von sich beanspruchen, in sämtlichen darauffolgenden politischen Systemen Deutschlands, einschließlich der DDR, im Kino oder später auch in staatlichen Fernsehprogrammen vorgeführt resp. ausgestrahlt worden zu sein. Auch in der jüngsten Vergangenheit wurde er wiederholt in Programmkinoreihen und auf Filmfesten berücksichtigt. So berichtete der *Nordkurier* 2012 von einer Open-Air-Aufführung des Pommerschen Landesmuseums in Greifswald:

> „Er gilt als einer der ersten Science-Fiction-Tonfilme mit Kultcharakter. ‚F.P.1 antwortet nicht‘, vor 80 Jahren auf der Greifswalder Oie gedreht, begeisterte Publikum und Kritiker seinerzeit gleichermaßen. […] Anders als von manchen erwartet sei der Film kein verstaubter, präfaschistischer Kriegsfilm, sondern ein noch immer recht modern anmutender Streifen. Ungewöhnlich für damalige Zeiten war vor allem der Aufwand, den Regisseur Karl Hartl seinerzeit auf der kleinen Insel im Greifswalder Bodden betreiben ließ. In dem Film geht es um eine künstliche Insel mitten im Atlantik […]. Tatsächlich soll der deutsche Ingenieur Albert Berthold Henniger schon Jahre zuvor an einem derartigen Projekt gearbeitet haben. Seine Pläne, die später dank fortgeschrittener Flugzeugtechnik hinfällig wurden, sollen Vorlage für den Kulissenbau auf der Oie gewesen sein.“[143]

---

143 Anonymus: Filmklassiker vor Open-Air-Aufführung. Hans Albers auf der Greifswalder Oie, in: Nordkurier vom 05.07.2012.

In diesem Bericht werden verschiedene Aspekte des Films angesprochen, die untersucht und überprüft werden sollen: Worauf begründete sich der zeitgenössische Erfolg von F.P.1 ANTWORTET NICHT – ein Film, der zum einen in eine Zeit höchster politischer und ökonomischer Krisenanfälligkeit fällt, zum anderen sicherlich als eine Abkunft der zeitgenössisch grassierenden Luftfahrteuphorie anzusehen ist? Wie verhält es sich – auch wenn in dem *Nordkurier*-Bericht davon dezidiert Abstand genommen wurde – mit entsprechenden ideologischen oder gar propagandistischen Inhalten? Was hat es schließlich mit den erwähnten Plänen von künstlichen Inseln im Atlantischen Ozean auf sich, und welche Rolle spielte hierbei das Deutsche Reich im Allgemeinen und der genannte Ingenieur Henninger im Besonderen? Letztere Frage soll den Ausgangspunkt der Fallstudie bilden.

2.1 „Luftfahrt ist not!" – Möglichkeiten und Visionen des Transozeanflugs um 1930

Zu Beginn der 1930er Jahre stellten transozeanische Flüge eine große Herausforderung für das noch junge Luftverkehrswesen dar.[144] Die Rekorde, die zu dieser Zeit permanent die internationalen Schlagzeilen füllten, galten als abenteuerliches Wagnis und hatten sportlichen Wettbewerbscharakter; ihre Protagonisten wurden entsprechend als Pioniere der Luftfahrt gefeiert und als neue technische Helden der jeweiligen Nation inszeniert. Piloten wie Charles Lindbergh, Clarence Duncan Chamberlin, Alan Cobham, Richard Evelyn Byrd, aber auch Fliegerinnen wie Amelia Earhart, Amy Johnson, Hélène Boucher, Thea Rasche und Elly Beinhorn „ranked among the most famous and prominent celebrities of the interwar period."[145] Als Meilenstein wurde die erste Alleinüberquerung des Atlantiks von New York nach Paris ohne Zwischenlandung im Mai 1927

---

144 Dieser Abschnitt fußt auf meiner Darlegung der technikgeschichtlichen Hintergründe des Transozeanverkehrs der 1930er Jahre, vgl. Anke Woschech: „Ein Gesang von der mechanisierten Welt". Technikfiktionen im frühen deutschen Tonfilm am Beispiel von F.P.1 antwortet nicht, in: U. Fraunholz/A. Woschech: Technology Fiction, S. 247–270, hier S. 249–255.

145 Bernhard Rieger: Technology and the Culture of Modernity in Britain and Germany, 1890–1945, Cambridge 2005, S. 116. Zum Fliegerkult der Zwischenkriegszeit vgl. auch Peter Fritzsche: A Nation of Fliers. German Aviation and the Popular Imagination, Cambridge, Mass. 1992, S. 133–153; Christian Kehrt: Moderne Krieger. Die Technikerfahrungen deutscher Militärpiloten 1910–1945, Paderborn 2010, S. 199–220; Robert Wohl: The Spectacle of Flight. Aviation and the Western Imagination, 1920–1950, New Haven 2005; Dorit Müller: Der Opfertod des Aviatikers – Himmelsstürmer und Heros

durch Charles Lindbergh wahrgenommen; die ein Jahr später mit einer deutschen Junkers W33 erfolgte Non-Stopp-Atlantiküberquerung von Europa nach Amerika durch Hermann Köhl, Ehrenfried Günther Freiherr von Hünefeld und James Fitzmaurice wurde vor alledem im Deutschen Reich, in dem nach dem verlorenen Weltkrieg „das Fliegen zum wichtigsten, um die Idee einer technischen Innovation kreisenden nationalen Einigungsprojekt" wurde, frenetisch bejubelt.[146]

Die allgemeine Luftfahrteuphorie, die seit der Zeit der ersten Motorflüge zu Beginn des 20. Jahrhunderts von einer regen Flut an literarischen und künstlerischen Verarbeitungen kontinuierlich begleitet wie befeuert wurde,[147] ging über das Feiern eines simplen Höhen- und Geschwindigkeitsrausches weit hinaus. Selbst in der deutschen Fachpresse, die den Pionierflügen im Übrigen keine unmittelbare Bedeutung für die Weiterentwicklung des Luftverkehrs einräumte,[148] wurde die Möglichkeit einer regelmäßigen, sicheren und schnellen Ozeanüberquerung nicht nur unter technischen und ökonomischen, sondern vor allem auch unter politischen Gesichtspunkten diskutiert. Die Vorstellungen reichten dabei von friedensschaffenden und völkerverbindenden Hoffnungen bis hin zu militärischen Plänen deutscher Vormachtstellung: „Die Feindseligkeit räumlicher Trennung und zeitlicher Entfernung, die im Wesen des menschlichen Gesellschaftslebens begründet ist, ist wohl zu keiner Zeit so stark empfunden worden als in der heutigen zivilisierten Welt", resümierte Carl Pirath, Gründer und erster Direktor des Verkehrswissenschaftlichen Instituts für Luftfahrt an der Technischen Hochschule Stuttgart:

---

der Technik, in: Sigrid Weigel (Hg.): Märtyrer-Porträts. Von Opfertod, Blutzeugen und heiligen Kriegern, München 2007, S. 261–264.

146 Detlef Siegfried: Der Fliegerblick. Intellektuelle, Radikalismus und Flugzeugproduktion bei Junkers 1914 bis 1934, Bonn 2001, S. 9. Vgl. auch P. Fritzsche, S. 147. Zum internationalen Starkult um Charles Lindbergh vgl. Modris Eksteins: Tanz über Gräben. Die Geburt der Moderne und der Erste Weltkrieg, Reinbek bei Hamburg 1990, S. 362–377.

147 Vgl. hierzu Felix Philipp Ingold: Literatur und Aviatik. Europäische Flugdichtung 1909–1927, Frankfurt am Main 1980; Laurence Goldstein: The Flying Machine and Modern Literature, Bloomington, IN 1986; Christoph Asendorf: Super Constellation – Flugzeuge und Raumrevolution. Die Wirkung der Luftfahrt auf Kunst und Kultur der Moderne, Wien 1997.

148 Vgl. bspw. Alfried Gymnich: Die technischen Vorbedingungen des Transozean-Luftverkehrs, in: Die Luftwacht (1927) 9, S. 499–502, hier S. 500 sowie Karl-Dieter Seifert: Der deutsche Luftverkehr 1926–1945 – auf dem Weg zum Weltverkehr, München 1999, S. 114–115.

„In ihr liegt die Erklärung für die beispiellose Gemeinschaftsarbeit, in der sich bisher alle Kulturländer zusammengefunden haben, um die Mittel zur Entfernungsminderung zu verbessern. Nur das Gebiet der Geisteswissenschaften und der Förderung der Gesundheit der Menschheit zeigt ähnliche Verbundenheit aller Völker. […] Bei dieser starken Verbundenheit zwischen der Raumerschließung und der Lebensfülle der Völker erscheint uns die in 6 Jahren entwickelte Tatsache eines, wenn auch noch nicht geschlossenen, aber doch zum großen Teil aufgebauten Weltluftlinienverkehrsnetzes als eine selbstverständliche Forderung der Luftverkehrspolitik aller Länder. Sie erklärt auch die Großzügigkeit ihres Wollens und ihre Differenzierung nicht mehr nach Ländern, sondern nach Erdteilen."[149]

Auf eine ähnlich pazifizierende Wirkung, nur stärker ökonomisch akzentuiert, setzte auch Emil Everling, Professor für Technische Mechanik und Luftfahrt an der Technischen Hochschule Berlin, und spielte dabei zugleich auf das seit dem Versailler Vertrag zumindest offiziell geltende Verbot des Aufbaus militärischer Luftstreitkräfte in Deutschland an[150]:

„Vielleicht spielt das Verkehrsflugzeug in Zukunft zwischen den Völkern eine größere Rolle als die Luftwaffe; vielleicht führt die Verbindung über weite Strecken, die Verflechtung der Wirtschaftsbelange über die Grenzen hinweg zu einer wirksameren Ächtung zukünftiger Kriege, als alle Liquidationen vergangener Fehden."[151]

Der Verweis auf verkehrstechnische Mobilität als notwendige, mithin sogar hinreichende Bedingung für interkulturelle Verständigung folgte einer technizistischen Logik, die nicht erst mit dem Aufkommen der Luftfahrt bemüht wurde. Vielmehr handelte es sich um die Aktualisierung eines Arguments, das schon im 19. Jahrhundert bei der Einführung neuer Verkehrstechnologien auftrat. Schon das Aufkommen der Eisenbahn war von überschießenden Mobilitätsvisionen befeuert worden – am markantesten überliefert in der Formulierung des Unternehmers und Wirtschaftstheoretikers Friedrich List, der von dem neuen Transportmittel als „Herkules in der Wiege, der die Völker erlösen wird von der Plage des Kriegs"[152] schwärmte.

149 Carl Pirath: Die Luftverkehrswirtschaft in Europa und in den Vereinigten Staaten von Amerika, Berlin 1931, S. 7.

150 Vgl. P. Fritzsche: A nation of fliers, S. 138.

151 Emil Everling: Aufgaben der Luftfahrt, in: Zeitschrift des Vereins Deutscher Ingenieure 72 (1928) 2, S. 1393f., hier S. 1393.

152 Friedrich List: Eisenbahnen und Kanäle, Dampfboote und Dampfwagentransport, in: Carl von Rotteck/Karl Theodor Welcker (Hg.): Staats-Lexikon oder Encyklopädie der Staatswissenschaften in Verbindung mit vielen der angesehensten Publicisten Deutschlands Bd. 4, Altona 1837, S. 650–778, hier S. 655.

Dem entgegengesetzt und weitaus verbreiteter und auch prominenter vertreten, wurde gerade im Deutschen Reich die Luftfahrt in einen spezifisch nationalpatriotischen Kontext eingebettet. Nach der Niederlage im Ersten Weltkrieg und durch die erwähnten Restriktionen des Versailler Vertrags diente sie als Projektionsfläche für Phantasien nationaler Wiederauferstehung, die durch die Eroberung der Lüfte gewährleistet werden sollten: „Bei dem Transozeanverkehr, der sich später über alle Ozeane erstreckt, ist uns die Möglichkeit gegeben, Großes zu leisten und die Luft zu beherrschen", vermerkte Martin Dietrich, Korvettenkapitän und Kommandant verschiedener Marineluftschiffe im Ersten Weltkrieg:

> „Wer die Luft beherrscht, beherrscht die Welt. Der Gedanke der Luftgeltung muß in das deutsche Volk hineingetragen werden. Die Pläne der anderen Nationen auf diesem Gebiete sind erwähnt. Daher muß schon jetzt mit den Vorarbeiten begonnen werden, damit Deutschland sich später nicht vorwerfen muß, eine recht günstige Gelegenheit verpaßt zu haben. Diese Vorarbeiten erfordern aber erhebliche Geldmittel. Daher muß schon jetzt eine große Werbetätigkeit einsetzen, um durch eine große Volksspende die zum Ausbau des *deutschen* Weltluftverkehrs erforderlichen Mittel aufzubringen. Der Staat muß für diesen *deutschen* Weltluftverkehr ganz andere Mittel bereitstellen als bisher. Navigare et volare necesse est: Seefahrt und Luftfahrt ist not."[153]

Während bei Dietrich die Imagination einer deutschen Vormachtstellung noch in einer vorzugsweise wirtschaftlichen Hegemonie begründet sein mochte, wurden andere Zeitgenossen durchaus expliziter, was die militärische Grundierung solcher Pläne anbelangte. Carl Bolle, Jagdflieger im Ersten Weltkrieg und späterer Berater der Luftwaffe, hob die Rolle des Militärs in der Flugausbildung anderer Länder hervor, der er einen zentralen nationalen Erziehungsauftrag zusprach. In seinem 1931 geäußerten Wunsch nach einer gesamtgesellschaftlichen Integrationskraft der Aviatik im Sinne einer neuen, auf der Verbindung von Militär und Luftwesen begründeten Geisteshaltung klingt deutlich Hermann Görings späteres Diktum, „Das deutsche Volk muss ein Volk von Fliegern werden", an:

> „Hier wurzelt die Luftfahrt durch die Ausbildung in allen Kreisen des Volkes, hier strahlt sie durch praktisch erfahrende und gebildete Träger des Luftfahrtgedankens in alle Kreise zurück. So wird militärische Ausbildung und Betätigung zur Luft zu einem zivilisatorischen Faktor von großer Bedeutung und die Fliegertruppe zur Schule ganzer Völker. […] Mit dem Verbot einer Land- und Seefliegertruppe durch das [Versailler] Diktat wurde uns die Pflanzstätte fliegenden Personals und fliegerisch denkender

153 Martin Dietrich: Der deutsche Transozeanluftverkehr, in: Die Luftwacht 1927/9, S. 495–499, hier S. 499 [Herv. i. O.].

> Menschen genommen, die aus dem Diktat hergeleiteten sogenannten Begriffsbestimmungen sollten auch technisch der deutschen Luftfahrt den Todesstoß geben."[154]

Ungeachtet dieser selbst in Fachpublikationen vorzufindenden Auseinandersetzung um eine militaristisch-nationalistische oder kosmopolitisch-zivile Definition des Fliegens[155] mangelte es auf dem Gebiet der transozeanischen Luftfahrt tatsächlich noch an den technischen Grundlagen. Lediglich das Luftschiff erschien als Garant für eine sichere wie rentable Passagierbeförderung.[156] Als problematisch galten nicht nur die ungenügende betriebstechnische Reichweite von Flugzeugen, die einen Non-Stopp-Flug, sollte dieser neben Mannschaft und Benzin auch noch Nutzlast tragen, nicht zuließ, sondern auch Aspekte der Flugsicherheit. Insbesondere die Wetter- und Witterungsbedingungen der Nordatlantikstrecke, der aufgrund der Bedeutung der Vereinigten Staaten für den Welthandel höchste wirtschaftliche Bedeutung zugewiesen wurde, wurden als besonders schwierig angesehen.[157]

Für die Lösung dieser Probleme wurden in den westlichen Industrienationen unterschiedliche Ansätze diskutiert und zum Teil auch umgesetzt. Deutsche Unternehmen förderten neben Experimenten mit Startraketen (Junkers) und Betankung in der Luft (Lufthansa) insbesondere eine Kombination von Schiff- und Luftfahrt per Katapultdienst, die der zeitlichen Optimierung des Posttransports diente.[158] Für die Nord-Transatlantik-Strecke wurden ab 1929 die Lloyddampfer *Bremen* und *Europa* mit Heinkel-Katapultflugzeugen ausgestattet, was einen Zeitgewinn von zwei Tagen einbrachte.[159] Ab 1934 adaptierte die Lufthansa dieses System unter Verwendung der zu Flugstützpunkten umgebauten Frachter *Westfalen* und *Schwabenland* für den südatlantischen Luftpostverkehr.[160] Für die Frachtgut- und Passagierbeförderung setzte man indes auf

---

154 Carl Bolle: Verkehrsflug, in: Interessengemeinschaft der deutschen Luftfahrt (Hg.): Aviaticus. Jahrbuch der deutschen Luftfahrt, Berlin 1931, S. 186–196, hier S. 187.

155 Vgl. D. Siegfried: Der Fliegerblick, S. 12.

156 Vgl. Carl Pirath: Die Hochstrassen des Weltluftverkehrs, Berlin, Göttingen, Heidelberg 1932, S. 21.

157 Vgl. K.-D. Seifert: Luftverkehr, S. 119.

158 Vgl. Joachim Wachtel/Günther Ott: Im Zeichen des Kranichs. Die Geschichte der Lufthansa von den Anfängen bis 1945, München u. a. 2016, S. 210.

159 Vgl. Simon Mitterhuber: Die deutschen Katapultflugzeuge und Schleuderschiffe. Entwicklung, Einsatz und Technik, Bonn 2004, S. 29ff.

160 Vgl. ebd., S. 79ff. sowie Jörg-Michael Hormann: Flugbuch Atlantik. Deutsche Katapultflüge 1927–1939, Bielefeld 2007, S. 51.

Großraum-Flugboote wie der Dornier Do X, dem seinerzeit mit Abstand größten Flugzeug, dessen Weiterentwicklung jedoch 1933 von den neuen Machthabern trotz seines prestigeträchtigen Potenzials aufgrund ungelöster Sicherheitsfragen, ungenügender Wirtschaftlichkeit sowie seiner geringen militärischen Eignung eingestellt wurde.[161]

Schließlich wurde auch die Installation von schwimmenden künstlichen Inseln diskutiert, die in regelmäßigen Abständen verankert werden sollten. Zu dieser Idee kursierten sowohl in Fachliteraturen und populärwissenschaftlichen Abhandlungen als auch in der Tages- und Boulevardpresse zahlreiche Entwürfe mehr oder weniger ähnlicher Bauart.[162] Der Sachbuchautor Eugen Georg stellte den Bau solcher Inseln gar in eine Kontinuitätslinie zur hochmodernen Vorstellung der globalen Erschließung von neuen Raumressourcen, verbunden mit der Imagination einer unvollkommenen, durch technische Eingriffe zu perfektionierenden Natur:

> „Das Zeitalter einer wundersamen Großtechnik ist angebrochen, schon haben die Menschen sich daran gemacht, eigenwillig und eigenmächtig das Bild der Erde zu korrigieren, in die Landkarte der Kontinente neue Konturen einzuzeichnen. Und sie scheint gewillt, dieses fast schon demiurgische Werk, diese urschöpferische Tat in immer

161 Vgl. Jörg-Michael Hormann: Flugschiff DO-X. Die Chronik, Bielefeld 2006, S. 170–184 sowie J. Wachtel/G. Ott: Im Zeichen des Kranichs, S. 212.

162 Namentlich überliefert sind die hufeisenförmige Variante des französischen Architekten Henri Defrasse, vgl. Anonymus: Des îles flottantes à travers l'Atlantique, in: L'Ouest-Éclair vom 03.03.1925, S. 2; ein Modell des dänischen Schifffahrtsingenieurs William Hovgaard, vgl. Ct. Sauvaire-Jourdan: Un projet de station d'avions dans l'océan Atlantique, in: La Nature 56 (1928), S. 543–545; Camille Vallaux: Un projet d'île flottante pour avions dans l'océan Atlantique, in: Annales de Géographie 37 (1928) 209, S. 480; Anonymus: An Airplane Station in the Mid-Atlantic, in: Engineering vom 19.08.1927; Anonymus: Seadromes, in: The Technology Review (1929) 4, S. 339–340; sowie ein zum Patent angemeldetes, flexibel kombinierbares Baukastensystem-Modell des amerikanischen Erfinders Gustave M. Sachs, vgl. Anonymus: Floating Airports of the Sea, in: Modern Mechanics and Inventions (1929) 8, S. 74–75. Der vom deutschen Wissenschaftler Gerke von Waldenburg stammende Vorschlag einer künstlichen Insel aus Eis mag aus heutiger Sicht der exotischste sein und erinnert zudem frappierend an das spätere britische Geheimprojekt des Flugzeugträgers Habbakuk; vgl. Anonymus: Ice Island in Mid-Atlantic Proposed, in: Modern Mechanics and Inventions (1932) 10, o. S.; David Hobbs: British Aircraft Carriers. Design, Development and Service Histories, Barnsley 2013, S. 172–175. Zur Übersicht über die zahlreichen Ideen, teilweise auch unbekannter Herkunft, vgl. Walter Zuerl: Schwimmende Inseln, Flughilfsschiffe, Zwillingsflugzeug, Katapulte, Schleppsegel, Flugzeugkrane, München 1938, S. 6–13.

größerem Maßstab fortzusetzen. Länder, die dem Meer, der Wüste abgerungen werden, künstliche Flüsse, künstliche Seen, die in das trockene Land eingeschnitten werden, an solche revolutionäre technische Großtaten haben sich die Menschen schon gewagt oder sind im Begriffe dazu. Und die nächste Etappe scheinen künstliche Inseln zu sein, die in das Meer eingebaut, in ihm verankert werden sollen."[163]

Geistiger Urheber und bei weitem prominentester Vertreter solcher Bauvorhaben war der kanadisch stämmige Edward Robert Armstrong (1876–1955). Der als technischer Berater beim amerikanischen Industriekonzern DuPont tätige und in Holly Oak (Delaware, USA) wohnhafte Ingenieur arbeitete seit 1913 kontinuierlich an Plänen für sein sogenanntes *Seadrome*.[164] 1927, also nicht ganz zufällig in dem Jahr, in dem Charles Lindbergh seinen spektakulärsten Erfolg feierte und demzufolge die Zukunft der Transatlantikluftfahrt auf großes öffentliches Interesse stieß, erschien seine erste programmatische Schrift *America–Europe via North Atlantic airways over the Armstrong seadrome system of commercial ocean transit by airplane*, in der Armstrong ausführlich auf die technischen, infrastrukturellen, wirtschaftlichen und finanziellen Aspekte seiner Idee einging.[165]

Seine über die Jahre beständig weiterentwickelten und modifizierten Entwürfe[166] sahen eine etwa 350 Meter lange und in ihrer Mitte 100 Meter, an ihren Enden jeweils 50 Meter breite Landefläche vor, die von insgesamt 32 stromlinienförmigen Säulen auf ca. 30 Metern über dem Meeresspiegel gehalten wurden. An diese bis unter die Wasseroberfläche reichende Säulenkonstruktion schlossen sich Luftkammern bzw. Schwimmer an, die den Auftrieb der Landefläche garantieren sollten. Den Abschluss dieses Baus bildeten Ballasttanks, um den Schwerpunkt der schwimmenden Insel beständig unter der Wasserlinie zu halten.[167] Die Ausstattung der Flugplattformen bestand neben Kommandozentrale,

---

163 Eugen Georg: Der Mensch und das Geheimnis, Berlin 1934, S. 308.

164 Vgl. Edward Robert Armstrong: America–Europe via North Atlantic airways over the Armstrong seadrome system of commercial ocean transit by airplane, Wilmington, Del. 1927, S. 5.

165 Armstrong erwähnt darin auch explizit die Flüge von Lindbergh, Chamberlain und Co.; vgl. ebd., S. 15.

166 Die erste Skizze datierte nach Selbstauskunft Armstrongs auf 1913; die letzte überlieferte Veröffentlichung erschien 1943; vgl. Edward Robert Armstrong: The seadrome project for transatlantic airways, Wilmington, Del. 1943 sowie Anonymus: Seadrome Design Improved, in: Popular Science Monthly (1944) 2, S. 78–79. Die Entwürfe unterschieden sich in den Größenangaben der Plattform, der Anzahl der Decks und der Anordnung der Ausstattung.

167 Vgl. E. R. Armstrong: America–Europe, S. 21–26; Anonymus: Uncle Sam asked to build Floating Ocean Airports, in: Popular Science Monthly (1934) 2, S. 26–27; J. T.

Leuchtturm, Hangar und Lagerschuppen auch aus einem Hotel mit Bar und Restaurant, diversen Büros sowie einer Wetter- und einer Krankenstation. Den Piloten und vor allem den Passagieren sollte es bei ihren Zwischenlandungen an nichts mangeln.[168] Darüber hinaus enthielten die Entwürfe ausführliche Vorschläge zur Verankerung dieser schwimmenden Inseln, die wiederum von einigen Experten als das technisch anspruchsvollste Problem angesehen wurde.[169] In der Berichterstattung zu Armstrongs Idee dominierte bis zu Beginn der 1930er Jahre ein wohlwollender bis vorbehaltslos begeisterter Grundtenor, in den auch international bekannte Luftfahrtpioniere wie der Polarforscher Richard Evelyn Byrd oder der Ingenieur und spätere Hubschrauberproduzent Igor Iwanowitsch Sikorsky einstimmten.[170]

Als Pilotprojekt plante Armstrong eine erste Station für die Verbindung New York–Bermuda. Nach deren Bewährung sollte der Bau einer Transatlantik-Linie von New York nach England beginnen, für die er in früheren Entwürfen acht, in späteren immerhin noch fünf Zwischenstationen vorsah.[171] Zu Versuchszwecken ließ er verschiedene Miniatur-Modelle anfertigen, anhand derer – in Anwesenheit von Vertretern des Militärs, der Marine sowie der Luft- und

---

W. Marshall: Transatlantic Flying a Commercial Reality through Man-made Islands, in: The American Architect 132 (1930), S. 30–31, 68, 70 sowie Anonymus: Floating Airports, S. 74.

168 Vgl. E. R. Armstrong: America–Europe, S. 24f.

169 Vgl. W. Zuerl: Schwimmende Inseln, S. 15ff.; Richard Evelyn Byrd: Why We May Wait 20 Years for Ocean Air Lines, in: Popular Science Monthly (1927) 8, S. 9–11, 113, hier S. 10; Ct. Sauvaire-Jourdan: Un projet, S. 544f.

170 Vgl. Igor I. Sikorsky: Amphibians, in: Popular Science Monthly (1929) 6, S. 125 sowie R. E. Byrd: Why We May Wait.

171 Für die Variante mit acht Zwischenstationen vgl. E. R. Armstrong: America–Europe, S. 16; J. T. W. Marshall: Transatlantic Flying, S. 30; Anonymus: Seadrome, in: Time Magazine vom 28.10.1929; Raymond J. Brown: Will We Hop the Ocean on Floating Islands?, in: Popular Science Monthly (1926) 10, S. 12–13, 144; Anonymus: Built 35-Foot Model to Test Ocean Landing Field, in: Popular Science Monthly (1929) 12, S. 66. Entwürfe mit fünf Zwischenstationen: Anonymus: Sea Chain, in: Time Magazine vom 27.11.1933; Ben Lincoln: Floating Airports to Link Continents, in: Modern Mechanix and Inventions (1934) 2, S. 60–61; Anonymus: Uncle Sam, S. 26; Anonymus: Will we Hop the ocean on Floating Islands?, in: Popular Science Monthly (1934) 4, S. 6; vgl. auch W. Zuerl: Schwimmende Inseln, S. 6–10; Marc Dierikx: Vision and Reality in the Technological Development of Intercontinental Air Transport, in: Hans-Liudger Dienel/Helmuth Trischler (Hg.): Geschichte der Zukunft des Verkehrs. Verkehrskonzepte von der frühen Neuzeit bis zum 21. Jahrhundert, Frankfurt am Main 1997, S. 185–207, hier S. 192.

Schifffahrtsindustrie – zuerst auf seinem Anwesen, später im Choptank River bei Cambridge (Maryland) durchaus erfolgreich Experimente wie Sturmsimulationen durchgeführt wurden.[172] Ende der 1920er Jahre gelang es ihm schließlich, seinen Arbeitgeber DuPont sowie General Motors als Sponsoren zu gewinnen, die ihm die Finanzierung eines ersten Seadrome zusagten.[173] Noch im Herbst 1929 kündigte die Presse die baldige Umsetzung des ersten maßstabsgetreuen Modells an, das nach ca. einjähriger Bauzeit auf einem Meeresplateau zwischen besagter Fluglinie New York–Bermuda verankert werden sollte.[174] Nach dem New Yorker Börsenkrach wurden diese Unternehmungen jedoch jäh abgebrochen, da die Geldgeber absprangen. Dessen ungeachtet erlebte die Idee 1933 im Zuge des Rooseveltschen New Deal noch einmal einen erstaunlichen Aufschwung. Armstrong setzte nun vorzugsweise auf öffentliche Gelder und bewarb sein Megaprojekt, für das er mit der Seadrome Ocean Dock Corporation ein eigenes Privatunternehmen gegründet hatte, bei der Federal Emergency Administration of Public Works (1935 unbenannt in Public Works Administration, PWA) als lukrative Arbeitsbeschaffungsmaßnahme. Mit der Beantragung von 30 Millionen Dollar Fördergeldern schaffte er es vor diverse Regierungsausschüsse.[175] Erhebliche Unterstützung erhielt er vom Direktor der Abteilung für Luftfahrt im Handelsministerium Eugene Vidal, der etwas voreilig die Finanzierung eines Prototyps im Wert von 1,5 Millionen Dollar ankündigte.[176] Während populärwissenschaftliche Zeitschriften ihrem Sujet gemäß zu diesen Unternehmungen

---

172 Letztere mit Unterstützung seines Arbeitgebers DuPont, vgl. Anonymus: Seadromes to Dot the Atlantic Ocean, in: Modern Mechanics and Inventions (1930) 2, S. 128–129; Anonymus: Seadrome Survives Assault of Waves, in: The New York Times vom 17.10.1929; Anonymus: Seadrome; Anonymus: 35-Foot Model. Zu den frühen Versuchen im Swimming Pool des eigenen Anwesens vgl. Anonymus: Seadromes, in: Time Magazine vom 19.07.1926 sowie R. Brown: Will We Hop the Ocean, S. 12.

173 Die Angaben der genauen Summe schwanken zwischen 0,75 und mehreren Millionen Dollar; vgl. Anonymus: Seadrome; Anonymus: Glimpses of Men in the Public Eye, in: Popular Science Monthly (1929) 5, S. 20; Anonymus: Seadromes [Technology Review], S. 339.

174 Vgl. Anonymus: Anchorage for Seadrome, in: Popular Science Monthly (1929) 10, S. 53; Anonymus: Work on Seadrome to Begin in 60 Days, in: The New York Times vom 23.10.1929.

175 Vgl. Anonymus: Ask Loan for Air Bases on Ocean, in: The New York Times vom 23.09.1933; Anonymus: Sea Chain.

176 Vgl. ebd. sowie B. Lincoln: Floating Airports, S. 60; Anonymus: Government to Build Seadromes If $1,500,000 Test Is Success, in: The New York Times vom 16.11.1933.

weiterhin positiv berichteten, fielen die Kommentare der Tagespresse jedoch nun deutlich distanzierter aus.

Endgültig fallengelassen wurden die Pläne schließlich nicht nur aufgrund aufkommender Zweifel an ihrer finanziellen Rentabilität, sondern auch wegen ungelöster juristischer, politischer und bürokratischer Probleme: Es war fraglich, ob überhaupt staatliche Gelder für ein Projekt ausgegeben werden konnten, das nicht auf dem Territorium der USA, sondern auf neutralem Hochseegebiet installiert werden sollte. Unter amerikanischer Hoheit stehende Flugplattformen wurden ferner als potenzielle Gefahr für die internationalen Beziehungen gesehen.[177] Schließlich erhielt die US-Regierung plötzlich zahlreiche Subventionsanträge von Luftfahrts- und Luftschiffsgesellschaften, die sich hinsichtlich einer etwaigen staatlichen Beihilfe übervorteilt sahen.[178]

Zu guter Letzt mischten sich prominente Piloten wie Clarence Chamberlin ein, die dem Bau von Zwischenlandestationen nun eine Absage erteilten und Armstrongs zentrales Argument, dass die Plattformen maßgeblich zur Sicherheit von Transatlantikflügen betrügen, komplett umkehrten:

> „To navigate by radio through bad weather, and land blind on a platform 300 ft. by 1,225 ft in midocean, is ‚utterly impracticable if not suicidal.' The seadrome's deck, rising 100 ft. above the ocean surface, would frequently be obscured by low clouds. A plane coming down through the clouds would risk collision with the drome."[179]

Im Herbst 1934 fiel unwiderruflich die Entscheidung gegen einen staatlich subventionierten Bau künstlicher Inseln.[180] Armstrong hielt dennoch hartnäckig weiter an seiner technischen Vision fest. Dass er es offenbar noch einmal während

177 Vgl. Anonymus: Parley Preparations, in: Time Magazine vom 18.11.1929; Anonymus: Seadrome Sovereignty, in: The New York Times vom 12.04.1931; Anonymus: Seadromes to Offer a Problem of Defense. International Question Is Also Faced, in: The New York Times vom 16.11.1933; Anonymus: Seadrome Status Awaits Reports, in: The New York Times vom 17.11.1933; Anonymus: Sea Cain; Waldemar Beck: Wem gehören „Schwimmende Inseln"?, in: Flugsport (1930) 25, S. 455–456 sowie Rowland W. Fixel: The Seadrome and International Law, in: Journal of Air Law and Commerce 2 (1931) 1, S. 24–28.

178 Anonymus: Lindberghs, in: Time Magazine vom 18.12.1933.

179 Anonymus: Sea Chain. An dieser Stelle wurde auch auf die deutschen Bestrebungen zur Einrichtung von Katapultdiensten verwiesen, deren baldig absehbare Perfektionierung die ungleich kostspieligeren und umständlicher zu realisierenden Seadromes überflüssig mache.

180 Vgl. Anonymus: Airdrome Project Gets No PWA Funds, in: The New York Times vom 02.11.1934.

des Zweiten Weltkrieges schaffte, mit der Pennsylvania Central Airlines (eine Vorläuferin der heutigen Capital Airlines) eine amerikanische Luftfahrtgesellschaft für seine Pläne zu gewinnen,[181] muss umso mehr erstaunen, als zu Ende der 1930er Jahre die Zukunft des Transatlantikluftverkehrs mit der Einrichtung einer ersten kommerziellen Fluglinie (unter Ausnutzung der Azoren als einzigen Zwischenstopp) durch Pan American Airways endgültig entschieden worden war.[182]

2.2 Die Realisierung künstlicher Inseln in F.P.1 ANTWORTET NICHT

Die Idee künstlicher Fluglandeplätze wurde vom Dresdner Schriftsteller und Drehbuchautor Kurt Siodmak aufgegriffen und zu einer Erzählung verarbeitet, die 1930 als Fortsetzungsroman in der dem Hugenberg-Konzern zugehörigen Illustrierten Zeitschrift *Die Woche* abgedruckt wurde,[183] bevor sie 1931 erstmals beim Scherl-Verlag in Buchform erschien.[184] Ein Jahr später wurde der Roman unter der Regie von Karl Hartl im Auftrag der Ufa verfilmt, wobei Walter Reisch in Zusammenarbeit mit Kurt Siodmak das Drehbuch schrieb.[185]

Da F.P.1 ANTWORTET NICHT als sogenannter Großfilm für den internationalen Filmverleih vorgesehen war, wurden parallel drei Fassungen – deutsch, englisch und französisch – mit bis in die Nebenrollen komplett geändertem

181 Was von der Presse mit Befremden aufgenommen und kommentiert wurde: „Man-made steel islands stretching across the Atlantic, each complete with a hotel, repair shop, radio station, fuel tanks, storage rooms and other necessaries of aerial transport -- newspaper readers must have rubbed their eyes and asked questions when they read the advertisement yesterday in which Edward R. Armstrong's seadrome was described." Anonymus: Man-made Atlantic Islands, in: The New York Times vom 13.05.1943; vgl. auch Anonymus: Atlantic Seadromes Proposed by Monro, in: The New York Times vom 12.05.1943; Anonymus: Airbaloney, in: Time Magazine vom 24.05.1943; Anonymus: Seadrome Design sowie M. Dierikx: Vision and Reality, S. 192.

182 Vgl. Roy Allen: The Pan Am Clipper – The History of Pan American's Flying-Boats 1931 to 1946, London 2000 sowie Lynn M. Homan/Thomas Reilly: Pan Am, Charleston 2000, S. 76ff.

183 Vgl. zum Beginn des Fortsetzungsromans Kurt Siodmak: F.P.1 antwortet nicht, in: Die Woche vom 25.10.1930, S. 1269–1276.

184 Vgl. Kurt Siodmak: F.P.1 antwortet nicht. Mit 11 Zeichnungen von A. B. Henninger, Berlin 1931.

185 Vgl. Helmut G. Asper: „The top picture to top all top pictures". Walter Reischs Drehbuch für F.P.1 antwortet nicht, in: Günter Krenn (Hg.): Walter Reisch, Film schreiben, Wien 2004, S. 120–137, hier S. 120. Asper erläutert detailliert die Unterschiede zwischen Roman, Drehbuch und (deutscher) Filmfassung.

Schauspielstab abgedreht. Die fremdsprachigen Versionen fielen dabei deutlich kürzer aus als die deutsche Originalfassung.

Für die Filmkulisse scheute die Ufa weder Kosten noch Mühen. Zum Aufbau der Schwimmsäulen wurde auf der Hamburger Howaldt-Werft extra ein Dock angemietet und für die Simulation der Plattformoberfläche mit Start- und Landebahn in zehnwöchiger Bauzeit ein Teil der Ostseeinsel Greifswalder Oie umgebaut.[186] Der Bühnenbildner und Filmarchitekt Erich Kettelhut, der bereits die Kulissen von METROPOLIS (DE 1927, Regie: Fritz Lang) entworfen hatte, ließ sie dafür mit Wellblech umkleiden. Allein für die Einstellungen aus der Vogelperspektive, die die Plattform als Ganzes zeigt, arbeitete man im Babelsberger Filmstudio mit einem entsprechenden Modell.[187] Diese exorbitanten Kulissenarbeiten, dazu aufwändige Fliegeraufnahmen, ein insgesamt kostspieliger Dreh in drei Sprachversionen sowie das aufgebotene Starensemble machten den Film mit über 2,5 Millionen RM zur mit Abstand teuersten Ufa-Produktion nicht nur des Jahres 1932, sondern der frühen 1930er Jahre insgesamt.[188]

Die technische Beratung übernahm der Berliner Ingenieur Albert Berthold Henninger, der auch für die Erstausgabe des Romans Illustrationen der schwimmenden Insel angefertigt hatte.[189] Zu Henningers Person, mithin zu seinem beruflichen Werdegang, ist wenig bekannt. Einige überlieferte US-Patente zur Stromlinien-Problematik aus den 1920er und 1930er Jahren, bei denen es sich ausnahmslos um leichte Modifizierungen bekannter Ideen und Ansätze handelte, lassen auf eine Tätigkeit innerhalb der Automobilindustrie schließen.[190]

---

186 Vgl. Erich Kettelhut/Werner Sudendorf: Der Schatten des Architekten, München 2009, S. 335f.

187 Vgl. ebd., S. 343f.

188 Vgl. Ursula Hardt: From Caligari to California. Erich Pommer's Life in the International Film Wars, Providence, Oxford 1996, S. 131 sowie H. Asper: The top picture, S. 122.

189 Eine mit der Copyright-Angabe 1931 ebenfalls beim Scherl-Verlag erschienene weitere Ausgabe des Romans enthielt statt der Zeichnungen Henningers „acht Bilder[ ] aus dem gleichnamigen Film der Ufa". In deren Vorwort wird ebenfalls auf die Verfilmung hingewiesen, sodass zu vermuten ist, dass der Roman anlässlich der Filmpremiere im Dezember 1932 ein weiteres Mal aufgelegt wurde; vgl. Kurt Siodmak: F.P.1 antwortet nicht. Mit acht Bildern aus dem gleichnamigen Film der Ufa, 26. bis 30. Tsd., Berlin o. J. [1932].

190 Vgl. United States Patent Office: Patent US 1523263 „Power-driven vehicle", Albert Berthold Henninger, Antrag vom 05.04.1924, Seriennummer 704.444, patentiert am 13.01.1925, online unter http://www.freepatentsonline.com/1523263.pdf (Abruf: 26.01.2018) sowie United States Patent Office: Patent US 1983497 „Self-supporting car body made of sheet metal", Albert Berthold Henninger, Antrag vom

Darüber hinaus finden sich Hinweise zu einer ausgeprägten Vorliebe für technische Zukunftsvisionen: In der Weimarer Republik publizierte er in verschiedenen Periodika, wie in *Scherls Magazin* oder im Verlag der Evangelischen Buchgemeinschaft, zahlreiche phantastische Zeichnungen.[191]

Die Beratung Henningers unter explizitem Verweis auf dessen Beruf wurde von der Ufa gezielt als Werbestrategie eingesetzt. Schon bei Frau im Mond hatte man sich die vermeintliche Realitäts- und vor alledem Zukunftsnähe der technischen Fiktion durch die Beratung des bekannten Raketenpioniers Hermann Oberth absichern lassen.[192] Bei F.P.1 antwortet nicht sollte dies – obgleich Henninger keine Berühmtheit war – ebenfalls ausgezeichnet funktionieren: „Das Projekt ist keine Utopie, die tatkräftigsten Männer beider Kontinente erstreben seine Verwirklichung", hieß es erläuternd zur ersten Folge des Fortsetzungsromans in der Zeitung *Die Woche*,

> „Die Phantasie des Dichters hat der Technik schon oftmals Wege gewiesen, möglicherweise werden die Zeichnungen unseres Mitarbeiters A.B. Henninger eines Tages als Unterlage für den Bau von F.P.I eine Rolle spielen."[193]

Ähnliches ist dem Vorwort aus der Erstausgabe des Romans zu entnehmen:

> „Wir haben unseren Mitarbeiter A.B. Henninger, der Techniker und Künstler zugleich ist, aufgefordert, das Problem der künstlichen Insel im Ozean, die den überseeischen Flugverkehr sicher gewährleisten soll, durchzuarbeiten."[194]

Diese offensichtliche Auftragsarbeit zu rein illustrierenden Zwecken geriet bereits in der Berichterstattung zu den Dreharbeiten von F.P.1 antwortet nicht zum eigentlichen Ideenursprung. Der französische Schriftsteller, Drehbuchautor

---

27.08.1930, Seriennummer 478.160, patentiert am 04.12.1934, online unter http://www.freepatentsonline.com/1983497.pdf (Abruf: 26.01.2018).

191 Vgl. E. Kettelhut/W. Sudendorf: Der Schatten, S. 329 sowie Anton Lübke: Technik und Mensch im Jahre 2000, München 1927, S. 284. Anton Lübke, selbst Verfasser populärwissenschaftlicher Sachbücher zu Wissenschaft und Technik, bezeichnete Henninger als „große[n] Phantast[en]", der „sich durch eine Reihe phantastischer Bildschilderungen über technische Zukunftsträume in deutschen Zeitschriften bekannt gemacht hat", ebd.

192 Vgl. Guntram Geser: Fritz Lang – Metropolis und die Frau im Mond: Zukunftsfilm und Zukunftstechnik in der Stabilisierungszeit der Weimarer Republik, Meitingen 1996, S. 125ff. sowie R. Eisfeld: Frau im Mond. Technische Vision und psychologisches Zeitbild, in: Thea von Harbou: Frau im Mond, München 1989, S. 207–237.

193 Anonymus: F.P.1 antwortet nicht. Vorwort, in: Die Woche vom 25.10.1930, S. 1269.

194 Anonymus: Vorwort, in: Kurt Siodmak: F.P.1 antwortet nicht, Berlin 1931, o. S.

und Filmkritiker André Beucler deklarierte Henninger kurzerhand zur lokalen Berühmtheit und verwies auf angeblich längst initiierte Vorbereitungen zur konkreten Umsetzung der Flugplattform:

> „Celle [île, AW] qui a été *inventée par M. Henninger, l'ingénieur berlinois bien connu*, décrite par Kurt Siodmak, le romancier, esquissée par l'auteur du scénario et enfin animée par Pommer, en trois langues, pour trois pays [...] Il faut ajouter que le créateur de cette plateforme flottante, *aujourd'hui cinématographique et demain réelle*, se trouvait parmi nous, et que c'est un jeu pour lui d'entraîner nos esprits vers l'avenir ... [...] *Dans quelques mois*, un navire partira pour le cœur de l'Atlantique, étudier sur place l'endroit exact où devra être ancré un jour l'île flottante véritable *dont la construction est d'ores et déjà envisagée.*“[195]

In einem Artikel der *Illustrierten Wochenpost* ist unter einer von ebendiesem signierten Skizze von der „sensationelle[n] Verwirklichung einer Idee von Ingenieur A. B. Henninger“ die Rede.[196] Auch Siegfried Kracauer stellte in seinem Bericht zu den Dreharbeiten diesen Zusammenhang her:

> „Der Roman ist nicht etwa ein reines Phantasieprodukt, sondern nimmt ein Projekt vorweg, dessen Verwirklichung auf beiden Seiten des Ozeans ernsthaft erwogen wird. A.B. Henninger, ein deutscher Ingenieur, hat ein solches Projekt bis ins kleinste ausgearbeitet. [...] Da der Insel des Films die Pläne Henningers zugrunde liegen, kommt ihr eine gewisse Wahrscheinlichkeit zu.“[197]

Gerade die Einschätzung Kracauers wurde in diversen Enzyklopädien zur deutschen Filmgeschichte aufgegriffen und somit Henninger endgültig als zentraler Ideengeber ausgemacht:

> „Curt Siodmak hatte sich zu dem Roman, der dem Film zugrunde liegt, von einem Projekt des deutschen Ingenieurs A.B. Henninger inspirieren lassen, dessen Verwirklichung damals in Deutschland wie in Amerika ernstlich erwogen wurde“[198],

---

195 André Beucler: A propos d'I.F.1 ne répond plus, online unter http://www.andrebeucler.com/cine/filmo/if1/if102.html [Herv. AW] (Abruf: 26.01.2018). Beuclers auffallend enthusiastische Vorberichterstattung erklärt sich aus seiner Beteiligung an der Produktion – er schrieb für die französische Sprachversion die Filmdialoge; vgl. Anonymus: I.F. 1 ne répond plus, online unter http://www.filmportal.de/film/if-1-ne-repond-plus_0204a452172a4104929c163e2ed05607 (Abruf: 26.01.2018).

196 Anonymus: Die schwimmende Insel. Ein Wunder der Zukunft in einem Film von heute, in: Illustrierte Wochenpost Nr. 44 vom 28.10.1932, S. 15.

197 Siegfried Kracauer: F.P.1 auf der Insel Oie, in: Inka Mülder-Bach (Hg.): Siegfried Kracauer. Werke Bd. 6: Schriften zum Film 1921–1961, Frankfurt am Main 2004, S. 103–106, hier S. 104.

198 Joe Hembus/Christa Bandmann: Klassiker des deutschen Tonfilms, München 1980, S. 72–73.

vermerken die *Klassiker des deutschen Tonfilms*. Ähnlich der Eintrag im Filmlexikon *Deutsche Spielfilme von den Anfängen bis 1933*: „Romanautor Kurt Siodmak hatte sich von dem Projekt des deutschen Ingenieurs A.B. Henninger inspirieren lassen.“[199] Wie hartnäckig sich dieser filmgeschichtliche Irrtum hält, zeigt die gleichlautende Darstellung der Rolle Henningers im eingangs zitierten *Nordkurier*-Artikel zur Greifswalder Filmfest-Aufführung von 2012.[200] Indes wurde – bis auf eine bemerkenswerte Ausnahme – in der zeitgenössischen deutschen Filmberichterstattung wie auch in späteren Lexikoneinträgen mit keinem Wort das Seadrome-Projekt Armstrongs erwähnt.[201] Dies ist insofern erstaunlich, als bereits Siodmaks literarische Schilderung dieses Bauwerks und die in der ersten Romanauflage enthaltenen Illustrationen Henningers nicht nur stilistisch, sondern auch in Aufbau und Größenangaben zum Teil frappierende Ähnlichkeiten zu den Entwürfen Armstrongs aufwiesen: „Die F.P.1 ruhte auf zweiunddreißig Schwimmkörpern, gewaltigen Boilern, die eine Verdrängung von fünfhunderttausend Tonnen besaßen und sich fünfzig Meter tief in das Wasser erstreckten.“[202] Auf einer Skizze, die einen detaillierten Ausschnitt der Flugplattform zeigt, findet sich folgerichtig die Anmerkung Henningers: „Stempelträger, auf denen die Insel schwimmt, im ganzen 32“.[203] Exakt diese Zahl an Säulen sahen die Entwürfe des Kanadiers vor, die augenscheinlich als Vorlage genutzt wurden.[204] Dass gerade Henninger sich des Öfteren an bestehenden

199 Fred Gehler: F.P.1 antwortet nicht, in: Günther Dahlke (Hg.): Deutsche Spielfilme von den Anfängen bis 1933, 2. Aufl., Berlin 1993, S. 310–312, hier S. 311.

200 Ähnlich dazu die jüngste vorliegende Besprechung des Films; vgl. Dieter Naumann: F.P.1 antwortet nicht, in: Das Blättchen. Zweiwochenschrift für Politik, Kunst und Wirtschaft 17 (2014) 12 vom 09.06.2014, online unter http://das-blaettchen.de/2014/06/f-p-1-antwortet-nicht-29167.html (Abruf: 26.01.2018).

201 In einer Rezension des *Time Magazine* wurde hingegen implizit auf Armstrong Bezug genommen: „A perennial exhibit at air shows is the model of a floating airport to serve transoceanic planes. *Invented 15 years ago,* it continues to meet with practical objections. As background for a futuristic cinema it functions admirably. F.P.1 is therefore exciting and at times interestingly realistic.“; Anonymus: The New Pictures, in: Time Magazine vom 14.08.1933 [Herv. AW].

202 K. Siodmak: F.P.1, S. 7.

203 Ebd., n. S. 16.

204 Entsprechend wurde auch im Drehbuch bei der Beschreibung der Flugplattform diese Anzahl an Säulen angegeben, vgl. Erich Kettelhut: F.P.1 wird gebaut, in: Film-Kurier Nr. 297 vom 17.12.1932, zit. nach Ulrich Döge: F.P.1 antwortet nicht, in: Laurence Kardish (Hg.): Weimar Cinema, 1919–1933. Daydreams and Nightmares, New York 2010, S. 200f., hier S. 200.

Konzepten fremder Urheberschaft zumindest orientierte, beweist auch eine von ihm in Anton Lübkes Sachbuch *Technik und Mensch im Jahre 2000* (1927) signierte Zeichnung eines hufeisenförmigen schwimmenden Fluglandeplatzes, die en détail den 1925 vom „Institut de France" prämierten Entwurf des französischen Architekten Henri Defrasse kopierte.[205] Somit drängt sich zunehmend der Eindruck auf, dass Henninger die jeweils gerade populärste Variante mit leichten Variationen abzeichnete und mit seinem Signum versah – zumal er im Gegensatz zu den sonstigen Ideengebern in der Fachliteratur namentlich kein einziges Mal erwähnt wurde. Der Ufa konnte diese Unkenntnis seitens der allgemeinen Öffentlichkeit wie auch der Filmrezensenten nur gelegen kommen, wollte sie doch – analog zur Hauptfigur in Roman und Film – einen *deutschen* Ingenieur als Erfinder der künstlichen Flugplattform gefeiert wissen.

Die oben erwähnte Ausnahme betrifft eine ausführliche Filmkritik des Architekten Herman Sörgel. Der Urheber des monumentalen wie utopistischen Atlantropa-Makroprojektes, der nachweislich der literarischen Gattung der Phantastik aufgrund ihres spekulativen Gehalts ablehnend gegenüberstand[206] und dieser Argumentation folgend auch den deutschen Zukunftsfilm der Weimarer Republik scharf kritisierte, feierte F.P.1 ANTWORTET NICHT als

> „erste[n] technische[n] Film, der nicht mit Utopien und Phantastereien arbeitet. Er ist auch vom Standpunkt des Technikers ernst zu nehmen und enthält in dieser Beziehung grundsätzlich nichts, was nicht technisch möglich und *ausführbar* wäre. Ja, noch mehr: der Film erreicht in seiner Gesamtdurchführung ein Niveau, das ihn zum *Schrittmacher* der Zivilisation qualifiziert, das ihn einreiht in die aktiv schöpferischen Pionierarbeiten der technischen Entwicklung überhaupt. Umso bedauerlicher und unverständlicher ist es, daß der *Erfinder* der schwimmenden Fluginseln, der amerikanische Ingenieur Edward R. *Armstrong* mit keinem Wort erwähnt wird. Das Bildnis des Urhebers und Vaters dieses ganzen, höchstbedeutungsvollen Weltverkehrs- und Weltwirtschafts-Problems müßte gleich zu Beginn des Films erscheinen. Armstrong wäre hier wichtiger als Albers, der als ausgezeichneter Darsteller und Held der Spielhandlung ohnehin von Anfang bis zu Ende zu Wort kommt."[207]

Diese Nennung und sogar Würdigung des amerikanischen Erfinders seitens deutscher Rezensenten blieb jedoch einzigartig, zumal Sörgel als Architekt und

205 Vgl. A. Lübke: Technik und Mensch, S. 20, Anonymus: Des îles flottantes à travers l'Atlantique sowie W. Zuerl: Schwimmende Inseln, S. 8.

206 Vgl. A. Woschech: Weltraumflug, S. 204ff.

207 Herman Sörgel: Technische Randbemerkungen zu F.P.1, in: Deutsche Filmzeitung Nr. 9 vom 03.03.1933, S. 12 [Herv. i. O.].

Baumeister kein professioneller Filmkritiker war, sondern aus Sicht des technischen Experten den Film beurteilte.

In den die Dreharbeiten begleitenden Presseberichten begeisterte man sich stattdessen für Aufwand und Authentizität der Filmkulisse:

> „ [D]iese schwimmende Insel hat die Ufa an der Küste der Insel Oie, die sich fünfzehn Meter hoch über den Ostseespiegel erhebt, gebaut. Selbstverständlich als Filmkulisse. Aber so täuschend, so großartig, daß man die Idee dieser schwimmenden Insel plastisch vor sich sieht, wenn man sich von dem kleinen Hafen her über weite grünende Weiden den Bauten nähert"[208],

notierte Rolf Brandt,

> „Drüben, man sieht sie schon von weitem, ist die Insel F P 1 aufgebaut, jene Dekoration, von der noch Generationen von Einwohnern sprechen werden, weil sie so imposant ist, und Generationen von Ufa-Direktoren, weil sie so viel gekostet hat"[209],

vermerkte mit leicht ironischem Unterton Curt Riess Steinam. Die gleiche Faszination für die erzeugte perfekte Illusion einer nahen technischen Zukunft bezeugen die Rezensionen zur Aufführung von F.P.1 ANTWORTET NICHT in den deutschen und auch ausländischen Kinos – unabhängig davon, welches Urteil die jeweiligen Kritiker dem Film insgesamt zukommen ließen:

> „Mit Hilfe eines gewaltigen Aufwands an Mitteln ist es geglückt, die nicht vorhandene Insel so realistisch darzustellen, daß ihre Existenz nicht den geringsten Zweifel zu dulden scheint. […] Die gigantischen Konstruktionen des Unterbaus, die funkelnden Lichter bei Nacht und die Vision der dem Morgengrauen entsteigenden Plattform: Das sind Eindrücke von einer Großartigkeit, wie sie der Film bisher selten erschlossen hat",

schwärmte kein anderer als Siegfried Kracauer, „[e]in technischer Traum ist hier ins Dasein hereingerissen, ehe er überhaupt zum Dasein gehört"[210]; „[p]ompös und doch von jener technischen Nüchternheit, die derartige Sensationsbauten haben müssen, wenn das ganze Spiel nicht den Stempel der Echtheit verlieren soll"[211]; „[a]lles ist so ‚echt', daß die künstliche Insel im Ozean sich

208 Rolf Brandt: Die Flugzeuginsel im Meer. Phantasie wird Wirklichkeit, in: Morgenpost (Berlin) vom 19.10.1932.

209 Curt Riess Steinam: Die letzten Tage von F.P.1. Schlechtes Wetter, Filmstars und eine Millionendekoration, Zeitungsartikel vom 11.10.1932, DIF/D.v.45/Flu-Fraud.

210 Siegfried Kracauer: Technik und Menschen. Filmrezension: F.P.1 antwortet nicht, in: I. Mülder-Bach: Siegfried Kracauer, S. 124–126, hier S. 124.

211 Anonymus: F.P.1 macht das Rennen, in: Kinematograph Nr. 251 vom 23.12.1932.

wie das selbstverständlichste Ding der Welt darbietet"[212]; „das Wunderwerk der technischen Insel, eine der imposantesten Filmbauten, die es je im Film gegeben hat"[213]; „the settings, which are based on a possible project of the near future, allow the story to unfold against realistic backgrounds in which imaginative aerial pageantry plays a spectacular part"[214]; „(t)he monster platform at sea, with its line of offices and huts and its immense landing space, is alone extraordinarily interesting".[215]

Die Filmkritiken besprachen F.P.1 ANTWORTET NICHT größtenteils in Gänze positiv. Mancher Rezensent störte sich jedoch an einer verschleppten und als zu melodramatisch empfundenen Handlung – in der pointierten Formulierung Siegfried Kracauers: „Man hätte gern mehr Plattform und weniger Gefühlsleben gekostet."[216] Indes erließen sich einige in ausführliche Überlegungen zur technischen wie sozialen Verfasstheit der modernen Welt. Diese Form der Gesellschaftsdiagnose bestimmte die nahezu hymnische Kritik von Willy Haas, der F.P.1 ANTWORTET NICHT mit Ernst Jüngers unlängst veröffentlichter Schrift *Der Arbeiter. Herrschaft und Gestalt* (1932) verknüpfte:

> „[H]inter dieser Romantik taucht doch in Umrissen schon etwas Anderes, Neues auf: der neue Menschentyp der maschinegewordenen Welt, eine neue, kalte Intelligenz, die sich von Minute zu Minute in dieser mit Menschen vollgedrängten Welt behauptet, eine Art neuer Tierinstinkt auf dem laufenden Bande, eine neue Elastizität des Gehirns . . . und das restlose Gerichtet-Sein auf ein einziges Ziel: Beherrschung der Elemente, Beherrschung dieser eng gewordenen Erde. Es ist schon etwas darin von der neuen Welt ‚der Arbeiter', die der interessante revolutionäre Nationalist Ernst Jünger die Welt von

---

212 Wolfgang Petzet: F.P.1 antwortet nicht, in: Deutsche Filmzeitung Nr. 1 vom 06.01.1933, S. 8.

213 Willy Haas: F.P.1 antwortet nicht, in: Ders.: Der Kritiker als Mitproduzent. Texte zum Film 1920–1933, hg. v. Wolfgang Jacobsen, Berlin 1991, S. 228–230, hier S. 230.

214 Anonymus: F.P.1, in: Kinematograph Weekly (London) Nr. 1355 vom 06.04.1933, S. 17.

215 Mordaunt Hall: Conrad Veidt and Jill Esmond in a Film with the Novel Idea of a Mid-Sea Airplane Landing Platform, in: The New York Times vom 16.09.1933, S. 9.

216 S. Kracauer: Technik und Menschen, S. 125. Ähnliche Monita finden sich bei Dr. K. Glück: F.P.I. antwortet nicht. Uraufführuug [sic!] im Ufa-Palast am Zoo, in: Morgenpost (Berlin) vom 22.12.1932; Anonymus: F.P.1 (British Made), in: Variety vom 19.09.1933, Jean Valdois: I. F. 1 ne répond plus, in: Cinémagazine Nr. 11 (1933), S. 41 sowie M. Hall: Conrad Veidt. In der Kritik von Paimann's Filmlisten wiederum heißt es: „auch die eingeflochtene Liebesgeschichte unsüßlich, dem Hauptthema angemessen." Anonymus: F.P.1 antwortet nicht, in: Paimann's Filmlisten (Wien) Nr. 875 vom 13.01.1933.

> morgen ausdeutet . . . auch das junge, reiche Mädchen ist hier schon in diesem Sinn ‚Arbeiterin', keine Spur Luxusgeschöpf, ohne jede Koketterie."[217]

Herbert Jhering hingegen, der eine der wenigen dezidiert negativen Kritiken verfasst hatte, „jüngerte" es offenbar noch viel zu wenig, kam er doch zu einem zu Willy Haas nahezu entgegengesetzten Schluss:

> „Der Film braucht die Vermenschlichung, den primitiven, allen verständlichen Herzenskonflikt? Wenn man harte und unsentimentale Menschen in dieses Werk gestellt hätte, Abenteurer der Sachlichkeit, Phantasten der Ingenierkunst [sic!], unbürgerliche Kerle, keine Frackmenschen, dann hätten sich die Spannungen von selbst ergeben. Dann wäre F.P.1, die Fluginsel, wirklich die Hauptperson geworden, die alles beherrscht und in Bewegung gebracht hätte; dann hätte man die Utopie fortsetzen und die Eröffnung des regelmäßigen transozeanischen Flugverkehrs im Film vorwegnehmen können."[218]

Zusammenfassend lässt sich feststellen, dass unabhängig von der Bewertung des Films dessen technisches Sujet ausnahmslos positiv hervorgehoben wurde. Das Thema von F.P.1 ANTWORTET NICHT wurde als ein die Erfordernisse der Gegenwart adäquat spiegelndes begriffen, dessen man sich nun endlich auch filmisch anzunehmen gewagt hatte – waren doch cineastische Darstellungen industrieller Technik bis dato größtenteils auf Wochenschau-Beiträge des Vorprogramms beschränkt geblieben und selten im Hauptprogramm zu finden. Allein in der Einschätzung der Umsetzung des Stoffes schieden sich die Kritiken.[219] Dem dahingehend einhelligen Urteil der Rezensionen nach bediente F.P.1 ANTWORTET NICHT ein bestehendes Bedürfnis, das Erhabene der modernen Technik durch die ebenfalls industrietechnisch induzierten Möglichkeiten der Illusionsmaschine Kino nicht nur visuell, sondern – den Chancen entsprechend, den der Tonfilm bot – auch auditiv erfahren zu können.

2.3 „Eine Sinfonie aus Stahl und Eisen"[220]: Ton und Technikdarstellung

F.P.1 ANTWORTET NICHT fiel noch in die Experimentierphase des Tonfilms. Die produktionstechnische Umstellung galt zwar als vollständig abgeschlossen – 1932 wurde im Deutschen Reich erstmals kein einziger Stummfilm mehr in

---

217 W. Haas: F.P.1 antwortet nicht, S. 228.

218 Herbert Jhering: F.P.1 antwortet nicht, in: Berliner Börsen-Courier vom 23.12.1932.

219 Ebd.: „Der Wert des Films ‚F.P.1 antwortet nicht' liegt in dem (allerdings nur halben) Versuch zu einer neuen Thematik."

220 Anonymus: F.P.1 macht das Rennen.

Auftrag gegeben[221] – jedoch befand man sich hinsichtlich der geänderten darstellerischen und stilistischen Möglichkeiten weiterhin am Anfang. Die Ufa warb explizit mit der behaupteten Kongruenz von Zukunftsfilm und zukunftsweisender technischer Produktion: „Der Tonfilm allein, das modernste aller künstlerischen Ausdrucksmittel, ist wohl imstande, die technischen Gesichte [sic!] eines modernen Jules Verne in einer phantastisch-real ansprechenden Bildreihe zu erfassen."[222] In der Tat fällt auf, wie genau hinsichtlich der Technikdarstellung auf eine detaillierte akustische Abstimmung des visuell Dargebotenen geachtet wurde, insbesondere im handlungsleitenden Einsatz von Filmmusik sowie durch die der industriellen Welt entnommene Geräuschkulisse, weitaus weniger durch die neuen Möglichkeiten des gesprochenen Dialogs.

Bereits der Vorspann weist die beiden den gesamten Streifen strukturierenden musikalischen Leitmotive auf, die eigens für diesen Film entstanden:[223] Die Schlager *Flieger, grüß mir die Sonne* (das Fliegerlied) sowie *Ganz da hinten, wo der Leuchtturm steht* (das Matrosenlied) sind nacheinander in einer orchestralen Fassung zu hören.[224] In der darauf folgenden Eröffnungssequenz begleitet das Fliegerlied, nun durch einen Männerchor intoniert, dokumentarische Aufnahmen einer Flugschau der Deutschen Verkehrsfliegerschule.[225] Neben der Themenkongruenz von Fliegerlied und Fliegerstaffel sind Musik-, Text- und Bildkomposition zusätzlich aufeinander abgestimmt. Zum einen laufen die Bildeinstellungen mit dem Versrhythmus synchron,[226] zum anderen korrespondieren Bild- und Textinhalt: Zum Vers „Dein Leben, das ist ein Schweben, durch

---

221 Vgl. Harald Jossé: Die Entstehung des Tonfilms. Beitrag zu einer faktenorientierten Mediengeschichtsschreibung, Freiburg 1984, S. 270.

222 Anonymus: F.P.1 antwortet nicht, in: Ufa-Filmverleih G.m.b.H. (Hg.): Filmverzeichnis 1932/33, DIF/D.v.45/Flu–Fraud. Dieser Konnex von technischem Sujet und zukunftsweisender Filmtechnik wurde von der Filmkritik auch aufgegriffen: „Ein Anlaß zur Schilderung modernster technischer Möglichkeiten mittels des ganzen Einsatzes der modernsten kinotechnischen Errungenschaften.", Dr. A. S.: Filmkritik. F.P.1 antwortet nicht, in: Allgemeiner Tiroler Anzeiger Nr. 28 vom 03.02.1933, S. 5.

223 Vgl. F. Ritzel: Schlagerpräsentationen, S. 170. Zu den vollständigen Texten von Flieger- und Matrosenlied vgl. Ufa-Filmverleih G.m.b.H. (Hg.): Reklame-Verpflichtungen. F.P.1 antwortet nicht, DIF/D.v.45/Flu–Fraud, S. 16f.

224 Vgl. FP1AN, 00:00:12–00:01:32.

225 Die Urheberschaft dieser Bilder wird im Vorspann angegeben.

226 Einstellung 1: „Vom Nordpol zum Südpol ist's nur ein Katzensprung"; Einstellung 2: „Wir fliegen die Strecke bei jeder Witterung"; Einstellung 3: „Wir warten nicht wir starten!"; Einstellung 4: „Was immer auch geschieht"; Einstellung 5: „Durch Wind und Wetter klingt das Fliegerlied" usw., vgl. ebd., 00:01:33ff.

die Ferne, die keiner bewohnt“ erfolgt ein Kameraschwenk von der Totalen in die Weite des Wolkenhimmels; zur Zeile „Schneller und immer schneller rast der Propeller, wie dir's grad gefällt!“ fliegt eine Junkers W33 durch die im Meereswasser sich spiegelnde Sonne, wobei sich die Schlagermusik zugunsten der eingespielten Motorengeräusche zurücknimmt. Die Totale auf ein riskantes Senkrechtlooping begleitet den Vers „Piloten ist nichts verboten“, den einige Stimmen des Männerchores nicht mehr melodisch intonieren, sondern brüllend vortragen. Die wiederum unisono und weich gesungenen Zeilen „Such dir die schönste Sternenschnuppe aus und bring sie deinem Mädel mit nach Haus!“ begleiten eine über Kumulus- und unter Zirruswolken platzierte Kamerafahrt. Diese längste und ruhigste Einstellung der gesamten Eröffnungsszene ist die einzige ohne Flugzeugansicht, was den romantischen Charakter des Textinhaltes betont. Dessen ungeachtet sind Menschen nicht zu sehen – die Fliegerstaffel wird meist nur in Total- oder gar Weitaufnahmen gezeigt, in denen die Flugzeugführer unerkannt bleiben. In den wenigen Nahaufnahmen wurde die Filmkamera derart platziert, dass sie Details der Maschine oder Teile der Flugformation in den Blick nimmt. Dem Abschlussvers „Und grüß mir den Mond!“ ist schließlich eine aus drei Pfeilen bestehende Fliegerformation beigestellt, deren Spitze einen Vertikalflug in Richtung All andeutet. Darüber hinaus wird, obgleich in dieser Szene das Schlagerlied die Bilder extradiegetisch begleitet, durch den Einsatz des Männerchors eine Identität zwischen diesem und der zu beobachtenden Fliegerstaffel konstruiert.[227] Bestätigt wird diese Verbindung durch den Übergang zur nächsten Szene, in der zum ersten Mal der Pilot Ellissen auftaucht: Er durchquert einen Festsaal, in dem sich tanzende Paare zur – nun diegetisch eingesetzten – Melodie des Fliegerliedes bewegen: Auch in der gehobenen Gesellschaft huldigt man dem Fliegerkult.[228]

Das die Eröffnungssequenz prägende Zusammenspiel von Fliegerlied und Technik- bzw. Industriegeräuschen taucht im Verlaufe des Filmes vor allem in denjenigen Szenen wieder auf, in denen per Montage und Zeitraffung einzelne Handlungsabschnitte überbrückt werden. So beginnt die Sequenz, die den zweieinhalb Jahre andauernden Bau der Flugplattform in knapp eine Minute bündelt, mit einer Einstellung, in der anhand Doppelbelichtungen auf übereinander

227 Im Schlager der Weimarer Tonfilm-Zeit wurde bevorzugt auf den Männerchor zurückgegriffen. Laut Fred Ritzel unterstrich dies den Eindruck einer „große[n] singende[n] Männergemeinschaft mit ihrer besonderen emotionalen Charakteristik, sei es Sentimentalität, Melancholie, aggressive Gewaltlust oder fanatischer Optimismus.“ F. Ritzel: Schlagerpräsentationen, S. 170.

228 Vgl. FP1AN, 00:02:37–00:02:52.

gelagerten Ebenen strömende Menschenmassen zu sehen sind, deren Ziel mit der darauffolgenden Ansicht auf Werft und Baugerüst verdeutlicht wird: Das technische Großprojekt als gigantische Arbeitsbeschaffungsmaßnahme, ein für das Kinopublikum leicht zu entschlüsselnder Kommentar zur seinerzeit virulenten Weltwirtschaftskrise. Danach sind in der gesamten Sequenz keine weiteren Menschen im Bild; hingegen wechseln sich in zum Teil stark überlappenden Einstellungen beständig Nahaufnahmen diverser Produktionsprozesse mit Ansichten der Baustelle ab.[229] Der überwältigende Eindruck der gezeigten Industrietechnik potenziert sich durch die energisch-treibende, mit Maschinen- und Motorengeräuschen unterlegte Orchestermusik, die kurze Einspielungen des Fliegerlied-Motivs enthält. In Zusammenhang mit den letzten Einstellungen dieser Sequenz (vom Abtragen des Baugerüsts bis zur Präsentation der fertigen Flugplattform) die mit einem Orchestertusch des Fliegerlieds abschließt, dient dieses der Kommentierung und Bekräftigung der Baufortschritte des Megaprojekts, das zudem in seiner Ikonografie mit den säulenartig angelegten Stempelträgern an antike Tempelkonstruktionen – konkret an den Athener Parthenon – erinnert. Die hierfür gewählte leichte Untersicht erhöht den Eindruck der sakralen Erhabenheit des nunmehr fertiggestellten Bauwerks.[230] Die durch Einführung des Tons sich bietenden neuen filmischen Möglichkeiten werden in dieser idealisierten Darstellung des industriellen Produktionsprozesses, die von Willy Haas treffend als „Maschinensymphonie" bezeichnet wurde,[231] durch ein effektvoll inszeniertes audiovisuelles Ensemble aus Bildkomposition, Musik und Industrielärm vollends ausgeschöpft.

In der Visualisierung der Flugplattform finden sich jedoch nicht nur Sakralisierungstendenzen, sondern auch dem entgegengesetzte, durch die Darstellung des Novums in seinem alltäglichen Gebrauch begründete Momente. So wird die Vorführung seiner baulichen Dimensionen geschickt in die Handlung integriert: In der ersten Szene, die auf der fertiggestellten F.P.1 spielt, wird Kapitän Droste von der Funkstation ausgerufen. Dieser befindet sich jedoch augenscheinlich am anderen Ende der Plattform, sodass über eine Rufkette, die der Zuschauer mit verfolgt, die verschiedenen Bereiche der schwimmenden Insel (von Steuerbord und Funkstation über den Maschinenraum, Hangar und

229 Auf der Werft sind deutlich Elektrohängebahn und Turmdrehkran zu erkennen; zwischenmontiert sind Aufnahmen aus einer Stahlfabrik mit Schmelzöfen, Dampfhammer und Walzstraßen, vgl. ebd., 00:36:52–00:37:53.

230 Vgl. ebd., 00:37:51ff.

231 W. Haas: F.P.1 antwortet nicht, S. 228.

Außendeck mit Verladekran, bis hin zu den Schwimmsäulen) vorgestellt und somit ihre riesigen Ausmaße demonstriert werden.[232] Eine ähnliche Funktion übernimmt Drostes Inspektion der F.P.1 nach einem aufkommenden Spionageverdacht – auch hier werden dem Zuschauer wieder verschiedene Abteilungen präsentiert, wobei sich die Kamera zum Teil auffällig Zeit lässt, um in ruhigen Nahaufnahmen das Ablassen der Flutventile oder die Kontrolle der Öltanks einzufangen.[233] Gerade diese Detailaufnahmen zeigen, dass die technische Ausstattung der schwimmenden Insel keinerlei futuristische Bestandteile enthält. Die Flugplattform – an und für sich die einzige Zukunftstechnik des gesamten Films im Sinne eines rein fiktional verhandelten technischen Novums und in den Totalaufnahmen entsprechend als majestätischer Monumentalbau arrangiert – wird durch die konkrete Verwendung der dargestellten Technik, durch ihren alltäglichen Gebrauch nicht nur profaniert, sondern auch defuturisiert.

Die gleiche Tendenz weist die Darstellung der Werftarbeiten, mithin der Produktionsprozess an sich, auf. Auf der Baustelle verwenden die Arbeiter zeitgenössisches Arbeitsgerät (Handbohrer, Schweißgeräte, Maurerschaufeln) wie Materialien (Holzplanken, Stahlrohre), der Technisierungs- und Mechanisierungsgrad ist relativ gering. Die Zukunftsbezogenheit des Artefakts entsteht erst in seinem Ergebnis, im Produkt selbst, während sein Herstellungszusammenhang vollends der Gegenwart verhaftet bleibt.[234]

Darüber hinaus kommen, abgesehen von der Flugplattform, zahlreiche zeitgenössische Technikartefakte zum Einsatz. So wird die Rettungsszene als stattliches Aufgebot an Funk-, Flug- und Schifffahrtstechnik inszeniert. Bei den Luftfahrzeugen dominieren die seinerzeit neuesten und modernsten Modelle aus deutscher Produktion: mehrere Junkers W33, das Verkehrsflugzeug Junkers G38 mit klar lesbarem Schriftzug der Lufthansa sowie das Großraum-Flugschiff Dornier Do X.[235] Den Erinnerungen Erich Kettelhuts zufolge wurde bei einem Großteil der hierfür benötigten Einstellungen nicht auf existierende, durch

---

232 Vgl. FP1AN, 00:38:45–00:40:07.

233 Vgl. ebd., 00:52:45–00:53:15.

234 Vgl. ebd., 00:31:10–00:32:15.

235 Bei nicht identifizierbaren Flugzeugtypen ist zumindest das für das Deutsche Reich stehende Kennzeichen „D" deutlich lesbar. Jay P. Telotte wertet das Auftauchen der Do X als „a special note of national pride – and perhaps defiance as well – for German audiences" und begründet dies mit einer deren Bau angeblich zugrundeliegenden Verletzung der Versailler Vertragsbestimmungen (J. P. Telotte: F.P.1 and the Language, S. 111). Deren Restriktionen richteten sich jedoch gegen den Aufbau militärischer Luftstreitkräfte; die Do X war eindeutig Bestandteil der Verkehrsluftfahrt.

geschickte Montage zu integrierende Aufnahmen zurückgegriffen, sondern diese zumeist extra für den Film gedreht:

> „Am Strand bei Warnemünde sollte ein kleiner Teil der Landefläche der Ozeaninsel auf einem hohen Podest gebaut werden. So könne man Zwischeneinstellungen drehen, in denen gezeigt würde, wie sich einige Leute der Inselbesatzung mit den Matrosen der Wasserfahrzeuge, die an der Insel festgemacht hatten, per Zeichensprache verständigten. Das täglich von Sassnitz nach Trelleborg verkehrende Trajekt würde zu einem noch festzusetzenden Termin für zwei Stunden vor dem Podest Anker werfen. Das riesige, zwölfmotorige Großflugboot Do X, der Dornier-Wal, der erst 1929 von Dornier fertiggestellt wurde, hatte sich vertraglich verpflichtet, zur gleichen Zeit dort zu wassern. Selbstverständlich sollte das von uns gecharterte Frachtschiff ebenfalls dort liegen. Dieser Aufwand für ein paar kurze Zwischenschnitte mag verwunderlich, wenn nicht gar übertrieben erscheinen, zeigt aber, wie sehr der UFA und den an diesem Projekt interessierten Firmen daran gelegen war, die Notwendigkeit dieses schwimmenden Stützpunktes im Ozean für Flugzeuge und Schiffe zu beweisen. Daher rührte die mehrfach geforderte Materialechtheit, mit der die Existenz dieser Insel glaubhaft gemacht werden sollte."[236]

Die zum Ausdruck kommende Negation des Utopischen vermittelt den Eindruck der prinzipiellen Realisierbarkeit und Machbarkeit der dargestellten Fiktion. Gerade die dem Kinopublikum bekannten Artefakte bürgten kraft ihrer Symbolizität für eine verheißungsvolle Zukunft, besonders verdeutlicht am Flugzeug des Piloten Ellissen: Er fliegt mit der Junkers W33 die Maschine, mit der 1928 die erste Non-Stopp-Atlantiküberquerung von Ost nach West gelang.[237] Die effektvoll in Szene gesetzten Artefakte der Gegenwart erscheinen gleichsam als Garantie für Fortschritt durch Technik, denn sie *sind* bereits realisierte Zukunftstechnik.

2.4 Narrationen des Fliegers und des Ingenieurs, oder: Wer ist der Neue Mensch?

> „[E]in groß konzipiertes dramatisches Epos von Manneskühnheit und Manneszähigkeit, von tollem Wikingertum und stillem, verbissenem, halb weltabgewandtem Mannesfleiß."[238]

---

236 E. Kettelhut/W. Sudendorf: Der Schatten, S. 334.

237 Außerdem handelt es sich bei Ellissens Junkers um dasselbe Modell, das in der Eröffnungssequenz zum Fliegerlied auftaucht, gut erkennbar am identischen Kennzeichen „D 1957".

238 W. Haas: F.P.1 antwortet nicht, S. 228.

Diese Beschreibung aus der Rezension von Willy Haas verweist auf die zentrale Figurenkonstellation des Films, die zwei männliche Hauptcharaktere einander gegenüberstellt: Manneskühnheit sowie Wikingertum beziehen sich auf Flieger Ellissen, Manneszähigkeit und Mannesfleiß wiederum auf Ingenieur Droste. Nach (betont) langjähriger Freundschaft treten diese beiden Figuren allmählich in ein Konkurrenzverhältnis, das auf zwei gegensätzlichen Konstruktionen von Männlichkeit basiert, wovon eine im Laufe des Films eine Stabilisierung, die andere eine Destabilisierung erfährt. Diese Konkurrenz und der jeweilige Prozess der Stabilisierung und Destabilisierung wird vor allem über die Figur der Claire Lennartz (Sybille Schmitz) verhandelt und lässt sich treffend mit der saloppen Frage „Wer kriegt die Frau?" formulieren. Über diese bereits auf dem Ufa-Filmplakat aufscheinende klassische Dreieckskonstellation[239] wird allerdings nicht nur eine Liebesgeschichte erzählt, sondern auch der Technikdiskurs des Films verhandelt.

Die konträren Welten der männlichen Protagonisten prallen in der Filmszene, in der die beiden – vermittelt über ein Telefongespräch – das erste Mal miteinander in Kontakt kommen, aufeinander. Ellissen lässt sich von seiner Hotelbar eine Verbindung zu Drostes Büro herstellen, das daraufhin ins Bild kommt: Eine Naheinstellung zeigt das klingelnde Telefon, Kaffeetasse nebst -kanne. Im anschließenden Kameraschwenk kommt Droste ins Bild, am voller Skizzen und Entwürfen beladenen Schreibtisch sitzend, Zigarette in der einen, Bleistift in der anderen Hand. Es ist dunkel, der Raum wird durch eine Bürolampe erhellt. Während des Telefonats wird stets der jeweils Sprechende eingeblendet:

> **Ellissen:** „Na Droste, alter Junge, wie geht's denn? Was machst du?"
> **Droste:** „na ich arbeite noch. *[Pause]* Sag mal, gibt's was Besonderes, weil du so spät nachts noch anrufst?"[240]

Der Dialog bestätigt die bildnerische Inszenierung und lässt eine kohärente Figurenzeichnung Drostes entstehen: Im Handlungsraum des Ingenieurs manifestieren sich unermüdliche Arbeit, Kreativität, Tatkraft und Pflicht. Dieser erste Eindruck – die Szene dient seiner Figurenetablierung – wird im Laufe des Filmes permanent bestätigt, indem Droste vorzugsweise an verschiedenen Arbeitsstätten gezeigt wird: im Büro, auf der Baustelle, in der Baustellenzentrale, auf der Kapitänsbrücke (denn schließlich sind in seiner Person nicht nur Erfinder,

239 Vgl. Ufa-Filmverleih G.m.b.H. (Hg.): F.P.1 antwortet nicht. Filmplakat, o. J. [1932], DIF, online unter http://www.filmportal.de/node/16671/material/662146 (Abruf: 24.01.2018).

240 FP1AN, 00:11:13–00:11:38.

Konstrukteur und Baustellenleiter, sondern auch der Kapitän der Flugplattform vereinigt). Nebenbei weiß er Flugzeuge zu reparieren, die er – sogar mit angeschossener Schulter – dazu noch selbst fliegen will. Dementsprechend kennt Droste nur den Geschäfts- und Arbeitsanzug sowie die (Kapitäns-)Uniform. Diese (im Übrigen äußerst statische, keinerlei Entwicklung erkennen lassende) Figurenzeichnung eines „Allround-Genies" erinnert zuvorderst an das in der Jugendliteratur der Weimarer Republik verbreitete Leitbild des Ingenieurs als „homo faber", heroischen Ausnahmemenschen und autodidaktischen Einzelgänger.[241] Bei näherer Betrachtung wird dieses Leitbild jedoch durchaus brüchig: Als Impulsgeber, also eigentliche aktive Figur agiert nicht Droste, sondern Sportpilot Ellissen, der (zumindest in der deutschen Fassung von F.P.1 ANTWORTET NICHT) eindeutig im Mittelpunkt der Handlung steht.[242] Sein Wirkungsfeld steht konträr zu dem des Ingenieurs: Neben Hotelbars, -zimmern und Salons sieht man ihn im Cockpit diverser Flugzeuge, die Kleidung changiert entsprechend zwischen Frack und Pilotendress, das Getränk wechselt zwar ständig, ist jedoch in jedem Fall alkoholisch. Er agiert als übermütiger und ruheloser Abenteurer und Bonvivant, frech und unbekümmert gegenüber Autoritäten, sich in aristokratischer Manier sicher in der gehobenen Gesellschaft bewegend, nonchalant und galant der Damenwelt gegenüber, dieser jedoch nur bis zu dem Grade aufgeschlossen, wie sie nicht seine Freiheit und Ungebundenheit gefährdet. Die permanente Überwindung und Überschreitung von räumlichen wie auch gesellschaftlichen Grenzen und Konventionen, die seine Figur auszeichnet, zeigt sich nicht nur im Cockpit (im sprichwörtlich ent-grenzten Luftraum), sondern auch auf dem Boden: Ellissen betritt wiederholt Orte und Räume unter Einsatz von körperlicher Gewalt, und er treibt durch dieses unerlaubte Ein- und Vordringen die Handlung entscheidend voran.

Diese Figurenzeichnung rekurriert nahezu ungebrochen auf das während des Ersten Weltkriegs entstandene Leitbild des Fliegerhelden als Nietzscheanischer Übermensch, in dem zwei ehedem konkurrierende Männlichkeitsideale – der „aristokratische[ ] Ritter und feudale[ ] Kavalier mit der nervenstarken, rücksichtslosen, todesverachtenden, dynamischen ‚kalten Persona'"[243] – versöhnt werden:

---

241 Vgl. L. Springman: Technikbegeisterung, S. 43 sowie K. Schwiglewski: Erzählte Technik, S. 8–37.

242 Zum Vergleich der Sprachversionen s. Kapitel 2.5.

243 Fernando Esposito: Mythische Moderne. Aviatik, Faschismus und die Sehnsucht nach Ordnung in Deutschland und Italien, Tübingen 2010, S. 310.

„Das Eindringen des Menschen in das Luftelement war und ist nur möglich mit dem Werden eines neuen Menschentypes, der, losgelöst von irdischen Ängsten, Sorgen und Kleinlichkeiten, gestählt im Kampf mit den Elementen gelernt hat, den Dingen dieser Welt und ihren Erscheinungen unbekümmert entgegenzutreten mit dem kühlen, klar abwägenden Kopf über dem heiß brennenden, vorwärtsbegehrenden Herzen."[244]

Akzentuiert wird diese Charakterisierung durch Fotoreporter Jonny (Peter Lorre), dem als klassischer Sidekick Ellissens eine Doppelfunktion zukommt: Mit seiner schläfrigen, phlegmatisch-sinnierenden und äußerst wortkargen Trägheit stellt er nicht nur das genaue Gegenteil eines ‚rasenden Reporters' und damit eine Persiflage dieses Berufsstandes dar,[245] sondern kontrastiert und verstärkt vor allem die von Dynamik, Gereiztheit und Mobilität bestimmten Eigenschaften Ellissens.[246] Darüber hinaus ist es gerade Jonny, der in seiner Tätigkeit des eigens für Ellissen arbeitenden und dessen Unternehmungen dokumentierenden „Privatfotoreporters" diesen innerfilmisch zur medialen Ikone stilisiert und damit auf den zeitgenössischen Fliegerkult verweist – ein Rekurs, der durch den Starstatus von Hans Albers noch verdoppelt wird: Der neue Star des deutschen Kinos spielt einen Star, der sich in den porträtierten Eigenschaften kaum von den Hans Albers zugeschriebenen (bzw. gepflegten) unterscheidet.[247]

Im Laufe des Films macht die Figur des Fliegers jedoch – in Abhängigkeit zur weiblichen Hauptfigur – eine deutliche Entwicklung durch. Ellissens Lebensweise wird von Beginn an durch Claire Lennartz, die Miteigentümerin der Werft, in Form eines sich anbahnenden Liebesverhältnisses herausgefordert. Ihrer Beziehung wird mit dem Matrosenlied ein musikalisches Leitmotiv beiseitegestellt, das die gemeinsamen Szenen sowohl diegetisch als auch extradiegetisch untermalt. Zusammen mit und dabei in Kontrast zum Fliegerlied wird der in der Figur des Piloten angelegte ideologische Grundkonflikt des Films verdeutlicht: das Streben nach Freiheit, Unabhängigkeit und Selbstverwirklichung auf der einen Seite, die Sehnsucht nach Liebe, Heimat und Verantwortung auf der anderen:[248] Nachdem im Vorspann eine mit Streichern und gedämpften Bläsern

244 C. Bolle: Verkehrsflug, S. 186.

245 Prägnant veranschaulicht anhand seiner äußerst schleppend vorgetragenen, in seiner Beweisführung absurden Bemerkung: „Es ist bestimmt was los. Wo wir sind, ist immer was los.", FP1AN, 00:07:32ff.

246 Von diesem wiederum kommentiert: „Nun guck nicht so langsam!", ebd., 00:24:55ff.

247 Vgl. Norbert Grob: Ein deutscher Mann der Tat. Hans Albers und seine Filme zwischen 1929 und 1944, in: Thomas Koebner (Hg.): Idole des deutschen Films. Eine Galerie von Schlüsselfiguren, München 1997, S. 188–207, hier S. 193f., 199.

248 Zum Einsatz der beiden musikalischen Leitmotive vgl. auch die diesbezüglichen Ausführungen von M. Hurst: Unterhaltungskino und Filmmusik.

gefühlvoll intonierte Sequenz des Matrosenliedes zu hören war, erklingt es ein zweites Mal bei der ersten Begegnung Ellissens und Claires in einem Hotelsalon. Die Reaktion Ellissens auf den Liedbeginn – er horcht auf und fordert Claire vergeblich zum Tanz auf – zeigt, dass es diegetisch als Hinweis der sich anbahnenden romantischen Beziehung zwischen Ellissen und Claire eingesetzt wird. Nach dieser ersten Zurückweisung folgen einige Szenen der allmählichen Annäherung und gegenseitigen Anziehung. Ellissen scheint zunehmend gewillt, sein bisheriges Leben für Claire auf- und ihrem Appell nachzugeben: „Ein Mensch kann doch nicht immer im Hotel wohnen … er muss doch n' Zuhause haben, ne Heimat […] eine Aufgabe haben … Pflicht erfüllen."[249] Die mit den weiblichen Domestizierungsversuchen verbundene Gefährdung der männlichen Freiheit wird schließlich durch die Annahme einer neuen sportlichen Herausforderung erfolgreich unterbunden: Inmitten der Vorbereitungen für ihr erstes offizielles Rendezvous erhält Ellissen die Offerte einer Non-Stopp-Weltumrundung. Statt mit Claire den Abend zu verbringen, erklärt er ihr in der Hotelhalle seine neuen Pläne – in Hochstimmung, untermalt durch eine beschwingte Version des Fliegerliedes, welches diegetisch als Unterhaltungsmusik zu hören ist. Bei ihrer Verabschiedung setzt wiederum in der gefühlvoll-melancholischen Version des Vorspanns das Matrosenlied ein und begleitet den sinnierenden Blick Claires, als sie den davoneilenden Ellissen nachschaut. Die Frau tritt in direkter Konkurrenz zur Maschine, eine Konkurrenz, die sie verliert: „Wenn Verkehr zum zentralen Topos wird, geht es Wesen, die Wurzeln schlagen wollen, nicht gut."[250]

Die Figur der Claire Lennartz ist dabei überaus widersprüchlich angelegt. Ihr Charakter orientiert sich zum einen am zeitgenössisch populären Image der „Neuen Frau": Das Erscheinungsbild ist modisch-elegant und sportlich, sie raucht Zigarette und interessiert sich für technische Fragen und Belange. Hinzu kommen ihre Entschlossenheit und Furchtlosigkeit beim waghalsigen Rettungsflug zur Flugplattform und letztendlich auch ihr unkonventionelles Beziehungsverhalten – sie ergreift nicht nur mehrmals die Initiative, sondern bringt zwei Männern gleichzeitig Gefühle entgegen, was jedoch in keiner Szene an ihrer moralischen Integrität zweifeln lässt – all dies weist sie als Vertreterin eines neuen, selbständigen und selbstbewussten Frauentyps aus.[251] Zum anderen wird

249 FP1AN, 00:21:10ff.

250 Helmut Lethen: Verhaltenslehren der Kälte. Lebensversuche zwischen den Kriegen, Frankfurt am Main 2003, S. 48.

251 Vgl. grundlegend zum Idealbild der „Neuen Frau" Jens Flemming: „Neue Frau"? Bilder, Projektionen, Realitäten, in: Werner Faulstich (Hg.): Die Kultur der zwanziger Jahre, München, Paderborn 2008, S. 55–70; vgl. darüber hinaus auch die

sie jedoch in ihrem Handlungsspielraum kontinuierlich eingeschränkt. Gleich zu Filmbeginn werden ihre Aktivitäten wiederholt gestoppt, so durch die Weigerung Ellissens und bald darauf auch ihrer Brüder, sie über die Hintergründe des Geschehens zu informieren. Durch diese Rückweisungen kommt Claire permanent zu spät, um selbst noch aktiv in das Handlungsgeschehen eingreifen zu können. Ihr Ausschluss aus der geschäftigen Männerwelt findet ihren vorläufigen Höhepunkt, als Droste den Brüdern Lennartz die technischen Einzelheiten des Projektes erläutert und sie (wohlgemerkt Miteigentümerin der Werft) vom Ingenieur des Raumes verwiesen wird: „Es handelt sich um eine rein technische Angelegenheit. [...] Ich glaub, das würde für das gnädige Fräulein nicht sehr unterhaltsam sein".[252] Letztendlich ist sie entweder auf die Aktionen ihrer (durchweg männlichen) Umgebung angewiesen oder zum Warten verurteilt. Vollständiger Respekt wird ihr allein von ihren männlichen Bediensteten entgegengebracht, resultiert also aus ihrer Zugehörigkeit zur gesellschaftlichen Oberschicht. Auch ihre in Nah- oder Großaufnahme porträtierte zurückhaltende Mimik und Gestik – der gen Boden gerichtete Blick mit dem häufigen, nach oben gerichteten Augenaufschlag, die Hände ineinander gefaltet oder sich festhaltend an Fächer oder Handtasche – unterstützen den Eindruck eines eher passiven, responsiven Verhaltens, sodass tradierte Filmkonventionen hinsichtlich des Frauenbildes letztendlich nicht durchbrochen oder auch nur ernsthaft gestört werden.[253]

Gleichwohl verweist der Appell an eine Heimat und an ein Zuhause, wie ihn Claire wiederholt ausspricht, weniger auf die dem Weiblichen klassischerweise zugesprochene Reproduktionssphäre, sondern wird räumlich auf die Welt der

---

diesbezüglichen Ausführungen von Ute Frevert: Frauen-Geschichte. Zwischen bürgerlicher Verbesserung und Neuer Weiblichkeit, Frankfurt am Main 1986, S. 146–199 sowie Detlev Peukert: Die Weimarer Republik. Krisenjahre der Klassischen Moderne, Frankfurt am Main 1987, S. 100–106.

252 FP1AN, 00:12:53ff.

253 Die widersprüchliche Darstellung der Claire rührt letztlich aus den Diskrepanzen zwischen Drehbuch und Filmfassung. Walter Reisch hatte diesen Charakter – dies auch im Unterschied zu Kurt Siodmaks Romanfigur der Gisela Lennartz – eindeutig als modernen, selbstbewussten Frauentypus konzipiert. So schrieb er ihr die entscheidende Rolle bei dem Entschluss zum Bau der F.P.1 zu: Sie kämpft beharrlich gegen die Einwände ihrer Brüder und setzt sich schließlich durch, während ein nervöser Droste im Vorzimmer warten muss. Ihre Vorbehalte gegen Drostes halsbrecherisches Vorhaben zur Rettung der F.P.1 begründet sie im Drehbuch mit nüchternen Argumenten, während sie in der Filmfassung nur hilflos stammelt: „Nicht fliegen, nicht fliegen.", vgl. H. Asper: The top picture, S. 127, 133; FP1AN, 01:27:35ff.

Arbeit bezogen. Ähnlich, wie man bei Droste nur das Büro kennenlernte, so werden auch von der Lennartz-Behausung keine Privat- oder Wohnräume gezeigt, sondern stattdessen Firmenarchiv, Arbeits- und Konferenzzimmer. Selbst Claires Appell an Ellissen gegen dessen unsteten Lebenswandel findet auf der Baustelle der Lennartz-Werft statt. Genaugenommen existiert in F.P.1 ANTWORTET NICHT kein Heim im Sinne einer häuslichen, bürgerlichen Privatsphäre, sondern nur „Heimat" in Bezug auf „Pflicht" und „Verantwortung". Insofern ist an diesem Punkt die Analyse von Matthias Hurst, der das Matrosenlied dem Motivkomplex der „Sehnsucht nach Liebe und Heimat", der „Idee des Sesshaftwerdens [...] bzw. der Sehnsucht nach einem Zuhause"[254] zuordnet, insofern korrigierend zu ergänzen, als eben die konkrete Ausgestaltung dieser Heimat wiederum mit der industriellen Arbeitswelt in eins fällt: Heimat als Ort der Industriemoderne. Dieser Entwurf einer „Welt, in der die Technik einen allumfassenden, ‚totalen' Charakter gewinnt"[255] zeigt die in der zeitgenössischen Filmkritik Willy Haas' aufgespürte Nähe zur Jüngerschen Denkfigur des Arbeiters auf, in der die „Mobilmachung als zivilisatorischer Dauerzustand"[256] angelegt ist, wenngleich der in der Jüngerschen Schrift gegebene ideelle Ursprung des Arbeiters im Ersten Weltkrieg, mit dem Frontsoldaten als Prototyp, im Film keine Entsprechung findet.

Die Figurenentwicklung des Piloten entfaltet sich nun entlang des Spannungsverhältnisses von Arbeit und Abenteuer. Nach dem missglückten Unternehmen der Weltumrundung kehrt Ellissen als erschöpfter und desillusionierter Mann zurück.[257] Er will auf Claires Angebot zurückkommen und sesshaft werden.[258] Doch seine Liebeswerbung misslingt, da sie während seiner Abwesenheit zum eigentlichen Repräsentanten der Arbeitswelt, zu Droste, gefunden hat.[259]

254 M. Hurst: Unterhaltungskino und Filmmusik, S. 52 u. 54.

255 Christoph Asendorf: Entgrenzung und Allgegenwart. Die Moderne und das Problem der Distanz, Paderborn 2005, S. 90.

256 Ebd.

257 An dieser Stelle zeigt sich, wie früh Filmkonventionen etabliert wurden: Wenn es Männern im Film nicht gut geht, bekommen sie einen Drei-Tage-Bart verpasst.

258 Sein Vorhaben wird durch den Wechsel des Handlungsortes verstärkt: Er residiert nicht mehr im glamourösen Hotel Atlantik (ein bis heute existierendes Hamburger Luxushotel, das 1909 für die Passagiere der Hamburg-Amerika-Linie eröffnet wurde und für seine illustren Gäste berühmt war), sondern in einer schlichten Pension.

259 Dieser Übergang zeigt sich auch am Wandel ihrer Kleidung, die zunächst noch per glamouröser Abendgarderobe mit der Ausstattung Ellissens harmoniert, zum Schluss jedoch durch Jackett und Hosenrock ganz der Arbeitswelt auf der F.P.1 angepasst ist.

Daraufhin bewahrt der verbitterte Pilot mit einem letzten Rettungsflug zwar die F.P.1 vor dem Versinken, jedoch wird seine in der letzten Sequenz angedeutete Rückkehr ins Abenteuer nicht mehr als glorreiches Unternehmen angekündigt, sondern als letzter verbliebener Ausweg, resultierend aus seinem vergeblichen Versuch, von der Welt des Abenteuers in die Welt der Arbeit zu wechseln. An dieser Stelle findet eine bemerkenswerte Entschleunigung statt: Nach diesem letzten Flug, den er, wie ausdrücklich erwähnt wird, mit einer Maschine älteren Typs durchführt[260] und mit einer Bruchlandung im Ozean beendet, wird Ellissen von einem alten Schiffskutter aufgenommen. Die Wahl seiner Fortbewegungsmittel wechselt kontinuierlich von schnellen und als modern konnotierten zu älteren und deutlich langsameren Vehikeln. Die letzte Einstellung mit seiner Person zeigt ihn in eine Decke drapiert in den Schiffsseilen liegend, von der Mannschaft des Schiffskutters umringt. Er beschließt, sich ihnen bei der „Jagd nach den letzten Kondoren" in Südamerika anzuschließen. Mit diesem letzten Auftritt nähert sich die Figur des Piloten endgültig der Filmfigur des einsamen Westmannes an, der mit der Erkundung und Erschließung der Wildnis die Grundlage für deren Domestizierung in Form der technischen Zivilisation schafft, jedoch mit dieser Pionierleistung die Voraussetzungen des eigenen Daseins schlussendlich abschafft.[261] Die Welt des Abenteurers erscheint als die Gestrige, die nur noch in Refugien existieren kann, während der Welt des Ingenieurs die Zukunft gehört.

Ungeachtet der statischen und eindimensionalen Figur Drostes erfährt diese einen sich aus der Figurenentwicklung Ellissens ergebenden Bedeutungswandel. Der Ingenieur wird insgesamt zurückhaltend porträtiert. So erfährt man nicht etwa durch dessen Erfinder vom technischen Großprojekt, sondern durch Ellissen und Claire: Als der Pilot sich beim Einbruch in das Werftarchiv der Pläne ermächtigt, wird das Deckblatt der Skizzenmappe für einige Sekunden in Großaufnahme präsentiert; Ellissen spricht akzentuiert den erkennbaren Titel aus: „F.P.1." Beim Aufschlagen der Mappe ist für einen kurzen Moment

---

260 Für diese Szene wurde eine Heinkel HD22 verwendet, die mit ihrem 1926er Baujahr in Wirklichkeit nicht älter als die als zukunftsweisend präsentierte Junkers W33 (Ellissens Rekordflugzeug) war. Ausschlaggebend war wohl das Modelldesign – bei der Heinkel handelte es sich um einen als veraltet geltenden Doppeldecker. Außerdem wurde dieser Typ als Schulflugzeug zur Pilotenausbildung verwendet und kam bei Rekordflügen nicht zum Einsatz.

261 Vgl. Georg Seeßlen: Western. Geschichte und Mythologie des Western-Films, Marburg 1995, S. 18; zum Zusammenhang von Fliegerfilm und Western vgl. Peter Hogue: Legion of the Lost Genre, in: Film Comment 28 (1992) 4, S. 40–51, hier S. 42.

ein Inhaltsverzeichnis erkennbar, während ihres Transports auch einige Skizzen, die dem Zuschauer weitere Details präsentieren. Claire, in Begleitung von Presse und Polizei, findet die liegengelassene Mappe, schlägt sie auf und liest den wiederum für einige Sekunden in Detailaufnahme zu sehenden Absender vor: „B. E. Droste. Kapitänleutnant a.D., Hamburg, Hagedornstraße 4."[262] Erst in der anschließenden Einstellung, in der zwölften Filmminute, kommt Droste erstmals direkt ins Bild.[263] Diese Zurückhaltung – man lernt den Ingenieur über den Umweg der anderen beiden Hauptfiguren, die sein technisches Projekt vorstellen, kennen – findet ihre Entsprechung in der quantitativen Häufigkeit seines Auftretens: Er ist nur in elf der insgesamt 29 Filmsequenzen zu sehen, Ellissen hingegen in 15, Claire sogar in 18 Sequenzen (was ihre Rolle als Streitobjekt im Konflikt der beiden männlichen Protagonisten unterstreicht). Darüber hinaus tritt Claire in einer und Ellissen sogar in zwei Sequenzen „solo" auf, während Droste in sämtlichen Sequenzen auf mindestens eine der beiden anderen Hauptfiguren trifft – ihm wird der Einzelauftritt verwehrt. Der Ingenieur verschwindet gleichsam hinter seiner technischen Aufgabe.[264]

Dem angepasst ist das Beziehungsgefüge zwischen Droste und Claire: Die Szenen ihrer Annäherung sind einer anderen Logik unterworfen, als die zwischen Claire und Ellissen. Ihr Verhältnis konstituiert und ändert sich über die Verständigung zu technischen Problemlagen: Während zu Beginn des Films Droste bei der Projektvorstellung Claire des Raumes verweist und ihr damit den Zugang zur Technikwelt versagt (woraufhin sie sich mit Ellissen trifft), weiht er sie während der Bauarbeiten in seine Sorgen hinsichtlich einer drohenden Sabotage ein und gewährt ihr dabei auch Einblicke in die Bauskizzen. Die allmähliche Annäherung kulminiert im Ferngespräch zwischen Lennartz-Werft und Flugplattform. Droste begrüßt Claire mit folgenden Worten durch das Mikrophon: „Das ist schön, dass Sie auch da sind." – Diesmal sind es ihre Brüder, die daraufhin den Raum verlassen. Der Ingenieur erstattet der Werfteigentümerin sachlich Bericht, um im Anschluss den ersten zögerlichen Versuch einer romantischen Annäherung zu starten: „Dann muss ich Ihnen auch etwas gestehen, dass ich Ihnen persönlich vielleicht … nie gesagt hätte, aber … aber jetzt vor dem Mikrophon, äh, …" Offenbar fühlt sich Droste nur in einer

262 Diese Hamburger Adresse existiert tatsächlich – ein weiteres kleines Detail hinsichtlich der Plausibilisierungsstrategie des Films.

263 Ellissens erster Auftritt hingegen erfolgt in der dritten, Claires in der vierten Filmminute.

264 Vgl. D. Langford/P. Robson: construction engineers, S. 800ff.

(medien-)technologisch vermittelten Unterhaltung sicher, also einer Kommunikationsform, die zum einen durch Technisierungsprozesse überhaupt erst ermöglicht wird, zum anderen durch das zwischengeschaltete Artefakt eine schützende Distanz zwischen den Kommunizierenden schafft. – Droste zögert letztendlich zu lange, die Übertragung bricht ab, ohne dass er seine Erklärung beenden kann.[265]

Des Weiteren wird dem Verhältnis von Droste und Claire weder ein musikalisches Leitmotiv beigegeben noch werden die Szenen ihrer Annäherung überhaupt musikalisch begleitet, was ungewöhnlich ist, gehört doch der Einsatz von Musik als Ausdruck emotionaler Intimität zum frühen Standardrepertoire nicht nur der Filmromanze im Besonderen, sondern auch zum stereotypen Inventar von Liebesszenen im Allgemeinen.[266] Die fehlende musikalische Untermalung verstärkt den Eindruck eines eher nüchternen Verhältnisses der beiden zueinander. Diese emotionale Distanz wird in der Schlussszene konsequenterweise über eine räumliche Distanz gespiegelt. In dieser werden – mit orchestraler Musik des Fliegerlieds untermalt – Droste und Claire auf der Flugplattform beim Beobachten ankommender Flugzeuge gezeigt, wobei die beiden auffallend weit auseinanderstehen: Droste befindet sich am linken, Claire am rechten Bildrand. Zwar bewegt sich der Ingenieur mit drei Schritten auf sie zu; dabei verfolgt er jedoch, ebenso wie Claire, mit seinem Blick die Landung eines ankommenden Flugzeugs. In dieser Einstellung werden zwei zentrale Bildelemente eines romantischen Happy Ends missachtet: die räumliche Nähe der Figuren (in der Regel eng umschlungen, meist begleitet vom Filmkuss) sowie ihre wechselseitige Fokussierung. Das Happy End von Droste und Claire wird hingegen an den erfolgreichen Beginn des technischen Großprojekts gekoppelt: Das Paar schaut nicht sich an, sondern ein Artefakt. Die Romantik des Ingenieurs gründet sich auf Prinzipien der technischen Rationalität; seine sozialen Beziehungen sind von technischen Kategorien und Denkmustern geprägt – vermittelt statt unmittelbar, rational statt emotional. Diese Relation offenbart sich außerdem auf der symbolischen Repräsentationsebene. In der Beziehung des Ingenieurs zur Werfteigentümerin konkretisiert sich die Verbindung von Technik und Wirtschaft als technokratisches Ensemble par excellence. Dazu passend kommen Vertreter der Politik nicht vor.[267] Pilot und Ingenieur, beides Personifizierungen des technischen

---

265 FP1AN, 00:40:19–00:42:00.

266 Vgl. Helga de la Motte-Haber/Hans Emons: Filmmusik. Eine systematische Beschreibung, München 1980, S. 78ff. sowie S. 144–147; Anette Kaufmann: Der Liebesfilm. Spielregeln eines Filmgenres, Konstanz 2007, S. 141–144.

267 Das Drehbuch von Walter Reisch sah eine Szene vor, in der die drei Geschwister Lennartz zusammen mit Droste nach Berlin fahren, um im Verkehrsministerium

Zeitalters, ergänzen sich dabei nicht nur in ihrer Charakteristik – rastlos, eilend und vorwärtsdrängend auf der einen Seite, nüchtern, rational, gewissenhaft und beharrlich auf der anderen. Die Destabilisierung der Figurenentwicklung Ellissens und die gleichzeitige Stabilisierung Drostes (versinnbildlicht durch die geglückte Verbindung mit Claire) markiert darüber hinaus eine Sichtweise auf den technischen Fortschritt, die einiges vom amerikanischen *frontier*-Mythos aufzuweisen hat – den man nicht unbedingt in einer Ufa-Produktion der 1930er Jahre vermuten würde: Beim Piloten fungiert Technik als Schlüssel zur Erkundung des bisher Unbekannten, der Wildnis, des Grenzgebiets (der *frontier*); die hierfür verwendete Technik (in diesem Fall für Rekordflüge taugliche Kleinflugzeuge) hat wie ihre Nutzung Pioniercharakter, sie taugt als „Prototyp" nur für den risikoaffinen Abenteurer, nicht jedoch für die Allgemeinheit: Der technische Fortschritt frisst seine Kinder. In der Figur des Ingenieurs hingegen manifestiert sich nicht der Aufbau, sondern die Vollendung der technischen Zivilisation; letztendlich spiegelt sich in ihm das zeitgenössische Leitbild einer technisierten „Version des Neuen Menschen, die der modernen Zivilisation angepasst ist".[268]

Bei Ingenieur und Flieger handelt es sich zuvorderst um sich ergänzende wie miteinander rivalisierende filmisch-fiktionale Entwürfe hegemonialer Männlichkeit. Die Destabilisierung Ellissens deutet auf die prinzipielle Gefährdung des mit seinem Charakter verbundenen Männlichkeitsideals. Wenn auch seine Figur eine gewisse Autonomie und Handlungsmacht behauptet, so verliert sie doch zunehmend an *Deutungs*macht, die wiederum auf Droste übergeht.

Ferner konkretisiert sich das Ringen zweier rivalisierender Entwürfe von hegemonialer Männlichkeit anhand ihrer jeweiligen Relation zur Arbeiterschaft. Die drei Vertreter dieses Protagonisten-Kollektivs sind „der Mann mit den Zahnschmerzen" (Arthur Peiser), „der Mann mit den Schiffbrüchen" (Paul Westermeier) sowie „der Mann mit der Fistelstimme" (Gustav Püttjer).[269] Das erste Mal tritt dieses Dreiergespann bei den Werftbauarbeiten in Erscheinung:

> **Der Zahnschmerz:** „Da im Dock [schaut] dieser Blechkasten janz anständig aus. Aber ob er im Meer, bei Windstärke 11, auch noch feststehen wird?"

---

um die Unterstützung des Projekts zu werben. Diese wurde jedoch bei der filmischen Umsetzung nicht berücksichtigt; vgl. H. Asper: The top picture, S. 127.

268 Christoph Asendorf: Die Künste, der Neue Mensch und die Räume der technischen Welt, in: Nicola Lepp/Annette Beckmann (Hg.): Der Neue Mensch. Obsessionen des 20. Jahrhunderts, Ostfildern-Ruit 1999, S. 57–68, hier S. 57.

269 Vgl. Film-Kurier G.m.b.H. (Hg.): Illustrierter Filmkurier Nr. 1895: F.P.1 antwortet nicht, DIF/D.v.45/Flu–Fraud.

Die Fistelstimme: „Ja Kinda, ich mein imma, wenn unsrem Herrgott aufm 45. Längen- und 25. Breitengrad ne Insel haben wollte, da hätte er sie auch ohne den Droste hingestellt."
Der Schiffbrüchige: „Quatschköppe. Ich finde die Sache mit der F.P.1 fabelhaft, ick find sie jroßartig. Ich habe 17 Schiffbrüche mitjemacht. Aber ick sage euch, s'wärn' wahrer Segen, wenn wa ab und zu im Ozean so n' bissgen Parkettboden einbauen würden."
Der Zahnschmerz: „Ach das is ja alles janz gleich, ich hab Zahnschmerzen. Und wenn ich Zahnschmerzen habe, is immer was faul."[270]

Der Dialog der drei ist als komischer Schlagabtausch konzipiert, der durch das dialektale Sprachregister und eine an Kindersprache angelehnte Intonation unterstützt wird. Durch diese humoristische Darstellung wirken die Arbeiter einfältig und naiv. Der in ihrem Gespräch sich andeutende Diskurs über Hybris und Grenzen des technischen Fortschritts wird in toto der Lächerlichkeit preisgegeben. Der erzeugte komische Effekt wiederholt sich in der Massenfluchtszene, in der die Arbeiter, nunmehr Matrosen, panikartig die langsam sinkende Flugplattform verlassen. Diese Szene beginnt mit einem Schlagabtausch zwischen Droste und Ellissen, in dem erstmals ihr Konkurrenzverhältnis offen zutage tritt (Ellissen hat endlich begriffen, dass er Claire an den Ingenieur verloren hat). Dieser Konflikt markiert den zentralen Spannungshöhepunkt, an dem beide Handlungsbögen – die Abenteuer- und die Liebesgeschichte – auf eine gemeinsame Klimax zusteuern.[271] Der Kampf um die Frau wird über die Frage, wie mit dem kurz zuvor entdeckten Sabotageakt umzugehen sei, ausgetragen. Die Arbeiterschaft folgt dabei im Wechsel den jeweils vorgebrachten, sich widersprechenden Anweisungen von Pilot und Ingenieur. Die Inszenierung der Arbeiter als willenlose, beliebig steuerbare Masse entspringt ihrer damit verbundenen räumlichen Positionsverschiebung: Als sie sich der akuten Gefahrlage bewusstwerden, rennen sie, aufgewiegelt durch zwei Wortführer, im Pulk zur Funkstation, um Droste zur Rechenschaft zu ziehen. Ohne, dass es hierbei einer Anweisung bedurft hätte, rufen sie im Chor nach dem Ingenieur. Sie werden von Ellissen zur Raison gerufen, der sie auf die motorisierten Rettungsboote hinweist, mit denen sie die sinkende Plattform jederzeit verlassen können (handlungslogisch

---

270 FP1AN, 00:31:15–00:31:58.

271 Die Abenteuergeschichte enthält zwei kurz aufeinanderfolgende Spannungsbögen. Den ersten Kulminationspunkt markiert der Showdown zwischen Droste und Saboteur Damsky. Die Liebesgeschichte hingegen folgt dem klassischen Fünf-Akt-Schema mit einem Spannungsbogen. Der zweite Höhepunkt der Abenteuergeschichte fällt mit der Klimax der Liebesgeschichte in eins.

ist diese Szene nicht nachvollziehbar, da Matrosen die für Notfälle vorgesehenen Rettungsmaßnahmen kennen dürften). Daraufhin verschiebt sich der rennende Pulk in Richtung der Motorboote, Ellissen bleibt zurück, schaut ihm angewidert hinterher. Die Arbeiter werden jedoch von Droste und seinen Gefolgsleuten gestoppt. Ellissen, der die Ansammlung zerteilt und vor sie tritt, gebärdet sich nun als ihr Interessenvertreter. Im Schlagabtausch zwischen Ingenieur und Pilot folgen die Arbeiter in kürzesten Abständen den jeweiligen Befehlen, zuletzt dem Argument von Droste, dass die vorhandenen Flugzeuge zur Rettungsmission eingesetzt werden können. Droste läuft, gefolgt von einem Arbeitertrupp, zum Hangar. Auffällig hierbei ist die bleibende räumliche Distanz zwischen Ingenieur und Arbeiterschaft: Die einzelnen Schiebevorrichtungen werden jeweils von mehreren, sehr eng beieinanderstehenden Arbeitern bedient, sodass ihr Trupp eine geschlossene Linie bildet. Nur Droste (der mit seiner angeschossenen Schulter, so könnte man meinen, gut Hilfe gebrauchen könnte), bedient mit einigem Abstand allein die Vorrichtung. Die sich in dieser Einstellung zeigende räumliche Distanz spiegelt die soziale Distanz zwischen Ingenieur und Arbeiterschaft. An keiner Stelle des Films, und dies unterscheidet ihn markant von allen weiteren des Untersuchungkorpus, gehen Ingenieur und Arbeiterschaft eine Komplizenschaft ein, in der der Ingenieur als ihr Fürsprecher oder Vertreter auftritt. Sie verfolgen verschiedene Interessen, ihr Verhältnis bleibt hierarchisch und distanziert. Auf diesen Aspekt der Beziehung zwischen Ingenieursfigur und der Kollektivfigur des Arbeiters wird später noch einmal zurückzukommen sein.

Die Massenpanik beginnt mit einem einzelnen, in einem kollektiven Echo sich wiederholenden Aufschrei: „Die Propeller sind kaputt!“ In eine nun einsetzende, zwischen vivace und presto schwankende orchestrale Musik, die mit durch Pauken und Bläsern intonierten grollend-tiefen Tonlagen beginnt, um durch hinzukommende Streicher stufenartig in höhere Tonlagen zu wechseln, mischt sich die undefinierbaren Rufe der Arbeiter, die auf der Flucht zu den Booten die Gefolgschaft Drostes überrennt. Die aus einem Mischmasch aus Schreien und Musik bestehende Geräuschkulisse untermalt die gehetzte, panische Stimmung der Fliehenden. Einer von Drostes Gefolgsleuten desertiert. Der Ingenieur schaut der Menschenmasse nach, mit seinem Kopfverband und dem durch seine Schulterverletzung herrührenden lose hängenden Ärmel steht er vor den ebenfalls hängenden Propellerflügeln eines Flugzeugs – die kaputte Maschine und der kaputte Maschinenmensch sind in Dysfunktion miteinander vereint. Die aus insgesamt 44 Einstellungen bestehende, 76 Sekunden andauernde Massenfluchtszene wird durch geschickte, dynamisierende Montage nahezu zelebriert.[272] Mit einer durchschnittlichen Länge von 1,7 Sekunden handelt es sich um die mit Abstand kürzesten Einstellungen des gesamten Films, was die besondere Dramatik dieser Szene hervorhebt. Sie besteht aus zehn Handlungsorten, die in der gezeigten Abfolge die vertikal verlaufende Fluchtrichtung widerspiegeln: Zuerst flüchtende Matrosen auf Deck, daran anschließend entsprechende Bilder vom Zwischendeck und schließlich Unterdeck, wobei Bilder von sich gegenseitig abdrängenden, überrennenden oder miteinander rangelnden und kämpfenden Arbeitern denen gegenseitiger Hilfsbereitschaft bei Weitem überwiegen. Durch die rapiden Schnitte zwischen den Handlungsorten und den ebenso häufigen Einstellungswechseln innerhalb eines Handlungsorts steigert sich die Wirkung eines kopflosen Chaos. Während der Flucht sind keine Individuen und somit auch keine einzelnen Schicksale erkennbar; hierfür sind die Körper zu dicht gedrängt und die Schnittfolgen zu schnell. Die einzige Ausnahme bildet der Mann mit den Zahnschmerzen: Er wird durch einen panischen Kollegen niedergeschlagen, wodurch er seinen kranken Zahn verliert. Sein daraufhin in Großaufnahme porträtiertes Gesicht mimt erst Benommenheit, dann Erstaunen, schließlich Freude und Erleichterung. Die Flucht der Anderen kümmert ihn nun nicht mehr. Mit seiner Rückkehr auf das Deck, bei der er einem zurückgebliebenen Crewmitglied stolz den ausgeschlagenen Zahn zeigt, endet die Szene. Dieser Einschub funktioniert, wie auch vorher der Baustellendialog, als *comic relief*. Die durch die Massenflucht erreichte Spannungsentladung wird durch die Schilderung einer komischen, angesichts des drohenden Todes absurden Begebenheit abgemildert. Indessen wiederholt sich durch diese Einlage die Infantilisierung der Arbeiterschaft. Die Matrosen, ergo Arbeiter, agieren als kindlich-naive, beliebig manipulierbare, ängstliche und letztlich indifferente Masse, die in Gefahrensituationen nicht nur grobschlächtig und unsolidarisch, sondern auch überhastet und widersinnig handelt. Zu guter Letzt stürzt ein Teil wie die sprichwörtlichen Lemminge von der Flugplattform in den Atlantik (eine Szene, die ob der fuchtelnden Gestik ihrer Protagonisten eher komisch als tragisch anmutet). Zum einen wendet sich die Darstellung der Arbeiter dezidiert ab von der im sozialkritischen Proletarierfilm der Neuen Sachlichkeit propagierten Vorstellung eines sich aus einem gemeinsamen sozioökonomischen Status abgeleiteten Standesbewusstseins oder gar einer aus gemeinsamen Interessen sich konsolidierenden und agierenden politischen Klasse; im Gegenteil folgt ihre Inszenierung der Hobbesschen Konzeption eines sich in Notsituationen Bahn brechenden *bellum omnium contra omnes*. Zum anderen dienen die

272 Für die folgenden Ausführungen vgl. 1:24:49–1:26:05.

Arbeiter als Antipoden zu den positiv konnotierten Männlichkeiten Ellissens und Drostes. Ihre Darstellung als dumpfe, fremdgesteuerte Masse (der vom Piloten wie vom Ingenieur gleichermaßen nur Geringschätzung bis offene Verachtung entgegengebracht wird) entspricht dem Typus einer untergeordneten, weiblich konnotierten Männlichkeit.[273] Letztlich dienen sie als kollektive Stellvertretung im Konflikt der beiden Männer um die Frau, wie der Schlagabtausch von Pilot und Ingenieur kurz vor der Massenpanik verdeutlicht, bei dem die Arbeiter als „Spielball“ hin und her geschoben werden. Folgerichtig findet an keiner Stelle eine wirkliche Komplizenschaft zwischen den beiden Protagonisten und der Arbeiterschaft statt, ebenso wenig wie zwischen Arbeiterschaft und Werfteigentümern. Obgleich letztere, analog zu entsprechenden Darstellungen in der zeitgenössischen Populärliteratur, als deutsches Familienunternehmen porträtiert werden, das sich gegen diffuse, im Hintergrund verbleibende Kräfte zu wehren hat,[274] verfolgen sie keinerlei sozialpaternalistische Agenda. Hinsichtlich der Figurenkonstellation von Arbeiterschaft, Ingenieur und Unternehmertum und deren symbolischer Funktion der Repräsentation von Arbeit, Technik und Kapital lässt sich somit abschließend konstatieren, dass durch die Liebesbeziehung von Droste und Claire der Konnex zwischen Technik und Wirtschaft

273 Zur seit dem 19. Jahrhundert verstärkt feminisierten Imagination von Menschenmassen vgl. Michael Gamper: Masse lesen, Masse schreiben. Eine Diskurs- und Imaginationsgeschichte der Menschenmenge 1765–1930, München 2007, S. 150ff.

274 In der die Luftfahrteuphorie der späten 1920er Jahre aufgreifenden Populärliteratur bildet Sabotage gegen „deutsche Großtaten“ ein wiederkehrendes und beliebtes Motiv; vgl. P. Fritzsche: A nation of fliers, S. 153f. Die aufscheinende strukturell antisemitische Denkfigur, die sich in der Imagination eines „raffenden“ versus „schaffenden“ Kapitals (verkörpert durch die Gegenüberstellung „geheime[r] Mächte, […] Konkurrenzunternehmen […] im In- und Ausland. Geldgruppen“ (Droste, 00:34:45–00:34:55) und dem hanseatischen Familienunternehmen der Lennartz-Geschwister) äußert, wird durch die Namensgebung des zentralen Saboteurs unterstrichen: Der Familienname „Damsky“ ist jüdischen Ursprungs. Dass diese Namenswahl nicht zufällig erfolgte, zeigt deren Änderung für die englische Sprachversion: Vermutlich klang „Damsky“ für das antizipierte anglophone Publikum entgegen seiner eigentlichen Etymologie zu englisch. Damsky wurde also in „Lubin“ geändert – ein ebenfalls jüdischer Name, der v. a. in Polen verbreitet war. Für die französische Fassung wurde der Name „Damsky“ hingegen beibehalten. Der Saboteur und Verräter muss folgerichtig sterben – er wird nach erfülltem Auftrag von seinen Geldgebern im Stich gelassen und findet, was nur angedeutet, jedoch nicht gezeigt wird, in den Weiten des Atlantiks den Tod. Zur Namensherkunft vgl. Eva Guggenheimer/Heinrich Guggenheimer: Etymologisches Lexikon der jüdischen Familiennamen, München u. a. 1996, Eintrag: „Damsky“, S. 107 sowie Eintrag „Lubin“, S. 281.

durchaus gegeben ist, F.P.1 ANTWORTET NICHT, gleichsam im Einklang mit der *frontier*-Ideologie, als Aufbruchsignal eines „imperialistischen Technizismus“[275] gelesen werden kann. Im Film vereinigen sich Tendenzen der Neuen Sachlichkeit in der „Vorstellung einer geballten, auf dynamische Expansion gerichteten schöpferischen Intelligenz des Industriezeitalters“[276] mit Imaginationen eines neuen Menschentyps, zu Filmbeginn versinnbildlicht in der Gestalt des Fliegers, bei der diese Konnotation durch die Figurenentwicklung jedoch verschwindet, zu Filmende offenbart sich „der Neue Mensch“ allein in der Gestalt des Ingenieurs. Jedoch wird an keiner Stelle ein etwaiger Interessengegensatz mithilfe einer vergemeinschaftenden, kollektivierenden Agenda aufgehoben. In F.P.1 ANTWORTET NICHT existieren schlichtweg keine Interessengegensätze, die es zu versöhnen gilt, die „soziale Frage“ wird gar nicht erst gestellt, der Ingenieur nicht als Mittlerfigur in Anspruch genommen. Der Film leistet somit, trotz der stetigen Inszenierung einer überlegenen deutschen Technik, keineswegs einen, wie Klaus Kreimeier meinte, „Beitrag zur faschistischen Modernisierung Deutschlands“[277] und stellt diesbezüglich eine deutliche Ausnahme im Untersuchungskorpus dar.

2.5 Exkurs: Calling the German Nation? – (SECRETS OF) F.P.1

Im Hinblick auf die herausgearbeiteten Nationalisierungstendenzen drängt sich die Frage auf, wie die mit der Technikdarstellung verknüpfte Botschaft in den fremdsprachigen Varianten umgesetzt wurde.

Ein vollständiger analytischer Vergleich der drei Sprachversionen ist aufgrund der desolaten Quellenlage nicht möglich. Die französische Fassung gilt als verschollen, und selbst eine Gegenüberstellung des deutschen mit dem erhaltenen englischsprachigen Filmmaterial gestaltet sich schwierig. Genau genommen gab es zwei anglophone Ausgaben: eine für den britischen, die andere für den amerikanischen Markt. Diese beiden Fassungen variierten sowohl hinsichtlich Titel und Länge: Die in Großbritannien gezeigte Version, die am 3. April 1933 unter dem Titel F.P.1 in London uraufgeführt wurde, fiel mit ursprünglich 93 Minuten Länge deutlich kürzer aus als die deutsche und die 100-minütige französische Ausgabe; 1938 wurde sie unter dem Titel SECRETS OF F.P.1 neu aufgeführt, im

275 K. Kreimeier: Karl Hartl, S. 42.
276 Ebd., S. 38.
277 Ebd., S. 44.

Laufe der Jahrzehnte ging weiteres Filmmaterial verloren.[278] Nach derzeitigem Stand ist die Kopie der Wiederaufführung von 1938 aus dem Bestand der Friedrich-Wilhelm-Murnau-Stiftung mit knapp 78 Minuten Laufzeit die am vollständigsten erhaltene.[279] Da also vom 1933 aufgeführten Film insgesamt ca. 15 Minuten Material fehlen, bleibt mit Ausnahme der Flugschauszene, die aufgrund einer bewussten Entscheidung des britischen Verleihs herausfiel,[280] unklar, welche Szenen zur britischen Uraufführung geschnitten wurden und welche im Laufe der Zeit verloren gegangen sind. Für den amerikanischen Markt wurde das Filmmaterial wiederum auf 74 Minuten gekürzt und im September 1933 in New York unter dem Titel F.P.1 uraufgeführt,[281] wobei einerseits weitere Handlungsstränge weggefallen sind, andererseits Szenen beibehalten wurden, die wiederum in der (erhaltenen) britischen Fassung fehlen.[282] Außerdem wurden für den Vorspann und die in Detailaufnahme eingeblendete Telegrammnachricht Ellissens jeweils unterschiedliche Einstellungen verwendet – damit also Filmmaterial, das erst in der Postproduktionsphase in dieser Weise eingepasst worden

278 Zu den Produktionsangaben vgl. auch John T. Soister: Conrad Veidt on Screen, Jefferson, NC 2002, S. 241. Chris Wahl gibt die ursprüngliche Länge der britischen Fassung mit 92 Minuten an, vgl. C. Wahl: Sprachversionsfilme, S. 393.

279 Im Vergleich mit der deutschen Originalfassung fehlen folgende Szenen: die Eröffnungssequenz mit Fliegerlied und Flugschau der Deutschen Verkehrsfliegerschule, das Telefonat Ellissens und Drostes, die Ausrufung Drostes auf der F.P.1 und sein anschließendes Telefonat mit Claire, der nächtliche Rettungsflug Ellissens und Claires zur F.P.1, schließlich die Grammophonszene; vgl. FP1-GB.

280 Vgl. J. Soister: Conrad Veidt, S. 242. Auch die Schallplattenaufnahme einer englischen Fassung des Fliegerliedes zeigt auf, dass diese markante Szene ursprünglich enthalten war; vgl. „Airman song“: In an excerpt from the film F.P.1., Parlophone Co., Ltd, (LC 0020) A 3733 (Schellack), S. 1 v. 2, Deutsche Nationalbibliothek Leipzig, Musikarchiv/T 2016 HB 00682/CD-Kopie, Vorgangs-Nr. 2016/6719.

281 Vgl. ebd. sowie die Zeitangabe in Anonymus: F.P.1 (British Made). Bei der diesbezüglich vorliegenden Kopie (mit knapp 71 Minuten Laufzeit) handelt es sich also um die vollständigere der beiden englischsprachigen Ausgaben; vgl. FP1-US. Die beiden Varianten sind durch einen dem Vorspann jeweils vorgeschalteten Verweis auf die britische resp. US-Zensurbehörde eindeutig zuordenbar.

282 Weggefallen sind: Drostes Erläuterung des Flugplattform-Projektes gegenüber den Lennartz-Brüdern, der Dialog zwischen Ellissen und Fotoreporter Sunshine (Jonny) zur Aufgabe der Fliegerei, die Zeitrafferszene der Bauarbeiten und der Fertigstellung der Flugplattform, die sich anschließende Szene der weltweiten Rundfunkankündigung von der Jungfernfahrt der F.P.1, das vom Matrosenchor intonierte Leuchtturmlied, schließlich die Zeitrafferszene der Rettungsaktion. Beibehalten wurde das Telefonat zwischen Droste und Claire sowie der Rettungsflug Ellissens und Claires.

ist.[283] Zu guter Letzt enthalten beide englische Ausgaben ein Szenenbündel, das im deutschen Original äußerst verkürzt wiedergegeben ist: Dieses beginnt mit einem nur in den englischen Fassungen enthaltenen Dialog zwischen Claire und Ellissen in der Baustellenzentrale. Ihr darauffolgender Flirt auf einem Baugerüst findet sich sowohl in der deutschen als auch in den beiden englischen Versionen. Im deutschen Original endet diese Szene in trauter Zweisamkeit, während in den englischen Fassungen der Flirt durch die Intervention Drostes und der Lennartz-Geschwister abbricht. Auf dieses hinsichtlich der Deutungsebene markante Szenenbündel wird an späterer Stelle noch einmal zurückzukommen sein.

Die Unterschiede innerhalb der beiden anglophonen Ausgaben sind keine Marginalie, ergibt sich doch für die amerikanische Fassung durch Wegfall wie Hinzukommen einiger Szenen sowie der Einfügung gesonderter Einstellungen eine eigene – und eindeutigere – Lesart, dies gerade auch im Hinblick auf die Interpretation der deutschen Version. So extrahierte die Filmwissenschaftlerin Stefanie Harris, der die deutsche sowie die US-Fassung vorlag, in F.P.1 antwortet nicht ein „narrative of international expansionism", welches

> „links the film thematically to the imperial ambitions of the Wilhelminian Reich during the post-Bismarck era, and in this way would appear to participate in the increasing nationalist tendencies of the period that critiqued Weimar democracy and sought a link with the Prussian might of the late nineteenth century."[284]

283 Während im Vorspann der britischen Ausgabe sowohl Flieger- als auch Matrosenlied intoniert und somit, ähnlich wie in der deutschen Vorlage, auf die Filmthematik eingestimmt wird, wurde für die amerikanische Ausgabe eine komplett andere Filmmusik gewählt, die keinerlei Wiedererkennungseffekt aufzuweisen hat. Ähnlich verhält es sich bei der Telegrammeinstellung: In der britischen Variante ist Gestaltung, Schriftsatz und auch Inhalt eng an die entsprechende Einstellung der deutschen Originalfassung orientiert (die auf den deutschen Kontext verweisende Route „Berlin-Berlin" wurde zwar durch ein unspezifisches „round the world" ersetzt, jedoch dafür die fiktive Flugzeugmodellbezeichnung „t k 7000" übernommen, in der amerikanischen Fassung heißt es lediglich: „new model meteor plane"). Dafür wurde in letzterer das Telegramm mit einem sowohl in der britischen wie auch der deutschen Ausgabe fehlenden Schriftzug „Telegraphie des Deutschen Reichs" überschrieben. Scheinbar schien nach der Kürzungsorgie das örtliche Setting des Films nicht mehr deutlich genug, sodass man dieses mit dieser nachjustieren Naheinstellung gleichsam re-kontextualisierte; vgl. FP1-GB, 00:00:17–00:01:18; 21:56f. sowie FP1-US, 00:00:01–00:00:37; 17:35f.

284 S. Harris: Calling the Nation, S. 22f.

Abgesehen davon, dass Harris eine zentrale Einstellung zu Filmende – das Hissen der deutschen Handelsflagge – zugunsten ihrer These inkorrekt wiedergibt,[285] zieht sie zur Beweisführung wiederholt die englischsprachige Version heran. Für diese stellt sie eine gezielte Dekontextualisierung hinsichtlich nationalistischer und militaristisch-imperialistischer Tendenzen fest, u.a. resultierend aus dem Wegfall der musikalischen Rahmung und der fehlenden räumlichen Verortung der künstlichen Insel, Letzteres bedingt durch das Schneiden von zwei Szenen, die anhand einer Weltkarte die Lage der Flugplattform visualisieren. Diese Änderung „results in a film in which the focus is squarely on the love triangle of the three protagonists, with a cosmopolitan and distinctly supra-national look."[286] Zieht man nun die britische Fassung hinzu, ergibt sich jedoch, diese Schlussfolgerung betreffend, ein ambivalentes Bild. In dieser sind nämlich zum einen die beiden beanstandeten raum-kontextualisierenden Szenen enthalten, zum anderen ist die musikalische Rahmung durch die beiden Motive, trotz des Wegfalls der markanten Flugschau-Eröffnungssequenz, im Gegensatz zur amerikanischen Fassung weiterhin gegeben: *Where the lighthouse shines across the bay*, die englische Version des Matrosenlieds, wird – analog zur deutschen Filmfassung – in Secrets of F.P.1 ebenfalls durch den Männerchor intoniert, und dafür teilweise sogar dieselben Einstellungen verwendet.[287]

Alles in allem behält also die britische Fassung, von der man aufgrund der konfliktbehafteten deutsch-britischen Politik- und Militärgeschichte

285 „And the flag raised at the end of F.P.1 is especially interesting in this regard. As opposed to the black-red-gold flag of the Weimar Republic (and the revolution of 1848/49), this flag is the black-white-red of Prussia, the Kaiserreich, and the early years of the Third Reich (1933–1935). Historically, the flag shown is an accurate portrayal in that German merchant ships continued to fly the black-white-red flag throughout the years of the Weimar republic. However, it also serves here visually as a substitute for the black-red-gold flag." Ebd., S. 38. Harris hat offenkundig ein kleines Detail übersehen: Die Weimarer Handelsflagge, und also auch die im Film gehisste Fahne, enthält eine Gösch in den Farben Schwarz-Rot-Gold. Unter dieser fuhr die deutsche Handelsflotte von 1919 bis 1933, erst nach Machtantritt der Nationalsozialisten wechselte man bis 1935 wieder zum bloßen Grundtuch in Schwarz-Weiß-Rot. Wenn sich in der im Film gehissten Fahne also durchaus die Kompromisslösung des zeitgenössischen Flaggenstreits widerspiegelt, so ist sie doch mitnichten als direkte, ungebrochene Reminiszenz auf imperialistisch-monarchistische Sehnsüchte zu werten.

286 Ebd., S. 25. Harris verschweigt zudem Szenen und Einstellungen wie die erwähnte Naheinstellung des Telegramms, die einen expliziten Hinweis auf das Deutsche Reich als Handlungsort und Bezugsrahmen herstellen.

287 Vgl. FP1AN, 00:49:01–00:50:38 sowie FP1-GB, 00:36:27–00:37:57.

(Flottenwettrüsten, Seekrieg etc.) annehmen konnte, dass sie die stärkeren Dekontextualisierungen leistet, paradoxerweise weitaus mehr Bezüge hinsichtlich eines deutschen Filmsettings. So klar wie bei Harris lässt sich also nicht ein Wilhelminischer Expansionismus der deutschen Fassung gegen eine supranationale Luftfahrt- respektive Technikeuphorie der englischen Fassung ausspielen. Gleichwohl lassen sich im Vergleich der Sprachversionen symbolische Neuverknüpfungen von Figurenkonstellation und Techniksemantiken feststellen, die auf eine stärkere Nationalisierungstendenz der deutschen Version verweisen.

Die zeitgenössischen wie filmgeschichtlichen Betrachtungen zu den Sprachversionen behandelten hauptsächlich die Inszenierung nationaler Stereotype anhand der Hauptfiguren. Besondere Aufmerksamkeit erfuhr die jeweilige Interpretation des Fliegers Ellissen. Die außerordentliche Dominanz dieser Figur in der deutschen Fassung wurde dem Charakter des Schauspielers Hans Albers zugeschrieben, dessen Improvisationsfreudigkeit und Vorliebe für ausufernde Monologisierungen im vollen Umfang zum Tragen kamen.[288] Seine Kollegen Conrad Veidt und Charles Boyer, die in der englischen resp. französischen Fassung den Piloten mimten, beanspruchten für diese Figur nicht nur weit weniger Zeit und Raum, sondern statteten sie in ihrer Interpretation zugleich mit völlig anderen Charaktermerkmalen aus:

> „Eine große Spielszene zwischen Sybille Schmitz, Paul Hartmann und Hans Albers gipfelt in einem stark dramatischen Moment, in einem etwas verbitterten Gefühlsausbruch Hans Albers' mit den Worten: ‚Aha, also deshalb mußte ich herfliegen.' Dieser Satz brachte hier also gerade einen starken dramatischen Höhepunkt. Bei Charles Boyer, in der französischen Fassung, verliert diese Figur fast ganz das sportliche Draufgängertum. Mit einer gewissen maliziösen Nonchalance apostrophiert er gewissermaßen die Situation: ‚C'est pourquoi?' Bei Conrad Veidt erhält die Rolle die Zurückhaltung eines Gentleman-Sportfliegers. Kurz und sachlich meint er nur: ‚Ooh!'."[289]

---

288 Vgl. Michaela Krützen: Hans Albers. Eine deutsche Karriere, Weinheim 1995, S. 90f.

289 Oskar Kalbus: Vom Werden deutscher Filmkunst Bd. 2: Der Tonfilm, Altona-Bahrenfeld 1935, S. 93f. Oskar Kalbus notierte an dieser Stelle seine Beobachtungen zu den Dreharbeiten. Die Besetzung des englischsprachigen Ellissen mit dem deutschen Schauspieler Conrad Veidt mag erstaunen, erklärt sich jedoch aus dessen Popularität beim britischen Publikum – zuerst durch international erfolgreiche Stummfilmproduktionen wie Das Cabinet des Dr. Caligari (1920, Regie: Robert Wiene) oder Das Wachsfigurenkabinett (1923, Regie: Paul Leni, Leo Birinski), später vorzugsweise durch seine mehrfache Verkörperung des durchaus positiv besetzten Stereotyps eines preußischen Gentleman-Offiziers im Ersten Weltkrieg (bspw. in I Was A Spy (1933, Regie: Victor Saville), vgl. J. Richards: Age of the Dream Palace, S. 292.

Die an die Schauspieler angetragene Erwartung, in ihrer Darstellung jeweils spezifisch nationalen Stereotypen zu entsprechen, bedeutete für die Interpretation Ellissens: „‚aufbrausend', ‚brutal' und ‚draufgängerisch' für die deutsche Figur, ‚ironisch', ‚scharf' und ‚intellektuell' für die englische sowie ‚gefühlvoll', ‚charmant' und ‚elegant' für die französische."[290] Wolfgang Koeppen, der als Filmrezensent für den *Berliner Börsen-Courier* die Dreharbeiten beobachtete, beschrieb die Umsetzung dieser Vorgaben:

> „Einen Streit mit einem Rivalen spielt Albers schreiend, mit dem Fuß aufstampfend und einer Brutalität in Stimme und Geste, die kurz vor dem Faustschlag liegt. Veidt, der die englische Fassung spielt, begegnet seinem feindlichen Partner mit einer Ironie, die scharf und überlegen von den Lippen kommt. Der Franzose Charles Boyer spielt dieselbe Szene ruhiger und ganz aus dem Gefühl heraus."[291]

Dieser dem Starkult um Hans Albers geschuldete Fokus auf Ellissen brachte es mit sich, dass den verschiedenen Darstellungen von Claire (in der englischen Fassung gespielt von Jill Esmond) und Droste (ebenda: Leslie Fenton) kaum Beachtung geschenkt wurde.[292] Dabei sind auch bei diesen Hauptfiguren im Hinblick auf die deutsche Version markante Unterschiede festzustellen. Der englische Droste ist deutlich jünger; Leslie Fenton interpretiert die Figur ruhiger, gestisch bescheidener; gerade im Vergleich zur Hartmannschen Burgtheatermanier trägt diese Darstellung Züge des Unterspielens. Der deutsche Droste pflegt in Kleidung, Habitus und Dialog einen militärischen Führungsstil (durch Exerzierhaltung, Ledermantel und schreiender Artikulation), der englische gibt sich weitaus „ziviler". Deutlich wird dies in der Werftszene bei der Unterbrechung der Unterhaltung der drei Arbeiter durch den Ingenieur: Leslie Fenton ruft, um

---

290 C. Wahl: Sprachversionsfilme, S. 224.

291 Wolfgang Koeppen: Ein Leuchtturm und tausend Lampen. Die Greifswalder Oie, eine Filminsel in der Ostsee, in: Marcel Reich-Ranicki (Hg.): Wolfgang Koeppen. Gesammelte Werke Bd. 5: Berichte und Skizzen 2, Frankfurt am Main 1990, S. 36–40, hier S. 38f.

292 Eine Ausnahme bildet die Filmhistorikerin Uta Berg-Ganschow, die neben Ellissen zumindest auch die verschiedenen Darstellungen der Claire betrachtet: „Sybille Schmitz' Claire ist geheimnisvoll, verführerisch und zielstrebig mutig in ihrer Rettungsaktion aus Liebe. Dunkel, rätselhaft, als sei sie in ein anderes Licht getaucht als Jill Esmonds' Claire; diese ist die blasse, kumpelnd tüchtige, kleine Schwester der Männergesellschaft. Das ist nicht nur schauspielerisches Unvermögen, sondern kalkulierte Änderung der Rollenauffassung, unterstützt durch die veränderten Kostüme. Luxuriös, vamphaft schimmernd oder extrem sportlich für Sybille Schmitz, deutlich bieder für Jill Esmonds." U. Berg-Ganschow: Deutsch, Englisch, Französisch, S. 172.

von ihnen gehört zu werden, Paul Hartmann hingegen zelebriert mit seinem Brüllen militärische Befehlsgewalt.[293]

Die englische Claire wiederum agiert souveräner als ihr deutsches Pendant und folgt ungebrochener dem Leitbild der „Modernen Frau." Dies ist auch der zurückhaltenden, distanzierten Spielweise Conrad Veidts zu verdanken – der englische Ellissen lässt ihrem Charakter und auch den anderen Figuren mehr Raum, als der deutsche.[294] Außerdem wirkt sie aktiver: Ihre Rolle als Anteilseignerin wird explizit herausgestellt,[295] sie fährt ihren Wagen selbst (in der deutschen Version hat sie einen Chauffeur), und schließlich wird ihr Einsatz für die Durchsetzung des technischen Großprojekts vom Ingenieur anerkannt. In dem Gespräch von Droste und Claire in der Baustellenzentrale wird der Figurenkontrast innerhalb der Sprachversionen besonders deutlich:

Claire [*Sybille Schmitz*]: „Kann ich Ihnen nicht helfen, Droste? Ich möchte nicht immer so zusehen. Lassen Sie mich doch auch ein bisschen mitarbeiten."
Droste [*Paul Hartmann, umfasst Claire bei den Schultern*]: „Ihre Sorge um die F.P.1 ist wirklich rührend, Fräulein Claire."
Claire: „Ich habe auch Sorge um Sie, Droste." [*Ende Dialog, Abblende*] –

Claire [*Jill Esmond*]: „Oh, I wish I could do something to help you!"
Droste [*Leslie Fenton*]: „You have helped a great deal! In fact, you helped more than anybody!"
Claire: „How?"
Droste [*berührt Claire mit einer Hand an der Schulter*]: „By believing in my ideas from the very start. And if you go on believing, we can't fail."
Claire: „Of course I will." [*Ende Dialog, Abblende*][296]

Während in der deutschen Version Claire in einer passiven Emotionalität verharrt und ihre Sorge um das technische Projekt als Substitut für die eigentliche

---

293 Vgl. FP1AN, 00:31:58ff. sowie FP1-GB, 00:25:30ff.

294 Der deutsche Ellissen gewinnt seine Dominanz auch durch direkten Körpereinsatz Hans Albers': Er tritt oft nah an die anderen Figuren heran (betritt kommunikationspsychologisch gesprochen ihre „intime Distanzzone"), bedrängt sie oder wird handgreiflich. Insgesamt agieren die Figuren in der deutschen Fassung gedrängter; Raum wird stärker unter aggressivem Körpereinsatz gewonnen, in der englischen Variante geht es deutlich distanzierter zu.

295 Die deutsche Claire stellt sich Ellissen folgendermaßen vor: „Ich bin nämlich Claire Lennartz!"; die englische hingegen führt aus: „As a matter of fact, I own exactly 33 and one third percent of it. You see, I am Claire Lennartz!"; FP1AN, 00:15:20f. sowie FP1-GB, 00:11:25f.

296 FP1AN, 00:36:32–00:36:50 sowie FP1-GB, 00:29:28–00:29:50.

Sorge um den Ingenieur fungiert, gleichsam eine Deduktion vom Allgemein-Sachlichen zum Konkret-Empfindsamen stattfindet, verhält es sich in der englischen Version diametral. Die weibliche Sorge um den Ingenieur wird in den Dienst um die größere Sache gestellt, also vom Konkret-Empfindsamen auf das Allgemein-Sachliche induziert: Englische Nüchternheit kontrastiert deutsches Melodrama.

Durch diese kleine, aber signifikante Verschiebung der Figureninterpretation wird in der englischen Sprachversion die amouröse Dreiecksgeschichte noch intensiver mit der Industriesphäre verschränkt. Gerade auch die erwähnte, in der deutschen Fassung nicht enthaltene Szene der Unterhaltung der Lennartz-Geschwister mit Ellissen und Droste unterstreicht dies: Nicht nur, dass ein angedeuteter Filmkuss zwischen Claire und Ellissen durch die Intervention Drostes und der Lennartz-Brüder unterbunden, und damit das letztendliche Scheitern der Liebesbeziehung zwischen Flieger und Werfteigentümerin bereits angedeutet wird. In dieser Szene bittet Droste zudem Claire, der Pressekonferenz zur Ankündigung des Großprojekts beizuwohnen, was sie mit folgenden Worten, in Referenz auf seine vorhergehende Ablehnung ihrer Anwesenheit beim ersten Zusammentreffen von Ingenieur mit den Lennartz-Geschwistern, lachend ablehnt: „I am afraid I wouldn't be very interested. You see, the purely technical matter."[297]

Die technische Basis der Liebesbeziehung zwischen Ingenieur und Werfteigentümerin wird an dieser Stelle, wenn auch ex negativo, verdeutlicht. In der deutschen Fassung, in der diese Szene komplett fehlt, wird dieser Ansatzpunkt erst weitaus später – in der Unterhaltung Drostes und Claires auf der Baustelle – etabliert.

Die stärkere Fokussierung auf den Technikdiskurs durchzieht ferner die Dialoge, die konkret Fortschritt als geschichtliche Leitvokabel thematisieren bzw. überhaupt mit diesem Begriff („progress") operieren, wo in den deutschen Entsprechungen die Aussagen auffallend vage gehalten werden; so bei Ellissens Kaffeeplausch mit Claire:

> **Ellissen** [*Hans Albers*]: „Und jedes Mal, wenn ich nach Hause komme, denn sitzt der Droste mit einem belämmerten Gesicht da, und wartet geduldig bis einer kommt, der ihm seine F.P.1 baut. Ja, na Kuchen, da kann er lange warten! *Die hohen Herrschaften*, die gucken sich ja nicht mal seine Zeichnungen an. *Die haben ja keinen Sinn für was Neues.*" –

297 FP1-GB, 00:18:50ff.

Ellissen [*Conrad Veidt*]: „And every time I come home, there sits Droste, getting more and more hopeless, waiting for someone to build his F.P. One. But *your captains of industry* won't even look at his drawings. *They don't seem to know what progress means!*"[298]

An diesem Dialog sind vom Deutschen ins Englische zwei semantische Verschiebungen festzustellen. Aus den „hohen Herrschaften", der Verknüpfung der Werfteigentümer mit einer nicht näher spezifizierten gesellschaftlichen Elite (die jedoch in ihrer Darstellung zu Beginn des Films an Bilder eines müßiggängerischen Adels anknüpft), werden in der englischen Fassung die weitaus enger definierten und dabei der Industriesphäre zuordenbaren Wirtschaftsführer. Damit korrespondiert der explizite Verweis auf Fortschritt („progress") als übergeordnete Sinnkategorie, während im deutschen Narrativ dem „Sinn für was Neues" dieses teleologische Moment fehlt.

Die gleiche Varianz im Bestimmtheitsgrad des Geschichtsnarrativs findet sich bei der Unterhaltung Drostes und Claires in der Baustellenzentrale:

Droste [*Paul Hartmann*]: „Vom ersten Tag an arbeitet etwas gegen uns, das nicht zu fassen ist. Geheime Mächte. Wer sie sind, weiß ich nicht. Konkurrenzunternehmen können es sein. Im In- und Ausland. Geldgruppen. Unzählige Sonderinteressen spielen da mit. Man will den Bau der F.P.1 unter allen Umständen verhindern. Das ist ja klar: *Jede neue Sache hat Feinde.* [...] Diese Leute sind nicht zu fassen. Sie arbeiten im Dunkeln. Nur ihre Kreaturen schicken sie vor. Ihre Saboteure." –

Droste [*Leslie Fenton*]: „From the first day something has been working against me. Something I can't lay my hands on. What it is I don't know. Vested interests, international concerns, perhaps a great trust or combine. Something impersonal, without a soul. You see, *progress sacrifices the old order of things. That's why progress always has its enemies.* [...] These people can't be caught. And if you catch some, it would be some fool of a workman who wants to earn a little extra money."[299]

Mit dem entworfenen Bild eines im Hintergrund agierenden, unangreifbaren Finanzkapitals bringt diese Erläuterung Drostes nicht nur den für den gesamten Film bereits angedeuteten strukturellen Antisemitismus prägnant auf den Punkt. Bemerkenswert ist zudem die Verknüpfung des Sabotagemotivs mit dem Geschichtsnarrativ: Finanzielle Interessen behindern den technischen Fortschritt als Motor der Geschichte. Dieser Punkt wird in der englischen Fassung eindeutiger teleologisch ausgedeutet; Drostes Analyse des fortschrittshemmenden

---

298 FP1AN, 00:19:05–00:19:23 sowie FP1-GB, 00:14:40–00:15:00 (Herv. AW).
299 FP1AN, 00:34:38–00:35:50 sowie FP1-GB, 00:27:57–00:28:55 (Herv. AW).

Sabotagecharakters der Zirkulationssphäre erinnert zudem an die technokratischen Konzeptionen von Thorstein Veblen und Howard Scott.

Der (Un-)Bestimmtheitsgrad der geschichtsreflektierenden Dialoge korrespondiert mit dem technikmotivischen Bildarsenal der beiden Filmfassungen insofern, als in der englischen Version ein erheblicher Teil derjenigen Technikmotive wegfällt oder retuschiert wird, der allzu deutlich auf einen deutschen Kontext verweist – so die markante Fliegerstaffelszene zu Filmbeginn, aber auch die mit einem Großaufgebot an deutscher Technik aufwartende Rettungsszene: In der amerikanischen Fassung wurde diese vollständig gekürzt; in der britischen Fassung beschränkte man sich hingegen darauf, das in einer Einstellung deutlich zu sehende Lufthansa-Logo per Schwärzung unkenntlich zu machen.[300] Während somit die dialogische Fortschrittsrhetorik visuell verallgemeinert wird, erscheinen vice versa Vagheit und Unbestimmtheit der deutschen Dialoge als diskursive Leerstelle, die mit visuellen Evidenzen – dem betont in Szene gesetzten Arsenal deutscher Technik – gefüllt wird: Im Englischen spricht man mehr über technischen Fortschritt im Allgemeinen, im Deutschen wird er über die Inszenierung deutscher Technik stärker visualisiert und dabei an nationale Vorstellungswelten geknüpft. Der von Stefanie Harris konstatierte und durchaus feststellbare „cosmopolitan and distinctly supra-national look" verweist mithin auf einen allgemein gehaltenen technisierten Fortschrittsdiskurs der englischen Fassung, während die deutsche Version diesen Fortschrittsdiskurs dialogisch nur andeutet, um ihn visuell umso stärker mit deutschen Techniksemantiken zu besetzen, jedoch ohne ihn mit einer vermeintlich glorreicheren deutschen Vergangenheit zu verknüpfen.

2.6 Zusammenfassung

„F.P.1, die stählerne, von Menschenhand geschaffene Insel, ist keine Utopie", heißt es im Vorwort der Romanvorlage zum Film, „ihre Verwirklichung steht unmittelbar bevor, sie wird geschaffen werden, weil unsere Zeit der tatbrauchenden Hirne sie nötig hat und will."[301] Der von verschiedenen Seiten ausdrücklich erwünschte Eindruck einer prinzipiell möglichen Realisierbarkeit der dargestellten filmischen Fiktion wurde nun offenkundig nicht nur durch die Inszenierung der technischen Artefakte sowie die spezifische Figurenkonstellation und -narration erzeugt, sondern zusätzlich im außerfilmischen Kontext durch

---

300 Vgl. FP1-GB, 01:14:13.

301 Anonymus: Vorwort.

werbewirksame Verweise auf entsprechende Fachdebatten im Allgemeinen und eine vorgebliche technische Expertise im Besonderen verstärkt. Die enge diskursive Verflechtung von Gegenwart und Zukunft bestand jedoch nicht nur zwischen der Thematik des Films und der zeitgenössischen Technikentwicklung, sondern auch durch die vielfältige Ausschöpfung der sich durch die Einführung des Tonfilms ergebenden Möglichkeiten, die industrietechnische Zukunft nicht nur seh- sondern auch hörbar zu machen.

Darüber hinaus wurde die dem Film zugrundeliegende Idee einer Flugplattform auf mehreren Ebenen als spezifisch deutsches Projekt beworben: Als Ideengeber wurde der Berliner Ingenieur Albert Berthold Henninger angeführt und nicht etwa der Kanado-Amerikaner Edward Robert Armstrong, obgleich dessen Seadrome-Projekt als das seinerzeit erfolgversprechendste galt; die im Film auftretenden Flugzeugmodelle sind, wenn auch des Öfteren allein durch das nationale Kennzeichen, eindeutig als deutsche Produktionen identifizierbar. Zu guter Letzt wird in der Schlusseinstellung auf der Flugplattform über der die Lennartz-Werft repräsentierenden Fahne die deutsche Handelsflagge gehisst. Solchermaßen patriotisch aufgeladene Motive korrespondierten mit dem im Weimarer Publikum weit verbreiteten Bedürfnis nach kollektiven, nationale Stärke und Überlegenheit demonstrierenden Sinnstiftungsangeboten, wie sie in diesen, den Siegeszug deutscher Technik feiernden Imaginationen zum Ausdruck kamen. Dessen ungeachtet kann anhand der Figurenkonstellation aufgezeigt werden, dass ein Schulterschluss mit kollektivistisch-vergemeinschaftenden Konzeptionen nicht festzustellen ist: weder beim Flieger Ellissen, dessen tragische Figurenentwicklung in der Tradition des Westmannes steht und in diesem Sinne nicht als „transitorische Figur“[302] vom individuellen zum kollektiven Helden taugt, noch bei Droste, der trotz der mit seinem Charakter verbundenen technizistischen Züge nicht als Mittlerfigur zwischen Arbeit und Kapital auftritt. Mit seinem Fokus auf eine durch und durch industrielle Arbeitswelt, in der die Vorstellung von Heimat als privater Rückzugsraum verabschiedet wird und selbst die erzählte Liebesgeschichte von sachlich-rationalen, planerischen Denkmustern geprägt ist, verhandelt der Film spezifische Ordnungsvorstellungen der klassischen Moderne, die in ihrem Leitbild des „Neuen Menschen“ sowie ihrer strukturell antisemitisch grundierten Kapitalismuskritik Elemente eines „reaktionären Modernismus“ aufweisen, ohne jedoch die Lösung in der Imagination einer homogenen, Klassengegensätze nivellierenden Volksgemeinschaft zu suchen.

302 F. Esposito: Mythische Moderne, S. 268.

Als F.P.1 ANTWORTET NICHT am 22. Dezember 1932 mit pompösem Aufwand unter einem ungemein starken Medienecho seine Premiere beging,[303] stand die „Machtergreifung" der Nationalsozialisten kurz bevor, die für nicht wenige der an diesem Film Beteiligten das vorläufige Ende ihres Wirkens in Deutschland bedeuten sollte: Produzent Erich Pommer, Schauspieler Peter Lorre sowie die Autoren der Roman- resp. Drehbuchvorlage Kurt Siodmak und Walter Reisch, alle vier jüdischer Herkunft, gingen 1933 ins Exil; aus dem gleichen Grunde floh auch der Komponist des Fliegerliedes, Allan Gray.

Die drei Hauptdarsteller Albers, Hartmann und Schmitz sowie der Regisseur Karl Hartl arrangierten sich hingegen erfolgreich mit dem neuen Regime – und spielten in den wenigen Zukunftsfilmen des „Dritten Reiches" (im wortwörtlichen Sinne) allesamt wieder eine Rolle: Karl Hartl inszenierte GOLD, diesmal mit Hans Albers als Ingenieur, Paul Hartmann mimte die gleiche Rolle wieder in DER TUNNEL, und Sybille Schmitz porträtierte in DER HERR DER WELT eine Unternehmerswitwe und zukünftige Ingenieursgattin.

Für den Film selbst hatte der politische Wechsel keine Auswirkungen. Zunächst der Publikumsmagnet der Saison[304] und mit seinen englischen und französischen Fassungen auch im Ausland erfolgreich,[305] war ihm eine ungemein lange Laufzeit beschieden.[306] Darüber hinaus erfreute er sich offenbar einiger

303 Zur illustren Feier im Berliner Savarin waren neben der gesamten Ufa-Direktion auch Direktionsmitglieder englischer und französischer Filmfirmen geladen, „dazu hohe Offiziere der Luftwaffe, der Marine sowie alle Darsteller, dazu sämtliche im Vorspann genannte Personen." E. Kettelhut/W. Sudendorf: Der Schatten, S. 346f.

304 „In den ersten 7–8 Tagen haben in 10 deutschen Städten 180.000 Besucher den Film gesehen. Mit diesen Ziffern ist selbst der große Erfolg des Ufa-Films ‚Der Kongreß tanzt' geschlagen.", Anonymus: Riesenerfolg F.P.1 antwortet nicht in Deutschland, in: Das Kino-Journal vom 07.01.1933, S. 10f., hier S. 11.

305 Vgl. Anonymus: Weitere Erfolge von F.P.1, in: Kinematograph Nr. 256 vom 31.12.1932; Anonymus: Mitteldeutscher F.P.1-Start, in: Kinematograph Nr. 253 vom 28.12.1932; Anonymus: F.P.1 antwortet nicht in Nordhausen, in: Kinematograph Nr. 48 vom 09.03.1933; Anonymus: Neues aus Portugal. Von unserem A. da C.-Korrespondenten in Lissabon, in: Kinematograph Nr. 69 vom 07.04.1933; Anonymus: Der deutsche Film in USA, in: Kinematograph 27, Nr. 199 vom 13.10.1933; Anonymus: Filmkritik in Amerika. Von unserem ständigen New-Yorker Berichterstatter, in: Kinematograph 28, Nr. 55 vom 20.03.1934; Anonymus: F.P.1 in Paris, in: Kinematograph Nr. 155 vom 14.08.1934 sowie Anonymus: F.P.1 in London, in: Kinematograph vom 08.04.1933.

306 So hieß es im September 1935 im Karlsruher General-Anzeiger: „Um dem Wunsche viele Filmfreunde nachzukommen, zeigt der Gloria-Palast ab Freitag in Neuaufführung F.P.1 antwortet nicht." Anonymus: Filme in Karlsruhe. F.P.1 antwortet nicht im Gloria, in: General-Anzeiger (Karlsruhe) vom 20.09.1935, S. 19.

Beliebtheit bei den Kinoliebhabern der nationalsozialistischen Elite. Der spätere Propagandaminister Joseph Goebbels, der ihn zwar einerseits „zu burlesk" fand[307], lobte andererseits die Schauspielleistung Hans Albers' und schaute ihn sich letztendlich drei Mal an – erstmals zur Uraufführung, dann drei Tage später, ein drittes Mal schließlich im Januar 1935 an einem gemeinsamen Filmabend mit Adolf Hitler: „Albers ist doch ein guter Schauspieler."[308] Auf den allgemein hohen Zuspruch unter den Anhängern des neuen Regimes verweist ein antisemitischer Hetzartikel der *Deutschen Filmzeitung*, seit September 1933 „Offizielles Organ der Hauptabteilung Film der Reichspropagandaleitung der NSDAP":

> „Anläßlich der Aufführung des Ufa-Films F.P.1 antwortet nicht in einem Kairoer Kino hatten die Juden eine planmäßige Störung der Vorstellung organisiert. Da die anwesenden Aegypter hierbei als Protest gegen die jüdischen Demonstranten in Heilrufe auf Hitler und Deutschland ausbrachen, kam es zu Zusammenstößen. Wenige Tage später erschienen die in Kairo ansässigen deutschen Nationalsozialisten in Begleitung von italienischen Faschisten und griechischen Royalisten in Stärke von etwa insgesamt 120 Mann im Kino. Die in großer Zahl versammelten jüdischen Störenfriede zogen daraufhin einen Teil ihrer Truppen zurück und ließen sich das Eintrittsgeld wiedergeben. Auch der Führer der Juden zog infolge der entschlossenen Haltung der Nationalsozialisten und ihrer Freunde seine etwa 60 Mann Begleitung zurück und befahl den übrigen Juden, sich ruhig zu verhalten, um die von den Juden sichtlich befürchteten Zusammenstöße zu vermeiden. Der Film lief dann unter den donnernden Beifallsstürmen der Nationalsozialisten und ihrer Freunde in größter Ruhe, ohne daß die anwesenden Juden wagten, die geringste Bemerkung zu machen."[309]

---

307 Joseph Goebbels: Eintrag vom 26.12.1932, in: Ders: Die Tagebücher. Teil 1, Aufzeichnungen 1923–1941, Teil 1,2,3: Oktober 1932 – März 1934, hg. v. Angela Hermann, München 2006, S. 91.

308 Joseph Goebbels: Eintrag vom 04.01.1935, in: Ders.: Die Tagebücher, Teil 1,3,1: April 1934 – Februar 1936, hg. v. A. Hermann, München 2005, S. 163. Allerdings nannte Goebbels mitnichten, wie vom Roman- und Drehbuchautoren Kurt Siodmak behauptet bzw. erinnert, in seiner Rede im Berliner Hotel Kaiserhof im März 1933 F.P.1 antwortet nicht als Vorbild für eine künftige nationalsozialistische Filmproduktion, vgl. Curt Siodmak: Unter Wolfsmenschen Bd. 1: Europa, Bonn 1995, S. 164f. versus Joseph Goebbels: Rede im Kaiserhof, Berlin, am 28.3.1933, in: Gerd Albrecht: Nationalsozialistische Filmpolitik. Eine soziologische Untersuchung über die Spielfilme des Dritten Reichs, Stuttgart 1969, S. 439–442.

309 Anonymus: Zurückweisung jüdischer Anmaßung in Ägypten, in: Deutsche Filmzeitung Nr. 39 vom 20.09.1933, S. 7. Zu diesem Ereignis sind keine weiteren Quellen, speziell aus jüdischer Sicht, bekannt, als dass hierzu Ursachen und Hintergründe eruiert, oder auch nur der Hergang überprüft werden könnte.

Darüber hinaus gelangte im September 1934 ein 13-minütiger Kurz-Dokumentarfilm mit dem Titel F.P.1 WIRD WIRKLICHKEIT im Berliner Ufa-Pavillon zur Uraufführung, in dem die jüngsten Entwicklungen des deutschen Luftpostdienstes der Lufthansa zwischen Europa und Lateinamerika vorgestellt wurden. Nicht nur im Filmtitel wurde Bezug auf Hartls Zukunftsfilm genommen, sondern auch in der Inszenierung: Das Fliegerlied kommt wiederholt zum Einsatz; bei der Vorstellung des Katapultschiffs *Westfalen* wird eine Einstellung aus dem Spielfilm, eine Totalaufnahme der Flugplattform, zwischenmontiert, und schließlich vermerkt der Off-Kommentar:

> „Was der kühne Traum eines Dichters und Regisseurs vorausgesehen hat – F.P.1 wird Wirklichkeit! Auf einfachste Weise ist das Problem der Flugplattform gelöst. Ein umgebautes Schiff als Stützpunkt ermöglicht den Flugzeugen die Überquerung des Atlantik. Es ist der Dampfer Westfalen vom Norddeutschen Lloyd."[310]

Des Weiteren wird die Katapulttechnik als „eine besondere Leistung deutscher Ingenieurkunst"[311] vorgestellt. Der explizite Bezug dieses Lehrfilms auf F.P.1 ANTWORTET NICHT kann zum einen als ein weiteres Indiz für dessen hohen Bekanntheits- und Beliebtheitsgrad über die politische Zäsur des nationalsozialistischen Machtantritts hinweg gelten. Zum anderen zeigt sich an dieser Stelle wieder die enge Verflechtung filmischer und außerfilmischer Diskurse, zwischen einer nunmehr jüngsten filmischen vergangenen Zukunft und aktuellen, als zukunftsweisend ausgewiesenen technischen Entwicklungen.

Ob der den Film durchziehende Fliegerkult an die zur Militarisierung der deutschen Bevölkerung betriebene Luftfahrtpropaganda von Hermann Göring nahtlos Anschluss fand bzw. dahingehend instrumentalisiert wurde, ist letztendlich nicht nachweisbar. Sicherlich war die im Film transportierte affirmative Grundhaltung hinsichtlich moderner, deutsch-patriotisch aufgeladener Technik an einige Versatzstücke des nationalsozialistischen Ideologiekonglomerats anschlussfähig. Jedoch ist F.P.1 ANTWORTET NICHT weder ein bellizistischer noch ein gar völkischer Charakter vorzuwerfen, zumal ein solcher Zugriff angesichts der offen propagandistischen Fliegerfilme, die in der Zeit des Nationalsozialismus gedreht wurden und mit entsprechenden ideologischen Botschaften

---

310 F.P.1 WIRD WIRKLICHKEIT. Regie, Drehbuch: Martin Rikli, Produktion: Universum-Film AG, Deutschland 1934, Bundesarchiv Berlin, Abteilung Filmarchiv, DVD-Kopie Nr. B 93597-1, Laufzeit: 12 min, Sichtung vom 26.03.2013, 00:08:15ff.

311 Ebd., 00:09:50f.

warben, nicht plausibel erscheint.[312] Selbst die Fliegerkomödie Quax, der Bruchpilot, die mit der Figurenentwicklung ihres Protagonisten Otto Groschenbügel (Heinz Rühmann) vom ängstlichen wie großspurigen Versager zum deutschen Helden nahezu entgegengesetzt zu der Ellissens steht,[313] bietet mit der damit verbundenen Werbung für „Kameradschaft, Korpsgeist und freiwillige Unterwerfung unter die Befehlsgewalt eines anderen"[314] ein weitaus eindeutigeres Identifikationspotenzial. Hingegen belegt ist die Beliebtheit des Fliegerliedes in der Luftwaffe des „Dritten Reichs". Nach den Erinnerungen Walter Reischs, der den Liedtext schrieb, handelte es sich sogar um

> „die inoffizielle Hymne der Luftwaffe. Alan Grey [sic!], ein in Berlin geborener Engländer, hatte die Musik dazu geschrieben, und Hitler wußte das nicht – man wagte es ihm nicht zu sagen. Doch bei jeder Parade der Luftwaffe sang man [Reisch singt:] ‚Flieger, grüß mir die Sonne … und erzähl ihr, daß Reisch das geschrieben hat…' "[315]

Die Popularität des Fliegerliedes hat in (bundes-)deutschen militärischen Zusammenhängen bis heute überdauert, so wird es u.a. bei offiziellen Anlässen der Luftwaffe der Bundeswehr als Kernrepertoire gespielt.[316]

Nach dem Zweiten Weltkrieg wurde F.P.1 antwortet nicht im Fernsehen beider deutscher Staaten wiederholt ausgestrahlt,[317] wobei für die DDR-Fassung

312 Vgl. hierzu Katja Kirste: Fliegen fürs Vaterland. Tod und Patriotismus in Fliegerfilmen – eine interkulturelle Perspektive, in: Hans Krah (Hg.): Geschichte(n): NS-Film – NS-Spuren heute, Kiel 1999, S. 75–96.

313 Vgl. Quax, der Bruchpilot. Regie: Kurt Hoffmann, Drehbuch: Robert A. Stemmle, Produktion: Heinz Rühmann, Terra-Filmkunst GmbH, Deutschland 1941. DVD, Universum-Film 2009, Laufzeit: 85 min.

314 Walter Laufenberg: Quax, der Bruchpilot, in: Das Laufenberg Netzine, online unter http://www.netzine.de/quax-der-bruchpilot (Abruf: 06.03.2018).

315 Walter Reisch, zit. in: Thomas Elsaesser: Flieger, grüß mir die Sonne: Österreich und Walter Reisch, in: R. Beckermann: Ohne Untertitel, S. 325–353, hier S. 351 (Walter Reisch irrte sich hinsichtlich der Herkunft Allan Grays: Dieser war nicht Engländer, sondern wurde unter dem Namen Josef Zmigrod im damaligen Österreich-Ungarn geboren. Die offenkundige Schadenfreude Reischs erklärt sich auch aus der jüdischen Herkunft beider Liedproduzenten).

316 Vgl. hierzu bspw. Presse- und Informationszentrum der Luftwaffe (Hg.): Pressemappe aus Anlass der Kommandoübergabe der Luftwaffe von Generalleutnant Klaus-Peter Stieglitz an Generalleutnant Aarne Kreuzinger-Janik am 29. Oktober 2009 beim Jagdbombergeschwader 31 „Boelcke" in Nörvenich, Köln 2009.

317 Im Deutschen Fernsehfunk (DFF) der DDR wurde der Film 1964 das erste Mal ausgestrahlt, in der BRD erst ab 1970, vgl. D. Naumann: F.P.1 antwortet nicht sowie Anonymus: Filmfest Dresden ehrt Curt Siodmak. Pressemitteilung des 24. Filmfest Dresden vom 29.02.2012, Dresden 2012. Vgl. auch die entsprechenden Ankündigungen in der

ausgerechnet das Fliegerlied herausgeschnitten wurde. Ob diese Zensur aufgrund einer angeblich einigen Liedzeilen innewohnenden anarchistischen Tendenz veranlasst wurde, wie Frank-Burkhard Habel vermutet,[318] oder der Schlager vielmehr aufgrund seiner Beliebtheit bei der bundesdeutschen Luftwaffe den verantwortlichen Kulturschaffenden anrüchig war, mag dahingestellt bleiben.

Darüber hinaus erstaunt doch, dass trotz der großen Popularität, die das Seadrome-Projekt zwischenzeitlich für sich in Anspruch nehmen konnte, von Seiten der amerikanischen Filmindustrie keinerlei Interesse an einem Aufgreifen dieses Stoffes bestand. Auch für Armstrong selbst stand zur Bewerbung seiner Idee offenbar nie das Medium Film ernsthaft zur Debatte. Die Entstehungsgeschichte von F.P.1 ANTWORTET NICHT offenbart somit ein vielfältig verflochtenes transatlantisches Beziehungsgefüge, in dem filmische Narration und außerfilmische Diskurse letztendlich äußerst disparat verlaufen können, wie auch die Rezeption der deutschen Fachliteratur aufzeigt. Denn im Gegensatz zum ständigen Rekurs auf fachliche Genauigkeit und Expertise, mit der die großangelegte Werbemaschinerie den Film vorrangig bewarb und somit den fiktionalen Charakter seiner Narration zurücknahm, wurde die Idee schwimmender Flugplattformen, wenngleich sie in den USA besonders im Zuge des New Deals noch einmal an Fahrt gewann, in der deutschen Fachpresse vornehmlich verhalten bis ablehnend diskutiert. Bereits 1927, als Armstrong mit seinem Seadrome-Projekt erstmals international Aufsehen erregte, wurde in der Fachzeitschrift *Die Luftwacht* lapidar angemerkt:

> „Um seine Überlegenheit, die das Flugzeug in seiner hohen Geschwindigkeit dem Dampfer und der Eisenbahn gegenüber hat, restlos auszunutzen, muß es weite Strecken ohne Zwischenlandung zurücklegen, es soll fliegen und nicht hüpfen."[319]

Zur Zeit der Filmpremiere von F.P.1 ANTWORTET NICHT wurde mit Hinweis auf die Auswirkungen der Weltwirtschaftskrise der Realisierung eines solchen Vorhabens eine definitive Absage erteilt:

---

bundesdeutschen Tagespresse: Anonymus: F.P.1 antwortet nicht, in: Süddeutsche Zeitung vom 26.09.1981 sowie Anonymus: F.P.1 antwortet nicht, in: Frankfurter Rundschau vom 25.05.1985. Zur Ausstrahlung im Fernsehprogramm des wiedervereinigten Deutschlands vgl. Thomas Kirn: Hans Albers zum Hundertsten. F.P.1 antwortet nicht (gestern abend in Südwest 3), in: Frankfurter Allgemeine Zeitung vom 08.09.1991.

318 Vgl. Frank-Burkhard Habel: Zerschnittene Filme. Zensur im Kino, Leipzig 2003, S. 43.

319 M. Dietrich: Transozeanluftverkehr, S. 496.

„Nachdem die Utopie eines Flugzeugverkehrs Europa-Nordamerika unter Verwendung schwimmender künstlicher Inseln nun auch durch den finanziellen Zusammenbruch des schwindelhaften Unternehmens dargetan ist,“

so Carl Pirath, „konnte von einer kritischen Untersuchung der Möglichkeit einer solchen Lösung Abstand genommen werden.“[320] Der negative Tenor der deutschen Fachberichterstattung änderte sich selbst dann nicht, als Armstrong auf der anderen Seite des Atlantiks durch seine Annäherungsversuche an die PWA für kurze Zeit einer Realisierung seines Projektes doch recht nahe kam: „Wenn bei zuversichtlicher Betrachtung die technischen Fragen und der Bau als lösbar bezeichnet wurden,“ notierte die *Zeitschrift des Vereins Deutscher Ingenieure*,

„so scheiterte die Durchführung letzten Endes doch an der Kostenfrage, denn Bau und Unterhaltung würden Millionen verschlingen. […] Von deutscher Seite hat man diese Entwürfe aus geldlichen Gründen nicht weiter verfolgt.“[321]

Aufgrund seines Mangels an Kolonien war das Deutsche Reich hinsichtlich seiner geopolitischen Ambitionen zwar stärker als andere europäische Nationen, die durch ihre Überseegebiete mit einer ausreichenden Zahl an Luftstützpunkten ausgestattet waren, auf künstliche Zwischenlandeplätze angewiesen. Als direkte Alternative zu schwimmenden Inseln wurde jedoch der Einsatz von Katapultflugzeugen und Schleuderschiffen forciert, wobei schon während des versuchsweisen Einsatzes dieser Technologiekombination Klarheit über deren Interimscharakter bestand.[322] Vollends aus der Zeit gefallen erscheint somit eine im Frühjahr 1940 an das Oberkommando des Heeres und der Luftwaffe gerichtete Denkschrift des frühen NSDAP-Mitglieds und einstigen NS-Programmatikers und Wirtschaftsexperten Gottfried Feder. Der studierte Bauingenieur, der sich in den 1910er Jahren auf dem Gebiet des Eisenbetonbaus spezialisiert hatte,[323] schlug darin die Installation schwimmender Flugplätze (im Kürzel: F.P.)

---

320 C. Pirath: Hochstrassen, S. 20.

321 F. W. Hammer: Der Flugstützpunkt ‚Westfalen‘ für die Flugzeugverbindung Deutschland–Südamerika, in: Zeitschrift des Vereins Deutscher Ingenieure 78 (1934), S. 649–656, hier S. 650.

322 Vgl. P. Fritzsche: A nation of fliers, S. 176f.; J. Wachtel/G. Ott: Im Zeichen des Kranichs, S. 211f. sowie C. Pirath: Hochstrassen, S. 20.

323 Zur Biographie Feders vgl. Albrecht Tyrell: Gottfried Feder – Der gescheiterte Programmatiker, in: Ronald Smelsner/Rainer Zitelmann (Hg.): Die braune Elite. 22 biographische Skizzen, Darmstadt 1989, S. 28–40 sowie Torsten Meyer: Gottfried Feder und der nationalsozialistische Diskurs über Technik, in: Werner Lorenz/Torsten Meyer (Hg.): Technik und Verantwortung im Nationalsozialismus, Münster u. a. 2004, S. 79–107.

auf hoher See sowie an Küsten- und in Binnengewässern vor. Die auf „schwimmfähigen Eisenbetoncaissons" ruhenden Plattformen sollten als Operationsbasis für Kampfflieger und in künftigen Friedenszeiten, nunmehr ausgestattet mit „Empfangsgebäude, Hotels, Restaurants, Lazarette, Spiel und Sportplätze [sic!]" als „Wegbereiter eines neuen Zeitalters des Fernflugverkehres" dienen, freilich unter der Vorgabe eines „den Luftraum beherrschende[n] Deutschland Adolf Hitlers".[324] Eine Antwort auf diese wehrtechnische Denkschrift ist nicht überliefert. Es kann jedoch davon ausgegangen werden, dass aufgrund der veralteten technischen Konzeption sowie auch und vor allem der politischen Abseitsstellung Feders, der seit dem Machtantritt innerhalb des NS-Herrschaftsapparates zunehmend an Einfluss verloren hatte und 1934 auf einen Lehrstuhl für Siedlungswesen, Raumordnung und Stadtentwicklung an der TH Charlottenburg abgeschoben worden war, diese Idee nicht weiter verfolgt wurde.

Auch wenn letzten Endes mit der Weiterentwicklung auf dem Gebiet der Flugmotoren alsbald Langstreckenflugzeuge zum Einsatz kamen, die Idee im Atlantik zu installierender Zwischenlandeplätze dadurch obsolet wurde und in den 1940er Jahren gewissermaßen zu einer retrofuturistischen Utopie avant la lettre mutierte, hat das Prinzip künstlicher schwimmender Inseln in ähnlicher Form, wenngleich mit anderer Funktion versehen, tatsächlich zu seiner Umsetzung gefunden: als in Halbtaucherbauweise konstruierte Offshore-Bohrinseln.

324 BArch, RL 3 (Generalluftzeugmeister/Chef der Technischen Luftrüstung)/52, Bl 46, 50f. Vgl. hierzu auch Alexander Valerius: Der Lehrstuhl Feder an der TH Berlin: Ein Akteur nationalsozialistischer Stadtplanung und Raumforschung, unveröff. Masterarbeit, TU Berlin, Berlin 2019, S. 59f. Herzlichen Dank an Herrn Valerius für den Hinweis zu dieser Denkschrift und die Möglichkeit der Einsichtnahme in das diesbzgl. Archivmaterial.

3. Von kolonialen, völkischen und freiheitlichen Großprojekten: Die Verfilmungen von Bernhard Kellermanns Roman *Der Tunnel*

Für eine Dokumentarserie des amerikanischen Fernsehsenders *Discovery Channel* mit dem bezeichnenden Reihentitel EXTREME ENGINEERING (2003–2011) wurde zu Beginn der ersten Staffel eine Folge produziert, die das gigantomanische Projekt eines Transatlantik-Tunnels vorstellte. Die moderierende Stimme aus dem Off eröffnet diese mit den Worten:

> „Das Jahr 2099. Ein Zug rast durch einen Tunnel. Mit einer Geschwindigkeit von 8000 Kilometern pro Stunde. Mitten im Atlantik. Die Fahrgäste haben gerade in New York zu Abend gegessen, und in weniger als einer Stunde könnten sie ihr Dessert in Paris bestellen. Science Fiction? Bisher schon. Aber die Utopie eines Transatlantiktunnels könnte durchaus Wirklichkeit werden. Denn, so unglaublich es erscheinen mag, die meisten technischen Probleme sind lösbar. Doch ob er jemals gebaut wird, steht in den Sternen. Wenn er aber realisiert wird, wäre er täglich vielfältigen Gefahren ausgesetzt. Doch bei einem Erfolg könnte der Transatlantiktunnel zum Vorbild für andere Tunnel werden, die eines Tages die Völker dieser Erde und sieben Weltmeere verbinden.“[325]

Abgesehen davon, dass es angesichts des nunmehr seit Jahrzehnten etablierten Massenverkehrsmittels zur Atlantiküberquerung, dem Langstreckenflugzeug, sonderbar anmutet, dass überhaupt noch Alternativen debattiert werden, erstaunt der zumindest implizit mitschwingende Hinweis auf die mittels Großtechnik geschaffene Möglichkeit interkultureller Verbindung. Dieser technizistische Konnex von verkehrstechnischer Mobilität als Voraussetzung und Garant für globale Verständigung (und Versöhnung) der Menschheit müsste sich angesichts der zahlreichen Konjunkturen von utopischem Elan und Ernüchterung, die bei noch jeder mobilitäts- und kommunikationstechnologischen Innovation des 19. und 20. Jahrhunderts anzutreffen war, doch gründlich desavouiert haben – zumal mit Mobilfunk, Internet und Co. die globale Echtzeitkommunikation den

---

325 EXTREME ENGINEERING. Staffel 1, Folge 3: Transatlantic Tunnel. Regie: Olympia Stone, Drehbuch: Ed Fields/Alan Lindgren, Produktion: Olympia Stone, Discovery Channel Pictures/Powderhouse Productions, USA 2003. TV-Ausstrahlung, DMAX (Deutschland) vom 25.07.2014, 10:15–11:15 Uhr; Laufzeit: 44 min, hier 00:00:02–00:01:15.

derzeit zur Verfügung stehenden Verkehrstechnologien hinsichtlich diesbezüglicher Hoffnungsüberschüsse längst den Rang abgelaufen haben.

Wenn auch das Großprojekt eines Transatlantiktunnelbaus gegenwärtig nicht allzu populär zu sein scheint und die Diskussion einer möglichen Umsetzung in kleinen, technophilen Kreisen stattfindet,[326] so verweist doch diese Fernsehfolge auf die Persistenz einer technischen Vision, die sich bis in das 19. Jahrhundert nachverfolgen lässt und die durch die realtechnische Umsetzung maritimer Untertunnelungen auch bestätigt und befeuert wurde.

Den mit Abstand höchsten Bekanntheitsgrad zum diesbezüglichen literarischen Motiv im deutschsprachigen Raum erlangte der Roman *Der Tunnel* (1913) von Bernhard Kellermann: In einer nicht näher angegebenen Zukunft plant der geniale wie arbeitsbesessene amerikanische Ingenieur Mac Allan, Erfinder des Diamantstahls „Allanit", den Bau eines Transatlantiktunnels, der den amerikanischen und den europäischen Kontinent verbinden soll. Mithilfe seines besten Freundes, des Star-Architekten Hobby, erhält er Zugang zum Milliardär und Eisenbahnmagnaten Charles Horace Lloyd, einem der reichsten Männer der Welt, durch dessen Befürwortung schließlich die gesamte amerikanische Finanzwelt dem Großprojekt die finanzielle Unterstützung gewährt: Das Tunnel-Syndikat wird gegründet, der Tunnelbau beginnt, begleitet von einer globalen Medienmaschinerie. Doch sein Vorankommen wird bald durch technische

---

326 Das in Extreme Engineering vorgestellte Tunnelprojekt entstammte der Feder zweier ehemaliger Forscher des Massachusetts Institute of Technology (MIT), Ernst Frankel und Frank Davidson, die damit vornehmlich in technikpopularisierenden Medien kurz für Furore sorgten, vgl. entsprechend Till Stoldt: Highspeed durchs Wasser. US-Forscher planen eine Magnetschwebebahn von London nach New York. Mit 7400 km/h durch den Atlantik – in 55 Minuten, in: Welt am Sonntag vom 28.03.2004, online unter http://www.welt.de/print-wams/article108415/Highspeed-durchs-Wasser.html (Abruf: 05.03.2018); Carl Hoffman: Trans-Atlantic Maglev. Vacuum Tube Train, in: Popular Science vom 12.04.2004, online unter http://www.popsci.com/scitech/article/2004-04/trans-atlantic-maglev (Abruf: 07.03.2018). Jüngst wieder in Gespräch gekommen ist der Transatlantiktunnel durch den Vorschlag, das sogenannte Hyperloop-Konzept – ein vom amerikanischen Unternehmer und Investor Elon Musk protegiertes Forschungsprojekt eines Hochgeschwindigkeitstransportsystems – als Basistechnologie anzuwenden, vgl. Bruce Dorminey: The Case for Transatlantic Undersea Trains, in: Forbes vom 29.04.2016, online unter http://www.forbes.com/sites/brucedorminey/2016/04/29/the-case-for-transatlantic-undersea-trains/print/ (Abruf: 06.03.2018). Sowohl bei Frankel und Davidson als auch beim Hyperloop wurde weniger Kritik an der technischen Umsetzbarkeit, als an Rentabilität und Folgekosten geübt.

Katastrophen, Massenstreiks und den Börsenspekulationen des Syndikatspräsidenten Sam Woolf massiv gefährdet. Mac Allan selbst verliert seine Frau Maud und seine kleine Tochter Edith, die beiden werden nach der großen Tunnelkatastrophe, bei der Tausende von Arbeitern zu Tode kommen, von einem wütenden Mob gesteinigt. Schließlich rettet ihn nur noch die Heirat von Lloyds Tochter Ethel vor dem Bankrott – das Großprojekt kann nach 26 Jahren Bauzeit vollendet werden. Doch inzwischen machen Motorschnellboote und deutsche Riesenluftschiffe dem Transatlantiktunnel Konkurrenz; die zwölfminütige Verspätung der Jungfernfahrt deutet die Dynamik und Schnelllebigkeit des technischen Fortschritts an, in welcher die Zukunftstechnologie zu Romanbeginn zur veralteten Technologie des Romanendes geriert. Zu guter Letzt zeigt die Entwicklung der Hauptfigur Mac Allan vom jugendlichen Enthusiasten und Optimisten zum vorzeitig gealterten, vereinsamten und seelisch verkümmerten Menschen deutlich die Ambivalenz der technischen Moderne auf.[327]

Der konkrete Anlass für das Aufgreifen der Thematik einer Ozeanuntertunnelung war sicherlich die (im Roman selbst erwähnte) Titanic-Katastrophe im Jahre 1912, die allgemein die öffentliche Diskussion um Alternativen des Transatlantikverkehrs befeuerte.[328] Darüber hinaus knüpften Kellermanns Schilderungen gezielt an populäre Amerika-Bilder an: Seit der Jahrhundertwende galten die USA als zentrales Exempel für die Dynamik eines ungehemmten industriellen Fortschritts mit all seinen Begleiterscheinungen und Verwerfungen. Die geschilderte futuristische Welt des Romans, mit ihrer Faszination für die Massenmobilisierung von Mensch und Maschine, erschien gleichsam wie ein Spiegel der eigenen Zukunft,

> „ein potenziertes Abbild gewisser Entwicklungstendenzen, die seine Leserschaft teils selbst miterlebte, teils im Blick auf die Vereinigten Staaten als das Musterland fortschrittlicher Technik und Arbeitsorganisation mit einer Mischung aus Besorgnis und Faszination beobachten konnte."[329]

Die Figur Mac Allans orientierte sich dabei mutmaßlich an der Person Frederick Winslow Taylors. Die deutsche Rezeption des amerikanischen Ingenieurs

---

327 Vgl. Bernhard Kellermann: Der Tunnel (suhrkamp taschenbuch 2455), Frankfurt am Main 1995 [Orig. 1913], S. 295. Alle folgenden Zitationen entstammen dieser Ausgabe.

328 Soister und Nicolella geben außerdem den jahrzehntelang währenden Bau des Panamakanals, der 1914 fertiggestellt wurde, als weitere wichtige Inspirationsquelle an, vgl. J. Soister/H. Nicolella: Down from the Attic, S. 7.

329 U. Kittstein: Der Erfinder als Messias, S. 136.

in den 1910er Jahren gründete nicht allein auf dessen arbeitswissenschaftlichen Studien des Scientific Managements, sondern zuvorderst auf dessen Erfindertätigkeit: Die innovative Entwicklung des Schnelldreh- bzw. Schnellarbeitsstahls (zusammen mit Maunsel White) – wahrscheinliches Vorbild für Mac Allans Allanit, ein „Werkzeugstahl außerordentlicher Härte“[330] – hatte auf der Pariser Weltausstellung 1900 für Furore gesorgt und Taylor über Fachkreise hinaus einer breiten europäischen Öffentlichkeit bekannt gemacht.[331]

Der Tunnel war einer der populärsten deutschsprachigen Bestseller und mit der Übersetzung in 24 Sprachen auch erfolgreichste Exportschlager in der ersten Hälfte des 20. Jahrhunderts; am Ende des Zweiten Weltkriegs ging er mit einer Gesamtauflage in Millionenhöhe in die 373. Auflage. In beiden deutschen Nachkriegsstaaten wurde der Roman wiederholt veröffentlicht,[332] die jüngste Neuauflage erschien 2015 im ars vivendi Verlag. Im gleichen Jahr, zur Würdigung des gebürtigen Fürthers Bernhard Kellermann, feierte das Stadttheater Fürth unter der Regie von Jean Renshaw die Uraufführung des ersten Tunnel-Musicals.[333]

Literaturgeschichtlich wirkten sowohl Thema – die Ingenieursphantasie eines technischen Großprojekts – als auch Handlungsverlauf der Erzählung stilprägend auf die deutschen Zukunftsromane der Zwischenkriegszeit, deren Wurzeln wiederum im Ingenieursroman des späten 19. Jahrhunderts lagen, wenn sich auch einige der dortigen Elemente gewandelt hatten: Die zugrundeliegende Motivation des Helden war nicht mehr der soziale Aufstieg, sondern allein die Realisation eines neuen, gigantischen Plans, der die Fähigkeiten des Ingenieurs herausstellen sollte. Hierfür musste das geschilderte Vorhaben bisher realiter

330 B. Kellermann: Der Tunnel, S. 94.

331 Vgl. Robert Kanigel: The One Best Way. Frederick Winslow Taylor and the Enigma of Efficiency, Cambridge, Mass. 2005, S. 325–346; Lothar Burchardt: Technischer Fortschritt und sozialer Wandel. Das Beispiel der Taylorismus-Rezeption, in: Wilhelm Treue (Hg.): Deutsche Technikgeschichte. Vorträge vom 31. Historikertag am 24. September 1976 in Mannheim, Göttingen 1977, S. 52–98, hier S. 64.

332 Zur Veröffentlichungs- und Rezeptionsgeschichte des Romans in den verschiedenen deutschen Staaten vgl. H. Segeberg: Verschwisterung, S. 179ff.

333 Vgl. Stadttheater Fürth: Der Tunnel. Uraufführung, online unter http://www.stadttheater.de/stf/home.nsf/contentview/tunnel (Abruf: 06.03.2018). Die Inszenierung war allerdings wenig erfolgreich – das Musical war nur eine Woche auf dem Spielplan und wurde seitdem nicht mehr aufgeführt. Die einzige überlieferte Rezension urteilte überaus abfällig; vgl. Matthias Boll: „Der Tunnel“ enttäuscht im Stadttheater Fürth, in: Nürnberger Nachrichten und Nürnberger Zeitung, Onlinedienst vom 19.10.2015, online unter http://www.nordbayern.de/kultur/der-tunnel-enttauscht-im-stadttheater-furth-1.4727341 (Abruf: 06.03.2018).

geschaffene Ingenieursarbeiten in Ausmaß und Kühnheit weit übertreffen.[334] Diese Zukunftsromane verabschiedeten allerdings die dem Tunnelroman innewohnende Ambivalenz zugunsten eines rigiden Technikoptimismus, der zunehmend der Konturierung deutschnationaler Allmachtphantasien diente.[335]

Mit Ausnahme der Regiearbeit Wauers entstanden die Verfilmungen nun mindestens 20 Jahre nach Erstveröffentlichung des Romans. Der Zeitpunkt erstaunt insofern, als die Thematik angesichts der zwischenzeitlichen realtechnischen Entwicklungen im Transozeanverkehr – solchermaßen im Romanende antizipiert – umso mehr atavistisch anmuten musste.

Der Fokus der folgenden Untersuchung wird auf einem systematischen Filmvergleich liegen. Der Roman wird nicht gesondert analysiert, sondern nur bezüglich Handlungsverlauf, Figurenkonstellation und Technikdarstellung als Vergleichsfolie herangezogen. Neben der übergreifenden Fragestellung (hinsichtlich Figurenkonstellation, Ingenieurs- und Technikdarstellung) sollen konkret weitere Aspekte untersucht werden: Welcher Konzeption von Masse(n) folgt die filmische Inszenierung? Welche kollektivierenden Gemeinschaftsbezüge und Sinnstiftungsangebote werden hergestellt – zu Volk und Nation einerseits, aber auch zu Amerikanisierung und Internationalisierung andererseits? Worin unterscheiden sich die Verfilmungen angesichts der Inszenierung von Arbeit und Kapital und daran anknüpfend in ihrer jeweiligen Kapitalismuskritik? Welche Rolle nimmt hierbei die innerfilmische Medienberichterstattung ein? Und schließlich: Welche Fortschrittskonzeption lässt sich jeweils extrahieren?

Vor der Interpretation der jeweiligen Verfilmungen soll zunächst das lange Zeit überaus populäre Motiv der Mobilitätsvision eines Ozeantunnels in Geschichte, Literatur und Film skizziert werden.

3.1 Weiße Elefanten? Meeres- und Ozeantunnel in Geschichte, Literatur und Spielfilm

Bis in die jüngste Gegenwart existieren zahlreiche reale wie fiktionale Entwürfe maritimer, für Massen- wie Individualverkehr konzipierter Großtunnelbauten. Die Faszinationskraft dieses Motivkomplexes liegt sicherlich darin begründet, dass hier im besonderen Maße erfolgreiche Umsetzungen realtechnischer Vorhaben die menschliche Phantasie hinsichtlich des prinzipiell Möglichen oder zu mindestens Vorstellbaren beständig beflügeln, und die Grenzen des technisch

334 Vgl. D. Brandt: Zukunftsroman, S. 69f.
335 Vgl. L. Springman: Technikbegeisterung, S. 49.

Machbaren und geopolitisch oder ökonomisch sinnvoll Erachteten sich permanent – wenn auch keineswegs linear – verschieben.

Das nachweislich älteste Projekt einer maritimen Untertunnelung, das dutzendfach konzipiert und schließlich auch umgesetzt und 1994 fertiggestellt wurde, war der Ärmelkanal. Solcherlei Pläne sind bis in das 18. Jahrhundert nachweisbar. Einen ersten konkreten Entwurf legte 1798 der französische Bergwerksingenieur Albert Mathieu-Favier vor: Die Reise per Pferde-Postkutsche von Calais nach Dover sollte fünf Stunden dauern.[336] Während des 19. Jahrhunderts wurde die nun mit Schienenwegen ausgestattete Verbindung abwechselnd als unterirdische Landstraße, Isthmus, Brücke, Untersee-Tunnelbrücke, Damm und Unterseebahn entworfen; in den 1930er Jahren wurde der Kanaltunnel in einen Plan integriert, der eine ‚Europastraße' zwischen London und Istanbul vorsah. Dabei war das Vorhaben durchgehend umstritten, vornehmlich die britische Seite sah in ihm ihre ‚splendid isolation' gefährdet und boykottierte lange Zeit diesbezügliche Anstrengungen.[337]

Zu Beginn des 20. Jahrhunderts nahm – auch als Antwort auf die sich häufenden Brücken- und Schiffskatastrophen, wobei der Untergang der Titanic regelrecht als Katalysator wirkte – die Zahl an Untertunnelungsentwürfen rasant zu; nahezu jede wichtige Meeresstraße wurde mit entsprechenden Plänen bedacht: die Meerenge von Messina, die Straße von Gibraltar, eine Verbindung von Dänemark und Schweden, von Mittelmeer und Totem Meer.[338] Regelmäßig aktualisiert wird der Plan eines Beringstraßentunnels zur Verbindung Russlands und der USA, dessen erster Entwurf auf das Jahr 1905 datiert.[339]

Im ostasiatischen Raum wurde die Unterquerung der Sundastraße zwischen Sumatra und Java diskutiert, des Weiteren eine Verbindung zwischen den chinesischen Provinzen Schantung und Liautung. Pläne für einen unterseeischen Tunnel zwischen Japan und Korea lassen sich seit den 1940er Jahren nachweisen; erst 2009 gab der amtierende südkoreanische Präsident deren Überprüfung in Auftrag.[340] Nach über 20 Jahren Bauzeit wurde 1988 der Seikan-Tunnel zwischen

336 Vgl. Jérôme Spick: Le tunnel sous la Manche, Paris 1992, S. 7.

337 Vgl. Dirk van Laak: Weiße Elefanten. Anspruch und Scheitern technischer Großprojekte, Stuttgart 1999, S. 82f.

338 Vgl. H. Segeberg: Vergeschwisterung, S. 182f.

339 Einen Überblick über die zahlreichen Entwürfe, verbunden mit der optimistischen Skizze einer möglichen Umsetzung gibt James A. Oliver: The Bering Strait Crossing: A 21st Century Frontier Between East and West, Exmouth 2006.

340 Vgl. van Laak: Weiße Elefanten, S. 84; zu den aktuellen Planungen vgl. Anonymus: Südkorea plant Tunnel nach Japan und China, in: Asienspiegel vom 06.12.2009,

den japanischen Inseln Hinshu und Hokkaido eröffnet, der bis zur Eröffnung des schweizerischen Gotthard-Basistunnels 2016 längste Tunnel der Welt. Trotz der Anerkennung als ingenieurtechnische Meisterleitung wurde er bereits zu Zeiten seiner Umsetzung sowohl innerhalb der japanischen Öffentlichkeit als auch in der internationalen Berichterstattung vehement als ebenso kostspieliges wie unnützes und unwirtschaftliches Megaprojekt kritisiert, mitunter entsprechend als „Weißer Elefant" gebrandmarkt.[341]

Literarisch wurde der Motivkomplex vielfach aufgegriffen und gemäß seiner Anlage hinsichtlich der Dimension des Bauvorhabens und möglicher Geschwindigkeiten zu seiner Durchquerung ins Utopische extrapoliert. Die mit Abstand phantastischste Variante stammt aus der Feder von Kurd Laßwitz, dem „Vater" der deutschen Science-Fiction: In der Erzählung *Gegen das Weltgesetz* (1877) wird ein deutsch-kalifornischer Tunnel erwähnt, der in der erzählerischen Vergangenheit nach gerade mal 20-jähriger Bauzeit im Jahre 3869 fertiggestellt wurde. In der Gegenwart der Erzählung befindet man sich inmitten einer „Tunnelbohrung nach dem Mittelpunkt der Erde, um die Geheimnisse des tiefsten Erdinnern aufzuschließen."[342] Den Bau eines Transatlantiktunnels hat literarisch erstmals Michel Verne, Sohn Jules Vernes, geschildert. In seiner Kurzgeschichte *Un Express de l'avenir* (dt.: *Ein Schnellzug der Zukunft*, 1888) wird die Umsetzung einer Tunnelverbindung von Boston nach Liverpool jedoch nur geträumt – ein beliebter, an die Tradition frühneuzeitlicher Erzählungen und Utopien wie Johannes Keplers *Somnium* (1634) und Louis-Sébastien Merciers *L'An 2440, rêve s'il en fut jamais* (1771) anknüpfender Kunstgriff, der das Phantastische des Vorhabens betont.[343] Ganz dem Gebot der Machbarkeit gehorchend geht es hingegen in Hans Dominiks Kurzgeschichte *Eine Reise im Jahre 1970* (1927) zu, in welcher

online unter https://asienspiegel.ch/2009/12/sudkorea-plant-tunnel-nach-japan-und-china (Abruf: 06.03.2018).

341 Vgl. Anonymus: Weißer Elefant, in: Der Spiegel vom 10.06.1984, S. 151f.

342 Kurd Laßwitz: Gegen das Weltgesetz [Orig. 1877], in: Kurd Laßwitz: Bis zum Nullpunkt des Seins. Utopische Erzählungen, hg. von Adolf Scherl, Berlin 1979, S. 49–133, hier S. 104.

343 Vgl. Michel Verne: Ein Schnellzug der Zukunft [Orig.: Un Express de l'avenir, 1888], in: Jules Verne, Michel Verne: Der Humbug. Vier Erzählungen, Berlin 2011, S. 94–100. Die Erzählung wird oft fälschlicherweise Jules Verne zugeschrieben. Vgl. zudem Johannes Kepler: Der Traum, oder: Mond-Astronomie. Somnium sive astronomia lunaris [Orig. 1634], aus dem Lat. v. Hans Bungarten, hg. v. Beatrix Langner, Berlin 2011; Louis-Sébastien Mercier: Das Jahr 2440. Ein Traum aller Träume [Orig.: L'An 2440, rêve s'il en fut jamais, 1771], dt. v. Christian Felix Weiße, hg. v. Herbert Jaumann, Frankfurt am Main 1982.

der Protagonist, ein weltweit angesehener und erfolgreicher deutscher Ingenieur, die Umsetzung einer pneumatisch betriebenen Tunnelbahn von New York nach Paris, in der die Züge mit Schallgeschwindigkeit verkehren, retrospektiv als einen Höhepunkt seines umfangreichen Schaffens schildert.[344] Während in einigen Science-Fiction-Werken interkontinentale Tunnel nicht mehr den Erzählanlass bilden, sondern als Hintergrundfolie der Skizzierung eines futuristischen Schauplatzes dienen,[345] existiert neben Bernhard Kellermanns Werk noch ein weiterer, ungleich kurioserer Tunnelroman: In Harry Harrisons *A Trans-Atlantic Tunnel, Hurrah!* (1972) wird ein solches Großprojekt nicht in einer fiktiven Zukunft, sondern in der alternativen Gegenwart eines britischen Weltreiches im Jahr 1973 initiiert. Dieses will eine bessere Verbindung mit seinen nordamerikanischen Kolonien erreichen und vor allem seine sich in einer langanhaltenden Rezession befindliche Wirtschaft wiederbeleben; die USA gibt es nicht, da der amerikanische Unabhängigkeitskrieg vonseiten der englischen Kolonien 1783 verloren wurde. Der Tunnel wird auf dem Meeresboden verlegt und von einer Magnetschwebebahn befahren. In dieser *alternate history* wird die kontrafaktische Geschichtsschreibung zur Etablierung eines retrofuturistischen, konkret viktorianischen Settings genutzt.[346]

Mit dem Aufkommen der Kinematographie wurde das Motiv des maritimen Tunnelbaus alsbald auch für die Leinwand inszeniert, wobei der Ärmelkanaltunnel zwischen England und Frankreich im Fokus stand, der erstmals von Georges Méliès verfilmt wurde: In Le Tunnel sous La manche ou le cauchemar franco-anglais (1907) wird die Durchführung des Projekts jedoch – wie in der erwähnten Kurzgeschichte Michel Vernes – nur geträumt: Der französische Staatspräsident Armand Fallières und König Edward VII von Großbritannien beschließen gemeinsam den Bau eines Unterwassertunnels. Nach zufriedenem Anstoßen auf das zukünftige Großprojekt begeben sich beide zur Ruhe und erträumen nun parallel die erfolgreiche Umsetzung desselben. Die jeweilige Tunnelmündung wird von den Herrschern selbst unter Verwendung überdimensionierter Korkenzieher angelegt, bevor Arbeiter beider Nationen übernehmen. Während auf der englischen Seite mit einfachem Werkzeug – Spitzhacken

---

344 Vgl. Hans Dominik: Eine Reise im Jahre 1970, in: Das neue Universum 30 (1927), S. 1–18, hier S. 3–6.

345 So erwähnt Arthur C. Clarke in seinem Roman *The City and the Stars* interkontinentale Transportsysteme, vgl. Arthur C. Clarke: The City and the Stars, New York 1956.

346 Vgl. Harry Harrison: A Trans-Atlantic Tunnel, Hurrah!, London 1972. Der Roman gilt denn auch als ein Vorläufer des Steampunk-Genres, vgl. Brian Stableford: Steampunk, in: Ders.: Science Fact and Science Fiction: an Encyclopedia, New York 2006, S. 502f.

und Spaten – hantiert wird (auch König Edward langt ein weiteres Mal mit einem Silberhämmerchen zu und feiert seinen Erfolg mit seinem Hofstaat mit einem Fass schottischen Whiskys), demonstrieren die Franzosen ihre technische Überlegenheit durch die Nutzung pneumatisch betriebener Tunnelbohrmaschinen. Inmitten der Bauarbeiten lässt überdies der Präsident vorfahren, um seine Ingenieure schon einmal standesgemäß mit Orden zu dekorieren, was mit einem weingeschwängerten Umtrunk gefeiert wird. Nach erfolgreichem Tunneldurchbruch findet die erste Zugfahrt, mit dem französischen Präsidenten an Bord, von Calais nach Dover statt, wo Fallières durch König Edward und einer Frauenkapelle der englischen Heilsarmee würdig empfangen wird. Als jedoch durch einen Zusammenstoß zweier Züge mit darauffolgendem Wassereinbruch der Traum zum Albtraum wird, erwachen die beiden Regierungschefs und verjagen schließlich den für den projektierten Tunnelbau zuständigen Ingenieur mitsamt seinen Plänen. In bester Mélièsscher Manier lässt der knapp 15minütige Film keinen Zweifel an der Künstlichkeit des Dargestellten, verwirft entschieden jegliche Illusion einer technischen oder wissenschaftlichen Genauigkeit, sondern zelebriert das Phantastische als an Varieté und Zirkus angelehnte, durch satirische Elemente konturierte Vorstellung aus Attraktionen und Sensationen.[347]

Der weitgehend unbekannte wie verschollene 40minütige Film THE GREAT GERMAN NORTH SEA TUNNEL (GB 1914, Regie: Frank S. Newman) verknüpfte das Thema hingegen mit dem Ausbruch des Ersten Weltkrieges: Ein Geheimprojekt des Deutschen Kaiserreiches soll den jahrhundertealten militärischen Vorteil der Insellage Englands endlich beenden – ein gigantischer Tunnelbau von Deutschland nach England, der die Invasion ermöglicht. Laut Werbeanzeige der britischen Produktionsfirma sollte das Werk „zum Klassiker des Großen Europäischen Krieges“ werden.[348] Der Film, zu dem außerhalb kurzer lexikalischer Einträge keine weiteren Informationen überliefert sind, reiht sich somit in eine

347 Vgl. LE TUNNEL SOUS LA MANCHE OU LE CAUCHEMAR FRANCO-ANGLAIS. Regie, Drehbuch, Produktion: Georges Méliès, Star Film, Frankreich 1907, Laufzeit: 20 min., in: Georges Méliès. Le Premier Magicien du Cinéma (1896–1913). 5 DVDs, Lobster Films 2009, DVD 4: Katalog-Nr. 936–950. Zum besseren Verständnis der Handlung enthält die vorliegende Filmfassung einen Begleitkommentar. Leider geht aus der beigefügten Broschüre nicht hervor, wie exakt der (während einer Filmvorführung per Sprecher eingelesene) Originalkommentar rekonstruiert werden konnte; vgl. Serge Bromberg/Eric Lange: Georges Méliès. La restauration des films, in: Georges Méliès. Le Premier Magicien du Cinéma, Paris 2009 [Begleitbroschüre zur DVD-Kollektion], S. 20f., hier S. 21.

348 Zit. nach P. Hardy: Science Fiction, S. 51.

Reihe von Verfilmungen in der Frühphase des Ersten Weltkrieges ein, in denen die Angst Großbritanniens vor einer festlandseuropäischen resp. deutschen Invasion verarbeitet wurde.[349] Er steht damit auch im Kontrast zur ersten Verfilmung des Kellermannschen Romans ein Jahr später, die mit ihrer internationalen Grundhaltung entgegen dem herrschenden Zeitgeist stand.

3.2 Der Tunnel (1915) von William Wauer

> „Im ‚Tunnel', den Sie hoffentlich bald sehen werden, habe ich versucht, die Bewegungen größerer Masssen [sic!] zu schildern, das Gewaltige unseres Maschinen-Zeitalters, eine Symphonie der menschlichen Arbeit."[350]

Der schlagartige, immense Erfolg des 1913 veröffentlichten Romans *Der Tunnel* zog umgehend das Interesse mehrerer, darunter auch ausländischer Filmgesellschaften auf sich.[351] Die Vitascope GmbH sicherte sich die Verfilmungsrechte, die nach deren Fusion mit der Projektions-AG „Union" (PAGU) im Januar 1914 auf letztere übergingen. Unterdessen arbeitete auch die Berliner Imperator-Film-Co.mbH unter der Regie von Kurt Matull an einem Film, der, wenn er auch von Handlung und Figurenensemble vom Kellermannschen Roman abwich, ebenfalls die Untertunnelung des Atlantiks zum Inhalt hatte und ursprünglich unter dem Titel „Der Tunnel" in den Lichtspielhäusern zur Aufführung gelangen sollte.[352] Die Vitascope resp. PAGU klagte erfolgreich um das Namensrecht, Imperator-Film änderte daraufhin den Titel in Das Riesenprojekt. Der

349 Vgl. The Great German North Sea Tunnel. Regie, Drehbuch, Produktion: Frank S. Newman, Dreadnought Films, Großbritannien 1914, Laufzeit: 40 min, zit. in: P. Hardy: Science Fiction, S. 51.

350 William Wauer, zit. in: Anonymus: Die deutsche Film-Industrie im Kriege, in: Lichtbild-Bühne 8 (1915) 24, S. 17, 20, hier S. 20.

351 Vgl. Anonymus: Der Tunnel, in: Kinematographische Rundschau Nr. 383 vom 11.07.1915, S. 44–46, hier S. 45.

352 Dieser Film gilt als verschollen. Die wenigen überlieferten Angaben zu Produktion und Inhalt entstammen den von der Imperator-Film-Co.mbH geschalteten Anzeigen in diversen Filmzeitschriften. So warb man mit Szenen zur Darstellung der „technischen Schwierigkeiten der Durchbohrung des Meeresgrundes", den „schwimmenden Eisberggefahren des Ozeans" und der „Ersteigung des 380 Meter hohen Marconi-Empfangsturmes New York-Hamburg". Der Filmheld, gespielt von Eduard Rothauser, heißt nicht Mac Allan, sondern George Irving; vgl. Anzeigen Imperator-Film-Co. mbH „Der Tunnel", in: Der Kinematograph Nr. 393 vom 08.07.1914 sowie Nr. 396 vom 29.07.1914.

Schienenweg unterm Ozean.[353] Dieser mit viel Animation- und Tricktechnik arbeitende Film, der einige Monate vor dem PAGU-Projekt Premiere feierte, traf auf deutlich gemischte Kritik.[354] Die Dreharbeiten zu Der Tunnel gestalteten

---

353 Vgl. Das Riesenprojekt. Der Schienenweg unterm Ozean. Regie: Siegfried Dessauer/Kurt Matull, Produktion: Imperator-Film-Co.mbH, Deutschland 1915, Länge: 5 Akte, online unter https://www.filmportal.de/film/das-riesenprojekt-der-schienenweg-unterm-ozean_c33d1d1ee5074488992488a7e635684a (Abruf: 15.03.2018). Hierbei handelte es sich ursprünglich um einen Arbeitstitel, der Film sollte nach dem erhofften (und anscheinend auch erwarteten) Sieg im Rechtsstreit wieder „Der Tunnel" heißen. Nach der juristischen Niederlage beließ es die Imperator-Film bei dem sperrigen Titel; vgl. Königliches Landgericht I, 4. Ferienkammer für Handelssachen, gez. Nausester: Beschluss In Sachen der Projektions-Aktiengesellschaft „Union" zu Berlin […] gegen die Firma Imperator-Film-Co. G.m.b.H. vom 15. Juli 1914, ausgefertigt in Berlin, den 16. Juli 1914 (Abschrift), in: Der Kinematograph Nr. 395 vom 22.07.1914; Anzeige der Projektions A.-G. Union: Entscheidung des Kgl. Landgerichts zu Berlin, in: ebd.; vgl. zudem Anzeige der Projektions A.-G. Union: das alleinige Recht der Verfilmung […], in: Der Kinematograph Nr. 393 vom 08.07.1914 bis Nr. 396 vom 29.07.1914 sowie Anzeige der Imperator-Film-Co.mbH: Der Titel unseres Werkes […], in: Der Kinematograph Nr. 396 vom 29.07.1914.

354 „Noch verlorener und trostloser sitzt man da, wenn im heißen Sommerabendduft ventilationsloser Kleinkinos ein Film abgehaspelt wird, der das Projekt einer Untertunnelung des Meeres zur Anschauung bringt. […] Wir wissen, daß das noch nicht geschehen ist, glauben gern, daß es mit den heutigen technischen Mitteln geschehen kann – aber Arbeit und Geld aufzuwenden, um daraus einen Trickfilm zu fertigen, ist recht überflüssig. Man erkennt da nur zu deutlich, daß das alles gestelltes Machwerk ist, und sieht teilnahmslos diese unwahren Mätzchen mitsamt der ‚dramatischen Intrige' an, die uns die Sache als Begebenheit erscheinen lassen und dadurch schmackhafter machen soll. Ob ‚Der Tunnel' nach Bernhard Kellermanns Roman das gleiche Problem besser löst, müssen wir erst sehen; der Film wird soeben angekündigt.", Alexander Elster: Berliner Kinobrief in: Bild und Film 4 (1915) 12, S. 265–268, hier S. 266; „Was die Kinotechnik hier in der Veranschaulichung einer phantastischen Idee leistet, ist *ganz erstaunlich* und der unterhaltsame Film fesselt die Zuschauer *in hohem Grade*.", Neue Hamburger Zeitung, zit. in: Lichtbild-Bühne 8 (1915) 15, S. 14 [Herv. i. O.]; „Der Film ist ein *phototechnisches Meisterstück*, das alle Zuschauer lebhaft die Möglichkeit des Problems, einen Schienenweg unter dem Ozean, erörtern lassen wird.", Hamburger Fremdenblatt, zit in: ebd. [Herv. i. O.]. Die Kinematographische Rundschau machte direkt die Streitigkeiten um die geistigen Eigentumsrechte für das eingeschränkte Sehvergnügen verantwortlich: „[Wü]rde es sich um ein von dem bekannten Roman vollständiges unabhängiges Erfinderdrama handeln, könnte sich vielleicht auch das Urteil günstiger gestalten, als es sich bei diesen fortwährenden Vergleichen tatsächlich gestaltet.", Anonymus: Vorführungen der Woche, in: Kinematographische Rundschau Nr. 384 vom 18.07.1915, S. 48–52, hier S. 49.

sich indes ungemein schwierig. Ein Teil der Szenen entstand unmittelbar nach Erscheinen des Romans unter der Leitung des österreichischen Filmregisseurs Rudolf Meinert, der „für diesen Zweck in Weißensee [Berlin] eine eigene Stadt errichtete“[355], jedoch wurden die Filmarbeiten mit Ausbruch des Ersten Weltkriegs abgebrochen und das ganze Projekt erst einmal auf Eis gelegt. Mit dessen Wiederaufnahme verpflichtete die PAGU neben William Wauer zusätzlich einen gewissen Heinz Karl Heiland, der als technischer Berater speziell für die Industrieszenen die Regie übernahm. Der studierte Ingenieur, der bis dato vornehmlich als Abenteurer und Forschungsreisender in Erscheinung getreten war, ließ die Szenen des Tunnelbaus auf dem Fabrikgelände und in den Braunkohlegruben der Lausitzer Ilse Bergbau AG, und für die Darstellung der erfolgreichen Jungfernfahrt der Tunnelbahn in Berliner U-Bahn-Stationen drehen.[356] Diese Aufgabenteilung zwischen Wauer und Heiland in der Regiearbeit führte nach Abschluss des Films zu einem Rechtsstreit um die künstlerischen Anteile – und der damit verbundenen Gewinnbeteiligung – am Werk.[357]

Bei der in diversen Filmzeitschriften geschalteten Anzeigenwerbung für Der Tunnel fand sich nicht nur der Zusatz „Nach dem Roman von Bernhard Kellermann“, sondern auch häufig, unter Auslassung des Regisseurs, die einfache Angabe „von Bernhard Kellermann“; offenkundig setzte man auf die Zugkraft des Autorennamens.[358] Darüber hinaus wurde der Film explizit mit dem

355 Anonymus: Zehn Jahre Filmregisseur, in: Neue Kino-Rundschau Nr. 116 vom 24.05.1919, S. 6f., hier S. 6.

356 Vgl. Anonymus: Der Tunnel, in: Kinema 5 (1915) 45, S. 9, 12, hier S. 9; Fritz Olimsky: Die Lichtburg. Neues Großkino am Gesundbrunnen, in: Berliner Berliner Börsenzeitung vom 19.01.1930, S. 24.

357 Die Hintergründe dieser Auseinandersetzung lassen sich aufgrund der widersprüchlichen Quellenlage nicht mehr genau rekonstruieren. Auffallend ist jedenfalls, dass die Regiearbeit oder auch nur der Name Heilands in den Pressemitteilungen und Werbematerialien der PAGU nie erwähnt wurde, was innerhalb der Berichterstattung seitens der Filmzeitschriften, die zum Teil explizit auf dessen Mitwirkung hinwiesen, auf Missbilligung stieß, vgl. Anonymus: Der Tunnel [Kinema], S. 12; Anonymus: Der Tunnel, in: Lichtbild-Bühne Nr. 37 vom 11.09.1915, S. 14. Laut eines Kurzberichts der Lichtbild-Bühne wurde trotz des Beharrens Wauers auf alleinige Regiearbeit Heiland, dessen Name „nachträglich auf sämtlichen Reklamen wegradiert[ ]“ worden war, schließlich prozentual am Brutto-Gewinn des Films beteiligt, vgl. Anonymus: Was die „L. B. B.“ erzählt, in: Lichtbild-Bühne Nr. 38 vom 18.09.1915, S. 29.

358 Vgl. Anzeige James Henschel, in: Lichtbild-Bühne Nr. 28 vom 10.07.1915, S. 22 sowie Anzeige Alfred Schloss Monopolfilm-Vertrieb, in: Lichtbild-Bühne Nr. 51 vom 17.12.1915, S. 9.

exorbitanten Produktionsaufwand beworben: „20000 Mitwirkende“[359] und „Bilder aus den größten industriellen Anlagen der Welt“[360] sollten das Publikum in den retrospektiv als „ersten deutschen Großfilm“[361] gepriesenen Film locken. Eine (mutmaßlich als Pressevorführung ausgewiesene) Spezialvorführung des österreichischen Filmverleihs Philipp & Preßburger, der sich das Monopol für den österreich-ungarischen Markt gesichert hatte, fand bereits Anfang Juli 1915 in Wien statt.[362] Zur deutschen Uraufführung im Berliner Union-Theater Kurfürstendamm vom 9. September 1915 wurde „eine sehr geschickte und aufallende [sic!] Reklame inszeniert. Die Eingänge zu einigen Theatern sind als Tunnels ausgebaut und machen auf die Passanten großen Eindruck.“[363] Die Premiere wurde als „ein Ereignis in der kinematographischen Welt“ gefeiert, „denn ein derartiges Auditorium hat wohl selten eine Filmvorstellung vereinigt gesehen. So ziemlich sämtliche höchsten Behörden waren vertreten.“[364] Die Rezensionen fielen im Allgemeinen wohlwollend bis euphorisch aus, wobei insbesondere Ausmaß und Realismus der Darstellung von Technik und Industrie hervorgehoben und zuweilen auch nationalistisch vereinnahmt wurden:

> „Das Filmwerk ist gelungen! Wir hatten Gelegenheit, den Film in den Vorführungsräumen der ‚Union‘ intern besichtigen zu können und mußten zu unserer Freude kostatieren [sic!], daß die aufgewendeten Mittel die Herstellung eines Films ermöglicht haben, auf den die deutsche Industrie stolz sein kann. Die Wucht des dramatischen Aufbaues der Handlung in dem Roman ist in dem Film nicht einen Moment verloren gegangen. Ja man kann sogar behaupten, daß stellenweise die eindringliche Sprache des Films, noch plastischer und monumentaler die Geschehnisse schildert, wie die erzählende Feder des Roman-Verfassers. Besonders die Einblicke in die Stätte des Tunnelbaues, mit den gigantischen im Betrieb befindlichen Maschinen wirken so überzeugend und realistisch, wie sie im Buche nicht annähernd geschildert werden können.“[365]

In der zeitgenössisch heftig geführten Debatte um den kulturellen Wert des noch jungen Kino-Mediums wurde DER TUNNEL als richtungsgebender Meilenstein

359 Anzeige der Projektions Actien-Gesellschaft UNION, in: Der Kinematograph Nr. 432 vom 07.04.1915.

360 Anzeige Alfred Schloss, S. 9.

361 So Fritz Olimsky anlässlich der Wiederaufführung von DER TUNNEL in einem 1930 neueröffneten Berliner Kino, F. Olimsky: Die Lichtburg, S. 24.

362 Vgl. Anonymus: Der Tunnel [Kinematographische Rundschau 383], S. 45.

363 Anonymus: Was die „L. B. B.“ erzählt, in: Lichtbild-Bühne Nr. 37 vom 11.09.1915, S. 22.

364 Anonymus: Der Tunnel [Kinema] S. 9.

365 Anonymus: Der Tunnel von Kellermann, in: Lichtbild-Bühne Nr. 16 vom 17.04.1915, S. 22.

angepriesen und hierfür der Zusammenhang von Filmtechnik, Filmsujet und Gegenwartsdiagnose bemüht:

> „[E]in prächtiger Film, der in jeder Hinsicht volle Beachtung verdient. [...] Die prachtvoll bewegten Massenszenen sind von stärkster Wirkung – alles trägt eine seltsam echte Prägung wirklichen Geschehens [...], daß dieser Film als Ganzes völlig dazu berufen scheint, dem Ansehen der Kinematographie, die sich, bei uns wenigstens höchst erfreulich aus dem anrüchigen Niveau endgültig zu erheben wußte, bahnbrechend voranzugehen!“[366]
>
> „Die Handlung mit ihren technischen Riesenprojekten und Massenszenen zeigt, daß gerade zur Darstellung eines großzügigen Werkes wie der ‚Tunnel‘ kein Mittel besser geeignet ist, als die so außerordentlich aufnahme- und wiedergabefähige Kinematographie. [...] Sind in der Tunnelhandlung die technischen Schwierigkeiten außerordentlich groß, ja fast unüberwindlich, so braucht man sich nur noch bei der Betrachtung des Films die großen Regiekünstel [sic!] die zur Vervollkommnung des Werkes erforderlich waren, vor Augen zu führen, um ganz ermessen zu können, eine wie schwierige Aufgabe die Herstellung wahrer künstlerischer Films ist.“[367]
>
> „Anläßlich der jetzigen ‚Tunnel‘-Vorführungen empfahlen wir in voriger Nummer, im Zeitalter der Technik den sogenannten dramatisch-technischen Films ein weiteres erhöhtes Interesse entgegenzubringen. Unsere Anregung fiel nicht auf unfruchtbarem

---

366 Anonymus: Der Tagesanzeiger in Zürich schreibt über ‚Der Tunnel‘, in: Kinema 7 (1917) 7, S. 22. Das Bedürfnis nach einer realistischen, wirklichkeitsgetreuen Darstellung des technischen Sujets äußerte sich ebenso in einer kritischen Revision, wie sie von einem Herrn Lassally, „Spezialingenieur für Kinematographie“, vorgelegt wurde: „Im ‚Tunnel‘ verlegte man den Schauplatz der Erdarbeiten in ein Kohlenbergwerk. Dieser Gedanke ist so glücklich, dass ich in seinem Urheber einen Techniker vermute. Es war so sehr leicht möglich, den naturwahren Eindruck grosser Ausschachtungsarbeiten zu erwecken. Unwahrscheinlich aber war die Ausstattung des Ingenieurbureaus. Für das Konstruktionsbureau eines so grossen Unternehmens war es zu klein. Hier hätte man die kurze Brennweite des Kinoobjektives ausnutzen und den Eindruck gar nicht endenwollender Zeichensäle erwecken sollen. Für das Chefbureau war es zu unelegant und zu unordentlich. Die Oberingenieure grosser Unternehmungen hausen in ganz anderen Quartieren. Eine Baubude sollte es doch auch wohl nicht vorstellen! Also war es wohl ein Regiefehler! Nach dem Brande des Syndikatsgebäudes, das den Titeln nach völlig eingeäschert wird, geht Mac Allan wieder hin und siehe da: Das alte Haus steht unversehrt am Platze und der Portier freundlich lächelnd vor der Türe. Das war zum mindesten auch etwas unklar. Kleine Fehler wie diese können bei einem grossen Film unterlaufen. Gerade der ‚Tunnel‘ bot keinen wesentlichen Fehler seitens des Hintergrundes.“ A. Lassally: Der technische Hintergrund, in: Der Kinematograph Nr. 494 vom 14.06.1916, S. 2.

367 Anonymus: Der Tunnel [Kinema], S. 9.

Boden, denn von vier Filmfabriken wurde uns schon gemeldet, daß man sich in diesem Sinne jetzt schon mit den Vorarbeiten dazu beschäftigen wird."[368]

In einem Leserbrief aus der österreichischen *Kinematographischen Rundschau* wurde der Film gar als ein positives Beispiel für „geschichtliche Stoffe oder Theaterstücke, die auch die gebildete Welt zum Besuche des Kinos anregen" und „wirkliche Bildung ins Volke [ ]tragen" werde, gewertet.[369]

Schon nach einigen Tagen vermeldete man in Berlin, wo der Film in sieben Kinotheatern gleichzeitig lief, den Besuch von „27375 Personen"[370] und „tagtäglich ausverkaufte Häuser"[371], nach zwei weiteren Wochen Laufzeit „in den Berliner Kinotheatern große Erfolge."[372] Neben dem Deutschen Reich wurde Der Tunnel auch in Österreich-Ungarn, der Niederlande und der Schweiz erfolgreich aufgeführt.[373] Dabei wurde er durchaus auch agitatorisch zur Aufrechterhaltung der Kriegsmoral beworben[374] und entsprechend eingesetzt.[375]

368 Anonymus: Was die „L. B. B." erzählt, S. 29.

369 C. F. Pataky: Wünsche eines Kino-Stammgastes, in: Kinematographische Rundschau Nr. 403 vom 28.11.1915, S. 5.

370 Anzeige Alfred Schloß, Monopol-Film-Vertrieb, in: Lichtbild-Bühne Nr. 38 vom 18.09.15, S. 51.

371 Anonymus: Was die „L. B. B." erzählt, S. 29.

372 Anonymus: James Henschel, Hamburg, in: Lichtbild-Bühne Nr. 40 vom 02.10.1915, S. 58. Der Tunnel lief allein in Berlin mehrmals täglich in sechs Kinopalästen der PAGU, vgl. Anzeige der Union Theater (U.T.) zur Uraufführung Der Tunnel, in: Berliner Volkszeitung vom 09.09.1915.

373 Vgl. S. Droessler: Der Tunnel, S. 204.

374 So in der Lichtbild-Bühne: „Wenn ‚Der Tunnel' das Licht der Oeffentlichkeit erblicken wird, dann muß jeder auch nur oberflächlich Nachdenkende zu der unumstrittenen Ansicht gelangen, daß die deutsche Filmindustrie während der jetzigen schweren Kriegszeit die Parole des Durchhaltens nicht nur befolgt hat, sondern sogar mit Erfolg bestrebt ist Taten zu vollbringen, von denen die Welt sprechen wird, denn ‚Der Tunnel' ist ein Industrie- und Kunsterzeugnis, das wegen seines groß angelegten Rahmens eine weitere Stärkung des Ansehens der ungeschwächten Arbeitskräfte innerhalb unserer Reihen bedeutet." Anonymus: Der Tunnel von Kellermann, S. 22.

375 Im österreichischen Korneuburg wurden von Mitgliedern des k. u. k. Eisenbahnregiments zwei Wohltätigkeitsvorführungen organisiert, deren Erlös dem Witwen- und Waisenfonds des Regiments zugutekam; vgl. G. R.: Aus den Kinematographen-Theatern, in: Kinematographische Rundschau Nr. 413 vom 06.02.1916, S. 8.

Der als werksgetreue Literaturverfilmung annoncierte Film[376] hält sich hinsichtlich Handlungsverlauf und Figurenkonstellation mit wenigen Ausnahmen eng an die Romanvorlage (die späteren Verfilmungen weichen dahingehend weitaus stärker ab). Diese wird daher vergleichend herangezogen. Eingeteilt in sechs Akte, folgt der Stummfilm der Szeneneinteilung des Romans, beginnend mit Mac Allans (Friedrich Kayssler) New Yorker Konzertbesuch, seiner Bewerbung des Tunnelprojekts vor milliardenschweren Investoren auf einem Hoteldachgarten, gefolgt von der Eröffnung des Syndikats, dem Baubeginn des Großprojekts und sein Vorankommen. Zu Beginn des dritten Aktes findet die große Tunnelkatastrophe statt, bei der durch eine gigantische unterirdische Gasexplosion hunderte von Arbeitern sterben. In Abweichung zu Kellermann findet hierbei auch Mac Allans bester Freund Hobby (Hans Halden) den Tod. Die Steinigung von Allans Frau Maud (Rose Veldtkirch) und Tochter Edith (unbekannte Darstellerin) durch einen aus Arbeiterfrauen bestehenden Mob folgt hingegen wieder der Romanerzählung.

Der wichtigste Unterschied, die Figurenkonstellation betreffend, besteht im Fehlen des jüdischen Bankiers und Börsenspekulanten S. Woolf.[377] Der von Kellermann ausführlich geschilderte zweite große Rückschlag für das Großprojekt, die Finanzkrise, wird im Stummfilm also nicht durch dessen Spekulationen ausgelöst, sondern als eine unmittelbare Folge auf die technische Katastrophe dargestellt, ebenso wie der große Arbeiterstreik, der Sturm auf das Syndikatsgebäude und die anschließende Gerichtsverhandlung, in der Allan von sämtlicher Verantwortung für die Katastrophe und deren Folgen freigesprochen wird; die Handlung wird entsprechend gestrafft. Viel Raum nimmt hingegen das retardierende Moment des Baustopps und die beharrliche Werbung Ethel Lloyds (Fritzi Massary) um die Gunst des Ingenieurs ein.[378] Der Film endet wie der Roman mit der erfolgreichen ersten, weltweit verfolgten wie bejubelten Tunnelfahrt.

Der Großteil der in der Mitte der 1910er Jahre hergestellten Filmproduktionen war mit seiner Orientierung an Varieté, Attraktionen und flüchtiger Schaulust weiterhin der Frühphase des Kinos verhaftet. Bedenkt man obendrein die

---

376 Dies unterstreicht auch der Filmvorspann, in dem in der ersten Einstellung Bernhard Kellermann persönlich auftritt, vgl. DTM, Sichtung vom 15.03.2016, 00:00:30–00:00:40.

377 Dessen Abwesenheit ist durch den Abgleich mit dem Programmheft zweifelsfrei nachweisbar, vgl. E. B.: Filmprogrammheft „Der Tunnel" 1915, Akademie der Künste Berlin, Filmprogrammheftsammlung/Filmprogramme 2290.

378 Die mit Abstand längste Einstellung des gesamten Films ist mit 2 min 36 s die Aussprache Ethels und Allans am Abend ihrer Hochzeit; vgl. DTMS, 00:43:05–00:45:41.

durch den Kriegsbeginn erschwerten Produktionsbedingungen, so überraschen umso mehr die zum Teil innovativen inszenatorischen Mittel, mit denen DER TUNNEL aufwartet. Trotz einer – dem damaligen Stand der Filmtechnik entsprechenden – relativ statischen Kamera weist der Film ein erstaunliches Spektrum an Kameraperspektive und Blickposition auf; er nutzt gezielt die Parallelmontage zur Spannungssteigerung und beeindruckt trotz ungemein schwieriger Lichtverhältnisse an Drehschauplätzen wie Kohlebergwerk und U-Bahnhöfen bezüglich Belichtung und Ausnutzung der Raumebenen.[379] Außerdem wurden erstmals die Akt-Titel mit Hintergründen, die den im kommenden Filmabschnitt dominierenden Handlungsort aufzeigten, ausgestattet.[380]

Die verschiedenen filmischen Bauformen entfalten ein Panorama der technischen Moderne im Allgemeinen und der Industriearbeit im Besonderen, das deutlich – und im Gegensatz zum Roman – bis auf wenige Ausnahmen der zeitgenössischen Gegenwart verhaftet bleibt: Lange Weitaufnahmen, zuweilen unterstützt durch gemächliche, kaum merkliche Kameraschwenks, verdeutlichen die riesigen Dimensionen der verschiedenen Baustellen.[381] Zahlreiche Szenen verharren ausgiebig bei rauchenden Hochöfen und dem geschäftigen Treiben von Fabriken und Schachtanlagen. Die von Bernhard Kellermann zur Plausibilisierung der Machbarkeit angeführte Erfindung Mac Allans, der Diamantstahl Allanit, wird im Film weder erkennbar visualisiert, noch in den Zwischentiteln genannt; allein das Filmprogrammheft erwähnte dieses technische Novum.[382] Zum Material- und Gesteinstransport werden nicht nur

---

379 Der Filmwissenschaftler David Bordwell stellt William Wauers Werk in eine Reihe mit D. W. Griffiths im selben Jahr erschienenen Monumentalfilm THE BIRTH OF A NATION (USA 1915), der aufgrund seiner zahlreichen filmtechnischen Innovationen zu den Meilensteinen der Filmgeschichte zählt, vgl. David Bordwell: What's left to discover today? Plenty, vom 29.07.2014, online unter www.davidbordwell.net/blog/2014/07/29/whats-left-to-discover-today-plenty-2 (Abruf: 06.03.2018).

380 Auf diese filmästhetische Innovation wurde in einer Filmkritik explizit lobend hingewiesen; ebenso wie auf die Visualisieurng der Baufortschritte per „Riesenlandkarte, die [...] uns den Lauf des Tunnels und den Fortgang der Arbeiten anzeigt", vgl. Anonymus: Der Tunnel, [Kinematographische Rundschau 383], S. 45.

381 Vgl. DTM, 00:15:13–00:16:19; DTMS, 00:48:22–00:48:35, 00:49:16–00:50:35.

382 „Seine Erfindung, der diamantstarke Bohrstahl Allanit, wird den Widerstand des Gesteins besiegen.", E. B.: Filmprogrammheft, o. S. Das Programmheft bietet in Gänze die einzige Ressource zur Plausibilisierung der Durchführbarkeit des technischen Großprojektes: „Die Härte der Steinlagerungen sind geologisch festgestellt, der Druck, welchen der Tunnel durch die auf ihn lastenden Erdschichten auszuhalten hat, gemessen, selbst die Temperatur, die in seinem Innern herrschen wird, ist berechnet.", ebd.

Eisenbahnzüge, sondern auch Pferde eingesetzt.[383] Auf einer großstädtischen Kreuzung sind neben einem ebenfalls per Pferd gezogenen Syndikats-Werbewagen einige Pferdeomnibusse und Fahrräder zu erkennen, nur ein Fahrzeug, ein Omnibus, ist motorisiert.[384] Bei den ohnehin wenigen großstädtischen Außenansichten sind keinerlei Hochhausbauten oder gar Wolkenkratzer erkennbar, mit Ausnahme der Ankündigung des vierten Aktes, in der per Tricktechnik eine nächtliche, üppig illuminierte Großstadtarchitektur zu sehen ist.[385] Eine futuristische Architektur, die auf eine filmische Zukunft verweisen könnte, wird ansonsten nur per Zwischentitel angekündigt, jedoch nicht visualisiert.[386] So werden vom ersten Handlungsort von Roman und Film, der von Hobby entworfene Madison-Square-Palast, nur Innenansichten gezeigt, die Perspektive wechselt zwischen Orchestergraben und den Logenplätzen der Lloyds und Allans, sodass auch die Innenarchitektur größtenteils verborgen bleibt. Die Darstellung von Zukunftstechnik ist somit komplett auf die Medientechnologie des (öffentlichen) Fernsehens sowie, mit ihrer hellen, glatten Oberflächenstruktur, auf das Design der ersten Tunnelbahn reduziert.[387]

Gerade anhand der Inszenierung der industriellen Arbeit lassen sich weitere Defuturisierungstendenzen feststellen: Die Tunnelarbeiten werden ausnahmslos mit zeitgenössischen technischen Hilfsmitteln durchgeführt, wobei manuelle Geräte wie Hammer, Meißel und Spaten überwiegen. Eine einzige Einstellung zeigt Sprengarbeiten und die Verwendung eines pneumatischen Bohrhammers. Vortriebsarbeiten, wie auch der Tunneldurchbruch, werden komplett manuell

383 Vgl. DTM, 00:17:07–00:18:58. Im Roman werden Pferde nur in den Kohlengruben, jedoch nicht zum Tunnelbau eingesetzt, vgl. B. Kellermann: Der Tunnel, S. 295.

384 Vgl. DTM, 00:20:12–00:20:25.

385 Vgl. DTMS, 00:18:07–00:18:19.

386 Vgl. ebd., 00:28:01. Im Roman hingegen wird wiederholt auf die moderne Hochhausarchitektur New York Citys hingewiesen: „Einzelne Wolkenkratzer erhoben sich gespenstisch weiß im Lichtscheine eines Platzes. Wiederum aber standen Gruppen von eng aneinander gedrängten Turmhäusern dunkel, schweigsam, wie riesige Grabsteine, die über die eingesunkenen verschwindenden Zwerghütten von zwölf und fünfzehn Etagen emporragten. In der Ferne am Himmel ein Dutzend Stockwerke mattblinkender Fensterscheiben, ohne daß das geringste von einem Haus zu sehen gewesen wäre. Da und dort vierzigstöckige Türme, auf denen matte Feuer lohten: die Dachgärten von Regis, Metropolitain, Waldorf Astoria, Republic."; Star-Architekt Hobby war „ein Genie in Eisen und Beton und baute Wolkenkratzer", B. Kellermann: Der Tunnel, S. 47f., 19.

387 Zum Design der Tunnelbahn vgl. DTMS, 00:58:06–00:58:23.

durchgeführt.[388] Alles in allem bleibt die Inszenierung des Produktionsprozesses vollständig dem zeitgenössischen Stand der Technik verhaftet, allein die *Produkte* der Arbeit werden zumindest teilweise futurisiert. Zudem wird, analog zum Roman, die Arbeit am Tunnel als körperlich beschwerlich und gefährlich dargestellt, es dominiert die Ansicht auf zum Teil halbnackte, dreckige, schwitzende Männerkörper.

Die globale Dimension des Großprojekts ist einem exotistischen Inszenierungsmodus verpflichtet, in dem die Arbeiterschaft entlang der Unterscheidung zwischen nordatlantischem Zentrum und kolonialer Peripherie hierarchisiert wird: Generell sieht man farbige resp. schwarze Arbeiter nur unter der Aufsicht von Weißen. Die Baustelle auf den Azoren besteht aus einem Zeltlager, vor dem halbnackte, nur mit Sirwal und Turban bekleidete männliche Einheimische unter der Aufsicht eines weißen Vorarbeiters mit primitiven Holzstöcken Löcher in den Grund stampfen.[389] Vor dem Hintergrund, dass die Azoren seit Jahrhunderten zu Portugal gehörten, die wenigen ehemaligen maurischen und schwarzafrikanischen Sklaven längst assimiliert worden waren, wird deutlich, dass diese filmische Darstellung, ohnehin völlig abgekoppelt von der historischen Realität, dem Großprojekt eine orientalistische Rahmung verleiht: Der Tunnelbau geriert zur kolonialen Infrastruktur.[390]

Bereits der Roman verarbeitete durch negativ besetzte wie kollektivierende Charakterzeichnungen zeitgenössisch übliche Vorstellungen von „Rasse“, wobei jedoch Amerika-Projektionen eine zentrale Rollen spielten: Die schwarzen Arbeiter stammten ausschließlich aus den USA, ihre Figurenzeichnung folgte dem Stereotyp des Jim Crow, des naiven und einfältigen, aber immer gut gelaunten Südstaaten-Schwarzen.[391] Diese Bezüge werden im Film nicht aufgegriffen, stattdessen wird die Kamera als koloniale „Aufsicht“ eingesetzt.

---

388 Vgl. DTM, 00:17:07–00:18:58; DTMS, 00:50:35–00:52:02.

389 Vgl. DTM, 00:16:21–00:17:00.

390 Zum Drehort der Azoren-Baustelle sind keine Informationen überliefert. Zu vermuten ist, dass Wauer Filmmaterial, das zu dokumentarisch-propagandistischen Zwecken in den deutschen Kolonien oder auch innerhalb der zahlreichen Kolonialausstellungen entstand, in die Spielfilmhandlung integrierte. Zur Geschichte des deutschen Kolonialfilms bis Ende des Ersten Weltkriegs vgl. Wolfgang Fuhrmann: Imperial Projections. Screening the German Colonies, New York, Oxford 2015.

391 „Hinter dem bunten Wald von Flaggen trotteten Horden von Negern. Diese Neger hatten sich teilweise in eine Wut hineingeschauspielert und rollten die Augen und schrien sinnlos, teilweise aber waren sie gute schwarze Burschen geblieben, die ihre weißen Zähne zeigten und den ‚ladies‘, die sich sehen ließen, nicht mißzuverstehende Liebesanträge machten.“, B. Kellermann: Der Tunnel, S. 237f. Zur Figur des Jim Crow

Die gleiche Bedeutungsverschiebung findet sich in einer sowohl im Buch als auch im Film enthaltenen Szene, in der Hobby und ein schwarzer Arbeiter der Tunnelkatastrophe zu entfliehen suchen. Im Roman wird letztere Figur gleichzeitig amerikanisiert wie abgewertet:

> „Der Neger, den ihm das Schicksal in dieser schrecklichen Stunde zugeteilt hatte, klammerte die Arme um seinen Nacken und heulte und weinte vor Schmerzen und Angst und zuweilen küßte er seine Haare und flehte ihn an, ihn nicht zu verlassen. ‚Mein Name ist Washington Jackson,' keuchte der Neger, ‚ich stamme aus Athens in Georgia und heiratete Amanda Bell aus Danielsville. Vor drei Jahren nahm ich den Tunnel-Job, als Steinträger. Ich habe zwei Kinder, sechs und fünf Jahre alt.' "[392]
> „Hobby machte eine matte Bewegung mit dem Kopfe. ‚I am all right,' flüsterte er. Dann deutete er auf den toten Neger und sagte: ‚Der Nigger machte mir viele Arbeit, aber zuletzt ist er mir doch gestorben.' "[393]

Im Film tritt die Figur des schwarzen Arbeiters ebenfalls gesondert hervor: Er ist in der unterirdischen Katastrophenszenerie der einzige mit nacktem Oberkörper. Sein Fluchtweg wird durch eine lange und statische Einstellung festgehalten, in der er sich, beständig strauchelnd, zwischen und über die ebenfalls fliehenden weißen Arbeiter fallend und wiederaufstehend, vom Bildhintergrund in den Bildvordergrund vorarbeitet.[394] Als deutlicher Kontrast zu dieser filmischen Darstellung des Animalischen agiert Hobby, der bei dem Versuch, dem entkräfteten Schwarzen zu helfen, schließlich selbst zu Boden geht und stirbt – im blütenweißen Kragenhemd.[395] Auf diesen Erzählstrang wurde auch im Programmheft detailliert eingegangen: Eine Illustration zeigt einen schwarzen, hünenhaft wirkenden, halbnackten Arbeiter, im Text findet sich folgende Erläuterung:

> „Tausende von Opfern hatte die Katastrophe gekostet, darunter ein fast unersetzliches: Hobby. Noch im letzten Moment wollte er einen Neger retten, mit Aufbietung

---

vgl. William T. Lhamon: Raising Cain. Blackface performance from Jim Crow to Hip Hop, Cambridge, Mass. 1998, S. 151–228. Bezüge zu diesem Stereotyp liefert auch folgende Bemerkung im Roman: „Er [Allan, AW] konnte nicht wie Hobby nach zwölfstündiger Arbeit Niggertänze und Songs zum besten geben und allerlei lustige Dummheiten inszenieren.", B. Kellermann: Der Tunnel, S. 146f. Zum Amerika-Bild des Romans vgl. auch S. Lange: Ingenieure ohne Eigenschaften, S. 142.

392 B. Kellermann: Der Tunnel, S. 183.

393 Ebd., S. 227.

394 Vgl. DTMS, 00:03:07–00:03:34.

395 Vgl. ebd., 00:08:45–00:09:29, 00:09:56–00:10:18.

seiner letzten Kraft schleppte er ihn aus dem Bereich der gefährlichen Gase, aber die Anstrengung überstieg seine Kräfte und entseelt stürzte er zu Boden.“[396]

Das Schicksal Hobbys mag aus Gründen der Erzählökonomie geändert worden sein; sicherlich war es ungleich effizienter und auch wirkungsvoller, ihn sterben zu lassen, statt eine adäquate filmische Darstellungsform eines über Nacht gealterten, traumatisierten und gebrochenen Menschen zu finden. Das finale Zusammenspiel der beiden Figuren entspringt jedoch erneut dem Modus des kolonialen Blicks, indem Architekt und Arbeiter in ein komplementäres, hierarchisches Verhältnis zueinander positioniert werden: Der schwarze Arbeiter ist nicht einfach nur schwarz, sondern wird durch (den Mangel an) Kleidung und Habitus zum rassifizierten Anderen. Im Kontrast dazu betonen Kleidung und altruistische Handlung das Weiß-Sein von Hobby, als Zeichen der Überlegenheit der westlichen – weißen – Zivilisation. Durch diese symbolische Überlagerung wird jeglicher egalitäre Anklang, der in diesem Rettungsversuch angelegt sein könnte, zunichtegemacht.

Im Gegensatz zum Architekten bleibt der Ingenieur der Tunnelarbeit auffällig fern. Bei Kellermann wechselte Mac Allan in seiner Tätigkeit beständig zwischen seinen Arbeitsräumen, den Baustellen und den Tunnelschächten. Im Film reduziert sich sein Tätigkeitsfeld auf die Visualisierung des taylorschen Arbeitsbüros: Man sieht ihn skizzieren, telefonieren, organisieren, Besprechungen durchführen, in seinem Büro, im Konferenzzimmer, im Eisenbahnkupee. Allein zwei Szenen zeigen ihn im Tunnel: während des Arbeitsstopps, als er mit Ethel Lloyd die Maschinenräume einer stillgelegten Baustelle besichtigt, sowie beim finalen Tunneldurchbruch. Doch auch in dieser langen, überaus statischen Einstellung bleibt der Ingenieur von den Arbeitern deutlich separiert, indem er, gleichsam als Verlängerung des Kameraobjektivs, diese beim Durchhau beobachtet. Harro Segeberg analysiert die Romanfigur Mac Allan als „Feldherr[n] der Industriearbeit“ und „soldatische[n] Destruktionstechniker“, eine „ins Gigantische gesteigerte Bauingenieur-Figur, die sich […] durch ihre Fähigkeit zur Massendisziplinierung auszeichnet“. Komplementär dazu würden die Arbeiter bei

396 E. B.: Filmprogrammheft, o. S. Eine mehrseitige Werbeanzeige des österreichischen Filmverleihs Philipp & Preßburger wählte als großflächigen Aufhänger der ersten Seite ein ähnliches Motiv: Im Bildvordergrund stehend ein halbnackter, schwarzer Arbeiter mit geballter Faust und verzerrtem Gesicht; im Bildhintergrund befindet sich die Tunnelmündung, die dutzende von toten, nur schemenhaft skizzierten Leibern förmlich auszuspucken scheint; vgl. Anzeige Philipp & Preßburger: Das grösste Werk der Kinematographie! Der Tunnel, in: Kinematographische Rundschau Nr. 391 vom 05.11.1915, S. 11–14, hier S. 11.

Kellermann „wie Soldaten eines zur stumpfsinnigen Teilarbeit genötigten Massenheeres behandelt."[397] Diese „Metaphorik des Krieges", bei der „so gut wie alle Teilbereiche der modernen Existenz [...] zu Schlachtfeldern, auf denen unablässig und unter extremen Bedingungen gefochten wird"[398] transformiert würden, bietet die erste Verfilmung jedoch nur in eingeschränkter Weise. Einen visuellen Widerhall könnte man vor alledem in den Szenen der großen Tunnelkatastrophe vermuten, mit ihren langen Einstellungen auf inmitten von Explosionen und Feuersbrünsten fliehenden und sterbenden Menschenmassen, wobei der Tod der Arbeiter ikonografisch der Darstellung gefallener Soldaten entlehnt ist. Eine eindeutige textuelle Referenz auf das allgegenwärtige Kriegsgeschehen findet sich wiederum in zwei der Streikszene eingefügten Zwischentiteln:

> „Das Volk steht auf! Wir sind überfallen worden. Der Mord muss seine Sühne finden! [...] Laßt uns für unseren geliebten Kaiser kämpfen... Für Reich und Vaterland!"[399]

Diese durch symbolische Burgfriedenspolitik den „Geist von 1914" proklamierenden Zeilen tauchen äußerst unvermittelt auf, sodass sie selbst beim zeitgenössischen Kinopublikum ob des Kontextes dieser Szene (gezeigt werden streikbereite amerikanische Arbeiter) für einiges Befremden gesorgt haben dürften.[400] Als in Kino-Wochenschauen und Spielfilmen Bilder des „Großen Krieges" in Permanenz zu besichtigen waren (die freilich nicht „authentische" Szenen der grausam und brutal geführten Materialschlachten, sondern vielmehr „ein von der Militärführung erwünschtes Bild eines wohlgeordneten und durchorganisierten Krieges" mit „wiederkehrenden Sujets von zerstörten Häusern, aktivem Wiederaufbau, Versorgung der Bevölkerung, essenden Soldaten und Vorbereitung von Kriegsgerät" darboten)[401], wurde das im Roman angelegte diesbezügliche Substitutionsangebot innerhalb kürzester Zeit obsolet. Die Zwischentitel wirken entsprechend als vages, unentschlossenes Zugeständnis an die damalig

---

397 H. Segeberg: Vergeschwisterung, S. 199, 203.

398 U. Kittstein: Der Erfinder als Messias, S. 137.

399 DTMS, 00:18:50; 00:19:02.

400 In keiner der überlieferten Rezensionen und Berichten zur Filmarbeit wird auf diese Szene eingegangen. Wegen des offensichtlichen Logikbruchs hinsichtlich Handlungsverlauf und innerfilmischen Kontext entschied man sich in der Münchner Restaurationsfassung bewusst dazu, diese beiden Zwischentitel aus dem Material zu entfernen; Gespräch der Verfasserin mit Stefan Drößler, Filmmuseum München, München am 15.03.2016.

401 Bernd Kleinhans: Der Erste Weltkrieg als Medienkrieg. Film und Propaganda zwischen 1914 und 1918, in: Aus Politik und Zeitgeschichte 64 (2014) 16–17, S. 32–38, hier S. 34.

ubiquitäre nationalistische Kriegspropaganda der deutschen Filmindustrie und -politik.[402] Denkbar ist auch, dass diese der Handlungslogik des Films zuwiderlaufenden patriotischen Zeilen mit Blick auf die einer nationalpädagogischen Leitlinie folgenden Lichtspielzensurbehörden eingefügt wurden, um den Film problemlos die Zensur passieren zu lassen.[403]

Diesbezüglich lohnt auch ein vertiefender Blick auf die Massenszenarien und die ihnen inhärenten Vergemeinschaftungsangebote. Die Visualisierung von Menschenmengen nimmt in Der Tunnel einen omnipräsenten Charakter an, demgegenüber die Darstellung von Einzelfiguren zurücktritt. Doch auch an dieser Stelle folgt Der Tunnel nur bedingt den Tendenzen des Romans, in dem Ulrich Kittstein zufolge speziell die Darstellung der Tunnelarbeiter einer militärisch grundierten Massekonzeption verpflichtet sei:

> „Die vielen Einzelnen verschmelzen zu einem gesichtslosen Kollektiv, das kaum noch von den technischen Geräten und dem anorganischen Material seiner Arbeit zu unterscheiden ist. Entsprechend der Schlachtmetaphorik, die im Roman die gesamte Sphäre der Arbeit beherrscht, wird die Arbeitermasse leitmotivisch als Heer charakterisiert,

---

402 Vgl. Wolfgang Mühl-Benninghaus: Vom Augusterlebnis zur Ufa-Gründung. Der deutsche Film im 1. Weltkrieg, Berlin 2004, S. 27–49 sowie 87–92. Zur allmählichen Entwicklung und ersten Professionalisierung einer staatlich geförderten deutschen Filmpropaganda während des Ersten Weltkriegs vgl. auch Rainer Rother: Vom Feinde lernen. Deutsche Filmpropaganda im Ersten Weltkrieg, in: Thomas Elsaesser/Michael Wedel: Kino der Kaiserzeit. Zwischen Tradition und Moderne, München 2002, S. 120–133.

403 Den Zensurbehörden diente während des Krieges ein Schreiben des preußischen Kriegsministeriums als Entscheidungsgrundlage, das die Filmzensur nicht-militärischer Sujets regelte. Auf dessen Grundlage konnte nahezu jeder beliebige Film verboten werden, der nach Meinung des jeweilig zuständigen Zensors gegen die geforderten nationalpädagogischen Maßgaben zur Erhaltung und Förderung der „Vaterlandsliebe" und „guten Sitten" verstieß; vgl. ebd., S. 62ff. Der Tunnel wurde im August 1915 unter Jugendverbot freigegeben (vgl. Anonymus: Verbotene Films, in: Lichtbild-Bühne Nr. 36 vom 04.09.1915, S. 60); im Oktober 1916 wurde er bei einer Filmprüfung durch die k. k. Polizeidirektion für die künftigen Kinovorstellungen im Erzherzogtum Österreich als „für die Vorführung in Jugendvorstellungen als geeignet erklärt" unter der Auflage, dass „die Szenen, wo die Arbeiter in panikartiger Flucht den brennenden Tunnel verlassen, derart wesentlich zu kürzen [sind], daß man die Grubenbahn nur einmal ausfahren sieht; die Szenen, wo die Arbeiter zu Fuße in wilder Flucht den Arbeitsort verlassen, dürfen nur angedeutet werden." V. Reichel: Zensurergebnisse, in: Kinematographische Rundschau Nr. 451 vom 29.10.1916, S. 16.

> das wohl geordnet und streng gelenkt den unterirdischen Kampf gegen das Gestein austrägt."[404]

In der großen Tunnelkatastrophe transformiere sich schließlich dieses in massiver Sozialdisziplinierung geformte Arbeiterheer in eine „regellose, Amok laufende Masse", die sich gegen ihre quasi-militärische Führerschaft richtet.[405]

Hinsichtlich der Massenmobilisierung von Mensch und Maschine verfolgt der Film eine vom Roman differierende Agenda: Die zahlreichen Szenen, in denen Menschenmengen zu sehen sind, prägen eine permanente Unruhe und Bewegung. Dies betrifft nicht nur die Darstellung der Tunnelarbeiter, sondern eben auch jene der Börsenspekulanten, der Anteilseigner des Syndikats, der New Yorker Bevölkerung respektive der allgemeinen Öffentlichkeit: Die Menschenmengen folgen nicht einem bestimmten Formationsmuster oder einer übergeordneten Struktur, vielmehr wogen und zappeln sie umher. Akzentuiert wird dies durch lange, in Totale gehaltene, statische Einstellungen, in denen die Kamera dezidiert keinen Fixpunkt anbietet. Häufig wechseln innerhalb einer solchen langen Einstellung die Einstellungsgrößen durch die enorme Dynamik der Figuren,[406] die sich innerhalb des Bildraumes fortbewegen, wobei die verschiedenen Bildebenen – Vordergrund, Mittelgrund und Hintergrund – besetzt und durchschritten werden (was diesen Einstellungen eine enorme Tiefenschärfe verleiht): aus dem Hintergrund kommend nach vorn, den Raum von einer Seite zur anderen durchschreitend, dies teilweise gleichzeitig und asynchron. Die generell offene Kadrierung ermöglicht den Figuren dabei ein beständiges Betreten und Verlassen des Bild- und Handlungsraumes – die Menschen laufen scheinbar ziellos durchs Bild.[407]

Diese Unruhe durchzieht nicht nur Szenen der Störung und des Chaos, sondern den gesamten Film. Sie deutet mithin nicht auf Auflösungserscheinungen einer ehedem existenten, durch Formation oder Serialität gekennzeichneten Ordnung hin, sondern kennzeichnet ein generelles, dabei durchaus dem atemlos-expressionistischen Stil des Romans angelehntes Darstellungsmerkmal, das der Sichtbarmachung einer der Industriemoderne innewohnenden ubiquitären

---

404 U. Kittstein: Der Erfinder als Messias, S. 143.

405 Ebd.

406 Beziehungsweise kann aufgrund dieser Dynamik keine eindeutige Einstellungsgröße festgestellt werden.

407 Vgl. DTM, 00:14:40–00:15:06 (Rekrutierung von Arbeitern) und 00:15:13–00:15:25 (Vermessungsarbeiten) sowie DTMS, 00:08:22–00:08:45 (fliehende Arbeiter bei Tunnelkatastrophe), 00:22:25–00:22:41 (in der Börse), 00:55:56–00:56:07 (Direktübertragung Tunnelfahrt).

Rastlosigkeit und Hektik dient. Bezeichnend hierfür sind letztendlich die Szenen, in denen die Menschenmenge an einem fixen Ort verbleibt. Dies ist insbesondere bei der New Yorker Bevölkerung der Fall, die als Vertreterin der Weltöffentlichkeit auftritt. Für deren Darstellung wurden insgesamt nur zwei Einstellungen gedreht: Erstens eine extreme Vogelperspektive auf eine zumeist direkt in die Kamera schauende, aus ca. 100 Personen beiderlei Geschlechts und weißer Hautfarbe bestehende, nach bürgerlicher Mode gekleidete Menschenmenge.[408] Die Figuren stehen nicht still, sondern bewegen sich wippend und wogend an ihrem Platz, was der Szenerie eine ungemeine Dynamik verleiht. Diese prägnante Einstellung findet sich bereits im ersten Akt, während des Treffens Mac Allans mit der amerikanischen Hochfinanz auf dem Dachgarten des Atlantic Hotels.[409] Sie wird an dieser Stelle vier Mal zu den Geschehnissen auf dem Dachgarten gegengeschnitten: zuerst parallel zum Ankommen der Milliardäre, hier ist die Menschenmenge noch ruhig schwankend und wogend zu sehen.[410] Als nächstes wird sie mit Mac Allans Ankündigung des Projekts parallelisiert – hier wechselt die Gestik der Menge von abrupter Starrheit zu wildem Gestikulieren.[411] Beim dritten Mal, direkt nach dem Auftritt des Ingenieurs, schaut ein Großteil erstmals direkt in die Kamera – lachend. Schließlich ein letztes Mal nach der Entscheidung, den Tunnelbau zu finanzieren – die Menge schaut lachend und Hüte schwenkend abermals in die Kamera.[412] Mit dieser Einstellung, die als Kommentierung der jeweiligen kollektiven Gefühlslage der Öffentlichkeit dient – in diesem Beispiel von gespannt abwartend über staunend, dann Zustimmung und schließlich Beifall zum gefällten Entschluss signalisierend – wird einerseits eine Kommunikation zwischen filmischer Öffentlichkeit und filmischer technischer Elite hergestellt (die Begeisterung der Menschenmenge bezieht sich schließlich auf den Ingenieur und sein Projekt). Die Montage von Dachgarten und New Yorker Bevölkerung evoziert zudem eine vertikal-hierarchisierende Verbindung zwischen gesellschaftlicher Oberschicht und

408 Bei den Männern dominieren Frack, Fliege und Zylinder, bei den Frauen Kostüme und aufwendige Hüte.

409 Im Gegensatz zum Hamburger „Hotel Atlantik“ in F.P.1 ANTWORTET NICHT handelt es sich um ein fiktives Gebäude, als dessen Vorbild das 1912 in New York fertiggestellte Hotel McAlpin, das seinerzeit höchste Hotelgebäude der Welt, gedient haben mochte. Augenfällig ist bei beidem die Thematik der Atlantiküberquerung in der Namensgebung der zentralen Schauplätze.

410 Vgl. DTM, 00:08:47–00:08:54.

411 Vgl. ebd., 00:10:32–00:10:44.

412 Vgl. ebd., 00:13:47–00:13:52.

Publikumsmasse. Andererseits wird durch diesen direkten Blick in die Kamera eine Kommunikationsillusion zwischen diegetischem und extradiegetischem Publikum erzeugt, sodass schlussendlich eine duplizierte Vergemeinschaftungsstrategie ihre Wirkung entfaltet: Sowohl innerfilmische Öffentlichkeit als auch Kinopublikum werden in das Großprojekt involviert. Die gleiche Einstellung der Publikumsmasse findet sich noch einmal in der Szene des Syndikatsbrands, in der sie die öffentliche Beobachtung der Flucht Mac Allans aus dem brennenden Gebäude verdeutlicht,[413] sowie zu Filmende, als Kommentierung der ersten erfolgreichen Zugfahrt. Bei dieser Ansicht auf eine jubelnde, Hüte schwenkende Menschenmenge wurde offenkundig dieselbe Einstellung wie zu Filmbeginn verwendet.[414] Der wiederholte Einsatz dieses Filmbildes rahmt den Tunnelbau als kollektives wie kollektivierendes Ereignis, dem dabei allerdings die im Roman angelegte Ambivalenz bezüglich der gesellschaftlichen Ausgestaltung der technischen Moderne abhandenkommt.

Zweitens dient eine weitere die Öffentlichkeit darstellende Einstellung als Film-im-Film-Szene: die Fernsehübertragung der ersten erfolgreichen Tunnelfahrt. Ein am oberen rechten Bildrand sich befindender, über ein Drittel des gesamten Filmbildes einnehmender Ausschnitt markiert die öffentliche Leinwand, unter der eine Menschenmenge permanent vom rechten zum linken Bildrand defiliert – manche kurz zur Leinwand schauend und zeigend, manche gestikulierend oder Hüte schwenkend, immer jedoch in Bewegung und Unruhe. Diese insgesamt sieben Mal auftauchende Einstellung ist Bestandteil einer aus drei Perspektiven bestehenden Sequenz, die zu Filmende den Erfolg des Tunnelbaus schildert: einmal aus der Perspektive der die Tunnelfahrt Bestreitenden (P1), ein weiteres Mal aus der eben geschilderten Perspektive der öffentlichen Leinwandübertragung (P2), ein drittes Mal aus der weiter oben erläuterten Ansicht auf die unbewegliche, beobachtende Publikumsmasse (P3). Dabei taucht die jeweilige Einstellung der Tunnelfahrt (P1) in der darauffolgenden Film-im-Film-Einstellung (P2) als exakter Bildausschnitt in der Leinwandübertragung wieder auf, sodass das Übertragene nahtlos an die vorherige Szene anschließt. Diese Einstellungsfolge ermöglicht die gleichzeitige Vorführung des erfolgreich zu Ende gebrachten Atlantiktunnels und dessen Kommentierung durch eine begeisterte Öffentlichkeit.[415] Die drei Einstellungen werden so kombiniert, dass

---

413 Vgl. DTMS, 00:29:09–00:30:10.

414 Vgl. DTM, 00:13:47–00:13:52 und DTMS, 00:58:23–00:58:35.

415 Vgl. DTMS, 00:54:17–00:59:11.

sie als Kommunikationsinstanzen zur Evokation eines kollektivierenden Ereignisraums des erfolgreich abgeschlossenen Großprojektes auftreten.[416]

Die Inszenierung des Tunnelbaus folgt demnach einer per Montage geschaffenen Kommunikationssituation zwischen wirtschaftlicher und technischer Elite und einer zwar als städtisch-bürgerlich identifizierbaren, gleichwohl indifferent verbleibenden Masse. Im Unterschied zur Romanvorlage wie auch zur Verfilmung von 1933 lässt letztere keinerlei gezielte, einheitliche Anordnung erkennen; statt einer etwaigen Faszination der Formation, der Disziplin und des Gleichschritts dominieren Bilder der Unruhe, Rastlosigkeit und Hektik.

Ferner auffällig ist die gemischtgeschlechtliche Zusammensetzung der Publikumsmasse. Nicht nur in den Einstellungen der New Yorker Öffentlichkeit resp. des Fernsehpublikums, sondern auch bei den Menschenmengen in und vor dem Syndikat, der öffentlichen Verteidigungsrede Allans und selbst in der Börse (hier allerdings nur auf den Zuschauerrängen) sind viele Frauen zugegen.[417] Demgegenüber existieren jedoch für beide Geschlechter auch homosoziale Räume und Handlungsfelder: Der Tunnelbau, die Arbeiterstreiks wie auch die Arbeitsräume Allans, also die Produktionssphäre im engeren Sinne, ist von der Ausgrenzung alles Weiblichen geprägt. Allerdings – dies im Unterschied zu den späteren Verfilmungen von 1933 und auch 1935 – werden die weiblichen Hauptfiguren für ihr Eindringen in diese männliche Sphäre nicht oder zumindest nicht unmittelbar bestraft: Mauds Besuch in Allans Arbeitsbüro zeitigt keine unmittelbaren Konsequenzen; Ethel darf sogar den Tunnel betreten, bzw. findet die Annäherung Allans und seiner zukünftigen Ehefrau über eine lange Tunnelbesichtigung statt.[418] Kontrastierend dazu existiert mit dem Lynchmob von Maud und Edith ein dezidiert weiblich-homosozialer Handlungsraum. Deren Steinigungstod durch die Arbeiterfrauen auf dem Werksgelände (auch hier folgt Der Tunnel dem Roman) erhält die Funktion eines „Opfertauschs", eines Leidens-Äquivalents für die Opfer des technischen Fortschritts, das Ingenieur und Arbeiterschaft letztendlich wieder vereint.[419] Ein weiteres Mal offenbart sich die

416 In folgender Reihenfolge: P1 – P2 – P1 – P2 – P3 – P2 – P1 – P2 – P3 – P2 – P1 – P2 – P1 – P3 – P2, vgl. ebd., 00:54:17–00:59:11. Für die Münchner Restaurationsfassung ist die Reihenfolge geändert worden, der Film endet nicht mit einer Film-im-Film-Einstellung P2), sondern mit der einer begeistert Hüte schwingenden Publikumsmasse (P3). Durch diesen Einstellungswechsel wurde der Eindruck einer kollektiven Begeisterung für das geschaffene Großprojekt noch verstärkt.

417 Vgl. DTM, 00:21:04–00:21:59; DTMS, 00:19:39–00:21:31 sowie 00:22:01–00:22:41.

418 Vgl. DTM, 00:33:48–00:41:14.

419 Der erläuternde Text des Filmprogrammhefts unterstützt diese Lesart: „Planlos stürzte sie mit ihrem Töchterchen Edith aus dem Hause und geriet in den rasenden Strom

Ambivalenz des technischen Fortschritts über innerhalb des Figurenensembles verhandelte Tauschbeziehungen durch den mit der zweiten Heirat Mac Allans verbundenen „Frauentausch“ – von Maud zu Ethel. Hinter dieser mit dem Eintausch der privaten durch die finanzielle Freiheit verbundenen symbolischen Prostitution Mac Allans verbirgt sich die seltene Variante eines Motivs, das ansonsten, geschlechterrelational betrachtet, in umgekehrter Konstellation gängig ist. Während Frauen bei dieser der materiellen Absicherung dienenden Form der Partnerwahl auf den Reproduktionsbereich verwiesen werden, schützt Ethel Lloyd als weibliche Versorgerin Allans den Produktionsbereich – wenn freilich auch mit ihrem Vater, dem Multimilliardär Lloyd (Hermann Vallentin), der patriarchale Ursprung des Geldes bestehen bleibt. Demnach ist nicht nur der Tod Mauds und Ediths, sondern auch die Verbindung mit Ethel Lloyd als Opfer an den technischen Fortschritt zu verstehen, die dessen Repräsentant, der Ingenieur, eingehen muss, um den Erfolg des Tunnelbaus zu gewährleisten. Darüber hinaus versinnbildlichen Ethel Lloyd und ihr Vater die zentralen Repräsentationsfiguren des Kapitals. Ähnlich wie bei F.P.1 ANTWORTET NICHT konkretisiert sich somit in der Heirat des Ingenieurs mit der Milliardärstochter die Verbindung von Technik und Wirtschaft als technokratisches Ensemble, dessen an einer diegetischen, städtisch-bürgerlichen Öffentlichkeit mediatisiertes Produkt dem globalen Gemeinwohl dient. Durch den Wegfall der im Roman so prominenten Figur des jüdischen Börsenspekulanten S. Woolf entfallen die symbolisch verknüpften Anleihen an imaginierte Gefahren eines entgrenzten, frei flottierenden Finanzkapitals.

Obgleich der nur zwei Jahre nach der Romanerstveröffentlichung entstandene Film William Wauers schon allein aus kommerziellen Interessen explizit als Literaturverfilmung angetreten war, so sind im Vergleich zur Literaturvorlage nicht nur hinsichtlich Figurenausstattung und Handlungsverlauf, sondern auch bezüglich der zeitgenössischen Kontextualisierung einige signifikante Änderungen feststellbar: Zum einen wurden die den Roman prägenden Amerikabilder von einem dezidiert kolonialen, eurozentristischen Blick abgelöst. Zum anderen fehlt mit der Figur Woolfs die zentrale Komponente einer personifiziert antisemitischen Kapitalismuskritik, die Juden als Spekulanten und Wucherer in der Zirkulationssphäre verortet. Die Abwesenheit dieser doch so prominenten Romanfigur nur zwei Jahre nach der Erstveröffentlichung des Romans ist freilich dem von Kaiser Wilhelm II. im August 1914 ausgerufenen Burgfrieden

---

der Weiber. ‚Das ist seine Frau, Mac Allans Frau, rächt unsere Söhne!‘“. E. B.: Filmprogrammheft, o. S.

zuzuschreiben, nachdem der in der deutschen Gesellschaft, Wirtschaft und Politik bis dato offen ausgetragene und seit der Jahrhundertwende zunehmend rassenbiologisch begründete Antisemitismus zugunsten einer gesamtgesellschaftlichen Massenmobilisierung (vorerst) zurückgestellt wurde.[420] Das diesbezüglich im Vergleich zum Roman äußerst gedämpfte Konfliktpotenzial zwischen Technik und Kapital wird schließlich durch die technokratische Hochzeit von Ingenieur und Hochfinanz in eine harmonische Ordnung überführt.

3.3 DER TUNNEL (1933) von Kurt Bernhardt

> „Der internationale Friede ist in der Tat ein Hauptthema des Films, und es geht auch um das Heldentum der Arbeiterklasse."[421]
> "*Le Tunnel* est un film puissant et pathétique qui glorifie le travail et les travailleurs selon la doctrine hitlérienne, qui, si elle est nationale, est aussi – ne l'oublions pas – socialiste."[422]

Nicht nur in den ersten filmwissenschaftlichen und filmgeschichtlichen Untersuchungen,[423] sondern bereits in zeitgenössischen Filmkritiken zu DER TUNNEL wurde dessen Nähe zur nationalsozialistischen Weltanschauung herausgestellt. Indes weigerte sich Regisseur Kurt Bernhardt, der aufgrund seiner jüdischen Abstammung 1933 nach Paris und London und 1940 schließlich in die USA emigriert war, um unter dem Namen Curtis Bernhardt erfolgreich eine zweite Karriere als Hollywood-Regisseur zu starten, zeit seines Lebens beharrlich, diese ideologische Affinität auch nur in Betracht zu ziehen. Bernhardts Werk lässt sich in Gänze weder politisch noch gattungstechnisch klar einordnen. In der Weimarer Stummfilm- und frühen Tonfilmzeit bediente er verschiedenste Sujets, Stile und Genre und bewies eine ausgesprochen hohe Anpassungsfähigkeit „an politisch-ideologische Zielsetzungen, die, gemessen am Parteienspektrum der

420 Zur Kurzlebigkeit dieses Konstrukts und dessen baldiger Demontage, gerade hinsichtlich der gesellschaftlichen Integration der Juden noch zu Zeiten des Ersten Weltkriegs, vgl. Michael Berger: Eisernes Kreuz, Doppeladler, Davidstern. Juden in deutschen und österreichisch-ungarischen Armeen, Berlin 2010, insb. S. 49ff. sowie Jacob Rosenthal: Die Ehre des jüdischen Soldaten. Die Judenzählung im Ersten Weltkrieg und ihre Folgen, Frankfurt am Main 2007.

421 Curtis Bernhardt, zit. in: Ders./Mary Kiersch: „Ich war immer ein Romantiker". Curtis Bernhardt im Gespräch mit Mary Kiersch, in: Helga Belach (Hg.): Aufruhr der Gefühle. Die Kinowelt des Curtis Bernhardt, München 1982, S. 86–139, hier S. 102.

422 Jean Vidal: Le Tunnel, in: Pour Vous Nr. 266 vom 21.12.1933, S. 9 [Herv. i. O.].

423 Vgl. K. Wetzel: Liebe, Tod und Technik, S. 28–32; M. Nagl: Science fiction, S. 81.

Weimarer Republik, weit auseinanderlagen oder gar sich ausschlossen."[424] Nach eigener Aussage verstand er sich selbst zwar als KPD-Sympathisant und inszenierte für den KPD-nahen Prometheus Film-Verleih den Stummfilm SCHINDERHANNES (DE 1927/28), gleichzeitig aber auch für die von katholischen Interessenverbänden gestützte Leo Film Aktiengesellschaft KINDERSEELEN KLAGEN EUCH AN (DE 1927), ein Film, der aus klerikaler Sicht Abtreibung verurteilt. DIE LETZTE KOMPAGNIE (DE 1929/30) hingegen, sein erster Tonfilm für die Ufa und einer der ersten Tonfilme überhaupt, „heroisiert soldatischen Gehorsam bis in den Tod als Opfertod für das nationale Ganze"[425]; schließlich wäre noch die gemeinsame Regiearbeit mit Luis Trenker zu DER REBELL (DE 1932) zu nennen, der eindeutige völkisch-nationalistische Tendenzen aufwies.[426] Die Dreharbeiten von DER TUNNEL, die von Anfang August bis Ende September 1933, also einige Monate nach dem Machtantritt der Nationalsozialisten stattfanden, standen aufgrund seiner jüdischen Herkunft von Beginn an unter Generalverdacht des neuen Regimes, was die Fertigstellung des Films erschwerte. Diese besonderen Entstehungsbedingungen sowie die zeitgenössische Rezeption des Films werden zunächst dargelegt, bevor dessen spezifisch ideologischer Gehalt anhand Handlung, Technikdarstellung und Figurenkonstellation analysiert wird.

3.3.1 Produktionshintergründe und zeitgenössische Kritik

In den frühen 1920er Jahren wurde eine Neuverfilmung des Kellermannschen Romans mehrfach in Erwähnung gezogen, scheiterte jedoch an Rechtsstreitigkeiten.[427] Später soll Fritz Lang auf der Suche nach einem geeigneten futuristischen Stoff einige Zeit lang dessen Verfilmung erwogen, diese Überlegungen jedoch mit der Entscheidung zum Dreh von METROPOLIS endgültig ad acta gelegt haben.[428] Schließlich entschloss sich die Münchner Bavaria-Film AG gemeinsam mit der Pariser Vandor-Film-Gesellschaft für eine Neuauflage des Stoffs. Letztere war es auch, die dem sich bereits im Pariser Exil befindlichen Kurt

---

424 Lothar Schwab: Im Labyrinth der Männerängste. Kurt Bernhardts deutsche Filme (1924–1933), in: H. Belach: Aufruhr der Gefühle, S. 26–49, hier S. 26.

425 Ebd.

426 Bernhardt bezeichnete DIE LETZTE KOMPAGNIE und DER REBELL – zusammen mit seiner amerikanischen Arbeit POSSESSED – noch zu seinem Lebensende als seine Lieblingsfilme; vgl. C. Bernhardt: Romantiker, S. 139.

427 Vgl. Anonymus: Der Streit um den ‚Tunnel', in: Lichtbild-Bühne Nr. 2 (1923), S. 20, BArch, FilmSG1/17394.

428 Vgl. O. Kalbus: Der Tonfilm, S. 87 sowie Karl L. Kraatz: ‚Der Tunnel' wird wiederaufgeführt, in: Stuttgarter Zeitung vom 10.08.1962, BArch, FilmSG1/17394.

Bernhardt die Regieführung anbot und ihren Wunschkandidaten auch unter Androhung der Zurücknahme der mit der Filmproduktion verbundenen Devisen gegenüber den neuen politischen Machthabern durchsetzte. Das zuständige Reichsministerium für Volksaufklärung und Propaganda (RMVP) erließ eine Sondergenehmigung, mit der Bernhardt für die Dauer der Dreharbeiten noch einmal nach Deutschland zurückkehren konnte.[429] Weitere jüdische Mitarbeiter, wie der Schnittmeister Rudi Fehr oder der Filmarchitekt Heinz Fenchel, wurden nur für die französische Produktion unter Vertrag genommen – sei es, um sie zu schützen, wie Bernhardt später behauptete,[430] sei es, weil sie für die deutsche Produktion nicht mehr als vertragsfähig galten. Die Dreharbeiten erfolgten für beide Sprachversionen im Atelier Bavaria-Geiselgasteig. Für die Außenaufnahmen stand das Gelände der Münchener Lokomotivfabrik Maffei zur Verfügung.[431] Darüber hinaus wurden dokumentarische Aufnahmen verwendet, die in Zusammenarbeit mit dem belgischen Tunnelbau-Unternehmen Compagnie Internationale des Pieux Franki entstanden.[432]

Hinweise zu den erschwerten Drehbedingungen liefern drei Zeitzeugen: Kurt Bernhardt selbst in dem ausführlichen Interview mit der amerikanischen Journalistin Mary Kiersch zu seinem Lebensende, der Hauptdarsteller Paul Hartmann, der auch in F.P.1 ANTWORTET NICHT den Ingenieur gemimt hatte und anlässlich der Wiederaufführung von DER TUNNEL in der Bundesrepublik 1962 ein Interview zum Film gab, sowie der Cutter Rudi Fehr, der neben der französischen Sprachversion LE TUNNEL auch in späteren Hollywood-Produktionen Bernhardts für den Schnitt verantwortlich war. Die drei Berichte, die allesamt retrospektiv, Jahrzehnte später verfasst wurden, weichen in einigen signifikanten Punkten voneinander ab. Fest steht, dass die Dreharbeiten überwacht wurden.

---

429 Vgl. Malte Hagener: Kurt/Curtis Bernhardt, in: Hans-Michael Bock (Hg.): Cinegraph – Lexikon zum deutschsprachigen Film, München 1996, Lg. 27 sowie Alastair Phillips: City of Darkness, City of Light: Emigré Filmmakers in Paris 1929–1939, Amsterdam 2003, S. 51.

430 Vgl. C. Bernhardt: Romantiker, S. 102f.

431 „Ein aus dem Rahmen gewöhnlicher Filmbauten fallender Teil ist auch der im Gelände der Lokomotivfabrik Maffei errichtete Tunnel, der in einem Ausmaß von 10 m Breite, 8,50 m Höhe und 70 m Länge über den Gleisanschluß zur Reichsbahn gebaut wurde.", Anonymus: Technisches und dramaturgisches zum Film „Der Tunnel", in: Der gute Film Nr. 70/71 vom 30.03.1945, S. 3.

432 Vgl. Manfred Hobsch: Der Tunnel, in: Ders. (Hg.): Film im ‚Dritten Reich'. Alle deutschen Spielfilme von 1933 bis 1945 Bd. 5 (S–V), Berlin 2010, S. 376–379, hier S. 376. Der Verweis auf die Compagnie Internationale des Pieux Franki findet sich ausschließlich im Vorspann der französischen Fassung, vgl. LT, 00:01:20–00:01:35.

Kurt Bernhardt selbst erinnerte sich an einen Mitarbeiter des Propagandaministeriums, der für den gesamten Drehzeitraum anwesend war, sowie an SA-Leute, die als Komparsen abkommandiert worden waren. Des Weiteren erwähnte er einen Hetzartikel des *Völkischen Beobachters*, der sich gegen ihn sowie seine jüdischen Mitarbeiter, ja sogar gegen den vermeintlich jüdischen Romanautoren Kellermann gerichtet haben soll. Ebenjene SA-Komparsen entschuldigten sich laut Bernhardt nach dessen Veröffentlichung bei ihm („‚Wir sind Nazis, aber nicht alle Nazis sind wie wir. Wir bedauern, daß dieser Artikel erschienen ist. Sie sind ein feiner Kerl.' "), wofür einige von ihnen umgehend ins Gefängnis gewandert, der Regisseur sie gegen Kaution jedoch wieder frei bekommen haben soll: „[E]s war 1933 noch nicht so schlimm wie 1939/40."[433] Gegen diese Erinnerung Bernhardts spricht, dass eine Durchsicht der Feuilletonseiten des *Völkischen Beobachters* innerhalb des betreffenden Zeitraums zum einen keinen entsprechenden Artikel zutage fördert, zum anderen wiederum die Filmrezension des offiziellen Parteiorgans der NSDAP in ihrer Kritik, die den technischen Anachronismus zum Ausgangspunkt nahm, vergleichsweise moderat ausfiel:

> „Zu der Zeit, wo der Kellermannsche Roman, der vielerorts bekannte ‚Tunnel' entstanden ist, konnte man die Bedeutung und Vervollkommnung des Flugfernverkehrs noch nicht vorausahnen; damals konnte man sich also an einer Tunnelverbindung zwischen Amerika und Europa begeistern. Heute weiß man, daß es eine Utopie bleiben wird, da dem Flugzeug die Zukunft gehört. Wenn man also jetzt eine Utopie verfilmt, nämlich den ‚Tunnel', dann hätte man das ganze auch in das Phantastische erheben müssen und nicht in das Naturalistische. Hier liegt der logische Knick in dem Manuskript, das sonst nicht ungeschickt erdacht ist, man läßt nämlich den führenden Ingenieur und Erfinder des Tunnels, Mac Allan, sagen, daß arbeiten kämpfen hieße, und kämpfen könne man nur für eine Idee. Und diese Idee wäre der Tunnel. Also die Idee: eine – Utopie. Und der ganze Film zeigt uns den Triumph der Technik, aber nichts vom Ethos der Arbeit, der Gemeinsamkeit der Arbeiter, der Kameradschaft, das alles streift er nur. Die ‚Idee' versagt. Infolgedessen wird man das Gefühl nicht los, daß hier zwangsläufig nach nationalen Belangen geschielt wird. Zieht man beide Überlegungen ab, so bleibt ein routiniert inszenierter Film übrig, dem starke Wirkungen nicht versagt sind, wo die Maschine ihre eindringliche Sprache redet, und wo der Mensch versagt, wenn elementare Katastrophen hereinbrechen. Diese hat man ausgezeichnet eingefangen und stellt damit ziemliche Ansprüche an die Nerven des Beschauers."[434]

433 C. Bernhardt: Romantiker, S. 102.

434 v. D.: Der Tunnel, in: Völkischer Beobachter Nr. 309/310 vom 05./06.11.1933. Bemerkenswert ist zudem, dass gerade die explizit nationalsozialistische Filmkritik einen Mangel an Arbeitsethos und Kameradschaftsgeist monierte, den die sonstigen Rezensenten unterschiedlicher weltanschaulicher Provenienz einhellig konstatierten.

Das „Problem" der jüdischen Herkunft Kurt Bernhardts wurde vom Rezensenten umschifft, indem der Regisseur – im Gegensatz zu sämtlichen Hauptdarstellern, einigen Nebendarstellern und den Verantwortlichen für Kamera, Ton und Musik – von ihm kurzerhand nicht erwähnt wurde.[435] Darüber hinaus sprach zwar zur Causa der Überwachung der Dreharbeiten Rudi Fehr von einem „SS-Mann in Uniform, ein Herr Richter"[436], Paul Hartmann wiederum leicht abweichend von einem „SS-Mann in Zivil", jedoch wurden weder vom Schauspieler noch vom Schnittmeister SA-Komparsen überhaupt erwähnt.[437] Hingegen äußerten sich beide bewundernd zu Bernhardts Umgang mit der am Drehort spürbaren Repression:

> „Dann fängt der erste Drehtag an in Geiselgasteig, Bernhardt steigt auf einen Stuhl und sagt laut vor der ganzen Mannschaft, vor den Schauspielern und Extras: ‚Sie sollen alle wissen: ich bin ein Jude. Wenn jemand hier ist, der nicht mit einem Juden arbeiten will – der sage das jetzt.' Der Mann ist wahnsinnig, dachte ich, steht da auf einem Stuhl und sagt so was."[438]

Kurt Bernhardts Wunschkandidat für die Rolle des Mac Allan,[439] Paul Hartmann, der von der nationalsozialistischen Kulturpolitik nicht nur als Schauspieler profitiert und in späteren Propagandafilmen die Hauptrollen übernommen hatte (Pour le Mérite (1938), Regie: Karl Ritter; Ich klage an (1941), Regie: Wolfgang Liebeneiner), sondern als Mitglied des Kunstausschusses der Ufa (ab 1937) und Präsident der Reichstheaterkammer (ab 1942) auch aktiv an ihr beteiligt gewesen war, äußerte sich im besten Vergessen der eigenen Verstrickung folgendermaßen:

> „[V]om ersten Tage an hatten wir im Atelier einen politischen Aufpasser, einen SS-Mann in Zivil. Kurt Bernhardt, der nach dem ‚Tunnel' Deutschland sehr bald verließ und nach Amerika emigrierte, meisterte auch diesen Umstand mit Takt und Ueberlegenheit. Wir anderen halfen ihm dabei nach besten Kräften; der ungebetene Ateliergast fühlte sich bald so in die Enge gedrückt, daß er praktisch nicht mehr in Erscheinung trat."[440]

---

435 Vgl. ebd.

436 Rudi Fehr: Erinnerungen an Curtis Bernhardt. Der Cutter Rudi Fehr, in: H. Belach.: Aufruhr der Gefühle, S. 150f., hier S. 151.

437 Helmut Müller: „Als wir den Tunnel verfilmten…" Paul Hartmanns Erinnerungen an den nach Bernhard Kellermanns Roman gedrehten Film, in: Mannheimer Morgen vom 01.09.1962, DIF/D vor 45/11 u 7/Trf–Tz.

438 R. Fehr: Erinnerungen, S. 151.

439 Vgl. C. Bernhardt: Romantiker, S. 102.

440 H. Müller: Paul Hartmanns Erinnerungen.

Kurz nach Ende der Dreharbeiten musste Bernhardt fliehen, nachdem er von einem Regie-Assistenten, Sohn des Direktors vom Wiener Burgtheater Hermann Röbbeling, denunziert worden war:

> „Als der Film fertig war, verhaftete mich die Gestapo aufgrund der Denunziation von Röbbeling jr. Er hatte angegeben, daß ich in meinem Hotelzimmer dann und dann Horst Wessel einen Säufer und Zuhälter genannt hätte. Das hatte ich gesagt, das traf zu. Die Gestapo erschien eines Morgens um sechs, und ich kam nur dank meiner kaltblütigen Frechheit noch einmal davon. Ich erzählte den Gestapoleuten, ich sei der Regisseur zweier großer Filme, eines deutschen und eines französischen, und besäße eine Sondergenehmigung des Propagandaministeriums. Sie wollten in Berlin nachfragen und befahlen mir, auf meinem Zimmer zu bleiben. Sie verließen das Haus durch den Vordereingang, und ich verschwand auf Nimmerwiedersehen durch die Hintertür."[441]

Rudi Fehr bestätigte die Denunziation Röbbelings, jedoch stellte sich in seinen Erinnerungen die Flucht Bernhardts wiederum weniger spektakulär dar, als von diesem dargestellt: Der Regisseur sei nach dem Besuch der Gestapo nicht durch die Hintertür verschwunden, sondern hätte durch einen Telefonanruf bei der Bayrischen Filmgesellschaft noch drei Tage Aufschub erhalten, und sei innerhalb dieses Zeitraums geflohen – mithilfe Fehrs, der nach der Flucht Bernhardts die gesamte Postproduktion fertigstellte: „Und dann hab ich alles übernommen, hab den Film fertiggemacht, den Schnitt, die Musik, der französische Produzent war mit dabei."[442] Während Bernhardt zur Schilderung der Umstände seiner Flucht seinem Metier gemäß auf Merkmale des Kriminaldramas zurückgriff, behauptete Rudi Fehr nicht nur eine zentrale Rolle des Geschehens als Fluchthelfer, sondern am Entstehen des Filmes als solchen. Zumindest Letzteres ist fragwürdig, war er doch – eben aufgrund der spezifischen Vertragsbedingungen für jüdische Mitarbeiter – nur für die französische Filmversion zuständig, für den Schnitt der deutschen Fassung hingegen Gottlieb Madl.[443]

Ungeachtet der politisch motivierten Vorbehalte gegenüber Kurt Bernhardt und Teilen seines Mitarbeiterstabs wurde Der Tunnel am 27.10.1933 zur Aufführung unter der Einschränkung eines Jugendverbots freigegeben, und erhielt von der Bayrischen Filmprüfstelle sogar das Prädikat „künstlerisch wertvoll". Der Streifen, der am 3.11.1933 im Berliner Capitol am Zoo seine Uraufführung

---

441 C. Bernhardt: Romantiker, S. 102f.

442 R. Fehr: Erinnerungen, S. 151.

443 Vgl. Deutsches Filminstitut e. V. (Hg.): Der Tunnel (1933), Produktionsnotizen, DIF/D vor 45/11 u 7/Trf–Tz.

erlebte,[444] wurde vom Kinopublikum begeistert, von den Kinokritikern indes gemischt aufgenommen. In den positiven Besprechungen wurde durchgängig das Schlagwort vom „Hohelied der Arbeit" direkt oder indirekt aufgriffen, so anlässlich der Premiere „in dem bis auf den letzten Platz besetzten Münchener Ufa-Phoebus-Palast" in München: „Eindeutig und machtvoll schuf eine Massenregie ein Hohelied der hingebenden Arbeit für ein großes Kulturwerk, dessen Symbol hier die utopische Tunnelidee ist."[445] Ähnlich erfolgte der Tenor der folgenden Filmkritiken:

> „Dieser Film ist ein Hohelied der opferfreudigen, todesmutigen Arbeit geworden […]. Paul Hartmann spielt, nein erlebt diesen fanatischen Arbeitsmenschen […]. Das Publikum folgte den packenden Vorgängen mit großem Interesse, zeigte sich sehr beifallsfreudig, begrüßte auch die anwesende Hauptdarstellerin Olly von Flint sehr freundlich, wartete aber vergeblich auf Paul Hartmann, den es sicherlich mit brausendem Beifall überschüttet hätte."[446]
>
> „Ein Heldenlied der Arbeit, ein Film dessen Held die Masse ist. Dementsprechend ist die Wirkung des Films trotz der Längen des ersten Teils groß. […] Monumental der Ingenieur Mac Allan Paul Hartmanns, gehämmerter Stahl."[447]

Teilweise in denselben Rezensionen wurden jedoch oft die Überholtheit und der Utopismus (im Sinne der Negation des Unmöglichen), mithin ein ungewollt anachronistischer Ansatz des Sujets bemängelt. Dieses Manko wurde sowohl mit realtechnischen als auch rezeptionsästhetischen Entwicklungen begründet, mit besonderer Betonung der zwischen Roman und Neuverfilmung stattgefundenen kulturellen Anpassungsleistung an den technischen Fortschritt:

> „Amerika-Europa! Bohren und Sprengen! Sprengen und Bohren! Das ist die Melodie dieses Films. […] Eine Utopie, die – im Gegensatz zu manchem Jules Verne – Utopie bleiben wird. Genau vor zwanzig Jahren erschien der gleichnamige Roman Bernhard Kellermanns, nach dem dieser Film gedreht ist. Der Roman übte auf die Vorkriegsgeneration eine ungeheure Wirkung aus. Es wäre zuviel verlangt, wollte man von der Film-Nachbildung die gleiche Wirkung erwarten. Inzwischen ist ja die Technik weiter geschritten, unsere Nerven sind an Sensationen gewöhnt. Die Maschinen lassen uns verhältnismäßig kalt."[448]

---

444 Vgl. ebd. sowie Anonymus: Theater – Musik – Film, in: Vossische Zeitung vom 04.11.1933, S. 7.

445 Anonymus: Münchener Uraufführung ‚Der Tunnel', in: Der Kinematograph Nr. 214 vom 03.11.1933, DIF/D vor 45/11 u 7/Trf–Tz.

446 Anonymus: Der Tunnel [Filmkritik], o. O., o. J. [1933], ebd.

447 e. b.: Der Tunnel. Im Capitol, in: Berliner Morgenpost vom 07.11.1933 [Herv. i. O.], ebd.

448 Ebd.

> „Der Kontrast ist der, daß ein Tunnelbau zwischen den beiden Kontinenten an sich eine grandiose Sache wäre … oder gewesen wäre, im Jahre 1912 nämlich, nicht aber heute, da die Eisenbahn, die den Tunnel durchquert, ‚ein gar langweilig Ding' sein müßte gegenüber den andern Verkehrsmitteln, die die Zwischenzeit uns schon beschert hat und die Zukunft weiter bescheren wird. Die Utopie des Tunnels ist also eine, die durch zwanzig Jahre Technik längst überholt wurde. […] Trotz aller guten Bilder, trotz aller Qualen unter Tags – ich glaube doch, daß dieser Film von Voraussetzungen des Jahres 1912 zu sehr gehemmt ist, um uns seine technische Notwendigkeit und damit seine gezeigte Entwicklung heute noch ergreifend erscheinen zu lassen. […] [A]ls Werk aus einer Welt, die nie war und nie sein wird, ist der Film aus einem Guß, einheitlich, geschlossen und formgetreu. – Das Publikum applaudierte hingerissen."[449]

Die negativen Besprechungen monierten neben einem mangelnden technischen vor alledem einen ebenso fehlgeleiteten sozialen Realismus:

> „Im Zeitalter der Ozeanflüge und Massenbewegungen sind wir gegen die Sensationen des Buches ein wenig abgebrüht. Umgekehrt sind wir aber empfindlicher, wenn heute in einem Reißer wie diesem Film Not und Ethos der sozialen Wirklichkeit dazu benutzt werden, einer romanhaften Handlung zu Relief, Scheinkonflikten, zu einem ideellen Kern und einer Utopie zu dem Charakter einer ‚von Gott eingegebenen Idee' zu verhelfen. Die Welt des Films gehört also weder der Gegenwart, noch der Zukunft an: es ist eine Kulissenwelt, in der es ausschließlich Helden oder Schufte gibt; in der Saboteure und Streikhetzer im Solde der Großfinanz stehen; in dem Massenschicksale dazu bestimmt sind, zu einer ungefährlich-nervenkitzelnden Abendunterhaltung beizutragen; und in der glücklicherweise die Hilfeschreie Verschütteter unmittelbar in harmlose Tanzweisen übergehen können. […] Das Publikum klatschte."[450]

Offen diffamierende Kritiken, die die nationalsozialistische Hetze gegen den Regisseur fortschrieben, sind nicht überliefert. Selbst die ausführliche Besprechung der *Deutschen Filmzeitung*, zu diesem Zeitpunkt offizielles Mitteilungsblatt der Hauptabteilung Film der Reichspropagandaleitung der NSDAP, fiel, gerade

---

449 Anonymus: Der Tunnel, in: Die Filmwoche Nr. 46 (1933), ebd. Ähnlich argumentierte der Sachbuchautor Eugen Georg in seinem ein Jahr später erschienenen mystizistisch-universalgeschichtlichen Werk *Der Mensch und das Geheimnis* (1934), in dem er zwar nicht auf den Film einging, jedoch allgemein die Wahrscheinlichkeit der realtechnischen Umsetzung eines Transatlantiktunnels bewertete: „[…] abgesehen davon, daß ein solcher Tunnel im Zeitalter des Stratosphärenfluges, der Transozean-Riesenflugzeuge, der Luftgüterzüge, also der Schleppzüge durch die Luft, ja überflüssig wäre, abgesehen auch von den ungeheuerlichen Kosten, die in die Hunderte von Milliarden gehen." E. Georg: Der Mensch, S. 297.

450 v. E.: Der Tunnel, in: Vossische Zeitung vom 05.11.1933, S. 14 [Herv. i. O.].

im Hinblick auf die dort ansonsten übliche antisemitische Hetze, moderat aus.[451] Die Verknüpfung der Kritik mit der Herkunft Bernhardts erfolgte nur indirekt, mit implizitem Rekurs auf die in der deutschen Geistesgeschichte manifeste Dichotomie von Kultur und Zivilisation und der diskursiven Verknüpfung des Filmwerkes zu letzterer:

> „Der Film ahnt nichts davon, daß es seine Aufgabe gewesen wäre, dem Streben des Tunnelerbauers zwischen zwei Welten einen wahren und tiefen idealen Hintergrund zu verleihen und ihn vor allem selbst in seinem Kampfe für das kühne Ziel menschlich und nicht nur technisch und äußerlich auf Widerstände stoßen zu lassen, die tragische Konflikte schaffen konnten. […] Schon die Einführung begnügt sich mit kalt hingesetzten Schilderungen der großen Welt; schon bald wittert man wohl vorbereitete Sensationen, die Kriminalistik schleicht sich heran, und die Technik beginnt, sich zu produzieren. Wir fühlen uns nicht sehr angenehm an die übersteigerten Versuche erinnert, wie sie Fritz Lang in ‚Metropolis' gemacht hat, und erleben die Schrecknisse des Wassereinbruchs und der drohenden Explosion einer von Verbrecherhand gelegten Mine ähnlich wie einen Unglücksbericht in einer Wochenschau und kommen von diesem Eindruck, der uns ständig außerhalb des Filmerlebnisses stehen läßt, gerade auch dann nicht los, wenn mit grober Deutlichkeit das Ethos in die Handlung eingepflanzt wird. […] So weht uns gerade zuletzt dieser Film noch einmal eiskalt an, weil er die Hauptsache vergessen hat: die menschliche Verknüpfung der Schicksale."[452]

Eine Affinität des Films zum Ideenkonglomerat des Nationalsozialismus wurde nicht etwa von einem deutschen, sondern bemerkenswerter Weise von einem französischen Rezensenten festgestellt. In seiner wohlwollenden, bewundernden Kritik konstatierte der Journalist und spätere Regisseur Jean Vidal die Verschmelzung von motivischer wie filmästhetischer Nähe zum revolutionären sowjetischen Film und spezifisch nationalsozialistischem Führerideal:

> „Le cinéma allemand, engourdi depuis plusieurs mois, vient de nous donner une oeuvre solide où l'on décèle son orientation nouvelle. *Le Tunnel* est un film puissant et pathétique qui glorifie le travail et les travailleurs selon la doctrine hitlérienne, qui, si elle est nationale, est aussi – ne l'oublions pas – socialiste. A bien des passages, on pourrait croire le film conçu par un metteur en scène marxiste. M. Goebbels n'a-t-il pas fait un jour l'éloge du *Cuirassé Potemkine* et de l'art des réalisateurs soviétiques? Il n'aura pas parlé pour rien. L'influence russe se fait sentir dans les images lyriques du *Tunnel*, dans les scènes de foules en mouvement, de panique, de revolte. A quoi donc reconnaît-on dans ce film l'esprit de la nouvelle Allemagne? A la présence d'un 'führer', d'un chef, un jeune ingénieur qui a conçu le formidable projet de relier par un tunnel percé

451 Hier der ebenfalls gemäßigt auftretenden Berichterstattung des *Völkischen Beobachters* ganz ähnlich.

452 Anonymus: Der Tunnel, in: Deutsche Filmzeitung Nr. 46 vom 19.11.1933, S. 9.

> sous l'Atlantique l'Amérique à l'Europe. A lui le beau rôle! Il est l'animateur, la volonté créatrice, l'autorité nécessaire. Il sait diriger ses hommes, rétablir l'ordre, haranguer les ouvriers, les persuader – quand une catastrophe se produit – de poursuivre une tâche pénible, dangereuse, mais belle…."[453]

Der von Vidal erwähnte Reichspropagandaminister Joseph Goebbels selbst sah eine ideologische Nähe offenbar nicht gegeben, in seinen Tagebucheinträgen findet sich nur folgende lapidare Einschätzung: „Wir sehen bei ihm [Adolf Hitler, AW] Film ‚Tunnel'. Technisch ganz gut. Sonst aber nicht überragend."[454] Entgegen späterer Verlautbarungen[455] wurde der Film im „Dritten Reich" nicht verboten, Hinweise auf eine längere Laufzeit finden sich allerdings ebenso wenig.

Der Film weicht an zentralen Punkten sowohl vom Handlungsverlauf als auch hinsichtlich der Figurenkonstellation vom Roman ab: Im Mittelpunkt steht weiterhin die Figur Mac Allans (Paul Hartmann). Hobby (Attila Hörbiger) ist der gemeinsame beste Freund vom Ingenieur und dessen Frau Mary (Olly von Flint), das Paar ist jedoch kinderlos. Im Gegensatz zur Verfilmung von William Wauer, die auf diese Romanfigur verzichtet hatte, gibt es den Börsenspekulanten Woolf (Gustaf Gründgens), wenn auch mit deutlichen Änderungen hinsichtlich der Charakterzeichnung. Der Eisenbahnmagnat und Milliardär Lloyd (Max Weydner) steht nur in loser, dessen Tochter Ethel (Elga Brink) in keiner direkten Beziehung zu Mac Allan, somit gibt es keinerlei Konkurrenz zwischen Mary und Ethel, stattdessen pflegt letztere ein freundschaftliches Verhältnis zu Woolf. Der Tunnel beginnt mit der Vorstellung des Projektes auf dem Hoteldachgarten, die Theaterszene, die den Roman eröffnet, fehlt.[456] Es folgen Beginn und erste Fortschritte des Tunnelbaus, medial begleitet über die im Auftrag des Tunnel-Syndikats öffentlich vorgeführten Wochenschauen. Während eines Banketts für die Belegschaft findet die durch einen Wassereinbruch hervorgerufene große Tunnelkatastrophe statt. Syndikatspräsident Woolf nimmt die Katastrophe zum Anlass, um gegen den Tunnelbau zu spekulieren, und beauftragt Provokateure, um die ohnehin aufgebrachten und verängstigten Tunnelarbeiter gegen den Weiterbau des Projektes aufzuwiegeln. Der drohende Generalstreik kann durch eine flammende Rede Mac Allans – die im Roman keinerlei Erfolg zeitigt – jedoch

---

453 J. Vidal: Le Tunnel [Herv. i. O.].

454 Joseph Goebbels: Eintrag vom 11.11.1933, in: Ders.: Die Tagebücher, Teil 1,2,3, S. 311f., hier S. 312.

455 Vgl. Ks.: Der Tunnel, in: Abendpost/Nachtausgabe vom 16.11.1962, DIF/D vor 45/11 u 7/Trf–Tz.

456 In dieser Theaterszene kündigt sich das Konkurrenzverhältnis von Maud und Ethel an – eine Konstellation, auf die im Film komplett verzichtet wurde.

abgewendet werden. Daraufhin will Woolf mit einer durch Sabotage verursachten weiteren Katastrophe den Baustopp erzwingen. Sein Handlanger wird zwar gefasst, woraufhin sich der Börsenspekulant schließlich umbringt, jedoch kann die Explosion einer Mine nicht mehr verhindert werden. Wieder kommen hunderte Arbeiter um, und auch Mary, die ihrem Mann auf der Tunnelbaustelle beistehen will, stirbt, indem sie von einem der Rettungszüge überrollt wird. Hobby kann den verbitterten Ingenieur schließlich vom Weiterarbeiten überzeugen. Der Film endet mit dem erfolgreichen Tunneldurchbruch, Eröffnung und Jungfernfahrt werden nicht gezeigt.

3.3.2 Technikdarstellung

Der Establishing Shot fokussiert die Freiheitsstatue, gefolgt von Ansichten auf Wolkenkratzer und (per Kulissenbauten nachempfundenen) Häuserschluchten Süd-Manhattans, wobei die Kamera abwechselnd Vogel- und Froschperspektive einnimmt und mit zusätzlichen Vertikal-Fahrten die Höhendimensionen der Architektur betont. Es folgt der Blick auf das Eingangsportal des „Hotel Astoria“[457], der den Beginn der Handlung – die Konferenz auf dem Hoteldachgarten – ankündigt. Im Foyer, während des Empfangs der Gäste wie der Reporter, gibt eine sekundenlange Kamerafahrt die Sicht auf ein Plakat der Chicagoer Weltausstellung von 1933 frei.[458] Mit diesen ersten Einstellungen erfolgt mithin die räumliche wie auch zeitliche Verortung der Filmhandlung: Es ist die zeitgenössische Gegenwart, nicht etwa Zukunft, der Großstadtmetropole New Yorks, respektive der Vereinigten Staaten von Amerika.

Diese in der Exposition aufscheinende Defuturisierungstendenz durchzieht den gesamten Film. Sämtliche technikfuturistischen Motive des Romans, die in der Wauerschen Verfilmung zumindest noch in Teilen umgesetzt worden waren, sind zurückgenommen: Es gibt keine weiteren Nova außerhalb des hinsichtlich Ort und Dimension die extradiegetische Gegenwart transzendierenden Artefakts des Transatlantiktunnels an sich. Die in diesem Novum angelegte Überschreitung des hic et nunc wird sprachlich ausgedrückt, indem in den Szenen der Medienberichterstattung mehrfach die Bauzeit erwähnt wird. Die Visualisierung der futuristischen Infrastruktur beschränkt sich auf die Dokumentation der Baufortschritte durch eine tricktechnische Kartenanimation, allein seine Größendimension wird durch die Verfolgungsszenen ausgiebig zelebriert, in

457 Eine Anlehnung an das berühmte New Yorker Waldorf-Astoria, das seinerzeit als das größte und höchste Hotel der Welt galt.

458 Vgl. DT, 00:04:05–00:04:09.

denen der Zuschauer Mac Allan und seine Leute auf ihrer Suche nach dem Saboteur auf einer langen Fahrt durch den fertiggestellten Teil des Tunnelschachts begleitet.[459] Die im Roman zur Plausibilisierung der Machbarkeit angeführte Erfindung Mac Allans, der Diamantstahl Allanit, kommt nicht vor. Außerdem werden die Tunnelarbeiten mit zeitgenössischen Materialien und Maschinen durchgeführt, Verkehrsmittel (Lokomotiven wie Automobile) und Kommunikations- und Massenmedien wie Telefon, Radio und Kino-Wochenschau entsprechen gleichfalls dem technischen Stand der außerfilmischen Gegenwart: Sowohl der Produktionsprozess als auch die Produkte respektive das Produktdesign sind vollständig defuturisiert.[460] Lutz Koepnick zufolge, der sich wiederum an Vivian Sobchaks Konzept der Plausibilisierung des Techno-Imaginären anlehnt, fehle es dem Film an visueller Glaubwürdigkeit: Nach Sobchak erfolgt im Science-Fiction-Film die Plausibilisierung seiner Nova über die Darstellung des Realen und Vertrauten (wie der Astronaut, der Wissenschaftler, die Stadt) mit dem Unbekannten und Imaginären (der Roboter, die Außerirdischen, das Raumschiff) durch Totale-Einstellungen in einem Bild bzw. Frame. Das Untergrund-Setting in Der Tunnel ziehe nun eine Folge von visuellen Begrenzungen nach sich, die die Totale nicht zuließen: Das Unbekannte (der Transatlantiktunnel) und das Vertraute (die Arbeitermassen) würden zu schnell miteinander verwoben und unterliefen somit das futuristische Anliegen des Films:

459 Vgl. ebd., 00:16:35–00:17:30. Die Bauzeit des Transatlantiktunnels wird zu Filmende mit 15 Jahren angegeben, somit beläuft sich die erzählte Zeit auf ca. 1933–1948.

460 In der Inhaltsangabe der Reklame-Ratschläge findet sich zumindest noch der Verweis auf eine futuristisch angedachte Medientechnologie, die in ihrer Ausgestaltung jedoch einen technischen Anachronismus beinhaltet: „Auf den nächtlichen Straßen stehen dicht gedrängt die Menschen vor riesigen Projektionsflächen, die die Aufnahmen der Tunnelarbeit fortlaufend zeigen. Aus den Megaphonen schreien die Ansager die Erklärung zu den jeweiligen Bildern." Inhaltsangabe, in: Bayerische Filmgesellschaft M.B.H. (Hg.): Der Tunnel. Reklame-Ratschläge, München, o. J. [1933], DIF/D vor 45/11 u 7/Trf–Tz, o. S. Abgesehen davon, dass diese öffentlichen Vorführungen im Film nicht vorkommen (sondern nur werksinterne Dokumentationen im Stile der Wochenschauen), so erstaunt doch in dieser Beschreibung der atavistische Rückgriff auf Seh- resp. Hörgewohnheiten der Stummfilmzeit, schließlich wurden im Deutschen Reich 1930 die Tonwochenschauen eingeführt, vgl. Uta Schwarz: Wochenschau, westdeutsche Identität und Geschlecht in den fünfziger Jahren, Frankfurt am Main, New York 2002, S. 64.

„ […] the camera solicits the coexistence of the imaginary and the real in not a very climactic fashion; it familiarizes the strange and unseen too quickly, and thus undermines the film's futuristic aspirations. […] what we see is always the same dark hole, after all."[461]

Den Ausführungen Koepnicks ist insofern zu widersprechen, als DER TUNNEL in visueller Hinsicht keinerlei futuristisches Anliegen äußert. Selbst ein Einsatz der Totalen (dass diese – unter Berücksichtigung der filmtechnischen Mittel der 1930er Jahre – in einem Untergrund-Setting funktionieren kann, beweist TRANSATLANTIC TUNNEL) hätte aufgrund der vollständigen Defuturisierung des Settings nichts Imaginäres eingefangen. Irritierend ist nicht, dass der Transatlantiktunnel als futuristische Infrastruktur per se sein diesbezügliches filmästhetisches Versprechen nicht einlöst, sondern dass ein solches Anliegen überhaupt nicht existiert, vollständig negiert wird. Ähnlich wie in F.P.1 ANTWORTET NICHT wird das Novum, das gleichsam keines sein will, vollständig in die zeitgenössische Gegenwart gesetzt, und damit dessen Realisier- und Machbarkeit betont: Die Trennung von Realem und Imaginärem erfolgt entlang der sprichwörtlich linearen Extrapolation des technisch Gegebenen hinsichtlich einer allein in Größe und Länge des Großprojektes die Wirklichkeit überschreitende Dimension.[462] Zwischen Imaginations- und Durchführungsphase des Transatlantiktunnels liegt letztendlich der bloße Willensakt. Diesen voluntaristischen Ansatz spiegeln bereits die Erläuterungen Mac Allans vor dem Konsortium der Milliardäre auf dem Hoteldachgarten. Auf einer Kreidetafel skizziert er den

---

461 L. Koepnick: Screening, S. 157.

462 Der angestrebte Realismusgehalt der technischen Darstellung erschwerte neben den politischen Barrieren zusätzlich die Dreharbeiten. In diesem Punkt stimmen die Erinnerungen Paul Hartmanns mit der zeitgenössischen Schilderung des französischen Filmrezensenten und Journalisten Roger Régent überein – beide betonten die Verschränkung von Produktionsbedingungen und filmischem Sujet: „‚Wir drehten zwölf Wochen in Geiselgasteig, und besonders entsinne ich mich der zeitraubenden, aber großartigen Szenen im Schacht mit ihrem Riesen-Aufwand an Maschinen und Menschen. Regisseur Kurt Bernhardt strebte für diese Passagen höchste Realistik an. Bezeichnend für seine Arbeitsweise war es dabei, daß es während der gefahrvollen Explosionsaufnahmen sogar leider zu einem echten Unfall kam. Unser Aufnahmeleiter wurde schwer verletzt.'", H. Müller: Paul Hartmanns Erinnerungen; „‚Film dur à tourner, nous ont dit, à leur retour, les interprètes. Nous avons travaillés dans la poussière, dans le charbon, dans la boue. C'est presque comme si nous avions construit nous-mêmes ce tunnel!'", Roger Régent: ‚Le Tunnel', réplique souterraine de ‚I.F.1 ne répond plus', in: Pour Vous Nr. 254 vom 28.09.1933, S. 10.

amerikanischen und europäischen Kontinent, um sie mit einer einfachen Linie miteinander zu verbinden:

> „Meine Damen und Herren, Mr. Lloyd hat Ihre Erwartungen so hoch gespannt, dass ich [befürchten] muss, Sie zu enttäuschen. Denn mein Projekt ist im Grunde einfach […]. Stellen Sie sich vor, das ist Amerika, das ist Europa. Ich habe die Absicht einen Tunnel zu bauen, der Amerika und Europa miteinander verbindet. Das würde bedeuten, dass Züge in weniger als 20 Stunden von einem Kontinent zum anderen fahren würden. [*Pause*] Das äh, das ist alles."[463]

Weitergehendes *Technobabble* (der Versuch, durch wissenschaftlich oder technologisch klingende Ausdrücke dem Techno-Imaginären eine wissenschaftliche Grundlage zu verleihen) bleibt aus, ganz im Gegenteil schneidet eine geschickte Montage diesbezügliche Ansätze rigoros ab:

> „Ich komme jetzt bei der näheren Erklärung meines Projektes auch auf technische Dinge zu sprechen. Der Bau des Tunnels wird von Europa und Amerika aus gleichzeitig begonnen. Die Basis meines Planes besteht aus folgenden Zahlen: [*Schnitt, Szenenwechsel*]"[464]

Nach einem harten Schnitt folgt der Zuschauer dem Dialog von Mary und Hobby, die in einem Hotelzimmer auf den Ausgang der Konferenz warten;[465] erst zum Schluss seiner Rede wird wieder der Ingenieur gezeigt, sein Tafelbild nun mit einigen mathematischen Zeichen und Formeln illustriert, die der Suggestion theoretisch-mathematischer Grundlagen des Projektes Genüge tun müssen.[466]

In die Welt des Tunnelbaus eingeführt wird der Zuschauer durch eine Film-in-Film-Sequenz im Stile der Wochenschau, die durchaus als Meta-Kommentar zum noch jungen, als modern und zukunftsweisend bewerteten Medium des Tonfilms gewertet werden kann,[467] jedoch keinerlei futuristische Visualisierungen aufweist. In dieser Sequenz wurden für den Film gedrehte Einstellungen mit dokumentarischen Aufnahmen (von Güterbahnhöfen, Bohrtürmen, Schaufelrädern, Verladekränen und Fördereinrichtungen, über Spreng- und Baggerarbeiten bis zu Ansichten auf Tunneleingänge und Arbeiten an der

463 DT, 00:06:30–00:07:20.

464 Ebd., 00:07:24–00:07:35.

465 Die erste Einstellung dieser Szene zeigt Mary, wie sie die Wartezeit mit dem Zählen der Fenster des gegenüberliegenden Wolkenkratzers zu überbrücken sucht: Die mathematischen Grundlagen des Tunnelbaus werden in ein kindliches Zahlenspiel überführt.

466 Vgl. ebd., 00:09:08–00:09:17.

467 Vgl. L. Schwab: Im Labyrinth, S. 49.

Tunnelwandauskleidung)[468] geschickt miteinander kombiniert. Durch das subtile, nahtlose Ineinandergreifen von dokumentarischem und den faktualen Gestus perpetuierenden fiktionalem Filmmaterial verliert Letzteres seinen nicht realen Status, wodurch dem Dargestellten eine hohe Überzeugungskraft und Plausibilität zukommt.[469] Die vorrangig zwischen (Halb-)Totale und Weitsicht eingefangenen Baustellen-Ansichten der dokumentarischen Anteile wechseln zu fiktionalen Szenen von Vortriebsarbeiten im Tunnel, die primär Nah- und Detailansichten auf Bohrhammer und Bohrgestänge liefern. So wird aus extremer Untersicht die Heranfahrt des Tunnelvortriebs an das Gestein gezeigt, die Filmkamera gleichsam von der übermächtig und erhaben inszenierten Maschine überrollt. In einer weiteren Einstellung übernimmt die Maschine die Aufgabe der subjektiven Kamera: Aus der „Perspektive" der Vortriebsmaschine wird die Bewegung eines sich langsam dem Gestein nähernden Bohrhammers verfolgt. Der den Vorschub bedienende Arbeiter geriert zu ihrem Fortsatz und Werkzeug, subjektiviert wird nicht er, sondern die Apparatur. Diese Variante des Mensch-Maschine-Verhältnisses – der Mensch als Diener und Anhängsel der technischen Apparatur – findet mit einer Detailansicht auf den Bohrhammer ihre vollendete Ausprägung: Die Kamera verweilt zunächst sekundenlang auf Bohrkopf und Bohrstange, um schließlich von den Bohrhammern zu den ihn bedienenden Arbeitern hinüberzugleiten. Indem der Arm des Arbeiters die körperliche Weiterführung des Bohrhammers bildet, zelebriert DER TUNNEL die Entmenschlichung des menschlichen Körpers und die Vermenschlichung der

---

468 Es handelt sich um die bereits erwähnten Aufnahmen des belgischen Tunnelbau-Unternehmens *Compagnie Internationale des Pieux Franki*, vgl. die diesbezüglichen Ausführungen in Kapitel 3.3.1.

469 Simon Spiegel, der diese Filmtechnik für den utopischen Dokumentarfilm analysiert, bezeichnet „das Quasi-real-Erscheinen-lassen fiktiver Elemente", als „Faktualisierung", Simon Spiegel: Authentische Wunschträume. Einige Überlegungen zur Utopie im nichtfiktionalen Film, in: Komparatistik Online 1 (2013), S. 188–199, hier S. 196. Während Spiegel davon ausgeht, dass aktuale Elemente im Spielfilm prinzipiell fiktionalisiert werden, Faktualisierung hingegen einen dem entgegengesetzten, ausschließlich für den Dokumentationsfilm zutreffenden Mechanismus bezeichnet, übernimmt der Literaturwissenschaftler Joerg Hartmann diesen Begriff zur Analyse des Verhältnisses und der Funktion faktualer und fiktionaler Elemente in WELTRAUMSCHIFF I STARTET – EINE TECHNISCHE FANTASIE (1936/1940, Regie: Anton Kutter), ein durch utopisches Sujet und Spielfilm-Handlung ungewöhnlicher NS-Kulturfilm, vgl. Joerg Hartmann: „An absolutely fascinating period piece …": Weltraumschiff I startet, in: Zeitschrift für Fantastikforschung 6 (2016) 1, S. 1–23, hier S. 15f.

Maschine.[470] Die hierin begründete Auflösung der konservativen Dichotomie von Mensch und Maschine wird zugunsten eines Arbeitsfetisches betrieben, in dem menschliche Figuren auf technisch-architektonische Elemente reduziert, ihre ent-individualisierten Körper als Werkstück-Prothesen gebraucht werden, die mit mühelos konstanter Kraftanstrengung, frei von Ermüdungserscheinungen ihre Arbeit verrichten.[471]

Diese per martialischer Mensch-Maschine-Symbiose perpetuierte Apotheose von Technik und Arbeit wiesen auch die zeitgenössischen Werbemotive zum Film auf. Den vom Verleih herausgegebenen Reklameratschlägen zufolge sollte der Streifen mit Slogans wie „Der Tunnel. Ein Ehrenmal deutscher Technik!“[472], „Der Tunnel. Ein erhebendes Lied der Arbeit!“[473] oder „Der Tunnel. Das Hohelied der Arbeit!“[474] angepriesen werden. In den dazugehörigen grafischen Illustrationen variierte das körperbetont-maskuline Bildmotiv halbnackter, hyper-athletischer Arbeiter – der Ingenieur oder andere Figuren wurden hingegen nicht aufgegriffen. Eine dieser Grafiken zeigt die Halbfigur eines einzelnen Arbeiters. Die aufrechtstehende, den Betrachter anblickende Gestalt mit nacktem, muskulösen Oberkörper, eckig-markanten Gesichtszügen und kurzem, hellen Haar stützt sich mit verschränkten Armen auf eine Bohrstange, die wiederum zum Filmtitel-Schriftzug führt. Ein amboss-ähnliches Werkzeug und der linke Arm des Arbeiters scheinen miteinander zu verschmelzen.[475] Wenn auch diese Darstellung des Arbeiters durchaus an Bildtraditionen der Industrieästhetik anknüpft, die nicht erst in der Weimarer Republik en vogue wurden, sondern um die Jahrhundertwende aufkamen, so offenbart sie in ihrer Mischung aus einer gleichsam Jüngerschen Vision der totalen Mobilmachung und rassistisch-biologistisch überhöhtem Körperkult doch eine enge Verwandtschaft mit bildhauerischen Arbeiten von im Nationalsozialismus gefeierten Künstlern wie Arno Breker oder Josef Thorak.[476] Ein weiteres Bildmotiv zeigt eine Gruppe von

470 Vgl. DT, 00:16:42–00:17:20.

471 In Anlehnung an Jeffrey T. Schnapp bezeichnet Koepnick dieses spezifisch faschistische Körperkonzept als „metallization“, vgl. L. Koepnick: Screening, S. 172.

472 Muster-Inserat, Serie C, in: Bayerische Filmgesellschaft M.B.H.: Der Tunnel, o. S.

473 Muster-Inserat, Serie D, in: ebd.

474 Muster-Inserat, Serie E, in: ebd.

475 Vgl. ebd.

476 Vgl. bspw. die 1939 von Breker geschaffenen Skulpturen „Die Partei“ und „Die Wehrmacht“, die sich bis 1945 im Hof der Neuen Reichskanzlei in Berlin befanden, oder der 1938 entstandene Entwurf Thoraks für ein monumentales „Denkmal der Arbeit“, das an der Reichsautobahn errichtet werden sollte. Von einer spezifisch nationalsozialistischen Ästhetik zu sprechen wäre hingegen falsch, ähneln sich doch die Bildpolitiken

vier Arbeitern in sich teilweise überlappenden Ganzfiguren, im Hintergrund ist Geröll, im Mittelgrund Rauch erkennbar. Wieder sind die Arbeiter halbnackt; das Muskelspiel ihrer Arme und Oberkörper wird durch dramatische Posen (liegend, sich die Haare raufend, mit den Armen das Geröll abwehrend) sowie durch die hierfür verwendete Schraffur akzentuiert. Die Ästhetisierung der Tunnelkatastrophe, auf die dieses Bildmotiv anspielt, enthält eindeutige homoerotische Referenzen und betont gleichzeitig das männerbündische Prinzip von Arbeit als heroischen Kampf, der seine Opfer fordert. Material oder Werkzeug ist nicht erkennbar, sodass von der eigentlichen Tätigkeit verallgemeinert wird.[477] Generell wurde in den für die Werbeanzeigen gewählten Bildmotiven die Tunnelarbeit vage gehalten, nicht konkret visualisiert, obgleich man hierzu auf eine reiche Bildtradition hätte zurückgreifen können, die der Sozialwissenschaftler Klaus Türk mit dem Topos der „höllischen Arbeit" (gemeint als „Verbindung von Technologie und gebückt-unterdrückter Arbeit") umschrieben hat.[478] In dieser wird neben der Thematisierung maskuliner, heroischer Produktivität häufig auch die Belastung der körperlichen Schwerarbeit abgebildet, mit durchaus körperbetonten Darstellungen, bei denen die Figuren jedoch gebückt und gedrungen agieren – eine Haltung, die sich offenkundig wenig zur Illustration des gepriesenen „Hoheliedes der Arbeit" eignete.[479]

Die Robustheit, Belastbarkeit und Ermüdungsresistenz der in DER TUNNEL vorgestellten Produktionstechnik wird ausschließlich von außerhalb ihrer selbst liegenden Einflüssen in ihrer harmonischen Arbeits- und Funktionsweise

---

autoritär-diktatorischer Herrschaftssysteme des 20. Jahrhunderts, vgl. Klaus Türk: Bilder der Arbeit. Eine ikonografische Anthologie, Wiesbaden 2000, S. 288ff.

477 Vgl. Muster-Inserat, Serie F, in: Bayerische Filmgesellschaft M.B.H.: Der Tunnel, o. S.

478 K. Türk: Bilder der Arbeit, S. 99f.

479 Bei den 1962 anlässlich der bundesdeutschen Wiederaufführung des Films herausgegebenen Reklameratschlägen wurde in Teilen auf überlieferte Slogans, nicht jedoch auf das dazugehörige Bildmaterial zurückgegriffen, sondern ein neues Bildmotiv entwickelt: Zwei Arbeiter sind im Hintergrund vor einer Tunnelexplosion erkennbar, im Vordergrund stehen sich mit eindeutig identifizierbaren Bildnissen von Paul Hartmann und Gustaf Gründgens Ingenieur und Spekulant gegenüber – gewissermaßen eine Versinnbildlichung des Konflikts zwischen Arbeit, Technik und Kapital. Dieser Neugestaltung lag sicherlich, wie auch einige dazugehörige Werbetexte vermuten lassen, die Überlegung zugrunde, vor allem mit dem hohen Bekanntheitsgrad von Gustaf Gründgens für den ansonsten eher in Vergessenheit geratenen Film zu werben, vgl. Inseratmater Nr. 2 bis 5, in: Filmkunst GMBH (Hg.): Der Tunnel, Reklamevorschläge. Unter Mitarbeit von Karl L. Kraatz, Frankfurt am Main, o. J. [1962], DIF/D vor 45/11 u 7/Trf–Tz, o. S.

unterbrochen: einmal durch den Einbruch eines unterirdischen Flusses in den Tunnelstollen, ein zweites Mal durch einen Sabotageakt. Die Ursachen dieser Katastrophen sind demnach nicht in einer systemimmanent unvollkommenen Technik zu suchen, sondern werden externalisiert. Beide Störungen weichen deutlich von den diesbezüglichen Schilderungen des Romans ab: Die große Tunnelkatastrophe wird bei Kellermann durch die Explosion eines durch die Sprengarbeiten versehentlich angebohrten gasgefüllten Hohlraums herbeigeführt, das Sabotagemotiv taucht indes weder im Roman noch in der Verfilmung von 1915 auf. In der Bernhardtschen Verfilmung geriert der erste Störfall durch den Felsen einsickernde, schließlich sich bahnbrechende Wassermassen, in denen Dutzende Arbeiter ertrinken, zur Abwehr einer Naturgewalt, die weiblich assoziiert ist: Eine fluide, organische, potenziell grenzenlose Gefahr bedrängt den zuvor ermüdungsfreien, stählernen männlichen Kollektivkörper, droht ihn aufzulösen und zu atomisieren:

> „Der Tunnel Tausende von Metern unter dem Atlantik, [...] in diesen Bildern sind Phantasien des Eingeschlossenseins aufgehoben, Phantasien sowohl der Einkreisung von außen durch einen Feind wie [...] das bedrohliche Meer, das Schlamm und Wasser in den Tunnel drückt und Menschenleben fordert, Phantasien auch der psychischen Panzerung gegen die Frau, Gestalt gewordene Sexualangst der patriarchalen Männergesellschaften. Bei Mac Allan tritt dieses Bedürfnis, sich mit Stahl- und Betonpanzern tief unter dem Meer zu umgeben, deutlich hervor.“[480]

Bezeichnenderweise folgt der Text des Tunnellieds, das als Leitmotiv den Film durchzieht, ebenso einer vergeschlechtlichten Dichotomie von Natur und Technik. Erstmals von den Arbeitermassen gesungen wird es nach dem erfolgreichen Abwenden eines nach der Tunnelkatastrophe drohenden Streiks:

> „[*Wir bohren aus/Der Wogen Kraft*]. Übers Weltmeer peitschte der Orkan/Wächst der Tunnel heran/Sind wir frei, Mann für Mann/Ja frei von dir Ozean.“[481]

480 L. Schwab: Im Labyrinth, S. 46. Die obsessive Angst des männlichen, faschistoiden „Körperpanzers“ vor allem „Flutenden“ und dem damit assoziierten Weiblichen hat als Erster Klaus Theweleit grundlegend analysiert, vgl. Klaus Theweleit: Männerphantasien. Bd. 1: Frauen, Fluten, Körper, Geschichte, Frankfurt am Main 1977.

481 DT, 00:39:30–00:40:05 [*Kursiv: Wortlaut undeutlich*]. Die Melodie des Tunnellieds ist per Instrumentalversion bereits im Vorspann zu hören, ein weiteres Mal zur Wochenschau. Im Männerchor gesungen wird es zur Wiederaufnahme der Tunnelarbeiten nach der Arbeiterversammlung sowie in der Schlussszene des Films, nach dem erfolgreichen Tunneldurchbruch.

Ebenso wird der zweite Störfall, die durch den Syndikatspräsidenten und Börsenspekulanten Woolf in Auftrag gegebene Sabotage der Tunnelbauarbeiten, bei der Hunderte von Arbeitern zu Tode kommen, auf der Ebene der Figurenkonstellation anhand symbolischer Repräsentationen von Männlichkeit und Weiblichkeit verhandelt. Das an die erfolgreiche Vollendung des Großprojektes geknüpfte durch und durch misogyne Narrativ, bei dem alles Weibliche oder weiblich Konnotierte dem Tunnelbau geopfert wird, wird im Folgenden ausführlich erläutert.

3.3.3 „Ich bin ein Arbeiter wie ihr!" – Figurencharakterisierung und -konstellation

Die Figur des Ingenieurs hat mit der in F.P.1 ANTWORTET NICHT sowohl den Schauspieler als auch die Betonung der Arbeitswelt gemein, die in DER TUNNEL noch weitaus vehementer fokussiert wird. Zwar war die Arbeitswelt Drostes zentral für dessen Charakterisierung, jedoch wurde dem Produktionsprozess an sich, der Herstellung der Flugplattform, nur wenig Filmzeit eingeräumt, wohingegen die Tunnelarbeiten im Mittelpunkt der Handlung stehen.

Ingenieur Mac Allan ist die dominierende Figur, sämtliche weiteren Charaktere sind ihm bei- oder untergeordnet. Wiederum analog zu Droste wird der dem Ingenieur inkorporierte Leistungsimperativ an den exzessiv konsumierten Genussmitteln sichtbar: viel Kaffee, Zigaretten, kein Alkohol.[482] Zudem ist eine deutliche Figurenentwicklung feststellbar: vom zukunftsgewissen Sozialvisionär zum für den technischen Fortschritt gealterten Märtyrer. Dabei wird der Tunnelbau von Filmbeginn an als homosozialer Raum inszeniert – als Projekt eines kollektiven, im Arbeitsfetisch vereinigten Männerbundes. Dies geschieht auf mehreren Ebenen: *erstens* durch die Inszenierung der Arbeiter als Verbund halbnackter Männerkörper in beschwerlicher, dreckiger und gefährlicher Schwerstarbeit, die auch bildlich den Ingenieur einschließt. Im Gegensatz zum Mac Allan

482 Die Zigarette versinnbildlichte in der ersten Hälfte des 20. Jahrhunderts einen effizienteren, besser zum modernen Arbeitsalltag passenden Tabakgenuss, dies gerade in Kontrast zu älteren Produkten wie Pfeifentabak und Zigarre. Innerhalb der breiten Palette von Rausch- und Genussmitteln geriet sie zum zentralen Symbol eines beschleunigten Lebenstempos, vgl. Tom Reichard: Die Zeit der Zigarette. Rauchen und Temporalität in der ersten Hälfte des 20. Jahrhunderts, in: Alexander C.T. Geppert/Till Kössler (Hg.): Obsessionen der Gegenwart. Zeit im 20. Jahrhundert, Göttingen 2015, S. 92–122, hier S. 107. Kein Genussmittel ist demnach geeigneter als sie, um den Ingenieur als Leitfigur der technischen Moderne auch hinsichtlich der Insignien seines Konsums adäquat auszustatten.

der 1915er Verfilmung, der nach tayloristischem Vorbild nahezu ausschließlich in seinem Büro und Konferenzzimmer zu sehen war, befindet sich der Mac Allan der 1933er Verfilmung in den meisten Tunnelarbeitsszenen ebenda – verschwitzt und verdreckt steht er während der Sprengarbeiten gar mit einigen Arbeitern, sich aneinander festhaltend, in engem Körperkontakt.[483] Seine hemdsärmelige Arbeitskleidung bezeugt durch Stiefelhose und hohe Schnürstiefel militärische Anleihen. Die Kriegsmetaphorik des Romans – in der Wauerschen Verfilmung zurückgenommen, hingegen bei Bernhardt gleich auf mehreren Ebenen durchschlagend[484] – findet durch diese Kostümierung ihre filmische Umsetzung. Desgleichen markiert letztere gleichzeitig Führerschaft wie Abgrenzung zur Arbeiterschaft: Mac Allan ist der einzige, der durchgehend Oberbekleidung trägt, alle anderen Figuren der technischen Elite – die Hilfsingenieure, die Vorarbeiter und selbst Hobby, der sich innerhalb des Tunnelschachts beständig mit freiem Oberkörper bewegt – sind zumindest in einigen Szenen wie das Gros der Arbeiter halbnackt zu sehen. Die symbiotische Verbindung der Repräsentationsfiguren von Arbeit und Technik offenbart sich außerdem in der einzigen Szene, in der sich der Ingenieur entgegen seines sonstigen Betätigungsfeldes ein kurzes Freizeitvergnügen gönnt: Vor einem großen Bankett zu Ehren des Tunnelerbauers, zu dem ein großes Rummelfest stattfindet, wird Mac Allan von seinen Arbeitern dazu gedrängt, sich mit ihnen zu amüsieren:

> **Mac Allan:** „Aber seid doch vernünftig, Kinder. Ihr müsst doch nun mal sehen: Erst die Arbeit, und dann das Vergnügen."
> **Ein Arbeiter:** „Aber nur fünf Minuten bei uns bleiben…" [*zustimmendes Stimmengewirr der Umstehenden*]
> **Mac Allan:** „Also gut, aber wirklich nur für fünf Minuten!"[485]

Durch Mac Allans Anrede der Umstehenden als „Kinder", sowie die Festlegung der gewährten „Beschäftigungszeit", verweist dieser Dialog auf ein stark paternalistisches Moment im Beziehungsgefüge zwischen Ingenieur und Arbeiter, das auch in späteren Sequenzen – allzumal in der Streikszene – zum Tragen kommt.

---

483 Vgl. DT, 00:19:20–00:19:40.

484 Neben der Kleidung Allans, die ihn als „Feldherr der Industriearbeit" (H. Segeberg) auszeichnet, findet sich die semantische Verknüpfung von „Arbeit als Kampf" in Allans Rede auf der Arbeiterversammlung sowie im Off-Kommentar der Wochenschau-Sequenz: „Achtung, Achtung: Die Arbeiterheere Mac Allans marschieren auf!"; ebd., 00:14:45–00:14:55.

485 Ebd., 00:24:37–00:26:28. Eine Szene zuvor hatte Hobby dem Ingenieur erklärt: „Ach, auf das Bankett bin ich gar nicht neugierig – aber der Rummelplatz *mit unseren Leuten*, das ist 'ne Sache."; ebd., 00:24:20–00:24:30 [Herv. AW].

Die Rummelplatzvergnügungen hingegen werden von Mac Allan, bereits in eleganter Abendgarderobe fürs Bankett gekleidet, mit dem kulinarischen Genuss des „kleinen Mannes“ abgeschlossen – er verspeist eine Bratwurst.

Die soziale Nähe des Ingenieurs zur Arbeiterschaft wird auch über die Mittlerfigur des deutschen Sprengmeisters Karl Bärmann (Otto Wernicke) verdeutlicht. In einem kurzen Gespräch mit Mac Allan (der offenbar jeden Arbeiter sofort zu sich ins Büro bittet – ein weiterer Hinweis auf die „Volksnähe“ des Ingenieurs) erklärt sich der gemeinsame Ursprung der beiden Männer: Beide haben als einfache Pferdejungen im Kohlebergbau angefangen. Die Nennung seines Herkunftsortes – Gelsenkirchen – verdoppelt die „vertrauensbildende Maßnahme“:[486] Bärmann wird sofort von Mac Allan eingestellt und erweist sich als dessen verlässlichster Vertrauensmann. Hierbei steht er im deutlichen Kontrast zu seinem Vorgänger, dem amerikanischen Ingenieur Harriman (Armand Zaepfel), der durch Leichtsinn und Unzuverlässigkeit auffällt (Bärmanns erste erfolgreiche Bewährung erfolgt unmittelbar nach seiner Einstellung während der ersten Tunnelkatastrophe, die gleichzeitig Harriman zum Verhängnis wird – nach seinem pflichtvergessenen Verhalten wird er von Allan gefeuert.) Mit dieser Kontrastierung Bärmanns und Harrimans wird dem äußerlich amerikanischen Filmsetting eine antiamerikanische wie auch deutschpatriotische Note verliehen, die dem deutschen Kinopublikum ein zentrales Identifikationsangebot bereitgestellt haben mag.[487] So ist es wiederum Bärmann, der nach dem erfolgreichen Abwenden des drohenden Generalstreiks das Tunnellied erstmals anstimmt, und ebenfalls er, der angesichts der zweiten großen Tunnelkatastrophe – die wiederum amerikanische Herkunft des ausführenden Saboteurs

---

486 Bärmann: „In Gelsenkirchen.“; Allan: „In Gelsenkirchen… wo is'n das?“; Bärmann: „In Deutschland, Mister Allan.“; Allan: „Aha, Deutscher.“; ebd., 00:23:05–00:23:15. Die Suggestion der Nähe wirkt auch über die Kleidung – Allan steckt noch in seiner verdreckten Arbeitskleidung, Bärmann hingegen für dieses informelle Vorstellungsgespräch Anzug.

487 Im Roman agieren diese beiden Figuren nicht als Antipoden: Zum einen trägt für beide die große Tunnelkatastrophe zum persönlichen Unglück bei: Harriman wird entlassen, Bärmann wird durch panische Arbeitermassen erschossen. Diese Erzählstränge sind jedoch nicht miteinander verbunden. Zum anderen wird Harriman zwar von Mac Allan gefeuert, jedoch erfährt der Zuschauer durch die auktoriale Erzählperspektive dessen Beweggründe, sodass wiederum Allans Verhalten vom Leser als ungerecht eingeschätzt werden kann. In Der Tunnel wiederum wechselt die Erzählperspektive vorrangig zwischen Allan, Woolf und Mary, Harriman hingegen wird nicht einbezogen, sodass ein nachzuvollziehender Beweggrund und somit auch eine Identifikation mit dieser Figur ausbleiben.

Brooce (Will Dohm) wird per Namensgebung deutlich – an den Gemeinsinn der Arbeiter appelliert.[488] Die altruistische Aufopferung für das Tunnelprojekt vollzieht sich selbst noch im Moment seines Todes, wenn er, kurz bevor er von Arbeitern erschossen wird, die panische Menge beschwört: „Ich will doch nur euer Bestes!"[489] Der deutsche Vorarbeiter steht und fällt für das Kameradschaftsprinzip, das ausschließlich er und Mac Allan beschwören.[490]

Während die Mittlerposition zwischen Technik und Arbeit also von einem explizit als deutsch vorgestellten Charakter übernommen und zu als amerikanisch gekennzeichneten Figuren kontrastiert wird, verbleiben ansonsten Herkunft oder Nation der Arbeiter im vagen.[491] Gleichzeitig besticht, dies gerade im Vergleich zu der international wie multiethnisch beschriebenen Arbeiterschaft des Romans, in Der Tunnel deren ethnische Homogenität: Die Kollektivfigur der Arbeiterschaft ist ausnahmslos weiß. (Dieses Merkmal lässt sich nicht auf Schwierigkeiten des Drehs zurückführen, farbige Komparsen zu finden. Zum einen konnte die deutsche Filmindustrie, in der Zeit des Nationalsozialismus sogar verstärkt, auf afrodeutsche Darsteller zurückgreifen,[492] zum anderen wurde in Der Tunnel durchaus eine Rolle mit einem schwarzen Darsteller besetzt, der sogar eine kleine Sprechrolle innehat – John (unbekannter Darsteller), der Diener Mac Allans).[493] Diese Homogenisierung formiert den symbolischen

488 Bärmann weigert sich entgegen des Drängens der bereits aufgestiegenen Arbeiter, das Signal zum Ausfahren eines Rettungszugs zu geben: „Solange ich hier bin, wird gewartet! Es fehlen noch Kameraden!"; DT, 01:02:35–01:02:50.

489 Ebd., 01:03:50–01:04:00.

490 Allein Mac Allan und Bärmann sprechen die Arbeiter mit „Kameraden" an, vgl. ebd., 00:31:30–00:31:40 sowie 01:02:40–01:02:50.

491 Im Roman hingegen ist die Darstellung der Ingenieure wie auch der Arbeiterschaft von „fein dosierte[n] Nationalismen" durchzogen, die Kellermann deutlich „als Kind seiner Zeit" ausweisen: Positive Stereotype finden sich bei Deutschen und auch (weißen) Amerikanern, negative hingegen bei Polen, Italienern, Japanern und auch Franzosen – so wird Chefingenieur Gaillard von Mac Allan gefeuert und von einem Amerikaner ersetzt; C. Miloradovic-Weber: Erfinderroman, S. 129.

492 Zur Geschichte afrodeutscher Darsteller im deutschen Kino in der ersten Hälfte des 20. Jahrhunderts vgl. Tobias Nagl: Die unheimliche Maschine: Rasse und Repräsentation im Weimarer Kino, München 2009. Mit Beginn des Zweiten Weltkriegs wurden zunehmend auch schwarze französische Kriegsgefangene eingesetzt, die als Zwangsarbeiter für die Kolonialfilme der Ufa arbeiten mussten, vgl. Katharina Oguntoye: Eine afro-deutsche Geschichte. Zur Lebenssituation von Afrikanern und Afro-Deutschen in Deutschland von 1884 bis 1950, Berlin 1996, S. 141ff.

493 Diese Rolle findet weder im Filmvorspann noch in jeglichen Produktionsnotizen Erwähnung. John taucht nur in einer Szene auf: Er assistiert Allan und Hobby beim

Kollektivkörper der Arbeiterschaft hinsichtlich der filmischen Verhandlung der sozialen Kategorien von Rasse, Klasse und Geschlecht zu einer unterschiedslosen wie ununterscheidbaren Masse: Er ist ausnahmslos männlich, proletarisch, weiß. Diese „sozialstrukturelle" Uniformität setzt sich auch in den Handlungen des Protagonisten-Kollektivs fort – bei der Überführung der Tunnelarbeiten in einen synchronisierten, ebenmäßigen Handlungsablauf sowie bei der Wiederherstellung der durch einen drohenden Generalstreik gefährdeten Ordnung. Bei der Streikabwehr sind es zuvorderst die in Körpersprache und aggressiver Intonation stark an Adolf Hitler angelehnte Performanz sowie der Inhalt von Mac Allans Rede, die zahlreiche Anleihen bei nationalsozialistischen Ideologemen nehmen – mithin die emotionale, pathosgeladene Beschwörung eines durch Führerkult und soldatische Opferbereitschaft verbundenen heroischen Kollektivs, dessen letztendlicher Zweck (das gemeinschaftlich errungene wie vergemeinschaftete technische Großprojekt) auch den dieser Aufgabe zu leistenden kollektiven Märtyrertod als Notwendigkeit akzeptiert:

> „Warum macht ihr einen Unterschied zwischen mir und euch? Ich habe mit euch im Dreck gestanden! Ich bin ein Arbeiter wie ihr! Ich habe die Katastrophe im Bergwerk von Cincinnati miterlebt und weiß, was es heißt, unter der Erde im Schlamm zu stecken! […] Jede Arbeit ist ein Kampf, und in jedem Kampf gibt es Tote! […] Es gibt kein Leben ohne Gefahr! […] Es ist gleich, was man uns für die Todesstunde bezahlt. Aber es ist nicht gleich, dass morgen hunderttausende auf der Straße liegen, ohne Brot, wenn ihr den Tunnel stilllegt! […] Ich verspreche euch nichts, weil ich ehrlich bin. Aber ich glaube an uns! Ich glaube an den Tunnel! Wir haben Stahl, wir haben Beton, und es soll mit dem Teufel zugehen, wenn wir nicht Sieger werden! [*Jubel*] Arbeiter, jede Minute, die wir hier länger bleiben, ist ein Verbrechen an unserem Werk! Schluss mit dem Reden! Ich verlange von euch nur eines: Vertrauen! [*Jubel*]"[494]

Bad nach einer Tunnelschicht. Seinen Namen erfährt man durch Mac Allan, der seinem Diener, als der noch nicht zu sehen ist, durch die Tür Anweisungen erteilt. Dass John keinerlei Vergemeinschaftung in das Tunnelkollektiv erfährt, wird durch die Interaktion zwischen ihm, Allan und Hobby verdeutlicht. Während der Diener Hobby die Haare wäscht und ihm hierzu (in der deutschen Fassung) eine kurze Anweisung gibt, kreuzen sich im Gespräch von Allan und Hobby deren Blickachsen, nicht jedoch die des Schwarzen. Durch das Ignorieren seiner Anwesenheit wird John vom Gesprächsinhalt der beiden ausgeschlossen – er gehört nicht zu den von Hobby just in dieser Szene beschworenen „unseren Leuten". Vgl. DT, 00:23:50–00:24:30.

494 Ebd., 00:36:40–00:39:30. Die Anschlussfähigkeit dieser markanten Rede Mac Allans an nationalsozialistisches Gedankengut wurde schon von der ideologiekritischen Forschung hervorgehoben, vgl. K. Wetzel: Liebe, Tod und Technik, S. 29. Harro Segeberg indes liegt einem Missverständnis auf, wenn er einen von Kraft Wetzel und Peter A. Hagemann verwendeten Aphorismus als Filmdialog kennzeichnet: „„ […] deutsch

Darüber hinaus findet die demagogische Rhetorik Mac Allans ihre Resonanz in der räumlichen Anordnung von Ingenieur und Arbeiterschaft: Die Auseinandersetzung um den Stopp der Tunnelarbeiten nach der ersten Tunnelkatastrophe findet in einer riesigen, gleichwohl unterirdischen, mit hunderten von Arbeitern überfüllten Versammlungshalle des Tunnelstollens statt. Die Kamera fängt die klaustrophobische Enge dieser Massenszene durch mehrere in Vogelperspektive gehaltene Halb-Totalen und Totalen ein, gleitet über die Köpfe der Menschen hinweg, fokussiert abwechselnd verschiedene Ebenen, auf denen sich die Arbeiter drängen: auf Podesten, Treppenabsätzen und sogar Stützbalken.[495] Diese größeren Einstellungsgrößen wechseln mit Groß- und Nahaufnahmen von einzelnen Arbeitergruppen, die auf die Argumente des von Woolf angeheuerten Streikredners (Ferdinand Marian) antworten.[496] Trotz mehrfachen Widerspruchs von Mac Allans Befürwortern, mit Bärmann an erster Stelle, gelingt es dem Agitator, das Gros der Anwesenden aufzuwiegeln. In diesem Moment interveniert Mac Allan, hält eine Gegenrede. Beide, zuerst Woolfs Agitator, danach der Ingenieur, stehen dabei auf einem Podest, umringt von ihren Zuhörern. Jedoch fallen hinsichtlich ihrer Inszenierung signifikante Unterschiede auf. Während der Streikredner frontal, in Normalsicht gehaltener Naheinstellung porträtiert wird, der Bildausschnitt an seiner Hüfte endet, sodass die ihn umgebenden Arbeiter nur selten zu sehen sind, wird Mac Allans Rede aus einer leichten Untersicht eingefangen, kombiniert mit halbnahen, stirnseitig und hinten abwechselnden Einstellungen, die seine räumlich erhöhte Position zu einer argumentativ überlegenen werden lässt. Die ihn umgebenden Arbeiter sind indes nicht durch die

---

sein heißt eine Sache um ihrer selbst willen tun.‘ […] Die Autoren des Films haben dazu die schon im literarischen Original rigide Werkethik des Helden um einen Ausspruch angereichert, der in der Regel Richard Wagner zugeschrieben wird, tatsächlich aber von Carl Maria von Weber, dem Komponistenvater des Dichter-Ingenieurs Max Maria von Weber, herrührt.“, H. Segeberg: Technik-Bilder in der Literatur, S. 421f. Tatsächlich taucht dieser Aphorismus an keiner Stelle des Films auf, Wetzel und Hagemann verwenden ihn entsprechend nicht etwa als Filmzitat, sondern als Kommentar des filmischen Geschehens, vgl. Kraft Wetzel, Peter A. Hagemann: Kommentierte Filmographie. Der Tunnel, in: Dies.: Liebe, Tod und Technik, S. 54f., hier S. 55.

495 Vgl. DT, 00:34:45–00:35:10.

496 Die Beweggründe Woolfs werden in einer vorhergehenden Szene im Gespräch mit seinem Geschäftspartner, dem „Winkelbanker“ Gordon (Richard Révy), offengelegt. Die Rechtmäßigkeit und Billigkeit des Streiks im Sinne einer verständlichen Abwehr- und Schutzreaktion der Arbeiterschaft vor den tödlichen Gefahren des Tunnelprojekts wird verneint, stattdessen als manipulierende Maßnahme des Kapitals desavouiert, vgl. auch K. Wetzel: Liebe, Tod und Technik, S. 29.

Bildkadrierung abgeschnitten, sondern räumlich in die Ansprache Allans integriert. Sein Blick ist des Öfteren auf einzelne, ihn umgebende Zuhörer gerichtet, sodass trotz dieser Massenszenerie eine direkte, individuelle Kommunikation zwischen Ingenieur und Vertretern der Arbeiterschaft entsteht.[497] Die Arbeiter wiederum werden just in dieser Szene drastisch als beliebig manipulierbarer Kollektivkörper inszeniert. Die Predigten des Streikredners und des Ingenieurs finden nacheinander sowie an räumlich entgegengesetzten Positionen der Versammlungshalle statt. Die Zuhörerschaft wechselt einheitlich und geordnet nach ihrer jeweiligen Anrufung ihre Position; die Geschlossenheit ihrer räumlichen Neujustierung wird durch eine in Aufsicht geschossene Totalaufnahme eingefangen.[498] Ihre Zwischenrufe zu Allans Rede (die der von Woolf eingekauften Agenten ausgenommen) bezeugen eine durchgehend untertänige, vertrauensselig nach Führung verlangende Mentalität:

> **Ein Arbeiter:** „Allan, versprich uns, dass wir nicht ersaufen!"
> **Ein weiterer Arbeiter:** „Versprich es uns, und wir gehen mit dir!" […]
> **Ein weiterer Arbeiter:** „Nein, nein, wir laufen nicht davon!"
> **Ein weiterer Arbeiter:** „Wir gehen mit!"
> **Ein weiterer Arbeiter:** „Sei ehrlich, Allan! Kommen wir mit [*dem Leben*] davon?"
> **Ein weiterer Arbeiter:** „Die Wahrheit, Allan, aber ehrlich! Dann gehen wir mit dir!"[499]

Darüber hinaus enthält der innerhalb dieser Streikszene verhandelte Konflikt zunächst genuin politische Dimensionen: Die Arbeiterschaft erscheint organisiert, sie hält eine Versammlung ab, in der sich gegen die Profitinteressen der Anteilseigner des Tunnelsyndikats ausgesprochen und schließlich die kollektive Arbeitsniederlegung angedroht wird. Die Rede des von Woolf angeheuerten Agitators platziert den Ingenieur in die Nähe der Repräsentationsfiguren des Kapitals:

---

497 Vgl. DT, 00:36:45–00:39:30.

498 Nach Klaus Kreimeier ist die Inszenierung des räumlichen Wechsels einer wankelmütigen wie autoritätshörigen Masse bereits aus dem Theater bekannt; er nennt als klassisches Vorbild die Forumreden des Brutus und Mark Anton in William Shakespeares „Julius Caesar", vgl. Klaus Kreimeier: Aufmarsch im Bildfeld. Ambivalente Beobachtungen zur Konstruktion eines Mythos in deutschen Filmen der 30er und 40er Jahre, in: Evangelische Akademie Arnoldshain/Gemeinschaftswerk der Evangelischen Publizistik e. V. (Hg.): Filmmythos Volk. Zur Produktion kollektiver Identität im Film, Frankfurt am Main 1992, S. 21–37, hier S. 25.

499 DT, 00:38:25–00:39:00. In diesen Zurufen findet Allans gemeinschaftsbeschwörende Rhetorik zusätzlichen Wiederhall in einer sprachlichen Nivellierung jeglicher Statusunterschiede – der Ingenieur wird geduzt.

> „Die Herren vom Syndikat haben leicht Reden. Sie sind nicht dabei, wenn das Meer einbricht! Aber du, du, und du… ihr alle werdet das Maul voll Dreck haben! […] Es gibt ehrliche Kerle, die an Mac Allan glauben. Mac Allan ist nicht besser als die anderen! [*Zwischenrufe: „Lüge!"; „Das ist nicht wahr!"*]. Wenn die an ihr Geld denken, denkt er an seinen Ruhm und an seinen Erfolg! [*Zwischenrufe: „Recht haste"; „Jawoll!"*] Aber ob wir verrecken für das Geld dieser Leute, oder ob wir verrecken zu Mac Allans Ehre, das kann uns gleich sein! […] Denn das Syndikat kann unsere Arbeit fordern. Aber wenn das Syndikat unser Leben verlangt, da sagen wir ‚Nein'! [*Jubel*]"[500]

Gipfelnd in dem Ausruf „Ich bin ein Arbeiter wie ihr!" nimmt Mac Allans anschließende Gegenrede eine Positionsverschiebung hinsichtlich der Stellung des Ingenieurs vor, indem dialogisch wie ikonografisch das Bündnis zwischen Arbeit und Technik beschworen wird. Der genuine Interessenskonflikt wird durch den Triumph eines sakral überhöhten Arbeitsethos, das das Opfer des Einzelnen für das Wohl der Gemeinschaft fordert, entpolitisiert. Hierbei zeitigt die Darstellung der Arbeiterschaft durch den Wechsel zwischen Formen untergeordneter und komplizenhafter Männlichkeit eine gewisse Ambivalenz: In einigen Szenen trägt sie durch ihre Inszenierung als ängstliche, manipulierbare und willenlos folgende Masse durchaus feminisierte Züge. Dieser Inszenierungsmodus findet jedoch nicht durchgehend Anwendung, im Gegenteil taucht er ausschließlich in Krisenszenarien auf, als Reaktion auf die von außen herangetragenen Gefährdungen des vulnerablen Kollektivkörpers. Im Moment der Wiederherstellung der bedrohten Ordnung kehrt die Darstellung wieder zu Bildern der harmonischen Einheit von Ingenieur und Arbeiterschaft zurück, die wiederum dem Inszenierungsmodus einer komplizenhaften Männlichkeit verpflichtet ist. Letztere bedeutet den Normalfall, die untergeordnete Männlichkeit den Störfall, der das nationalsozialistische Ideal zu unterminieren droht.[501] Nach der jubelnden Zustimmung zur Rede des Ingenieurs verlässt die Menschenmenge schließlich die Versammlungshalle, formiert in einheitlichen, unidirektional marschierenden Reihen und untermalt vom kollektiven Gesang des von Bärmann angestimmten Tunnellieds: Die durch Naturgewalt und Finanzkapital doppelt bedrohte Ordnung ist wiederhergestellt.

---

500 Ebd., 00:34:30–00:36:30.

501 Es werden mutmaßlich ebendiese Szenen gewesen sein, die den Missmut der NS-Filmkritiker auf sich gezogen haben. Um ein durch und durch nationalsozialistischer Film zu sein (was Der Tunnel trotz seiner diesbezüglichen Affinitäten selbstredend nicht ist), benötigt es eben ein ausnahmsloses, totales „Ethos der Arbeit, der Gemeinsamkeit der Arbeiter, der Kameradschaft", gerade auch im Ausnahmezustand (v. D.: Der Tunnel).

Der Tunnel wird *zweitens* nicht nur ausschließlich *von* Männern gebaut (natürlich mit der ausführlichen Inszenierung physisch höchst beschwerlicher, dreckiger und gefährlicher Schwerstarbeit), sondern er wird offenbar auch nur *für* Männer gebaut. Dies zeigt insbesondere eine Film-im-Film-Sequenz, in der im Stile der Wochenschauen über die Fortschritte des Tunnelbaus berichtet wird.[502] Entgegen der gemischtgeschlechtlichen Zusammensetzung des Kinopublikums zu Anfang 1930er Jahre (und auch entgegen der Inszenierung in der Wauer-Verfilmung) besteht das Publikum im Film ausschließlich aus Männern, die wiederum die ausschließlich männlichen Akteure des Film-im-Film anschauen. Beide Akteursebenen werden als jeweils männliche Kollektive vorgestellt, die durch die Kommunikation Allans mit der innerfilmischen Kamera und der Response der Zuschauerschaft[503] zu einer einzigen homosozialen, Macht und Statusunterschiede nivellierenden Gemeinschaft vereinigt werden.

Drittens erfolgt die Inszenierung des Tunnelbaus als männlich-homosoziales Projekt durch die systematische Ausschließung der weiblichen Hauptfigur, Allans Ehefrau Mary. Schauspielerin Olly von Flint betonte in Spielweise und Habitus zusätzlich die Schwäche und Passivität dieser Figur, die geradezu infantile Züge besitzt.[504] Die ihrer Figurenetablierung dienende Szene zeigt Mary im Hotelzimmer, wie sie das Warten auf ihren Mann mit einem kindlichen Abzählspiel überbrückt. In deutlichem Kontrast zu den schlicht-eleganten, zumeist dunklen Roben der Damen der New Yorker High Society trägt sie helle, geblümt-verspielte Kleider, ihr Blick ist oft nach unten oder ins Leere gerichtet, nur selten sucht sie direkten Blickkontakt; und wenn, dann zu Allan oder Hobby. Selbst nach direkter Handlungsaufforderung, so bei der Pressekonferenz zur Ankündigung des Projektbeginns, bei der sie um eine Stellungnahme gebeten wird, ersucht Mary die Hilfe ihres Ehemannes: „Ja, Allan, was soll ich denn sagen?“[505] Der Ingenieur wiederum nennt sie „Marychen“, „Mädel“, „liebe kleine Mary“. Nichts in ihrer Beziehung deutet auf sexuelles Verlangen hin; der Filmkuss auf Stirn und Kinn mutet selbst unter Berücksichtigung der Filmkonventionen der 1930er Jahre platonisch an: „Gute Nacht, schlaf gut.“[506] Außerdem ist das Paar

---

502 Vgl. DT, 00:14:13–00:14:48.

503 Lutz Koepnick spricht hier von einer Mobilisierung des Auges und des Körpers („mobilization of the eye and the body“); vgl. ders: Screening, S. 161.

504 Diese Betonung fällt beim Vergleich der Figureninterpretation der deutschen und französischen Fassung auf; vgl. hierzu Kapitel 3.3.4.

505 DT, 00:13:10–00:13:20.

506 Ebd., 00:45:45–00:45:52. Die vollständige Abwesenheit jeglicher erotischen Komponente zwischen den Beziehungen der männlichen und weiblichen Charaktere

kinderlos. In der Infantilität Marys scheinen die beiden Romanfiguren Maud und Edith miteinander vereint.

Der systematische Ausschluss der weiblichen Hauptfigur kündigt sich bereits zu Filmbeginn an. Wie in der frühen Szene der Dachgartenkonferenz verbringt Mary auch den Großteil des Films passiv mit Warten – auf die Heimkehr und auf die Aufmerksamkeit ihres schwer arbeitenden Mannes. Mit Hotelzimmer und Privatgemächern wird der ihr zugewiesene Handlungsort deutlich innerhalb der häuslichen Privatsphäre, innerhalb eines äußerst beengten Aktionsradius, verortet; von der Arbeitswelt ihres Mannes, zu der sie in direktem Konkurrenzverhältnis steht, wird sie vollständig räumlich getrennt.[507] Selbst in dem Moment der Finanzierungsbestätigung des Tunnelbaus, in dem sie sich zusammen mit Hobby und ihrem Mann in einem Zimmer befindet, wird ihre Anwesenheit durch die ausschließlich aufeinander bezogene Blick-, Aktions- und Dialogausrichtung der beiden Männer negiert, auch wenn sie zum Schluss der Szene interveniert. Der Bewunderung suggerierende Aufblick von Mary auf Allan wird nicht erwidert; der Kontakt findet allein zwischen den beiden Männern statt – zuerst durch den Blickwechsel, dann verstärkt durch das Zusammentreffen ihrer Körper beim jungenhaften Raufen.[508] Mary entspricht konsequent der Figur der Entsagungsvollen. Ihr Verzicht auf gemeinsam verbrachte Zeit mit ihrem Mann stellt ein weiteres Opfer für den Tunnelbau dar. Ihr Leidensweg findet mit ihrem Filmtod ein folgerichtiges Ende: Bei ihrem ersten und einzigen Versuch, in die Arbeitssphäre Mac Allans einzudringen, also den Tunnel zu betreten, wird Mary von einem heranbrausenden Zug überfahren.

---

durchzieht den gesamten Film, was den Kontrast zu den homoerotischen Bezügen des Männerbundes umso deutlicher aufscheinen lässt. So findet sich die gleiche platonische Grundierung auch in der Beziehung zwischen Mary und Hobby: Im Unterschied zum Roman, in dem die permanente Abwesenheit Mac Allans schließlich zur physischen Anziehung zwischen Hobby und Maud führt, agieren Mary und Hobby in Der Tunnel rein freundschaftlich, dies sogar explizit und unmissverständlich: Mary [*lehnt mit dem Kopf an Hobbys Schulter*]: „Hobby, hast du mich gern?"; Hobby: „Ja."; Mary: „Bist du mein Kamerad?"; Hobby: „Natürlich." Ebd, 01:00:10–01:00:16. Und auch der hypersexuelle Woolf des Romans findet für die einzige Frau, mit der er im Film interagiert – Milliardärstochter Ethel – nur freundschaftliche Worte.

507 Im Kellermannschen Roman zeitigt die Figur der Maud noch einige Initiative, indem sie, um sich abzulenken und ihrer Langeweile zu entkommen, schließlich in der werkseigenen Krankenpflegestation arbeitet. Selbst diese ebenfalls dem Bereich der Reproduktion zugeordnete Wirkungsstätte bleibt der Filmfigur Mary verwehrt – im Warten verbleibt sie vollkommen passiv.

508 Vgl. DT, 00:12:00–00:12:38.

Die Opferung der weiblichen Hauptfigur an den im Arbeitsfetisch vereinigten Männerbund ist absolut, da durch den Wegfall der Beziehung des Ingenieurs zu Milliardärstochter Ethel kein Frauentausch stattfindet, der Verlust nicht substituiert wird. Durch den Wegfall dieses Erzählstranges wird die Positionsverschiebung des Ingenieurs, weg von einer potenziellen Liaison von Technik und (anglo-amerikanischem Unternehmens-)Kapital, hin zur Verbindung von Technik und Arbeit, nochmals verdeutlicht: Die Nähe Mac Allans zur Arbeiterschaft drückt seine gleichzeitige Distanz (Ethel) zu oder Ablehnung (Woolf) von Vertretern der Geldwirtschaft aus.[509] Die Lösung des in Der Tunnel aufscheinenden Interessengegensatzes von Kapital und Arbeit ist dabei nicht nur hinsichtlich des Bündnisses zwischen Ingenieur und Arbeiterschaft, sondern diametral dazu auch in Bezug auf die zentrale Repräsentationsfigur des Kapitals geschlechtlich markiert: Denn das Opfer der Frau im Sinne einer Vernichtung alles Weiblichen durch und für die Technik wird *viertens* im Selbstmord von Mac Allans zentralem Gegenspieler, Finanzspekulant Woolf, bestätigt. Gustaf Gründgens nahm dieser Figur die eindeutig antisemitischen Züge der Romanvorlage, in der sie dem Stereotyp des amoralischen, geldgierigen wie hypersexuellen und verweichlichten „Ostjuden“ nachempfunden war, und spielte sie stattdessen – gemäß seines Starimages – als großstädtischen, feminisierten Dandy, besonders prägnant symbolisiert durch die wiederholt deutlich in Szene gesetzte Vorliebe Woolfs für Boutonnières.[510] Diese Figureninterpretation ist insofern strukturell antisemitisch konnotiert, als in Der Tunnel das egoistisch motivierte, destruktive Potenzial einer kapitalistischen Ökonomie im Charakter Woolfs personifiziert und innerhalb der Zirkulationssphäre verortet wird, dem die von Idealismus, Pflichterfüllung und Opferbereitschaft gekennzeichnete

509 Diese rücken wiederum zusammen: Woolf und Ethel verbindet eine platonische, langjährige Freundschaft, verdeutlicht durch zwei Dialoge: zur Figurenetablierung Woolfs sowie einleitend vor dessen Filmtod. Die Milliardärstochter fungiert damit allein als Sidekick Woolfs.

510 Die Boutonnière diente dem Dandy als Ausdruck seines Nichtstuns und Müßiggangs. Einer der bekanntesten Vertreter dieser Zunft, Oscar Wilde, vermerkte zu ihr: „A really well-made buttonhole is the only link between Art and Nature.“, Oscar Wilde: Epigrams. Phrases and Philosophies for the Use of the Young, London, New York 1907, S. 141. Woolfs diesbezügliche Vorliebe – er bevorzugt weiße Nelken – wird zu seiner Figurenetablierung, und schließlich auch in dem Moment seines Selbstmords, ausführlich zelebriert: Bevor er die Pistole auf seinen Kopf richtet, zieht er eine Nelke aus einem Blumenarrangement, betrachtet sie kurz, und wirft sie schließlich weg; vgl. DT, 00:55:40–00:56:00.

Produktionsgemeinschaft von Ingenieur und Arbeiterschaft gegenübergestellt ist. Woolfs dekadentes, von Eigennutz und Profitgier getriebenes „Wesen" steht dabei in unversöhnlicher Konkurrenz sowohl zu dem des Arbeiterheeres als auch zu dem des Ingenieurs Mac Allan, da es nicht nur mit deren jeweiligen Inszenierungen von Männlichkeit konkurriert und dabei zugleich deren Gegensätze nivelliert, sondern mit einem explizit weiblich konnotierten Stil eine Bedrohung tradierter (kollektiver) Männlichkeit per se darstellt, die es zu vernichten gilt. Der Selbstmord Woolfs erscheint – abgesehen von der diesbezüglichen Übereinstimmung mit der Romanvorlage – entsprechend folgerichtig.

Der in Der Tunnel verhandelte Interessengegensatz von Kapital und Arbeit wird mithilfe einer völkisch-antikapitalistischen Agenda gelöst, die durch die Abwehr alles Weiblichen oder weiblich Konnotierten gekennzeichnet ist. Dieses den Film durchziehende Narrativ, das vor allem in den beiden Störfällen – und also Krisenmomenten – des Tunnelbaus zutragen kommt, kulminiert in den Schlussszenen des Films: Nach dem Tod Marys und hunderter Arbeiter durch die Tunnelexplosion überredet Hobby den verzweifelten und trauernden Mac Allan, sein Werk – nicht nur trotz, sondern für die Toten – zu vollenden:

> „Dann geh zugrund! Aber tu deine Pflicht! Genau wie die 200, die da drüben auf der Bahre liegen. Allan, glaube mir. Dein Schmerz ist nicht so wichtig. Wofür sind denn die gestorben? Wofür hat denn Mary gelitten? Nicht weil du Mac Allan bist, oh nein. Weil dir Gott eine große Idee gegeben hat. Aber er hat sie dir nicht gegeben, damit du dein Leben hinwirfst! Dein Leben gehört nicht mehr dir, Allan! … Allan! Guter alter Junge! Beiß dich durch! Arbeite! Glaube mir, es gibt nichts anderes für dich!"[511]

An dieser Szene bemerkenswert ist nicht nur die sakrale Märtyrerlyrik Hobbys, die mit dem „entgrenzten Utilitarismus" ihres Wortlauts den Topos der „deutschen Arbeit" wiederholt, der schon in der Rede Mac Allans aufschien,[512] sondern auch die Montage von Trauer- und sich anschließender Arbeitsszenerie, die einmal mehr eine durch und durch misogyne Motivik bereitstellt: Die Einstellung von Allans Trauer an Marys blumengeschmückten Sarg wird überblendet mit der sekundenlangen Detailaufnahme eines sich das Felsgestein aushöhlenden Bohrhammers: Die Trauerarbeit schlägt in sublimierte Penetrationswut um, die den Tunnelbau schließlich zu seiner erfolgreichen Vollendung führt. Wenn Lutz Koepnick im Besonderen mit seiner Deutung des finalen Tunneldurchbruchs als „vaginal opening […] – a striking image of male technological self-birth, of clean

511 DT, 01:06:13–01:06:53.

512 Michael Wildt: Der Begriff der Arbeit bei Hitler, in: Marc Buggeln/Michael Wildt (Hg.): Arbeit im Nationalsozialismus, München 2014, S. 3–24, hier S. 3.

and safe sex indeed“[513] zu unmittelbar entsprechende Sprachfiguren des Kellermannschen Romans auf den Film zu übertragen sucht,[514] so ist ihm doch im Allgemeinen zuzustimmen, wenn er anknüpfend an psychoanalytische Konzepte die Tunnelarbeiten als Kompensation einer verlagerten Sexualangst analysiert:

> „[...] Bernhardt's The Tunnel [...] provides an erotic spectacle of sexual penetration and fathering that indulges in a rhetoric of penetration only to stimulate through technological devices a regressive reunion with the mother. Woman – the other and the mother – has to die so that the tunnel, so that male solidarity and redemption, so that technological progress may live.“[515]

Dem fügt sich auch das Filmende ein: Noch die letzte Einstellung beschwört den im Maschinenkult vereinigten Männerbund – untermalt vom Gesang des Tunnellieds fährt die Vortriebsmaschine über den Köpfen der jubelnden, Hüte schwenkenden Arbeitermassen auf die Felswand zu, um sich in einer letzten Detailansicht nochmals in ihr Gestein zu bohren.

3.3.4 Der Tunnel versus Le Tunnel: Sprachversionen

Die Hauptrolle des Ingenieurs wurde in der französischen Fassung von Jean Gabin gespielt, der zu dieser Zeit jedoch dem französischen Kinopublikum noch relativ unbekannt war; sein Durchbruch als international gefragter Schauspieler erfolgte erst einige Jahre später durch Filme wie Pépé le Moko (FR 1937, Regie: Julien Duvivier) und La Bête Humaine (FR 1938, Regie: Jean Renoir). Die Rolle der Mary wurde mit der seinerzeit etwas bekannteren Madeleine Renaud besetzt, mit der Gabin bereits ein Jahr zuvor in La Belle Marinière (FR 1932, Regie: Harry Lachman) ein Filmpaar gemimt hatte[516] (Renaud wird im Vorspann von Le Tunnel in einem Tableau mit Gabin als Erste genannt).

Im Vergleich zu den beiden (erhebliche Varianzen offenbarenden) englischen Sprachversionen von F.P.1 antwortet nicht weisen Der Tunnel und Le Tunnel einen hohen Übereinstimmungsgrad in der Szenen- und Handlungsabfolge sowie in den Dialogen auf. Die vorliegende französische Fassung enthält einige

513 L. Koepnick: Screening, S. 177.

514 Harro Segeberg unternimmt eine ausführliche wie überzeugende Analyse der Sprachfiguren des Romans, die den Tunnelbau als Analogie eines zerstörerischen, gewalttätigen „Geschlechtsakt mit der Erde“ begreifen lassen, vgl. H. Segeberg: Vergeschwisterung, S. 203.

515 L. Koepnick: Screening, S. 177.

516 Vgl. Claude Gauteur/André Bernard: Jean Gabin. Seine Filme – sein Leben, 2. Aufl., München 1985, S. 20–45.

wenige Einstellungen mehr, die hinsichtlich Abfolge und Schnitt einen Verlust des diesbezüglichen Filmmaterials innerhalb der vorliegenden deutschen Fassung vermuten lassen.[517] Im Gegensatz zu F.P.1 ANTWORTET NICHT entfallen jedoch keine vollständigen Szenen; beide Filmfassungen besitzen denn auch mit ca. 72 Minuten eine nahezu identische Länge. Die Dialoge bestechen durch größtenteils detailgetreue Übersetzungen der deutschen Fassung, was wiederum einen weiteren Hinweis darauf geben mag, dass die markanten Abweichungen bei F.P.1 ANTWORTET NICHT tatsächlich zu einem nicht unerheblichen Teil der Improvisationsfreude Hans Albers (und entsprechender Zugeständnisse Karl Hartls) geschuldet waren. Die Szenen- bzw. Einstellungsabfolge variiert an zwei Stellen: bei der Film-in-Film-Sequenz, was auch leichte Verschiebungen hinsichtlich der Musikeinspielung zur Folge hat, sowie bei den retardierenden Szenen vor der zweiten Tunnelkatastrophe (Enttarnung und Konfrontation Woolfs, dessen Bestechung eines Arbeiters sowie das Ehekrisengespräch zwischen Allan und Mary). Diese durch die divergierenden Post-Produktionen bedingten Unterschiede – mit Gottfried Madl als Schnittmeister für die deutsche und Rudi Fehr für die französische Version – implizieren jedoch keine gesonderte

---

517 Einige zusätzliche Einstellungen enthält bspw. die Dachgartenkonferenz: Nach Woolfs Gespräch mit Gordon sieht man ihn wieder den Dachgarten betreten und Mac Allan noch einige Details – wie Bauzeit und Anzahl der benötigten Arbeitskräfte – zu seinem Projekt erläutern. Dass diese Einstellungen ursprünglich in der deutschen Version vorkamen, bezeugen überdies entsprechende Passagen in den von der Bavaria herausgegebenen Reklameratschlägen, die ergänzend zu im Film enthaltene Textpassagen auch die in der deutschen Fassung fehlenden Ausführungen Mac Allans aufweisen: „Mein Tunnel hat eine Länge von fünftausend Kilometern und ich werde nach meinen Berechnungen den Tunnel in einem Zeitraum von fünfzehn Jahren zu Ende geführt haben. Meine Herren, dieser Tunnel ist kein überholtes Problem und wird auch nie ein überholtes Problem werden können. Keine Entwicklung der Technik und keine neuen Gesichtspunkte einer trans-atlantischen Verkehrspolitik werden sich diesem Tunnel gegenüber behaupten können. Je schneller beispielsweise die Flugzeuge werden, desto schneller werde ich. Ich kann meine elektrischen Züge heute schon auf vierhundert Kilometer pro Stunde steigern. Kein Unternehmen kann wie das unsere viertausend Menschen täglich von Amerika nach Europa befördern. Meine Herren, glauben Sie mir, es kann niemals für unser ‚Tunnel Syndikat' eine Konkurrenz geben!"; Bayerische Filmgesellschaft M.B.H.: Der Tunnel. Bemerkenswert an diesen Zeilen ist die ihnen inhärente Auflösung der zum Romanende aufscheinenden Ambivalenz des technischen Fortschritts. Sie lassen sich gleichsam als Antwort wie als defensiver Metakommentar zum Romanende sowie zu der wiederholt auf den technischen Anachronismus der 1933er Verfilmung verweisenden zeitgenössischen Filmkritik verstehen.

Interpretation, zumal die insgesamt ungemein hohe Kongruenz der beiden Filme hinsichtlich Plot, Dialog, Kameraeinstellung, Belichtung und Montage umso erstaunlicher ist.

Bei der Rollenbesetzung spielte nicht nur der in diversen Filmlexika dahingehend als Einziger erwähnte Gustaf Gründgens in der französischen Fassung ebenfalls den Charakter des Woolf, sondern es wurden auffallend viele Neben- und Kleinstrollen mit denselben Schauspieler_innen besetzt: so der Journalist Harris (Josef Eichheim), die Milliardäre Miss Brown (Magda Lena) und Chesterfield (Max Schreck), der Sekretär Allans (unbekannter Darsteller) sowie die drei Sensationsreporter_innen (u.a. Erna Fentsch). Der augenfälligste Unterschied besteht in den jeweiligen Kostümierungen der Hauptdarsteller, die offenkundig nationalen Stereotypen folgten (wobei genau genommen nicht genuin deutsche resp. französische Klischees, sondern entsprechende Amerika-Bilder bedient wurden). So sind die weiblichen Figuren, sofern sie nicht von denselben Schauspielerinnen verkörpert wurden, in der französischen Fassung eleganter gekleidet. Augenscheinlich wird dies nicht nur bei Mary, sondern vor allem auch bei Ethel, die in der deutschen Fassung der Dachgartenkonferenz ein streng anmutendes Tageskostüm trägt, während sie in der französischen (gespielt von Raymonde Allain) mit einer extravaganten Abendgarderobe inklusive Opernhandschuhen aufwartet. Mac Allans Kleidung hingegen divergiert weniger bei seiner Freizeit- oder Abendgarderobe, sondern vielmehr bei seiner Arbeitskluft: Durch Stiefelhose und hohe Schnürstiefel erinnert Paul Hartmanns Kostümierung an eine Offiziersuniform; Jean Gabin hingegen verleiht der Ingenieursfigur mit Arbeitsanzug und groben Arbeitsschuhen, wahlweise auch Latzhose (dem sogenannten „bleu de travail" oder „blauen Anton") eine ungleich zivilere Note. Dieser subtile Kontrast wird durch entsprechende Unterschiede in Stimmführung und Artikulation unterlegt: Während Gabin seine Anweisungen ruft, brüllt Hartmann seine Befehle.[518]

Darüber hinaus sind bezüglich der Figureninterpretation weitere nuancierte Unterschiede feststellbar, die bei Weitem nicht allein in der Hauptfigur des Ingenieurs aufgehen, auf dessen jeweilige Besonderheiten hinsichtlich Habitus und Spielweise bereits der Filmwissenschaftler Fritz Göttler verwies:

518 Markant bei der Entlassung des Ingenieurs Harriman, vgl. DT, 00:30:05–00:30:30 sowie LT, 00:33:15–00:33:40. Diese durch und durch stereotype Unterscheidung hinsichtlich Kostüm und Artikulation prägte auch die Darstellung des Ingenieurs Droste in F.P.1 ANTWORTET NICHT, vgl. Kapitel 2.5.

„[D]ie eigentliche Geschichte des französischen *Tunnel* ist: wie einer von der Jugend unvermittelt ins Greisenalter wechselt. In den ersten Szenen ist Gabin ein Fremder unter den Finanzkarikaturen, mit seinem vollen schwarzen Haar, im Auftreten ein wenig an den jungen Charlie erinnernd, den er am Ende von *Les bas-fonds* kopierte, mit hinreißend steifen Bewegungen. Der Atlantik-Tunnel, das ist für ihn ein wirklicher Traum, ein Riesenspielzeug. Ein wenig ist er auch der junge Orson, der sich anschickt, von Amerika aus die Welt zu erobern. Gabin hat eine bewegende Verletzlichkeit, eine reine Kindlichkeit: Einmal sitzt er in seinem Büro, seine Frau […] auf dem Schoß, zärtlich massiert er ihren Arm: ‚Du hast geweint?' Er schaut traurig versonnen vor sich hin, etwas in seinem Blick erzählt davon, daß er am liebsten das ganze Projekt aufgeben möchte, weil es seine Liebe zerstören wird; daß er aber an dieses Aufgeben nur *denken* kann. Die viele Arbeit, seufzt er und verspricht, gleich ein paar Tage mit ihr wegzufahren. Paul Hartmann, in der deutschen Fassung: Auch das ist ein Fremder, aber einer aus der Tragödie, der bewußt ein fremdes Gesetz anerkannt hat. Freudlos steht er auf der Dachterrasse des Hotels den Bankiers gegenüber, irritiert und unsicher. Dunkle Schatten unter seinen Augen, von seiner eigenen Idee unterdrückt. Wie Hartmann mit seiner Burgtheater-Manier den Amerikaner Mac spielt, wird das ein Konglomerat: weil er keine Individualität hat, wird er problemlos zur Personifikation eines Konzeptes, des Tatmenschen. Wenn Gabin den Mac gibt, dann ist er Mac und bleibt doch Gabin auch."[519]

Abgesehen davon, dass Gabins Tendenz zum Unterspielen gegenwärtigen Sehgewohnheiten mehr entspricht als der theatrale Darstellungsstil Hartmanns, und schon allein aufgrund dessen der französischen Version für ein heutiges Publikum ein höherer Schauwert zugesprochen werden mag,[520] lohnt sich hinsichtlich der divergierenden Charakterzeichnung auch ein Blick auf die weiteren Filmfiguren: Vornehmlich Mary, Hobby (Pierre Nay) und selbst Karl Bärmann alias Charles Baillère (Edmond van Daële) verdienen eine gesonderte Betrachtung. Letzterer übernimmt die gleiche Funktion wie in der deutschen Fassung – als zentrales Identifikationsangebot an ein imaginiertes französisches Kinopublikum. Dementsprechend stammt der Vorarbeiter aus Lens, dem französischen Äquivalent zum Ruhrgebiet.

In Marys eleganterem Erscheinungsbild ist einiges von der Infantilität der deutschen Figur zurückgenommen. Unterstrichen wird dieses Äußere durch eine ruhige, weniger schwärmerische Spielweise Renauds, die trotz des zumeist

---

519 Fritz Göttler: Gestohlenes Leben, fiktive Existenzen. Kurt Bernhardts französische Filme, in: H. Belach: Aufruhr der Gefühle, S. 50–57, hier S. 51, 53 [Herv. i. O.].

520 Auf der Berlinale 2017 lief innerhalb der Retrospektive, die sich der Geschichte des Science-Fiction-Kinos widmete, bemerkenswerterweise mit Le Tunnel die französische Kinofassung; vgl. Connie Betz et al.: Visions of the Future. Science – Fiction – Film, in: R. Rother/A. Schaefer: Future Imperfect, S. 10–19, hier S. 12.

gleichen Dialoggehalts der Rolle eine souveränere Note verleiht. Einige Dialogsequenzen wurden variiert oder ausgelassen, wodurch die Interaktion zwischen Allan und Mary ausbalancierter wirkt: So bittet sie auf der Pressekonferenz ihren Mann nicht um Hilfe, sondern setzt sofort mit ihrer Glaubensrede an. Der französische Allan wiederum deutet in dieser Szene nicht extra auf das Mikrofon, gibt ihr keine Handlungsanweisung vor.[521] Die Zurücknahme der Infantilität Marys korrespondiert mit einer Zurücknahme ihrer Bevormundung durch Allan,[522] so auch bei einem seltenen Moment abendlichen Beisammenseins:

Mac Allan [*Paul Hartmann*]: „*Marychen*, was machst du, hm? Noch ein bisschen, lesen, hm?"
Mary [*Olly von Flint*]: „Ja, vielleicht."
Mac Allan: „Ach, du lieber Gott, da schau mal an! *Ein ganzer Berg von Arbeit wartet wieder auf mich. Tja, du hast's gut! So möchte ich es auch mal haben.*"
Mary [*reicht ihm die Kaffeetasse*]: „Jaja." –

Mac Allan [*Jean Gabin*]: „*Et toi*, qu'est-que tu vas faire? Tu vas lire un peu?"
Mary [*Madeleine Renaud*]: „Oui… oui peut-être, un peu."
Allan: „Oh là là, *regarde-moi, je ne sais pas encore à déblayer*! *On est bien pour une bonne partie de la nuit encore, ah?*"
Mary [*reicht ihm die Kaffeetasse*]: „Tiens!"[523]

Zwar endet diese Szene in beiden Fassungen schließlich mit dem gleichen ritualisierten Geschwisterkuss, dennoch unterscheidet sich das Gespräch hinsichtlich seines die Figurenrelation betreffenden Gehalts: Nur die deutsche Mary wird im Kommentar Allans abgewertet, indem er ihre Abendbeschäftigung explizit als „Nicht-Arbeit" markiert und zur Arbeit des Ingenieurs kontrastiert. In der französischen Fassung wird der (weiterhin bestehende) Gegensatz zwischen weiblicher Muße und Zerstreuung und männlicher Arbeit dialogisch abgemildert.

Die Darstellung von Hobby weist ebenfalls markante Differenzen auf. Der Spielweise seiner französischen Schauspielkolleg_innen folgend interpretierte

---

521 Mary [*Olly von Flint*]: „Ja, Allan, was soll ich denn sagen?" [*Allan verweist nickend zum Mikrofon*]. „Ich bin sehr glücklich, und furchtbar stolz … ich habe ja nie an dir gezweifelt […]."; Mary [*Madeleine Renaud*]: „Et oui Allan, tu sais bien j'ai… j'ai jamais douté de toi […]"; DT, 00:13:13–00:13:25; LT, 00:15:40–00:15:48.

522 Der jeweilige Altersunterschied bei den beiden Filmpaaren wird sein Übriges zu diesem Eindruck beigesteuert haben: Hartmann war 21 Jahre älter als seine Filmpartnerin, was dem paternalistischen Beziehungsgefüge von Allan und Mary entgegenkommt, während ihre französischen Pendants (Renaud war vier Jahre älter als Gabin) ein gleichaltriges Ehepaar abgeben.

523 DT, 00:44:25–00:44:42 sowie LT, 00:43:11–00:43:30 [Herv. AW].

Pierre Nay diese Figur nicht nur zurückhaltender und gab ihr in Kleidung wie Mimik und Gestik ein eleganteres Erscheinungsbild. Nay verzichtete zudem im Gegensatz zu Attila Hörbiger, der in allen Tunnelszenen seinen nackten Oberkörper (und eingezogenen Bauch) präsentierte, auf eine solcherart demonstrative Körperschau. Wie Mac Allan trägt Hobby in der französischen Fassung Arbeitskleidung, was die beiden zusammen mit den anderen, ebenfalls bekleideten Ingenieuren deutlich von den durchweg halbnackten Arbeitern unterscheidet. Das vergemeinschaftende Moment der Tunnelarbeiten wird auf ikonografischer Ebene zurückgenommen. Eine bereits beschriebene Szene verortet Mac Allan bei Sprengarbeiten inmitten seiner Arbeiter. In der deutschen Fassung sind Arbeiter und Hobby halbnackt, sie halten sich gegenseitig an Hüften und Armen fest, Hobby ergreift wiederum Allans Arm, sich aneinanderschmiegend warten sie die Sprengung ab. Diese prägnante Einstellung, in der Hobby gleichsam eine Scharnierfunktion zwischen Arbeitern und Ingenieur einnimmt, transportiert eindrücklich die homoerotische Komponente der Tunnelarbeiten. In der französischen Fassung ist diese Szene in derselben Abfolge, mit gleichen Dialogen und auch Kameraeinstellungen gedreht worden. Die Darsteller agieren jedoch völlig anders: Hobby ist vollständig bekleidet und damit unverkennbar den Ingenieuren zugeordnet. Darüber hinaus verschwinden während des Unterschlupfes die halbnackten Arbeiter im Bildhintergrund. Die im Vordergrund allein sichtbaren drei Ingenieure (in der Reihenfolge: Harriman (Philippe Richard), Allan und Hobby) stehen zwar unmittelbar beieinander, jedoch halten sie sich nicht aneinander fest – visualisiert werden isolierte Körper statt ein Kollektivkörper.[524] Das Werbemotiv eines französischen Filmplakats weist die gleiche Tendenz auf: In der oberen Bildhälfte befindet sich das im Dreiviertelprofil farblich abgesetzte Konterfei Mac Allans, in der unteren einige halbnackte Arbeiter im Kampf mit einstürzenden Wassermassen. Die Augen des Ingenieurs blicken starr aus dem Bild heraus. Ein Großteil der Arbeiter wiederum kehrt dem Betrachter den Rücken zu, ihr Blick ist auf die im Hintergrund befindliche Tunnelmündung gerichtet. Die Blickachsen von Ingenieur und Arbeiterschaft treffen nicht aufeinander, sodass auch hier eine räumliche Trennung suggeriert wird.[525] Diese „gläserne Wand" spiegelt durchaus das von einem starken bildungssegregatorischen, staatstragenden Elitarismus bestimmte berufliche Selbstverständnis der

524 Vgl. LT, 00:21:25–00:21:40.

525 Vgl. Cinéfiches: Le Tunnel – 1933 [Filmplakat], online unter http://www.cinefiches.com/film.php?id_film=7533&titre=LE+TUNNEL&titre2=Der+Tunnel (Abruf: 07.03.2018).

französischen Ingenieure, das, flankiert durch ein entsprechend ausgeprägtes Bedürfnis nach sozialer und kultureller Distinktion, für eine Vergemeinschaftung von technischer Elite mit Industrieproletariat denkbar ungeeignet war (und ist).[526] Dessen ungeachtet werden auf dialogischer Ebene diese visuellen Distinktionsmechanismen unterlaufen, indem in den zentralen Interaktionspassagen der Standesunterschied zwischen Ingenieur und Arbeiterschaft nivelliert wird: In der Streikszene beginnt Allan seine Rede mit „Camerades ouvrier!", und auch Paul Hartmanns Ausruf „Ich bin ein Arbeiter, wie ihr!", findet in der wortgetreuen Übersetzung „Je suis un ouvrier, comme vous!" seine Entsprechung.[527] Diese verbale Vergemeinschaftung beweist vor dem Hintergrund besagter Standesdünkel durchaus revolutionäres Potenzial, das offenkundig von der französischen Filmkritik, die die sozialistischen Tendenzen des Films betonte, auch als ein ebensolches aufgefasst wurde.

Da die Ansprachen des deutschen und französischen Mac Allans in weiten Teilen identisch sind, also nahezu wortgetreu übersetzt wurden, gestaltet sich die plötzliche Abweichung in einer zentralen Passage umso markanter:

> **Mac Allan** [*Paul Hartmann*]: „Jede Arbeit ist ein Kampf, *und in jedem Kampf gibt es Tote!* In den Bergwerken, auf dem Meer, in den Maschinenhallen der Städte: Es gibt kein Leben ohne Gefahr!"
>
> **Mac Allan** [*Jean Gabin*]: „On a lutté! Travail, c'est une lutte! *Il n' y a pas des luttes sans risques!* Dans les mines, sur la mer, dans les usines – partout il y a de danger, il n' y a pas de vie sans danger!"[528]

Beide Textfassungen bestechen durch die semantische Verknüpfung von Kampf und Arbeit. Während jedoch der deutsche Mac Allan das absolute Opfer, das

---

526 Dieses Distinktionsbedürfnis zeigt sich auch und gerade an der Geschichte der écoles d'arts et métiers, deren Wandel von praxisorientierten Berufsschulen, die nach eigenem Selbstverständnis der Ausbildung von Facharbeitern und Werkstättenmeistern dienten, zu renommierten Elitehochschulen mit Ingenieursdiplom zu Beginn des 20. Jahrhunderts nicht zuletzt durch eine sprachliche Neuregelung für ihre Absolventen angedeutet wurde: „Das Wort ‚Arbeiter' war nach fast einem Jahrhundert verschwunden: Die Diplomierten begannen ihr Berufsleben immer weniger als qualifizierte Arbeiter in den Werkstätten – und immer mehr als Leiter der Werkstätten und Büros!", Charles Rodney Day: Vom Arbeiter zum Ingenieur. Zur Entwicklung der „écoles d'arts et métiers" und zur Rolle ihrer ehemaligen Schüler, in: André Grelon/Heiner Stück (Hg.): Ingenieure in Frankreich, 1747–1990, Frankfurt am Main, New York 1994, S. 329–350, hier S. 339.

527 Vgl. LT, 00:40:00–00:40:30.

528 DT, 00:37:35–00:37:50 sowie LT, 00:40:42–00:40:52 [Herv. AW].

Märtyrertum als conditio sine qua non des technischen Fortschritts wie sogar des menschlichen Daseins beschwört, ist diese Lyrik beim französischen Pendant abgeschwächt, der martialische Opferkult weicht einem nüchtern abwägenden Risikokalkül.

Zusammenfassend lässt sich feststellen, dass vor allem in der ikonografischen Übersetzung des Figurenensembles, aber auch an einigen dialogischen Passagen in Le Tunnel sakral überhöhter Opferkult und männerbündisches Prinzip tendenziell abgeschwächt zum Tragen kommen. Dem entspricht die subtile dialogische wie habituelle Aufwertung Marys. Wenngleich die weibliche Hauptfigur weiterhin von der homosozial geprägten Produktionssphäre ausgeschlossen bleibt, so ergeben sich dennoch, bedingt durch die divergierenden Charakterzeichnungen, entsprechende Änderungen hinsichtlich der Beziehungskonstellation. Zwar propagieren beide Filmfassungen anhand der Darstellung des Tunnelbaus als gigantische Maschinen-Apotheose einen kämpferischen Arbeitskult. Jedoch wird in Der Tunnel die Produktionssphäre durch ihre Inszenierung als homosozialer wie homoerotischer gemeinschaftlicher Erfahrungsraum ungebrochen dem nationalsozialistischen Slogan der „Arbeiter der Stirn und der Faust“ unterworfen,[529] während in Le Tunnel durch den sich in Teilen widersprechenden visuellen und dialogischen Botschaften das Prinzip der Arbeit tendenziell einem versachlichten Imperativ unterstellt ist.

3.3.5 Zwischenfazit

Der Tunnel wurde nach dem Zweitem Weltkrieg von den Alliierten zur Vorführung in Deutschland verboten,[530] Anfang der 1950er Jahre von der Freiwilligen Selbstkontrolle der Filmwirtschaft (FSK) jedoch wieder freigegeben.[531] 1962 wurde er erstmals in den bundesdeutschen Kinos wiederaufgeführt. Anlass war die Erfolglosigkeit der aktuellen nationalen Filmproduktion bei gleichzeitig bestehender Nachfrage des Kinopublikums nach deutschen Filmen, sodass die Filmverleihe, gleichsam als Notlösung, vermehrt auf die (kostengünstige)

529 Zur Genese dieses Schlagworts vgl. Rüdiger Hachtmann: Vom „Geist der Volksgemeinschaft durchpulst“, in: Zeitgeschichte-online, Januar 2010, online unter http://www.zeitgeschichte-online.de/thema/vom-geist-der-volksgemeinschaft-durchpulst (Abruf: 04.03.2018).

530 Vgl. DIF: Der Tunnel, Produktionsnotizen.

531 Vgl. Karlheinz Wendtland: Geliebter Kintopp. Sämtliche deutsche Spielfilme von 1929–1945 mit zahlreichen Künstlerbiographien. Jahrgang 1933 und 1934, Berlin 1989, S. 95.

Wiederaufführung vergangener, an bessere Tage der deutschen Filmindustrie erinnernde Produktionen setzten. Darüber hinaus erhoffte man, bei dieser Zweitverwertung an die sensationsheischende Berichterstattung zur Projektierung des Ärmelkanaltunnels, oder auch zu aktuellen Untertunnelungsprojekten wie den Durchstoß des Mont-Blanc-Tunnels anknüpfen zu können:

> „‚Der Tunnel' ist in unseren Tagen, in denen der Montblanc-Durchstich gelang und der Plan eines unterseeischen Verbindungsweges zwischen Frankreich und England wieder zur Diskussion steht, von höchster Aktualität."[532]

Der Filmkritiker Karl Ludwig Kraatz bediente diesen Konnex vollends, indem er das Filmsujet mit den realtechnischen, historischen wie aktuellen Entwicklungen im Verkehrswesen im Allgemeinen und Tunnelbauten im Besonderen verglich und diese dabei in ungebrochener Fortschrittsgläubigkeit als „völkerverbindende Technik" etikettierte:

> „Gigantische technische Unternehmen, die dem Fortschritt der Welt dienen sollen, haben von jeher als Voraussetzung kühne Idealisten gefordert. Eine dieser grossen Aufgaben in geschichtlicher wie moderner Zeit war und ist die Erschließung schneller Verkehrswege [...]. Neue Verkehrswege, Kanäle und Tunnelbauten gehören heute nicht mehr ins Reich der Utopie. [...] Das seit vielen Jahren heiß diskutierte Projekt – den Ärmel-Kanal mit Eisenbahn und Auto zu unterqueren, steht vor baldiger Verwirklichung. Mitten in diese Realitäten von einst und jetzt stößt die Wiederaufführung eines Filmwerkes, das vor rund 30 Jahren entstand und alle jene kühnen Ideen zu überbieten suchte, die moderne Verkehrsplaner bewegen: ‚Der Tunnel' nach Bernhardt Kellermanns gleichnamigen Roman! Unter Kurt Bernhardts realistischer Regie wurde [...] der gigantische Bau eines unterseeischen Verkehrsweges zwischen Amerika und Europa beschworen: mit zukunftsweisendem Idealismus, menschlicher Opferbereitschaft und allen technischen Raffinessen, die ein solches Unternehmen erfordert."[533]
> „Der gigantische Bau eines unterseeischen Verkehrsweges zwischen Amerika und Europa – anno 1913, im Entstehungsjahr des Romans von Bernhard Kellermann, reine Utopie, heute indessen durchaus denkbar wie die Projektierung der Untertunnelung des

---

532 Filmkunst GMBH: Der Tunnel. Diese Reklameratschläge enthalten, ebenso wie ein Artikel aus dem *Hamburger Abendblatt*, eine kuriose Falschmeldung zum Tod Curtis Bernhardts (der erst 1981 verstarb). In beiden Dokumenten finden sich zahlreiche Hinweise auf zeitgenössische Ereignisse und Personen, sodass sie eindeutig dem Jahr 1962 zuordenbar sind und eine eventuelle Fehldatierung ausgeschlossen werden kann; vgl. auch WMH: Filmisches Erinnerungsstück. ‚Der Tunnel' ist die einzige bemerkenswerte Premiere, in: Hamburger Abendblatt vom 13.10.1962, DIF/D vor 45/11 u 7/Trf–Tz.

533 Karl Ludwig Kraatz: Kühne Technik – in der Wirklichkeit und im Film. Zur Wiederaufführung des Filmwerks ‚Der Tunnel', in: Filmkunst Frankfurt, o. J. [1962–1974], ebd.

Ärmel-Kanals in etwa beweist – ist auch für unsere Tage ein echtes Leinwand-Abenteuer […].“[534]

Bei dieser freimütig vorgenommenen linearen Extrapolation von Ärmelkanal- zu Ozeanuntertunnelung erstaunt vor allem der reichlich atavistisch anmutende Glaube an die prinzipielle Realisierbarkeit des fiktionalen Großprojekts, zumal Kraatz damit hinter den dahingehend durchaus reflexiven Einschätzungen einiger Filmkritiker, die schon zur Uraufführung 1933 auf den technischen Anachronismus der filmischen Technikutopie verwiesen hatten, zurückfiel.

Bei den zur Wiederaufführung des Films neu herausgegebenen Werberatschlägen wurde neben Schlagzeilen-Vorschlägen, die auf den filmgeschichtlichen Wert des Streifens zielten, in Teilen auch auf überlieferte Slogans von 1933 zurückgegriffen, sofern diese einen unspezifisch gehaltenen Topos des technischen Fortschritts bedienten: „Das große Abenteuer moderner Technik nach Bernhard Kellermanns Roman-Welterfolg“; „Ein Triumph der Technik“.[535] Dessen ungeachtet wurde nicht der überlieferte Bildfundus von 1933 genutzt, sondern ein neues Werbemotiv entwickelt: Im Hintergrund sind zwei Arbeiter vor einer Tunnelexplosion erkennbar, im Vordergrund stehen sich mit eindeutig identifizierbaren Bildnissen von Paul Hartmann und Gustaf Gründgens Ingenieur und Spekulant gegenüber – gewissermaßen eine Versinnbildlichung des Konflikts zwischen Arbeit, Technik und Kapital. Dieser Neugestaltung lag sicherlich, wie auch einige dazugehörige Werbetexte vermuten lassen, die Überlegung zugrunde, vor allem mit dem hohen Bekanntheitsgrad von Gustaf Gründgens für den ansonsten eher in Vergessenheit geratenen Film zu werben.[536]

534 Karl Ludwig Kraatz: Auf den Spuren grosser Filme. Einige Gedanken zur Wiederaufführung des Films ‚Der Tunnel‘, in: Filmkunst Frankfurt, o. J. [1963], ebd. Insgesamt bezog sich ein Großteil der Berichte und Rezensionen zur Wiederaufführung, wenngleich weniger euphorisiert, auf die zeitgenössische Technikentwicklung; vgl. H. D. Steinbichler: Tunnel 1933 – Wege zur Diktatur, in: Frankfurter Neue Presse vom 19.11.1962, ebd.; J. Sch.: Tunnel sind aktuell. Anmerkungen zu einem 30 Jahre alten Film, in: Der Mittag, Düsseldorf vom 4.12.1962, ebd.; b. m.: Die alte Garde in ihren jungen Jahren. ‚Der Tunnel‘ mit Gustav Gründgens und Paul Hartmann, in: Düsseldorfer Nachrichten vom 01.12.1962, ebd. sowie Willy Bastmann: Ein Tunnel mitten durch die Filmmisere, in: Spandauer Volksblatt vom 17.08.1962, ebd.

535 Filmkunst GMBH: Der Tunnel.

536 „Ein Gigantisches Projekt im atemberaubendem Kampfe zwischen genialem Pioniergeist, skrupellosem Spekulantentum und opferbereiter Frauenliebe“; „Tief unter dem Grund des Meeres: Der gefahrvolle Einsatz namenlos-schaffender Arbeiterheere für ein großes Ziel. Hinter den Kulissen der Hochfinanz: Das infame Spiel skrupelloser Spekulanten um schmutzige Millionengewinne.“, ebd.

Verbalisierungen wie Visualisierungen eines sakral überhöhten Arbeitskults, die auf eine diesbezügliche Nähe zu nationalsozialistischen Ideologemen hätte verweisen können (wie das anno 1933 omnipräsente „Hohelied der Arbeit") finden sich in diesen neu gestalteten Werbematerialien – wenig überraschend – nicht. Dessen ungeachtet wurde in diversen Filmkritiken zur Neuaufführung die diesbezügliche Affinität überwiegend, wenn auch nicht ausschließlich,[537] kritisch kommentiert und dabei auch rezeptionsgeschichtlich eingeordnet. Einen direkten propagandistischen Nutzen vermutete der Rezensent der *Frankfurter Neuen Presse*, H. D. Steinbichler, der den Film mit weiteren, aus der deutschen Schaffensphase stammenden Filmen Bernhardts wie DIE LETZTE KOMPAGNIE und DER REBELL verglich:

> „In beiden Fällen wird die unbedingte Unterordnung des einzelnen unter die Idee der ‚nationalen Freiheit' propagiert. In dem Film ‚Der Tunnel' gewinnt diese bedingungslose Einfügung in eine ‚verschworene Gemeinschaft', die einer ‚Idee' unterworfen wird, noch zusätzlich soziologische Akzente. [...] Man braucht nicht viel Fantasie, sich vorzustellen, was solch ein Film zu Beginn des Jahres 1933 für Wirkung tun musste. Deutschland hatte fast 5 Millionen Arbeitslose. Ihnen wurde demonstriert, daß bei gemeinsamer Anstrengung an einem gemeinsamen großen Werk und dem Glauben an einen idealen Anführer alles Elend behoben werden könnte."[538]

Einige Filmkritiken betonten hingegen die den filmgeschichtlichen Wert des Films bestimmende Ambivalenz von filmästhetisch hohem Niveau bei gleichzeitig offen zutage tretenden propagandistischen Gehalt:

> „Hinreißende optische Verdichtungen von Mensch und Arbeit. [...] Tunnelkatastrophe, Schlammeinbruch, Arbeiter stemmen sich dagegen. Berstende Dramatik und kritischer Effekt gleichermaßen. Etwas anderes sind die Dialoge. Es fragt sich, wie die ursprüngliche Konzeption dieser Kellermann-Verfilmung gewesen sein mag. So wahr der Regisseur Kurt Bernhardt ein Jahr darauf nach Hollywood emigrierte, so deutlich ist in diesem Film bereits der starke NS-Einfluß (die SS-Aufpasser, sagt man, standen schon mit im Atelier). So wird die eigentliche sozialkritische Absicht entstellt. Profaschistische Absichten werden ganz deutlich, und zwar recht genau, der frühen Phase des Nazismus

---

537 Unverhohlen revanchistisch mutet der Kommentar aus der Tageszeitung *Der Mittag* an: „Ein wenig steckt in allem schon die einige Jährchen später sichtbar werdende Mentalität des ‚Räder müssen rollen für den Sieg'. Hier im Film wird es am Ende wenigstens einer.", J. Sch.: Tunnel sind aktuell.

538 H. D. Steinbichler: Tunnel 1933. Ebenfalls durchgängig distanziert zeigte sich der Bericht des Hamburger Abendblatts: „[N]icht gerade ein Kunstwerk, aber ein Erinnerungsstück, insofern vielleicht kostbar. [...] In den Jubelhymnen der Tunnelarbeiter marschiert bereits unüberhörbar die SA im Geiste mit.", WMH: Filmisches Erinnerungsstück.

> entsprechend, die Arbeiter – scheinbar im Kontrast zur Welt der Aktienspekulanten gezeigt – vom Marxismus weg in die Arme des Hitlerschen ‚Sozialismus' zu holen [sic!]. Pathetische Heroisierung der Arbeit zum Kampf. Höhepunkt dieser Tendenzen ist die flammende Anti-Streikrede des Ingenieurs (Paul Hartmann), der hier ganz klar in die Führerrolle hineingespielt wird. Schlimm – gleichzeitig historisch und filmgeschichtlich aufschlußreich – ist dieses Beieinander von faschistischer Tendenz und höchster formaler Qualität in diesem Film, der mithin einen der Endpunkte deutscher Filmkunst markiert."[539]

Neben diesen historisierend-kritischen Neubesprechungen gab es jedoch auch einige nostalgische, den Film zur Gänze affirmativ beurteilende Kommentierungen: „Dieser bedeutende utopische Film [...] gehört zu den filmischen Meisterwerken der ersten Hälfte der dreißiger Jahre."[540]

> „Es ist ein herrliches Stück Kintopp über eine technische Utopie [...]. Mag uns dieses Projekt auch heute weniger utopisch anmuten, mag es nie realisiert werden (was ja wahrscheinlich ist): [...]. Man wünscht dem ‚Tunnel' ein wirkliches Comeback, und sei es nur, um den Jüngeren zu zeigen: So dumm, wie ihr manchmal glaubt, waren die damals gar nicht."[541]
> „[D]as alles ist gar nicht so viel anders als heute im Film, keinesfalls schlechter, und nur die sympathisch knarrende Musik erinnert an die inzwischen vergangenen Jahre. [...] Gründgens hat sich, wie uns der Pressechef des Films versicherte, als man ihm den ‚Tunnel' jetzt in Hamburg wieder vorführte, erfreut und amüsiert gezeigt. Er bekennt sich zu seiner Vergangenheit, ein Zeichen von Generosität und Weisheit."[542]

Kurz nach dieser Wiederaufführung in den bundesdeutschen Kinos erlebte DER TUNNEL im Oktober 1964 seine Premiere im deutschen Fernsehen – der DDR; vier Jahre später schließlich auch im bundesdeutschen Fernsehprogramm.[543]

---

539 Anonymus: Der Tunnel, in: Die Andere Zeitung vom 08.11.1962, BArch, FilmSG1/17394. Ähnlich argumentierend, dabei auf die schon tragisch zu nennende Rolle Kurt Bernhardts eingehend, verfahren die Kritiken von G. R.: Der Tunnel, in: Rheinische Post vom 01.12.1962, DIF/D vor 45/11 u 7/Trf–Tz sowie Ks.: Der Tunnel.

540 W. Bastmann: Ein Tunnel mitten durch die Filmmisere.

541 Hans Vetter: Das war damals Kunst – und heute? Der Tunnel (nach Bernhard Kellermann), in: Kölner Stadt-Anzeiger vom 13.10.1962, DIF/D vor 45/11 u 7/Trf–Tz.

542 B. J.: Remake, in: Frankfurter Allgemeine Zeitung vom 20.11.1962, ebd. Gründgens und Hartmann, die beiden Kontrahenten in DER TUNNEL, verband eine jahrzehntelange Zusammenarbeit auf der Bühne – u.a. mit Gründgens Inszenierung von Goethes Faust (erstmals 1941/42 am Preußischen Staatstheater Berlin), in der Hartmann die Rolle des Faust, Gründgens selbst die des Mephisto übernahm.

543 Vgl. Anonymus: Der Tunnel (1933), in: Horst Peter Koll (Hg.): Lexikon des Internationalen Films Bd. 3, Q–Z: Die Farbe Rot, Sciencefiction, Steven Spielberg,

Seitdem wurde er, vorzugsweise an besonderen Anlässen wie dem 25. Todestag von Gustaf Gründgens, wiederholt ausgestrahlt, und auch auf Filmfesten aufgeführt.[544] In diesen jüngeren Kommentierungen finden sich nur wenige oder gar keine tiefergehenden kontextualisierenden Hinweise, der Film wird zumeist als Beispiel für den allgemeinen, omnipräsenten Technikoptimismus der Epoche angeführt, eine Einschätzung, die sich auch im Lexikon des internationalen Films wiederfindet: „Filmhistorisch interessant, in seiner Aussage von allzu pathetischem Fortschrittsoptimismus geprägt."[545] Eine regelrechte Verteidigung der Filmbotschaft, unter Leugnung jeglicher ideologischer Bezüge, nimmt Karlheinz Wendtland vor, der freilich in seinem filmhistorischen Kompendium

---

Werkstattgespräche, Western, Frankfurt am Main 2002, S. 3261. In der einzigen aus der DDR überlieferten Filmrezension wird Der Tunnel recht wohlwollend besprochen, wobei der an ihn herangetragene Vorwurf der Oberflächlichkeit wiederum selbst ein nur allzu oberflächliches Urteil darstellt, da sein Filmende bei Weitem ambivalenter ausfällt, als es die Kritik formuliert: „Ein Sensationsfilm mit handwerklich glänzend gemachten Massenszenen von Tunnelbau und Wasserkatastrophen, der freilich hinter seiner literarischen Vorlage zurückbleibt und dieser einen oberflächlich-optimistischen Schluss anhängt. Vom Schauwert her noch heute unbedingt sehenswert.", Camera 3/73, zit. nach: M. Hobsch: Der Tunnel, S. 379.

544 Vgl. Anonymus: Der Tunnel, in: Frankfurter Rundschau vom 19.11.1985, DIF/D vor 45/11 u 7/Trf–Tz; Klaus Wienert: Pioniere, Schatzsucher, Ganoven. Gustaf Gründgens, Clark Gable und Jean Harlow sind die Stars im heutigen Filmangebot, in: Süddeutsche Zeitung Nr. 22 vom 26.09.1988, S. 20 [Herv. i. O.], ebd.; Anonymus: ‚Der Tunnel' mit Gründgens, in: Rheinische Post vom 28.09.1988, ebd.; Fritz Göttler: Gralssuche und Götterdämmerung. Spannende Stunden mit Ava Gardner, Deborah Kerr, Ginger Rogers und Gloria Swanson, in: Süddeutsche Zeitung vom 22.12.1990, ebd.

545 Anonymus: Der Tunnel (1933), in: H. P. Koll: Lexikon des Internationalen Films. Auch für die vorerst jüngste Filmvorführung (allerdings der französischen Fassung), die innerhalb der Retrospektive zum Science-Fiction-Kino auf der Berlinale 2017 stattfand, wurde der dem Film zugrunde gelegte Konflikt einem allgemein gehaltenen technisierten Fortschrittsdiskurs zugeordnet: „Establishing Shots von New Yorker Wolkenkratzern legitimierten seinen technischen Optimismus hinsichtlich einer Untertunnelung des Atlantiks schon in der nahen Zukunft. So konnte die eingesetzte Technik durchaus der Gegenwart entsprechen. Zukunftspotenzial gewann sie außerdem durch Mac Allans Kontrahenten, der sich in auffällig ‚gestriger' Kleidung – Zylinder, Gamaschen, Cutaway und Frackkragen – dem Fortschritt in den Weg stellt.", Jörg Schöning: Le Tunnel, in: Internationale Filmfestspiele Berlin (Hg.): Future Imperfect. Science – Fiction – Film [Broschüre], Berlin 2017, S. 41. Diese Deutung ist an sich nicht falsch, trifft jedoch nicht den Kern der Filmbotschaft, die den technisierten Fortschrittsdiskurs wiederum in den Dienst einer imaginierten „Volksgemeinschaft" stellt.

Geliebter Kintopp. Sämtliche deutsche Spielfilme von 1929–1945 eine ausgesprochen hohe Affinität für die nationalsozialistische Filmpolitik beweist bzw. dieser Absolution erteilt, indem er jegliche Selbst-Gleichschaltung der Filmindustrie unter dem NS-Regime verneint und eine saubere Unterteilung von politischem Propagandafilm und apolitischen Unterhaltungsfilm vornimmt, um letzteren als legitimes, unproblematisches nationales Filmerbe anempfehlen zu können. Wendtland bezieht sich auf die ideologiekritischen Untersuchungen Kraft Wetzels und Peter Hagemanns, die in unhaltbarer Weise

> „versuchen […], dem Film NS-Ideologie nachzusagen. Damit unterstellt man dem jüdischen Autor und Regisseur Bernhardt, der emigrieren mußte, NS-Gedankengut in den Film gebracht zu haben. Sie bemängeln die Hingabe des Ingenieurs (PH) ‚an eine Tätigkeit auf fremde Rechnung und für fremden Profit'. Autor und Regisseur Bernhardt zeigte damit lediglich die Realitäten in der gesamten Welt. Der Vorwurf ist im übrigen geradezu von einer weltfremden Einfalt. Der Film deckt mit Deutlichkeit die Vielschichtigkeit der damaligen Filmarbeit auf. Aus einem Interview 1977 mit Mary Kiersch […] geht hervor, daß Bernhardt selbst den internationalen Frieden und das Heldentum der Arbeiterklasse als Schwerpunkt seines Films angesehen hat.“[546]

Der Tunnel ist zwar kein genuin nationalsozialistischer Propagandafilm, und dies nicht nur aufgrund seines außergewöhnlichen Entstehungskontextes, sondern ebenso seine inszenatorischen Eigenheiten betreffend. Insbesondere die Darstellung der Gruppenfigur des Arbeiters, mit ihrem Wechsel zwischen komplizenhafter und untergeordneter Männlichkeit, beweist eine hohe Ambivalenz. Gerade in Momenten der Krise und des Ausnahmezustandes ist dieser Kollektivkörper wiederholt von Auflösungserscheinungen bedroht, die das Ideal einer bedingungs- und ausnahmslosen soldatischen Opferbereitschaft unterlaufen: Nach deren Verständnis hat der „Volkskörper“ auch und gerade in Momenten der Störung und der Bedrohung geschlossen, heroisch und kampfbereit zu agieren. Die diesbezüglichen Bemerkungen einiger Rezensenten sowie Teile der NS-Elite verwiesen implizit auf diesen Zusammenhang. Die dessen ungeachtet durchaus zu konstatierende, von den Filmschaffenden nicht intendierte Nähe des Films zur Programmatik des Nationalsozialismus ist nicht etwa in seiner allgemeinen Bedeutungsaufladung von Arbeit als Grundlage allen Wertschaffens, als zentraler Sinnbezug einer Gemeinschaft, begründet. Solcherlei Glorifizierung von Arbeit (resp. ihre begrifflichen Äquivalente) ist weitaus älter, ihr Ursprung liegt in den vorindustriellen, frühneuzeitlichen Gesellschaften,[547]

---

546 K. Wendtland: Geliebter Kintopp, S. 95.

547 Vgl. Richard van Dülmen: „Arbeit“ in der frühneuzeitlichen Gesellschaft. Vorläufige Bemerkungen, in: Jürgen Kocka et al. (Hg.): Geschichte und Zukunft der Arbeit,

ebenso wie sich zum Topos der „deutschen Arbeit“, den Der Tunnel massiv bedient, Traditionslinien zu entsprechenden Entwürfen des 19. Jahrhunderts aufweisen lassen.[548] Die Affinität zur NS-Ideologie speist sich vielmehr konkret aus seiner allseitig angesiedelten Vernichtungsphantasie, in der die nobilitierte Arbeit als zentrales, mörderisches Instrument der Inklusion und Exklusion agiert. Zur siegreichen Bewältigung des technischen Großprojekts ist es notwendig, dass der hinsichtlich *race*, *class* und *gender* homogene Kollektivkörper der Produktionssphäre alles, was diesem Konzept der Arbeit als „Nicht-Arbeit“ gegenübergestellt und zudem weiblich konnotiert ist (die Ehefrau des Ingenieurs, die Natur, das Finanzkapital), nicht nur symbolisch ausschließt, sondern dieses Ausgeschlossene radikal eliminiert: „Denn alles, was nicht verfiebert zur Arbeit drängt und sich zur Arbeit bekennt, ist im Bereich des Nationalsozialismus zum Absterben verurteilt.“[549] In diesem figurenkonstellatorisch wie ikonografisch versinnbildlichten Prinzip der „Arbeitsschlacht als Krisenüberwindung“[550], mit dem Tunnelbau als Vernichtungsmaschinerie im Mittelpunkt, scheint letztendlich das spezifisch nationalsozialistische Verständnis von Arbeit als Dienst an der Volksgemeinschaft auf.[551]

Frankfurt am Main u. a. 2000, S. 80–87, hier S. 82 sowie Jürgen Kocka: Mehr Last als Lust. Arbeit und Arbeitsgesellschaft in der europäischen Geschichte, in: Ders.: Arbeiten an der Geschichte. Gesellschaftlicher Wandel im 19. und 20. Jahrhundert, Göttingen 2011, S. 203–224, hier S. 206, 212.

548 Vgl. Joan Campbell: Joy in Work, German Work: The National Debatte 1800–1945, Princeton, New Jersey 1989, S. 32–46.

549 Adolf Hitler: Im Gespräch mit dem Dichter Hanns Johst über den Begriff des Bürgers, in: Max Domarus: Hitler. Reden und Proklamationen 1932–1945. Kommentiert von einem Zeitgenossen, Teil I: Triumph, Bd. I: 1932–1934, Leonberg 1988, S. 349–351, hier S. 351.

550 Vgl. Detlev Humann: Die „Arbeitsschlacht“ als Krisenüberwindung, in: M. Buggeln/M. Wildt: Arbeit im Nationalsozialismus, S. 71–86.

551 Die Imagination einer nationalsozialistischen Volksgemeinschaft impliziert nicht, dass es eine solche (im Sinne einer nach „völkischen“ Kriterien nivellierten Sozialstruktur) tatsächlich gegeben hätte; vielmehr handelt es sich um ein in seinem Mobilisierungspotenzial äußerst erfolgreiches Sinnstiftungsangebot. Zum diesbezüglichen Verständnis der „Volksgemeinschaft“ als soziale Praxis vgl. Michael Wildt: „Volksgemeinschaft“, Version: 1.0, in: Docupedia-Zeitgeschichte vom 03.06.2014, online unter http://docupedia.de/zg/wildt_volksgemeinschaft_v1_de_2014 (Abruf: 12.01.2018); aus der Vielzahl an Literatur vgl. darüber hinaus Hans-Ulrich Thamer: ‚Volksgemeinschaft‘ in der Debatte. Interpretationen, Operationalisierungen, Potenziale und Kritik, in: Detlef Schmiechen-Ackermann et al. (Hg.): Der Ort der „Volksgemeinschaft“ in der deutschen Gesellschaftsgeschichte, Paderborn 2018, S. 27–36; Detlef

3.4 „A mighty weapon of defense": The (Transatlantic) Tunnel (1935) als Omen des Zweiten Weltkriegs

Weder die deutsche noch die französische Fassung Kurt Bernhardts wurde in den englischsprachigen Ländern gezeigt. Stattdessen kaufte die Gaumont-British Picture Corporation, die zu dem Zeitpunkt verstärkte Bemühungen unternahm, auf dem amerikanischen Filmmarkt Fuß zu fassen, die Filmrechte für eine eigene Großproduktion. Für Transatlantic Tunnel wurde mit Maurice Elvey einer der erfolgreichsten und meistbeschäftigten englischen Filmregisseure der 1930er Jahre engagiert. Der inzwischen im britischen Exil lebende Kurt Siodmak (Autor des Romans *F.P.1 antwortet nicht*) schrieb für die Neufassung das Drehbuch, das im Anschluss von den englischen Drehbuchautor_innen Clemence Dane und Lawrence du Garde Peach zusätzlich bearbeitet und an den anvisierten amerikanischen Filmgeschmack angepasst wurde.[552] Auch bei der Rollenbesetzung nahm man dahingehend Rücksicht und engagierte für die beiden Hauptrollen prominente amerikanische Schauspieler_innen: Richard Dix als Ingenieur McAllan und Magde Evans als seine Frau Ruth McAllan. Mit dem Amerikaner Walter Huston und dem Briten George Arliss wurden zwei hochrangige Gaststars gewonnen, die die jeweiligen Staatsoberhäupter dieser beiden Nationen mimten. Wie sehr man auf die Zugkraft dieser beiden Namen setzte, beweisen auch ganzseitige Werbeanzeigen, auf denen diese beiden eher kleinen Nebenrollen visuell oder textlich gesondert hervorgehoben wurden.[553] Neben der darstellerischen Prominenz wurde der Film mit seinem technikfuturistischen Schauwert und prognostischem Potenzial beworben:

> „The Greatest Engineering Dream The World Has Ever Dreamed! IMAGINE… A shining steel highway beneath the Atlantic Ocean connecting New York and London? […]

Schmiechen-Ackermann: Einführung, in: Ders. (Hg.): ‚Volksgemeinschaft': Mythos der NS-Propaganda, wirkungsmächtige soziale Verheißung oder soziale Realität im ‚Dritten Reich', Paderborn 2012, S. 13–53 sowie Ian Kershaw: Volksgemeinschaft: Potential and Limitations of the Concept, in: Martina Steber/Bernhard Gotto (Hg.): Visions of Community in Nazi Germany. Social Engineering and Private Lives, Oxford 2014, S. 29–42.

552 Vgl. Goswin Dörfler: The Tunnel, in: Heinrich Wimmer/Norbert Stresau (Hg.): Enzyklopädie des phantastischen Films, 8. Ergänzungslieferung, Weitingen 1988, S. 1–3, hier S. 2; aus autobiographischer Sicht Curt Siodmak: Unter Wolfsmenschen, S. 244–255.

553 Vgl. Anonymus: „Transatlantic Tunnel", Anzeige, in: Altoona Tribune vom 26.10.1935 sowie Gaumont-British Picture Corporation: „Transatlantic Tunnel", Anzeige, in: Motion Picture Herald vom 02.11.1935, S. 61.

IMAGINE… Everyone using television for ordinary daily conversation? […] A radium drill that turns rock into liquid? See All This… and More In The Picturization of the Future The Next Wonder of the World".[554]

Im Oktober 1935 fand die Uraufführung von Transatlantic Tunnel im New Yorker Roxy Theatre statt (was die Bemühungen von Gaumont British um einen Erfolg in den USA noch einmal unterstreicht), zwei Wochen später folgte die britische Premiere in London.[555] Zur weiteren Bewerbung des Streifens in den USA wurde zu einer ungewöhnlichen Maßnahme gegriffen, die erneut – wie schon bei den früheren Tunnelverfilmungen und auch bei F.P.1 antwortet nicht – auf den gewünschten Konnex von filmischer Fiktion zu realtechnischen Entwicklungen verweist: Transatlantic Tunnel wurde „unter Tage" ausgestrahlt, auf der Baustelle des Manhattan und New Jersey verbindenden „Thirty-eighth Street Midtown Tunnel" (der 1937 eröffnete Lincoln-Tunnel), Vertreter von Gaumont British ließen sich für dieses Ereignis mit Baustellenleiter, Ingenieuren und Tunnelarbeitern werbewirksam ablichten.[556] Die Werbeoffensive zeitigte Erfolg, eine wochenlange Aufführungszeit in den Vereinigten Staaten bescherte Gaumont British hohe Einnahmen, begleitet von wohlwollenden bis begeisterten Kritiken: „*Transatlantic Tunnel* has Jules Verneish imagination, romance, bigness of thought, idea and production execution"[557]; „An imaginative drama in the best Jules Verne tradition, *Transatlantic Tunnel* forges on through the years with such desperate courage that it enlists the spectator as an ally in the great enterprise."[558]

---

554 Anonymus:„Transatlantic Tunnel", Altoona Tribune. Diese „Picturization of the Future" wurde in einer im *Motion Picture Herald* geschaltenen Werbeanzeige mit der seit den 1920er Jahren fest etablierten Ikonografie der Zukunft wiedergegeben: per stromlinienförmigen Zug, in dessen Fenster die Porträts der Schauspieler wie auf (zu dieser Zeit ebenfalls futuristischen) Telescreens eingefügt sind, vgl. Gaumont-British: Transatlantic Tunnel. Zur Stromlinienform als „optisches Synonym für das Bild einer Zukunft" siehe Angela Steinmüller/Karlheinz Steinmüller: Visionen 1900, 2000, 2100. Eine Chronik der Zukunft, Hamburg 1999, S. 103.

555 Vgl. G. Dörfler: The Tunnel, S. 2.

556 Vgl. Anonymus: Screen Notes, in: The New York Times vom 01.11.1935; Anonymus: GB Shows „Tunnel" In New York Tunnel, in: Motion Picture Herald vom 16.11.1935, S. 73.

557 Variety, zit. nach G. Dörfler, S. 2.

558 New York Times, zit. nach ebd., S. 3. Nach Dörfler fielen die britischen Rezensionen weitaus weniger wohlwollend aus. Ähnliches lässt sich für Australien belegen, wo der von der Filmkritik geschmähte Streifen zum Publikumsliebling avancierte, vgl. J. Soister/H. Nicolella: Down from the Attic, S. 19.

> „An inkling of what the future may hold in store for the English speaking nations, primarily England and America, is contained in this dramatic picture. Produced with foresight and vision, the production definitely gives the exhibitor something to talk about and to sell. The building of a tunnel between London and New York [...] is the gigantic undertaking of the future carried to its completion after heartbreaking and almost insurmountable odds. Then, too, there are pictured other fancied devices in accord with the times to come, television and aircraft similar to the autogiro of today, but capable of spinning the Atlantic swiftly and comfortably, depositing ist occupants in the heart of the city. [...] Showmanship values in the picture are many, but emphasis on its uniqueness and the possibility of it happening in the future, plus capitalizing on the drawing power of Richard Dix and the featured names of the cast, seem to be the best selling factors.“[559]

TRANSATLANTIC TUNNEL weist hinsichtlich Setting, Handlung und Figurenkonstellation markante Abweichungen sowohl zur Romanvorlage als auch zu den bisherigen Verfilmungen auf: Der Film spielt in einer unbestimmten Zukunft, wenn auch filminterne Andeutungen (wie die Fertigstellung des Ärmelkanaltunnels 1940) auf die 1950er Jahre verweisen. Der britische Ingenieur Richard „Mack“ McAllan, Erbauer des Miami-Bahamas- und des Ärmelkanaltunnels, will nun seine große Vision eines Ozeantunnels, der England und die Vereinigten Staaten miteinander verbinden soll, umsetzen. Gelingen soll dies durch seine Entwicklung des Allanit-Diamantstahls, und durch eine Radiumtunnelbohrmaschine, wiederum eine Erfindung seines besten Freundes, des Ingenieurs Frederick „Robbie“ Robbins (Leslie Banks). Der amerikanische Milliardär Lloyd (C. Aubrey Smith) unterstützt ihn, sodass schließlich auch die wichtigsten Vertreter der Großindustrie – Öl, Stahl, Luftfahrt und Waffen – vom Großprojekt überzeugt werden; das Tunnelsyndikat wird gegründet. Mit einhelliger Zustimmung der amerikanischen und britischen Regierung wird der Tunnelbau begonnen. McAllan stürzt sich in die Arbeit und vernachlässigt zunehmend seine Frau Ruth und Sohn Geoffrey (Pat Fitzpatrick). Als im Zuge einer Pressekampagne Fotos von ihm in Begleitung der heimlich in ihn verliebten Milliardärstochter Varlia Lloyd (Helen Vinson) veröffentlicht werden, geht die unglückliche Ruth auf den Vorschlag Robbies ein und beginnt, auf der Krankenstation des Tunnels zu arbeiten. Als sie dort durch eine mysteriöse Tunnelkrankheit erblindet, verlässt sie mit ihrem Sohn ihren Mann, dem sie keine Bürde sein will. Der Ingenieur, der nichts über die Hintergründe ihres Fortgehens weiß, stürzt sich umso verbitterter in seine Arbeit und entfremdet sich dabei auch zunehmend von Robbie. Die Jahre vergehen. Ein von Waffenunternehmer und Anteilseigner Grellier

559 Mooney: Transatlantic Tunnel, in: Motion Picture Herald vom 02.11.1935, S. 60.

(Henry Oscar) geschmiedetes Komplott gegen das Tunnelsyndikat schlägt fehl, da sich sein Verbündeter Mostyn (Basil Syndey) nach einer Heiratszusage Varlias, die unbedingt dem weiterhin von ihr verehrten McAllan helfen will, wieder zum Großprojekt bekennt. Grellier lässt daraufhin Mostyn umbringen. Geoffrey (Jimmy Hanley), inzwischen erwachsen, heuert auf der Tunnelbaustelle an. Just nach dem Wiedersehen von Vater und Sohn stirbt er jedoch bei der durch einen unterirdischen Vulkan verursachten großen Tunnelkatastrophe. In Trauer um ihren Sohn vereint, versöhnen sich Ruth und McAllan. In einem letzten verzweifelten Versuch gelingt schließlich der finale Tunneldurchstoß; in Anwesenheit der beiden Regierungen wird der Transatlantiktunnel feierlich eingeweiht.

Die Figurenkonstellation von TRANSATLANTIC TUNNEL besitzt (neben mehr oder weniger starken Abweichungen in den Namensgebungen) im Vergleich zu den anderen Verfilmungen den höchsten Komplexitätsgrad. Zwar steht weiterhin die Ingenieursfigur im Mittelpunkt der Handlung, die als einzige mit sämtlichen weiteren Figuren interagiert. Jedoch weisen diese ebenso untereinander Beziehungen auf, die sich sogar oftmals im Laufe des Films ändern (so bei Grellier und Mostyn, Mostyn und Varlia, Varlia und Ruth). Diese Änderungen im Beziehungsgefüge markieren dementsprechend wichtige Handlungsabschnitte im Film.

Während sowohl im Roman als auch in den früheren Verfilmungen ein transatlantisches, internationales Projekt geschildert wird, mit den USA als Initiativ- und Handlungsmittelpunkt, ist in der 1935er Verfilmung die europäische Seite nationalisiert: Gebaut wird ein anglo-amerikanisches Großprojekt, das die Vereinigten Staaten von Amerika mit England verbinden soll. Handlungsleitend ist die britische Seite, anhand derer auch die Fortschritte des Tunnelbaus dargestellt werden. TRANSATLANTIC TUNNEL ist zudem der einzige Film, in dem Repräsentanten der Politik nicht nur erwähnt, sondern mit britischem Premierminister und amerikanischem Präsidenten explizit dargestellt werden. Diese Spezifizierungen wirken sich deutlich auf die symbolische Botschaft des Films aus, worauf später zurückzukommen sein wird.

Der Film lässt keinen Zweifel an seinem futuristischen Schauplatz: Neben dem zentralen technischen Novum des Transatlantiktunnels existieren öffentliches Fernsehen, Bildtelefonie und – als Flug-Taxi per Wandelflugzeug durchgeführte – Transatlantikflüge. Eisenbahnzüge sind mit rasantem Tempo unterwegs und folgen durch ihr stromlinienförmiges Design auch einer futuristischen Ästhetik. Selbst das Mobiliar der Residenz Lloyds ist in Teilen mit aerodynamischen Formen ausgestattet.

Dennoch ist die Welt des Transatlantiktunnels nicht durchgehend futurisiert. Schon in der Exposition wird das eigentümliche Einhergehen von zukunftsbezogenem Medium und zeitgenössischer, bisweilen sogar antiquiert zu nennender Botschaft deutlich: Das Ehepaar McAllan und die Industriemagnaten schauen und hören anhand einer Bildschirm-Direktübertragung ein klassisches Konzert – gespielt wird Beethoven.[560] Neben der (in diesem Fall gestrigen) Kultur entsprechen auch weitere Bereiche des Alltagslebens dem Stand der 1930er Jahre – Ernährung, Kleidung, selbst die medizinische Versorgung (Milliardär Lloyd sitzt im Rollstuhl, der Tunnelkrankheit ist nicht beizukommen, auch die Krankenstation des Ozeantunnels ist – sogar nur marginal – mit zeitgenössischen Apparaturen und Materialien ausgestattet). Die Zukunftsverheißungen des Films beziehen sich also ausschließlich auf Mobilitätstechnologien, sowohl des Verkehrs als auch der Kommunikation, die wiederum – neben der motivationslogischen Frage, wozu es bei einer insgesamt fortgeschrittenen mobilitätstechnischen Entwicklung überhaupt eines Transatlantiktunnels bedarf – in ihrer Verwendung deutlich ambivalent dargestellt werden. Die innerfilmischen Medientechnologien dienen ausnahmslos der Kommunikation und Direktzeit-Information. Selbst beim öffentlichen Fernsehbericht zu den Fortschritten des Tunnelbaus handelt es sich um eine Direktübertragung, die nach einem Interview McAllans mit einer Direktschaltung zum amerikanischen Tunnelstollen endet. Mediale Aufzeichnungen werden nicht verwendet, selbst die einzig zu sehende Unterhaltungssendung – das klassische Konzert – wird „live" ausgestrahlt. Es geht ausdrücklich um eine dem Imperativ der Echtzeit unterworfene kommunikative Mobilität, die das diesbezügliche technizistische Dispositiv des Films unterstreicht: die technisch fundierte und begründete Verbindung zweier Nationen, wobei die erreichte Echtzeitkommunikation als Verheißung der zukünftigen verkehrstechnischen Verbindung in persona fungiert. Indessen sind es ausschließlich Medien und Medientechnologien, die die zunehmende Entfremdung McAllans von seiner Frau einerseits begleiten und dokumentieren, andererseits in Teilen sogar verursachen. Ruth vertraut den eine Affäre Varlias und McAllans suggerierenden Zeitungsmeldungen mehr als den das wahrhaftige

560 Unterstrichen wird dieser „Anti-McLuhan" durch den eröffnenden Filmdialog: Luftfahrtmagnat: „Does this tune ever end?"; Ölmagnatin: „It's Beethoven! [*verständnisloser Blick des Luftfahrtmagnaten*]. He is dead."; Luftfahrtmagnat: „Good." TT, 00:02:25–00:02:39. – Gerade die erste Hälfte von TRANSATLANTIC TUNNEL beweist Wortwitz und ironische Brechung (die jedoch nie von der Hauptfigur ausgeht – der Tragweite und Schwere seines Großprojekts angemessen macht McAllan nicht nur nie einen, sondern versteht auch keinen Spaß). Diese dem Film zu Beginn eine gewisse Leichtigkeit gebende Tendenz verliert sich jedoch zunehmend mit den Schwierigkeiten und Tragödien, denen seine Protagonisten ausgesetzt sind.

Gegenteil versichernden Beteuerungen des gemeinsamen Freundes Robbie. Von seinen permanenten Dienstreisen über den Atlantik erfährt sie nicht persönlich, sondern über Bildtelefonie, während McAllan bereits unterwegs ist. Diese mediatisierten, mit Zwist und Abbruch endenden Gespräche dokumentieren die mit der räumlichen Entfernung zunehmende persönliche Entfremdung der Eheleute: Während die innerfilmischen Medientechnologien der politisch-öffentlichen Sphäre einen Vorgeschmack auf die in naher Zukunft erreichbare verkehrstechnische Verbindung der beiden Nationen präsentieren, suggerieren und forcieren sie als hierfür notwendige Bedingung die Aufgabe des Privaten.[561]

Nicht nur das Alltagsleben, sondern auch die Produktionssphäre weist hinsichtlich ihres Technisierungsgrades divergierende Merkmale auf. Als zentrale Plausibilisierungsstrategie für die Möglichkeit der Umsetzung des Großprojekts wird die aus dem Roman bekannte Erfindung des „Allanit"-Diamantstahls durch eine weitere Erfindung, eine radiumbetriebene Tunnelbohrmaschine, ergänzt. In der diegetischen Fernsehberichterstattung wird diese Apparatur, die in ihrer Darstellung an die erst nach dem Zweiten Weltkrieg voll einsatzfähigen, gleichwohl in Entwürfen bis in das 19. Jahrhundert zurückreichenden Vollschnittmaschinen angelehnt ist,[562] als zentrales Mittel zur Ermöglichung eines schnellen und darum effektiven Vorankommen des Tunnelbaus gepriesen. Radium galt in der ersten Hälfte des 20. Jahrhunderts als ubiquitär einsetzbares Element, das insbesondere in der Medizin zur Behandlung von Krankheiten wie Cholera, Typhus und Tuberkulose, bzw. zur allgemeinen körperlichen Ertüchtigung zum Einsatz kam. Darüber hinaus propagierten einige Wissenschaftler und Gelehrte auch einen möglichen Nutzen zur Energiegewinnung. Die Faszination für das neu entdeckte radioaktive Element speiste sich jedoch zu gleichen Teilen aus angstbesetzten, hysterischen Spekulationen seiner möglichen militärischen Nutzung als neuartige Superwaffe. Diese ambivalente Einschätzung wurde in der zeitgenössischen Zukunftsliteratur aufgegriffen und zu zahlreichen technikeuphorischen wie auch dystopischen Szenarien verdichtet.[563] Transatlantic Tunnel knüpft sowohl an diese literarische Tradition als auch an die während der 1930er

561 Vgl. hierzu auch die Ausführungen von J. P. Telotte: Lost in space, S. 181. Diese Gegenüberstellung von Arbeits- und Privatsphäre kulminiert im Telefongespräch der Eheleute: McAllan: „The tunnel is my job!"; Ruth: „My job is to be married!", TT, 00:20:37–00:20:42.

562 Vgl. Bernhard Maidl et al.: Hardrock Tunnel Boring Machines, Berlin 2008, S. 8.

563 Vgl. Andrea Candela: The Radium Terrors. Science Fiction and Radioactivity before the Bomb, in: Nuncius. Journal of the Material and Visual History of Science 30 (2015), 2, S. 320–344.

Jahre langsam ausklingende „Radiumeuphorie“ an,[564] indem er dieses Element mit einer weiteren, positiv konnotierten Funktion – als Antriebsmittel – besetzt. Die enormen Ausmaße des „radium drills“ werden ausschließlich in extremen Einstellungsgrößen, in Total- oder Detailaufnahmen, eingefangen: In der Totale nimmt die Apparatur eine erhöhte Position ein; der Bohrkopf befindet sich in der oberen Bildhälfte, während die ungleich kleineren Arbeiter sich unterhalb der Maschine betätigen. Die Detaileinstellung fokussiert wiederum den grelllichtdurchfluteten Bohrkopf, der mit dieser Strahl- auch die Durchschlagskraft des Radiums visualisiert. Der Effekt beider Inszenierungsmodi ist derselbe: Der Mensch ist der Maschine untergeordnet, sekundär. Die Unterteilung auf zwei Ebenen, die durch die räumliche Anordnung der Technik eine erhöhte, den Menschen die niedere Position zuweist, wiederholt sich in weiteren Szenen. So wird mehrmals in der Totalen ein vollendeter Tunnelabschnitt gezeigt, der aus zwei Tunnelröhren besteht: In der oberen fahren Materialzüge, in der unteren sammeln sich die Arbeiter. Diese An- bzw. Rangordnung von Mensch und Technik findet ihren Widerhall selbst noch bei den Massenversammlungen vor dem Tunnelsyndikat: Während McAllan und seine Ingenieure auf den obersten Treppenstufen stehen, befindet sich die Arbeiterschaft an deren unterem Ende. Unterstützt wird diese räumliche Hierarchisierung durch eine extreme Vogelperspektive, die den Zuschauer den nach unten, auf die Menschenmenge gerichteten Blick der Repräsentationsfiguren der Technik nachvollziehen lässt.

Zwar sind mit Diamantstahl und Radiumtunnelbohrmaschine nicht nur zentrale Produktionsmittel, sondern mit dem mehretagigen Stollen, seinen hellen, geräumigen, gut ausgeleuchteten Innenflächen und den stromlinienförmigen Schnellzügen auch die Arbeitsprodukte zu großen Teilen als Zukunftstechnik inszeniert. Dessen ungeachtet bleiben einige Bereiche der filmischen Produktionssphäre der außerfilmischen Gegenwart verhaftet: Zum einen arbeitet offenkundig nur die britische Seite mit der Radiumtunnelbohrmaschine. Im (selten zu sehenden) amerikanischen Tunnelstollen ähneln die Tunnelarbeiten der deutschen Verfilmung von 1933 – ein enger, dunkler, steiniger Tunnelstollen wird nur durch Holzbalken gestützt und ist noch völlig ohne Auskleidung, zum Vortrieb wird Sprengstoff benützt.[565] (Diese Darstellung findet auf der Ebene der Figurenkonstellation insofern ihren Widerhall, als mit McAllan und Robbie die

564 Umfassend zur allgemeinen Radium-Begeisterung der ersten Jahrzehnte des 20. Jahrhunderts vgl. Alfred Meurer: Das Allheilmittel des 20. Jahrhunderts: eine kleine Kulturgeschichte des Radiums, Kromsdorf/Weimar 2017.

565 Vgl. TT, 01:29:40–01:30:40.

führenden Repräsentationsfiguren der Technik ausschließlich aus Großbritannien stammen, während wiederum sämtliche Repräsentationsfiguren des Kapitals den USA angehören. Während New York tatsächlich (neben London) als Zentrum der Weltfinanz galt und gilt, so kann die Zuweisung der technischen Kompetenz an die britische Seite durchaus als fiktionaler Technikrevanchismus gelesen werden, der den Aufstieg der USA als führende Industriemacht beim gleichzeitigen Niedergang des einstmaligen Mutterlandes der Industrialisierung aus britischer Sicht kontrafaktisch kommentiert). Zum anderen ist selbst auf der britischen Seite nur die Arbeit am Vortrieb mechanisiert; die Zu- und Auskleidungsarbeiten ähneln denen einer zeitgenössischen Baustelle, sodass im futuristischen Setting des Transatlantic Tunnel letztendlich nicht auf die Inszenierung körperlicher Schwerarbeit verzichtet wird. Dieses Nebeneinander von fortgeschrittener Mechanisierung und exzessiver Nutzung menschlicher Arbeitskraft wird außerdem im Filmdialog aufgegriffen; in der öffentlichen Fernsehübertragung heißt es:

> „Armies of men have for the last three years been steadily pushing their way under the sea from both sides of the Atlantic. […] You actual all remember that the chief factor that made the commencement of this work possible, was the invention of the radium drill by Frederick Robbins. Vast improvements have been made in this drill which is enable to work and procede at a rate which was undreamed of three years ago.“[566]

Die Inszenierung einer Produktivitätssteigerung durch technische Rationalisierung bei gleichzeitiger Massenmobilisierung (statt Freisetzung) menschlicher Arbeitskraft, wobei erstere der technischen Ermöglichung wie wirtschaftlichen Rentabilität des Großprojekts, letztere seiner sozialen und gesellschaftlichen Legitimierung dient, kann als ein auf harmonische Aussöhnung zielender filmischen Kommentar auf die zeitgenössisch heftig debattierte Frage nach Fluch und Segen der Rationalisierung gelesen werden.[567] Ebenso liefert das Bild des Tunnels als gigantische Arbeitsbeschaffungsmaschinerie einen Nachhall auf die wirtschaftlichen und sozialen Verwerfungen der Weltwirtschaftskrise. Gleichwohl bildet ein etwaiger Klassen- resp. Interessenkonflikt zwischen Kapital und

566 Ebd., 00:12:04–00:12:35.

567 Vgl. David F. Noble: America by design. Science, technology, and the rise of corporate capitalism, Oxford 1979, S. 50–65. Speziell für die deutsche Debatte vgl. Joachim Radkau: Technik in Deutschland. Vom 18. Jahrhundert bis heute, Frankfurt am Main 2008, S. 286–300; Thorsten Eitz: Rationalisierung, in: Ders./Isabelle Engelhardt: Diskursgeschichte der Weimarer Republik Bd. 1, Hildesheim/Zürich u. a. 2015, S. 285–288. Eine auf Effektivierung und Optimierung der menschlichen Arbeitskraft zielende Rationalisierung wird in Transatlantic Tunnel indes nicht ins Bild gesetzt.

Arbeit mitnichten den Kern der filmischen Auseinandersetzung, worauf auch die Inszenierung der industriellen Arbeit und Arbeiterschaft hinweist.

Schon durch die Kleidung werden Kopf- und Handarbeit deutlich voneinander geschieden: Ingenieure, Laboranten und Kontrolleure in weißen Arbeitsanzügen, die Arbeiterschaft häufig halbnackt oder zumindest in grober Arbeitskleidung steckend. Diese Aufteilung visualisiert die im englischen Sprachraum übliche Unterteilung des Produktionsbetriebes in *blue collar*- (Industriearbeiter, Handwerker) und *white collar*-Tätigkeiten (Angestellte, Dienstleistungsbereich). Für die Tunnelarbeiten bedeutet dies konkret: *blue collar* für die Darstellung körperlich anstrengender Handarbeit, *white collar* für Tätigkeiten des Messens, Experimentierens, Organisierens und Kontrollierens. Besonders augenfällig wird diese hierarchisierende Unterscheidung bei den als besonders gefährlich geltenden Arbeiten am Vortrieb: Die Führungsschicht der Ingenieure und Wissenschaftler trägt futuristische Ganzkörper-Schutzanzüge, die denselben schädlichen Tunnelgasen und -dämpfen ausgesetzten Arbeiter hingegen zumeist nur einfache Gasmasken. Die Trennung von Kopf- und Handarbeit wird auch räumlich vollzogen. Während sich im Tunnelschacht sowohl Arbeiter als auch Ingenieure resp. die Bauleitung aufhalten, befinden sich in den Labor- und Kontrollräumen allein letztere. Weder wird diese Arbeitshierarchie durch vergemeinschaftende Sinnstiftungsangebote unterminiert oder aufgelöst, noch wird innerhalb der Produktionssphäre Arbeit idealisiert oder gar politisiert. In einem lapidaren Kommentar Robbies wird die abgeklärte wie sozial segregierende Arbeitsanschauung des Films auf den Punkt gebracht: „Work. […] The hobby of rich people and the curse of the poor ones.“[568] Die möglichen Erzählanlässe für kollektive Unzufriedenheit, Auflehnung oder gar Arbeitsniederlegung – die mysteriöse Tunnelkrankheit, die regelmäßig auftretenden tödlichen Arbeitsunfälle, für deren Opfer die Betriebsleitung eine in Trauerflor umrandete Wandtafel eingerichtet hat, schließlich die finale Tunnelkatastrophe – bergen kein ernstzunehmendes Konfliktpotenzial. Als nach der großen Explosion, bei der hunderte von Arbeitern den Tod finden, sich deren Angehörige und Belegschaften vor dem Eingangsportal des Tunnelsyndikats sammeln und eine ihren Sohn beklagende Mutter den Ingenieur bedrängt, reichen drei Worte McAllans aus, um sie und die aufgebrachte Menschenmenge ein für alle Mal zu beruhigen: „My son also.“[569] Dieser symbolische Opfertausch markiert den einzigen, wenn auch

568 TT, 00:29:38–00:29:44.

569 Ebd., 01:20:25–01:20:35. Diese Arbeitermutter stellt die einzige Vertreterin der Kollektivfigur der Arbeiterschaft dar. Der unhinterfragt vorausgesetzte „Betriebsfrieden“

wesentlichen Moment der Vergemeinschaftung zwischen Ingenieur und Arbeiterschaft, die die Fertigstellung des technischen Großprojekts absichert, dabei in summa jedoch keinem männerbündischen Prinzip verpflichtet ist. Letzteres wird zusätzlich durch die Darstellung von Frauenerwerbsarbeit unterminiert. Zwar wird anhand der Arbeitsteilung die tradierte Geschlechterordnung nicht in Frage gestellt – Frauen arbeiten als Tunnelkrankenschwestern ausschließlich in der Pflege; ihnen ist zudem mit dem Arzt ein männlicher Vorstand zugeteilt – dennoch werden durch dieses Detail die Tunnelarbeiten nicht als vollständig homosozialer Raum inszeniert; dialogisch wird die Frauenarbeit auch ausdrücklich als „work in the tunnel" benannt. Während also durch einen unhinterfragt vorausgesetzten „Betriebsfrieden" zwischen Ingenieur und Arbeiterschaft ein äußerst geringes Spannungs- und ebenso wenig Vergemeinschaftungspotenzial besteht, sind hingegen die Konfliktlinien zwischen Ingenieur und Unternehmertum evident.

Mit Blick auf Romanvorlage und bisherige Verfilmungen wurden die Repräsentationsfiguren des Kapitals weiter ausdifferenziert: Neben Milliardär Lloyd und dessen Tochter Varlia agieren noch zwei Geschäftspartner Lloyds, der in Varlia verliebte Mostyn sowie der intrigante und berechnende Waffenhersteller Grellier. Diese vier Figuren interagieren sowohl mit McAllan als auch miteinander. Neben Grellier werden drei weitere Magnaten der für den Tunnelbau zentralen Industriezweige per personifizierender Bereichsbenennung vorgestellt – Öl (Helen Haye), Stahl (Allan Jeayes) und Luftfahrt (Percy Parsons). Diese haben jedoch nur kleine, repräsentative Nebenrollen inne, in denen kaum agiert wird. Die zentrale Machtposition des industriellen Unternehmertums wird in der Exposition durch einen ironischen Kommentar Mostyns verdeutlicht: „Almost a full house: three kings – steel, airways, and armorment – and the queen, oil!"[570] Tatsächlich wird der Handlungsspielraum McAllans allein durch die Vertreter des Kapitals eingeschränkt oder vorgezeichnet. Zwar betont Lloyd wiederholt eine genuin wechselseitige Dependenz von Technik und Wirtschaft, inszeniert wird jedoch nur die Abhängigkeit des Ingenieurs, der durch sein Angestelltendasein zum Spielball der unterschiedlichen Kapitalinteressen wird (verdeutlicht durch seine dreifache Bittstellung – zu Beginn, in der Mitte und zu Ende des Films, und durch die mehrfach geäußerte Zurechtweisung Mostyns: „You are a paid engineer in the service of this company which I am one of

---

zwischen Ingenieur und Arbeiterschaft benötigt in diesem Sinne keine Vertreter zur Konfliktaustragung.

570 Ebd., 00:03:05–00:03:15.

the biggest shareholders.“[571]). Deren konfligierende Absichten wiederum lassen sich nicht, wie noch im Roman und auch in den bisherigen Verfilmungen, aus symbolisch verdichteten Formen der Unterscheidung von gemeinsinnig agierendem Unternehmertum versus egoistisch motiviertem Finanzkapital ableiten. Auf der unternehmerischen Seite dominiert Profitinteresse, dem sich Gemeinnutz unterzuordnen hat, pointiert formuliert in einem Schlagabtausch zwischen McAllan und dem Stahlmagnaten:

> **Mc Allan:** „There are other things besides money!“
> **Stahlmagnat:** „We don’t deal in them.“[572]

Die Motivation des Filmschurken, Grellier, ist unzweideutig aus der Art seines Unternehmens ableitbar: Als Waffenhersteller und -händler befindet er sich aufgrund der dem Tunnel zugesprochenen friedensstiftenden Wirkung gleichsam berufsbedingt in Opposition (was zu Filmbeginn auch problematisiert wird). Ein auf seinem Schreibtisch befindliches Kanonenmodell erinnert regelmäßig an sein genuines Betätigungsfeld. Er spekuliert also im Interesse seines Industriezweiges; dieser Konnex von Unternehmens- und Finanzkapital (der im Übrigen den „realen“ kapitalistischen Wirtschaftskreisläufen näherkommt als deren säuberliche Unterscheidung) ist im gesamten Tunnel-Filmkorpus einzigartig, ebenso wie das Überleben und ungestrafte Davonkommen des Übeltäters. Eine dem eigenen Geschäftsinteresse übergeordnete Motivation gibt allein der alte Lloyd an:

> „I put almost everything I possessed into this tunnel scheme, because it represented an ideal: world peace to the union of the english speaking peoples. It has been a dream of my life.“[573]

Das Tätigkeitsfeld Lloyds und demzufolge auch Mostyns wird nicht explizit benannt, die beiden Haupteigner des Tunnelsyndikats sind also genau genommen keiner Kapitalform (Unternehmens-, Handels- oder Finanzkapital) zuordenbar. Während Lloyd als Mäzen des Ingenieurs auftritt, gerät Mostyn zur zentralen Kippfigur. Sein Tun für und gegen den Bau des Großprojekts ist wenig von Profitinteressen geleitet, sondern mit dem wechselvollen Verhältnis zu Varlia amourös motiviert. Alles in allem wird also das im Kellermannschen Roman angelegte und in der 1933er Verfilmung verdichtete Zerrbild eines frei flottierenden und gegen die Interessen des Gemeinwohls spekulierenden Finanzkapitals

---

571 Ebd., 00:18:55–00:19:01.
572 Ebd., 00:48:50–00:49:00.
573 Ebd., 00:51:48–00:52:02.

zugunsten eines utilitaristisch geprägten wirtschaftsliberalen Verständnisses aufgegeben, indem ein dem Gemeinwohl dienendes Ergebnis (der Tunnelbau) nicht aus sittlich-moralischen Kategorien (Altruismus, Idealismus, Ehre), sondern aus diesen entgegengesetzten egoistischen Motivationen umgesetzt wird. Schließlich ist es der durch und durch eigennützig agierende Mostyn, der dem Großprojekt zu seiner Vollendung hilft – und dafür mit seinem Leben bezahlt.

Der Tod Mostyns und vor allem der Geoffreys verweist auf eine ausgeprägte Opfermetaphorik, ohne die letztendlich auch der Transatlantic Tunnel nicht auskommt. Gleichwohl weisen Figurenkonstellation sowie die Art und Weise des Todes resp. der Entbehrung signifikante Änderungen hinsichtlich der bisherigen Tunnel-Versionen auf. Gerade bei der Familie des Ingenieurs lohnt sich eine filmgeschichtlich „chronologische" Betrachtung ihrer jeweiligen Todesumstände. Im Roman und in der in dieser Hinsicht folgenden Wauerschen Verfilmung werden Ehefrau und Tochter durch Arbeiterfrauen gesteinigt. Durch diesen Racheakt findet ein Opfertausch statt, der zwar ein Befriedungs-, jedoch kein Vergemeinschaftungsangebot zwischen Ingenieur und Arbeiterschaft bereitstellt. In der 1933er Verfilmung stirbt die Frau nicht durch Menschenhand, sondern durch Technik; in ihrem Tod verdichtet sich die Misogynie des Männerbundes, der im homosozialen Raum des Tunnels alles Weibliche abwehrt. Die Änderung der Kindsfigur von der Tochter zum Sohn in Transatlantic Tunnel ist gleichsam erforderlich, damit ihr Tod als notwendige wie hinreichende Bedingung für die Befriedung der Arbeiterschaft funktioniert. Geoffreys Sterben im Tunnel, inmitten der Arbeiter, ist, wie bereits erwähnt, ebenfalls als Opfertausch zu verstehen, dialogisch vollzogen zwischen McAllan und der Mutter eines Arbeiters. Diesmal versinnbildlicht dieser Tausch zusätzlich das einzige, zentrale Vergemeinschaftungsmoment zwischen Technik und Arbeit. Darüber hinaus überlebt Ruth McAllan zwar ihren Versuch, die Arbeitssphäre zu betreten, wird jedoch zum einen mit dem Verlust ihres Augenlichts bestraft, zum anderen stellt ihr darauffolgender Rückzug und jahrelanger Verzicht auf ihre Ehe ein selbstgewähltes Martyrium dar, das sich in ihrer weißen, nonnengleichen Krankenschwesterkleidung ankündigt.[574] Letztendlich ist beiderlei Opfer, das der Ehefrau und das des Sohnes, sowohl durch ihre Arbeit im Tunnel bedingt als auch demselben Movens unterstellt: Ruths Begründung, ihrem Ehemann keine Last aufbürden

574 Die mit Kopfgebinde und Schleier ausgestatteten Gewänder der Frauen auf der Krankenstation folgen nicht der damals üblichen Arbeitskleidung für Krankenschwestern, sondern sind an den Habit von Ordensschwestern angelehnt.

zu wollen, spiegelt sich in der Erläuterung Geoffreys beim ersten und letzten Wiedersehen von Vater und Sohn wider:

> **Geoffrey:** „I've wanted to come for years!"
> **McAllan:** „Your mother stopped you?"
> **Goeffrey:** „Yes, she did...only till I was old enough. She said she wanted me to be some useful when I came and... not just a burden."[575]

Alles, was als schwach und fürsorgebedürftig gilt, hat in der Arbeitswelt des Ingenieurs keinen Platz; es muss entfernt werden, um das Großprojekt vollenden zu können. Die vollständige Aufgabe des Privaten, die schon die Anwendung der dahingehend unbeständigen, unzuverlässigen Medientechnologie prägte, findet hier ihren Widerhall.

Der Entsagung Ruths entspricht Varlias Verzicht auf McAllan und ihr Angebot an Mostyn, das in seiner Formulierung Prostitutionscharakter offenbart:

> **Varlia:** „How much do you want me?"
> **Mostyn:** „How much?"
> **Varlia:** „In dollars!"[576]

Innerhalb der Geldsphäre des Films folgt auch die Liebe den Gesetzen des Marktes. Die diesem Warentausch innewohnenden Bezüge zum Märtyrertum werden von Mostyn ausgesprochen, der Varlias Angebot als „sacrifice" für McAllan und den Tunnelbau bezeichnet. Dieser Kaufakt wird allein deswegen nicht vollzogen, weil Grellier ihm mit dem Mord an Mostyn zuvorkommt – und damit letztendlich Varlia von dem Vollzug ihres Opfers bewahrt. Auf Seite des Kapitals wird somit erstmals kein Selbstmord begangen, der bei den bisherigen Versionen auch als Versinnbildlichung der geplatzten Spekulationsblase, die es in TRANSATLANTIC TUNNEL ebenso wenig gibt wie den eindeutigen Vertreter des Finanzkapitals, gedeutet werden konnte.[577]

Wenn auch die Arbeit am Tunnel durch die Inszenierung der Produktionssphäre, d. h. im Verhältnis von Ingenieur und Arbeiterschaft, nicht idealisiert wird, so heißt dies umgekehrt nicht, dass generell Zweck und Nutzen des technischen Großprojekts in sachlich-nüchterner Weise vermittelt werden. Ganz im Gegenteil strotzt der Film vor Visionen und Hoffnungsüberschüssen, jedoch

---

575 TT, 01:03:40–01:04:02.

576 Ebd., 00:53:55–00:54:05.

577 Diese Tat bleibt merkwürdig folgenlos; Mostyn wird in der verbleibenden halben Stunde Filmzeit nicht mehr erwähnt.

richten sich diese nicht auf den Produktionsprozess, sondern allein auf das Arbeitsprodukt.

Mit Waffenunternehmer Grellier als zentralem Antagonisten, der die Fertigstellung des Tunnelprojekts mit allen Mitteln verhindern will, ist die zentrale Botschaft vorgezeichnet: Der Film knüpft an den seit dem 19. Jahrhundert tradierten Topos der friedensstiftenden Eisenbahn an, wobei er jedoch nicht einem allgemeinen Technizismus folgt, der das Bild einer durch Verkehrsmobilität begründbaren universellen Völkerverständigung zeichnet, sondern spezifisch nationale Interessen der „english speaking nations", mithin Großbritanniens und der USA, hervorhebt. Verhandelt wird die anglo-amerikanische Friedensbotschaft vor alledem durch die medial vermittelte politische Öffentlichkeit, konkret auf Ebene der beiden politischen Repräsentationsfiguren. Der britische Premierminister und der amerikanische Präsident (beide wie die vier Vertreter der Industrie namenlos, nur in ihrer Funktion bezeichnet) agieren losgelöst von dem restlichen Figurenensemble des Films, indem sie per öffentlicher Direktschaltung in die jeweiligen Parlamentssitzungen (d. h. englisches Unterhaus und amerikanischer Kongress) medial inszeniert in Erscheinung treten. Ihre Auftritte sind im Folgenden in chronologischer Reihenfolge auszugsweise wiedergegeben:[578]

> **Erste Rede Premierminister:** „Far with the completion of the tunnel, we shall have accomplished not merely a remarkable feat of engineering, but something far greater. [...] I tell you, the atlantic tunnel will be greater than any precede. It will constitute the closest tie that could unite our english speaking nations."
> **Erste Rede Präsident:** „[W]hen this tunnel is completed, some of the money hitherto wasted on wages of soldiers and munitions of war will be diverted into useful and peaceful channels. The nations of the world would be able with complete security, to reduce their armaments to an unprecedented minimum."
> **Zweite Rede Premierminister:** „We know only too well that the eastern federation of powers had long been preparing for an opportunity to strike the sovereignty of the people of the western hemisphere. This is their opportunity. But we have within our reach a mighty weapon of defense, that the people of the British Empire, and the people of the

578 Diese Isolation vom restlichen Figurenensemble wurde auch in den bereits erwähnten Werbeanzeigen visualisiert: In den Fenstern eines stählern glitzernden, stromlinienförmigen Zuges, der durch seine Ausmaße die im Hintergrund sich befindende Weltkarte mit den beiden Kontinenten Europa und Amerika miteinander verbindet, sind die Konterfeis von Syndey, Smith, Vinson, Evans, Banks und Dix abgebildet – die Darsteller_innen sitzen gleichsam in einem Zug. Die Bildnisse Hustons und Arliss' hingegen befinden sich oberhalb des Zuges auf der Weltkarte, ihren jeweiligen Ländern zugeordnet, vgl. Gaumont-British: Transatlantic Tunnel.

United States of America paid themselves to stand shoulder to shoulder, and no power of the world can be strong enough to defeat them [*Applaus*].“
Zweite Rede Präsident: „We, the english speaking peoples of the world, have more than a common tongue, more than a common tradition. We have a common trust, the most sacred trust in the history of mankind. And that, my friends, is to preserve the eternal light of progress in the temple of humanity. To those, who would extinguish that light, we say in the immortal words of Lincoln: It shall not perish from the earth. And by the grace of God and the glory of these united people, our civilization shall not perish [*standing ovations*].“[579]

In den Ansprachen der beiden Regierungschefs verknüpfen sich mehrere Argumentationsstränge, die den Transatlantiktunnel als ein machtvolles Instrument der Herrschaftssicherung ausweisen: Zum einen wird mit dem Rekurs des Präsidenten auf (technisch fundierten) Fortschritt, Aufklärung und Zivilisation der Tunnel zum Mittelpunkt eines „manifest destiny“, zum Projekt des amerikanischen Sendungsbewusstseins, welches die binnenimperialistischen Expansionsbestrebungen der USA im 19. Jahrhundert legitimierte, um im Laufe des 20. Jahrhunderts den nun auf die globale Ordnung abzielenden, universalen Hegemonialanspruch der neuen Supermacht als untergründig mitlaufende Doktrin abzusichern. Zum anderen wird, vertreten durch den britischen Premier, die pazifierende Wirkung des Infrastrukturprojekts explizit aus seiner genuin militärischen Bedeutung abgeleitet; der Transatlantiktunnel wird zum technischen Präventionsmittel, zur machtvollen Verteidigungswaffe deklariert. Diese spezifische, einer „Politik der Abschreckung“ verpflichtete Ausformung des Friedensmotivs kann ebenfalls auf eine lange Tradition blicken, die sich speziell für die Eisenbahn bis in ihre Entstehungszeit zurückverfolgen lässt. In seinen Überlegungen zu einer etwaigen militärischen Nutzung attestierte Friedrich List ihr eine von ihren technischen Merkmalen abzuleitende abschreckende und damit letztendlich kriegsverhindernde Wirkung.[580] Bemerkenswert ist auch der Zeitpunkt der jeweiligen Reden. Die Repräsentationsfiguren der Politik treten immer dann in Erscheinung, wenn das Großprojekt durch eine sich ankündigende oder

579 TT, 00:42:50–00:44:25 sowie 01:15:40–01:17:30.

580 Vgl. Friedrich List: Deutschlands Eisenbahnsystem in militärischer Beziehung (1834–1836), in: Erwin v. Beckerath/Erwin Stühler (Hg.): Friedrich List. Schriften zum Verkehrswesen, Teil 1: Friedrich List. Schriften, Reden, Briefe, Bd. 3, Berlin 1929, S. 260–269. Zum wirtschafts- und militärgeschichtlichen Kontext von Lists Überlegungen vgl. Jan Musekamp: Friedrich List, die Eisenbahn, das Militär und Europa, in: Themenportal Europäische Geschichte 2015, online unter www.europa.clio-online.de/essay/id/artikel-3794 (Abruf: 03.03.2018).

eintretende Naturgewalt bedroht wird: ein erstes Mal nach der Problematisierung des mysteriösen Tunnelgases und der damit erstmalig geäußerten Vermutung eines unterirdischen Vulkans als dessen Ursache, ein zweites Mal direkt nach der großen Tunnelkatastrophe, als hunderte von Arbeitern durch die sich ausbreitenden Vulkangase ersticken. Die Reden der Politiker reagieren demnach jeweils auf die sich in dieser Naturgewalt manifestierende Gefahr. – Nun stellten alle großen britischen Science-Fiction-Produktionen der 1930er Jahre – neben Transatlantic Tunnel auch Things to Come (1936) und bereits Maurice Elveys High Treason (1929) – die militärische Bedrohung eines futuristischen Londons in den Mittel- bzw. sogar Ausgangspunkt ihrer Handlung.[581] Während in High Treason ein drohender Luftkrieg noch abgewendet werden kann, wird in Things to Come der Kampf hauptsächlich mit Flugzeugen und Giftgas geführt. Die filmische Andeutung bzw. Inszenierung eines aerochemischen Kriegs verarbeitete die ubiquitäre Angst vor einem solchen neuartigen Zukunftskrieg, die sich zwar nicht ausschließlich, so doch großenteils aus den zahlreichen Enthüllungen und Skandalen zu den verbotenen oder geächteten Chemiewaffen-Forschungsaktivitäten und diesbezüglichen militärischen Ambitionen des Deutschen Reiches nährte.[582] Die chemischen Waffen werden in

---

581 Vgl. High Treason. Regie: Maurice Elvey, Drehbuch: L'Estrange Fawcett, Produktion: Gaumont British Picture Corporation, Großbritannien 1929. British Film Institute, online unter https://player.bfi.org.uk/free/film/watch-high-treason-silent-version-1929-online, Laufzeit: 75 min (Abruf: 15.03.2018); Things to Come. Regie: William Cameron Menzies, Drehbuch: H. G. Wells, Produktion: Alexander Korda, London Film Productions, Großbritannien 1936. DVD, Image Entertainment 2001, Laufzeit: 97 min. Vgl. hierzu J. Richards: Age of the Dream Palace, S. 283f. In High Treason droht ein Krieg zwischen den fiktiven „Vereinigten Atlantischen Staaten" mit Regierungssitz in New York und den „United States of Europe", ein franko-britisches Bündnis, mit Paris und London als Hauptstädte – laut Jeffrey Richards „perhaps a long-range reflection of the post-war isolationism of the United States" (ebd., S. 285). Die ständige Thematisierung des Krieges, speziell einer drohenden Invasion Englands, beschränkte sich indes nicht auf die (wenigen) britischen Science-Fiction-Produktionen jener Zeit, sondern bewegte auch andere Genres wie den britischen Historienfilm – ein deutlicher Hinweis auf die Verarbeitung einer kollektiv-nationalen Verunsicherung aufgrund der zunehmend angespannteren außenpolitischen Situation, vgl. ebd., S. 273–295.

582 Vgl. hierzu Olaf Groehler: Der lautlose Tod, 4. Aufl., Berlin 1987, S. 100–133; Rolf-Dieter Müller: Die deutschen Gaskriegsvorbereitungen 1919–1945. Mit Giftgas zur Weltmacht? in: Militärgeschichtliche Mitteilungen 27 (1980), 1, S. 25–54 sowie Florian Schmaltz: Kampfstoff-Forschung im Nationalsozialismus. Zur Kooperation von Kaiser-Wilhelm-Instituten, Militär und Industrie, Göttingen 2005.

Things to Come auf zweierlei Weise eingesetzt: als Kampfmittel während des Weltkriegs sowie als „Friedensgas" zur Betäubung und Besänftigung der durch jahrzehntelangen Regress abgestumpften und aggressiven Bevölkerungsmassen. Das Giftgas erscheint also letzten Endes als pädagogisch-technizistisches Mittel, welches der Umsetzung einer pazifistisch-technokratischen Diktatur dient, mit deren Apotheose der Film schließlich endet. In Transatlantic Tunnel spielt Gas ebenfalls eine zentrale Rolle, wenn auch nicht inszeniert als menschlich hergestellte chemische Waffe, sondern als der Technik gegenübergestellte Naturgewalt. Neben den futuristischen Schutzanzügen der Ingenieure und Wissenschaftler besticht die allgegenwärtige Ansicht auf konventionelle, zeitgenössische Gasmasken, die vorzugsweise von den einfachen Tunnelarbeitern getragen werden. Die tödliche Gefahr der giftigen Rauchschwaden ist omnipräsent, sie kosten McAllans Frau das Augenlicht und schließlich seinem Sohn sowie hunderten von Arbeitern das Leben. Der fortschreitende Tunnelbau entwickelt sich zunehmend zur Verteidigungsmaschinerie, deren Artefakte – die Gasmasken, die Schutzanzüge wie auch die vor Hitze und Gasdämpfen schützende Kabinenpanzerung des Radiumbohrers – der Beherrschung wie letztendlichen Unterwerfung dieser Naturgewalt dienen. Auch wenn der Film den aerochemischen Krieg nicht explizit thematisiert, so verbindet er doch die kollektiv traumatisierenden Erfahrungen des Ersten Weltkriegs, konkret den exzessiv und entgrenzt geführten Gaskrieg, mit dem Erwartungshorizont der Zeitgenossen hinsichtlich einer neuen, großmilitärischen Auseinandersetzung auf europäischem Boden. Hierbei werden die in Transatlantic Tunnel per Vereinigung zu verteidigenden „english speaking nations" ausnahmslos als weiße Kollektive vorgestellt und damit eine kulturelle Norm reproduziert, die die multiethnische Realität der damaligen amerikanischen Gesellschaft (und wiederum auch der diesbezüglichen Ausführungen Kellermanns) verschleiert. Ebenso ist damit der Appell des Premiers, trotz seiner expliziten Ansprache der „people of the British Empire", nicht an die einheimische Bevölkerung des britischen Kolonialreichs, sondern ausschließlich an ein ethnisch homogen imaginiertes „Commonwealth" gerichtet. Das anvisierte Gegenüber, die feindlichen Mächte, gegen die sich das angloamerikanische Bündnis formiert, werden wiederum vom Premier als „eastern federation of powers" bezeichnet:

> „probably to be understood as Communist Russia. This perhaps reflects a situation where the coming to power of Hitler had made a united Europe less likely and an Anglo-American alliance was deemed sensible in the face of mounting European uncertainty."[583]

583 J. Richards: Age of the Dream Palace, S. 285.

In TRANSATLANTIC TUNNEL bündelt sich die in Teilen der britischen Politik und Gesellschaft verbreitete Angst vor einer Destabilisierung Europas durch die doppelte Bedrohung durch Nationalsozialismus (versinnbildlicht durch die Andeutungen eines aerochemischen Krieges) und stalinistischen Kommunismus („eastern federation of powers"). Die technizistisch grundierte filmische Bündnispolitik Englands mit den USA (die auch, überspitzt formuliert, revisionistische Züge trägt – was die Politik einst trennte, soll durch die Technik wieder zusammengeführt werden) erfährt zu Filmende ihr zentrales Vergewisserungsmoment bei der feierlichen Eröffnung des Transatlantiktunnels. Diese wird (wie sämtliche Szenen, in denen die politische Sphäre in den Vordergrund rückt) als Direktübertragung inszeniert, in der zuerst zur britischen, dann zur amerikanischen Seite geschaltet und jeweils per Männerchor die jeweilige Nationalhymne intoniert wird. Die Einstellungstotalen fokussieren die weißen, glatten, aus einem Stück gegossenen Tunnelmündungen im Bildmittelgrund, um anschließend zur Ansicht auf eine Rednerbühne mit dem jeweiligen Staatsoberhaupt zu wechseln. Während auf der britischen Seite diese Ansicht wieder durch eine Totale auf die Tunnelmündung abgelöst wird, folgen auf der amerikanischen Seite Detaileinstellungen mit den Porträts der zentralen Protagonisten – zuerst Lloyd und Varlia, gefolgt von Robbie, schließlich das Ehepaar McAllan.[584] Durch ebendiese Platzierung der Protagonisten und die musikalische Rahmung des Films durch die amerikanische Nationalhymne (deren Motiv bereits im Vorspann aufschien) könnte der Eindruck entstehen, dass das technische Großprojekt als ein letztendlich amerikanisches vorgestellt wird. Dessen ungeachtet bringt diese Abschlussszene die sich während des Films herauskristallisierende Rangordnung der agierenden Sphären von Wirtschaft, Politik und Technik in wenigen Einstellungsfolgen noch einmal auf den Punkt: Das durch Schnitt, Musik und Figurenplatzierung dominierende Amerika repräsentiert die Wirtschaft; England – vertreten durch die beiden Ingenieure McAllan und Robbie – die Technik, die zunehmend zum Spielball der Wirtschaftsbosse gerät. TRANSATLANTIC TUNNEL ist somit weit entfernt von einem genuin technokratischen Szenario. Die Politik hat die Mittlerinstanz zwischen diesen beiden Sphären inne, indem die Staatoberhäupter als Sprachrohr einer – ausschließlich weißen – vereinigten anglo-amerikanischen Gesellschaft agieren.

584 Vgl. TT, 01:31:50–01:32:50.

3.5 Zusammenfassung

Die drei Verfilmungen des Kellermannschen Romans – DER TUNNEL (1915), DER TUNNEL resp. LE TUNNEL (1933) sowie TRANSATLANTIC TUNNEL (1935) rekurrieren auf verschiedene gesellschaftspolitische Hoffnungen und Ängste ihrer jeweiligen Gegenwart. In der Verfilmung von William Wauer, die sich im Vergleich zu den beiden Produktionen der 1930er Jahre hinsichtlich Handlungsverlauf und Figurenkonstellation am engsten an die Romanvorlage hält, werden zum einen die den Roman prägenden Amerikabilder von einem dezidiert kolonialen Blick abgelöst, der die diesbezüglichen Ambitionen des Deutschen Kaiserreichs widerspiegelt. Gleichzeitig werden die bellizistischen Tendenzen des Romans, die vor allem durch das soldatisch geprägte Verhältnis zwischen Ingenieur und Arbeiterschaft zu Tragen kam, zugunsten des Bildes vom Ingenieur als tayloristischen Organisator aufgegeben. Schließlich fehlt mit der Figur des jüdischen Spekulanten Woolf die zentrale Komponente einer personifiziert antisemitisch grundierten Kapitalismuskritik. Das diesbezüglich im Vergleich zum Roman äußerst gedämpfte Konfliktpotenzial zwischen Technik und Kapital wird schließlich durch die technokratische Hochzeit von Ingenieur und Hochfinanz in eine harmonische Ordnung überführt.

Die trotz ausgiebiger Massenszenerien in der 1915er Filmfassung absente Faszination der (militärischen) Formation prägt umso deutlicher die Bernhardtsche Verfilmung von 1933, in der der Ingenieur als „Mann der Tat" seine Arbeiterheere in den Feldzug gegen die zu besiegende feindliche Natur- wie Geldmacht führt. Zusammen mit einer ubiquitären, männlich geprägten Vernichtungsphantasie, in welcher alles weiblich Konnotierte, das der Bewältigung des technischen Großprojekts im Wege steht, radikal eliminiert wird, beweist der Film eine deutliche Nähe zu einem spezifisch nationalsozialistischen Verständnis von Arbeit als Kampf und Dienst an der Volksgemeinschaft.

Während sowohl die 1915er als auch die 1933er Verfilmung bezüglich der Technikdarstellung deutlich in ihrer jeweiligen zeitgenössischen Gegenwart verhaftet bleiben, zeigt sich in TRANSATLANTIC TUNNEL das technische Großprojekt als eine futuristische Infrastruktur, die einer anglo-amerikanischen Bündnispolitik als zentrale Verteidigungsmaschinerie gegen die Ahnungen eines baldigen, großflächig geführten Zukunftskriegs dienen soll. Trotz der thematischen wie auch ikonografischen Nähe zum ungefähr zeitgleich entstandenen Meilenstein der britischen Science-Fiction-Filmgeschichte, THINGS TO COME – beide Filme verarbeiten eine diffuse Kriegsangst, beide präsentieren eine fernere, durchtechnisierte Zukunft – handelt es sich bei Maurice Elveys Werk jedoch im Gegensatz zu William Cameron Menzies' Vision nicht um eine technokratische

Phantasie. Hierfür fungiert der Ingenieur zu sehr als Spielball, denn als mindestens gleichberechtigter Partner oder gar technischer Souverän. Stattdessen wird das im Kellermannschen Roman angelegte und in der 1933er Verfilmung verdichtete Zerrbild eines gegen die Interessen des Gemeinwohls spekulierenden Finanzkapitals zugunsten eines utilitaristisch geprägten wirtschaftsliberalen Verständnisses aufgegeben, indem ein dem gesellschaftspolitischen Gemeinwohl dienendes Ergebnis aus diesen entgegengesetzten egoistischen Motivationen umgesetzt wird.

4. Der Ingenieur als Maschinenstürmer: Gold (1934)

Im Vorwort zur 1935er Auflage des 1922 erstmals erschienenen Zukunftsromans *Die Macht der Drei* widmet sich dessen Autor Hans Dominik ausführlich der vermeintlichen Prognosekraft des technischen Zukunftsromans in Bezug auf realtechnische und auch politisch-gesellschaftliche Entwicklungen. Nach Ausführungen zur Entwicklung der Luftfahrt und den geänderten weltpolitischen Konstellationen des letzten Jahrzehnts folgen Überlegungen zur zukünftigen Erforschung und Beherrschung der Atomenergie:

> „Wird es der Technik gelingen, jene Energiequelle zum Fließen zu bringen, die ihr die Physik in den Atomen nachgewiesen hat? Eine wundersame Wandlung hat ja unser Wissen um die Atome während der letzten beiden Jahrzehnte, besonders unter den [sic!] Einfluß der Radiumforschung, durchgemacht. […] Vor einem halben Menschenalter begannen die ersten tastenden Versuche auf diesem Gebiet."[585]

Es folgt eine Schilderung der Experimente der britischen Chemiker William Ramsay und (von Dominik unerwähnt) Frederick Soddy mit Radiumsalzen, denen ein großer Erkenntnisfortschritt für die physikalische Theorie, jedoch kaum Wegweisendes zur praktischen Anwendung der Atomenergie attestiert wird. Nach dem deutschnational gesinnten Dominik waren es hingegen „Deutsche […], die Physiker [Arno] Brasch und [Fritz] Lange, welche diese Versuche auf einer anderen, aussichtsreicheren Basis weiterführten", und zwar nicht mehr, wie noch bei den Briten, mit Alphastrahlen, sondern mit „frei fliegenden Elektronen", die durch das Anlegen von Höchstspannungen auf eine Geschwindigkeit gebracht werden sollten, um die gewünschte „Atomzertrümmerung" herbeizuführen:

> „Da zogen sie [Brasch und Lange, AW] in die gewitterreiche Gegend am Monte Generoso in der Schweiz, fingen dort die Blitze in Luftdrähten und leiteten die eingefangenen Spannungen von mehreren Millionen Volt in ihre Röhre. Sie erhielten dabei Atomzertrümmerungen, die bewiesen, daß sie sich auf dem richtigen Wege befanden. […] Eine Zeitlang sah sich die Technik dies Experiment mit Blitzen an, aber nicht sehr lange. Dann trat sie mit eigenen neuen Hochspannungsquellen und dazu passenden Blitzröhren auf den Plan. Während diese Zeilen geschrieben werden, gehen solche Apparate, die Spannungen von sieben Millionen Volt sicher erzeugen und beherrschen, ihrer

585 Hans Dominik: Vorwort zum 96. bis 100. Tausend, in: Ders.: Die Macht der Drei, 116. bis 120. Tsd., Berlin o. J. [um 1935], S. V–XIV, hier S. XI.

> Vollendung entgegen, und jeder kommende Monat dürfte uns neue Fortschritte dieser Zertrümmerungstechnik bringen."[586]

Dominiks Ausführungen schließen mit Überlegungen zur wirtschaftlichen Anwendung der Atomenergie, die er in einer vorsichtigen Schätzung in „vielleicht schon" 15 Jahren kommen sieht:

> „Ein nicht leichtes, vielleicht sogar ein gefährliches Ziel, denn nicht in vernichtendem Ausbruch darf die befreite Energie dahinrasen. Nützlich und dem Menschen dienstbar wird sie fließen müssen. Dann aber wird ihr reicher Strom ein neues Zeitalter befruchten."[587]

Diese letzten Zeilen mögen angesichts der zwei Jahrzehnte später beginnenden Versuchsphase der zivilen Nutzung der Kernenergie auf den ersten Blick tatsächlich visionär erscheinen, zumindest aber wirken sie in ihrem universalheilsgeschichtlichen Impetus wie eine Vorwegnahme der Atomeuphorie der 1950er Jahre – wenn man vernachlässigt, dass Dominik hinsichtlich der physikalischen Grundlagen wie auch der Methode der „Atomzertrümmerung" komplett irrte (und sich dahingehend auf dem damaligen Stand der Forschung befand; die Kernspaltung wurde bekanntermaßen erst 1938 entdeckt). Darüber hinaus bemerkenswert ist eine Dominiks Ausführungen illustrierende seitengroße Abbildung – ein Standbild aus dem ein Jahr zuvor uraufgeführten Ufa-Film GOLD mit einer Großaufnahme der futuristischen Apparatur, die im Zentrum dieses Zukunftsfilms steht. Die Bildunterschrift lautet: „Die Blitzröhren der Zukunft. Elektrische Höchstspannung zertrümmert in ihnen Atome und verwandelt Blei in Gold. (Phot. Ufa)".[588] Diese Referenz erstaunt insofern, als Dominik in seinen Überlegungen zur Atomenergie weder eine experimentelle künstliche Goldherstellung im Allgemeinen noch den Film im Besonderen überhaupt erwähnt. Trotzdem sollte offenbar der zeitgenössische Erfolg dieses Zukunftsfilms die prognostische Glaubwürdigkeit von Dominiks Ausführungen bezeugen. Indessen verweist diese Verknüpfung seiner Überlegungen mit dem Filmmotiv auf verschiedene damalige Wissenschafts- und Wissenschaftspopularisierungsdiskurse, an die wiederum GOLD anschließt.

In dem Spielfilm geht es, wie der Name schon andeutet, um die verwissenschaftlichte Aktualisierung des alten alchemistischen Traums von der Verwandlung von Blei in Gold – durch „Atomzertrümmerung". Der deutsche Professor Achenbach (Friedrich Kayssler, der Ingenieur Mac Allan aus der

---

586 Ebd., S. XII.
587 Ebd., S. XIV.
588 Ebd., Ill. nach S. XII.

1915er Tunnelverfilmung) und sein Assistent, Ingenieur Werner Holk (Hans Albers), stehen in ihrem kleinen Berliner Labor kurz vor dem wissenschaftlichen Durchbruch. Doch beim entscheidenden Experiment kommt Achenbach durch einen Sabotageakt zu Tode. Der schwerverletzte Holk überlebt dank einer Bluttransfusion durch seine Verlobte Margit Möller (Lien Deyers). Der Ingenieur, der Rache an den Drahtziehern nehmen und den durch das misslungene Experiment geschädigten Ruf seines Mentors rehabilitieren will, lässt sich auf ein Angebot des schottischen Bleimoguls John Wills (Michael Bohnen) ein, der ihm unbegrenzte Forschungsmittel verspricht und dessen eigener unterseeischer Laborkomplex verdächtig der Achenbachschen Apparatur ähnelt. Nach seiner Ankunft auf dem Anwesen von Wills begegnet er dessen weltgewandter, ihren Vater ablehnenden Tochter Florence Wills (Brigitte Helm); die beiden finden schnell Gefallen aneinander. Unter Holks Führung gelingt schließlich das Experiment Achenbachs. Wills lässt umgehend alles zur industriellen Massenproduktion vorbereiten. Deren mediale Ankündigung löst den Beginn einer von Massenunruhen begleiteten Weltwirtschaftskrise aus. In einer finalen Konfrontation deckt Holk die Machenschaften von Wills vor der gesamten Arbeiterschaft des Bleiwerks auf und zerstört anschließend die Goldapparatur. Der vom Goldrausch besessene Unternehmer, der seine Maschine nicht aufgeben will, stirbt bei der gigantischen Explosion, bei der das Goldlabor durch die einbrechenden Wassermassen vollständig zerstört wird. Der Ingenieur kehrt nach Deutschland zu seiner Verlobten zurück, um künftig nur noch der reinen Wissenschaft zu dienen.

Um GOLD rankt sich hartnäckig eine mit dem technischen Sujet verknüpfte Filmlegende, die Ende der 1960er Jahre vom amerikanischen Filmwissenschaftler David Stewart Hull etabliert wurde: Demnach soll die namensgebende Apparatur dermaßen realistisch gewirkt haben, dass nach dem Zweiten Weltkrieg die alliierten Zensurbehörden daran feststellen wollten, wie weit die Deutschen tatsächlich bereits mit dem Bau von Atomreaktoren – und also einer Atombombe – gewesen waren. „It is even reported, on reliable authority", dass der Film deswegen einer Gruppe amerikanischer Physiker zur Sichtung vorgelegt wurde um zu überprüfen, ob diese Maschine tatsächlich hätte funktionieren können. Der Film soll deswegen lange Zeit nicht freigegeben oder gezeigt worden sein.[589] Diese Geschichte, deren Urheberschaft von Hull über seinen äußerst vage gehaltenen Verweis hinausgehend nicht belegt wird, wurde – ähnlich wie bei der angeblich deutschen Urheberschaft der Flugplattform in F.P.1

589 D. S. Hull: Film in the Third Reich, S. 57.

ANTWORTET NICHT – in diversen Filmlexika aufgegriffen und perpetuiert, ohne die Glaubwürdigkeit, die allein schon aufgrund des ausstehenden Quellennachweises nicht gegeben war, in Zweifel zu ziehen.[590] Die folgende Fallstudie zu GOLD soll u. a. auch die Frage beantworten, inwiefern dieser Filmmythos auf ein retrospektiv angetragenes Missverständnis hinsichtlich seiner technik- resp. wissenschaftspopularisierenden Grundlagen beruht. Vor der Darlegung der Produktionshintergründe, der zeitgenössischen Rezeption und schließlich der eigentlichen Filmanalyse werden die wissenschaftsgeschichtlichen Kontexte, auf die das technische Sujet des Films rekurriert, herausgearbeitet.

4.1 Moderne Alchemie – „Atomzertrümmerung" und Goldsynthese in der Zwischenkriegszeit

Im Film GOLD treffen verschiedene Forschungsgebiete aufeinander: die seit der Spätantike tradierte alchemistische Vorstellung von der Umwandlung unedler Metalle in Gold, die in den 1920er Jahren daran anknüpfenden chemischen Verfahrensexperimente zur künstlichen Goldgewinnung durch Meerwasserextrahierung bzw. durch radiochemische Umwandlung von Quecksilber, sowie solcherlei Versuche auf dem Gebiet der Radioaktivität, die damals unter dem Sammelbegriff „Atomzertrümmerung" firmierten.

Zunächst ist festzuhalten, dass unter dem in der ersten Hälfte des 20. Jahrhunderts kursierenden Terminus der „Atomzertrümmerung" durchaus divergente Phänomene gefasst wurden. Es handelte sich um einen schwammigen, nicht klar definierten und in unterschiedlichen Kontexten verwendeten Begriff. Heutzutage firmiert er fälschlicherweise als begrifflicher Vorläufer zur „Kernspaltung" im engeren Sinne, geht darin jedoch nicht auf, da diese erst 1938 entdeckt und als Phänomen korrekt beschrieben wurde.

---

590 Vgl. bspw. P. Hardy: Science Fiction, S. 95; M. Hobsch: Gold, S. 339; zuletzt bei G. Seeßlen: Gold. Diese Legende erinnert an den tatsächlichen Vorfall um die 1944 im amerikanischen Pulp-Magazin *Astounding Science Fiction* publizierte Science-Fiction-Kurzgeschichte *Deadline* des Schriftstellers Cleve Cartmill. Die darin enthaltene detaillierte, korrekte Beschreibung der physikalischen Grundlagen zum Bau einer Atombombe – zu einer Zeit, in der das Manhattan-Projekt unter höchster Geheimhaltung stand – rief eine Sonderermittlung des FBI auf den Plan, die neben Cartmill auch Magazin-Herausgeber John W. Campbell und weitere namhafte Science-Fiction-Schriftsteller wie Robert Heinlein und Isaac Asimov umfasste; vgl. Robert Silverberg: Reflections: The Cleve Cartmill Affair: One, in: Asimov's Science Fiction 27 (2003) 9, S. 4–7; verkürzt dargelegt und mit falscher Namensangabe auch bei S. Päch: Das literarische Gedankenexperiment, S. 439.

Spekulationen über die energetischen Möglichkeiten der Kernumwandlung existierten hingegen seit der Entdeckung der Radioaktivität zu Ende des 19. Jahrhunderts und regten sowohl eine intensive Atomforschung als auch literarische Spekulationen an. Ernest Rutherfords Mitarbeiter Frederick Soddy mutmaßte noch vor dem Ersten Weltkrieg:

> „In the face of circumstantial evidence, a race which could transmute matter could transform a desert continent, thaw the frozen poles, and make the whole world one smiling Garden of Eden. Possibly they could explore the outer realms of space, emigrating for more favourable worlds as the superfluous today emigrate to more favourable continents."[591]

Unterdessen gab er hochrangigen Militärs zu verstehen, „dass derjenige Staat, der als erster Kernwaffen entwickelte, die Welt beherrschen würde."[592] Diese Vorstellungen wurden alsbald von der zeitgenössischen technikutopischen Literatur aufgegriffen. So imaginierte der nachweislich von Soddy inspirierte H. G. Wells in seinem im Frühjahr 1914 erschienenen Roman *The World Set Free* einen weltweiten Atomkrieg, in dem Ende der 1950er Jahre die erste Atombombe auf Berlin abgeworfen wird.[593] Der Roman ist jedoch nicht als warnende Dystopie zu verstehen – letztendlich ging es Wells, wie auch in seiner anlässlich des Ausbruchs des Ersten Weltkriegs veröffentlichten Schrift *The War That Will End War* (1914), um die Verkündung einer idealistisch-technizistischen – und also hochmodernen – Friedensbotschaft:

> „Aus der Einsicht, dass Krieg im Atomzeitalter nur noch um den Preis einer Selbstvernichtung der Menschheit denkbar ist, leitet der Roman die unabweisbare Notwendigkeit ab, herkömmliche kriegerische Auseinandersetzungen endgültig zu unterbinden und durch neue, dem technisch-wissenschaftlichen Fortschritt gemäße Formen der Konfliktlösung zu ersetzen."[594]

---

591 Frederick Soddy, zitiert nach: Mansel Davies: Frederick Soddy: The scientist as prophet, in: Annals of Science 49 (1992) 4, S. 351–367, hier S. 360.

592 Stephanie Cooke: Atom. Die Geschichte des nuklearen Zeitalters, Köln 2010, S. 23f.

593 Vgl. H. G. Wells: The World Set Free. A Story of Mankind, New York 1914. Bei den theoretischen Grundlagen und der konkreten Funktionsweise der Atombombe bleibt Wells, entsprechend dem diffusen Wissensstand der damaligen Atomforschung, freilich sehr vage; vgl. hierzu Erik Strub: Soddy, Wells und die Atombombe. Eine literarische Fiktion aus physikalischer Sicht, in: Physik Journal 4 (2005) 7, S. 47–51.

594 Marcus M. Payk: Hochgespannte Erwartung. H. G. Wells' Utopie einer „befreiten Welt" am Vorabend des Großen Kriegs, in: Zeithistorische Forschungen/Studies in Contemporary History 11 (2014), S. 145–149, hier S. 147.

Hans Dominik wiederum entwarf in seinen Zukunftsromanen ganz verschiedenartige Szenarien zur Anwendung der Atomenergie: In *Der Brand der Cheopspyramide* (1925/1926) wird die Atomenergie durch hohe elektrostatische Spannungen oder gewaltige Magnetfelder ausgelöst, die die Stabilität der Atomkerne zerstören – und als Abfallprodukt Gold entstehen lassen.[595] Aus der Analogie mit der Elektrizität ergibt sich das Fehlen jeglicher Strahlung sowie eine gezielte und begrenzte militärische Anwendung.[596] *Atomgewicht 500* (1934/35) behandelt hingegen die Herstellung künstlicher Elemente zur Energieerzeugung durch deren Verschmelzung, also durch Kernfusion. Der Roman beginnt mit einem Experiment zur Verschmelzung von Helium-Atomen mit Uran-Atomen mithilfe großer Temperaturen und hoher Drücke – und ebenfalls durch „die Wirkung der riesenhaften elektrischen Energie […], unter Tausenden von Kilowatt".[597]

Dem Literaturwissenschaftler Hans Esselborn zufolge existiert bei fiktionalen Technikdarstellungen „immer eine Differenz zwischen dem modernen Wissen und seiner literarischen Konkretisierung"[598]. So verstünde Dominik die Atomenergie – gemäß seiner beruflichen Laufbahn als Elektroingenieur – noch nach dem älteren Modell der Elektrizität, wodurch sich auch seine ständigen Verweise auf die elektrische Energietechnik erklärten. Gleichwohl wurden ab der zweiten Hälfte der 1920er Jahre u. a. von den Berliner Physikern Arno Brasch und Fritz Lange tatsächlich Versuche der „Atomzertrümmerung" mittels Anlegung von Höchstspannung durchgeführt, die Dominik in seinem Vorwort zu *Die Macht der Drei* auch konkret referierte. Ernest Rutherford selbst hatte 1927 einen solchen Entladungsversuch vorgeschlagen:

---

595 Vgl. Hans Dominik: Der Brand der Cheopspyramide, Berlin 1925/26. Dominik ging es hier explizit nicht um die künstliche Goldherstellung, sondern um die Möglichkeiten der Energiegewinnung und -freisetzung – ein Gedanke, den auch er von Soddy übernommen hatte. In seinen späteren Romanen *Befehl aus dem Dunkel* (1933) sowie *Lebensstrahlen* (1938) firmiert das experimentell gewonnene Gold nur als Nebenprodukt, vgl. hierzu Robert Schwankner: Das Meergoldprojekt: Berlin 1922–1927, in: Kultur & Technik 9 (1985) 2, S. 65–85, hier S. 72.

596 Vgl. Hans Esselborn: Die Atomenergie in der Science Fiction, in: Inklings. Jahrbuch für Literatur und Ästhetik 25 (2007), S. 212–239, hier S. 218. Bis zum Atombombenabwurf beschrieben Literaten generell „nur eine quantitativ gesteigerte Reaktion, Explosion und Hitzeentwicklung", ebd., S. 216.

597 Hans Dominik: Atomgewicht 500, 93. bis 102. Tsd., Berlin 1940, S. 5.

598 H. Esselborn: Atomenergie, S. 215. Esselborn bezieht sich hier auf die literarische Darstellung von technischen Katastrophen, die von ihm angegebenen Beispiele sind jedoch auf fiktionale Technikdarstellungen im Allgemeinen übertragbar.

„What we require is an apparatus to give us a potential of the order of 10 million volts which can be safely accommodated in a reasonably sized room and operated by a few kilowatts of power. We require too an exhausted tube capable of withstanding this voltage.“[599]

Brasch, Lange und ihr Kollege Kurt Urban wollten für die Erzeugung hochenergetischer Teilchen zur Untersuchung von Kernprozessen Höchstspannungen anwenden. Zur Vorbereitung dieser von ihnen als „Atomzertrümmerung“ bezeichneten Kernumwandlungsversuche wurde mit natürlichen Blitzentladungen experimentiert – eine Versuchsreihe, die von der Notgemeinschaft der deutschen Wissenschaft (NDW) unterstützt wurde.[600] Hierfür unternahmen sie in den Sommermonaten von 1927 und 1928 Hochspannungsexperimente mit Blitzen in der Schweiz auf dem Monte Generoso, wobei sie bis zu 15 Megavolt erreichten. Kurt Urban verunglückte dabei, was seinen Kollegen in ihrem abschließenden Forschungsbericht immerhin eine Kurznotiz samt Fußnote wert war.[601] Ab ca. 1930 konnten Brasch und Lange im Berliner Transformatorenwerk der Allgemeinen Elektricitäts-Gesellschaft (AEG) ihre Hochspannungsversuche fortsetzen, wo ihnen ein Marx-Generator von 2,4 Megavolt zur Verfügung stand.[602] Bei diesen Kernreaktions-Versuchen durch künstlich beschleunigte Geschossteilchen, die retrospektiv der Entwicklung der Teilchenbeschleuniger zugeordnet werden können, ging es jedoch niemals um die künstliche Herstellung von Gold.

Bei all diesen Versuchen der „Atomzertrümmerung“, bei denen mit verschiedenen Möglichkeiten der Auslösung von Kernumwandlungsprozessen experimentiert wurde, war nie die Kernspaltung intendiert, die bis zu ihrer Entdeckung Otto Hahns als ausgeschlossen galt. Diejenigen, die einen Zerfall schwerer Atomkerne in leichtere Elemente für prinzipiell möglich hielten, wie die deutsche Chemikerin Ida Noddack, befanden sich in der absoluten Minderheit und stellten dahingehend auch keinerlei experimentelle Versuchsanordnungen auf. Ansonsten verfolgten alle mit (künstlicher) Radioaktivität und Kernumwandlungsprozessen beschäftigten Arbeitsgruppen die Hypothese, dass bei den von

---

599 Ernest Rutherford, zit. in: A. S. Eve: Rutherford. Being the Life and Letters of the Rt. Hon. Lord Rutherford, O. M., Cambridge 1939, S. 338.

600 Vgl. Arno Brasch/Fritz Lange: Experimentell-technische Vorbereitungen zur Atomzertrümmerung mittels hoher elektrischer Spannungen, in: Zeitschrift für Physik 70 (1931) 1, S. 10–37.

601 Vgl. ebd., S. 37.

602 Vgl. J. L. Heilbron/Robert W. Seidel: Lawrence and His Laboratory. A History of the Lawrence Berkeley Laboratory Bd. 1, Berkeley u. a. 1990, S. 50f.

ihnen vorgenommenen Bestrahlungen schwerere Elemente entstehen. Auch Otto Hahn und sein Assistent Fritz Straßmann erwarteten bei ihren mit Neutronen bestrahlten Uranproben – wobei sie durchgängig mit Niederspannung arbeiteten – ein Endprodukt, das im Periodensystem jenseits des Urans liegen müsste: ein sogenanntes „Transuran". Entsprechend korrekt beschrieben und theoretisch-physikalisch interpretiert wurde die von ihnen im Dezember 1938 am Berliner Kaiser-Wilhelm-Institut für Chemie entdeckte Kernspaltung erst von ihrer vor den Nationalsozialisten emigrierten österreichisch-jüdischen Kollegin Lise Meitner, die damit einen grundlegenden Paradigmenwechsel innerhalb der Naturwissenschaften einleitete.

Die mit divergierenden Erkenntnisinteressen und Methoden aufwartenden frühen experimentellen Untersuchungen zur Kernumwandlung befeuerten zudem die Reaktivierung eines alten Forschertraums unter modernen wissenschaftlichen Bedingungen: die Transmutation unedler Metalle in Gold. Nachdem im Zuge der Wissenschaftlichen Revolution des 17. und 18. Jahrhunderts, vor allem mit Einführung des modernen Elementbegriffs durch Robert Boyle und John Daltons Atomhypothese (die das Atom als kleinste Einheit der Materie definierte), die Idee der Elementumwandlung für gut 200 Jahre ad acta gelegt worden war,[603] erhielt dieses uralte alchemistische Anliegen in den 1920er Jahren durch die moderne Atomforschung neuen Auftrieb.[604] Das Beschäftigungsfeld umfasste belletristische Verarbeitungen, selbsternannte „Goldmacher" mit betrügerischen Absichten, aber auch seriöse wissenschaftliche Elitenforschung. Gemeinsamer Fluchtpunkt war die erhoffte Befreiung des Deutschen Reichs aus dem „Würgegriff" der Reparationszahlungen und dessen Wiederaufstieg in den Rang einer europäischen Großmacht. So wird in Karl August

---

603 Vgl. Robert Schwankner: Verspätete Alchimie – Schauplatz Berlin: 1924–26, in: Kultur und Technik 4 (1980) 3, S. 22–24, hier S. 22. Freilich finden sich auch im späten 19. Jahrhundert Einzelfälle von alchemistischen Goldexperimenten wie die des Amerikaners Stephen H. Emmens, dem es sogar gelang, das Ergebnis seiner streng geheim gehaltenen Versuchsmethode, eine Gold-Silber-Legierung, dem amerikanischen Münzamt zu verkaufen. Emmens wurde indes von wissenschaftlicher Seite, von wenigen Ausnahmen abgesehen, negativ rezipiert, vgl. Richard Kerschagl: Die Jagd nach dem künstlichen Gold. Der Weg der Alchimie, Berlin 1973, S. 87.

604 Zur Geschichte der Alchemie, speziell unter dem Gesichtspunkt der künstlichen Goldherstellung, vgl. R. Kerschagl: Die Jagd; Hans-Werner Schütt: Auf der Suche nach dem Stein der Weisen. Die Geschichte der Alchemie, München 2000 sowie Karin Figala: Goldmacherei, in: Dies./Claus Priesner (Hg.): Alchemie. Lexikon einer hermetischen Wissenschaft, München 1998, S. 161–165.

von Lafferts *Gold – politischer Roman aus der Gegenwart* (1922) in geheimen unterirdischen Fabriken auf Helgoland, verborgen vor dem Zugriff der alliierten Kontrollkommission, Meeresgold auf elektrochemischem Wege gewonnen.[605] In Reinhold Eichackers völkisch-revisionistischem Zukunftsroman *Der Kampf ums Gold* (1922) erfindet der weltweit jüngste Nobelpreisträger Walter Werndt, ein deutscher Ingenieur mit den „stahlblauen [...] Augen eines Adlerjägers aus den nordischen Bergen“ und „leuchtende[m] Blondhaar“[606], ein Verfahren zur künstlichen Goldherstellung aus Blei – wie beim zwölf Jahre späteren Ufa-Film per Atomzertrümmerung durch elektrische Höchstspannung. Dieses soll Deutschland endlich zu seinem angestammten Recht und neuer nationaler wie weltweit geltender Größe verhelfen:

> „Ich erfand die Herstellung künstlichen Goldes, und ich kämpfte mit diesem Metalle gegen den Fluch des Goldes, der von Urbeginn der Menschheit bestand und Verderben und Unheil säte bis auf den heutigen Tag, wo er uns durch die Augen des Dämons Versailles noch unheimlich anstarrt. [...] [U]nser Kampf war ein Kampf des Goldes und ein Kampf der Technik. Mit Stolz für mein Volk spreche ich es aus: Deutscher Erfindergeist führte diesen Kampf!“[607]

Die weit verbreitete Suche nach einer technologischen Lösung zur Beendigung der „Schmach von Versailles“ lockte zahlreiche Hochstapler und Hasardeure an, die sich rühmten, durch modernste wissenschaftliche Forschung den *lapis philosophorum* gefunden zu haben. Spektakulärster Fall, v. a. aufgrund der involvierten politischen Akteure, war der des Gilchinger Spenglers, Geigenbauers und selbsternannten Goldmachers Franz Tausend. Sein Partner Rudolf Rienhardt, Rechtsreferendar, NSDAP-Mitglied und nach 1933 führender NS-Pressefunktionär, erreichte über die Vermittlung Otto Meissners (damaliger Staatssekretär und Leiter des Büros des Reichspräsidenten Paul von Hindenburg) den Zugang zu Erich Ludendorff. Tausends Versprechen, mit dem von ihm erzeugten künstlichen Gold die deutschen Reparationszahlungen begleichen und auch die goldproduzierenden Länder der Welt wirtschaftlich vernichten zu können, fiel insbesondere bei dessen in völkisch-esoterischen Kreisen verkehrenden Ehefrau Mathilde auf großes Interesse. Mit Ludendorffs Unterstützung gründete Tausend 1925 die Gesellschaft 164, wobei die Zahl 164 für das Element Gold in

---

605 Vgl. Karl August von Laffert: Gold: Politischer Roman aus der Gegenwart, Berlin-Wilmersdorf 1922; vgl. hierzu auch R. Schwankner: Meergoldprojekt, S. 69.

606 Reinhold Eichacker: Der Kampf ums Gold, 5. bis 10. Tsd., München/Leipzig 1924, S. 18.

607 Ebd., S. 224f.

Tausends eigener chemischer Harmonielehre stand. Neben Ludendorff gehörten ihr bald auch Industrielle wie Mannesmann, die Prinzen Schönburg-Waldenburg sowie etliche Anwälte an. Während sich seine unter der Kontrolle des Münchener Münzamtes 1929 unternommenen Goldgewinnungsversuche schließlich als Betrug erwiesen, verstand der findige „Goldmacher" es, ein Großteil des 1,5 Millionen RM betragenden Gesellschaftskapitals für sich abzuzweigen, damit Immobilien aufzukaufen und wiederum einen erheblichen Anteil des erzielten Vermögens an seine Frau zu übereignen. 1931 wurde er zwar wegen Betrugs zu einer mehrjährigen Haftstrafe verurteilt, jedoch ließ der Prozess gegen ihn viele Fragen offen, vor allem bezüglich seiner engen Kontakte zum NSDAP-Umfeld, die einerseits einer öffentlichen Blamage entgehen, andererseits die dubiosen Geldquellen des Tausendschen Projekts verschleiern wollten, sodass den verschobenen Geldern nicht nachgegangen wurde.[608]

Doch auch innerhalb der akademischen Naturwissenschaften beschäftigte man sich mit der Möglichkeit der künstlichen Erzeugung des Edelmetalls, wobei zwei voneinander unabhängige Verfahrenswege verfolgt wurden: zum einen dessen Extrahierung aus Meerwasser, zum anderen dessen Gewinnung per radiochemischer Transmutation.

Das von 1920 bis 1926 am Kaiser-Wilhelm-Institut (KWI) für Physikalische Chemie und Elektrochemie unter der Leitung von Fritz Haber verfolgte Meergoldprojekt widmete sich der Untersuchung der Goldvorkommen im Ozean, wofür die geheime Abteilung M des KWI gegründet wurde. Anlass bildeten auch hier die alliierten Reparationsforderungen, verbunden mit machtpolitischen Überlegungen zum Neuaufstieg des Deutschen Reiches per Brechung des Machtmonopols der Alliierten durch die Neugewinnung von Goldreserven. Haber rechnete die im Londoner Ultimatum von 1921 angegebenen 132 Millionen Goldmark in Feingold um und erhielt 50 000 Tonnen, dies entsprach zwei Drittel der damals weltweit verfügbaren Menge an verarbeitetem Gold, „und es war typisch für Habers Denken, daß er in dieser fast ausweglosen Lage der Ansicht war, die Wissenschaft müsse eine Lösung für das Problem finden."[609] Der schwedische Chemiker und Nobelpreisträger Svante Arrhenius hatte 1903 einen hohen Goldvorrat im Meer ermittelt und diese Berechnung bei einem Treffen mit Fritz Haber anlässlich von dessen Entgegennahme des Nobelpreises 1919

608 Vgl. R. Kerschagl: Die Jagd, S. 90f. Auch für Tausend selbst bedeutete dieser Fall schließlich ein Verlustgeschäft, da sich seine Frau während seiner Haftzeit von ihm scheiden ließ, vgl. ebd., S. 91.

609 Margit Szöllösi-Janze: Fritz Haber 1868–1934. Eine Biographie, München 1998, S. 509.

in Stockholm bestätigt, sodass es nur noch um die Entwicklung eines rentablen Verfahrens zur Entgoldung des Meerwassers gehen sollte.[610] Die Forschungsarbeiten wurden mithilfe großangelegter Industriekooperationen, u. a. mit der Metallbank und der Metallurgischen Gesellschaft AG in Frankfurt am Main, durchgeführt.[611] Zwei der größten Geheimhaltung unterliegende Atlantikfahrten auf der Nordamerikalinie, bei denen Meerwasserproben entnommen wurden, brachten jedoch negative Ergebnisse. Je weiter die Forschergruppe dabei mit der Erarbeitung zuverlässiger Analyse- und Messmethoden vorankam, desto deutlicher kristallisierte sich heraus, dass die von Arrhenius vorgenommenen Schätzungen viel zu hoch gegriffen hatten und der Goldgehalt des Meeres außerhalb jeglicher wirtschaftlicher Verwendbarkeit lag. Obwohl das eigentliche Ziel dieser Forschungsexpeditionen also als gescheitert gelten musste, so bedeutete doch die Weiterentwicklung der Messverfahren einen letztendlichen Fortschritt im Bereich der Mikrochemie.[612] Die im Meergoldprojekt verfeinerten Messverfahren wurden schließlich auch zur Überprüfung der spektakulären Ergebnisse der Photochemiker Adolf Miethe und Hans Stammreich angewendet, die zur gleichen Zeit an der Technischen Hochschule Berlin „per Zerfall des Quecksilberatoms“[613] Gold in analytisch nachweisbarer Menge synthetisiert haben wollten – mit der ausdrücklichen Erwartung, die Ergebnisse zu verifizieren. Ausgangspunkt für deren Versuchsanordnung bildeten wiederum die bis dato eruierten radiochemischen Erkenntnisse zur Kernumwandlung. Der Beschuss von Elementen mit Alphateilchen ergab (wie bereits Rutherford nachgewiesen hatte), dass, wenn der Kern getroffen wurde, Teile des Atoms absplitterten. Bis 1926 hatten sich insgesamt 27 Elemente als „absplitterungsfähig“ herausgestellt, sodass es nach damaligem Kenntnisstand theoretisch nahelag, ein im Periodensystem höherwertiges Element als Gold zu spalten, um damit Gold zu erhalten. Ernsthafte Versuche konzentrierten sich auf Quecksilber, das zum einen mit der Ordnungszahl 80 nahe an Gold (Ordnungszahl: 79), zum anderen aber auch nahe an radioaktiven Elementen lag, wodurch die Vermutung gegeben war, es durch elektrische Einwirkung zerfallen lassen zu können. Miethe und Stammreich stellten 1924 bei der Destillation von Lampen-Quecksilber Rückstände fest, die neben größeren Mengen Silber auch geringe Mengen Gold enthielten. In ihrem Experiment verwendeten sie einen Gleichstrom von etwa 6 Ampere

610 Vgl. ebd.
611 Vgl. ebd., S. 515.
612 Vgl. R. Schwankner: Meergoldprojekt, S. 80.
613 Miethe, zit. nach R. Schwankner: Verspätete Alchimie, S. 23.

und 130 Volt.[614] Miethe meldete seine Versuchsanordnung zum Patent an, das von Siemens & Halske erworben wurde.[615] Auf ihre Ergebnisse folgten zahlreiche Nachprüfungen sowohl im In- als auch im Ausland. So berichtete die deutsche Zeitschrift *Naturwissenschaften* im Januar 1926 von in den USA durchgeführten Untersuchungen, die vor allem durch die Angst um die ökonomischen Konsequenzen eines erfolgreichen Umwandlungsversuches von Miethe und Stammreich geprägt waren:

> „Die Möglichkeit einer Gewinnung von Gold auf künstlichem Wege wäre in Amerika höchst unerwünscht, da sie die schon jetzt dort bestehende und als drückend empfundene ‚Goldinflation' noch verstärken würde. Um sowohl im Interesse der Wissenschaft als auch der Staatsfinanzen die Wahrheit zu ermitteln, hat darum die Zeitschrift Scientific American eine Nachprüfung der Mietheschen Versuche angeregt und durch Geldmittel unterstützt."[616]

Nach zwei Jahren hitziger Forschungsdebatte wurden 1926 Quecksilberproben an das KWI mit der Bitte um Untersuchung des Goldgehalts geschickt. Haber selbst bezweifelte die Ergebnisse von Miethe und Stammreich nicht, sondern nahm im Gegenteil sogar an, dass sich neben Quecksilber auch Blei und Wolfram zur Goldsynthese eignen würden. Das Ergebnis der Untersuchungen des KWI, bei denen kontrolliert goldfreies Quecksilber verwendet wurde, war jedoch eindeutig negativ – sämtliche Spuren von Gold und Silber der Mietheschen Quecksilberproben waren durch methodische Fehler eingeschleppt worden. Habers Resultate wurden von denen anderer in- wie ausländischer Laboratorien gestützt, deren Ergebnisse ebenfalls negativ waren. Miethe und Stammreich versuchten zwar noch, diese Kontrollexperimente wiederum zu falsifizieren, mussten jedoch schließlich beigeben:

> „Das Jahr 1926 bedeutete das Ende der wissenschaftlichen Goldsuche sowohl im Meer als auch im Quecksilber, und Haber, der beide Projekte mit großen Hoffnungen verfolgt hatte, mußte selbst das vernichtende Fazit ziehen."[617]

Das im Ufa-Film von 1934 verfolgte Projekt der Goldgewinnung durch per Hochspannung erzeugten „Atomzertrümmerung" von Blei kombiniert also verschiedene, gleichwohl miteinander verknüpfte natur- und technikwissenschaftliche Untersuchungszweige und wissenschaftspopularisierende Darstellungen der 1920er und frühen 1930er Jahre. Während die Hochspannungsversuche

---

614 Vgl. R. Schwankner: Verspätete Alchimie, S. 22.
615 Vgl. M. Szöllösi-Janze: Fritz Haber, S. 526.
616 Zit. nach R. Schwankner: verspätete Alchimie, S. 24.
617 M. Szöllösi-Janze: Fritz Haber, S. 527.

von Brasch und Lange nie der Goldherstellung dienten, wurden die radiochemischen Experimente zur Goldsynthese von Miethe und Stammreich nicht per Hoch-, sondern Niederspannung durchgeführt. Der engste Bezug der filmischen Darstellung der Goldsynthese besteht deswegen auch nicht zur damaligen jüngeren Wissenschaftsgeschichte, sondern zu einer zwölf Jahre zurückliegenden belletristischen Verarbeitung des Motivkomplexes, bei der sowohl das beschriebene experimentelle Verfahren als auch die Zielstellung übereinstimmen: Reinhold Eichackers *Der Kampf ums Gold*. Das Novum des Films stellt also genau genommen eine anachronistische Technikutopie dar, die die sowohl wissenschaftlich als auch (mit dem faktischen Ende der Reparationszahlungen auf der Konferenz von Lausanne von 1932) volkswirtschaftlich obsolet gewordene Jagd nach Gold reanimierte und hinsichtlich der imaginierten wirtschaftlichen wie gesellschaftlichen Auswirkungen neu kontextualisierte.

4.2 Produktionshintergründe und zeitgenössische Rezeption

> „Auf dem riesigen Gelände der Filmstadt in Neubabelsberg geschehen wieder phantastische Dinge. In zwei der gewaltigen Tonfilmhallen streben ungeheuerliche Laboratorien empor, Giganten der Technik, dazu bestimmt, um den Jahrtausende alten Traum der Alchimisten zu verwirklichen: nämlich aus Blei – Gold zu gewinnen."[618]

Die Dreharbeiten zu Karl Hartls zweitem und letztem Zukunftsfilm GOLD, die von Oktober 1933 bis Anfang März 1934 im Ufa-Atelier Neubabelsberg sowie auf der Ostsee nahe bei Kiel und Rügen auf der für 40.000 RM angemieteten Luxusyacht Savarona stattfanden,[619] wurden von Beginn an durch ein reges filmjournalistisches Interesse begleitet. Unter der Leitung Alfred Zeislers[620] wurde neben der deutschen unter dem Titel L'OR (Regie: Karl Hartl und Serge de Poligny) auch eine französischsprachige Fassung produziert, in der als einzige Darstellerin des deutschen Ensembles Brigitte Helm die Rolle der Florence Wills ebenfalls übernahm; ansonsten wurde diese mit französischen Schauspieler_innen besetzt.[621] Der Filmarchitekt Otto Hunte, der schon für Fritz Langs DIE

618 Anonymus: Gold, in: Filmwelt vom 14.01.1934.

619 Vgl. M. Hobsch: Gold, S. 336 sowie Rainer Rother: Die Effekte der Unterhaltung, in: W. Jacobsen: Babelsberg, S. 175–204, hier S. 183.

620 Der jüdischstämmige Zeisler, der seit 1934 mit der Schauspielerin Lien Deyers (Margit) liiert war, emigrierte ein Jahr später zusammen mit seiner Ehefrau über London in die USA; vgl. R. Rother: Effekte der Unterhaltung, S. 184.

621 Vgl. Georges Colmé: L'Or, in: Cinémagazine Nr. 8 vom 07.06.1934, S. 19 sowie Anonymus: L'Or, in: Cinémagazine Nr. 7 vom 31.05.1934. Die wenigen Informationen

Nibelungen (DE 1924) und Metropolis die monumentalen Kulissenlandschaften entwickelt hatte, übernahm den Entwurf der futuristischen Goldapparatur,[622] dessen Umsetzung von Filmkritikern in- und ausländischer Zeitungen besichtigt werden konnte. Darüber hinaus lud die Ufa zum exklusiven Empfang auf den Drehschauplatz der Savarona.[623] Die technische Beratung übernahm wieder der Berliner Ingenieur Albert Berthold Henninger – der vorgebliche Erfinder der Flugplattform in F.P.1 antwortet nicht.[624] Der Filmkritiker Fritz Olimsky äußerte sich entsprechend begeistert über den Realitäts- und baldigen Realisierungsgrad der technischen Fiktion:

> „Was eben noch Filmutopie war, kann morgen oder übermorgen schon Wirklichkeit werden. So ähnlich war es ja unlängst mit dem Großfilm ‚F.P.1 antwortet nicht'; als der Film entstand, war der Flugzeugstützpunkt mitten im Atlantischen Ozean noch Utopie und überraschend schnell hat dann dieser Filmtraum seine Verwirklichung gefunden, indem die Deutsche Lufthansa den Lloyd-Dampfer ‚Westfalen' zum Stützpunkt für den Südamerikaflugdienst umbauen ließ. Wieder bringt uns die Ufa demnächst eine Filmutopie, die Gewinnung von Gold durch Zertrümmerung von Bleiatomen, und wiederum ist es – wenigstens nach Ansicht des Produktionsleiters Alfred Zeißler – durchaus denkbar, daß der Wissenschaft dieses Experiment tatsächlich gelingt, wenn auch vielleicht noch ein Jahrzehnt darüber vergeht. Im größten Atelier in Neubabelsberg hat man so etwas wie ein technisches Märchen aufgebaut; es ist wohl der größte Bau, der bisher überhaupt in einem Filmatelier errichtet wurde. Ein Riesenlaboratorium, das jedes Ingenieurherz begeistern muß. Da sieht man gewaltige Schaltanlagen, und sie sind sogar echt, die AEG lieferte sie, wie überhaupt ein leitender Ingenieur der AEG alle Einzelheiten dieses Baues auf seine technische ‚Echtheit' überwachte, Phantastereien, die in den Augen des technischen Fachmanns lächerlich wirken müssen, gibt es hier nicht."[625]

---

zur verschollenen französischen Version entstammen den Berichterstattungen und Rezensionen aus französischen Filmillustrierten.

622 Vgl. M. Hobsch: Gold, S. 339.

623 Vgl. K. Kreimeier: Karl Hartl, S. 43.

624 Vgl. ebd., S. 336 sowie F. Gehler: F.P.1, S. 313. In einem Presseheft der Firma Ewert finden sich mit „A. B. Henninger" signierte Skizzen, die u. a. erheblich von der Kulisse abweichende Entwürfe der Goldapparatur zum Inhalt haben. Allerdings stimmt die Inhaltsbeschreibung ebenfalls nicht mit der Filmhandlung überein; vgl. Anonymus [hg. v. Ewert]: Gold [Broschüre], o. O., o. J. [1934], DIF/D.v.45/Glu-Goln/11 B 111.

625 Oly. [Fritz Olimsky]: Besuch im Gold-Laboratorium. Atome werden zertrümmert. – Vorläufig noch eine Utopie, in: Berliner Börsen-Zeitung Nr. 35 vom 21.01.1934, S. 11. Bei dem erwähnten leitenden Ingenieur ist mutmaßlich Henninger gemeint. Dass dieser tatsächlich bei der AEG angestellt war, zumal in Führungsposition, ist unwahrscheinlich. Vermutlich wurde aufgrund seines Mitwirkens bei F.P.1 antwortet nicht (vgl. Kapitel 2.2) einfach wieder auf ihn zurückgegriffen.

Im Zuge der ausnahmslos überschwänglichen Berichterstattung nahmen die übereifrigen Verweise auf Echtheit und Authentizität groteske Züge an:

> „Es ist die gewaltigste Technik, die hier unter der Regie von Karl Hartl filmisch gestaltet wird, utopisches Geschehen von kühnstem Ausmaß. Hans Albers erzählt, daß er schon sechs Bände über Alchemie studiert hat, um ganz genau zu wissen, worum es in diesem von Geheimnissen umwitterten und von Spannungen gestrafften großen Film geht."[626]

In der die Dreharbeiten begleitenden Berichterstattung tauchte neben dem sattsam bekannten Werbemotiv der prinzipiellen Realisierbarkeit der technischen Utopie ein weiteres Argument auf, mit dem der Film ostentativ angepriesen wurde: das einer auf rassenideologischen Grundlagen basierenden nationalen Stärke. So beschrieb die Filmjournalistin Hete Nebel das Auftreten Hans Albers' als das eines „breiten nordischen Mann[es], in Haltung und Miene eiserner Wille."[627] Auch die Reklame-Ratschläge der Ufa, die mit beinahe schon technikdidaktisch zu nennenden Passagen aufwarteten und damit GOLD als seriöses Medium der Technikvermittlung anempfahlen,[628] setzten darüber hinaus gezielt auf eine völkisch getönte deutsch-nationale Rhetorik: Der Film diene „als Dokument deutscher Kunst und deutscher Technik, deutschen Fleißes und deutschen Könnens"[629], mit „Hans Albers […] in der Bombenrolle eines deutschen Ingenieurs" und „Friedrich Kayßler […] als deutscher Forscher", denen „Michael Bohnen […] als Vertreter des gewissenlos raffenden Industrierittertums" gegenübergestellt sei.[630] Die Filmromantik wurde ebenfalls strikt diesem Ideal unterworfen: „Nur eine Bluttransfusion kann ihn [Holk, AW] retten, und Margit, seine blonde Braut, gibt freudig ihr Blut für ihn."[631]

---

626 Anonymus: Gold.

627 Hete Nebel: Brigitte Helm in „Gold", in: Filmwelt vom 18.03.1934.

628 „Unter Atomzertrümmerung versteht man, daß gewisse Elemente der Wirkung von Alpha-Strahlen ausgesetzt werden. Diese Strahlen zertrümmern teilweise die Atome der betreffenden Elemente, indem sie aus dem Atomkern einen Wasserstoffkern abspalten. Ein solches Ereignis tritt allerdings außerordentlich selten ein. Aus theoretischen Gründen nimmt man an, daß bei einer solchen Atomzertrümmerung das betreffende Element in ein anderes umgewandelt wird. So müßte z.B. auf diese Weise auch Gold entstehen können." Ufa-Verleih G.m.b.H (Hg.): Gold. Reklame-Ratschläge, BArch, FilmSG1/5933I, S. 37.

629 Vgl. ebd., S. 5.

630 Ebd., S. 18f.

631 Ebd., S. 37.

Die Filmkritiken zur erfolgreichen Uraufführung,[632] die am 29. März 1934 im Berliner Ufa-Palast am Zoo stattfand, griffen diese Deutungsangebote hingegen nur begrenzt auf. In ihnen bewunderte man zwar die kolossalen Kulissenbauten[633] und die in Realismusgehalt und Möglichkeitsdimension überzeugende Technikfiktion, pries unisono Gold als „Meisterwerk der deutschen Filmtechnik"[634] und schrieb dem „neue[n] Großfilmwerk" angesichts der seit der Weltwirtschaftskrise grassierenden, durch die 1933 einsetzende erste Emigrationswelle von deutschen Filmschaffenden noch verstärkten finanziellen Krise der deutschen Filmindustrie gar „eine nicht zu unterschätzende Hilfe […] im Interesse des Ansehens des deutschen Films" zu.[635] In der Figurenbeschreibung beschränkte man sich jedoch auf eine allgemein gehaltene Kontrastierung des „deutschen Ingenieurs" mit dem schottischen „Industriellen ohne Gewissen"[636]. Einzig in der Rezension Hermann Hackers schien der Wunsch nach einer Abbildung des Figurencharakters in einer (mutmaßlich antisemitischen Klischees entsprechenden) Physiognomie auf: „Bohnen ist leider nicht der Typ, den diese Rolle verlangt hätte. Die Gesichter des internationalen Finanzschiebertums und der skrupellosen Ausbeuterei sehen anders aus."[637]

Darüber hinaus wurde durchgehend die vermeintlich exakte Anbindung an die zeitgenössische wissenschaftliche Forschungslandschaft betont:

---

632 Mehrere Rezensenten erwähnten langanhaltenden Zuschauerjubel und „Beifall mit außerordentlicher Stärke"; H. E. Fischer: Bild der Zukunftstechnik: Gold. Kampf der Menschen und der Elemente – Atomzertrümmerung im Film. Großer Erfolg im Ufa-Palast am Zoo, in: BLA vom 30.03.1934, DIF/D.v.45/Glu–Goln; vgl. auch Anonymus: Gold, in: Kinematograph Nr. 63 vom 31.03.1936; O. E. H.: Ein Meisterwerk der deutschen Filmtechnik. „Gold" im Ufa-Palast am Zoo, in: BZM vom 31.03.1934, DIF/D.v.45/Glu–Goln.

633 „Geschmacksichere Interieurs, technisch wahrscheinliche Apparaturen in überdimensionalen Ausmaßen. […] Gesamtqualität: Stark über dem Durchschnitt.", Paimann's Filmlisten Wien, April 1934, zit. nach M. Hobsch: Gold, S. 339; „Der Regisseur Hartl […] hat seinen wertvollsten Helfer in dem Architekten Otto Hunte, dessen prächtige Bauten unbedingt an zweiter Stelle genannt werden müssen, da sie die Hauptträger dieses neuen Filmes sind, die die eigentliche Wucht desselben hervorrufen.", bg.: Gold, in: Deutsche Filmzeitung Nr. 15 vom 15.04.1934, S. 8.

634 O. E. H.: Ein Meisterwerk.

635 bg.: Gold. Die Krise der Filmindustrie wird in dem betreffenden Artikel freilich nur angedeutet, die Gründe hierfür nicht konkret benannt.

636 Ebd.

637 Hermann Hacker: Gold. Ufa-Palast am Zoo, o. O., März 1934, DIF/D.v.45/Glu–Goln.

> „Es liegt im Bereich der Möglichkeit, daß sich Blei in Gold umwandeln läßt. [...] der Zuschauer ist Zeuge von Vorgängen, die sich in nichts von denen eines wissenschaftlichen Laboratoriums unterscheiden."[638]
> „Man weiß, die Goldgewinnung durch Zertrümmerung von Atomen ist theoretisch keine gänzlich in der Luft stehende Idee. Theoretisch schienen schon die Berliner Physiker Miethe und Stammreich recht zu haben, als sie aus Quecksilber Gold machen wollten."[639]

Als besonders gelungen galt den Rezensenten die Verknüpfung von wissenschaftlich-technischer Akkuratesse und hohem Schauwert, die dem Kinopublikum die Wissenschaft als effektgeladene „Erlebniswelt" präsentiere:

> „Kühnster Traum blieb die künstliche Herstellung des Goldes. [...] Und auch die Wissenschaft hat sich – ernsthaft – mit diesem Problem befaßt. Sie suchte den Weg über die Atomzertrümmerung. Mit Millionen Volt ging sie dem Blei zu Leibe, bombardierte sie die Grundelemente, um Gold zu ‚schaffen'. Um dieses Projekt geht es auch in diesem Film. [...] Ein Stab von Ingenieuren hat die technische Wahrscheinlichkeit der Aufnahmen überwacht. Wenn der Strom der Millionen Volt eingeschaltet wird, wenn das blauzuckende Blitzgewitter aufbrüllt, wenn die magischen Flammen meterhoch sprühen, funkeln, knattern, dann packt den Zuschauer die Erregung einer elementaren Vision, und das entfesselte Toben unvorstellbarer elektrischer Energien peitscht die Nerven auf."[640]
> „Es setzt auch der erste Beifall schon bald nach Beginn ein: Wenn zum ersten Male die Millionen Volt in ihren gefährlich gläsernen Gehäusen zu knattern und zu sausen beginnen, wenn die Lichtbogen schneidend fahl und in unvorstellbarer Stärke konzentriert sich krümmen und zucken, wenn ein immer rätselhaftes furchtbares und zugleich längst lebensnotwendiges Element versucht wird – diesmal noch von Wissenschaftlern und nur für die Wissenschaft."[641]
> „Fast geblendet muß man die Augen schließen, wenn ein Feuerwerk von der Leinwand in den Zuschauerraum niederprasselt und Spannungen erzeugt, die einmalig sind. Die Explosionen und X-Millionen-Watt-Entladungen in dem unterirdischen Goldlaboratorium sind von einer Realistik, die fesselt und auf die Nerven einhämmert. Hier liegen die Wirkungen, wenn das Manuskript als Ausgangspunkt zu Ausflügen in die Wunderwelt der Technik gewählt wird."[642]

Manche Kommentare verwiesen implizit auf die jüngsten Entwicklungen des Tonfilms hin zu seiner Normalisierung, wobei offenbar im Gegensatz zu F.P.1

638 Anonymus: Gold [Kinematograph].
639 C. W.: Gold. Uraufführung im Ufa-Palast am Zoo, in: Morgenpost (Berlin) vom 31.03.1934.
640 H. E. Fischer: Bild der Zukunftstechnik.
641 H. Hacker: Gold.
642 bg.: Gold.

antwortet nicht die Geräuschkulisse in Gold (richtigerweise) nicht als realitätsgetreues Abbild einer Industrielandschaft bzw. eines Wissenschaftsraumes, sondern als künstlerisches Mittel der Affekterzeugung gedeutet wurde:

> „Der Tonfilm hatte fast vergessen, daß er Ton-Film ist. Wir haben Dutzende von Tonfilmen gesehen, die die Technik des Tonfilms überhaupt nicht mehr als künstlerisches Mittel benutzten oder sie vielmehr als selbstverständliche Durchschnittsnorm hinnahmen. Es wurde Zeit, daß wieder einmal auch in Deutschland ein Tonfilm gedreht wurde, der sich der Möglichkeiten des neuen Handwerks bewußt blieb und aus ihnen schuf."[643]
> „Die größte Sinfonie der Geräusche ist dies, die man jemals im Tonfilm erlebt hat. Sonst wirkt Tonfilm-Geräusch oft noch wie blasser Abklatsch der Wirklichkeit. Hier ist es brutales Leben, und lebend sitzt man davor. Hier wird das Geräusch mitsamt den Mammutmaschinen, aus denen es hervorbricht, in den Dienst einer gewaltigen, für zarte Nerven wahrscheinlich nicht leicht zu ertragenden Spannung gestellt. Die Turbinen und Dynamos heulen und sirren, die Alpha-Strahlen zucken knatternd aus riesenhaften Kathodenröhren – es geht ja um die Goldmacherei durch Atomzertrümmerung –, und lange Minuten steigert sich noch dieser ungeheure Tumult zu unerhörtem Fortissimo."[644]

Die überlieferten Rezensionen aus dem Ausland betonten ebenfalls wohlwollend die Umsetzung des technischen Sujets, „with a remarkable display of thrilling scenes involving excellent views of some fearful and wonderful machinery".[645] Die französische Filmkritik stellte zwar Logiklöcher im Plot fest, befand jedoch aufgrund von Schauspielleistung, Ton und Fotografie den Film im Ganzen als „pleinement réussie."[646]

Die dem RMVP seit 1934 unterstellte Berliner Filmprüfstelle vergab für Gold das Prädikat „künstlerisch"[647]; die 1937er Prüffassung wurde als „künstlerisch wertvoll" eingestuft.[648] Während sich Joseph Goebbels nach seinem kurz nach der Uraufführung erfolgten Kinobesuch in einem Tagebucheintrag nur mäßig beeindruckt zeigte und sich dabei jeglicher ideologischen Bewertung enthielt – „Technische Phantasie. Stark gewollt. Persönliche Szenen manchmal stark kitschig. Vom rein technischen Standpunkt fabelhaft. Menschlich sehr unzulänglich."[649] – zielte die bereits erwähnte explizit systemkonforme Filmrezension

643 O. E. H.: Ein Meisterwerk.
644 C. W.: Gold.
645 H.T.S.: A German Gold-Making Film, in: New York Times vom 22.10.1934.
646 Anonymus: Les Films de la Semaine. L'Or, in: Cinémagazine Nr. 7 vom 31.05.1934.
647 Vgl. M. Hobsch: Gold, S. 336.
648 Vgl. Film-Prüfstelle: Gold, Prüf-Nr. 47169.
649 Joseph Goebbels: Eintrag vom 02.04.1934, in: Ders.: Die Tagebücher, Teil 1,3,1, S. 29.

auf die weltanschauliche Botschaft des Films, die sie im „Kampf […] zwischen dem verantwortungsbewußten Wissenschaftler und dem seelenlosen Wirtschaftler" verortete:

> „Hier sind die Aufgaben und Pflichten des neuen deutschen Films. In ‚Gold' aber sind sie zu einem großen Teil erfüllt. Hier haben Regisseur und Künstler in Gemeinschaft mit allen anderen Filmschaffenden ihre Mission erkannt. […] Hier ist alles Gesinnung! Deshalb zündet er auch so unerbittlich in den Herzen. Ein revolutionärer Film – ohne SA-Uniformen! […] Auch ein sozialistischer Film. Und in seiner Art stärker als mancher russische."[650]

Gold wurde in den darauffolgenden Jahren wiederholt in den Kinos des Deutschen Reiches ausgestrahlt,[651] wobei die anlässlich der Wiederaufführung geschalteten Filmkritiken nun zunehmend eine Passung zur nationalsozialistischen Doktrin und einen dahingehenden propagandistischen Mehrwert betonten – ein deutliches Zeichen für die fortgeschrittene (Selbst-)Gleichschaltung und politische Indienstnahme der deutschen Filmpresse, die schließlich im November 1936 in einem allgemeinen Verbot der Filmkritik mündete:[652]

> „Unvergeßlich prägt sich dem Zuschauer die Schönheit der Maschinen, der Zauber der elektrischen Strahlen ein: stählerne Romantik unserer Zeit. […] Ein Film, der nicht nur Gesinnung hat, sondern deren gewaltiger und überzeugender Propagandist ist."[653]

Auch der Filmproduzent Oskar Kalbus, seit 1933 Mitglied des Direktoriums der Ufa, bediente sich in seiner hagiographischen Filmchronik *Vom Werden deutscher Filmkunst* (1935) zur Einordnung des Streifens der Goebbelschen Formulierung:

> „Es klingt das Hohelied der Technik durch den Film, die keine Grenzen menschlichen Geistes und menschlichen Vermögens anerkennen will und aus formlosen Massen der Maschinen von gestern sich zur künstlerischen Formgestaltung von heute entwickelt hat: stählerne Romantik unserer Zeit!"[654]

---

650 Hakenkreuzbanner, Mannheim vom 31.03.1934, zit. in: Ufa-Filmverleih G.m.b.H. (Hg.): Gold, S. 40.

651 Vgl. Burg-Theater: Gold (Anzeige), in: Hallesche Zeitung vom 22.08.1935, DIF/D.v.45/Glu–Goln; Palast-Lichtspiele: Gold (Anzeige), in: Karlsruher Tageblatt vom 20.08.1935, ebd.

652 Vgl. K. Witte: Film im Nationalsozialismus, S. 121.

653 Anonymus: Aus den Lichtspielhäusern. Gold. Wall-Lichtspiele, in: Oldenburgische Staatszeitung vom 01.07.1936.

654 O. Kalbus: Der Tonfilm, S. 109f.

Der von Joseph Goebbels erstmals in einer programmatischen Rede zur Eröffnung der Reichkulturkammer am 15. November 1933 eingeführte Ausdruck der „stählernen Romantik", den er sechs Jahre später anlässlich der Berliner Automobilausstellung noch einmal hinsichtlich seines Bedeutungsgehalts konkretisierte,[655] bündelte begrifflich das praktizierte nationalsozialistische Verständnis einer „deutschen Technik, die eine harmonische Vereinigung von modernen Mitteln mit Volk, Kultur und Natur" bezweckte:[656]

> „Es entsteht [...] zweifellos die Gefahr, daß die moderne Technik die Menschen seelenlos macht. Und darum war es eine der Hauptaufgaben des Nationalsozialismus, die Technik, die von uns nicht verneint oder gar bekämpft, sondern bewußt bejaht wird, innerlich zu beseelen und zu disziplinieren und sie in den Dienst unseres Volkes und seines hohen Kultur- und Leistungsniveaus zu stellen. Es ist einmal in der nationalsozialistischen Publizistik das Wort von der stählernen Romantik unsers Jahrhunderts geprägt worden. Dieses Wort hat heute noch seine volle Bedeutung. Wir leben in einem Zeitalter, das zugleich romantisch und stählern ist, das seine Gemütstiefe nicht verloren, andererseits aber auch in den Ergebnissen der modernen Erfindung und Technik eine neue Romantik entdeckt hat."[657]

Inwiefern mit der (genau genommen retrospektiven) Übertragung dieses Terminus auf den Ufa-Film GOLD nur ein beliebtes Schlagwort aus dem NS-Vokabular bedient wurde, um einen technischen Zukunftsfilm zu bewerben, oder der Film in Technik- und Figurendarstellung tatsächlich ein dahingehendes Deutungsangebot bereitstellt, soll im Folgenden herausgearbeitet werden.

4.3 Technikdarstellung

> „Seit Jahrhunderten trachten Menschen danach, Gold künstlich zu erzeugen – – Denn Gold ist Glück und Fluch dieser Welt – – um Gold bekriegen einander die Sippen, die Stämme, die Völker – – Um Gold betrügen, verfolgen, erschlagen einander die Menschen."[658]

Die im Vorspann eingefügten vier Texttafeln führen in das alchemistische Motiv des Filmsujets ein, in dem die Suche nach Gold als zentrales, anthropologisch begründetes Movens einer bellizistisch grundierten Menschheitsgeschichte

655 Vgl. Rüdiger Safranski: Romantik. Eine deutsche Affäre, Frankfurt am Main 2009, S. 353f.

656 T. Rohkrämer: Vision einer deutschen Technik, S. 298.

657 Joseph Goebbels: Aus der Rede zur Eröffnung der Automobilausstellung Berlin am 17. Februar 1939, in: Deutsche Technik 7 (1939), S. 105f., hier S. 105.

658 Gold, 00:02:09–00:02:45.

firmiert. Das martialisch ausgedeutete Konkurrenzprinzip wird in der durch Überblendung verbundenen ersten Szene aufgegriffen, in der Wills Agenten Brann, Vesitsch und Schwarz (Walter Steinbeck, Heinz Wemper und Rudolf Platte) Achenbachs technischen Assistenten Becker (Hans-Joachim Büttner) bezüglich der Sabotagepläne instruieren. Erst in der zweiten Sequenz werden Professor Achenbach und Ingenieur Holk gezeigt. Deren Forschungsprojekt wird in einem Interview erläutert, das Holk von Agent Schwarz, der sich als Sensationsreporter ausgibt, aufgedrängt wird:

Agent/Reporter: „Also darf ich kurz wiederholen: Umwandlung von Blei in Gold durch Atomzertrümmerung, Flammenschüsse bis zu 50 Millionen Volt –"

Holk [*unterbricht ihn*]: „Fünf Millionen, mein Verehrter, schmeißen Sie doch nich schon mit den Millionen herum! Ja und, äh, betonen Sie doch ausdrücklich, dass es sich hier nich so um ne Art Goldfabrik handelt, nicht wahr, sondern um ein rein wissenschaftliches Experiment."[659]

Die in diesem frühen Filmdialog getroffene dichotome Scheidung einer seriösen und achtbaren, da nur der wissenschaftlichen Erkenntnis dienenden Forschung von einer unredlichen, dem unternehmerischen Profit dienenden angewandten Wissenschaft[660] spiegelt sich in Aufbau, Ästhetik und räumlicher Positionierung des zentralen technischen Novums – der Goldapparatur – wider, von der zwei Varianten existieren: das bescheidene Originalmodell des deutschen Professors und das in Größe, Kapazität und Messstärke davon extrapolierte Replikat des schottischen Unternehmers.[661]

Die Achenbachsche Konstruktion befindet sich in einem Berliner Hochspannungslabor auf einem nicht näher spezifizierten Industriegelände. Die beiden deutschen Forscher haben nichts zu verbergen: Der Raum ist ebenerdig und frei zugänglich; nur ein Warnschild verweist auf die Gefährlichkeit der

---

659 Ebd., 00:08:58–00:09:16.

660 Diese populäre Unterscheidung, die sich bis heute in vielen filmisch-fiktionalen Entwürfen von Wissenschaft und Technik findet, wurde der komplexen Wirklichkeit technisch-wissenschaftlicher Entwicklung in den 1930er Jahren längst nicht mehr gerecht, wie auch Thomas Elsaesser mit Blick auf die diesbezügliche Darstellung in GOLD moniert: „Spätestens seit Edison war das Erfinden ‚durchindustrialisiert', d. h. bereits der Erfindungsprozeß auf die spätere Anwendung, Verbreitung und industrielle Nutzung ausgerichtet. […] Gerade in den dreißiger Jahren war die Frage aktuell, wer die Kosten der industriellen Entwicklung tragen sollte."; T. Elsaesser: Moderne und Modernisierung, S. 33.

661 Dieser Aspekt wurde von der bisherigen Forschungsliteratur, die allein die gigantomanische Goldapparatur betrachtet, ignoriert.

hier durchgeführten Experimente. Die einetagige, raumausfüllende Apparatur folgt einer überwiegend nüchternen Ästhetik. Zwar markieren die konzentrisch angeordneten Elektronenröhren mit ihrem stromlinienförmigen Design und die Hochspannungsableitern nachempfundenen Stützpfeiler ihre fiktional-futuristische Ausgestaltung, jedoch wird diese durch deutlich sichtbare Rohrleitungen sowie durch die Dominanz zeitgenössischer technischer Elemente (wie Transformatoren und Isolatoren, Schaltzentralen mit Dreh- und Kippschaltern und Messgeräte wie Voltmeter und Strommesser) versachlicht. Die in Elektronenröhren hell gleißenden Strahlen, die „an jene erinnern, die die Metamorphose der Stahlfrau in Brigitte Helms skrupellose Anführerin ermöglichen“[662], werden durch ein durchdringend hohes, sirrend-pfeifendes Geräusch begleitet, das die durch Strahlenkränze visualisierte Höchstspannung auditiv erfahrbar machen soll.[663] Die Visualisierung wie Hörbarmachung des Stroms, die keinerlei Entsprechung in der realen Experimentierwelt von Hochspannungslabors hat, lässt die dargestellte fiktive Wissenschaft zum effektbetonten technischen Spektakel werden.

Der Nachbau des schottischen Unternehmers befindet sich indes an einem geheimen, gut bewachten Ort – einer unterirdischen bzw. unterseeischen Höhle. Der Zugang erfolgt zunächst unspektakulär über einen Einfuhrschacht des Willschen Bleiwerkgeländes, von dem aus ein stromlinienförmiger, metallisch glänzender, lautlos gleitender Zug zum Eingangsportal der Höhle führt, der anhand seines futuristischen Designs die dort verborgene Zukunftstechnologie ankündigt. Das meterhohe Tor, dessen mechanischer Schließmechanismus von Chefingenieur Harris (Eberhard Leithoff) persönlich bedient wird, während die wie zu einer Prozession aufgereihte Arbeiterschaft warten muss, ist über eine breit angelegte Portaltreppe zu erreichen.[664] Diese Sakralisierung des Objektzugangs (eine zweite Portaltreppe führt in die tief liegende Laborhöhle) wird im Design der Goldapparatur fortgesetzt. Die mehretagige Konstruktion, die die sie umgebenden Menschen winzig klein erscheinen lässt, ist im Vergleich zum Original nicht nur überdimensioniert – ihre Größe wird zum einen in einer mehrsekundigen Totalen, zum anderen durch eine geschickte, in Halbtotale aufgenommenen Kamerarundfahrt eingefangen, die nie den gesamten Korpus zu fassen

662 R. Rother: Effekte der Unterhaltung, S. 184.

663 Dieser Pfeifton wird bei den späteren, am Replikat durchgeführten Experimenten, die mit noch höheren Spannungen arbeiten, entsprechend in ein unangenehmes Fortissimo auditiv extrapoliert.

664 Vgl. Gold, 00:41:50–00:42:15.

bekommt – sondern beinhaltet mit den mannshohen, wiederum Ableitern nachempfundenen, weiß glänzenden Treppen und Stützpfeilern auch mehr technizistische Ornamentik, dessen Ikonografie das Bild eines Kirchenaltars heraufbeschwört. Trotz dieser sakralen Elemente kaschiert die Ausgestaltung der Goldapparatur nicht etwa deren Zweck und Funktion, sondern betont ganz im Gegenteil ihre technische Verfasstheit, indem sowohl funktionale wie auch rein schmückende Bauelemente nach *technischem* Vorbild – eben der Hochspannungsableiter – gestaltet sind. In der Verknüpfung von Sakralisierung und alchemistischer Motivik ist das Destruktionspotenzial dieser Technik bereits angelegt, schließlich kann im Geheimen und Verborgenen generiertes Wissen gemäß dieser Erzähltradition zu keinem guten Ende finden.

Als gegenteilige Tendenz wird dieses zentrale Novum jedoch auch naturalisiert bzw. profanisiert: Anders als beim Original ist ausgerechnet in der Anlage des schottischen Unternehmers bei diversen (dem zeitgenössischen Stand der Technik verhafteten) Messgeräten der Schalt- und Kontrollzentrale das AEG-Logo deutlich zu erkennen.[665] Was wie eine frühe Form des *product placement* wirkt (tatsächlich wurden schon im Stummfilm Konsumgüter und Markenprodukte gezielt ausgestellt, wenn auch die werbenden Firmen dafür zumeist keine Geldzuwendungen an die Filmunternehmen zahlen mussten), wurde in einer Rezension explizit als Kriterium einer realistischen Technikdarstellung herangezogen.[666] Neben dieser visuellen Defuturisierung ist auch eine sprachlich-dialogische Verhaftung im Hier und Jetzt feststellbar. In seinen Anweisungen zur Vorbereitung des Experiments verwendet Professor Achenbach zeitgenössisches elektrotechnisches Vokabular:

> **Achenbach:** „Funkenstrecke?“
> **Becker:** „Hab ich nachgesehen.“
> **Achenbach:** „Erdungsschalter?“
> **Becker:** „Sind drin, Herr Professor.“
> **Achenbach:** „Wie isses mit dem Strom?“
> **Becker:** „Ist für sieben Uhr bestellt.“[667]

---

665 An der Achenbachsche Apparatur befinden sich zwar keine erkennbaren Markenzeichen, gleichwohl sind bei den Ansichten auf das Berliner Industriegelände wiederholt die AEG-Werksuhren des Industriedesigners Peter Behrens zu sehen; vgl. ebd., 00:06:06; 00:10:05.

666 Vgl. F. Olimsky: Besuch im Gold-Laboratorium.

667 Gold, 00:05:37–00:05:47. Die Notwendigkeit, die Stromzufuhr für eine bestimmte Uhrzeit bestellen zu müssen, verweist ebenfalls auf den damaligen Stand der Technik.

Die späteren Anweisungen von Ingenieur Holk, nun in der Laborhalle von Wills, sind ebenfalls dem damaligen Stand der Hochspannungstechnik entnommen: „Maschinen hochfahren! Transformatoren einschalten, Stoßgeneratoren laden!“[668] Zur letztendlich erfolgreichen Durchführung des Experiments bedarf es keines imaginären *Technobabbles*, sondern, unter Rückgriff auf numerologisch-mystische Elemente, offenbar nur der „korrekten“ Zahlenkombination: „Stoßgeneratoren laden – aber in der richtigen Reihenfolge: fünf – eins – zwei – vier – drei!“[669] Schließlich bedient sich Holk in der Ausformulierung seiner Rachephantasie eines aus dem Ersten Weltkrieg wohlbekannten Sprengstoffes:

> „Die Maschine muss weg. Hab mich ja auch unten schon umgeguckt. […W]enn ich zum Beispiel die ganzen 15 Millionen Volt einschalte, dann werden Energien frei, die sind stärker als zehn Zentner Ekrasit.“[670]

Im Gegensatz zu F.P.1 ANTWORTET NICHT und DER TUNNEL, bei denen der Herstellungszusammenhang des technischen Großprojektes zumindest visualisiert wurde, wenn er nicht gar im Mittelpunkt der Handlung stand, wird in GOLD die Konstruktion der Maschine nicht gezeigt und kaum thematisiert. Es handelt sich um eine Einzelerfindung des Professors, nicht jedoch des Ingenieurs. Ihr Konstruktionsprozess wird durch diverse Entwürfe angedeutet, davon am deutlichsten in einer Zeichnung des Replikats, die wiederum eine Skizze seines äußeren Erscheinungsbildes, jedoch keinerlei Maßstabsangaben, erläuternde Beschriftungen oder gar Formeln beinhaltet und damit keine genuin technische Zeichnung darstellt. Ingenieur Holk tritt entsprechend nur in ihrem Verwendungszusammenhang in Erscheinung – bei der Inbetriebnahme und Wartung der technischen Apparatur. Sein Wissensvorsprung zum englischen Chefingenieur Harris besteht allein in ihrer korrekten Bedienung, konkretisiert anhand der Kombination aus akkurater Hochspannungshöhe (die wiederum durch lange Detailaufnahmen auf die AEG-Voltmeter visualisiert wird) und korrekter Reihenfolge beim Einschalten der Stoßgeneratoren. Außerhalb des zentralen Novums und seiner unmittelbaren Umgebung (den Zubringerzug also mit eingerechnet) existieren keinerlei weitere Verweise auf die innerfilmische Zukunft. Ganz im Gegenteil verweisen sowohl weitere technische Ausstattungsmerkmale als auch zahlreiche Alltagsgegenstände auf die extradiegetische Gegenwart. In einer Filmwerbebroschüre verwies man sogar explizit auf die 1930er Jahre,

668 Ebd., 01:39:08–01:39:13.
669 Ebd., 01:17:36–01:17:45.
670 Ebd., 01:06:48–01:07:06.

indem man die in GOLD gezeigte Bluttransfusion als das „modernste aller Heilverfahren“ anpries – der österreichische Serologe Karl Landsteiner hatte 1930 für seine Entdeckung des AB0-Blutgruppensystems den Nobelpreis für Medizin erhalten, und im Deutschen Reich war erst 1933 mit dem überregionalen Aufbau des Blutspendewesens begonnen worden.[671]

Alles in allem laufen in GOLD zwei Tendenzen zusammen: zum einen die durch das Aufgreifen quasireligiöser Motivik bedingte Sakralisierung (der an ein Kirchenportal erinnernde Eingang zum Labor, die Goldapparatur als Altar), zum anderen die durch zahlreiche Verweise auf die extradiegetische Gegenwart veranschaulichte Defuturisierung, die ähnlich wie in F.P.1 ANTWORTET NICHT das Bemühen um eine erhabene und überwältigende wie glaubwürdige Zukunftsvision bezeugt. Darüber hinaus findet eine Bedeutungsverschiebung der Goldapparatur statt – von der symbolischen Vertretung einer der Allgemeinheit dienenden Grundlagenforschung hin zur Repräsentation einer egoistisch motivierten angewandten Wissenschaft: erstens über ihre jeweilige räumliche Positionierung (von einer allseits zugänglichen, übersichtlichen und nüchternen Versuchsanordnung hin zum geheimen, unzugänglichen, im Untergrund liegenden Labor), zweitens über die Extrapolierung ihrer räumlichen Dimension und technischen Potenz ins Gigantomanische und drittens über den Wechsel der für das Experiment hauptverantwortlichen Figur – vom Wissenschaftler zum Ingenieur. Dieser zerstört nun zu Filmende die zunächst Heil versprechende Apparatur, die zu einer entgrenzten Technik mutierte, indem deren (wirtschaftliche) Folgen unbeherrschbar zu werden drohten. Der Ingenieur entspricht mit seiner Handlung nun ganz und gar nicht dem Bild des Heilbringers und Garanten des technischen Fortschritts, sondern paradoxerweise eher dem eines Maschinenstürmers. Aber entspricht dieses Filmende damit überhaupt noch jener „stählernen Romantik“, die die zeitgenössischen Filmkritiker in Anlehnung an Goebbels Diktum in GOLD zu erkennen glaubten und euphorisch lobten? Aktualisiert dieses Finale nicht vielmehr ein frühindustrielles Motiv der Technikfeindschaft, indem der Maschinensturm des Ingenieurs einer spezifisch antikapitalistischen Agenda verpflichtet ist? Diese These wird im Folgenden näher ausgeführt.

---

671 Vgl. Dieter Wiebecke et al.: Zur Geschichte der Transfusionsmedizin in der ersten Hälfte des 20. Jahrhunderts (unter besonderer Berücksichtigung ihrer Entwicklung in Deutschland), in: Transfusion Medicine and Hemotherapy 31 (2004) 2, S. 12–31, hier S. 22f. Zur symbolisch aufgeladenen Darstellung der Bluttransfusion in GOLD vgl. das folgende Kapitel 4.4.

4.4 Figurenanalyse

Als „Maschinenstürmer" gerät der Ingenieur in GOLD per se zu einer ambivalenten Figur. Er verkörpert nicht mehr (wie noch in Hartls F.P.1 ANTWORTET NICHT) den uneingeschränkten Hüter der Industriemoderne, wenn er auch weiterhin als Hoffnungsträger in Erscheinung tritt, der sein Versprechen, die aufscheinenden gesellschaftspolitischen Verwerfungen abwenden zu können, schlussendlich einlöst.

Zuallererst handelt es sich bei Werner Holk um eine relativ statische Figur, deren Entwicklung (wenn überhaupt, dann) zu Filmbeginn als Folge des Sabotageaktes nur angedeutet wird: vom schwungvollen, energischen und kommunikativen wie höflich-gewitzten wissenschaftlichen Assistenten zum ernsten, verbitterten, auf Rache sinnenden Chefingenieur und Arbeiterführer. Der Verlust vom bewunderten Freund und Mentor Achenbach sowie von Tätigkeit und gutem Ruf schlägt sich in einer oftmals verhaltenen und gedämpften Mimik und Gestik nieder. Sinnierende und nachdenkliche Momente werden durch den Wechsel des Rauchutensils verdeutlicht – von Zigarette zu Pfeife.[672]

Die Figur des Holk wurde auf den Schauspieler Hans Albers insofern zugeschnitten, als beide aus Norddeutschland stammen – Albers aus Hamburg, sein fiktives Alter Ego aus dem nordfriesischen Emden[673] – und vom äußeren Erscheinungsbild ein dazu passendes, auch rassenideologisch interpretierbares Stereotyp erfüllen: große, kräftige Statur, blonde Haare, helle Augenfarbe. Seine Kleidung ist praktisch wie unprätentiös, wechselt von Arbeitsanzug und Schiebermütze im Labor zu hellem Tagesanzug mit Hut, nie jedoch zum (ostentativ verweigerten) Frack.[674] Von seiner geräumigen Berliner Wohnung bekommt der Zuschauer keine privaten Räumlichkeiten (wie Schlafzimmer, Bad oder Küche), sondern nur ein großes Wohnzimmer in den Blick, das großzügig mit den Insignien des Ingenieursberufes (von Schreibtisch, Reißbrett, Skizzen bis hin zu als Wandschmuck dienenden Zeichengeräten) ausgestattet ist und offenkundig

672 John Wills und dessen Handlanger rauchen hingegen Zigarre, das Rauchutensil zur Demonstration von Macht und Reichtum, bzw. für die Repräsentanten eines spezifisch englischen „Manchesterkapitalismus".

673 Vgl. Gold, 00:28:30–00:28:35.

674 Vgl. ebd., 00:38:55–00:39:30 sowie 01:11:05–01:11:13. Holks Ablehnung eines ausschweifenden Lebensstils wird bereits *vor* der ersten Begegnung mit dem schottischen Unternehmer verdeutlicht, als er bei der Landung vor dessen imposanter Yacht per Kleinflugzeug zu dessen Piloten meint: „Die kleine Kiste hier ist mir lieber!"; ebd., 00:26:56–00:26:59.

als Büro- und Arbeitsraum dient. Ähnlich wie Droste und MacAllan kennt der Ingenieur in GOLD keine Freizeit oder Muße, ja nicht einmal Pausen. Diesbezügliche Angebote werden meist abgelehnt oder rabiat beendet. Sein zum dekadenten Lebensstil der schottischen Oberschicht kontrastiertes Arbeitsethos wird mit einem asketischen Impetus verbunden.[675]

Obgleich Holk nicht der eigentliche Erfinder der Goldapparatur ist und den diesbezüglichen Genius wiederholt allein dem verunglückten Professor Achenbach zuschreibt, so wird er dessen ungeachtet durch die anderen Figuren als auratische Gestalt perspektiviert. Sein zentraler Opponent Wills erkennt ihn als gefährlichen wie ebenbürtigen Gegner an und bewundert Begabung, Können und Willensstärke des deutschen Ingenieurs, bezeichnet ihn vor dem versammelten Werkspersonal als „de[n] Mann, der es schaffen wird" – „der erste jedenfalls, vor dem du Respekt zu haben scheinst", wie seine Tochter ihm gegenüber feststellt.[676] Florence Wills wiederum interessiert sich bereits *vor* ihrer ersten Zusammenkunft verstärkt für seine Person, da sie aus dem Verhalten ihres Vaters einen außergewöhnlichen Charakter Holks ableitet. Schließlich wird er durch die Arbeiterschaft vorbehaltlos als Vertrauensperson und Gewährsmann für die Gemeinwohlorientierung des technischen Großprojekts in Stellung gebracht:

> **Ein Arbeiter:** „Mir ist die ganze Geschichte auch nicht geheuer."
> **Ein weiterer Arbeiter:** „Aber Unsinn. Da würde doch der Holk hier gar nicht mitmachen. Das müsst ihr doch zugeben: Der Junge ist richtig. Der macht nichts gegen uns. Solange der dabei ist, brauchen wir uns keine Gedanken zu machen."[677]

Die übereinstimmende Fremdcharakterisierung des Ingenieurs vom um ihn zentrierten wie untereinander opponierenden Figurenensemble (Florence gegenüber ihrem Vater ebenso wie die Arbeiter gegenüber Wills) rückt ihn in den Mittelpunkt des Films. Tatsächlich ist Holk die einzige Figur, die (mit Ausnahme des Vorspanns, der Exposition und der Zeitrafferszenen) in sämtlichen Sequenzen auftritt. Sie ist die zentrale Erzählinstanz, aus der die Story entwickelt wird.

---

675 Dies wird von Florence Wills ironisch kommentiert: „Sie rauchen nicht, Sie trinken nicht, aber ein Gelöbnis, sich nie wieder hinzusetzen, haben Sie doch hoffentlich nicht abgelegt.", ebd., 00:56:45–00:56:52.

676 Ebd., 00:41:36–00:41:39 sowie 00:50:30–00:50:35. Holks Nationalität wird mehrfach thematisiert und von Wills mit Arbeitsethos und technischer Expertise in Verbindung gebracht: „Ein neuer Ingenieur, Deutscher, sehr tüchtiger Mensch!", 00:49:32–00:49:36.

677 Ebd., 01:29:18–01:29:33. In diesem Dialog wird die tayloristische Trennung von Kopf- und Handarbeit ausgerechnet von den Vertretern letzterer affirmiert und damit gleichsam jegliche Kritik an „entfremdeter Arbeit" liquidiert.

Die gleichfalls häufig vorkommenden, kurzen Wechsel der Erzählperspektive in den Szenen, in denen er nicht zu sehen ist, konturieren seine zentrale Position, dreht sich in diesen Fällen der Filmdialog doch ausschließlich um seine Person.[678] Während dabei dem Ingenieur sowohl durch seine Verbündeten wie auch durch seine Gegner Achtung und Anerkennung widerfahren, zeichnet sich im Gegenzug sein Umgang mit dem ihn umgebenden Figurenensemble durch eine permanente, wenn auch durchaus unterschiedlichen Motivationslagen zugrundeliegende Deklassierung oder zumindest Rücksichtslosigkeit aus – selbst den Personen gegenüber, die er schätzt. Während er seine Verlobte Margit wie ein Kind behandelt und auch als solches bezeichnet, verweigert er Florence wiederholt die Gesellschaft (zuerst aus Misstrauen, später zugunsten der Vollendung seiner Mission). Sein Verhältnis gegenüber den Arbeitern ist, wie an späterer Stelle näher ausgeführt wird, per se paternalistisch geprägt. Selbst gegenüber seinem Kollegen, dem englischen Chefingenieur Harris, bezeugt er mangelnden Respekt, wenn er diesen unter körperlichem Einsatz sprichwörtlich von dessen Arbeitsplatz drängt.[679] Die Verachtung für Wills wird spätestens in dem Moment offensichtlich, als er diesen nach dem gelungenen Goldexperiment bei der Übergabe der ersten Probe die Hand aufzwingt und ihn vor versammelter Werksbelegschaft grimmig duzt.[680] Die einzige Figur, die er als gleichwertige bzw. sogar überlegene Instanz akzeptiert und die wiederum sein Handeln motiviert, ist abwesend – der tote Achenbach, der sowohl visuell (durch ein gerahmtes Fotoporträt des Verstorbenen, das auf Holks Schreibtisch steht) als auch dialogisch von Holk als Vaterfigur referiert wird.[681] Die Beweggründe Holks sind durch den permanenten Rekurs auf diese figurale Leerstelle genuin egoistisch motiviert: Hinter der Rehabilitierung seines Mentors und väterlichen Freundes und der Wiederherstellung der eigenen Berufsehre steht das höchst lasterhafte Motiv der Rache. Darüber hinausgehende, altruistische Impulse entwickeln sich erst in der Interaktion mit einem Arbeiter.

---

678 Häufig wird in diesen Perspektivwechseln der Zuschauer überinformiert, da jedes Handlungsdetail nicht nur gezeigt, sondern zusätzlich verbalisiert wird. So sieht man (nach der diesbezüglichen Order von Wills) dessen Angestellte Holks Sachen durchsuchen; sie kommentieren dabei ihr Verhalten. Dieses fehlende Vertrauen auf die Kraft des filmischen Zeichens, wodurch das Geschehen vereindeutigt wird, ist typisch für den Ufa-Stil der 1930er Jahre; vgl. G. Seeßlen: Gold.

679 Vgl. Gold, 01:13:20–01:13:38.

680 Vgl. ebd., 01:21:45–01:21:55.

681 Vgl. ebd., 00:36:59–00:37:10.

Das Großaufgebot an Arbeitern im Willschen Großlabor ist handlungslogisch nicht nachvollziehbar. Zwar sind sie in einer Sequenz kurz bei Umbauarbeiten und der Herbeischaffung der Bleiförderwägen für die Massenproduktion zu sehen – wobei auf eine dramaturgisch hergestellte symbolische Überhöhung der ohnehin nur in dieser kleinen Szene gezeigten körperlichen Arbeit verzichtet wird[682] – jedoch werden sie letzten Endes für die eigentliche Goldproduktion überhaupt nicht benötigt: Zum einen ist die Konstruktion der Apparatur, die eine solche Quantität an menschlicher Arbeitskraft noch plausibel gemacht hätte, längst abgeschlossen, zum anderen genügen zur erfolgreichen Durchführung des Experiments Holk und sein Assistent, Arbeiter Pitt. Da die Anwesenheit der übrigen Arbeiterschaft im Labor also streng genommen überflüssig ist, sticht ihre Funktion im figurenkonstellatorisch konstruierten Konflikt zwischen Kapital und Arbeit besonders hervor – als Zeichen für die durch das technische Großprojekt drohende Freisetzung und totale Entwertung menschlicher Arbeitskraft, die nur in einem dystopischen Rahmen imaginiert werden kann. Die Vergemeinschaftung mit dem Ingenieur wird durch ein weiteres Detail konturiert: Einige Arbeiter sprechen ein stark dialektal gefärbtes Deutsch. Die Debatte zur Mittagspause, in der – in äußerst naivem und einfältigem Duktus – die wirtschaftlichen und gesellschaftspolitischen Folgen des Willschen Unternehmens diskutiert und das zukünftige Wohl der Arbeiterschaft an die Integrität Holks geknüpft wird, wechselt zwischen sächsischem und Berliner Dialekt.[683] Der Gebrauch dieser Mundart identifiziert einen Teil der Arbeiter als Deutsche; zumindest wird dieser Erkennungseffekt evoziert. Der Zusammenhalt von Ingenieur und Arbeiterschaft ist somit letzten Endes auch national grundiert, indem die schottische Belegschaft sprachlich germanisiert wird.[684] Die Kontrastierung qua Nationalisierung bestimmt auch das Verhältnis von Holk und Harris. Die jeweilige Nationalität der beiden Ingenieure ist wichtiger als ihr Berufsstand, sie sind Kontrahenten, ein etwaiger transnationaler Korpsgeist ist nicht vorhanden.

---

682 Vgl. ebd., 01:26:09–01:26:30.

683 Vgl. ebd., 01:27:35–01:28:30 sowie 01:28:57–01:29:33.

684 An anderer Stelle war man um die Konstruktion von Authentizität hinsichtlich des Handlungsorts durchaus bemüht, so beim Werkseingangsschild („John D. Wills. Mining Corporation") und den Signalschildern auf dem Bleiwerksgelände („The driver signals himself"), oder auch beim schottischen Nachnamen eines Ingenieurs, der von Holk mit O'Cary angerufen wird. Ferner wurden in L'Or die Namen der nunmehr französischen Figuren entsprechend angepasst (aus Werner Holk wurde François Berthier, aus Achenbach Lefebvre, aus Margit Hélène), die Namen der britischen Figuren jedoch beibehalten; vgl. G. Colmé: L'Or.

Der bisherige Chefingenieur ist Engländer, unfähig zur Replikation des Achenbachschen Experiments und willens, das diesbezügliche Expertenwissen Holks zu stehlen und zu plagiieren – gleichsam eine Umkehrung der im letzten Drittel des 19. Jahrhunderts in Großbritannien hitzig geführten Debatte um minderwertige Importware „made in germany".[685] Harris agiert als willenloses Anhängsel Wills' und zeigt keinerlei Bedenken hinsichtlich der sich abzeichnenden gesellschaftlichen Folgen der unternehmerischen Machenschaften. Die beiden Ingenieure werden somit als Vertreter zweier unterschiedlicher Konzepte der industriellen Moderne in Anschlag gebracht: Harris als Repräsentant einer als äußerlich begriffenen Technik, die sich um die sozialen Folgen und Verwerfungen ihrer Anwendung nicht kümmert, Holk als Vertreter einer „deutschen Technik", die, begriffen als höchste Kulturäußerung, nicht entgrenzt und verselbständigt, sondern dem (nationalen) Gemeinwohl verpflichtet ist.

Was wiederum den Kontakt von Ingenieur und Arbeiterschaft betrifft, so interagiert Holk bis zur finalen Konfrontationsszene vornehmlich mit Pitt. Dieser zentrale Vertreter der Kollektivfigur steht für die asymmetrische, paternalistische Beziehung zwischen Ingenieur und Arbeiter.[686] Pitts Position als deren Stellvertreter wird anhand einer Parallelmontage verdeutlicht: Während die anderen Werksarbeiter in der erwähnten Mittagspause über die Folgen der Goldgewinnung streiten und sich dabei der Redlichkeit Holks versichern, bringt dessen Assistent dem unablässig arbeitenden Ingenieur sein Mahl direkt zu dessen Einsatzort, auf die Apparatur. In der darauffolgenden Unterhaltung stellt Holk klar, dass es ihm nicht allein um die Umsetzung seines privaten Rachefeldzugs geht:

> **Pitt:** „Wissen Sie, erst war ich ja auch so begeistert, wie die anderen [*deutet mit einer Kopfbewegung in Richtung der Arbeiter beim Mittagessen*]. Aber dann hab ich mir das so n' bisschen zurechtgelegt. […] Ist denn das richtig, was Sie da vorhaben? […] Die Zeitungen schreiben auch so merkwürdige Sachen. Wenn man das liest, dann sollte man glauben, dass Sie …"

---

685 Vgl. hierzu Sigfrid von Weiher: 90 Jahre „Made in Germany". Absicht und Auswirkung eines englischen Gesetzes, in: Jürgen Schneider (Hg.): Wirtschaftskräfte und Wirtschaftswege Bd. 3: Auf dem Weg zur Industrialisierung, Stuttgart 1978, S. 595–605 sowie J. Radkau: Technik in Deutschland, S. 161–169.

686 Dies bezeugt auch die gegenseitige Anrede, die auch die Berufszugehörigkeit markiert: Während von Holks Assistenten nur der Vorname bekannt ist, redet dieser den Ingenieur mit „Herr Holk" an. Pitt ist der einzige Arbeiter, dessen (Vor-)Name man überhaupt erfährt, während von den Ingenieuren mehrere *Nach*namen genannt werden.

Holk: „Dass wir bisher eigentlich nur Unglück angerichtet haben, nich? […] Jaja, das weiß ich, Pitt. Ich lese auch die Zeitungen, nich."

Pitt: „Ja aber dann verstehe ich nicht, wie … dann wär's doch vielleicht besser, wenn die …"

Holk: „Wenn die Maschine morgen gar nicht erst anfangen würde zu arbeiten, nich? Ja, das … wollen Sie doch damit sagen? Hm? Oder? … Nun mal raus mit der Sprache. Frei von der Leber!"

Pitt [*verlegen*]: „Herr Ingenieur werden ja das besser wissen."

Holk: „Ja … natürlich. Wenn ich nun ebenso denken würde wie Sie. Alles stehen und liegen lasse und weggehe. Was wär' dann? […] Dann wärn morgen n'paar andere hier, und einer von den Herren würde ja mal schließlich darauf kommen, wie … das Ding funktioniert."

Pitt: „Ja, s' is richtig."

Holk: „Pitt, da gäb's doch eigentlich nur ein einziges Mittel … nicht? [*schaut ihn eindringlich an, Pitt schaut betroffen zurück*]"[687]

In diesem Dialog macht Holk seinen Assistenten zum Mitwisser seines Plans, der außerdem als gemeinsinnig motiviert präsentiert wird. Die Komplizenschaft zwischen Ingenieur und Arbeiter wird im finalen Showdown, in dem alle Repräsentanten von Kapital, Technik und Arbeit schließlich aufeinandertreffen, erneuert. In dieser zentralen Szene wird das Wechselspiel der Machtverhältnisse nicht nur dialogisch, sondern insbesondere auch durch eine Kombination von Kameraperspektive und räumlicher Positionierung der Figuren inszeniert. Wills' feierliche Ansprache an die Belegschaft anlässlich des Beginns der Massenproduktion, in der er für seine Unternehmung „Glück, Wohlstand und Segen über die ganze Welt" reklamiert, hält dieser von erhöhter Position auf der Apparatur wie von einer Kanzel predigend, eingefangen von mehreren extremen Untersichten, welche seine Erwartung an die kommende wirtschaftliche Superiorität verdeutlichen. Die spiegelbildliche extreme Aufsicht, mit der – dem Blick des Unternehmers folgend – die versammelte, ernst dreinblickende Belegschaft eingefangen wird, betont zum einen deren Position als bloße Untertanen, zum anderen aber auch die hervorgehobene Stellung des deutschen Ingenieurs, der direkt vor der Ansammlung steht, als deren Wort- und Anführer. In der direkt auf die Worte Wills folgenden Widerrede Holks wechselt der Ingenieur je nach vorgetragenem Anklagepunkt nuanciert seine Stellung im Raum. Als er Wills des Mordes an Achenbach beschuldigt, läuft er vor der schweigenden Menschenmenge auf und ab, spricht zu ihr, um ihre Zeugenschaft einzuholen, und

687 Gold, 01:30:00–01:31:27.

bewegt sich schließlich in Richtung des weiterhin auf der Apparatur thronenden Wills. Der persönliche Konflikt zwischen Ingenieur und Unternehmer – Grundlagenforschung versus angewandte, gewinnorientierte Wissenschaft – wird mit Nahaufnahmen und Close-ups auf deren beider Gesichter wiedergegeben; das diegetische Publikum ist für einige Momente nicht mehr zu sehen. Als Wills ihm das Wort verbietet, fängt die Kamera mit einer Halbtotale die Belegschaft ein, die sich – zuerst wieder stellvertretend Pitt, dann die gesamte Menschenmenge – dialogisch und räumlich hinter den Ingenieur stellt. Die diesbezügliche Einstellungsperspektive wechselt allmählich von Auf- zu Normalsicht. Der damit einhergehende Bruch in der Darstellung von Wills – von Unter- zu Bauch- und schließlich Normalsicht – zeigt dessen stetig zunehmenden Machtverlust an. Der Unternehmer wendet schließlich seinen Blick ab und hebt damit den bezwingenden Blick der subjektiven Kamera auf. Bei Holks Worten „aber was euch alle auch angeht …" wechselt die Einstellungsgröße in die Totale. Der Ingenieur taucht in die Menge ein, mischt sich unter die Arbeiter, um die globalen Folgen der projektierten Goldproduktion – „Armut und Elend bringen Sie über die Welt!" – auszumalen. Anschließend begibt er sich auf die Apparatur zur direkten und nun endlich auch vertikal-räumlich gleichberechtigten Konfrontation mit Wills. Sein Schlusswort an die Belegschaft gerät indes zur „paradoxen Intervention", die die Komplizenschaft zwischen Ingenieur und Arbeiterschaft endgültig besiegelt:

> **Holk:** „Und jetzt geht man alle an eure Arbeit! Jeder an seinen Platz! Die Goldproduktion für John Wills beginnt!"
> **Ein Arbeiter:** „Die Goldproduktion beginnt nicht!"
> **Wills:** „Was reden Sie da! Hey! Wer sind Sie!"
> **Der Arbeiter:** „Ein Arbeiter, Herr Wills!"[688]

Im anschließenden Versuch, seine Belegschaft wieder unter Kontrolle zu bringen, gibt der Unternehmer endgültig seine erhöhte Position auf und tauscht sie gegen einen Platz inmitten der Menschenmenge ein – vergeblich. Der nach dem räumlichen Wechsel von Ingenieur und Unternehmer nun allein auf der Goldmaschine hantierende Holk hat endgültig die Führungsposition inne. Auf sein Geheiß verlassen die Arbeiter ruhig und geordnet den Schauplatz. Selbst die Nachricht der drohenden Überflutung des gesamten Bergwerks durch Wills Sabotage des Labortors löst keine überstürzte Massenpanik analog zu der in F.P.1 antwortet nicht aus, wenn sich auch die Fluchtbewegung der Arbeitermassen nun deutlich beschleunigt. Die Repräsentanten der Arbeit werden

688 Ebd., 01:43:57–01:44:17.

daher zum einen durch ihre gedankenlos und unbedarft anmutenden Kommentare zur wirtschaftspolitischen Tragweite des technischen Großprojekts als ungebildet, naiv und einfältig charakterisiert. Zum anderen wird der von ihnen dadurch selbst thematisierte Konflikt zwischen Kapital und Arbeit durch die an den Repräsentanten der Technik angetragene Komplizenschaft a priori entpolitisiert – die Arbeiter suchen von sich aus ein sozialpaternalistisches Verhältnis zum deutschen Ingenieur. Die sich daraus ergebende Führungsrolle Holks ist im Gegenzug zu der MacAllans in der Bernhardtschen Tunnelverfilmung eine nahezu angetragene, zumindest mühelos erworbene. Dazu passt die fehlende symbolische Aufladung bzw. komplett ausgelassene Inszenierung körperlich anstrengender Arbeit: Ingenieur und Arbeiter sind nicht in gemeinsamer Arbeitsanstrengung, sondern in deren Verweigerung durch Streik vereint. Dies bedeutet jedoch keinesfalls, dass es GOLD am Arbeitsethos ermangelte. Ganz im Gegenteil wird die Bedeutung der Produktionssphäre eben genau durch das Nicht-Gezeigte, die Abwesenheit von Arbeit, hergestellt, denn schließlich droht durch die erfolgreiche Umsetzung dieses technischen Großprojekts, der Inbetriebnahme der Goldapparatur, letztendlich die ultimative Entwertung jeglicher produktiven Arbeit.

Das Bild einer drohenden Entfesselung des Finanzkapitals und damit einhergehender Vernichtung der Produktionssphäre wird insbesondere in der Zeitraffersequenz heraufbeschworen, in der zuerst euphorische („Goldenes Zeitalter bricht an!“), dann sachliche („Gesetzliche Gegenmaßnahmen gefordert. John Wills lehnt jede Einmischung ab“) und schließlich hysterische Zeitungsmeldungen („Künstliches Gold – eine Weltkatastrophe? […] Morgen beginnt die ‚goldene Pest‘ ihren Vernichtungsfeldzug“) mit Bildern von zunehmend gewaltförmiger verlaufenden Massenansammlungen, von Krawallszenen und Straßenschlachten, montiert werden. Für diese Szene wurden mutmaßlich dokumentarische Filmaufnahmen aus dem Kontext der Weltwirtschaftskrise kompiliert.[689] Auch wenn die Schlagzeilen die Weltwirtschaft beschreiben, wird mit ausschließlich deutschen Zeitungsmeldungen der Bezugsrahmen der Bedrohung abgesteckt. Das schlussendliche Auftauchen von Wills Gesicht über den Schlagzeilen gibt den anonymen Kräften des Kapitalismus ein Gesicht. Der schottische Unternehmer verkörpert sprichwörtlich den „Bazillus“, der die Gesundheit des sozialen Organismus hemmt.[690]

---

689 Vgl. ebd., 01:24:30–01:26:08.

690 Vgl. L. Schulte-Sasse: Entertaining, S. 248f.

Der bilateralen Komplizenschaft zwischen Technik und Arbeit zur Sicherung der Produktionssphäre entspricht die gemeinsame Abwehr des drohenden entfesselten Kapitals, die entweder in dessen (Selbst-)Vernichtung (John Wills) oder Neutralisierung (Florence Wills) kulminiert. Die Mittlerposition des Ingenieurs zwischen Arbeit und Kapital wird dabei nicht nur, wie weiter oben ausgeführt, durch seine (wechselnde) Position zwischen Belegschaft und Unternehmer hergestellt, sondern auch anhand des inneren Konflikts bezüglich seiner beiden „love interests", der deutschen Verlobten Margit und der schottischen Millionärstochter Florence, austariert. Der anhand dieser Dreieckskonstellation ausgehandelte Grundkonflikt des Films wird auch auf dem Werbemotiv eines zeitgenössischen Filmplakats angedeutet: Im Mittelpunkt stehen die gemalten Porträts der drei Schauspieler_innen Helm, Albers und Deyers, wobei Albers zwischen den beiden Frauen positioniert wurde. Durch kaum merkliche, subtile Unterschiede in Schraffur und Belichtung wirken die Züge von Brigitte Helm (entgegen ihrer durchaus sympathisch gezeichneten Filmrolle) hart, mit den starr aufgerissenen Augen nahezu dämonisch. Die Enden des in zackigen, blitzartigen Lettern geschriebenen Filmtitels, die sich aus einer angedeuteten Apparatur „entladen", verweisen auf ihren Kopf. Demgegenüber wurden die etwas verdeckt liegenden Züge Lien Deyers eindeutig weichgezeichnet.[691] Die solchermaßen veranschaulichte Dreieckskonstellation ist offenkundig zentral für die filmische Botschaft: Beide Frauenfiguren sind funktionsgebunden und symbolisch konzipiert; ihr Agieren ist einzig und allein auf die Konturierung der Ingenieursfigur und der sich um ihre Person zentrierenden Handlung ausgerichtet.

Margit taucht nur für wenige Filmminuten auf, die sich auf das erste Drittel des Films und dessen Ende verteilen.[692] Durch ihren Nachnamen – bei „Möller" handelt es sich um die niederdeutsche Form von „Müller" – wird die Nähe zum ebenfalls aus dem Norden stammenden Ingenieur sprachräumlich hergestellt und zudem mit Krankenhaus und Holks Wohnung ihre fürsorgende Rolle durch die Handlungsorte betont. Das Paar pflegt ein asymmetrisches wie keusches Verhältnis zueinander, ohne eine einzige enge Umarmung; selbst dem Happy

---

691 Vgl. Ufa-Filmverleih G.m.b.H. (Hg.): Gold. Filmplakat, o. J. [1934], DIF, online unter http://www.filmportal.de/node/2521/material/625200 (Abruf: 03.03.2018). Gemäß der Reklamewerbung sollten die diametral ausgerichteten Rollen der beiden Frauenfiguren durch musikalische Leitmotive zum Ausdruck gebracht werden – für Margit „Liebestreu", die „in einem zarten, schlichten langsamen Walzer seinen Niederschlag" findet, für Florence hingegen „Liebesglut", die „in einem das Triebhafte betonenden langsamen Slowfox zum Ausdruck gebracht" wird; Ufa-Verleih G.m.b.H: Gold, S. 5.

692 Konkret vgl. Gold, 00:14:30–00:18:52; 00:21:15–00:26:16 sowie 01:52:27–01:53:31.

End wird der obligate Filmkuss vorenthalten. Stattdessen wird Margit von Holk systematisch infantilisiert: Er streicht ihr mehrfach über den Kopf, tätschelt sie an den Armen und bezeichnet sie als „kleine Margit" oder „Kind". Holks Verlobte stellt die sprichwörtliche Verkörperung von Klaus Theweleits Frauentypus der „weißen Krankenschwester" dar: sanft, weich, mütterlich, die meiste Zeit der Geschichte abwesend, auf ihn wartend in der Heimat, die sie gleichzeitig verkörpert.[693] Ihre geistige Verbindung wird insbesondere durch die Bluttransfusion, die dem Ingenieur nach der Explosion des Berliner Labors das Leben rettet, symbolisiert, wie er ihr beim Abschied vor seiner Reise nach Schottland auch explizit verdeutlicht: „Ich nehm dich doch immer mit! Hier… [*Close-up auf ihre sich umfassende Hände*] bist du immer bei mir … Blut von deinem Blut."[694]

Die dialogisch bekräftigte organische Metaphorik der Bluttransfusion in GOLD, die in einer zeitgenössischen Filmwerbebroschüre als „modernste[s] aller Heilverfahren" angepriesen wurde,[695] knüpft an damalige, für das Deutsche Reich spezifische medizinische Praktiken, Diskurse und Konnotationen um das moderne Blutspendewesen an. Entgegen aller medizinischen Erkenntnisse und Fortschritte, die man auf alliierter Seite seit dem Ersten Weltkrieg auf dem Gebiet der Blutkonservierung gewonnen hatte und die vor allem in den USA dann auch in Friedenszeiten zum frühen, standardisierten Einsatz von indirekten, weitaus risikoärmeren Transfusionsverfahren wie der Zitratblutmethode geführt hatten, hielt man im deutschsprachigen Raum noch bis in den Zweiten Weltkrieg hinein nahezu dogmatisch an der – auch in GOLD gezeigten – direkten Frischbluttransfusion fest. Die Bevorzugung dieser Methode hatte nichts mit medizintechnischen Vorzügen zu tun; ganz im Gegenteil wurden einige Nachteile in den 1920er Jahren durch die Entwicklung praktikabler Übertragungsgeräte, die dieses Verfahren tatsächlich risikoärmer machten, kompensiert.[696] Vielmehr lagen dieser Entwicklung kulturelle Vorstellungen von Reinheit, Unveränderbarkeit und Lebendigkeit des Blutes zugrunde, die letztendlich auch auf rassenbiologischen Ideen beruhten und folgerichtig in eine völkische Grundierung der

---

693 Zum Typus der „weißen Krankenschwester" vgl. K. Theweleit: Männerphantasien Bd. 1, S. 121ff.

694 Gold, 00:26:05–00:26:16.

695 Anonymus [hg. v. Ewert]: Gold, o. S.

696 Vgl. D. Wiebecke: Geschichte der Transfusionsmedizin, S. 19. Die sonstigen Nachteile der Frischbluttransfusion gegenüber der Zitratblutmethode, v.a. die fehlende Möglichkeit der Blutkonservierung, blieben aber bestehen, was dem ab ca. 1933 erfolgenden Aufbau einer landesweiten Blutspendeorganisation a priori einen engeren Rahmen auferlegte.

ab 1933 überregional erfolgenden Institutionalisierung des Blutspendewesens mündeten.[697] Damit verbunden hielt sich in Teilen der medizinischen Fachliteratur hartnäckig die mit der Metaphorik der Blutsverwandtschaft verknüpfte Vorstellung einer Höherwertigkeit von „ähnlichem" (gemeint sind nicht nur enge Angehörige des Patienten, sondern eine generelle Ähnlichkeit zwischen Spender und Empfänger vor allem bezüglich Geschlecht, Alter und „Rassezugehörigkeit") gegenüber „fremdem" Blut, die durch die Praxis der sich allmählich durchsetzenden Blutgruppenbestimmung nicht einfach ersetzt wurde, sondern diese bis Ende der 1920er Jahre (bzw. bezüglich der Kategorie der „Rasse" bis Ende des Nationalsozialismus) ergänzte und überlagerte.[698] Im wissenschaftspopularisierenden Bereich behaupteten sich diese Vorstellungen einer Ähnlichkeit oder familiären Verwandtschaft des Blutes auch noch lange, nachdem man sich innerhalb der Transfusionsmedizin zumindest von Letzterer längst verabschiedet hatte. An dieses diskursive Feld knüpft auch die Inszenierung der Bluttransfusion in GOLD an, indem ihr – untermalt mit Margits musikalischem Leitmotiv der „Liebestreue" – der Grund für die besondere Verbindung Margits und Holks zugesprochen wird. Die Figur der Verlobten wird in dieser ausführlichen Szene überhaupt erst in den Film eingeführt. Im weiteren Handlungsverlauf wird deutlich, welches Kriterium einer symbolisch überhöhten Blutsverwandtschaft in Anspruch genommen wird und wogegen sich diese richtet: Der Akt der Bluttransfusion bewahrt Holk konkret vor der tödlichen Wirkung der von Wills in Auftrag gegebenen Sabotage; gleichzeitig markiert er den symbolischen Referenzpunkt bei der erfolgreichen Abwehr der erotischen Versuchung, die sich durch Holks Bekanntschaft mit dessen Tochter Florence ergibt. Im wahrsten Sinne des Wortes wird der deutsche Ingenieur per Blutsgemeinschaft gegen den Einfluss einer fremden, englischen Macht immunisiert und das organische

697 Die in den USA praktizierte Zitratblutmethode galt führenden deutschen Transfusionsmedizinern als schädlich, ja nahezu toxisch, „das Natriumzitrat als ein ‚körperfremdes Element', das mit Zitrat versetzte Blut als ‚vermischt', als ‚Blutgemisch' oder auch ‚tot'." Myriam Spörri: Reines und gemischtes Blut: Zur Kulturgeschichte der Blutgruppenforschung 1900–1933, Bielefeld 2013, S. 226. Die deutsche Kritik an der vermeintlichen Künstlichkeit und Seelenlosigkeit der amerikanischen Transfusionsmedizin verstärkte sich durch das in den USA praktizierte blood-for-sale-Prinzip und dem dahingehend gefürchteten Phänomen des egoistisch motivierten „Berufsspenders"; im Deutschen Reich wurde den Blutspender_innen zur Bekräftigung des angetragenen altruistischen Movens maximal eine Aufwandsentschädigung zugestanden, vgl. ebd., S. 246.

698 Vgl. ebd., S. 238ff.

Prinzip des Volkskörpers gegen das abstrakte Prinzip des Warentauschs, für das sowohl Wills als auch Florence stehen, in Stellung gebracht.

Die Germanistin und Filmwissenschaftlerin Linda Schulte-Sasse stellte diesbezüglich GOLD als exemplarisches Beispiel für die spezifische Körperpolitik des NS-Films heraus, die durch die „fantasy of ‚Germany' itself as an organic, vulnerable body" gekennzeichnet ist.[699] Die Bedrohungen, denen dieser Körper ausgesetzt ist, sind zunächst abstrakter Natur: zum einen das Geld, mithin das Prinzip des Warentauschs, zum anderen die Angst vor der Kontamination durch das Fremde, Internationale. Beide Formen sind eng miteinander verbunden, beide erlauben die Imagination einer drohenden Penetration des sozialen Körpers, der Volksgemeinschaft. Darüber hinaus werden beide vom Abstrakten in ein verständliches Konkretes kondensiert, indem sie durch ein Individuum oder eine Gruppe repräsentiert werden, das bzw. die für diese abstrakte Form steht. So ist „der Jude" sowohl international als auch geldbesessen; die Briten, die nach nationalsozialistischer Logik mit dem Kapitalismus gleichgesetzt werden, sind „das Fremde" usw.[700] In GOLD wird diese Körpermetaphorik zusätzlich durch den Dreieckskonflikt anhand dichotomer Konzepte von Weiblichkeit austariert. Florence Wills bildet die Antipode zu Margit, eine Art Überbleibsel der Weimarer Kultur: Sie ist erotisch attraktiv, durch extravagante Garderobe exotisch inszeniert;[701] gleichzeitig grenzt ihre hohe, schmale, hagere Figur an das Maskuline. Auch ihre Unabhängigkeit und ihr Konsum überschreiten das Feminine: Sie raucht, trinkt Whiskey, reist allein und fährt ihren Luxuswagen selbst.[702] Diese Inszenierung als Femme fatale, die durch Brigitte Helms referentiellen Auftritt in METROPOLIS zusätzlich an Gewicht gewinnt, wird insofern ambivalent verhandelt, als die schottische Unternehmerstochter offensichtlich unter ihrem müßiggängerischen, keine materiellen Grenzen kennenden Lebenswandel leidet und dementsprechend ehrliche Gefühle für den deutschen Ingenieur entwickelt, den sie schließlich vor den Machenschaften ihres eigenen Vaters warnt.[703]

Die sofortige gegenseitige Anziehung zwischen Florence und Holk folgt einer simplen narrativen Funktion: Die Frau dient als Ersatz für die Anziehungskraft

699 L. Schulte-Sasse: Entertaining, S. 232.

700 Vgl. ebd.

701 „Brigitte Helm […] schleicht (in einer Szene in einem getupften Kleid) wie ein Leopard durch die eleganten Räume des väterlichen Schlosses.", O. Kalbus: Der Tonfilm, S. 110.

702 Vgl. L. Schulte-Sasse: Entertaining, S. 250f.

703 In der gekürzten Filmfassung fehlen vor allem Teile der Szenen zwischen Holk und Florence. Die ursprünglich zehnminütige Kennenlernsequenz fällt über zwei Minuten

des Goldes. Denn trotz ihrer durchaus hehren Intentionen stellt gerade Florence die zentrale Bedrohung für Holk dar, die es abzuwehren gilt. Das Begehren nach ihr wie das nach dem Gold wird durch die filmische Syntax ständig miteinander verbunden: In dem Moment, in dem Florence ihr eigenes Begehren deutlich macht, entscheidet Holk, dass die Apparatur zerstört werden muss.[704] Als Zeuge dieses Entschlusses dient ein weiterer deutscher Angestellter von Wills, Willy Lüders (Ernst Karchow). Der deutsche Kapitän der Savarona, zufällig ein alter Bekannter Holks, erzählt diesem von seinem persönlichen Unglück – einer Frauengeschichte, die ihn Ehre und Karriere kostete und erst in den Dienst Wills brachte – und warnt im Anschluss Holk ausdrücklich vor der näheren Bekanntschaft mit der Millionärstochter. Mit dieser Nebenfigur wird die nationale Phalanx Holk–Margit–Pitt–Lüders gegenüber der britischen von Wills–Florence–Harris komplettiert. Als Holk kurz vor dem finalen Showdown Lüders für den Fall, dass er die Konfrontation nicht überleben sollte, einen Abschiedsbrief an seine Verlobte mitgibt, erläutert der Ingenieur den engen Konnex zwischen den amourösen und monetären Verwicklungen:

Lüders [*liest vor*]: „Fräulein Margit Möller, Berlin, Rankenstraße 87 … und Florence Wills?"

Holk: „Ihretwegen hätte ich doch beinahe … die da vergessen. Neulich nachts auf dem Fest war ich ja schon so weit, mich Hals über Kopf in sie zu verlieben. Aber da ist Herr Wills gekommen, hat mir dieses Stückchen Gold gegeben [*zieht ein Nugget aus seiner Manteltasche*], und mir mit schwungvollen Worten erklärt, dass er mich damit … an seine Familie fesseln möchte. Na was er damit gemeint hat, das kannst du dir ja doch denken. … Seitdem habe ich Florence nicht mehr gesehen. Und ich werde sie auch nicht mehr sehen."[705]

In diesem Dialog tritt die Funktion der beiden Frauen als symbolische, miteinander konkurrierende Tauschobjekte offen zutage. Dabei ist durchaus bemerkenswert, dass gerade der deutsche Ingenieur, der durch seine antikapitalistische Agenda als narrativer Gegenspieler der qua Goldproduktion symbolisierten Zirkulation auftritt, genau derjenige ist, der im Verlauf des Films eine Reihe an zirkulären Tauschbeziehungen vollzieht: Er tauscht zum einen Florence für Margit

kürzer aus; die Abschiedssequenz entfällt komplett; vgl. Gold [VHS], 00:52:35–1:00:27; 01:28:25ff. sowie Gold, 00:55:45–01:05:46; 1:35:32–1:38:53.

704 Vgl. L. Schulte-Sasse: Entertaining, S. 251 sowie Gold, 01:04:40–01:07:05.

705 Gold, 01:33:55–01:34:46. Dieser Bestechungsversuch des schottischen Unternehmers ist nicht im Film zu sehen, sondern wird nur in dieser Szene von Holk nacherzählt – eine Ausnahme in dem ansonsten eher visuell-dialogisch überdeterminierten Film.

und wieder zurück, zum anderen aber auch Wills als potenziellen Vaterersatz für den Ersatzvater Achenbach und wieder zurück – all dies verbunden und exemplifiziert anhand eines kleinen Stück Goldes.[706] Dieses wird in der vom musikalischen Leitmotiv Margits untermalten Schlussszene, nach der Ankunft im heimatlichen Hafen und der endlichen Wiedervereinigung mit seiner Verlobten, von Holk in die Ostsee geworfen und damit das Ende der Tauschbeziehungen markiert – ein sinnbildlicher Triumph der deutschen Blutgemeinschaft über die zerstörerischen Kräfte der zivilisatorischen Moderne.[707]

4.5 Zusammenfassung

Das Presseheft der Firma Ewert zu GOLD wartet mit einer Inhaltsangabe auf, die an markanten Punkten von der letztendlichen Filmhandlung abweicht:

> „Wenn man sich vorstellt, in welch ungeheurem Ausmaße heute der Besitz von Gold [...] Macht zur Kontrolle ganzer Länder und Völker verleiht, dann wird ohne weiteres klar, welch gar nicht abzuschätzende Bedeutung die Lösung eines solchen Problems für die Menschheit haben würde. Schon heute toben außerordentliche Kämpfe um alle Erfindungen, Pläne, Gedanken, die Vorstufen zur Lösung dieses Problems sind. Von dieser Tatsache geht der Film ‚Gold' aus. [...] Der [...] Handlungsverlauf des Films schildert [...], wie zwei Mächte sich um die Seele und den Kopf des Assistenten streiten. Auf der einen Seite die Regierung seines Landes, auf der anderen Seite der Vertreter eines

---

706 Linda Schulte-Sasse deutet diese symbolischen Tauschbeziehungen anhand der lacanianischen Psychoanalyse Slavoj Žižeks, vgl. L. Schulte-Sasse: Entertaining, S. 249ff. Ihrer diesbezüglichen Analyse, dass mit der Zerstörung der Goldapparatur ein „displacing the erotic" vollzogen werde, da Florence in dem Moment, in dem das Gold seinen omnipräsenten Status verliert und defetischisiert wird, nicht mehr auftauche, also überflüssig werde (ebd., S. 252), ist insofern zu widersprechen, als ihr Verschwinden dem gekürzten Filmmaterial geschuldet ist. In der Originalfassung (und entsprechend der Filmrestauration von 2018) treffen Ingenieur und Millionärstochter noch einmal kurz vor dem Showdown aufeinander. Holk gesteht Florence die Gründe seiner gewahrten Distanz, woraufhin sie sich wortlos von ihm abwendet und ihre sofortige Abreise anordnet. Sein Schlusswort („Und dass ich noch lebe, verdanke ich einer Frau, die in Deutschland auf mich wartet.") verdeutlicht, dass seine Entscheidung für Margit nicht emotional motiviert ist, sondern einer (höheren) Pflicht gehorcht; vgl. hierzu Gold, 1:35:32–1:38:53 sowie Film-Prüfstelle: Gold, Prüf-Nr. 47169, o. S.

707 Die Bedeutungsaufladung der Schlussszene kündigt sich kurz davor im Dialog zwischen Holk und dem mit ihm nach Deutschland zurückkehrenden Ex-Kapitän Lüders an – Lüders: „Glaube mir, Holk, dieser alte Kahn hier ist mir lieber als die ganze protzige Savarona."; Holk: „Ich weiß auch warum, Willi. Weil er uns wieder nach Hause bringt. Das ist doch immer die schönste Fahrt." Gold, 01:51:43–01:51:59.

> großen ausländischen Finanzkonzerns, der entweder die Lösung der künstlichen Goldherstellung ein für alle Mal verhindern oder aber sie in seine Gewalt bringen will."[708]

Der Wegfall jeglicher Repräsentanten der Politik, und damit der im Presseheft angesprochenen Rivalität zwischen deutscher Regierung und britischem Großkapitalist, mag, wie der Medienwissenschaftler Rainer Rother vermutet, vor allem der damit unterbundenen mangelnden Kompatibilität der deutschen und der französischen Filmfassung geschuldet sein. Schließlich war der Goldreichtum Frankreichs schlecht mit der Prämisse des Films, der Goldarmut Deutschlands, zu vereinbaren. Jedoch wurde damit das

> „Patriotische des Themas [...] nicht aufgegeben; ganz im Sinne des Propagandaministeriums, das in dieser Zeit schon die Vorteile einer weniger expliziten Tendenz entdeckt hatte, verlagerte sich die patriotische Grundhaltung auf Zeichen und symbolische Beziehungen."[709]

Diese symbolischen Beziehungen sind in Gold hinsichtlich nationaler und geschlechterpolitischer Semantiken miteinander verschränkt. Der Gefahr eines entfesselten, britisch imaginierten Finanzkapitalismus wird dabei in doppelter Weise begegnet, indem seine Repräsentanten eliminiert oder zumindest entmachtet werden: erstens in der national grundierten, männlichen Komplizenschaft von Ingenieur und Arbeiterschaft, die in der physischen (Selbst-)Vernichtung des schottischen Unternehmers mündet; zweitens durch die Bekämpfung der drohenden Domestizierung des deutschen Ingenieurs durch ein mit der Unternehmerstochter feminisiert versinnbildlichtes Kapital, das durch ein konkurrierendes Konzept von Weiblichkeit, qua Immunisierung durch die gleichfalls weiblich konnotierte Blutsgemeinschaft, abgewehrt wird. Der deutsche Ingenieur tritt dabei als doppelter Garant für einen technischen Fortschritt auf, der mit den Anforderungen eines reaktionären Modernismus kompatibel ist, indem er einerseits die Technik souverän anwendet und beherrscht, andererseits sie im Falle einer drohenden Entgrenzung, die sich gegen den imaginierten Volkskörper richtet, einhegt, ja sogar in völkisch-antikapitalistischer Attitüde eliminiert.

Das in GOLD verfolgte Projekt der Goldgewinnung durch „Atomzertrümmerung" knüpft dabei an durchaus divergente wissenschaftliche Forschungen der 1920er und frühen 1930er Jahre, die in Teilen stark durch wirtschaftspolitische Belange motiviert waren, sowie an diesbezügliche literarische Verarbeitungen an. Die dahingehend als anachronistisch zu bezeichnende filmische

---

708 Anonymus [hg. v. Ewert]: Gold, o. S.
709 R. Rother: Effekte der Unterhaltung, S. 183.

Technikutopie, die die elektrischen Höchstspannungsversuche mit der alchemistischen Suche nach künstlichem Gold verknüpft, weist sowohl thematisch als auch ikonografisch keinerlei Ähnlichkeiten zur Kernphysikforschung der späten 1930er und 1940er Jahre auf.

Insofern erscheint es unglaubwürdig, dass ausgerechnet die Amerikaner, die zur Zeit des Zweiten Weltkriegs als erste und einzige Nation die militärische Anwendung der Kernenergie „erfolgreich" demonstriert hatten, bei einer anno 1945 elf Jahre alten und schon zu ihrer Zeit retrofuturistischen Filmkulisse in Panik ob des damit womöglich erbrachten Beweises für die fortgeschrittene Forschungstätigkeit bezüglich einer deutschen Atombombe geraten sein sollen.[710] Bei der sich filmgeschichtlich seit der Behauptung von David Stewart Hull durchziehenden Wahrnehmung und Betitelung des in GOLD zu sehenden Novums als „Atomreaktor" handelt es sich daher dem Augenschein nach um ein retrospektiv an den Film herangetragenes Missverständnis, das dem schwammigen wie irreführenden Terminus der „Atomzertrümmerung" geschuldet sein dürfte. Die Goldapparatur wurde weder seitens der Filmschaffenden noch der zeitgenössischen Rezipienten als Atomreaktor konzipiert oder überhaupt als solcher verstanden; sie konnten dies auch gar nicht, da sich Begriff und Konzept der Kernspaltung erst nach ihrer Entdeckung ab den späten 1930er Jahren etablierte.

Dass der Film tatsächlich auf der Liste der nicht zur öffentlichen Aufführung freigegebenen Filme vom Alliierten Kontrollrat landete,[711] hatte wohl eher mit seiner offen britisch-feindlichen Haltung zu tun, als mit vermeintlichen

---

710 Außer Frage steht, dass gerade die (auch durch sich im Exil befindliche deutsche Kernphysiker geschürte) Befürchtung der USA, das Deutsche Reich könne ihnen bei der Entwicklung der Atombombe zuvorkommen, zu forcierten eigenen Anstrengungen einer militärischen Nutzbarmachung der Kernenergie führte, und darüber hinaus die Alliierten über geheimdienstliche Tätigkeiten (Operation Epsilon) zu Ende des Zweiten Weltkriegs die Frage zu klären suchten, an welchem Punkt das Deutsche Reich nun konkret mit seinen eigenen Nuklearwaffenplänen stand; vgl. hierzu Dieter Hoffmann: Operation Epsilon. Die Farm-Hall-Protokolle oder Die Angst der Alliierten vor der deutschen Atombombe, Berlin 1993. Diese Frage beschäftigt auch noch die jüngere Wissenschaftsgeschichte, vgl. hierzu die Debatte um Rainer Karlsch: Hitlers Bombe. Die geheime Geschichte der deutschen Kernwaffenversuche, München 2005; Ders./Heiko Petermann (Hg.): Für und Wider „Hitlers Bombe". Studien zur Atomforschung in Deutschland, Waxmann, Münster u. a. 2007. Zur Kritik an Karlschs Thesen aus physikwissenschaftlicher Sicht vgl. Anonymus: In Bodenproben keine Spur von Hitlers Bombe, in: Physikalisch-Technische Bundesanstalt (Hg.): Jahresbericht 2006, Braunschweig 2007, S. 126.

711 Vgl. Deutsches Filminstitut e. V. (Hg.): Gold (1934), Produktionsnotizen, DIF/D.v.45/Glu–Goln.

Analogien zur militärischen Nutzung der Kernenergie. Nach Ende der Besatzungszeit lief er bereits 1958 wieder im deutschen Fernsehen – der DDR. Seit den 1970er Jahren wurde er wiederholt im bundes- und gesamtdeutschen Fernsehen ausgestrahlt.[712] Eine kuriose Art der „Wiederaufführung" erlebten Teile des Streifens im amerikanischen Science-Fiction-Film The Magnetic Monster (1953), für den Kurt Siodmak, der Autor des Romans *F.P.1 antwortet nicht*, das Drehbuch schrieb und Regie führte.[713] Für den Showdown wurden ca. zehn Minuten des Filmmaterials von Gold verwendet, und zwar ausschließlich Szenen aus dem unterirdischen Labor, wobei man die zum „Deltatron" mutierte ehemalige Goldmaschine nun im Kampf gegen das titelgebende radioaktive Ungetüm einsetzte.[714]

Die Herstellung von künstlichem Gold gelang schließlich in der zweiten Hälfte des 20. Jahrhunderts, jedoch weitaus unspektakulärer, als es noch 1949 ein reißerischer Zeitungsartikel des Nachrichtenmagazins *Der Spiegel* glauben machen wollte.[715] Der amerikanische Kernphysiker und Nobelpreisträger für Chemie, Glenn T. Seaborg, transmutierte erstmals 1980 mit kernphysikalischen

---

712 Vgl. M. Hobsch: Gold, S. 336 sowie Anonymus: Auf der Suche nach einem verschollenen Labor. „Die Odyssee der Neptun" mit Ben Gazzara und weitere Spielfilme vom Wochenende, in: Frankfurter Rundschau vom 25.06.1988; Anonymus: Gold. 19 Uhr 30 3SAT, in: Der Tagesspiegel (Berlin) vom 25.09.1991.

713 Vgl. M. Hobsch: Gold, S. 339.

714 Die benötigten Filmausschnitte wurden mit einer neuen Tonspur unterlegt, zum Teil synchronisiert und für Magnetic Monster gedrehte Szenen zwischenmontiert, vgl. J. Hoberman: Alchemy Amok in ‚Gold' and Its Offspring, ‚The Magnetic Monster', in: The New York Times vom 01.07.2016. Die Rolle des Laborbesitzers Dr. Benton (Leo Britt) wurde mit einem Schauspieler besetzt, der Michael Bohnen (John Wills) verblüffend ähnelte und in den entsprechenden Szenen durchaus die perfekte Illusion ein und derselben Figur hervorbrachte. Dies funktionierte für den Haupthelden von Magnetic Monster, Dr. Jeffrey Stewart (Richard Carlson), der analog zu Holk resp. Hans Albers schließlich die Maschine bedient, weniger gut, da diese beiden Schauspieler einander kaum ähnelten. So ist in einigen Einblendungen Hans Albers sehr gut zu erkennen. Darüber hinaus wirkt die unterschiedliche Bildqualität des jeweiligen Filmmaterials (der 1930er im Vergleich zu den 1950er Jahren) in der Montage der entsprechenden Szenen überaus irritierend; vgl. The Magnetic Monster. Regie: Curt Siodmak, Drehbuch: Ders./Ivan Tors, Produktion: Ivan Tors, Ivan Tors Films, USA 1953. Blue-ray Disc, Kino Lorber 2016, Laufzeit: 76 min, 00:59:08–01:10:15.

715 In seiner ersten Septemberausgabe von 1949 fand sich auf der Titelseite folgende Schlagzeile: „Gold aus Blei. Der erste Bericht von Dr. Heinitz. Sensationeller Erfolg". Der dazugehörige mehrseitige Artikel berichtete über einen in Argentinien unter dem Namen Walter Heinitz untergetauchten Berliner Dozenten der Elektrophysik, (nicht

Methoden Bismut zu minimalen Mengen Gold. Allerdings hat die auf diese Weise durchgeführte Goldsynthese aufgrund ihrer äußerst geringen Effizienz keinerlei wirtschaftliche Bedeutung. Darüber hinaus hat dieses Edelmetall in den letzten Jahrzehnten aufgrund geänderter wirtschaftspolitischer Rahmenbedingungen – die allmähliche Abkehr vom Goldstandard seit den 1920er Jahren, die in den 1970ern zur weltweiten Aufhebung der Goldbindung führte, sowie allgemein der Wechsel von festen zu flexiblen Wechselkurssystemen – auch hinsichtlich seiner monetären, währungspolitischen Funktion enorm an Bedeutung eingebüßt:

> „Auch das Gold ist eben von den Gesetzen der Relativität und der sehr oft gegebenen historischen Bedingtheit der Werte nicht ausgenommen. Wenn aber moderne Alchimisten sich ein neues Ziel setzen würden, so würde dies heute kaum mehr die Gewinnung künstlichen Goldes sein."[716]

---

zu verwechseln mit dem gleichnamigen Leiter der Ermittlungsabteilung des Ministeriums für Staatssicherheit), dem kurz zuvor in einer mutmaßlich amerikanischen Forschungsabteilung (die nicht explizit genannt wird, die beigefügte Abbildung lässt jedoch auf das Oak Ridge National Laboratory schließen) in einem Teilchenbeschleuniger die Goldherstellung aus Blei gelungen, kurz darauf jedoch seitens Regierung und Wirtschaft erpresst worden sein soll, den Versuchsaufbau zu vernichten und seine Ergebnisse unveröffentlicht zu lassen. Außerhalb dieses Zeitungsartikels finden sich jedoch keinerlei Hinweise zu solch einem Vorgang. Auch *Der Spiegel* berichtete nicht weiter über die künstliche Goldherstellung – das Nachrichtenblatt war wohl trotz seines im gleichen Jahr gefassten Beschlusses, jede Information vor Veröffentlichung peinlichst genau nachzuprüfen, auf eine Falschmeldung hereingefallen; vgl. Anonymus: Dann erhält er reines Gold, in: Der Spiegel Nr. 36 vom 01.09.1949, S. 28–31.

716 R. Kerschagl: Die Jagd, S. 107.

5. Der Ingenieur als Sozialtechnologe: Der Herr der Welt (1934)

Der Regisseur, Produzent, Drehbuchautor und Darsteller Harry Piel gilt als die erste Ikone des deutschen Actionkinos und vielen auch als der erste deutsche Filmstar überhaupt. Schon im Deutschen Kaiserreich stellte er mit dem internationalen Erfolg seiner frühen „Sensationsfilme" (eine rasante Mischung aus Action, Komödie und Romanze) eine Ausnahmeerscheinung dar, konnte sich das Wilhelminische Kino doch gemeinhin nur in wenigen Sujets, und in diesen weitaus weniger als die dahingehend führenden Filmnationen Frankreich, Italien und die USA, auf dem ausländischen Markt behaupten.[717] Piel war auch der erste Filmschaffende in Deutschland, der seinen Namen über einen Filmtitel platzieren konnte. Sein Erfolgsrezept bestand in der Bearbeitung von Trivialstoffen, kombiniert mit der Zurschaustellung exotischer Attraktionen und der Einbindung internationaler Stereotypen; sein Stil galt als „typisch amerikanisch": Spannung, Tempo und Technik. Aufgrund seiner Vorliebe für spektakuläre Explosionen erwarb er sich schnell den Ruf des „Dynamit-Regisseurs"; auch die ausgefallenen wie authentischen Stunts wurden von ihm selbst durchgeführt.[718] Zu Beginn der 1920er Jahre herrschte eine regelrechte „Piel-Manie", die dazu führte, dass im Gegensatz zu den künstlerisch anspruchsvollen, avantgardistischen Filmen jener Zeit (die später freilich in den Kanon der Filmklassiker eingehen sollten)[719] seine Produktionen häufig verlängert wurden oder sogar – damals noch unüblich – zeitgleich in zwei Filmtheatern einer Stadt liefen. Seine Filme wurden außerdem häufig ins Programm wiederaufgenommen bzw. regelmäßig wiederholt.[720] Harry Piels ausgeprägte Technikfaszination

---

717 Vgl. Michael Wedel: ‚Kino-Dynamit' als Exportschlager. Harry Piel in Holland, in: T. Elsaesser/M. Wedel: Kino der Kaiserzeit, S. 265–283, hier S. 265 sowie M. Bleckman: Harry Piel, S. 147f.

718 Vgl. Horst Steffens: Tanz auf dem Vulkan. Bilderwelten – Bilderfluten, hg. v. Landesmuseum für Technik und Arbeit in Mannheim, Mannheim 1994, S. 5.

719 Horst Steffens erwähnt namentlich Das Cabinet des Dr. Caligari (DE 1920, Regie: Robert Wiene) sowie Nosferatu. Eine Symphonie des Grauens (DE 1923, Regie: Friedrich Wilhelm Murnau): „Beide Filme thematisierten zentrale Zeiterfahrungen – vor allem die existentielle Unsicherheit in der jungen Republik. War es das, was das Publikum so kurz nach Weltkrieg und Revolution nicht sehen wollte?", ebd., S. 2.

720 Vgl. ebd., S. 3.

brachte nicht nur den reichlichen Einsatz moderner und zukunftsweisender Mobilitätstechnologien – Automobile, Zeppeline, Flugzeuge, U-Boote bis hin zu Raketen – sowie die ausgiebige Erprobung und Nutzung neuer Filmtechnik zur Erzeugung von Spezialeffekten mit sich, sondern ließ ihn schließlich auch zum Pionier des deutschen Science-Fiction-Films werden. So fanden denn auch für die Robotergeschichte Der Herr der Welt Motive früherer Zukunftsfilme von Piel Verwendung.

In Das Geheimnis von D.14 (1915) gelangte „erstmals eine technische Errungenschaft in utopischer Verfremdung ins Zentrum einer Geschichte“[721]: Der ehrgeizige wie betrügerische Landbursche Jakob Dungs reklamiert durch allerlei mit romantischen Irrungen und technischen Verwirrungen gewürzte Intrigen die Erfindung einer neuen Riesenlokomotive, der D.14, für sich, um durch Heirat mit der Unternehmerstochter die Führung der sogenannten „Ruppwerke“ (die Ähnlichkeit zum Essener Stahlunternehmen ist nicht zufällig) übernehmen zu können. Der eigentliche Erfinder, ein „alte[r], halbverrückte[r] Ingenieur“, der zunächst mit Dungs kooperiert, kann schließlich vom Geliebten der Unternehmerstochter – ein junger Ingenieur, der durch die Machenschaften Dungs von den Ruppwerken gefeuert wurde – davon überzeugt werden, dem Betrüger das Handwerk zu legen, sodass letztendlich beide Ingenieure gemeinsam die Superlokomotive fertigstellen und erfolgreich zum Einsatz bringen.[722]

In dem noch im gleichen Jahr uraufgeführten Zukunftsfilm Die grosse Wette bzw. Der Elektromensch (österreichisch-ungarischer Verleihtitel) stand bei Piel erstmals ein Maschinenmensch im Mittelpunkt: Im Amerika des Jahres 2000 konkurrieren der reiche Unternehmer George Fogg (Ludwig Trautmann) und der als *mad scientist* agierende Physiker Ardan (Victor Janson)

721 M. Bleckman: Harry Piel, S. 53.

722 Anonymus: „Das Geheimnis von D 14“, in: Kinematographische Rundschau Nr. 393 vom 19.09.1915, S. 47. Die kurze Inhaltsangabe des Piel-Biographen Matias Bleckman suggeriert fälschlicherweise einen „mad engineer“: „Ein wahnsinniger Ingenieur reißt die Pläne an sich und funktioniert die Lok in seinem Geheimlaboratorium zu einer perfekten Tötungsmaschine um.“, M. Bleckman: Harry Piel, S. 53. Der besagte alte Ingenieur erfüllt jedoch nicht die Kriterien eines wahnsinnigen Technikers, da er, wie in der ausführlichen Inhaltsangabe aus der *Kinematographischen Rundschau* eindeutig ersichtlich wird, zum einen sich schließlich auf die „gute Seite“ des technischen Fortschritts schlägt, zum anderen der eigentliche Missetäter eben nun kein Ingenieur ist, sondern diesen Beruf nur vortäuscht. Schließlich wird die Erfindung auch an keiner Stelle zur Tötungsmaschine umfunktioniert; vgl. Das Geheimnis von D.14. Regie, Drehbuch: Harry Piel. Produktion: Max Maschke, Luna-Film GmbH, Deutschland 1915, Länge: 4 Akte, zit. in: M. Bleckman: Harry Piel, S. 446.

um die junge und schöne Millionärswitwe Lee Kennedy (Mizzi Wirth). Diese ist dem jungen Unternehmer zugetan. Um sie zu entzweien, baut der Physiker einen „Elektromenschen" und wettet mit Fogg, dass dieser es nicht schafft, es drei Tage lang mit diesem Wesen auszuhalten. Über eine Überwachungsvorrichtung steuert Ardan sein Geschöpf und lässt es Fogg auf Schritt und Tritt folgen. Als dieser seinem Quälgeist kurzzeitig entkommen kann und zu seiner Angebeteten flieht, schickt der Physiker den Elektromenschen hinterher. Dabei übersteuert er in seiner rasenden Eifersucht die Maschine – sie soll Fogg töten, geht jedoch in einem Blitzgewitter unter, bei dem durch die Fernsteuer-Verbindung auch Ardan in seinem zusammenstürzenden Labor stirbt.[723]

Im Zweiteiler RIVALEN und DER LETZTE KAMPF (beide 1923) griff Piel Handlungsstränge und Sujets aus den beiden als verschollen geltenden 1915er Filmen auf und trat nun selbst in die Rolle des Helden und Abenteurers – namens Harry.[724] Dieser muss seine Geliebte Evelyn (Inge Helgard) aus den Fängen des genialen wie (liebes-)wahnsinnigen Erfinders Ravello (Adolf Klein) befreien, der zum Erreichen seiner Heiratspläne eine „in die Ferne wirkende Maschine erfunden hat, die zerstören und töten kann."[725] Während in DIE GROSSE WETTE für den Maschinenmenschen noch ein entsprechend geschminkter Darsteller in ein klobig-metallenes Kostüm schlüpfte, trat er in den 1923er Produktionen als „wuchtige, klobige Robotermaschine" in Erscheinung, „die in ihrer vernichtenden Brutalität aber umso gefährlicher ist. Die Bewegungen dieses Roboters und die zuckenden Elektroblitze, die von ihm ausgehen, sind glänzend gemachte Trickaufnahmen."[726]

Für DER HERR DER WELT machte Harry Piel durchaus Anleihen bei seinen Roboterfilmen aus der Stummfilmzeit, jedoch änderte sich grundsätzlich die

---

723 Vgl. DIE GROSSE WETTE. Regie, Drehbuch: Harry Piel, Produktion: Isidor Fett/Karl Wiesel, Bayerische Film-Vertriebs GmbH Gugenheim, Deutschland 1915, Länge: 4 Akte, zit. in: M. Bleckman: Harry Piel, S. 446f. sowie Harry Piel: Der Elektromensch. Ein phantastisches Erlebnis aus dem Jahre 2000, in: Rolf Aurich (Hg.): Künstliche Menschen, manische Maschinen, kontrollierte Körper, Berlin 2000, S. 60.

724 Vgl. RIVALEN. Regie: Harry Piel, Drehbuch: Alfred Zeisler/Viktor Abel, Produktion: Harry Piel et al., Apex Film Company Limited, Deutschland 1923, Länge: 2476 m, 7 Akte sowie DER LETZTE KAMPF. Regie, Drehbuch, Produktion: Dies., Deutschland 1923, Länge: 1758 m, 6 Akte, beides zit. in: M. Bleckman: Harry Piel, S. 455.

725 Anonymus: Vorführungen der Woche. „Rivalen", in: Der Filmbote. Zeitschrift für alle Zweige der Kinematographie Nr. 17 vom 28.04.1923, S. 25; vgl. außerdem Anonymus: Vorführungen der Woche. Der letzte Kampf, in: Der Filmbote Nr. 18 vom 05.05.1923, S. 23.

726 M. Bleckman: Harry Piel, S. 150.

thematische Ausrichtung. Während seine früheren Zukunftsfilme durchgängig amouröse Verwicklungen zum Grundkonflikt machten, an denen sich Handlung und Figurenkonstellation ausrichteten, so stand in diesem Film nun die industrielle Arbeitswelt im Mittelpunkt des Geschehens:

Auf dem Heimflug von einer Geschäftsreise begeistert der Unternehmer Dr. Erich Heller (Walter Janssen) den Bergwerksingenieur Werner Baumann (Siegfried Schürenberg) von seinem Projekt: der Entwicklung von Arbeitsrobotern, die zum Wohl und Segen aller Menschen zu beschwerlicher und gefährlicher Industriearbeit eingesetzt werden sollen. Nach dem Flug trennen sich ihre Wege. Direkt nach Baumanns Ankunft auf seiner Zeche Ehrenberg ereignet sich eine verheerende Schlagwetterexplosion, bei der viele Bergleute sterben und auch der junge Ingenieur verletzt wird. Dr. Heller wiederum erfährt nach seiner Rückkehr in sein Werk bei einer Kontrollvisite, dass sein leitender technischer Mitarbeiter Professor Wolf (Walter Franck) in seinem Labor längst nicht mehr an der Weiterentwicklung der Arbeitsroboter, sondern an einer Kampfmaschine arbeitet, mit der er die Welt erobern will. Der protestierende Dr. Heller stirbt durch die Strahlen des Kampfroboters. Wolf behauptet gegenüber den Werksangestellten einen tragischen Unfall. Bald darauf lernt der beurlaubte Baumann durch einen Zufall Hellers Witwe Vilma (Sybille Schmitz) kennen; die gemeinsame Trauer um den Verstorbenen bringt sie einander allmählich näher. Als seine Zeche auf Roboterbetrieb umgestellt wird und viele Bergleute arbeitslos werden, eilt Baumann zur Witwe, gerade rechtzeitig, um zu verhindern, dass diese das Unternehmen ihres Mannes an Wolf abtritt. In dessen Labor konfrontiert der Ingenieur den Professor mit den Folgen seiner Erfindung. Daraufhin lässt dieser seinen Kampfroboter gegen Baumann auffahren, dessen Strahlen ihn bewusstlos zu Boden sinken lassen. Als der Ingenieur nicht zurückkehrt, folgt Vilma ihm ins Labor. Bedroht durch die Kampfmaschine sagt sie Wolf die Übereignung der Hellerwerke zu, doch dieser hat seine Kreatur nicht mehr unter Kontrolle: Die ziellosen Blitze töten erst den Professor und zerstören schließlich in einer gewaltigen Explosion die Kampfmaschine mitsamt dem Labor. Baumann und Vilma können sich retten und finden endgültig zueinander. Die Arbeitsroboter werden weiterhin für die gefährliche Bergwerksarbeit eingesetzt und die Zechenarbeiter auf Initiative Baumanns, der die Leitung der Hellerwerke übernommen hat, aufs Land umgesiedelt, wo sie ein (von Arbeit) erfülltes Bauernleben erwartet.

Der Herr der Welt ist von der Science-Fiction-Filmgeschichte weitgehend vergessen oder zumindest geflissentlich ignoriert worden, und dies völlig zu Recht: Obwohl er mit einigen Ingredienzien aufwartet, die einen typischen Piel-Film ausmachen (futuristische Apparaturen, spektakuläre, ganze Gebäude zum Einsturz bringende Explosionen, dazwischen heldenhafte Frauenbeschützer im

Kampf gegen dämonische Schurken), konnte er die zeitgenössische Filmkritik wie auch – für den routinierten wie erfolgsverwöhnten Harry Piel eine neue, bittere Erfahrung – das Publikum nicht überzeugen. Die überladene und hanebüchene Handlung und die hölzernen Dialoge, die tölpelhaft zwischen den zum Teil billig aufgemachten Kulissen und Requisiten agierenden Darsteller, dazu das unentschlossene Schwanken zwischen verschiedenen Filmsprachen und -stilen, das umso mehr durch aufgezwungen wirkende Symbolismen zum Tragen kam, bescherten dem Film größtenteils negative Kritiken, leere Kinosäle und eine geringe Laufzeit.[727] Doch an dieser Stelle interessiert nicht das berechtigterweise vernichtend ausfallende filmästhetische Urteil, sondern die gesellschaftlichen Deutungsangebote und spezifischen, an die Technik gekoppelten Lösungsstrategien, die DER HERR DER WELT im verhandelten Konflikt zwischen Kapital und Arbeit bereithält. Bevor der Film dahingehend analysiert wird, soll zunächst in einem kursorischen technikhistorischen wie literatur- und filmgeschichtlichen Abriss die Genese der Figur des Maschinenmenschen und Roboters dargelegt werden.

5.1 Roboter in Realtechnik und Science-Fiction

Zusammen mit Raumfahrt und extraterrestrischen Lebensformen gehören humanoide Roboter zum festen literarischen wie ikonografischen Inventar der Science-Fiction – ihr Auftreten galt und gilt als untrüglicher Marker, dass das dazugehörige Werk dieser Gattung resp. diesem Genre zuzurechnen ist. Gleichwohl bilden Maschinenmenschen weit vor der Genese dieser erst seit dem 19. Jahrhundert sich entwickelnden Gattung eine lange und feste Traditionslinie der Literaturgeschichte, die von Beginn an in enger Wechselwirkung zu realtechnischen Entwicklungen stand.[728] Darüber hinaus ist dieser Motivkomplex bis auf Mythen, die die Erschaffung künstlichen Lebens thematisierten – wie der antike Pygmalion- und Pandora- oder der mittelalterliche Golem-Mythos – zurückzuführen, ebenso wie die im Spätmittelalter aufkommenden alchemistischen Theorien zur Erschaffung des künstlichen Menschen, des Homunculus, dahingehend einzuordnen sind.[729]

---

727 Vgl. M. Bleckman: Harry Piel, S. 264.

728 Vgl. Rudolf Drux: Der literarische Maschinenmensch und seine technologische Antiquiertheit. Wechselbeziehungen zwischen Literatur- und Technikgeschichte, in: Dresdener Beiträge zur Geschichte der Technikwissenschaften 29 (2004), S. 3–19.

729 Eine hervorragende Übersicht zu den verschiedenen Traditionen bietet Klaus Völker: Nachwort, in: Ders. (Hg.): Künstliche Menschen. Dichtungen und Dokumente

Seit der Antike ist die Kunst des (humanoiden) Automatenbaus, die mittels demonstrativer Technikbeherrschung der Repräsentation von Macht und Herrschaft diente, bekannt. Ein solcher Automat – also eine sich selbst bewegende Vorrichtung[730] – wird erstmals im Bericht des hellenistischen Geschichtsschreibers Kallixeinos von Rhodos beschrieben: Die im Festzug des Ptolemaios II. Philadelphos in Alexandria auf einem Wagen mitgeführte Sitzstatue der Nysa (Amme des Dionysos) war mit einem inneren Mechanismus ausgestattet, durch den sie sich gelegentlich erhob, um aus einer goldenen Schale Milch zu spenden.[731] Parallel dazu ist eine Beschäftigung mit Automaten in literarischen Werken seit der Antike durchgängig belegt.[732] Dieses antike Wissen wurde während des Mittelalters durch den arabischen und ostasiatischen Kulturraum weitergetragen und -entwickelt. So sind „Berichte über singende Vögel, kunstvolle Uhren und andere Automaten aus dem islamischen Raum und von China überliefert".[733]

Die eigentlichen „Ahnenherren des Roboters"[734] stellten indes die Automaten des 18. und frühen 19. Jahrhunderts dar – „raffinierte mechanische Konstruktionen, die Staunen über ihre scheinbar ohne äußere Energie-Quellen ablaufenden Bewegungen hervorrufen sollten"[735]: Die berühmte mechanische Ente Jacques de Vaucansons, die seinem Erbauer auch als Experimentalvorrichtung diente, welche zum tiefergehenden Verständnis der zugrundeliegenden Prozesse und Mechanismen beitragen sollte, simulierte den Verdauungsprozess „als ein unbestreitbares Zeichen des Lebendigen."[736] Die humanoiden Geschöpfe von Automatenbauern wie Pierre Jaquet-Droz, Friedrich Knauß und Johann Friedrich Kaufmann konnten vorprogrammierte Buchstaben schreiben, Menschen- und Tierköpfe zeichnen, Musik machen, sogar atmen und seufzen. Diese in Salons, bei Hofe oder auf Jahrmärkten ausgestellten und vorgeführten mechanischen

über Golems, Homunculi, Androiden und liebende Statuen, München 1971, S. 425–496.

730 Vgl. Marcus Popplow: Automat, in: Friedrich Jaeger (Hg.): Enzyklopädie der Neuzeit, Bd. 15 (Nachträge), Stuttgart 2012, Sp. 689–695, hier Sp. 689.

731 Vgl. Helmuth Schneider: Geschichte der antiken Technik, 2. Aufl., München 2012, S. 102f.

732 Vgl. M. Popplow: Automat, Sp. 693; R. Drux: Maschinenmensch, S. 4.

733 Frank Dittmann: Mensch und Roboter – ein ungleiches Paar. in: Fabian Karsch/Arne Manzeschke (Hg.): Roboter, Computer und Hybride, Baden-Baden 2016, S. 17–46, hier S. 21.

734 Rolf Giesen: Künstliche Menschen. Ein Glossar: Automaten, in: R. Aurich: Künstliche Menschen, S. 203.

735 M. Popplow: Automat, Sp. 689.

736 Ebd., Sp. 692.

Flötisten, Schreiber, Klavierspieler und Trompeter dienten – befeuert durch die mechanistisch-materialistische Naturphilosophie des 17. und 18. Jahrhunderts, die im Wesentlichen Analogien zwischen Mensch und Maschine herstellte und reflektierte – den Aufklärern gerade durch die Offenlegung ihrer Funktionsweise als Beweis ihres rationalen, materialistischen Weltbildes.[737]

Doch bereits gut 50 Jahre später entwarf die Romantik als literarische Antwort auf den aufklärerischen Fortschrittsoptimismus den Automatenmenschen als unheimlich-dämonisches – und weibliches – Wesen, so auch in der diesbezüglich bekanntesten Erzählung des Literaten und passionierten Puppen- und Marionettensammlers E. T. A. Hoffmann, *Der Sandmann* (1815), in der die Liebe zur täuschend echt wirkenden Automatenpuppe Olimpia, einer Androide[738], den Protagonisten Nathanael schließlich in den Wahnsinn treibt. Der in der Science-Fiction fest verhaftete Topos der dämonisch-verführerischen Maschinenfrau hat in den Automatenphantasien der Romantik letztendlich ihren Ursprung.[739]

Die Debatte um das Verhältnis von Mensch und Maschine ist im Bereich der industriellen Produktion wiederum so alt wie die Industrialisierung selbst. Sie veränderte

> „die Zielsetzungen technischer Entwicklungen im Bereich der Automaten grundlegend. Nicht mehr die Nachahmung von Körperbewegungen oder die Perfektionierung künstlicher Kreaturen stand im Mittelpunkt, sondern der Wunsch, Maschinen zu entwickeln, die menschliche Arbeit schneller und besser ausführen konnten."[740]

So fanden, ebenfalls durch Vaucanson, seit dem 17. Jahrhundert mit der Weiterentwicklung des Maschinenbaus (halb-)automatische Elemente Eingang in die

---

737 Vgl. ebd., Sp. 694.

738 Ein/e Androide bezeichnet ein Maschinenwesen, das – zumindest äußerlich – dem Menschen täuschend ähnlich sieht. Hoffmanns Text gilt entsprechend als „der eigentliche Wegbereiter für das Androidenthema in der Populärkultur des 20. Jh.", Klaus Völker: Androide, in: Hans-Otto Hügel: Handbuch Populäre Kultur. Begriffe, Theorien und Diskussionen, Stuttgart, Weimar 2003, S. 109–114, hier S. 112.

739 Vgl. E. T. A. Hoffmann: Der Sandmann [Orig. 1817]. Textkritik, Edition, Kommentar, hg. v. Ulrich Hohoff, Berlin 1988. Zu diesem Konnex vgl. auch Elisabeth Bronfen: Die Maschinenfrau. Ein monströs-astrales Denkbild und seine filmischen Ausformungen, in: Michel Mettler et al. (Hg.): Holy Shit. Katalog einer verschollenen Ausstellung, Zürich 2016, S. 110–121 sowie Magdalena Pagliarulo: Das Motiv der Maschinenfrau von der Romantik bis ins 20. Jahrhundert. Weibliche Androiden bei E. T. A. Hoffmann, Fritz Lang und Stanislaw Lem, in: Ulrich Wergin (Hg.): Romantik. Mythos und Moderne, Würzburg 2013, S. 247–260.

740 F. Dittmann: Mensch und Roboter, S. 22.

Produktionstechnik; es wurden zunehmend (zuerst im Bereich des Textilgewerbes, dann ausgreifend) leistungsfähigere Arbeitsmaschinen entwickelt, die den kommenden grundlegenden und tiefgreifenden Strukturwandel ankündigten.[741]

Die den Industrialisierungsprozess begleitende, von Argumenten der Nützlichkeit und Rationalität geprägte Debatte wurde und wird mit jedem Technisierungsschub, der einen Zuwachs an Mechanisierung, Maschinisierung und Automatisierung des Produktionsprozesses bedeutete, von neuem belebt – aktuell in der Diskussion um die sogenannte Industrie 4.0. Hierbei bestimmen zwei grundsätzliche Argumentationslinien den Diskurs: Zum einen war und ist er essentiell geprägt durch die Furcht vor der Abwertung und schlussendlichen Ersetzung des Menschen durch Maschinen, die letzten Endes auf die „anthropozentrische Angst um die Position und Bedeutung der Menschen in einer technisierten Welt“[742] verweist. Schon die „Maschinenstürmer“ der Frühindustrialisierung bekämpften Maschinen aufgrund ihrer (berechtigten) Angst vor dem Verlust ihrer Arbeitsplätze. Zum anderen wird das Verhältnis von Mensch und Maschine als Konkurrenzbeziehung verhandelt, in der nicht dessen vollständige Ersetzung, sondern die Frage, welche vom Menschen ausgeführten Tätigkeiten von der Maschine ersetzt werden können und sollten, zur Disposition steht.[743] Seitens der Unternehmer und Ingenieure wurde die Verlagerung von Fähigkeiten auf die Maschine indes als Eliminierung der menschlichen Fehleranfälligkeit interpretiert. Dieser Gedanke lag in abgewandelter Form auch dem von Frederick Winslow Taylor in den Jahrzehnten um 1900 entwickelten Konzept der Wissenschaftlichen Betriebsführung zugrunde, welches zum Inbegriff der Entwertung menschlicher Arbeit werden sollte: Durch Rationalisierung, also Effektivierung und Effizienzsteigerung der Produktionsabläufe mutierten die betroffenen Arbeiter – so die zeitgenössische Kritik – durch ihre dadurch hoch formalisierten und standardisierten Tätigkeiten zum Anhängsel der Maschine und zum willenlosen, ausführenden Organ am Fließband.[744]

---

741 Parallel dazu wurden Automaten in stark reduzierter Komplexität (gegenüber den exzeptionellen Beispielen des 18. Jahrhunderts) als Spielzeug für breitere wohlhabende Kreise erschwinglich; vgl. M. Popplow: Automat, Sp. 694.

742 Martina Heßler: Angst vor Technik und das Kontingentwerden „des Menschen“‘, in: Markus Bernhardt et al. (Hg.): Ermöglichen und Verhindern. Vom Umgang mit Kontingenz, Frankfurt am Main 2016, S. 209–234, hier S. 227.

743 Vgl. Martina Heßler: Die Ersetzung des Menschen? Die Debatte um das Mensch-Maschinen-Verhältnis im Automatisierungsdiskurs, in: Zeitschrift für Technikgeschichte 82 (2015) 2, S. 109–136, hier S. 116f.

744 Vgl. ebd., S. 118.

In der literarischen Reflexion verbanden sich in den 1920er Jahren Rationalisierungs- und Maschinisierungdiskurse mit dem Motiv des künstlichen Menschen und gerierten einen zentralen Topos der Science-Fiction – der den Menschen im Produktionsprozess ersetzende Maschinenmensch – der folglich nichts anderes darstellt als die fiktional-figurale Verdichtung der seit dem 17. Jahrhundert aufzufindenden anthropozentrischen Angst um die sogenannte ‚technologische Arbeitslosigkeit'.[745] Durch ihn werden die gesellschaftlichen Möglichkeiten und Gefahren der Freisetzung menschlicher Arbeitskraft und vice versa die kulturelle Kritik an der Mechanisierung des Menschen verhandelt. Paradigmatisch steht hierfür auch das Werk, das für diesen modernen, industriellen Maschinenmenschen die Bezeichnung „Roboter" etabliert hat: Karel Čapeks 1920 erschienenes und 1921 in Prag uraufgeführtes Drama *R.U.R. Rossum's Universal Robots*. Der Titel ist den tschechischen Termini *rossum* (Verstand) und *robota* (Zwangsarbeit, Fron) entlehnt und entstammt ursprünglich dem Vorschlag von Čapeks Bruder, dem Maler und Schriftsteller Josef Čapek. Dieser Neologismus stellt einen der seltenen Fälle dar, in denen die Science-Fiction nachweislich einen direkten Einfluss auf die Realtechnik ausübte – wenn auch nicht in ihrer Entwicklung, so doch terminologisch.

Karl Čapek nahm sich für sein Drama nun keineswegs die Maschinenmenschen in der Tradition der mechanischen Automaten des 18. Jahrhunderts zum Vorbild, sondern orientierte sich vielmehr am Homunculus-Mythos: Seine Roboter sind streng genommen humanoide Wesen biologisch-chemischen Ursprungs, die aus synthetisch hergestellter Substanz (sogenannter „Kolloidalgallerte"[746]) bestehen. Sie werden allerdings – und hier ist die Analogie zum Fließbandsystem Fords eindeutig – in industrieller Massenfabrikation hergestellt und anschließend in Fabriken als Arbeitssklaven eingesetzt. Als die entlassenen Arbeiter gegen ihre künstlichen Rivalen rebellieren, werden diese von den Fabrikbesitzern mit Waffen ausgestattet und zu Kriegsrobotern ausgebildet. Die inzwischen bewusstseinsfähigen Roboter erheben sich jedoch und vernichten – mit einer Ausnahme – die gesamte Menschheit. Der letzte Mensch, der ehemalige Bauabteilungsleiter der Roboterfabrik, erkennt schließlich, dass die

745 Zur diesbzgl. Diskussion in den merkantilistischen und kameralistischen Wirtschaftstheorien vgl. Hans-Joachim Braun: Technik und Wirtschaftswissenschaften, in: Armin Hermann/Charlotte Schönbeck: Technik und Wissenschaft (= Technik und Kultur, Bd. 3), Düsseldorf 1991, S. 137–185, hier S. 137–143.

746 Karel Čapek: WUR. Werstands Universal Robots [Orig.: R.U.R. Rossum's universal robots: kolektivní drama o vstupní komedii a třech aktech, 1920]. Utopisches Kollektivdrama in drei Aufzügen. Dt. v. Otto Pick, Prag, Leipzig 1922, S. 12.

Maschinenmenschen sich weiterentwickelt haben und nun zu Emotionen fähig sind, wodurch sie sich biologisch fortpflanzen können. Überzeugt von einem dahinterliegenden göttlichen Schöpfungsplan entlässt er Roboter Primus und Robotin Helene als die Ersten ihrer Art aus seiner Obhut: „Geh, Adam. Geh, Eva; du wirst ihm Weib sein. Sei du ihr Mann, Primus. Gesegneter Tag! Fest des sechsten Tages! […] Natur, Natur, das Leben wird nicht vergehen!“[747] Dieser Urtext enthält viele bekannte, in der Folge unendlich oft variierte Elemente einer modernen Robotergeschichte: Konstruktion, Einsatz und Aufstand der Maschinenmenschen gegen ihre Schöpfer, ihre eigenständige Evolution zu bewusstseins- und emotionsfähigen Wesen, mithin ihre Subjektivierung und Humanisierung, schließlich die damit verbundene Möglichkeit der Reproduktion.[748] Hingegen fehlt bemerkenswerterweise ein häufig auftretendes, nahezu konstitutives Element zumindest der frühen Robotererzählungen: die finale Zerstörung oder gar Selbstzerstörung der Maschinen, die letztendlich auf die technologische Hybris des Menschen verweist. Insofern wird der Text, der häufig als dystopisches Szenario mit eindeutiger Warnfunktion gelesen wird, entsprechend missverstanden. Vielmehr gestattet sein durch eine eminent religiöse Heilserwartung geprägtes Ende eine deutlich versöhnliche, zuversichtliche Lesart.[749]

---

747 Ebd., S. 135f.

748 Bei seiner chronologisch vorgehenden Untersuchung der Darstellung von Robotern und Künstlichen Intelligenzen in Science-Fiction-Filmen und -Fernsehserien stellt der Technikphilosoph Karsten Weber fest, dass diese als allmählicher Wandel vom Werkzeug zum Akteur beschrieben werden kann, definiert anhand einer zunehmenden äußerlichen wie innerlichen Vermenschlichung der Maschine, vgl. Karsten Weber: Roboter und Künstliche Intelligenz in Science Fiction-Filmen: Vom Werkzeug zum Akteur, in: J. A. Fuhse: Technik und Gesellschaft, S. 34–54. Insofern ist es interessant, dass literaturgeschichtlich dieser Wandel nicht feststellbar ist, sondern hier – wie auch *R.U.R.* exemplarisch aufzeigt – Subjektivierungsstrategien viel früher einsetzten und die „schon früh auftretenden Roboter und Androiden […] in den literarischen Texten weniger als reale Maschinen, denn als Stellvertreter des Menschen“ erschienen, vgl. Hans Esselborn: Der Wandel der deutschen Science Fiction. Vom technischen Zukunftsroman zur Darstellung alternativer Welten, in: Lars Schmeink/Hans-Harald Müller (Hg.): Fremde Welten. Wege und Räume der Fantastik im 21. Jahrhundert, Berlin, Boston 2012, S. 443–456, hier S. 444.

749 Frank Dittmann weist zu Recht darauf hin, dass *R.U.R.* in der Forschungsliteratur zwar als Namensgeber für den Terminus „Roboter“ gewürdigt wird, sein Inhalt hingegen weitestgehend unbekannt ist. Dittmann selbst verknüpft das durchaus zukunftsgewisse Ende des Dramas mit der aktuellen philosophischen Transhumanismus-Debatte, vgl. Frank Dittmann: Golem, Homunculus und Robot – zum Diskurs um künstliche Wesen vor 100 Jahren, in: Frank Fuchs-Kittowksi/Werner Kriesel (Hg.): Informatik

Das inzwischen fast vergessene, kaum noch gespielte Bühnenstück war nach seiner Uraufführung ungemein erfolgreich. Es wurde schnell ins Französische, Englische und Deutsche übersetzt, international aufgeführt und erlebte in den 1930er und 1940er Jahren einige Radio- und sogar TV-Adaptionen. Dabei wurden die Roboter von *R.U.R.* seitens der zeitgenössischen Presse und Öffentlichkeit entgegen der ausdrücklichen Intention Čapeks umgehend als mechanische (und nicht organische) Objekte rezipiert und beworben, was letztendlich die Grundlage für die Kopplung des neuen Terminus an die Vorstellung des Maschinenmenschen schuf.[750] Bei den ersten Bühnenaufführungen wurden die Roboter von den Menschen durch eine Art Uniform unterschieden, die zum einen die Austauschbarkeit der Roboter untereinander und zum anderen ihre Differenz zum Menschen betonen sollte.[751]

Nach Frank Dittmann ordnet sich Čapeks *R.U.R.* „in eine ganze Reihe von populären Romanen, Bühnenstücken und Filmen" ein, „die sich um die Zeit des Ersten Weltkrieges mit der Schöpfung künstlicher Wesen durch den Menschen"[752] auseinandersetzten und durch die Thematisierung der technologischen Hybris des Menschen die vielfältigen Gräuel der (Nach-)Kriegsjahre fiktional verarbeiteten. Dittmann erwähnt beispielhaft die diversen Stummfilme zur

---

und Gesellschaft, Frankfurt am Main 2016, S. 123–136, hier S. 124. Dessen ungeachtet lassen gerade viele lexikalische Einträge zu *R.U.R.* ihre Inhaltsangabe mit dem Aufstand der Maschinen und der Vernichtung der Menschheit enden, was eine völlig verzerrte Interpretation nahelegt; so auch Rolf Giesen: Künstliche Menschen. Ein Glossar: R.U.R. Rossums Universal Robots, in: R. Aurich: Künstliche Menschen, S. 207, ebenso Hans-Joachim Alpers et al. (Hg.): Lexikon der Science Fiction Literatur Bd. 1, München 1980, S. 238. Hingegen weist der im selben Jahr erschienene Roman *Les condamnés à mort* des französischen Schriftstellers Claude Farrère ein solch beklemmendes Ende auf: In einer von Technokratie und Sozialdarwinismus geprägten Zukunftswelt von 1990 (die im fiktiven Entstehungsjahr des Romans von 2130 jedoch längst Vergangenheit ist) sollen „mechanische Hände" genannte Automaten die menschliche Arbeitskraft millionenhaft ersetzen. Als die Arbeiter gegen ihr Schicksal aufbegehren, werden sie zu Hunderttausenden mit einer Strahlenwaffe ausgelöscht. Der verantwortliche „Obere Rat der Chefingenieure" interpretiert diesen Massenmord als „furchtbare[ ] Notwendigkeit […]. Nicht wir haben getötet: sondern das Gesetz durch uns.", Claude Farrère: Die Todgeweihten [Orig.: Les condamnés à mort, 1920], Berlin 1925, S. 301f.

750 Vgl. F. Dittmann: Mensch und Roboter, S. 24.

751 Vgl. F. Dittmann: Golem, Homunculus und Robot, S. 125.

752 Ebd., S. 134. Laut einem Interview Čapeks wollte dieser mit R.U.R. eine modernisierte Adaption der mittelalterlichen Golemsage schaffen; vgl. ebd., S. 127.

Golemsage, zum Alraunen-Mythos sowie den sechsteiligen Spielfilm Homunculus (DE 1916, Regie: Otto Rippert). Seine Einschätzung, dass „bis um 1920 die Bücher, Theaterstücke und Filme zwar künstliche Geschöpfe, aber keine Maschinenmenschen thematisierten“[753], ist jedoch einer Engführung auf avantgardistische Filmklassiker geschuldet – wurde doch mit dem oben beschriebenen „Elektromenschen“ aus Harry Piels Die grosse Wette eindeutig ein Maschinenmensch auf die Leinwand gebracht. Und auch weitere Filmwerke aus dem Bereich der populären Massenunterhaltung zeigten schon früh mechanische Varianten des künstlichen Menschen. Als diesbezüglich erstes und leider verschollenes Werk gilt Georges Méliès' Gugusse et l'Automate (1897), ein einminütiger Film mit einer entsprechend rudimentären Handlung: Gugusse, ein Zirkusclown, agiert mit bzw. reagiert auf die plötzlichen, mechanischen Bewegungen eines (humanoiden?) Automaten.[754] The mechanical Statue and the Ingenious Servant (1907) hat Einsatz und Flucht eines mechanischen Gladiatoren zum Inhalt,[755] und in The Automatic Motorist (1911) wird ebenso humoristisch der missglückte Einsatz eines sogenannten „Uhrwerkmann[s]“[756] als automatischer Chauffeur geschildert – markante Beispiele für die Filmfigur des Roboters avant la lettre. Ferner kam mit L'uomo meccanico (1921) noch im Jahr der Uraufführung von *R.U.R.* ein Film in die Kinos, der erstmals einen Kampf zwischen zwei Maschinenmenschen zeigte.[757]

Nicht nur in diesen Werken der frühen Filmgeschichte, sondern noch viele Jahrzehnte später wirkten bildliche Umsetzung und Design von Roboterfiguren meist unbeholfen und entbehrten nicht einer gewissen unfreiwilligen Komik: „Die eisernen Spukgestalten sind Riesenspielzeug, die scheppern, quietschen, schnurren und stampfen, eigentlich nichts produzieren, am Ende zerstört

753 Ebd., S. 129.

754 Vgl. Gugusse et l'Automate. Regie, Drehbuch, Produktion: Georges Méliès, Star Film, Frankreich 1897, Laufzeit: 1 min, zit. in: P. Hardy: Science Fiction, S. 19.

755 Vgl. The Mechanical Statue and the Ingenious Servant. Regie, Produktion: Stuart Blackton, Vitagraph Company of America, USA 1907, Laufzeit: 7 min, zit. in: ebd., S. 30.

756 The Automatic Motorist. Regie, Drehbuch: Walter R. Booth, Produktion: Charles Urban, Kineto Films, Großbritannien 1911, Laufzeit: 10 min, zit. in: P. Hardy: Science Fiction, S. 45.

757 In dem knapp 26 minütigen erhaltenen Fragment ist dieser Roboterkampf zu sehen, der freilich eher wie ein mit Pyrotechnik unterlegter Foxtrott anmutet; vgl. L'uomo meccanico. Regie, Drehbuch: André Deed, Produktion: Milano Film, Italien 1921. DVD, Alpha Video 2005, Laufzeit: 26 min, 00:22:15ff.

werden oder sich selbst zerstören [...]".[758] Die konkrete Erwartung der Herbeiführung des *sense of wonder* durch eine plausible Visualisierung dieses technischen Novums schlug beim Publikum oftmals in ernüchternde Heiterkeit um (so auch, wie die Filmkritiken zur Uraufführung vermerkten, beim Auftreten des Kampfroboters in DER HERR DER WELT). Doch dieser Mangel konnte den rasend schnellen Siegeszug des Maschinenmenschen im Science-Fiction-Film nicht aufhalten, in dem es von dämonischen und liebenswürdigen, terrestrischen wie extraterrestrischen, Arbeits-, Kampf-, Dienstleistungs- und Spielzeugrobotern nur so wimmelt – durchaus, wenn auch nicht im selben Tempo, analog zur realtechnischen Entwicklung, die von Beginn an visionäre Anleihen bei literarischen und filmischen Fiktionen nahm.

So traf um die Jahrhundertwende die (groß-)städtische Bevölkerung in ihrem Alltag auf verschiedenste Münz-, Musik-, Spiel- und Unterhaltungsautomaten und sogar auf Automaten-Restaurants, in denen per mechanischer Ausschankvorrichtung Speisen und Getränke geliefert wurden.[759] Darüber hinaus wurden seit den 1920er Jahren „Maschinenmenschen" publikumswirksam aufgeführt: Die amerikanische Westinghouse Electric and Manufacturing Company präsentierte 1927 in New York City mit *Televox* einen ferngesteuerten Roboter, eine Erfindung des in diesem Unternehmen angestellten Ingenieurs Roy James Wensley. Das Modell, das letztendlich für den Haushalt konzipiert war, konnte immerhin eine Tür öffnen oder Licht anmachen.[760] Ebenfalls bei Westinghouse angestellt war der Tüftler Samuel Montgomery Kintner, der 1931 mit dem Modell „Rastus" dem in der Fronarbeit liegenden (begrifflichen) Ursprung der Roboter eine typisch amerikanische Färbung gab, indem er ihn als „Realistic Mechanical Negro" bewarb.[761] Vom selben Unternehmen stammten auch die auf der New Yorker Weltausstellung von 1939/40 werbewirksam zur Schau gestellten Roboterhund-Modelle ‚Elektro' und ‚Sparko'.[762] Im September 1928 eröffnete ein Roboter namens ‚Eric' die Modell Engineer Exhibition in der Londoner Royal Agricultural Hall. Vor einem begeisterten Publikum konnte der Blechmann, der

758 Jürgen Menningen, zit. nach: Rolf Giesen: Künstliche Menschen. Biographische Notizen: Roboter, in: R. Aurich: Künstliche Menschen, S. 198.

759 Vgl. F. Dittmann: Mensch und Roboter, S. 28.

760 Vgl. Jessica Riskin: The Restless Clock: A History of the Centuries-Long Argument Over What Makes Living Things Tick, Chicago 2016, S. 301.

761 Vgl. Anonymus: Mr. S. M. Kintner, of the Westinghouse Research Laboratories [...], in: San Antonio Light vom 06.09.1931, S. 48 sowie P. Blom: Die zerrissenen Jahre, S. 222f.

762 Vgl. F. Dittmann: Mensch und Roboter, S. 28.

auf seiner Brust das Kürzel R.U.R. trug, sich erheben und hinsetzen, den Kopf bewegen und auch den Faschistengruß (Saluto romano) vorführen.[763]

Darüber hinaus kam in den 1930er Jahren verstärkt die Idee auf, dass Maschinen neben körperlicher auch geistige Arbeit übernehmen können (der Ingenieur Martin Lebeis hatte hierfür erstmals 1919 die Metapher des ‚elektrischen Gehirns' verwendet). Neben rein mechanischen Rechengeräten, die der Erleichterung der Büroarbeit dienten, wurden zu umfangreicheren Datenverarbeitungsaufgaben auch bereits elektromechanische Lochkartenmaschinen eingesetzt.[764] All diese Entwicklungen führten in der Zeit der Weltwirtschaftskrise zur Problematisierung einer potenziell drohenden Freisetzung menschlicher Arbeitskraft durch (humanoide) Automaten seitens Gewerkschaften und Arbeitervereinen, die die verschiedenen Beispiele aus Forschung, Werbung und Alltag bündelten und zu meist düsteren Visionen verbanden.[765] Freilich war der konkrete Einsatz von Industrierobotern erstens noch Jahrzehnte entfernt (in den frühen 1960er Jahren wurden in den USA frei programmierbare Modelle erstmalig bei General Motors eingesetzt, und es dauerte noch einmal ein ganzes Jahrzehnt, ehe auch in den Werkhallen der Bundesrepublik – in Sindelfingen bei Daimler-Benz – Industrieroboter zur Anwendung kamen), zweitens hatte die dahingehende realtechnische Umsetzung nichts mehr mit den anthropomorphen Haushaltsmodellen eines Televox oder Erics gemein, und drittens konnte von einer vollständigen Automatisierung – eine Idee, die seit dem Beginn der Computerisierung in den 1940er Jahren die Zukunftsvorstellungen zur Industriearbeit massiv prägte und in den 1950er Jahren durch das Aufkommen der Kybernetik als Metawissenschaft nochmals befeuert wurde – nie die Rede sein.[766] Die humanoiden Modelle wiederum erlebten ihre Renaissance in den 1990er Jahren mit dem beginnenden Vormarsch von kommerziellen Servicerobotern, die zuerst in Krankenhäusern eingesetzt wurden und neuerdings, mit dem äußerst hochtechnologieaffinen Japan als Vorreiter, auch in weiteren Dienstleistungsbranchen wie Betreuung und Pflege, Hotellerie und Gastronomie zunehmend Verbreitung finden. Daneben werden gegenwärtig verstärkt semi- oder

---

763 Vgl. J. Riskin: The Restless Clock, S. 301.

764 Vgl. F. Dittmann: Mensch und Roboter, S. 27.

765 Vgl. ebd., S. 28f.

766 Zum Automatisierungsdiskurs der 1950er und 1960er Jahre vgl. M. Heßler: Die Ersetzung des Menschen, S. 119–134 sowie, mit Einbezug der Debatte in der DDR, Martin Schwarz: ‚Werkzeuge der Geschichte.' Automatisierungsdiskurse der 1950er und 1960er Jahre im deutsch-deutschen Vergleich, in: Technikgeschichte 82 (2015) 2, S. 137–156.

vollautomatisch arbeitende maschinelle Systeme, bspw. im Bereich der öffentlichen Videoüberwachung, beim Militär, in der Raumfahrt oder in der Transportlogistik eingesetzt, die jedoch, da sie keinem anthropomorphen Design folgen, oftmals gar nicht als Roboter wahrgenommen werden. Unterdessen geistert der schmissige Slogan „Die Roboter kommen" seit nunmehr über 60 Jahren durch die hiesige journalistische wie wirtschafts- und technikwissenschaftliche Medienlandschaft.[767] Wenngleich also Roboter längst in der Gegenwart angekommen sind und in vielen gesellschaftlichen Bereichen, in denen sie eine hohe Verbreitung gefunden haben, keine „Neue Technologie" im eigentlichen Sinne mehr darstellen,[768] verweist zumindest der konkrete Terminus weiterhin auf die gleichbleibend futuristische, zukunftsbezogene Konnotation dieses Artefakts, das seine auch begriffsgeschichtlich fundierte Affinität zur Science-Fiction gleichbleibend beibehält.

5.2 „Harry, dieser Film sei dir vergeben!"[769] – Produktionshintergrund und zeitgenössische Kritik

Harry Piels achtundneunzigster Film, von dem es mit Le Maitre du Monde auch eine französische Synchronfassung gab,[770] wurde in seiner eigenen Produktionsfirma, der 1928 in Berlin gegründeten Ariel-Film GmbH, hergestellt. Die Dreharbeiten fanden von Ende Mai bis Anfang Juli 1934 im Jofa-Atelier Berlin-Johannisthal statt; die Außenaufnahmen wurden im Steinkohlebergwerk

767 In dieser exakten Formulierung zuletzt in Anonymus: Die Roboter kommen, in: Die Presse (Wien) vom 14.09.2017, online unter http://diepresse.com/home/techscience/dbt/5285455/Die-Roboter-kommen (Abruf: 14.09.2017); ebenso eine Veröffentlichung der Direktbank ING-DiBa AG von 2015; Vgl. ING-DiBa AG (Hg.): Die Roboter kommen. Folgen der Automatisierung für den deutschen Arbeitsmarkt, 30.04.2015, online unter https://www.ing-diba.de/pdf/ueber-uns/presse/publikationen/ing-diba-economic-research-die-roboter-kommen.pdf (Abruf: 14.09.2017). Zur Persistenz dieses Schlagworts vgl. auch Regina Weber et al.: Ausstellungsbesprechung: Die Roboter kommen! Mensch, Maschine, Kommunikation, in: Technikgeschichte 75 (2008) 1, S. 51–56.

768 Zu einer kritischen Revision dieses „Reizwortes" vgl. Joachim Radkau: Das Neue in historischer Perspektive, in: Christian Kehrt et al. (Hg.): Neue Technologien in der Gesellschaft. Akteure, Erwartungen, Kontroversen und Konjunkturen, Bielefeld 2011, S. 49–61.

769 F. Wagert: Immer wieder übersteigerte Technik. „Der Herr der Welt" im Ufa-Palast am Zoo, in: Morgenpost, Berlin vom 15.08.1934.

770 Vgl. M. Bleckman: Harry Piel, S. 425.

Barsinghausen bei Hannover und am Wannsee gedreht. Für die Kulisse – u. a. auch die Roboterfiguren[771] – zeichnete der vielbeschäftigte Filmarchitekt Willi A. Herrmann verantwortlich, der seit den frühen 1920er Jahren in vielen Sensationsfilmen Piels die Filmbauten schuf. Die technischen Apparate und (v. a. elektrischen) Spezialeffekte leistete hingegen die AEG Berlin, was – noch stärker als in Gold – mit einem auffälligen Einsatz des markanten Firmenlogos einherging.[772] Auf die Beteiligung des weltweit bekannten Unternehmens wurde in den Pressematerialien zum Film extra verwiesen: „Die AEG hat für den ‚Der Herr der Welt' [sic!] die gewaltigen Apparaturen und Maschinen gebaut, die eine so große Rolle spielen."[773]

Der Herr der Welt wurde als Großfilm vermarktet und mit rhetorischen Superlativen beworben, wobei auch hier wieder eine vorgebliche Authentizität von Sujet und Darstellung betont wurde. In den Werbeanweisungen wurden die Kinobetreiber angehalten, auf den hohen Realismusgehalt des Films hinzuweisen, der kommende technische Entwicklungen vorwegnehme:

> „Werden doch zum Beispiel darin zum ersten Male künstliche Menschen, sogenannte Roboter, bei der Arbeit gezeigt. Ein Problem, das nicht einmal die Technik in der Praxis voll gelöst hat, wird in diesem Filme bereits in voller Verwirklichung gezeigt."[774]

Entsprechend technikbetont gestalteten sich auch die Tipps zur Außenfrontgestaltung der Kinotheater, die „am besten mit technischen Bauten, wie sie dieser Film zeigt", aufgemacht werden sollte:

> „Stellen Sie zum Beispiel rechts und links vom Haupteingang Ihres Theaters zwei riesige Transformatoren aus Pappe auf, die Sie mit rotem oder grünem Licht (möglichst transparent von innen heraus) beleuchten und auf diese Weise geheimnisvoll und anziehend gestalten."[775]

Die Anzeigen- und Plakatmotive fokussierten zum einen auf die Figur des verrückten Wissenschaftlers Professor Wolf, dessen Großporträt durch grellen Lichteinfall und Schraffur dämonische Züge verliehen wurden,[776] zum anderen auf das (zumindest als solches intendierte) Filmhighlight, den – im Vergleich

---

771 Vgl. Neues Deutsches Lichtspiel-Syndikat (N.D.L.S.) (Hg.): Der Herr der Welt. Presse- und Propagandaheft, BArch, FilmSG1/6906, S. 16.

772 Vgl. ebd., S. 2 sowie M. Hobsch: Der Herr der Welt, S. 496.

773 N.D.L.S.: Der Herr der Welt, S. 16.

774 Ebd., S. 3.

775 Ebd.

776 Vgl. N.D.L.S. (Hg.): Der Herr der Welt, Filmplakat, DIF, online unter https://www.filmportal.de/node/12309/material/670250 (Abruf: 23.03.2018).

zur Filmrequisite völlig überdimensionierten – Kampfroboter in zerstörerischer Aktion inmitten einer sich wehrenden Arbeitermenge.[777] Während in Letzterem die Verflechtung von Technikvision und Sozialpolitik angedeutet wurde, kam ein drittes Anzeigenmotiv komplett ohne futuristische Verweise aus: Zu sehen ist ein vor einer Explosion fliehender Arbeiterpulk, der vom großbuchstabigen Filmtitel gerahmt wird. Gesichtszüge, die auf das Schauspielerensemble verweisen, oder sonstige ikonische Verweise auf den Film fehlen in dieser allgemein gehaltenen, allein auf die sozialpolitische Dimension des Films zielenden Bildgestaltung.[778] Darüber hinaus kam in sämtlichen Werbebildern die eigentliche Hauptfigur des Ingenieurs nicht vor. Dies mochte einerseits der damaligen Unbekanntheit des Darstellers Siegfried Schürenberg geschuldet sein, der erst wenig später seine eigentliche Filmkarriere startete (Professor-Wolf-Darsteller Walter Franck war hingegen bereits als Bühnenschauspieler bekannt), andererseits dem erwarteten Sensationsgehalt des Abgebildeten, dem durch die im wahrsten Sinne des Wortes plakative Inszenierung einer geheimnisvoll-dämonischen Technik Rechnung getragen wurde.

Nach Passieren der Filmzensur[779] wurde Der Herr der Welt mit einer Filmlänge von ca. 110 Minuten am 11. August 1934 im Berliner Ufa-Palast am Zoo uraufgeführt.[780] Die Premiere geriet zu einem kompletten Desaster, auch wenn Zeitungsberichte durchaus von anerkennendem Publikumsbeifall zu Filmende berichteten, der freilich eher dem anwesenden Regisseur und seiner Darstellerriege als dem konkreten Filmwerk geschuldet gewesen sein mochte.[781] Besonders bitter muss Piel das während der Vorstellung aufkommende Gelächter, die Pfiffe und Zwischenrufe aufgestoßen haben, die genau in den Szenen einsetzten, die eigentlich die jeweiligen technischen wie amourösen Höhepunkte markieren sollten:

777 Vgl. Dies. (Hg.): Der Herr der Welt, Filmplakat, online unter http://www.filmposter-archiv.de/filmplakat.php?id=2346 (Abruf: 23.03.2018).

778 Vgl. Dies. (Hg.): Der Herr der Welt, Entwurf Filmplakat, DIF/Sammlung Erich Meerwald, online unter https://www.filmportal.de/node/12309/material/670253 (Abruf: 23.03.2018).

779 Der Film wurde ohne Altersbeschränkung freigegeben; nachgewiesen ist außerdem für die (gekürzte) Prüffassung von 1937 das Prädikat „künstlerisch“; vgl. Film-Prüfstelle: Der Herr der Welt, Prüf-Nr. 36925 vom 10.08.1934, BArch, Microfiche-Nr. 1147.

780 Vgl. M. Hobsch: Der Herr der Welt, S. 496.

781 Vgl. Berliner Tageblatt Nr. 379 vom 13.08.1934, in: Beiblatt „Der Herr der Welt“ zur Retrospektive Künstliche Menschen der Internationalen Filmfestspiele, Berlin 2000.

> „Warum immer wieder diese technischen Ueberprobleme? Wenn es daran mangelt, Menschliches darzustellen, dann baut man riesige Apparate auf und läßt sie in lächerlicherweise [sic!] wild und ohne Ziel durch den Raum blitzen. (50 Prozent des Films sind zischende Flammen und zuckende Blitze.) Der gesunde Instinkt des Publikums wehrte sich denn auch bei den ersten Aufführungen dagegen. Pfiffe und Lachen konnten nicht unterdrückt werden."[782]

> „[R]egietechnischer Höhepunkt [ist] ein phantastisches Maschinenungeheuer, das wie ein gewaltiger Maschinengolem auf die Menschheit losgeht. Die Hersteller hatten sich davon eine starke Wirkung versprochen, bei der Uraufführung gab es aber gerade bei diesen Szenen im Publikum ein unvorhergesehenes Gelächter."[783]

> „Man könnte diesen Film uneingeschränkt als Spitzenleistung bezeichnen[,] wenn der Herstellung nicht der Fehler unterlaufen wäre, packende, nervenaufpeitschende Szenen mit unwirklichem Kitsch zu vermischen und so da, wo man gebannt und ergriffen sein soll, stellenweise ungewollte Lachlust zu erzeugen[.] Ja, es ertönten bei der Uraufführung sogar Pfiffe. […] Mit unheimlichem Getöse setzt sich der künstliche Mensch in Bewegung und endet schließlich in einer gewaltigen Explosion. Diese Szene sollte Höhepunkt werden! Und gerade sie wird jäh durch eine alberne Kußaufnahme gestört, wird ‚verkientoppt' und verliert durch die Worte: ‚Die Sonne geht auf' vollends ihre Wirkung."[784]

Als Reaktion auf dieses Premierenfiasko schnitt Piel die beanstandeten Szenen, sodass in der Folge eine mit 93 Minuten deutlich kürzere Filmfassung in den Kinos lief. Den kommerziellen Misserfolg des Films konnte diese Maßnahme jedoch nicht mehr aufhalten.[785] Dazu waren die zeitgenössischen Rezensionen zurückhaltend-durchwachsen bis äußerst kritisch gehalten. Zwar wurde durchweg positiv die Darstellung des *mad scientist* bewertet: „[e]ine faszinierende schauspielerische Leistung!"[786]; „[e]inprägsam Walter Francks unheilverkündende Dämonie"[787]; „wohl die stärkste darstellerische Leistung des Films"[788]; selbst eine ansonsten süffisant-abfällige Rezension der *New York Times* erwähnte gesondert ein „excellent acting of Walter Franck, as the half-crazy inventor".[789]

---

782 F. Wagert: Immer wieder übersteigerte Technik.

783 F[ritz] O[limsky]: [Der Herr der Welt] in: Berliner Börsen-Zeitung vom 13.08.1934, in: Beiblatt „Der Herr der Welt" zur Retrospektive Künstliche Menschen der Internationalen Filmfestspiele, Berlin 2000.

784 Lg.: Der Herr der Welt.

785 Diese bildet auch die Grundlage der vorliegenden Prüffassung von 1934, vgl. auch Film-Prüfstelle: Der Herr der Welt.

786 Berliner Tageblatt Nr. 379.

787 H.: Der Herr der Welt, in: Wiener Neueste Nachrichten vom 20.11.1934, S. 7.

788 F. Olimsky: Der Herr der Welt.

789 H. T. S.: At the 86th Street Casino, in: The New York Times vom 16.12.1935.

Auch das technische Sujet an sich wurde honoriert, jedoch in seiner konkreten filmtechnischen Umsetzung bemängelt und auch hinsichtlich einer als unglaubwürdig empfundenen Anbindung an zeitgenössische Problemlagen kritisiert: „[D]er Maschinenmensch, der Held des Spiels, verliert viel von seinem Schrecken. Er wird zum Erzeugnis einer Blechwarenfabrik.“[790]

> „Der Film ‚Der Herr der Welt‘ geht frisch und fröhlich an gewaltige Zeitfragen heran. [...] [F]alsche Problemstellung. Harry Piel, der Regisseur, stellt sich die Aufgabe, das Paradies auf Erden herzustellen, ein wenig zu leicht vor. Filmisch betrachtet, ist der Film eine sehenswerte Arbeit. Besonders die technischen Einzelheiten sind – keine Kleinigkeit – durchaus glaubwürdig und interessant.“[791]

> „Man glaubt nicht mehr an Pappapparate, man sieht es, wenn bei Explosionen nur ‚Kulissen‘ sinnvoll einfallen, man merkt dem Roboter-Maschinenmenschen, mit dem sich die Filmidee beschäftigt, seine blechern unbrauchbare Existenz an, weil im Zusammenhang damit ernsteste soziale Probleme aufgeworfen werden.“[792]

> „Die Idee des Roboters, der Ersatz der Menschenkraft an gefährdeten Arbeitsstätten durch die Maschine, ist an sich nicht neu, könnte aber außerordentlich wirksam gestaltet werden. Nur muß dann die gesamte Handlung und die ethische Haltung des Films von der Maschine aus gesehen werden, deren Überwindung ja das Ethos unserer Zukunft ist. In vorliegendem Fall ist ein Gegensatz zwischen Mensch und Maschine konstruiert, aber gleichzeitig mit einer überholten Handlung verquickt worden, in der die bekannten Filmintrigen hineinspielen und sich übermäßig breitmachen.“[793]

Die einzige in Gänze überschwängliche und gleichzeitig vollkommen apolitische Kritik stammte bezeichnenderweise von der zu diesem Zeitpunkt bereits gleichgeschalteten *Deutschen Filmzeitung*, die als ein Hinweis auf die hohe Reputation Piels (der Ende April 1933 in die NSDAP eingetreten und im Mai 1933 „förderndes Mitglied der SS“ geworden war) bei den politischen Machthabern gelesen werden kann:[794]

---

790 Berliner Tageblatt Nr. 379.

791 A. W.: Neue Tonfilme, in: Neuigkeits-Welt-Blatt Nr. 267 vom 20.11.1934, S. 10.

792 F. Wagert: Immer wieder übersteigerte Technik.

793 Anonymus: Der Herr der Welt, in: Kinematograph Nr. 157 vom 16.08.1934. Weitere negative Kritiken fanden sich u. a. in Paimann's Filmlisten Wien, September 1934, zit. nach M. Hobsch: Der Herr der Welt, S. 497; Anonymus: Der Herr Der Welt, in: Österreichische Film-Zeitung Nr. 47 vom 24.11.1934, S. 3 sowie in H.: Der Herr der Welt.

794 Vgl. H. Steffens: Tanz auf dem Vulkan, S. 6 sowie M. Bleckman: Harry Piel, S. 249. Harry Piels Verhältnis zum Nationalsozialismus gestaltete sich durchaus schwierig, was jedoch kaum dem Eigensinn oder gar Widerstand des Regisseurs geschuldet war, sondern vielmehr dem widersprüchlichen, kaum abschätzbaren Verhalten der Machtinhaber gegenüber seiner Person und seinem Werk: Auf der einen Seite wurden

> „Ein fantastischer Film, ein Film wieder aus dem Reich der Technik, Zukunftsmusik technischer Möglichkeiten, wie sie Harry Piel wiederholt in seinen Filmen angestimmt hat. Nur dass dieser neue Film alle Ausmaße seiner bisherigen technischen Spielfilme weit hinter sich lässt. Er steht in dieser Hinsicht, was Raffinement und Bedeutung der Erfindung betrifft, ebenbürtig neben ‚Metropolis' und neuerdings ‚Gold'. Mit beiden Filmen hat er das immense elektrische Aufgebot gemeinsam und die Zerstörung der umwälzenden gigantischen Erfindung in Form einer grandiosen Schlusssensation."[795]

Der Journalist und Filmkritiker Fritz Olimsky hingegen benannte deutlich die ideologische Dimension des Streifens, die ihm jedoch nicht konsequent genug umgesetzt erschien – nach ihm enthielt Der Herr der Welt zu viel internationales Kino und entsprechend zu wenig vergemeinschaftende Deutschtümelei:

> „Sehr nett am Schluß die erfreulichen Bilder von einer großen neuen Siedlung; nur wirkt es doch ein bißchen eigenartig, wenn das Problem Blut und Scholle mit solcher Sensationsphantastik gebracht wird. [...] Durchaus vorgestrig wirken die Badeszenen mit den peinlich ‚neckischen' Badegirls, die absolut nichts Deutsches an sich haben. Wenig glücklich erschien die Besetzung der Rolle eines Bergwerk-Ingenieurs, der den Geist echter Betriebsgemeinschaft verkörpern soll, mit Siegfried Schürenberg, denn in diesem sieht man zu sehr den Typ des schönen Filmhelden. [...] Alles in allem ein Versuch, soziale Probleme unserer Tage zu popularisieren, sehr glücklich ist man über diese Mischung allerdings nicht; wenn man einen strengen Maßstab anlegt, könnte man sogar ein recht herbes Urteil fällen."[796]

---

seine Filme aufgrund „der von ihm porträtierten Filmfigur, jenem unerschrockenen Helden, dem Muskel- und Tatkraft, Tempo und Mut über Zögerlichkeit und Philosophieren zu gehen scheinen" (M. Bleckman: Harry Piel, S. 207), weithin bewundert – auch von Adolf Hitler persönlich, der Piel mehrmals bei sich empfing und sich ausbedingte, jeden Piel-Film vor dessen Uraufführung privat zu sichten. Auf der anderen Seite bestand gerade zum obersten Filmverantwortlichen, dem Reichspropagandaminister und Präsidenten der Reichskulturkammer Joseph Goebbels, eine auf gegenseitiger Abneigung beruhende Rivalität. So wurden mehrere Piel-Filme verboten und auch seine Romanheftserien, die nun als „Schmutz- und Schundliteratur" galten, auf den Index gesetzt. Piel-Biograph Matias Bleckman übernimmt indes letzten Endes die nachträgliche Entschuldigungsrhetorik Piels, wenn er ihm – obgleich er ihm akribisch nach 1945 geleistete Falschaussagen hinsichtlich seiner Verstrickung in das NS-System nachweisen kann – bescheinigt, sich rein aus verständlicher Angst vor weiteren drohenden Konsequenzen dem Regime angedient zu haben. Abgesehen von den beruflichen Anreizen und Karriereperspektiven, die das NS-System politisch und ideologisch konformen Kunstschaffenden bot – und welche Bleckman für den Fall Piel durchaus herausarbeitet – passt dazu nicht, dass Piel über Hitler auch noch weit nach 1945 bewundernd als „mein Führer" sprach, vgl. ebd., S. 250ff. sowie 264f.

795 Deutsche Filmzeitung, zit. nach: M. Hobsch: Der Herr der Welt, S. 497.

796 F. Olimsky: Der Herr der Welt.

Trotz des insgesamt sehr herben Urteils der zeitgenössischen Filmkritik und des enormen finanziellen Verlusts, den Der Herr der Welt seinem Regisseur bescherte, hielt Harry Piel weiterhin zu seinem Film. Er brachte ihn sogar in den frühen 1950er Jahren noch einmal im eigenen Verleih in die bundesdeutschen Kinos – mit ebenso geringem Erfolg wie 1934.[797] Im deutschen Fernsehen, das einige Piel-Produktionen aus der Tonfilmzeit wiederholt ausstrahlte, wurde der Film nie gezeigt. Auch Filmfeste oder Programmkinoreihen scheuen gemeinhin eine Ausstrahlung, einzige bekannte Ausnahme bildete die 2000er Berlinale-Retrospektive *Künstliche Menschen, manische Maschinen, kontrollierte Körper*.[798] Die bereits zu seiner Entstehungszeit offensichtlichen handwerklichen Mängel lassen den Film filmgeschichtlich wenig attraktiv erscheinen, zumal damals noch positiv hervorgehobenen Einzelaspekte wie Schauspielführung und Darstellkunst für aktuelle Sehgewohnheiten nicht mehr nachzuvollziehen sind. Eine nähere Betrachtung verdient Der Herr der Welt trotzdem bzw. gerade aufgrund der schon von zeitgenössischen Filmkritikern wie Fritz Olimsky auf den Punkt gebrachten politischen Konformität des Streifens, dessen ideologisches Lösungsangebot im Folgenden näher untersucht wird.

5.3 AEG goes mad – Technikdarstellung

„Achtung, Achtung, wir leben im Zeitalter der Maschine!" Dieser den Film eröffnenden Rundfunkdurchsage folgt eine mehrminütige, wuchtige Montage von Nah- und Detailaufnahmen auf zahlreiche arbeitende, rotierende, sich bewegende Produktions- und Mobilitätsartefakte – Baggerschaufeln, Transmissionsriemen, Werkzeugmaschinen, Hochöfen, Walzstraßen, Rennwagen, Lokomotive, Zeppelin, Flugschiff, um nur die wichtigsten zu nennen –, begleitet von orchestralen, mit Motorengeräuschen durchsetzten Klängen. Dieser pulsierende, dabei vollkommen menschenleere Maschinenpark der Exposition verweist zugleich auf seine zeitliche Verortung in der zeitgenössischen Gegenwart. Dies wird in der folgenden Szene, die der Etablierung der Hauptfiguren dient, konturiert. Durch den Wechsel von der Außen- zur Innenansicht auf das Verkehrsflugschiff Dornier Do X beginnt der Plot durch einen Dialog zwischen den Flugreisenden Heller und Baumann, dessen Inhalt das eben Gesehene unterstreicht und optimistisch ausdeutet:

---

797 Vgl. M. Bleckman: Harry Piel, S. 425.
798 Vgl. R. Aurich: Künstliche Menschen, S. 66.

Dr. Heller: „Die Entwicklung der Technik ist nicht zu stoppen, und sie darf auch nicht gestoppt werden! Stillstand bedeutet Rückschritt […], vorwärts müssen wir! Ausweichen vor der Gefahr wäre Feigheit! […] Ich ziehe nur selbstverständliche Folgerungen aus gegebenen Tatsachen. Und die Technik ist solch eine Tatsache."

Werner Baumann: „Ich hörte, Herr Doktor, dass Sie beabsichtigen, in Ihrem Werk Maschinenmenschen zu bauen? […] Ja, das klingt wie ein Märchen."

Dr. Heller: „Märchen beginnen: ‚Es war einmal.' Aber über unserer Arbeit, da steht das Motto: ‚Es ist, und es wird sein.' […] Das Problem muss nur richtig angepackt werden. Alle sollen teilhaben an dem Segen, den die Technik zu bringen vermag. Alle!"[799]

Dieser Dialog wird unterbrochen durch mehrere Kamerawechsel auf weitere, elegant gekleidete Gäste – ein Paar sowie eine allein reisende Frau – die vom Flugpersonal mit Speisen und Getränken versorgt werden. Diese Inszenierung des Passagierflugs als mit allem wünschenswerten Komfort ausgestattete, sichere wie kurzweilig-unterhaltsame (in einem Wort – moderne) Transportmöglichkeit fungiert ähnlich wie die Darstellung der Luftfahrtartefakte in F.P.1 antwortet nicht als visualisierte Garantie für die dialogisierte Prophezeiung des zukünftigen segensreichen technischen Fortschritts: Der vollautomatisierte Maschinenpark der Exposition findet seine Entsprechung in der modernen Konsumwelt der Figurenetablierungsszene. Worauf sich wiederum das verheißungsvolle „Alle!" des deutschen Unternehmers Heller bezieht, wird der Filmwissenschaftlerin Florentine Strzelczyk zufolge durch den Blick des Zuschauers, der durch die Aussichtsfenster des Flugschiffes den Blick der Fluggäste auf die „natural landscape, the vital, man-made terrains of edged fields and the sharp lines and landmarks of industrialization" nachvollziehen kann, konkretisiert:

> „Taking his cue from the Nazi slogan that Germany has to become a nation of fliers, Piel features air-minded Germans and capable engineers discussing the future of the nation, revealing a new way of looking from above-by which Germany, as a geopolitical landscape, reveals itself in new rational and abstract grandeur."[800]

Die sich dem Passagierflug anschließende Bergwerksszene führt zu einem unmittelbaren Bruch in der Technikdarstellung, die nun nicht mehr auf das Zukünftige, sondern auf das Vergangene der zeitgenössischen Gegenwart verweist, das es zu überwinden gilt:[801] Die klaustrophobische Enge und Dunkelheit

799 DHDW, Sichtung vom 12.02.2012, 00:01:49–00:05:44.

800 F. Strzelczyk: Motors and Machines, S. 549.

801 Die Zeche Ehrenberg, in der Steinkohle abgebaut wird, ist fiktiv; auch sonst gibt es nur vage Anhaltspunkte hinsichtlich der räumlichen Verortung, eine konkrete Stadt oder Region wird nicht benannt.

des unterirdischen Bergwerksstollens, die durch die Schwierigkeiten der Kamera, den Raum als solches überhaupt zu erfassen, akzentuiert werden, bilden einen visuellen Gegenpol zu den luftigen, lichtdurchfluteten Weiten der vorangegangenen Luftfahrtszene. Sie werden auch von Baumann und seinen Bergmännern kommentiert, nachdem der Ingenieur dem Grubenpferd, einem Schimmel, eine Sonne auf die verdreckte Flanke gemalt hat:

Bergmann Stöppke (Klaus Pohl) zu Bergmann Luppe (Oskar Höcker): „Mir hat er eine Ansichtskarte aus nem *Flugzeug* geschickt!"
Bergmann Luppe: „[…] Sajen se mal, Herr Ingeniör, wie war das nu eigentlich da oben?"
Baumann: „Ach herrlich, Kinder, herrlich, wie im Himmel! Kein Gestank, kein Kohlenstaub, ganz frische, saubere Luft."
Stöppke: „Nicht möchlich."
Luppe: „Ja, sowas gibt's."
Stöppke: „Na hätten se mal ne Tüte voll mit runtergebracht!"
Luppe: „Könnten wa hier unten gut gebrauchen!"[802]

Die düstere, beschwerliche Gegenwart in der Enge des Bergwerkstollens lässt die eben hinter sich gelassene Zukunftsschau umso strahlender erscheinen. Das Bild des Bergmannsberufs als eine physisch äußerst beschwerliche und ebenso krankmachende wie gefahrvolle Tätigkeit wird ausgiebig in Szene gesetzt: Der Abbau der Kohle erfolgt mit Pickel und Eisen durch traditionelles, handwerkliches Gezähe. Die Bergarbeiter stapeln die gehauene Kohle per Hand in den Hunt, der wiederum von Fördermännern auf Schienen abtransportiert wird. Diese Zurschaustellung menschlich-manueller und auch (betont durch mehrere Detaileinstellungen auf den Grubenschimmel) tierischer Arbeitskraft mag auf den ersten Blick wie eine dokumentarische Wiedergabe der Bergmannstätigkeit wirken (als solche wurde sie zumindest in einigen Filmkritiken und selbst in Teilen der Forschungsliteratur wahrgenommen[803]); dessen ungeachtet kann sie durch den ausschließlichen Fokus auf handwerklich-tradierte, symbolisch aufgeladene Produktionsmethoden als eine geschickte filmische Konstruktion begriffen werden. Realiter fand in den 1920er Jahren durch mechanische wie innerbetriebliche Rationalisierungsprozesse im Kohlebergbau ein tiefgreifender, umfassender Strukturwandel statt, der die bis dato handwerkliche Arbeitsorganisation selbst des Unter-Tage-Vortriebs komplett umwälzte. Der Anteil des Kohleabbaus durch Hand und Kohlehacke oder mithilfe vorbereiteter Sprengung sank von

802 DHDW, 00:07:25–00:07:55.
803 Vgl. Berliner Tageblatt Nr. 379; F. Wagert: Immer wieder übersteigerte Technik sowie M. Bleckman: Harry Piel, S. 261.

98 % im Vorkriegsjahr 1913 auf 7 % im Jahre 1929 ab. Er wurde sukzessive durch den Abbau durch pressluftgetriebene Abbauhämmer (Bohrhämmer) ersetzt, die 1933 nunmehr 96 % der Förderung ausmachten und eine enorme Leistungssteigerung des einzelnen Hauers zur Folge hatten, wenngleich sie für ihn keine Verringerung, sondern vielmehr eine Erhöhung der physischen Arbeitsbelastung bedeuteten.[804] Mit Schüttelrutsche und Förderband kamen weitere technische Neuerungen zum Teil seit den 1910er Jahren, spätestens jedoch zu Beginn der 1930er Jahre zum Einsatz. Der Kohletransport vom Abbaupunkt zum Füllort an der Strecke erfolgte nun fließbandartig, was wiederum eine Umorganisation der Abbauweise zur Folge hatte. Die Zahl der Abbaubetriebspunkte wurden drastisch reduziert; an die Stelle kleiner, weitgehend autonom und kooperativ arbeitender Gruppen traten größere Belegschaftseinheiten, die nun entlang des Förderbandes arbeiteten. Zusätzlich verstärkt durch makroökonomische Prozesse (zuvorderst durch den Bedeutungsrückgang der Kohle als Energieträger) traten durch diese Rationalisierungsmaßnahmen die Effekte der Arbeitslosigkeit im Kohlebergbau besonders massiv auf.[805]

In DER HERR DER WELT wird hingegen sowohl die technische wie auch organisatorische Arbeitsweise des Unter-Tage-Vortriebs nach tradiertem Muster, wie sie vor den Rationalisierungsschüben der 1920er Jahre üblich war, vorgestellt. Die durchgehend handwerkliche und manuelle Produktionsweise dient als Kontrast zur diskursivierten und letztendlich erfolgreich in Angriff genommenen Vollmechanisierung einer als rundheraus lebensfeindlich vorgestellten Arbeitswelt durch die Arbeitsroboter. Mit deren Einsatz zu Filmende sind plötzlich auch Bilder von realtechnischen Mechanisierungsvorrichtungen wie Schüttelrutsche und Zugförderung verbunden.[806] Die Inszenierung des Bergwerksstollens als lebensfeindliche wie -gefährliche Umgebung kulminiert in der langwierig ausgestalteten Szene der Schlagwetterexplosion, in der der Tod der Bergarbeiter der Ikonografie auf dem Schlachtfeld sterbender Soldaten entlehnt ist.[807]

Die im Bergwerk schlussendlich erfolgreich eingesetzten Arbeitsroboter bilden, zusammen mit dem Kampfroboter aus Professor Wolfs Labor, die zentralen

804 Vgl. Detlev Peukert: Industrialisierung des Bewußtseins? Arbeitserfahrungen von Ruhrbergleuten im 20. Jahrhundert, in: Klaus Tenfelde (Hg.): Arbeit und Arbeitserfahrung in der Geschichte, Göttingen 1986, S. 92–119, hier S. 98.

805 Vgl. ebd. sowie Uwe Burghardt: Die Mechanisierung des Ruhrbergbaus 1890–1930, München 1995, S. 287ff. sowie S. 316ff.

806 Vgl. DHDW, 01:24:00–01:24:30.

807 Vgl. ebd., 00:09:00–00:13:45. Die Unter-Tage-Szene dauert insgesamt 7 min 45 s, davon entfallen allein 4 min 45 s auf das Grubenunglück.

Nova des Films. Darüber hinaus kommt mit einer futuristisch anmutenden Kommunikations- und Überwachungsapparatur eine weitere Zukunftstechnologie funktional zum Tragen (und nicht, wie etwa in GOLD der Zubringerzug, nur als Setting setzendes Gadget). Von allen die deutschen Zukunftsfilme betreffenden Fallbeispielen (also der britische TRANSATLANTIC TUNNEL ausgenommen) weist DER HERR DER WELT damit den höchsten Futurisierungsgrad auf. Der Einsatz dieser Zukunftstechnologien ist eng mit dem Wirkungsfeld des verrückten Wissenschaftlers verbunden. Tatsächlich, und dies wurde selbst in der ausführlichen Analyse Strzelczyks übersehen, sind nicht nur die Roboter, sondern auch die Kommunikationsapparaturen als zentrale Bestandteile des Laborkomplexes zu betrachten, zumal diese beiden Technologien einen funktionalen Zusammenhang bilden.

Die Wirkungsstätte von Professor Wolf stellt eine eigenwillige Mixtur aus einerseits magisch verkleideten, der Alchemie und den Geheimwissenschaften entlehnten und alle Anzeichen einer bedrohlichen Technik in sich tragenden Ingredienzien und andererseits fortschrittsoptimistisch konnotierten Insignien der (deutschen) Industriemoderne dar. Sein Industrielabor befindet sich in einem gesonderten Gebäude auf dem Werksgelände des Maschinenfabrikanten Heller. Der Zugang erfolgt durch ein automatisch schließendes Tor, das auf beiden Seiten durch Gittertüren zusätzlich gesichert ist. Während alle anderen Gebäude der Hellerwerke und selbst der Büro- und Empfangsraum dieser Forschungsstätte mit Fenstern und demzufolge Tageslicht ausgestattet sind, ist die eigentliche Experimentierhalle komplett fensterlos. Eine umfassende künstliche Raumbeleuchtung gibt es nicht; die Deckenlampen und Leuchtarmaturen der Schaltzentrale setzen nur punktuelle Lichtspots, die bedrohliche Schatten auf Wände und Apparaturen werfen; der Großteil des Raumes bleibt dabei in geheimnisvolles Dunkel gehüllt. Während der Einsatz von Raum und Licht also deutliche Reminiszenzen an die „dämonische Leinwand“ des expressionistischen Stummfilms aufweist,[808] ist die Innenausstattung des Labors geprägt von zeitgenössischer und futuristischer Elektrotechnik: Es dominiert die wandfüllende Schaltzentrale mit prominent platziertem AEG-Logo sowie eine mittig lokalisierte, mit Monitoren ausgestattete Überwachungskonsole, dazwischen verteilen sich funktionalen wie dekorativen Zwecken gehorchende Hochspannungsableiter.

Der im Laborraum hinter einer weiteren automatisch schließenden Tür verborgene, mehrere Meter hohe Kampfroboter trägt anthropomorphe Züge. Der

808 Vgl. G. Seeßlen/F. Jung: Science Fiction, S. 85f.

metallen vergitterte Rumpf gibt den Blick auf eine überdimensionierte Elektronenröhre frei, die gleichsam das „Herz" der Maschine bildet und zusammen mit den im Kopf zirkulierenden Funkenschlägen die elektrische Antriebsquelle des Kolosses visualisiert. Als Waffen dienen die beiden von Wolf als „Fäuste" verbalisierten Kugelkondensatoren, aus denen sich tödliche Strahlen entladen. Im Grunde genommen handelt es sich bei diesem Kriegsroboter um einen überdimensionierten, beweglichen Hochspannungsgenerator, der von Wolf durch die AEG-Schaltzentrale gesteuert wird.[809] Wolfs „Kampfmaschine, Vortrab einer Armee, die die Welt erobern wird, wenn wir das Signal dazu geben!"[810] bewegt sich schwerfällig und langsam, weckt allerdings im Design ihres Fahrgestells Assoziationen an einen vorrückenden Panzer.[811] Sie verlässt jedoch nie den Laborraum. Die Todesstrahlen zucken ziellos durch den Raum, sodass bei dem tödlichen Angriff auf Heller auch ihr Erfinder in Deckung gehen muss. Wolf beherrscht seine Kreatur nie völlig. Bei seiner Offensive auf Baumann und Vilma verliert er schließlich komplett die Kontrolle und stirbt selbst durch seine Erfindung. Der Aufstand der Maschine, der im Wortsinn die Sicherungen durchbrennen, ist jedoch nicht verbunden mit ihrer Bewusstwerdung, die eine intentionale Auflehnung gegen ihren Schöpfer beinhalten würde. Der Verlust ihrer Steuerbarkeit ist nicht gekoppelt an etwaige Subjektivierungsprozesse. Ebenso wie bei den Arbeitsrobotern handelt es sich um ein technisches Artefakt, dessen Objekt- oder auch Dingstatus nie angezweifelt wird. Im Anschluss an die Überlegungen Karsten Webers zur filmischen Darstellung von Maschinenmenschen in Science-Fiction-Filmen handelt es sich bei den Robotern in Der Herr der Welt um reine Werkzeuge ohne eigenes Agens, deren Einsatz zum Wohl oder Unheil der Menschheit sich allein nach dem Gemeinsinn oder Eigensinn ihrer Nutzer richtet. Diese Kopplung wird während der Auseinandersetzung von Heller und Wolf auch durch die räumliche Positionierung der beiden Kontrahenten verdeutlicht: Heller gesellt sich zu den Arbeitsrobotern, Wolf zu seiner Kampfmaschine.[812] Die Technik an sich wird hier als neutrale Variable gesetzt,

---

809 Zu dessen erstem Auftritt vgl. DHDW, 00:25:00–00:31:30. Die Assoziation eines Hochspannungslabors bestätigt auch ein Kommentar des Oberingenieurs Wolter (Otto Wernicke), der im Vorraum die über die Wechselsprechanlage zu hörenden Laborgeräusche seinem Chef, Dr. Heller, erläutert: „Der hat sicherlich wieder ne halbe Million Volt drauf!"; ebd., 00:22:00–00:22:20.

810 Ebd., 00:25:35–00:25:45.

811 Dies vor allem bei ihrem letzten Angriff auf Baumann und Vilma, vgl. ebd., 01:17:00–01:17:35.

812 Vgl. ebd., 00:25:50–00:26:10.

entscheidend ist nicht ein ihr innewohnender Charakter, sondern der Gebrauch resp. Missbrauch in Umgang und Verwendungsweise.

Dieser neutrale Status der Technik zeigt sich ebenfalls in der Bedeutungsverschiebung der futuristischen Kommunikationsapparaturen. Zunächst dienen diese ausschließlich der Zementierung und Sicherung des Herrschaftsanspruches von Professor Wolf. Mit einer Radioapparaten nachempfundenen Gegensprechanlage kontrolliert er nicht nur die Bürozentrale der Hellerwerke, sondern hört sogar Gespräche in der Villa Heller ab. Die an und für sich bilaterale Funktionsweise dieser Sprechanlage wird durch die von ihm wiederholt durchgesetzte Gesprächsverweigerung resp. durch ihn oktroyierten Gesprächszwang ausgehebelt – die Apparatur gehorcht allein seinen Interessen. Deren ausgreifender Charakter kommt durch den Moment ihres Einsatzes voll zum Tragen: Wenn die Heller-Werke mit der Villa verbunden werden, wird jeweils ein intimer Moment zwischen Vilma und ihrem Ehemann resp. Vilma und Baumann gestört. Ergänzt wird dieses auditive Überwachungssystem durch die Bildschirmkonsole in Wolfs Labor, die in die Bürozentrale der Hellerwerke schaltet. Im Gegensatz zum auditiven funktioniert das visuelle Überwachungssystem unilateral, d. h. in der Zentrale existiert kein entsprechendes Äquivalent, mit dem man Einsicht in das Labor gewinnen könnte.[813] Dass im wahrsten Sinne des Wortes im Dunkeln bleibt, ob die Büroangestellten Hellers auch den Wissenschaftler zumindest sehen können, verstärkt den Bedrohungsgehalt dieser Technik. Wolf bestimmt, wann und wie die Kommunikation mit der Außenwelt stattfindet, er setzt die Agenda, kontrolliert alles und jeden und ist dabei selbst unkontrollierbar. Letztendlich fungiert nicht der Kampfroboter, der es ja nicht einmal durch die Labortür schafft, sondern die Kommunikationsapparatur als zentrales Herrschaftsinstrument des Wissenschaftlers, die durch den permanenten, entgrenzenden Zugriff auf alle weiteren Akteure dessen Machtanspruch zementiert.

Das panoptische Prinzip der Kommunikationstechnologie in Der Herr der Welt, das der sozialen Kontrolle und Disziplinierung seiner Filmfiguren dient, wird zum Happy End des Films nicht etwa abgeschafft, sondern vielmehr an anderer Stelle implementiert. Die Monitore überwachen nun nicht mehr Menschen, sondern Maschinen – die mannshohen, anthropomorphen, beim Kohlebergbau eingesetzten Arbeitsroboter.[814] Die ehedem bedrohliche und unkontrollierbare Apparatur wird, eingebaut in einer lichtdurchfluteten Kontrollzentrale, über

---

813 Vgl. ebd., 01:00:00–01:00:30.

814 Deren „Arme“ bestehen wiederum aus Bohrern, die den Abbauhämmern des realen Kohleabbaus nachempfunden sind; vgl. ebd., 01:23:00–01:24:45.

deren Bildschirme dutzende von in Schlips und weißem Kragenhemd aneinandergereihte Angestellte die ebenfalls in Reih und Glied angeordneten Roboter steuern, zur nützlichen Technik.

Die ausschließliche Steuerungs- und Kontrolltätigkeit der Angestellten wird unmissverständlich mit der vormals körperlich-beschwerlichen Bergwerksarbeit kontrastiert. Hierbei unterläuft jedoch die geordnete Formation der Bürokräfte sowie ihr Aufgabenbereich – jedem Mann ist ein Monitor zugewiesen, der wiederum je einen Roboter fokussiert – das intendierte Bild einer Befreiung vom Takt der Maschine, von monotoner und eintöniger Arbeit, und degradiert ganz im Gegenteil die Menschen zum erweiterten Arm und Anhängsel der Maschine.[815] Die futuristische Vollautomatisierung der technischen Produktionsmittel bei gleichzeitig fehlender Rationalisierung der menschlichen Arbeitskraft, die stattdessen einem fordistischen Produktionsregime unterworfen wird, findet ihren Widerhall in der Arbeitsbeschaffungsmaßnahme der aufs Land umgesiedelten Arbeiter, die mit ausschließlich vorindustriellen Methoden, d. h. unter Aufwendung von manuellem, handwerklichen Ackergerät und tierischer Arbeitskraft, den Boden bestellen. Auch hier wird durch den Wechsel des Einsatzortes – vom dunklen, gefahrvollen Bergstollen zur frischen Landluft der eigenen Scholle – die beschworene Harmonie von Technik und Natur durch die Bildsprache letztendlich konterkariert. Das nunmehr bäuerliche Leben der vormaligen Bergarbeiter weist – analog zur streng geordneten Reihung von Robotern und Angestellten – ebenfalls eine bemerkenswerte Faszination der Formation auf:

> „The coordinated work movements of the farmers and images of their identical houses and yards forming a uniform pattern across the landscape echo the mechanized and remote-controlled movements of the work robots in the mines. Although the images valorize the rational vision of social engineering, they also visualize the threat of technology as a mechanization of the masses in the name of the nation."[816]

Die imaginäre Grenze zwischen Mensch und Technik wird in Der Herr der Welt nicht, wie bereits oben angedeutet, durch die Humanisierung der Maschine, sondern vice versa durch die Verdinglichung des Menschen – der Angestellten wie der Arbeiter – in Frage gestellt. Letztere werden folgerichtig auf dem biopolitischen Planquadrat der narrativierten Bevölkerungsagenda beliebig verschoben. Zentraler Agent dieses Planungsvorhabens ist, natürlich, der Ingenieur.

---

815 Vgl. F. Strzelczyk: Motors and Machines, S. 556.
816 Ebd., S. 555.

5.4 Figurenanalyse

Der Herr der Welt stellt den einzigen Fall dar, in dem die beiden klassischen Repräsentanten der Industriemoderne – Ingenieur und Wissenschaftler – einander begegnen. Anhand ihrer in nahezu idealtypischer Form antagonistisch (noch dazu ausgeprägt statisch und eindimensional) angelegten Figuren wird technisches Handeln eineindeutig sowohl in seinen Hoffnungspotenzialen als auch hinsichtlich der damit verbundenen Ängste verhandelt. Allerdings gestaltet sich im Austarieren dieser beiden Seiten der Fortschrittsmedaille trotz des vordergründigen „Sieges" des Ingenieurs die angebotene Lösung für den verhandelten Konflikt zwischen Kapital und Arbeit durchaus ambivalent.

Der Ingenieur weicht in der Figurenzeichnung deutlich von den bisherigen Fallbeispielen ab. Zwar wird sein Berufsstand mehrmals eindrücklich verbalisiert (im ersten Dialog stellt Baumann sich als „Bergwerksingenieur" vor[817]), doch wird er, ganz im Gegensatz zu den arbeitsbesessenen Mac Allan, Droste und Holk, kaum bei der Ausübung seiner Tätigkeit gezeigt. In der Bergwerksszene folgt unmittelbar nach der Begrüßung der Arbeiter die Schlagwetterexplosion, bei der Baumann heldenhaft einen verschütteten Kumpel befreit und nach draußen trägt. Darüber hinausgehend werden seine Aufgabengebiete nur vage angedeutet, so bei der Unterredung Baumanns mit dem Berginspektor (Max Gülstorff), in der folgende Worte des Vorgesetzten von Baumann unterbrochen werden: „Also was nun Ihre nächste Aufgabe anbetrifft…".[818]

Baumann ist nicht der Erfinder der Zukunftstechnik; er kommt außerhalb des finalen Showdowns mit dem Kampfroboter nicht einmal mit ihr in Berührung. Noch dazu ist er Angestellter. Selbst als er durch die Verbindung mit Vilma die Führung der Hellerwerke übernimmt, hat er nichts mit den Arbeitsrobotern zu tun, für deren Wartung und Reparatur allein Oberingenieur Wolter zuständig ist. Diese Abwesenheit eines konkreten berufstechnischen Tuns korreliert mit einem notorisch-energischen Erörtern der sozialen und gesellschaftlichen Folgen technischen Handelns – gegenüber dem Maschinenfabrikanten, dem Berginspektor, dem Zechenbesitzer und dessen Konsortium, nicht zuletzt gegenüber

817 Ähnlich bei der ersten Begegnung mit Vilma sowie der Vorstellung gegenüber Wolfs Handlangern; vgl. DHDW, 00:40:20ff. sowie 00:58:25ff.

818 Ebd., 00:51:25–00:51:30. An dieser Stelle ist Strzelczyk ungenau, wenn sie die eindeutig paternalistisch geprägte Beziehung zwischen Ingenieur und Arbeitern einer gemeinsamen Arbeitserfahrung zuschreibt: „In *Der Herr der Welt* we see the protagonist, engineer Baumann, as a paternalistic comrade-Leader, who works as hard as his miners.", F. Strzelczyk: Motors and Machines, S. 556.

Professor Wolf. Baumanns eigentliches Betätigungsfeld, und dies mag zunächst verblüffend erscheinen, ist jedoch das der Freizeit, der Unterhaltung und des sportlichen Spiels. Im Kontrast zu den ernsthaften, zugeknöpften bis grüblerischen Charakteren aus F.P.1 antwortetet nicht, Der Tunnel und Gold besticht der Ingenieur in der Herr der Welt durch ausgeprägten Charme, permanent gute Laune und schwungvoll-jugendliche Ausgelassenheit. Als ausgemachter Frauenheld bezirzt er vier junge Blondinen parallel, weiß sich indes auch in der mondänen Gesellschaft der Großindustriellen zurechtzufinden. Den souveränen Umgang in verschiedensten gesellschaftlichen Milieus spiegelt auch die ständig wechselnde Kleidung wider: Man sieht ihn in Anzug und Krawatte, dann im Berghabit, der ihn im Stollen deutlich von den in einfache und dreckige Arbeitskleidung gehüllten Bergleuten unterscheidet, jedoch auch in legerer Freizeitkluft, im Morgen- und Bademantel und Badeanzug. Die der Rekonvaleszenz vom Bergwerksunglück dienenden Freizeitvergnügungen des jungen, blondgelockten, blauäugigen Ingenieurs werden vornehmlich zur körperlichen Ertüchtigung genutzt. Die Strandbadszene wird entsprechend durch einen eleganten Kopfsprung aus mehreren Metern Höhe eröffnet. Doch nicht nur Baumann verbringt seine Erholungszeit am See mit sportlichen Bade- und Strandspielen, auch die ihn umgebenden jungen, athletischen und zumeist blonden und weiblichen Badegäste frönen mit Strand- und Wasserball, Bockspringen und Rhönrad verschiedensten Turnübungen. Diese Inszenierung eines an der Natur gesundenden, im gemeinschaftlichen Turnen vereinten Kollektiv-Körpers steht im starken Gegensatz zur eben glücklich entronnenen, dunklen und krankmachenden Unterwelt des Bergbaus. Die zwischen Bergwerks- und Strandbadszene geschaltete Sequenz des Krankenhausaufenthalts von Baumann und Steiger Karl Schumacher (Willi Schur) kündigt diesen Kontrast an, wenn der Ingenieur gegenüber seinem Zimmergenossen verlautbaren lässt: „Ist doch herrlich hier. Licht, Luft und Körperpflege!“[819] Das in Krankenhaus und Strandbad angekündigte Versprechen eines ertüchtigten nationalen, nicht zuletzt germanisierten Volkskörpers wird schließlich mit der drastisch überzeichneten Agraridylle zu Filmende eingelöst.

Bedroht wird diese sich neu formierende Ordnung durch die Figur des Wissenschaftlers. Im Gegensatz zum omnipräsenten Ingenieur, der an jedem Handlungsort des Films anzutreffen ist, agiert Professor Wolf ausschließlich innerhalb des Laborgebäudes.[820] Der von seinem Vorgesetzten als hochintelligent und

---

819 DHDW, 00:33:15–00:33:30.

820 Seine eigentliche Wirkungsstätte, das Labor, verlässt er ein einziges Mal, um im Vorraum den Angestellten der Hellerwerke den Tod des Direktors mitzuteilen.

fanatisch beschriebene ältere Mann hat keinerlei Sozialleben, lebt allein und isoliert. Der Kontakt zur Außenwelt erfolgt ausschließlich über die von ihm beherrschte Überwachungstechnologie. Bei seinem ersten Auftritt ist er aufgrund der dürftigen Lichtverhältnisse in der Laborhalle nur schemenhaft, als Schattenriss, erkennbar. Als er in den Lichtkegel tritt, wird seine Gestalt von unten nach oben beleuchtet, was den kantigen Gesichtszügen mit den wulstigen Lippen, der hohen Stirn und den halblangen, nach hinten gekämmten Haaren zusätzlich eine unnatürliche, dämonische Physiognomie verleiht. Darüber hinaus dürfen mit Schlüsselkette und Handschuhen die für einen *mad scientist* schon archetypisch zu nennenden Accessoires nicht fehlen. Alles in allem ist Wolfs Darstellung augenfällig an die des wahnsinnigen Erfinders Rotwang aus Fritz Langs METROPOLIS angelehnt, der wiederum als idealtypischer, filmgeschichtlich viel zitierter Vertreter des verrückten Wissenschaftlers gilt.[821] Dazu passt auch der klassische Topos der nicht beherrschbaren eigenen Erfindung, die sich letzten Endes gegen ihren Schöpfer richtet und diesen vernichtet. Piel-Biograph Matias Bleckman deutet diesen an seinen Weltherrschaftsplänen scheiternden „Herr[n] der Welt" als kritisch gemeinte Analogie zu Adolf Hitler, die seinerzeit offensichtlich gewesen wäre und dennoch niemand auszusprechen gewagt hätte. Aus dieser Sicht wäre es fast ironisch zu nennen, dass DER HERR DER WELT von der dem Reichspropagandaministerium unterstellten Filmprüfstelle das Prädikat „volksbildend" erhielt.[822] Bleckman, der sämtliche Zukunftsfilme Piels aus den 1930er Jahren als subversive Kritik an den neuen Machthabern verstanden wissen will, übersieht jedoch, dass die Welteroberungspläne Wolfs nicht militärisch intendiert, sondern an die Ökonomie gebunden sind: Der Wissenschaftler will nicht mit Kampf-, sondern mit Arbeitsrobotern die Erde erobern. Die globale Vollmechanisierung der industriellen Produktion soll mithilfe der Kampfmaschinen notfalls gegen den Willen von Regierung, Unternehmen und Bevölkerung durchgesetzt werden. In der Konfrontation zwischen Wolf und Baumann wird dieses Ziel eindrücklich visualisiert, indem sich der Wissenschaftler vor eine Weltkarte stellt, deren bedrohlich flackernde Beleuchtung die Einsatzorte und Produktionsstätten der Arbeitsroboter anzeigt.[823] Schon allein Baumanns

---

821 Vgl. Karin Bruns: Kinomythen 1920–1945. Die Filmentwürfe der Thea von Harbou, Stuttgart, Weimar 1995, S. 96f. sowie Peter Weingart: Von Menschenzüchtern, Weltbeherrschern und skrupellosen Genies – das Bild der Wissenschaft im Spielfilm, in: Stefan Iglhaut (Hg.): Zwischen Nanowelt und Globaler Kultur. Science+fiction, Berlin 2003, S. 218–232.

822 Vgl. M. Bleckman: Harry Piel, S. 425.

823 Vgl. DHDW, 01:03:10–01:04:00.

Erwiderung, dass Wolfs an und für sich nützliche Erfindung durch falsche Anwendung nun „rücksichtslosen Spekulanten" diene, verknüpft den Topos der (mit der Figur des Wissenschaftlers verkörperten) technischen Hybris mit der imaginierten Herrschaft eines entgrenzten, unkontrollierbaren Kapitalismus. Wolfs Charakter trägt zudem deutlich antisemitische Züge, vorauf bereits sein Name verweist.[824] Sein skrupelloses wie einsames Genie, das umso gefährlicher ist, als es nirgendwo verwurzelt scheint, verkörpert die technologische, ultramoderne, rücksichtslose Welt eines entfesselten Kapitalismus, der sich dem Verderben einer völkisch definierten Nation verschrieben hat. Dem entgegengesetzt wird zunächst nicht die Figur des Ingenieurs, sondern mit Maschinenfabrikant Heller der Repräsentant eines sozial verantwortungsvollen, guten Unternehmertums im Sinne eines „national schaffenden Kapitals", das ökonomisches Handeln an das (nationale) Gemeinwohl koppelt. Der diesbezügliche Streit zwischen Wolf und Heller zitiert deutlich die Konfrontation Rotwangs und des Großindustriellen Joh Fredersen aus Metropolis, endet nur diesmal unter umgekehrtem Vorzeichen – der die Versöhnung der Klassengegensätze anstrebende Unternehmer in Der Herr der Welt muss sterben.[825] Sein sozialvisionäres Werk wird erst vom Repräsentanten der Technik vollendet, als dieser durch die Liaison mit der Unternehmerswitwe – also genau genommen über einen Frauentausch – dessen Position einnimmt.

Ähnlich wie bei Wolf erscheint die Inszenierung der Vilma Heller als Relikt aus der Stummfilmzeit – mit Puppenmund und dick aufgetragenem Make-up, perfekt onduliertem Bubikopf und wallender Garderobe, die überdies in ihrer jeweiligen Farbgebung den Gemütszustand ihrer Trägerin reflektiert (von den hellen Gewändern zu Filmbeginn zu schwarzer Trauerrobe, die für das Rendezvous mit Baumann mit einer weißen Schleppe aufgehellt wird, zur schließlich weißen Sportkleidung des Happy Ends). Der ihr zugeordnete Handlungsort ist

---

824 Der Name „Wolf" ist durchaus verschiedener Herkunft; als spezifisch jüdischer Nachname geht er auf den Jakobssegen zurück, bei dem die zwölf Stämme Israels u. a. mittels Tiervergleichen symbolisiert wurden; Wolf steht für Benjamin; vgl. E. Guggenheimer/H. Guggenheimer: Etymologisches Lexikon, S. 494. Die Verbindung dieses Namens mit dem Judentum dürfte in den 1930er Jahren noch gängiger gewesen sein, worauf auch der Nachname des Finanzspekulanten in Der Tunnel hindeutet.

825 In Metropolis erschuf der Wissenschaftler seine Maschinenkreatur im Auftrag des Großindustriellen, der damit das Weiterbestehen der auf brutaler Ausbeutung der Arbeiter beruhenden Zweiklassengesellschaft absichern will; vgl. Metropolis. Regie: Fritz Lang, Drehbuch: Ders./Thea von Harbou, Produktion: Erich Pommer, Universum-Film AG, Deutschland 1927. DVD, Warner Bros. 2011, Laufzeit: 144 min.

die von tropischer Flora und Fauna umgebene palastartige Villa. Mehrmals folgt Vilmas mit Walzerklängen unterlegtem Auftritt eine Einstellung auf den am Gartenteich stolzierenden Südafrika-Kronenkranich, was den exotisierenden Blick der Kamera auf die Unternehmersfrau zusätzlich unterstreicht. Ihre mittels Habitus und Umgebung visualisierte Opposition zur modernen Maschinenwelt wird allzu nachdrücklich verbalisiert: „Immer diese grässlichen Maschinen!“, ruft sie aus, und ein Agent Wolfs bestätigt: „Ich nehme ohne Weiteres an, dass Sie als Frau keine inneren Beziehungen zu Maschinen haben!“[826] Gerade erst frisch verheiratet, wird die deutlich jüngere Unternehmersgattin von ihrem Ehemann stark vernachlässigt. Wie die Frauenfiguren in DER TUNNEL und GOLD verbringt sie die meiste Zeit mit Warten – erst auf die Gesellschaft Hellers, dann auf die des Ingenieurs. Selbst in der ihr zugewiesenen häuslichen Sphäre agiert sie nicht souverän, sondern bleibt passiv und (im Falle äußerer Eindringlinge wie der Agenten Wolfs) hilflos. Ihre Abhängigkeit von männlichem Beistand beweist nicht nur ihr wiederholt nach oben gerichteter Blick auf das meterhohe Porträt ihres verstorbenen Mannes, sondern auch ihre durchweg männliche, sie umsorgende Dienerschaft. Außerhalb ihrer genuinen Handlungssphäre schlägt ihre Hilflosigkeit vollends durch: In Wolfs Labor wird die halb ohnmächtig schwankende Vilma von Baumann vor den Todesstrahlen des Kampfroboters gerettet. – Die schwache Position der Frau markiert indes die Leerstelle, die der Tod des Fabrikanten hinterlassen hat. Der finale Showdown zwischen Ingenieur und Wissenschaftler gerät folgerichtig zum Kampf um den Besitz der Frau – Baumann durch ehelichen, Wolf durch Geschäftsvertrag zugesprochen – der schlussendlich die zukünftige soziale Ordnung bestimmt. Die sozialverträgliche Einhegung bzw. Vergemeinschaftung des Kapitals vollzieht sich in der Verbindung von Wirtschaft und Technik anhand der Domestizierung der Unternehmersfrau durch den Ingenieur.

Gegenüber der manieristischen Inszenierung von Wissenschaftler und Unternehmersfrau weist die Darstellung der Arbeiterschaft, wenn auch nur an der Oberfläche, inhaltlich und formal Bezüge zu den Filmen der Neuen Sachlichkeit der späten 1920er Jahre auf (worauf auch die Erwähnung der realistisch gehaltenen Bergwerks- und Zechenszenen seitens einiger Filmkritiken hindeutete). Die Repräsentation dieser ausnahmslos männlichen Kollektivfigur[827] erfolgt zum

826 DHDW, 00:18:25ff. sowie 00:55:55–00:56:00.

827 Dies entgegen der Realität des Bergbaus, in dem seit dem späten Kaiserreich auch Frauen, sogar Untertage, beschäftigt waren, vgl. Dagmar Kift: Die Männerwelt des Bergbaus, Bochum 2011, S. 9, 11.

einen durch das Dreiergespann der drei Hauer Becker (Gustav Püttjer), Stöppke und Luppe sowie durch die Figur des Steigers Karl Schumacher.[828] Alle diese Nebenfiguren zeigen keine außerordentliche Physis; ganz im Gegenteil sind mit den Schauspielern Püttjer und Pohl besonders kleine und schmächtige Gestalten, noch dazu fortgeschrittenen Alters, vertreten. Allein dieses Äußere steht in völligem Kontrast zu den im Bergbau tradierten Leitbildern und Praktiken einer körperzentrierten, „männlichkeits- und produktionsorientierte[n]" Machokultur, die die „vor allem im Untertageabbau lange Zeit [...] durch harte körperliche Anstrengung und spezifische Umweltbedingungen (Dunkelheit, Schmutz, Enge, Feuchtigkeit usw.)" bestimmte Arbeitsrealität des Bergmanns widerspiegelte.[829] Die physische Schwäche der Bergarbeiter in Der Herr der Welt korrespondiert mit ihrem durch und durch passiven, naiven und kindlichen wie kindischen Agieren, das insbesondere in den Interaktionen mit dem Ingenieur zum Tragen kommt. Bei der Begrüßung im Bergwerk wischt Baumann einem Hauer die Kohle aus den Augen und tätschelt ihn dabei wie kurz zuvor den Grubenschimmel, noch dazu wechselt er plötzlich die Umgangsform: „Also komm, nimm mal deine Dreckschippen da weg, komm mal her, zeig mal her!"[830] Im Krankenhaus verabreicht der Ingenieur dem schwerverletzten Karl dessen Medizin in spielerisch-bevormundender Form, indem er einen Roboter mimt und den Steiger schließlich am Ohr packt – der wiederum sein Gesicht unterm Kopfkissen versteckt und sich die Nase zuhaltend prustet: „Schmeckt wie Tinte!"[831] – Die Analogien zu Eltern und Kind könnten nicht deutlicher sein. Darüber hinaus wird die dem autoritären Fürsorge-Paternalismus des Ingenieurs geschuldete Infantilisierung der Arbeiterschaft durch eine auffällige

---

828 Willi Schur mimte erstmals einen Arbeiter im Proletarischen Film Kuhle Wampe oder: Wem gehört die Welt? (1932, Regie: Slatan Dudow), vgl. Wolfgang Gersch: Kuhle Wampe oder Wem gehört die Welt?, in: G. Dahlke: Deutsche Spielfilme, S. 298–302; schließlich noch in Gold (hier ähnlich wie in Der Herr der Welt als zentraler Sidekick des Ingenieurs). Gustav Püttjer wiederum hatte diese Rolle bereits in F.P.1 antwortet nicht inne.

829 Lars Bluma: Der Körper des Bergmanns in der Industrialisierung. Biopolitik im Ruhrkohlenbergbau 1890–1980, in: Ders./Karsten Uhl (Hg.): Kontrollierte Arbeit – disziplinierte Körper? Zur Sozial- und Kulturgeschichte der Industriearbeit im 19. und 20. Jahrhundert, Bielefeld 2012, S. 35–72, hier S. 36 u. 51. Diese spezifischen Körperzuschreibungen hielten sich trotz der immensen, die Bergarbeitstätigkeit völlig umstrukturierenden Rationalisierungs- und Mechanisierungsschübe der 1950er und 1960er Jahre bis weit in die 1970er Jahre hartnäckig, vgl. ebd., S. 52.

830 DHDW, 00:07:20–00:07:30.

831 Ebd., 00:34:30–00:35:20.

lineare Anordnung des Dreiergespanns betont. In exakt den beiden Situationen, die die gefahrvolle oder bedrohte Existenz der Hauer verdeutlichen – die Schlagwetterexplosion und die Entlassung in die Arbeitslosigkeit – verweilt die Kamera auf die nach Größe gereihten drei Bergmänner, die passiv das Geschehen beobachten. Dieses aus Kinderfotografien bekannte „Orgelpfeifenprinzip" wird in der Entlassungsszene zusätzlich durch die Bewegung der Kamera akzentuiert. Mit den Nahaufnahmen in die dreckigen, ernsten, ins Nichts starrenden Gesichter macht diese Szene oberflächlich Anleihen beim sozialkritischen Film der späten Weimarer Republik. Dieser Impetus wird jedoch sogleich wieder negiert, indem die Kamera von der größten (Luppe) zur kleinsten Gestalt (Stöppke) schwenkt und damit die Dramatik des Dargestellten der Lächerlichkeit preisgibt. Auch die anonyme Masse der vor dem Werkstor versammelten ehemaligen Belegschaft verbleibt passiv. Es gibt keinerlei Anzeichen von Protest, und nicht einmal ein verbaler Maschinensturm deutet sich in ihrem Stimmengewirr an.[832] Die Inszenierung der Arbeiter in DER HERR DER WELT negiert den realiter fest verankerten, traditionellen Bergarbeiterradikalismus, der seinerzeit eine politisch mobilisierbare Protestkultur mit einer entsprechend ausgeprägten Resistenz gegenüber externen Kontrollversuchen und Disziplinierungsmaßnahmen bewies.[833] Diese vollständige Entmündigung und Infantilisierung entspricht dem Typus einer untergeordneten, weiblich konnotierten Männlichkeit, deren Objektstatus durch die wiederholt visuell wie dialogisch erfolgenden Vergleiche mit den Robotern bestätigt wird. So ist es nur folgerichtig, dass auch Oberingenieur Wolter in einem Schlagabtausch mit einem tumb agierenden Arbeiter der Hellerwerke diesem für ein etwaiges Skatspiel mit einem Arbeitsroboter die sichere Niederlage prognostiziert.[834]

Die Interessenvertretung der Arbeiterschaft übernimmt die Führerfigur des Ingenieurs, der sowohl für die Idee als auch für die Umsetzung der Konfliktlösung Sorge trägt. Nachdem Baumann vor dem weiterhin skeptischen Konsortium der Zeche Ehrenberg sein biopolitisches Planungsvorhaben erläutert hat, ertönt im Hintergrund der Gesang eines im Kampflied-Stil intonierenden Männerchors:

---

832 Vgl. ebd., 00:08:40ff. sowie 00:50:05ff.

833 Vgl. L. Bluma: Der Körper des Bergmanns, S. 52 sowie auch D. Peukert: Industrialisierung des Bewußtseins, S. 95.

834 Vgl. DHDW, 00:43:25–00:44:45. Bei der Wartung und Reparatur der Arbeitsroboter verhält sich Wolter den Maschinen gegenüber ganz ähnlich, wie vordem Baumann zu den Bergarbeitern: Er tätschelt sie und redet ihnen gut zu.

> „Mit der Sichel, mit dem Spaten – mit dem Pflug in kräft'ger Hand – Dringen wir in unsere Erde – Dringen wir in unser Land. Uns'rer Arbeit lacht die Sonne – Die Nacht ist jetzt vorbei. Da wir streben wir auch leben – Die Arbeit macht uns frei!“[835]

Der in der letzten Zeile enthaltene Sinnspruch „Arbeit macht frei“ avancierte zwar erst einige Jahre später zur KZ-Devise;[836] seine Bedeutung im Sinne der Radikalisierung eines spezifischen Verständnisses von „deutscher Arbeit“, das vor dem Ausschluss, der Verfolgung und letztendlichen Vernichtung derer, die diesem Ideal nach NS-Ideologie nicht entsprachen, nicht zurückschreckte, entwickelte er jedoch spätestens in den 1920er Jahren im Umkreis der völkischen Bewegung.[837] Die freigesetzten Arbeiter in Der Herr der Welt bearbeiten nun nicht mehr den Bergstollen, sondern den Boden. Streng genommen hat sich also nicht die Tätigkeit geändert – es handelt sich weiterhin um physisch beschwerliche Arbeit, zum Teil mit ganz ähnlichem Werkzeug – sondern allein der Produktionsort, der mit dem Wechsel vom Untergrund zur Erdoberfläche die künftige Gesundung des in der Arbeiterschaft versinnbildlichten „Volkskörpers“ garantiert. Diese Ertüchtigung umschließt sogar das Arbeitstier – der nun vor den Pflug gespannte ehemalige Grubengaul Hans darf nun „dicke Backen, wie ein Posaunenengel“ bekommen.[838]

Die vom Agrarideologen und Reichsernährungsminister Walther Darré geprägte Blut-und-Boden-Formel, die auf die Sanierung einer kleinbäuerlich geprägten Landwirtschaft unter rassenbiologischen und geistigen Gesichtspunkten zielte, um die unter den Bedingungen der Industrialisierung verfallenen „rassischen“ Qualitäten des „deutschen Volkes“ wiederherzustellen,[839] wird

---

835 Die Liedzeilen sind in der den vollständigen Filmdialog enthaltenen Zensurkarte nachzulesen; vgl. Film-Prüfstelle: Der Herr der Welt, Prüf-Nr. 36925. Sie entstammen keinem bekannten Lied (recherchiert wurde sowohl zur Geschichte der Arbeiter- als auch NS-Propagandalieder); das Stück wurde also mutmaßlich für den Film komponiert.

836 Für diesen Kontext erstmals belegt für das KZ Dachau, wo der Spruch seit ca. 1937/38 in das schmiedeeiserne Eingangstor zum Häftlingslager eingelassen wurde; vgl. Wolfgang Brückner: „Arbeit macht frei“. Herkunft und Hintergrund der KZ-Devise, Opladen 1998, S. 21f.

837 Zur Genese dieses Slogans aus einem national verstandenen Arbeitsbegriff im 19. Jhd. Vgl. ebd., S. 43f.

838 DHDW, 01:28:10– 01:28:28.

839 Vgl. hierzu insbesondere Ernst Langthaler: Schlachtfelder: Alltägliches Wirtschaften in der nationalsozialistischen Agrargesellschaft, Wien u. a. 2016, S. 151–156 sowie Adam Tooze: Ökonomie der Zerstörung. Die Geschichte der Wirtschaft im Nationalsozialismus, München 2007, S. 201–239.

im Happy End des Films auf mehreren Ebenen eingelöst: erstens durch die Inszenierung der neu siedelnden Bauernschaft als harmonisches Kollektiv, das damit verbundene Ideal der Kleinsiedlung visualisiert durch identische, geordnet gereihte Häuser und Parzellen, zweitens durch die Betonung eines familialen Bauernwesens durch den Einbezug von arbeitenden Kindern und einer derben Zuschaustellung des eigenen Nachwuchses, drittens durch den bildmotivisch geschaffenen Konnex zwischen Badestrand- und Landarbeitsszene, in dem der aufdringliche Blick der Kamera, die einen blonden, kräftigen kleinen Jungen fokussiert – einmal nackt aus dem See rennend, einmal einen Ochsen hinter sich herziehend – das Wunsch-Bild eines zukünftigen, rassenbiologisch definierten „Neuen Menschen" heraufbeschwört.[840]

Das agrarromantische Ende von Der Herr der Welt ist demnach nicht als simpler technikfeindlicher Reflex misszuverstehen. Ganz im Gegenteil wird mit der als notwendige Bedingung reklamierten Automatisierung der industriellen Produktion eine Idee aufgegriffen, die in der Tradition von Denkströmungen des ausgehenden 19. und frühen 20. Jahrhunderts steht – die Möglichkeit einer Heilung vermeintlicher Auflösungs- und Verwerfungserscheinungen der Industriemoderne durch weitere Technisierungsprozesse.[841] Die am Ende des Films vollzogene Versöhnung von Technik und Natur ist demnach an ein völkisch-fordistisches Produktionsregime gebunden, in dem der Ingenieur als Führerfigur die räumliche Positionierung einer biopolitisch vergegenständlichten Arbeiterschaft bestimmt.

5.5 Zusammenfassung

Der Herr der Welt sticht aus den bisherigen Fallstudien insofern hervor, als das aufgeworfene Ideal einer „deutschen Arbeit" zum Wohle der Volksgemeinschaft nicht unmittelbar an die Figurenzeichnung des Ingenieurs, sondern vielmehr an das verhandelte Verhältnis von Mensch und Maschine gekoppelt ist. Innerhalb der futuristischen Roboter-Thematik wird die nationalsozialistische Diskursfigur vom „schaffenden" und „raffenden Kapital" heraufbeschworen,[842]

840 Vgl. DHDW, 01:26:45–01:29:05.

841 Vgl. F. Strzelczyk: Motors and Machines, S. 550.

842 Dieser Antagonismus stammt in seiner genauen Begrifflichkeit nicht, wie des Öfteren zu lesen, von Gottfried Feder (so bspw. bei T. Meyer: Gottfried Feder, S. 84), sondern findet sich erstmals in Joseph Goebbels früher programmatischer Schrift *Das kleine abc des Nationalsozialisten* als Unterscheidung zwischen „national schaffendem und international-raffendem Kapital" (Joseph Goebbels: Das kleine abc des Nationalsozialisten, 76. bis 85. Tsd., Elberfeld o. J. [um 1925], S. 11) und in seiner schlussendlichen

indem per Umsiedlung der Arbeiter, die von urban-industrieller zur vorindustriell-agrarischen Lebensweise wechseln, das Produktive heiliggesprochen wird. Durch die in der Verbindung von Ingenieur und Arbeiterschaft angelegte permanente Betonung kollektiver Ertüchtigung, Gesundung und Hygiene wird die Sakralisierung der Arbeit so deutlich wie in keinem anderen Fallbeispiel an die Imagination eines rassenbiologisch definierten Volkskörpers geknüpft. Dem entgegengesetzt ist die Figur Wolfs, deren Personifizierung einer dunklen, nach Weltherrschaft strebenden Macht deutliche antisemitische Züge aufweist. Der Einsatz der Kampfroboter kann als eine eigenwillig technofuturistische Variante des Wahns von der Aufrechterhaltung der „Zinsknechtschaft" gelesen werden.

Gerade, weil in Der Herr der Welt mit nahezu eklektizistischer Beliebigkeit sich verschiedene, unvermittelt aufeinandertreffende Filmstile abwechseln, fällt das einzige konsequent perpetuierte stilistische Merkmal umso mehr ins Gewicht: Die Verknüpfung der Kategorien Raum und Licht, die eine spezifisch zeitliche Dimension – also Zeit-Räume – entfalten. Die Dunkelheit des unterirdischen Bergstollens wie des Labors – der Zustände, die es zu überwinden gilt – wird permanent mit der Helligkeit und Lichtfülle des Badestrands und der kleinbäuerlichen Siedlung kontrastiert – Wunsch-Räume also, in denen das Versprechen einer sprichwörtlich „strahlenden Zukunft" der Volksgemeinschaft angelegt ist. Mit dem Ingenieur als Sozialtechnologen und „Menschenökonom"[843] fällt die verheißungsvolle Botschaft jedoch zwiespältig aus – zu sehr ähneln die freigesetzten Neu-Bauern wie auch die neu eingesetzten Angestellten

---

Reinform beim NS-Ökonomen Werner Daitz: Rettet das Sparkapital und Millionen Arbeitslose durch Zinssenkung!, in: National-Sozialistischer Wirtschaftsdienst 1 (1932) 14, S. 2ff., hier S. 3. Feder hingegen unterschied zunächst zwischen „schaffender Arbeit" resp. „schaffende[m], gütererzeugende[n], industrielle[n] Betriebskapital" und „Mammonismus" in Form des „internationalen Leihkapitals" (vgl. Gottfried Feder: Das Manifest zur Brechung der Zinsknechtschaft des Geldes, Diessen vor München 1919, S. 5, 13, 18 u. 57), später zwischen „raffendem" und „schaffendem Geist", vgl. ders: Der Deutsche Staat auf nationaler und sozialer Grundlage. Neue Wege in Staat, Finanz und Wirtschaft, 1. Aufl., München 1923, S. 21; vgl. hierzu auch Jan Block: Die Wirtschaftspolitik in der Weltwirtschaftskrise 1929 bis 1932 im Urteil der Nationalsozialisten, Frankfurt am Main u. a. 1997, S. 30.

843 Zum rassenbiologischen „social engineering" der NS-Siedlungs- und Agrarpolitik vgl. Wolfgang Pyta: „Menschenökonomie": Das Ineinandergreifen von ländlicher Sozialraumgestaltung und rassenbiologischer Bevölkerungspolitik im NS, in: Historische Zeitschrift 273 (2001), S. 31–94.

in den Überwachungszentralen der automatischen Fabrik den Maschinenmenschen, deren Arbeitsbedingungen sie doch transzendieren sollten, und zu sehr unterstehen am Filmende Menschen wie Maschinen ganz ähnlichen Mechanismen der Planung, Kontrolle und (Sozial-)Disziplinierung – mithin der Objektifizierung.

6. Der Ingenieur als Kleinbürger: Die Welt ohne Maske (1934)

Der Herr der Welt bildet vom Zeitpunkt der Uraufführung aus gesehen den letzten Film des Untersuchungskorpus. Auf eine strikt chronologische Reihenfolge bei der Behandlung der beiden Piel-Filme wurde jedoch verzichtet, da Die Welt ohne Maske in zweifacher Hinsicht eine Ausnahme darstellt und damit den Abschluss der Untersuchung darstellen soll. Es handelt sich um die einzige Komödie; Handlung und Figurencharakterisierung sowie-konstellation sind den Genrekonventionen verpflichtet und weichen entsprechend stark von den bisherig behandelten Zukunftsfilmen ab:

Der „stellungslose Elektrotechniker“[844] Harry Palmer (Harry Piel) hilft seinem neuen Nachbarn, dem studierten, jedoch gleichfalls mittellosen Physiker und „Ingenieur Dr. Tobias Bern“[845] (Kurt Vespermann) in Berlin bei der Finanzierung und Entwicklung einer „Ton-Bild-Funk“-Apparatur, die zu dem internationalen Wettbewerb auf dem Gebiet der Rundfunk-Fernsehübertragung eingereicht werden soll, bei dem ansonsten nur Großkonzerne antreten. Als Harry dabei versehentlich einen wortwörtlichen „Fern-Seh-Apparat“ erfindet – ein durch Häuserwände hindurchschauendes Spionage-Auge, das Bilder von jedem beliebigen Ort der Hauptstadt auf die Mattscheibe der Apparatur projizieren kann – wird die Konkurrenz auf die beiden Tüftler aufmerksam. Da sie alle Aufkaufangebote ausschlagen, beauftragt der südamerikanische Unternehmer Costa (Hubert von Meyerinck) den Ganoven Merker (Rudolf Klein-Rogge) mit dem Diebstahl der Wundermaschine. Während sich Tobias durch die frische Bekanntschaft mit der verwitweten Nachbarin Betty Bandelow (Olga Tschechowa) allzu schnell ablenken lässt, kann Harry, obgleich durch das Anbändeln mit Costas Sekretärin Erika Hansen (Annie Markart) ebenfalls befangen, sämtliche darauffolgenden Angriffe erfolgreich abwehren. Selbst die Entführung Erikas durch Merker und Costa am Tage des Wettbewerbs, durch die Harry und Tobias zur Herausgabe ihrer Erfindung gezwungen werden sollen, wird nach

844 Filmpropaganda Ges.m.b.H. (Hg.): Die Welt ohne Maske. Unter Mitarbeit von Fritz Freund (= Illustrierter Film-Kurier Nr. 795), Wien o. J. [1934], o. S. Der Beruf wird im Film nicht erwähnt, den einzigen Verweis auf eine technische Expertise liefert Palmers Bemerkung bezüglich eines nach vier Semestern abgebrochenen Physik-Studiums; vgl. DWOM, Sichtung vom 25.03.2013, 00:06:40ff.

845 N.D.L.S. (Hg.): Die Welt ohne Maske. Reklame-Ratschlag, BArch, FilmSG1/19071, S. 9.

einer rasanten Verfolgungsjagd durch die Straßen Berlins, der auch die All-sicht-Maschine zum Opfer fällt, abgewendet. Dessen ungeachtet gewinnt die ursprüngliche Erfindung Berns, der preisgünstige, serienproduktionsgeeignete „Volksradiofernsehempfänger“, den ersten Preis. Übertragen von der weltweit ersten „Radio-Fernseh-Wochenschau“, schließen Harry und Tobias endlich ihre neuen Lieben in die Arme.

Im Gegensatz zu den bisherig behandelten Fallbeispielen bezieht sich der in dieser Zukunftskomödie präsente Technikfuturismus weniger auf das technische Sujet an sich, da zur Entstehungszeit des Films Prototypen des Fernsehens bereits entwickelt und 1928 auf der 5. Berliner Funkausstellung (zweifelsohne das reale Vorbild des fiktiven Wettbewerbs) einer interessierten Öffentlichkeit vorgeführt worden waren.[846] Das genuine Novum in Die Welt ohne Maske entspringt vielmehr der Extrapolation des Fernsehens ins Techno-Imaginäre durch die Möglichkeit der totalen All-Sicht. Aufgrund dieses Spezifikums wird auf die technikgeschichtlichen Hintergründe der Entwicklung des Fernsehens bis in die 1930er Jahre nicht gesondert, sondern in Bezug auf die Produktionsbedingungen des Films, insbesondere seine Werbestrategien betreffend, eingegangen.

6.1 „Von Paul Nipkow bis – Harry Piel“[847]: Produktionshintergrund und technisches Sujet

Die Welt ohne Maske ist, im Gegensatz zu Der Herr der Welt, ein typischer Harry-Piel-Film: Dieser verfasste nicht nur das Drehbuch und führte Regie, sondern übernahm in der hauseigenen Ariel-Film-Produktion auch die Hauptrolle. Die Dreharbeiten fanden von Januar bis Februar 1934 im Jofa-Atelier

846 Vgl. Eva Susanne Breßler: Von der Experimentierbühne zum Propagandainstrument. Die Geschichte der Funkausstellung von 1924 bis 1939, Köln u. a. 2009, S. 85. Zur Geschichte der mit dem Fernsehen verbundenen Wunschträume, die unter Einbezug märchenhaft-phantastischer Motive Jahrhunderte zurückreichen, vgl. Heide Riedel: Fernsehen – Von der Vision zum Programm. 50 Jahre Programmdienst in Deutschland, hg. v. Deutsches Rundfunk-Museum e. V. Berlin, Berlin 1985, S. 9ff. Parallel zu den Fortschritten der drahtlosen Telegraphie und mechanischer Bildgebungsverfahren gegen Ende des 19. Jahrhunderts verdichteten sich solcherlei Vorstellungswelten zu konkreten Technikvisionen; ein instruktives Beispiel ist in Arthur Bremers 1910 erschienenem Sachbuch *Die Welt in 100 Jahren* enthalten, vgl. Hudson Maxim: Das 1000 jährige Reich der Maschinen, in: Arthur Bremer (Hg.): Die Welt in 100 Jahren, Hildesheim u. a. 2010 [1910], S. 5–26, hier S. 20f.

847 N.D.L.S.: Die Welt ohne Maske, S. 11.

Berlin-Johannisthal statt. Ende Februar passierte die Komödie mit Prädikat „nicht jugendfrei" die Filmzensur und wurde am 9. März 1934 im Berliner Capitol am Zoo erfolgreich uraufgeführt. Die Kulissenbauten entwarf abermals (wie schon für DER HERR DER WELT) Willi A. Herrmann. Die AEG und ihr mit Siemens & Halske gemeinsam gegründetes Tochterunternehmen Telefunken übernahmen die technische Ausstattung und die tricktechnischen Spezialeffekte[848] unter Verwendung von Mechau-Projektoren und der technischen Beratung ihres namensgebenden Konstrukteurs, des zu der Zeit bei der AEG angestellten Emil Mechau.[849] Ein in den Reklamevorschlägen entworfener (gleichwohl in den überlieferten Zeitungsberichten nicht übernommener) Presseartikel ging ausführlich auf diese technische Expertise ein und verknüpfte mit ihr die baldige Realisierung der filmisch-fiktionalen Zukunftstechnik:

> „Die Fernseh-Apparate, die zu den Filmaufnahmen unentbehrlich waren, wurden von Telefunken zur Verfügung gestellt: Braunsche Röhren, Nipkow-Scheiben und große Spiegelräder. Mit besonderen Sicherungsvorrichtungen wurde im Filmatelier mit Hochspannung gearbeitet. Im Beisein des Erfinders Mechau wurden mit Mechau-Projektionsmaschinen die Filmbilder projiziert und dann fern übertragen. Für Tonfilmzwecke sind die Mechau-Apparate die besten Projektionsmaschinen; sie haben keine Blende, sondern einen Spiegelausgleich. Herstellerin der Mechau-Apparate ist die AEG, die sie auch zur Verfügung stellte. Es war dabei von besonderem Reize, zu sehen, wie das Bild projiziert wurde und wie es unmittelbar im Anschluß auf der Uebertragungsscheibe erschien. Tatsache ist es jedenfalls, daß es heute bereits durchaus möglich ist, Filme radiotechnisch zu übertragen – hier eröffnen sich gewaltige Perspektiven für die Zukunft."[850]

Die Kinotheaterbesitzer waren dazu angehalten, mit der Aktualität und Akkuratesse des dargestellten technischen Sujets zu werben: „Stellen Sie über Ihr Inserat eine augenfällige Schlagzeile, wie z. B. ‚Das hochaktuelle Problem des Fernsehens in einem sensationellen und atemberaubenden Film'"; „[e]in mit den modernsten Mitteln der Technik hergestellter Film, der den Laien in Erstaunen, den Fachmann in Entzücken versetzt!"[851] Darüber hinaus sollte laut Werbeanweisung nicht nur das konventionelle Fern-Sehen, sondern ebenso die technikfuturistische All-Sicht als sicher eintreffende Zukunftsverheißung angepriesen werden. Argumentativ abgesichert wurde dies zum einen durch den genannten

848 Vgl. Manfred Hobsch: Die Welt ohne Maske, in: Ders. (Hg.): Film im ‚Dritten Reich'. Alle deutschen Spielfilme von 1933 bis 1945 Bd. 6 (W–Z), Berlin 2010, S. 80ff, hier S. 80 sowie Film-Prüfstelle (Berlin): Die Welt ohne Maske, Prüf-Nr. 35837 vom 28.02.1934, DIF/D vor 45/11 u 7/Wej–Wenn.

849 Vgl. N.D.L.S.: Die Welt ohne Maske, S. 2.

850 Ebd., S. 7.

851 Ebd., S. 2 u. 5.

Verweis auf namhafte, mit Apparaturen und technischer Beratung unterstützende Rundfunkunternehmen, zum anderen per Parallelisierung der technischen Grundlagen von Radio- und Fernsehtechnik – ein Vorgehen, das der damaligen zeitgenössischen Popularisierung des neuen Mediums als „optischer Rundfunk“ entsprach.[852] In den Reklameratschlägen befand sich hierzu unter dem technikdidaktischen Titel *Ein Lehrkursus im Fernsehen* folgender Artikelvorschlag:

> „Denn das ist der Fortschritt des modernen Fernsehbildempfängers: der Apparat erlaubt, auch in das Innere von Baulichkeiten einzudringen, Mauern und Wände können ohne Schwierigkeiten durchdrungen werden. Das mag erstaunlich klingen, ist aber nicht verwunderlicher und wundersamer als das Durchdringen von Mauerwerk durch den Schall. Warum sollte dem Lichte nicht möglich sein, was dem Schall möglich ist? Warum soll man nicht ungehindert fernsehen können, wenn man ungehindert fernhören kann?“[853]

Entgegen ihrer ausgesprochen internationalen Verfasstheit[854] sollte, wenig überraschend, laut Reklameanweisung die noch junge Geschichte des Fernsehens als

---

852 Vgl. Knut Hickethier: Gibt es ein medientechnisches Apriori? Technikdeterminismus und Medienkonfiguration in historischen Prozessen, in: Markus Behmer et al. (Hg.): Medienentwicklung und gesellschaftlicher Wandel. Beiträge zu einer theoretischen und empirischen Herausforderung, Wiesbaden 2003, S. 39–52, hier S. 46. Den ersten Vorschlag zum Fernsehen, der ein konkretes technisches Design beinhaltete, lieferte 1843 der schottische Uhrmacher Alexander Bain. In den 1880er Jahren erhielt der deutsche Konstruktionsingenieur Paul Nipkow für sein Prinzip des „elektrischen Teleskops“ ein Reichspatent (die spätere Nipkow-Scheibe), das bereits die wesentlichen Elemente des späteren Fernsehens benannte. Somit sind die im 19. Jahrhundert zu suchenden Ursprünge des Fernsehens nicht als Reaktion auf die Einführung des Rundfunks zu verstehen; vgl. Hans-Joachim Braun: Anfänge des Fernsehens, in: Ders./Walter Kaiser (Hg.): Propyläen Technikgeschichte Bd. 5: Energiewirtschaft, Automatisierung, Information, Berlin 1997, S. 159–165, hier S. 160.

853 N.D.L.S.: Die Welt ohne Maske, S. 9.

854 Mit den Arbeiten des russischen Erfinders Boris Lwowitsch Rosing zur elektronischen Bildabtastung, die von dessen in die USA ausgewanderten Schüler Wladimir Kosma Zworkin auf eine elektronische Kamera („Ikonoskop“) zur Patentreife gebracht wurden, sind die wichtigsten technischen Grundlagen des Fernsehens in den USA und der Sowjetunion gelegt worden; vgl. H.-J. Braun: Anfänge des Fernsehens, S. 160ff. sowie H. Riedel: Von der Vision zum Programm, S. 15ff. Auch auf der Berliner Funkausstellung der 1920er und 1930er Jahre war durch die Präsentation und Demonstration von Apparaturen ausländischer Unternehmen und Konstrukteure die internationale Basis und Verflechtung der Fernsehtechnik offensichtlich; vgl. E. S. Breßler: Von der Experimentierbühne, S. 218ff.

ausschließlich deutscher Siegeszug dargestellt werden: „Von Paul Nipkow bis – Harry Piel: [...] auf jeden Fall muß der Deutsche Paul Nipkow als der Erfinder des Fernsehens gelten.“[855] Schließlich wurde sowohl die Unterhaltungs-[856] als auch die Überwachungsfunktion als nützliche Eigenschaft der futuristischen Fernsehapparatur ausgepriesen. Während die Vision einer totalen Kontrolle in den Reklamevorschlägen mit latent bedrohlichen Formulierungen heraufbeschworen wurde („Für Piel gibts kein Geheimnis mehr!“; „Können Sie ein Geheimnis bewahren? – Nein! Harry Piel zeigt Ihnen, warum Sie es nicht können.“), geriet sie durch die Schilderung einer Filmszene, in der Erfinder Tobias Bern mithilfe der Apparatur Zeuge eines Überfallversuchs auf Palmer wird, zum wertvollen Werkzeug im Dienst an der Gemeinschaft: „Man sieht jedenfalls aus diesem kleinen Vorkommnis, wie nützlich ein Fernsehgerät sein kann. [...] Die Popularisierung des Fernsehens erscheint daher als ein verdienstliches Streben.“[857] Letzten Endes korrespondierte diese imaginierte Kontrollfunktion durchaus mit zeitgenössisch diskutierten Vorstellungen zur Nutzung der noch jungen Medientechnologie, die vom Einsatz als Bildtelefon, für Presse, Börse und Post über Wissenschaft und Fernkinematographie bis hin zur Verwendung bei Militär, Gericht und Polizei reichten.[858] Schließlich schwebte dem Erfinder des auf der 1928er Funkausstellung erstmals einer breiten Öffentlichkeit präsentierten Fernsehsystems *Telehor*, Dénes von Mihály, selbst zunächst eine Spionage- und Überwachungstechnologie vor.[859] Insofern ist die futuristische Extrapolation des Fernsehens in DIE WELT OHNE MASKE zwar bezüglich ihrer wissenschaftlich-technischen Grundlagen dem Phantastischen verpflichtet, jedoch hinsichtlich der mit dem Novum verbundenen Anwendung eng mit zeitgenössischen Diskursen der Herrschaftsstabilisierung verflochten. In den späteren filmlexikalischen und -geschichtlichen Einordnungen wurde dieser Aspekt, offenbar in Unkenntnis dieser der Imaginationsphase des Mediums entspringenden Nutzungsvisionen, dagegen

---

855 N.D.L.S.: Die Welt ohne Maske, S. 9. Eine ähnliche Nationalisierungsstrategie verfolgte man ein Jahr später bei der Eröffnung des weltweit ersten regelmäßigen Fernsehprogrammdienstes in Berlin-Witzleben, dessen Fernsehsender auf den Namen *Paul Nipkow* getauft wurde, vgl. E. S. Breßler: Von der Experimentierbühne, S. 220.

856 „Ein junger Erfinder grübelt über der Konstruktion eines Volksempfängers für Bildübertragung [...].“, N.D.L.S.: Die Welt ohne Maske, S. 11.

857 Ebd.

858 Zu den vielfältigen Nutzungserwartungen in der Frühphase des Fernsehens vgl. K. Hickethier: Gibt es ein medientechnisches Apriori, S. 47f.

859 Vgl. H.-J. Braun: Anfänge des Fernsehens, S. 161.

als subversives, herrschaftskritisches Potenzial des Films gedeutet,[860] während im Gegensatz dazu die zeitgenössische Rezeption – sowohl das Kinopublikum als auch die Filmkritiker – Die Welt ohne Maske als phantasievollen, geistreichen und harmlos-witzigen Wurf des Regisseurs begrüßte: „Ein aktueller und jedermann interessierender Stoff ist mit wirksamen Einfällen, Laune und einem auch bei utopistischen Themen nicht zu missenden Maß an Logik aufbereitet“[861]; „Das zeitgemäße Problem des Fernsehens, die erfreuliche Darstellung […] und die heitere Spannung machen den Film sehenswert“[862];

> „[S]olange es Automobile gibt und sich die Welt mit technischen Neuerungsplänen trägt, wird Harry Piel sie benutzen – und wenn er die Zukunft weit vorausnehmen muß. […] Der Beifall war ohne Maßen groß.“[863]

Auch der Rezensent des *Völkischen Beobachters* vermochte offenbar keinerlei subversives Potenzial zu erkennen, ganz im Gegenteil:

> „Selten hat es jemand so gut verstanden, vorwiegend technische Momente in einen solch unterhaltenden und spannenden Stoff einzubetten. Hans Rameau hat da gute Arbeit geleistet. Aber was wäre er ohne Harry Piel, dessen Regie alle Möglichkeiten aus dem Drehbuch herausholte und daraus einen amüsanten, schmissigen und vor allem ‚gekonnten‘ Film machte, der zu Beifallsstürmen auf offener Szene führte. […] Dieses vermeidet ganz richtig die Betonung des Phantastischen, wodurch Monstre-Kitsch [sic!] vollkommen ausgeschaltet ist und bringt statt dessen Zukunftsahnung, die mit liebenswürdiger Ironie geladen ist. […] Bravo, Harry Piel!“[864]

---

860 So erkennt Horst Steffens in Die Welt ohne Maske „orwellsche Visionen des totalitären Überwachungsstaates mittels Television“ (H. Steffens: Tanz auf dem Vulkan, S. 7). *Reclams Lexikon des deutschen Films* deutet gar die propagandistische Dimension der futuristischen Apparatur – seine offen benannte Analogie zum zeitgenössischen Volksempfänger – als amüsante wie harmlose Kapriole: „Die augenzwinkernde Bezugnahme auf die mediale Realität Deutschlands, das Propagandagerät ‚Volksempfänger‘, macht diesen Film zu einem der witzigsten Vertreter des Genres.“, Thomas Kramer: Die Welt ohne Maske, in: Ders. (Hg.): Reclams Lexikon des deutschen Films, Stuttgart 1995, S. 341f., hier S. 342. Auch Florentine Strzelczyk lässt in ihrer insgesamt sehr lesenswerten kritischen Revision dieser Deutung die zeitgenössischen Nutzungsdebatten außen vor; vgl. F. Strzelczyk: Innocent Action, S. 427–442.

861 Paimann's Filmlisten Wien, März 1934, zit. nach M. Hobsch: Die Welt ohne Maske, S. 81.

862 Anonymus: Harry Piel in „Die Welt ohne Maske“ (Ufa-Theater Gloria), in: Luzerner Neuste Nachrichten (LNN) vom 18.03.1934.

863 refn.: Die Welt ohne Maske. Uraufführung im Kapitol, in: Vossische Zeitung Nr. 60 vom 11.03.1934, S. 9.

864 Anonymus: Die Welt ohne Maske. Harry-Piel-Film im Capitol, in: Völkischer Beobachter Nr. 70/71 vom 11.03.1934.

6.2 Technikdarstellung

Bereits die Exposition verdeutlicht das übergeordnete medientechnologische Filmsujet, indem die Bekanntmachung des Wettbewerbs „auf dem Gebiet der Rundfunk-Fernsehübertragung“ multimedial durch Zeitungsmeldung und Radioansage erfolgt. Der Blick auf den Berliner Funkturm sichert die eindeutige räumlich-zeitliche Zuordnung – die zeitgenössische Gegenwart der deutschen Reichshauptstadt. Die Darstellung der Forschungsarbeiten betont sowohl auf textueller wie auch visueller Ebene den Großforschungscharakter: Nach Ansichten einer Fabrikhalle, in der Ingenieure und Techniker in weißen Kitteln am Reißbrett oder an einer Laborvorrichtung arbeiten, folgt die Schlagzeile: „Alle großen Konzerne arbeiten fieberhaft an einer Lösung des hochaktuellen Problems.“[865] Diese Einführung kontrastiert die folgende, der Etablierung der beiden Hauptfiguren Harry Palmer und Tobias Bern dienenden Szene, die deren Wirkungs- und Forschungsstätte zeigt – eine kleine Dachkammer, in der Wohnen und Experimentieren Hand in Hand gehen. Der den Film durchziehende Dualismus zwischen profitorientierten Großunternehmen, in denen die Ingenieure als abhängig Beschäftigte forschen (müssen), und selbständigen Tüftlern, die in unabhängigen Werkstätten ihrem Wirken frei nachgehen können, wird im Auftakt durch die Gegenüberstellung der Handlungsorte eingefangen. Mit dieser Konfrontation zweier konträrer Arbeitswelten wird bezeichnenderweise gerade diejenige kritisiert und abgewertet, die ein realistischeres, durchaus adäquates Bild ingenieurtechnischen Handelns im ersten Drittel des 20. Jahrhunderts darstellt. Hingegen entstammen die beiden Sympathieträger des Films einem weitaus älteren Leitbild, das jedoch schon im späten 19. Jahrhundert weniger mit der Realität denn mit populärkulturellen Vorstellungen eines so eigenbrötlerischen wie genialen Erfindergeistes zu tun haben dürfte.[866]

Im Gegensatz zu den Novas von F.P.1 ANTWORTET NICHT bis DER HERR DER WELT handelt es sich bei der phantastischen Apparatur in DIE WELT OHNE MASKE um eine Zufallserfindung, die genau genommen nicht einmal durch den Ingenieur selbst, sondern per Slapstick-Einlage durch dessen Freund verursacht wird. Während die Versuche zum „Bild-Rundfunk“ im Rauchschwaden geschwängerten, von ständigen Explosionen schließlich komplett lädierten Dachatelier immerhin noch dem „trial-and-error“-Prinzip gehorchen,[867] entspringt

865 DWOM, 00:01:18–00:02:12.

866 Vgl. G. Hortleder/H. Klages: Gesellschaftsbild, S. 273ff.

867 Die Experimentieranordnung besteht aus Filmprojektor und Empfangsgerät; die stabile Bildübertragung scheitert mehrmals an der Ermittlung der adäquaten Hochspannung.

sie keinerlei geordneter Experimentieranordnung. Folgerichtig wird nicht ansatzweise der Versuch unternommen, die plötzliche All-Sicht des geschaffenen Novums einer Plausibilisierung zuzuführen, die über die reine „Evidenz des photographischen Filmbildes", seine konkrete Sichtbarkeit, hinausgeht.[868] Die beiden Tüftler wissen es entsprechend nur zu nutzen, jedoch nicht zu reparieren oder gar zu reproduzieren. Durch die Trennung von technischem „Sachverstand und Sachbeherrschung"[869], die für gewöhnlich das alltägliche Verhältnis des technischen Laien zu den von ihm genutzten Artefakten beschreibt,[870] hier jedoch paradoxerweise auf ausgewiesene Technikexperten zutrifft, rückt die Apparatur in die Nähe des Magischen.

Das dem technischen Novum zugrunde gelegte Prinzip des panoptischen „Sehen und nicht Gesehen werden" gerät im Spiel mit dem Sicht- und Hörbaren in Handlung und Bildkomposition zum allumfassenden Leitmotiv des Films: Als Agent Merker das Gespräch zwischen Harry und Patentfinancier Niemann (Philipp Manning) belauschen will, geht er im Vorraum an dessen Sekretärin vorbei, deren Kopf nur kurz durch ein winziges Sichtfenster erkennbar ist. Das erste Zusammentreffen von Harry, Erika und Costa in der Hotelresidenz des Unternehmers, bei der alle drei Figuren zunächst nur zu hören, erst später zu sehen sind, gerät zum gegenseitigen Versteck- und Täuschungsspiel. Tobias Bern beobachtet mit Ferngläsern heimlich seine Nachbarin Betty, die, als sie dies bemerkt, empört ihre Vorhänge zuzieht. Nach dem ersten Kennenlernen ist es wiederum sie, die mit einem Fernglas Ausschau nach Bern hält. Costa und Merker beenden ihr konspiratives Treffen hinter einem Gaze-Vorhang. Gegen diese permanent mitschwingende Gefahr des Überwacht-Werdens treffen die Protagonisten entsprechende Maßnahmen: vom erwähnten Vorhänge-Zuziehen (Betty) bis hin zum Flüstern der beiden Tüftler-Freunde, das nicht vorhandene Spione vom Mithören abhalten soll, tatsächlich jedoch allein den Zuschauer von der Mitwisserschaft ausschließt. Indes ist es genau Harry Palmer, der sofort nach der getätigten Zufallserfindung deren Potenzial erkennt. Was als eher harmloser Jungenstreich beginnt – die beiden Junggesellen beobachten anfangs Tänzerinnen in der Umkleidekabine des benachbarten Revue-Theaters, wobei die

868 S. Spiegel: Konstitution, S. 48 [Herv. i. O.].

869 Hans Blumenberg: Lebenswelt und Technisierung unter Aspekten der Phänomenologie, in: Ders.: Wirklichkeiten, in denen wir leben, Stuttgart 1993, S. 7–54, hier S. 13.

870 „Wir haben uns daran gewöhnt, daß wir die Technik, die wir arbeitsteilig schaffen, nicht individuell verstehen können; oder besser: wir haben uns die Illusion geschaffen, daß wir etwas verstehen – und letztlich beherrschen, was wir bedienen können."; U. Wengenroth: Menschenbilder, S. 182.

Filmkamera entgegen des eigentlichen Vermögens der Allsicht-Apparatur rechtzeitig verschämt nach unten schwenkt, um nunmehr eine Reihe nackter Beine ins Visier zu nehmen[871] – dient zunehmend als Offensiv- wie Defensivwaffe (nicht nur) im Kampf gegen den Großunternehmer Costas und dessen Handlanger. Dabei wird im Laufe des Geschehens das Vermögen der Maschine kontinuierlich potenziert und die vollzogene visuelle Entgrenzung des Raumes schließlich totalisiert: Die anfänglich dem Zufallsprinzip gehorchende, abtastende Suche wird alsbald durch die Ausstattung mit Periskop und einem qua Koordinatensystem gerasterten Stadtplan Berlins auf die zielgerichtete Überwachung des urbanen Raums umgestellt. Spätestens bei der rasanten Verfolgungsjagd durch Berlin besitzt die Apparatur ein omnipotentes Auge: Sie kann je nach Bedarf um die Ecke blicken, zoomen, und sprunghaft von Vogelperspektive zu Nahaufnahme wechseln. Durch ihre schlussendliche Verlegung in einen Landrock-Wäsche-Autobus erlangt sie zudem Mobilität, was ihr ungeachtet der komödiantischen Rahmung den Charakter einer paramilitärischen Einheit verleiht. Florentine Strzelczyk interpretiert diese Wandlung der futuristischen „television/x-ray machine“[872] von einem Unterhaltungsmedium zu einer furchteinflößenden Waffe nach Paul Virilios Konzept der Osmose von Kino und industrialisierter Kriegsführung, nach dem beide Artefakte, die Filmkamera wie die Feuerwaffe, gleichermaßen ihr Ziel ins Visier nehmen.[873] In Die Welt ohne Maske wird diese Assoziation von Kamera und Waffe, insbesondere im Zusammenspiel von Koordinatensystem und Periskop, an einigen Stellen offen zur Schau getragen und gleichzeitig durch permanente Situationskomik und ironisierende Kommentare der Hauptfiguren gebrochen und abgemildert. Gerade die Momente, in denen die Filmschurken mithilfe der Apparatur bloßgestellt oder überführt werden, weisen einen ausgesprochenen Slapstick-Charakter auf: Sowohl Costa als auch seine Agenten und Handlanger agieren, bedingt durch die diesbezüglichen Eigenschaften der Maschine (das durch sie zu Sehende ist nicht zu hören) in diesen Situationen wie Figuren aus einer Stummfilm-Komödie, wenn sie mit exaltierter Mimik und Gestik zu Boden fallen, straucheln oder regelrecht Purzelbäume schlagen.[874] Das beständige Oszillieren zwischen Bedrohung und

871 Diese kurze Episode kann als Beispiel der für Komödien und Revuefilmen so typischen ‚gehemmten Schaulust‘ (Karsten Witte) gelten, in der das voyeuristische Bedürfnis nur in strikt reglementierter, sozialen Kontrollmechanismen gehorchender Form zugelassen wird, vgl. F. Strzelczyk: Innocent Action, S. 432.

872 Ebd., S. 431.

873 Vgl. ebd, S. 434.

874 Vgl. DWOM, 00:47:45–00:49:50 sowie 00:55:00–00:56:45.

Unterhaltung steuert die Spannung des Films, dessen Höhepunkte immer dann einsetzen, wenn sich die überwachten Figuren ihrer Observation bewusst werden – wie auch ein Filmkritiker lobend hervorhob: „Besonders lustig sind die Szenen, in denen der Fernseher sich mit dem Ferngesehenen unterhält und ‚ins Bild greift'."[875] Eröffnet werden diese Film-in-Film-Sequenzen jeweils durch eine geschickte Montage, die den Kinozuschauer zum „verlängerten Auge" der Hauptfiguren werden lässt: Einer Einstellung, die Harry oder Bern vor der Mattscheibe stehend, in diese hineinschauend zeigt, folgt eine die Bildschirmrahmung noch erkennbar lassende Sicht auf ihren Inhalt, die mit einer weiteren Einstellung, die nun durch den Wegfall der Rahmung vollends in den Film-in-Film eintaucht, abschließt. Durch diese Einstellungsfolge übernimmt der Kinozuschauer die Perspektive der Protagonisten, wird zu ihrem Komplizen im Macht-Spiel um ein nur vordergründig harmloses „Sehen und Gesehen werden".[876]

Piel-Biograph Mathias Bleckman zufolge erscheine der Überwachungsapparat in Die Welt ohne Maske als simple technische Spielerei, die im Kontrast zur realen Formierung des nationalsozialistischen Überwachungsstaates stehe: „So haben Piel und Hans Rameau […] den Weg zur harmlosen Chimäre zurückgefunden – während in der Wirklichkeit der Alptraum erst beginnt."[877] Dieser Einschätzung ist insofern zu widersprechen, als die staatstragende Funktion der Maschine von ihren Besitzern sofort erkannt, kommentiert[878] und auch zur (Wieder-)Herstellung der sozialen Ordnung eingesetzt wird. Harry Palmer und Tobias Bern handeln dahingehend in vorauseilendem Gehorsam überaus dienstbeflissen, im Namen einer höherstehenden Autorität, die bei Gelegenheit (im wortwörtlichen Sinne) angerufen wird. Als sie als erstes Überwachungsopfer ihren ehemaligen Vermieter beim Überprüfen einer Schwarzkasse ins Visier nehmen, kommentiert Harry: „Ob die Steuer davon weiß?"[879] Bern wiederum beobachtet durch die Maschine hilflos den Überfall auf Patentfinancier Niemann, darauf dessen baldige Befreiung und die Überwältigung der Räuber durch Harry. Als dieser nach erfolgreicher Tat zum Telefon greift, jubelt der Ingenieur: „Der telefoniert mit der Polizei. Richtig. Bravo!"[880] Mit dem

875 Anonymus: Harry Piel (Ufa-Theater Gloria).

876 Vgl. F. Strzelczyk: Innocent Action, S. 431.

877 M. Bleckman: Harry Piel, S. 260.

878 So Bern: „Für uns gibt's kein Geheimnis mehr. […] Das ist eine unheimliche Macht, die wir da in den Händen haben. Das ist gar nicht auszudenken."; DWOM, 00:41:00–00:41:23.

879 Ebd., 00:40:30ff.

880 Ebd., 00:59:30–01:02:20.

affirmativen Rekurs auf staatliche Autoritäten atmet der Film „an enthusiasm not only for heroic acting and disciplinary action on behalf of the all-seeing eye of (state) authority, but also for glorious and gratifying self-display before such institutions."[881] Die Indienstnahme der phantastischen Apparatur als Mittel der sozialen Kontrolle kann somit als ein technikfiktionale Variante des in den ersten Jahren der NS-Herrschaft omnipräsenten gesellschaftlichen Phänomens der Selbstgleichschaltung gelesen werden, in der die 1934 von NS-Agrarfunktionär Werner Willikens formulierte Maxime des *Dem Führer entgegenarbeiten* „into an enticing spectacle of (male) self-empowerment in the name of a higher authority" überführt wird.[882]

Die phantastische Maschine wird letztendlich durch einen ihrer Zufallserfindung ganz ähnlichen Slapstick-Vorfall wieder zerstört. Allein diese ungewollte, nicht etwa intendierte Rücknahme der Totalüberwachung lässt die in der Schlussszene von Harry Palmer postulierte kritische Revision einer panoptischen Allmachtsphantasie zweifelhaft erscheinen, zumal seine Aussage durch Kontext und Bildmontage letztendlich konterkariert wird: Die nunmehr prämierte Fernsehapparatur der beiden Tüftler überträgt die weltweit „erste Radio-Fernseh-Wochenschau". Diese beginnt mit dem Stapellauf „unseres neuen Ozeanriesen", einem beliebten wie regelmäßig gezeigten Sujet der damaligen Wochenschauen. Im Anschluss werden auf einem Bahnsteig, offenbar kurz vor Antritt einer Urlaubsreise, erst Bern, dann Palmer von einem Journalisten zu ihrer Erfindung interviewt, wobei trotz Heranzoomens des Bildschirms dessen Rahmen und damit die Film-im-Film-Verortung klar erkennbar bleibt. Entgegen Harrys Schlussstatement – „Ich finde es sehr schön, dass man Fernsehen kann. Aber es ist doch besser, dass man nicht durchsehen kann" – ist der finale Filmkuss zwischen dem Filmhelden und seiner Angebeteten Erika hinter dem von Harry zugezogenen Rouleau eines Zugabteilfensters als Schattenriss dennoch deutlich erkennbar. Die durch Abteilfenster und Bildschirmrahmen bedingte doppelte Rahmung potenziert den erzeugten voyeuristischen Effekt, der sich dadurch auf drei Ebenen entfalten kann: erstens auf der des Film-im-Film-Reporters, dessen Perspektive die innerfilmische Kamera einnimmt, zweitens auf der des diegetischen (wenngleich nicht zu sehenden) Wochenschau-Publikums, das

881 F. Strzelczyk: Innocent Action, S. 433.

882 Ebd, S. 434. Strzelczyk führt den Wortlaut dieser Maxime fälschlicherweise auf den Historiker Ian Kershaw zurück, der die Losung Willikens jedoch aufgriff, um die von ihm als Selbstgleichschaltung bezeichneten gesellschaftlichen Prozesse beispielhaft zu konturieren.

zwangsläufig der Perspektive des Journalisten folgt, drittens auf der des Kinopublikums – die ganze (Film-)Welt schaut zu. Das von Harry so energisch verneinte Szenario wird mit dieser letzten Einstellung wieder bestätigt, indem durch drei Ebenen hindurch das Liebespaar beobachtbar bleibt, dieses selbst jedoch gerade durch den vorgeblichen Schutz des Vorhangs sich der möglichen Kenntnis des Gesehen-Werdens beraubt – das klassisch panoptische Prinzip schlechthin.

Den Gegenpol zur futuristischen Überwachungsapparatur nimmt indes nicht das „normale" Fernsehen, sondern das Radio ein. Als den Filmfiguren wie dem Kinopublikum vertrauter Gegenstand dient es der Markierung und Absicherung der Privatsphäre. So ertönen diegetische Unterhaltungsmelodien größtenteils aus dem jeweils per Großaufnahme inszenierten Empfangsgerät von Nachbarin Betty, die ihre aufkeimende amouröse Verbindung zu Ingenieur Bern begleiten. Bezeichnenderweise handelt es sich bei diesem Apparat um kein „Volksempfänger"-Modell, mit welchem Assoziationen propagandistischer oder mindestens staatspolitischer Zwecke nahezu zwangsläufig gewesen wären, sondern mit einem Bayreuth 653er-Modell von Telefunken um ein ungleich neutraler wirkendes Markengerät.[883] Noch zu Filmende fungiert das Radio als vertraute Referenz zur Bewerbung der nunmehr normalisierten Fernsehapparatur: zum einen über dessen nun deutlich ideologisch gefärbte Bezeichnung als „Volksradiofernsehempfänger"[884], zum anderen über die von Palmer propagierten Anschaffungskosten von „nur 120 Mark, zahlbar in zwölf Monaten à zehn Mark", die sich sogar noch weit unterhalb der damaligen Anschaffungskosten für Markenradiogeräte bewegen und sich wohl kaum an zeitgenössischen Preisschätzungen für zukünftige Fernsehempfangsgeräte, sondern vielmehr am

883 Vgl. DWOM 00:33:30ff., 01:06:00 sowie 01:10:10ff. Eine exaktere Bestimmung ist aufgrund der eingeschränkten Bildqualität nicht möglich, in Frage kommen die Telefunken-Modelle Bayreuth 653GL bis 653WLK. Jedoch wurden auch die Markengeräte der großen deutschen Radiohersteller ab 1933 mit politisch eindeutigen Slogans beworben; ein bekanntes Beispiel ist die Losung für den Ultra-Geadem 304WL der AEG: „Im Gleichschritt mit unserer Zeit", vgl. E. S. Breßler: Von der Experimentierbühne, S. 186.

884 Der Begriff des „Volksempfängers" ist freilich seit Mitte der 1920er Jahre als Werbeslogan und Charakterisierung einer Geräteklasse nachweisbar; die damit verbundene Idee eines billigen, massentauglichen Empfangsgeräts war zur Zeit der nationalsozialistischen „Machtergreifung" bereits voll etabliert und musste nur aufgegriffen und entsprechend ideologisch besetzt werden; vgl. Wolfgang König: Volkswagen, Volksempfänger, Volksgemeinschaft: „Volksprodukte" im Dritten Reich. Vom Scheitern einer nationalsozialistischen Konsumgesellschaft, Paderborn 2004, S. 32f.

Vorbild des realen „Volksempfängers“ orientieren.[885] Die „Volksnähe“ der beiden Tüftler manifestiert sich zu guter Letzt im Produktformat. Die auf dem Wettbewerb ausgestellten Fernsehgeräte der konkurrierenden Großunternehmen weisen ein proportionales Prinzip von Größe und Preis auf – je größer, desto teurer (bzw., solchermaßen von der Kamera im Orgelpfeifenprinzip eingefangen, vice versa). Das Artefakt-Design spiegelt Herstellungsbedingungen und projektierte Nutzung gleichermaßen: Die großen, internationalen Unternehmen produzieren für das Luxussegment, die deutschen Tüftler als Repräsentanten des auf der Zuschauertribüne sich lautstark artikulierenden „einfachen Volkes“, mit einem kleinen und billigen Empfangsgerät, für ebendieses.[886] Die in Die Welt ohne Maske zweifelsohne verhandelte Kapitalismuskritik manifestiert sich also nicht erst auf der Figurenebene – im Kampf zweier passionierter deutscher Erfinder gegen internationale Großkonzerne – sondern bereits in den dazugehörigen Artefakten.

6.3 Figurenanalyse

Die Welt ohne Maske offenbart einen generellen Zusammenhang zwischen Technikdarstellung und Figurencharakterisierung im deutschen Zukunftsfilm der 1930er Jahre: Während technische Großprojekte wie Flugplattformen und Ozeantunnel Allroundgenies und Märtyrer für den technischen Fortschritt

885 Zum Vergleich: Ein durchschnittlicher Markenempfänger für Radiogeräte kostete 1933 noch um die 250 RM; die ersten Volksempfänger-Modelle, die auf der zehnten Funkausstellung im August 1933 präsentiert werden konnten, kosteten zwischen 76 RM (Wechsel- und Gleichstromausführung) und 83 RM (Batteriebetrieb); der 1939 der deutschen Öffentlichkeit vorgestellte, jedoch wegen Kriegsausbruch nicht mehr in Großserie produzierte „Einheits-Fernseh-Empfänger E1“ sollte um die 650 RM kosten, was in etwa das Doppelte des durchschnittlichen Monatseinkommens eines Arbeiters entsprach; s. hierzu Wolfgang König: Der Volksempfänger und die Radioindustrie. Ein Beitrag zum Verhältnis von Wirtschaft und Politik im Nationalsozialismus, in: Vierteljahresschrift für Sozial- und Wirtschaftsgeschichte 90 (2003) 3, S. 269–289, hier S. 279 sowie E. S. Breßler: Von der Experimentierbühne, S. 230.

886 Darüber hinaus wird die Teilnahme der beiden zu spät kommenden Tüftler erst über die Intervention des Wettbewerbspublikums erreicht, das mit seinen zunehmend in Stakkato geordneten Zwischenrufen und Schreien Erinnerungen an die berüchtigten Saalschlachten der Nationalsozialisten aufkommen lässt. Der dabei formulierte Anspruch eines allgemeinen „Volkswillens“ kaschiert geschickt die eigentliche Befangenheit des Publikums, bestehend aus den beiden Freundinnen, dem von Palmer geretteten Financier Niemann sowie zahlreichen Anteilseignern an der Erfindung, vgl. F. Strzelczyk: Innocent Action, S. 437.

erfordern, sind den Dachatelier-Tüftlern kleinräumliche Artefakte zugeteilt. Entsprechend markant weicht die Darstellung des Ingenieurs von den bisherigen Heldenfiguren ab, wobei die bis ins äußerste Klischee abdriftenden statischen wie eindimensionalen Charakterzüge nahezu aller Protagonisten des Films auch den Erfordernissen des Komödiengenres geschuldet sind.

Tobias Bern ist der einzige Ingenieur des gesamten Filmkorpus mit einem (mehrfach erwähnten) Doktortitel, noch dazu in Physik, der diese Figur in die Nähe zu populären Darstellungen des Wissenschaftlers rückt.[887] Äußeres und Verhalten unterstützen dies: Bei seinem ersten Auftritt hockt er hustend und verdreckt auf dem Boden seines rauchgeschwängerten Ateliers, eingewickelt in Kabelgewirr von einem eben fehlgegangenen Experiment. Untersetzt und pummelig, mit Brille und beginnender Glatze, die durch quergekämmtes Haupthaar und Schiebermütze kaschiert wird, entspricht er so gar nicht dem heroischen Typus eines Machers und Anführers.[888] Der tollpatschige Junggeselle ist ebenso mittel- wie machtlos. Selbst in seiner genuinen Wirkungssphäre agiert er nicht vollends souverän, sondern per chaotisch anmutendem Versuch-und-Irrtum-Prinzip. So ist er nicht der Erfinder des Novums, jedoch letztendlich ihr Zerstörer. Außerhalb der Techniksphäre agiert er weltfremd, naiv, gutgläubig, hilflos und passiv. Der trottelige, zerstreute Bastler entspricht vollkommen dem Typus des „schrulligen Wissenschaftlers", eine stark überzeichnete, satirische Darstellungsform, die sich, damals bezogen auf die Gründungsmitglieder der Royal Society, bis in die englische Literatur des 17. Jahrhunderts zurückverfolgen lässt.[889] Als überaus gutmütiger und harmloser Vertreter seiner Zunft trägt er auch schon mal Küchenschürze, hilft seiner Angebeteten bei der Hausarbeit, isst gern und viel Süßspeisen und trinkt mit Likör das am weiblichsten konnotierte alkoholische Getränk schlechthin.[890] Nur in der Nähe und häuslichen Sphäre seiner Nachbarin wird er aktiv, wobei die allmähliche Annäherung beidseitig erfolgt. Seine in (medial vermittelten, d. h. für ihn nicht unmittelbar gegebenen) Gefahrensituationen auftretende Hilflosigkeit wird durch Groß- und Nahaufnahmen, die sein Schluchzen ins Bild setzen, akzentuiert; an einer Stelle zelebriert eine rotierende

887 Die bekanntesten literarischen und filmischen Mad Scientists tragen Doktortitel: Faustus, Jekyll, Moreau, Caligari, Mabuse, Strangelove, etc.

888 Vgl. DWOM, 00:04:25ff.

889 Vgl. Petra Pansegrau: Zwischen Fakt und Fiktion – Stereotypen von Wissenschaftlern in Spielfilmen, in: B. Hüppauf/P. Weingart: Frosch und Frankenstein, S. 373–386, hier S. 377.

890 Bezeichnenderweise ist er auch der einzige Ingenieur des gesamten Filmkorpus, der nicht raucht.

subjektive Kamera übermütig einen Ohnmachtsanfall.[891] Dieser Habitus steht in direktem Kontrast zu dem seines Freundes; die beiden Protagonisten erfüllen damit sämtliche Kriterien eines ungleichen, sich ergänzenden Filmpaares. Der arbeitslose Harry Palmer ist aktiv, kreativ, physisch und verbal schlagfertig und gewitzt; er agiert initiierend, grenzüberschreitend, bevormundend und beschützend – nicht nur seiner Freundin Erika, sondern auch und vor allem Bern gegenüber, dessen Erfindung er nicht nur erfolgreich finanziert, zu Wettbewerb und Patent anmeldet und vermarktet – also all die Schritte ausführt, die gemeinhin aus einer Invention eine Innovation werden lassen – sondern mit einem zufälligen Stolperschritt auch deren Transformation zu einer magischen Apparatur auslöst. Als Frauenheld verhält er sich seiner Angebeteten gegenüber eher nachlässig, versetzt sie mehrfach zugunsten des technischen Abenteuers, was jedoch letztendlich das Happy End der Liebesgeschichte nicht gefährdet. Durch seine Nahkampfausbildung kann er nicht nur ein halbes Dutzend Männer gleichzeitig überwältigen, sondern im Handlanger Costas auch einen ausgewiesenen Jiu-Jitsu-Meister. Ungeachtet ihrer sozialen Situierung (als arbeits- und mittelloser, bis dato wenig erfolgreicher Studienabbrecher), die oberflächlich gesehen einen marginalisierten Typus nahelegen würde, entspricht diese Figur in ihrer idealisierten Zeichnung dem Modus der hegemonialen Männlichkeit, zu dem sich die weiteren Hauptfiguren entsprechend positionieren: Ingenieur Bern befindet sich paradoxerweise gerade aufgrund einer gewissen Nähe zum Weiblichen, die ihn als Hausmann und Familienmensch klassifiziert, in Komplizenschaft – er profitiert in mehrfacher Beziehung von „sensation seeker" Harry, ohne sich dessen Risiken und Gefahren aussetzen zu müssen. Zu den Abenteuern des Freundes nimmt er, dank der Möglichkeiten der Allmacht-Apparatur, die komfortable Position des Beobachters ein. Das hierarchisch strukturierte Beziehungsgefüge der beiden Tüftler wendet sich gegen diejenige Filmfigur, die in ihrer Feminisierung die untergeordnete Männlichkeit repräsentiert: den Industriellen und Großunternehmer E. W. Costa. Costa pflegt einen ebenso aufwändigen wie exzentrischen Lebensstil – er umgibt sich mit Luxusartikeln, frühstückt spät und reichlich, beweist eine ausgeprägte Vorliebe für dick aufgetragenes Parfüm und ausgefallene Accessoires wie auffällig gemusterte Tücher und Boutonnières. Die mit säuselnder Stimme und affektiertem Hüsteln untermalte Exaltiertheit verweist auf einen lasterhaften und schwächlichen Charakter, der ebenfalls der sozialen Kontrolle durch die Allsicht-Apparatur unterworfen und lächerlich gemacht wird: Im Augenblick der Erkenntnis des Überwacht-Werdens ist

891 Vgl. DWOM, 01:10:50ff.

Costa einem Ohnmachtsanfall nahe, ebenso im Moment seines letztendlichen Scheiterns beim Rundfunkwettbewerb. Die Darstellung Costas reiht sich in eine lange Reihe typischer Filmrollen Hubert von Meyerincks ein, dessen Schurken-Charaktere häufig feminin und durch homoerotische Nuancierungen geprägt waren. Ebenso wie bei Gustaf Gründgens galt Meyerincks Homosexualität in der Berliner Kulturindustrie der 1930er Jahre als offenes Geheimnis, sodass es dahingehend (freilich ins Klischee abdriftende) Überschneidungen hinsichtlich Person und Rolle gab.[892] In DIE WELT OHNE MASKE dient indes die ausländische Herkunft Costas dezidiert als Feindbild zum „deutschen Erfindergeist" – dies im Übrigen entgegen den realen Verhältnissen in der deutschen Rundfunkapparateindustrie, in der es in den 1920er Jahren zur Kartellbildung kam, die u. a. auch ausländische Konkurrenzunternehmen gezielt vom deutschen Markt fernhielt.[893] Was zu Filmbeginn als internationale Unternehmung beginnt, feiert sich, versinnbildlicht über den Sieg des deutschen Ingenieurs gegenüber dem ausländischen Unternehmer, zu Filmende hin als nationales bzw. national vergemeinschaftetes Erfolgsprojekt. Florentine Strzelczyk zufolge liefert die Zukunftskomödie über die Thematisierung der potenziellen Kontrolle der Bildproduktion einen Kommentar zur allmählichen nationalsozialistischen Gleichschaltung der deutschen Filmindustrie:

> „The business with images […] turns from an international enterprise at the beginning of the film into a nationally focused monopolist economy, controlling and producing the images disseminated to a German public."[894]

Den Genre-Konventionen entsprechend wird der Repräsentant des ausländischen und damit symbolhaft entgrenzten Kapitals im Moment seiner Niederlage nicht eliminiert oder gar vernichtet, sondern nur der Lächerlichkeit preisgegeben. Wenngleich der technische Fortschritt somit keine unmittelbaren, d. h. tödlichen Opfer erfordert, so ist dessen Erfolg doch an die geschlechtliche Matrix gebunden: Zum einen über die Feminisierung des zentralen Widersachers, zum anderen durch die Rolle der weiblichen Nebenfiguren, die als amouröse Versuchungen den Erfolg des technischen Projekts permanent gefährden: Abgelenkt durch seinen zunehmend erfolgreichen Flirt mit Nachbarin Betty, vergisst Bern komplett seine Erfindung, die prompt gestohlen wird. Palmer hingegen verhält sich wiederholt nachlässig gegenüber seiner Angebeteten Erika, was jedes Mal

892 Vgl. Adolf Heinzlmeier/Berndt Schulz: Lexikon der deutschen Film- und TV-Stars, Berlin 2000, S. 243.

893 W. König: Volksempfänger und Radioindustrie, S. 275.

894 F. Strzelczyk: Innocent Action, S. 436.

der Rettung der Apparatur zugutekommt.[895] Letzten Endes ist die Zerstörung der futuristischen Apparatur einem amourösen Intermezzo geschuldet, als Fahrer Harry der eben befreiten Erika bei voller Fahrt einen Kuss geben will, und dadurch vom Straßenverkehr abgelenkt an der nächsten Kreuzung eine Vollbremsung vollziehen muss. Wenngleich humoristisch verpackt, so wird doch auch in DIE WELT OHNE MASKE die altbekannte Konkurrenz von Frau und Technik perpetuiert.

Im Gegensatz zum restlichen Korpus fehlt dem Film jedoch die Kollektivnebenfigur der Arbeiterschaft. Gleichzeitig gehören die beiden Protagonisten nicht der technischen Elite an, sondern rücken durch Herkunft und Habitus in die Nähe des Kleinbürgertums. Als Repräsentanten und Stellvertreter des (auf der diegetischen Zuschauertribüne des Wettbewerbs wie vor der Kinoleinwand sich befindlichen) „einfachen Volkes" richtet sich ihre Agenda nicht gegen die staatliche Obrigkeit, die ganz im Gegenteil sogar begrüßt und angerufen wird, wenn die eigenen ökonomischen Interessen (die Arbeits- und Mittellosigkeit der beiden Tüftler ist mehrmals Thema) mit der Bewerbung der Erfindung als „Volksprodukt" dem nationalen Gemeinwohl untergeordnet werden. In der Abwehr eines als ebenso egoistisch-entgrenzt wie äußerlich imaginierten Kapitals in Form des südamerikanischen Unternehmers Costa wird der sozialkritische Impetus in DIE WELT OHNE MASKE in einen mindestens populistischen bis offen faschistischen Affekt überführt.

6.4 Zusammenfassung

Als zur 10. Funkausstellung das erste „Volksempfänger"-Gerät vom Typ VE 301 vorgestellt wurde, munkelte die Fachpresse, dass es nun bis zur erfolgreichen Entwicklung eines „Volks-Fernseh-Empfängers" nicht mehr weit sei.[896] Und tatsächlich gewann nicht einmal zwei Jahre später das Deutsche Reich mit der Eröffnung des Senders „Paul-Nipkow" im März 1935 den Wettlauf um den weltweit ersten regelmäßigen Fernsehprogrammdienst – man war der BBC, die eine solche Weltpremiere für 1936 geplant hatte, zuvorgekommen. Der Sieg über die britische Konkurrenz wurde, zusammen mit der Übertragung der Olympischen

895 Weil Harry den zukünftigen Financier Niemann vor den Einbrechern rettet, kommt er zu spät zu seinem ersten Rendezvous – das schließlich damit endet, dass er, um die von den Handlangern Costas verladene Apparatur in Sicherheit zu bringen, Erika einfach auf der Straße stehen lässt, woraufhin die Versetzte in Tränen ausbricht; vgl. DWOM, 01:05:45–01:10:00.

896 Vgl. W. König: Volkswagen, S. 103.

Spiele im Sommer 1936, als Prestigeprojekt und Beweis der technischen Vorreiterrolle des NS-Regimes weidlich ausgeschlachtet. In seiner Rundfunkrede zum „Stand des Fernsehens“ konstatierte Reichssendeleiter Eugen Hadamovsky:

> „Deutschland ist das politisch modernste Land. Es hat die modernste Staatsverfassung, ist ein nationalsozialistischer Führerstaat. Deutschland hat das modernste Flugverkehrsnetz. Es hat seine Jugend zu Segelfliegern gemacht und die kühnsten Träume germanischer Heldensagen verwirklicht. Es besitzt die schnellsten Rennwagen der Welt, hat die modernsten Autostrassen [sic!] gebaut und marschiert jetzt mit einer neuen epochemachenden Kulturentwicklung an vorderster Front der Völker: mit dem Fernsehen.“[897]

Vom realiter eingeführten Gemeinschaftsempfang in Fernsehstuben bis zum in Die Welt ohne Maske beworbenen Empfangsgerät für den privaten Haushalt war derweilen noch eine in qualitativer wie quantitativer Sicht hohe Hürde zu nehmen, die bis zum Kriegsausbruch nicht beseitigt werden konnte. Zwar drängten Industrie und Reichspost aufgrund der getätigten immensen Investitionssummen auf eine analog zum Volksempfänger baldig startende Serienproduktion. Mit dem „Einheits-Fernsehempfänger“ E 1 wurde auf der 16. Funkausstellung im Juli 1939 schließlich eine Nullserie von ca. 50 von Hand gefertigten Exemplaren vorgestellt.[898] Mit einem Stückpreis von 650 RM war der E 1 jedoch eher ein Luxusgegenstand und als solcher schwerlich als „Volksfernsehempfänger“ zu vermitteln. Ferner war der Propagandawert des kleinen Fernsehbildes ausgesprochen fraglich.[899] Bis zum Ausbruch des Zweiten Weltkriegs wurden (statt der geplanten 10.000 Stück) nur noch ca. 500 Geräte produziert, die nach der kriegsbedingten Produktionseinstellung auf militärischem Gebiet (so für die Startbeobachtung der „V2“-Rakete oder testungsweise für Luftaufklärungszwecke) Verwendung fanden.[900]

Die Filmgeschichte von Die Welt ohne Maske spiegelt indes die allgemeine Umgangsweise mit NS-Komödien in der bundesdeutschen Nachkriegs-Fernsehöffentlichkeit: Betont wurde ein als dezidiert unpolitisch vorgestellter, seiner

---

897 Eugen Hadamovsky, zit. in: E. S. Breßler: Von der Experimentierbühne, S. 221.

898 Vgl. ebd., S. 230.

899 Vgl. Wolfgang König: Das Scheitern einer nationalsozialistischen Konsumgesellschaft. „Volksprodukte“ in Politik, Propaganda und Gesellschaft des „Dritten Reiches“, in: Zeitschrift für Unternehmensgeschichte 48 (2003) 2, S. 131–163, hier S. 147. Angeblich herrschte seitens der Machthaber eine gewisse Skepsis, dass die erwiesenermaßen geringe Bildqualität des E 1 sie lächerlich wirken lassen könne; vgl. H.-J. Braun: Anfänge des Fernsehens, S. 164.

900 Vgl. ebd.

staatstragenden Rolle entkleideter Unterhaltungsaspekt; dessen weltanschauliche Dimension wurde nicht etwa relativiert, sondern schlichtweg verschwiegen. In den Ankündigungen zu den Ausstrahlungen im bundesdeutschen Fernsehen dominierten entsprechend Ausführungen zur mediengeschichtlichen Selbstreferenzialität (ein Film über das Fernsehen im Fernsehen);[901] während selbst noch in heutigen Filmlexika Verweise auf den ideologischen Gehalt als amüsanter Treppenwitz daherkommen – oder der Streifen in Gänze als Kritik am NS-Überwachungsapparat umgedeutet wird. Piels Science-Fiction-Filme der 1930er Jahre bieten trotz oder gerade wegen ihrer Trivialität und ihres Sensationalismus „a superb example of how visions of technology folded into National Socialist utopias and illusions, while offering seemingly non-ideological spaces of leisure and mass entertainment“.[902] Gerade die Zukunftskomödie DIE WELT OHNE MASKE zeigt das auf.

901 Vgl. bspw. Anonymus: 20.15Uhr. Bayern III. Die Welt ohne Maske, in: Der Spiegel Nr. 26 vom 24.06.1974, S. 119 sowie Anonymus: 21.10Uhr. Hessen III. Die Welt ohne Maske, in: Der Spiegel Nr. 5 vom 26.01.1976, S. 36.

902 F. Strzelczyk: Motors and Machines, S. 543.

7. Fazit: Die Ingenieursfigur als Mittler zwischen Kapital und Arbeit

Mit dem Übergang vom Stumm- zum Tonfilm änderten sich auch signifikant Motive und Topoi im deutschen Kino des Phantastischen. In den 1920er Jahren dominierten expressionistische Filme, in denen, gespeist aus den entgrenzten technisierten Gewalterfahrungen des Ersten Weltkriegs, das Albtraumhafte des technischen Fortschritts und die damit verbundene Verunsicherung, Verstörung und Zerrissenheit der noch jungen deutschen Industriegesellschaft verarbeitet wurde. Als Personifizierungen des wahrgenommenen Zerfalls der tradierten politischen, wirtschaftlichen und sozialen Ordnung beherrschten Geistermenschen, verrückte Wissenschaftler und deren Kreaturen die Leinwand des Weimarer Zukunftskinos. Ein Jahrzehnt später tauchten hingegen vermehrt Ingenieure auf, die als Helden technischer Großprojekte eine vordergründig positive Sicht auf den technischen Fortschritt lieferten, wobei die entworfenen Zukunftswelten sich vorrangig durch die jeweilige technische Errungenschaft von der Gegenwart unterschieden und die Darstellung der Nova sich weitgehend auf vorhandene zeitgenössische Technik stützte.

In dieser Arbeit wurde der Frage nachgegangen, welche Bedeutungszuschreibungen bezüglich der Technik und des technischen Fortschritts sich an die Filmfigur des Ingenieurs im deutschen Zukunftsfilm der 1930er Jahre knüpften. In einem technikhistorischen Zugriff auf cineastische vergangene Zukünfte wurde hierfür das Referenzverhältnis zwischen filmischer Narration und zeitgenössischen außerfilmischen Diskursen zum einen bezüglich der verwendeten technizistischen Ästhetik, die sich in den jeweiligen Nova manifestiert, zum anderen hinsichtlich der die wissenschaftlich-technische Welt repräsentierenden Hauptfiguren – Wissenschaftler, Erfinder und Ingenieure – analysiert. Ausgehend vom Postulat, dass die mediale Figur des Ingenieurs, hierin diametral zu der des *mad scientist*, im Allgemeinen dazu dient, technisches Handeln in seinen Hoffnungspotenzialen aufzuzeigen und damit technisierte Zukunftsversprechen als eingelöst zu präsentieren, wurde untersucht, auf welche zeitgenössischen Problemlagen resp. -wahrnehmungen diese Filmfigur reagierte, indem sie als zentrale Instanz kollektiver Sinnstiftungsangebote und kollektivierender Gemeinschaftsbezüge eingesetzt wurde.

Es konnte aufgezeigt werden, dass die Filmfigur des Ingenieurs der 1930er Jahre an Gesellschaftsvisionen anknüpft, die sich um technokratische Lösungen der zeitgenössisch äußerst virulenten Frage nach dem Konflikt von Kapital und Arbeit bemühen, indem die Technik und demzufolge auch ihr zentraler Repräsentant als vermittelndes und regulierendes Element eingesetzt wird. So zeitigen die deutschen Science-Fiction-Filme dieser Zeit, obgleich bzw. gerade weil sie keine Repräsentanten der politischen Sphäre aufweisen, interventionistische Szenarien der Gesellschaftsplanung vermittels Technik (dies im markanten Gegensatz zum britischen Vergleichsfilm TRANSATLANTIC TUNNEL, in dem Vertreter der Politik sehr wohl als zentrale Vergemeinschaftungsinstanz wirken, dabei jedoch weniger ein Planungs- als vielmehr ein wirtschaftsliberales „laisser faire"-Szenario im Vordergrund steht). Anhand des beständig wiederkehrenden Konstellationsdreiecks von Repräsentationsfiguren der Technik (Ingenieure und Wissenschaftler), Arbeit (Industrie- und Agrararbeiter sowie Angestellte) und Kapital (Fabrikanten und Unternehmer) lassen sich die deutschen Zukunftsfilme der 1930er Jahre als (Zerr-)Spiegel der zentralen Konfliktlinie der deutschen Gesellschaft der Zwischenkriegszeit, die mehr denn je den Charakter einer industriellen Klassengesellschaft angenommen hatte, verstehen. Hierbei sind unter dem übergeordnet als „Hintergrundideologie" (D. van Laak) wirkenden technokratischen Sinnangebot durchaus divergente Lösungsstrategien zum benannten Konflikt ablesbar:

Der späte Weimarer Zukunftsfilm F.P.1 ANTWORTET NICHT, der das technische Großprojekt einer transatlantischen Flugplattform zum Thema hat, verhandelt mit seinem Fokus auf die industrielle Arbeitswelt, deren Imperative der Rationalität, Sachlichkeit und Planung selbst auf die außertechnische Lebenswelt ausgreifen und somit auch die im Film erzählte Liebesgeschichte determinieren, symbolische Ordnungsvorstellungen der Klassischen Moderne. Ingenieur Droste erscheint als zentrale Repräsentationsfigur des „Neuen Menschen", der den Anforderungen und Erfordernissen dieses technokratischen Szenarios angepasst ist. Zwar finden sich durch das Aufgreifen des Sabotagemotivs (ein beliebter Topos der zeitgenössischen Zukunftsliteratur) in diesem Film durchaus Bezüge einer strukturell antisemitisch grundierten Kapitalismuskritik, jedoch wird an keiner Stelle ein potenzieller Interessengegensatz mithilfe einer durch den Ingenieur vertretenen vergemeinschaftenden Agenda aufgehoben. Trotz der mit seinem Charakter verbundenen technizistischen Tendenzen tritt der Ingenieur im Gegensatz zu den Zukunftsfilmen ab 1933 nicht als Mittlerfigur zwischen Kapital und Arbeit in Erscheinung.

Die den Zeitraum von 1915 bis 1935 umspannenden Verfilmungen des gleichnamigen Bestsellerromans von Bernhard Kellermann *Der Tunnel* verarbeiten anhand der Geschichte eines transatlantischen Tunnelprojekts ganz verschiedene gesellschaftspolitische Hoffnungen und Ängste ihrer jeweiligen Gegenwart. William Wauers DER TUNNEL (1915) hält sich zwar hinsichtlich

Figurenkonstellation und Handlungsverlauf relativ eng an die erst zwei Jahre zuvor veröffentlichte Erzählung, verzichtet jedoch auf die den Roman prägenden Amerikabilder zugunsten kolonialistischer Projektionen, die die diesbezüglichen Ambitionen des Deutschen Kaiserreichs widerspiegeln. Gleichzeitig werden die bellizistischen Züge des Romans, in dem der Ingenieur Mac Allan als Feldherr die Arbeitsschlacht des Tunnelbaus anführt, zugunsten des tayloristischen Bildes vom Ingenieur als bürokratischer Organisator aufgegeben. Ein augenscheinlicher Hinweis für das Ausgreifen des zu Weltkriegsbeginn ausgerufenen Burgfriedens in die Kulturpolitik des Deutschen Kaiserreichs dürfte in der Auslassung der im Roman so prominenten Figur des jüdischen Spekulanten zu finden sein. Das infolgedessen im Vergleich zum Roman ohnehin gedämpfte Konfliktpotenzial zwischen Technik und Kapital wird durch die technokratische Hochzeit von Ingenieur und Hochfinanz in eine harmonische Ordnung überführt. Ganz anders verfährt die 1933er Verfilmung von Kurt Bernhardt, in der der Ingenieur als „Mann der Tat“ und Märtyrer für den technischen Fortschritt seine Arbeiterheere in den Kampf um Leben und Tod gegen eine zu besiegende, weiblich imaginierte feindliche Natur- wie Geldmacht führt. Die offenkundige Affinität zur NS-Ideologie speist sich aus einer ubiquitären Vernichtungsphantasie, in der die nobilitierte Arbeit als zentrales, mörderisches Instrument der Inklusion und Exklusion agiert. Zur siegreichen Bewältigung des technischen Großprojekts ist es notwendig, dass der aus Ingenieur und Arbeiterschaft gebildete männliche Kollektivkörper der Produktionssphäre alles, was diesem Konzept der Arbeit als „Nicht-Arbeit“ gegenübergestellt wird und dazu feminin konnotiert ist (die Ehefrau des Ingenieurs, die Natur, das Finanzkapital), nicht nur symbolisch ausgeschlossen, sondern radikal eliminiert wird.

Während beide deutschen Verfilmungen hinsichtlich der Technikdarstellung deutlich ihrer jeweiligen zeitgenössischen Gegenwart verhaftet bleiben, entfaltet sich in der britischen Verfilmung TRANSATLANTIC TUNNEL das technische Großprojekt als eine rundum futuristische Infrastruktur, die einer anglo-amerikanischen Bündnispolitik als zentrale Verteidigungsmaschinerie gegen die Ahnungen eines baldigen Zukunftskriegs dienen soll. Dabei handelt es sich nicht um eine technokratische Phantasie im Sinne einer Herrschaft der Techniker; hierfür fungiert der Ingenieur zu sehr als Spielball der konfliktaustragenden verschiedenen Wirtschaftsmächte. Zwar dient auch hier das technische Großprojekt der Krisenüberwindung, jedoch wird diese nicht als Konflikt zwischen Kapital und Arbeit, sondern als Bedrohung der westlichen Zivilisation und ihrer Werte konzipiert. Dementsprechend wird das im Roman angelegte und in der 1933er Verfilmung verdichtete Zerrbild eines gegen die Interessen des Gemeinwohls spekulierenden Finanzkapitals zugunsten eines utilitaristisch geprägten wirtschaftsliberalen Verständnisses aufgegeben, indem ein dem gesellschaftspolitischen Gemeinwohl dienendes Ergebnis aus diesen entgegengesetzten egoistischen Motivationen umgesetzt wird.

Vollends ambivalent gerät die Filmfigur des Ingenieurs Werner Holk in GOLD, der zu Filmende die anfangs Heil versprechende Erfindung – eine Apparatur, die durch „Atomzertrümmerung" Blei in Gold umwandelt – angesichts der sich abzeichnenden Unbeherrschbarkeit der wirtschaftlichen und damit gesellschaftlichen Folgen zerstört. Der Maschinensturm des Ingenieurs ist dabei einer spezifisch antikapitalistischen Agenda verpflichtet, die sich gegen die Gefahr eines entfesselten, britisch imaginierten Finanzkapitalismus in doppelter Weise immunisiert: erstens in der national grundierten Komplizenschaft von deutschem Ingenieur und per Dialekt germanisierter Arbeiterschaft, die in die physische (Selbst-)Vernichtung des zentralen Gegenspielers, des schottischen Fabrikanten, mündet; zweitens in der Abwehr einer drohenden Domestizierung des Ingenieurs durch die Versuchungen eines mit der Unternehmerstochter feminisiert versinnbildlichten Kapitals, dem durch seine schlussendliche Rückkehr zur per Blutsgemeinschaft verbandelten deutschen Verlobten begegnet wird. Der Ingenieur fungiert mithin als doppelter Garant für einen technischen Fortschritt, der mit den Anforderungen eines reaktionären Modernismus kompatibel ist, indem er einerseits die Technik souverän anwendet und beherrscht, andererseits sie im Falle einer drohenden Entgrenzung, die sich gegen den imaginierten Volkskörper richtet, einhegt bzw. sogar eliminiert.

Ganz im Zeichen einer völkischen Biopolitik steht die Agenda des Ingenieurs Werner Baumann in DER HERR DER WELT: Während ein verrückter Wissenschaftler mittels eines von ihm konstruierten Kampfroboters nach der Weltherrschaft strebt, setzt sich der Ingenieur für den Einsatz „friedlicher" Maschinenmenschen zur vollständigen Automatisierung des Bergbaus und die ländliche Umsiedlung der dadurch freigesetzten Arbeiter ein. Mit der (zumal stilistisch extrem überzeichneten) Gegnerschaft von Ingenieur und Wissenschaftler wird die Diskursfigur vom „schaffenden" und „raffenden Kapital" heraufbeschworen, indem durch die Weiterbeschäftigung der Arbeiter als Neu-Bauern das Produktive heiliggesprochen wird. Die vielfache Betonung von kollektiver Ertüchtigung, Gesundung und Hygiene knüpft die Sakralisierung der Arbeit so deutlich wie in keinem anderen Fallbeispiel an die Imagination eines rassenbiologisch definierten Volkskörpers. Dem entgegengesetzt weist die Figur des verrückten Wissenschaftlers Wolf in ihrer Personifizierung einer dunklen, nach Weltherrschaft strebenden Macht deutlich antisemitische Züge auf. Der fehlgeschlagene Einsatz des Kampfroboters kann somit als technofuturistische Variante des Wahns von der Aufrechterhaltung der „Zinsknechtschaft" gelesen werden. Die zu Filmende agrarromantisch imaginierte Versöhnung von Technik und Natur ist jedoch insofern trügerisch, als sie an ein völkisch-fordistisches Produktionsregime gebunden ist, in dem der Ingenieur als Sozialtechnologe die Zukunft einer biopolitisch verdinglichten Arbeiterschaft bestimmt.

In der Zukunftskomödie Die Welt ohne Maske entspringt das technische Novum der Extrapolation des zeitgenössisch in Prototypform entwickelten Fernsehens ins Techno-Imaginäre durch die Zufallserfindung einer Allsicht-Apparatur. Ingenieur Dr. Tobias Bern weicht von den Figuren des restlichen Filmkorpus deutlich ab, indem er als unbeholfener, zerstreuter wie liebenswert-harmloser Bastler dem satirischen Typus des schrulligen Wissenschaftlers entspricht. Die Heldenposition eines Allround-Genies nimmt indes sein arbeitsloser Freund Harry ein, der als eigentlicher Garant und Beschützer des technischen Fortschritts auftritt. Die beiden Protagonisten gehören nicht der technischen Elite an, sondern lassen sich durch Herkunft, Habitus und letztendlich auch in der Wahl ihrer Liebesbeziehungen in der Nähe des Kleinbürgertums verorten. Gleichzeitig fehlt dem Film die Kollektivnebenfigur der Arbeiterschaft, deren Funktion von den beiden Tüftlern selbst übernommen wird, wenn sie sich zum glücklichen Filmende mit der Präsentation eines massenkompatiblen „Volks-Fernseh-Empfängers" als Stellvertreter des „einfachen Volkes" inszenieren. Ihre konsumpolitische Agenda umfasst wiederum auch die Abwehr eines entgrenzt imaginierten Kapitals in Personifizierung des profitorientierten Unternehmers Costa, dessen ausländische Herkunft dezidiert als Feindbild zum „deutschen Erfindergeist" der beiden Tüftler profiliert wird. Den Genre-Konventionen entsprechend wird der zentrale Repräsentant des Kapitals im Moment seiner Niederlage jedoch nicht eliminiert oder gar vernichtet, sondern nur der Lächerlichkeit preisgegeben. Was zu Filmbeginn als internationale Unternehmung beginnt, feiert sich, versinnbildlicht über den Sieg der deutschen Technik über das als fremd und äußerlich abgewehrte Kapital, am Filmende als nationales bzw. national vergemeinschaftetes Erfolgsprojekt.

Anhand der vergleichenden Filmanalysen konnte aufgezeigt werden, dass der Ingenieur beileibe nicht als geradliniger Repräsentant oder gar Beweis eines allgemeinen Technikoptimismus und einer ebenso allgegenwärtigen Fortschrittseuphorie gelesen werden sollte. Darauf verweist bereits der sämtlichen Filmen der 1930er Jahre innewohnende Rekurs auf die Weltwirtschaftskrise: in F.P.1 antwortet nicht und Der Tunnel dient das technische Großprojekt als gigantische Arbeitsbeschaffungsmaßnahme; in Gold soll durch den Maschinensturm der Gefahr eines globalen Wirtschaftskollaps begegnet werden; Der Herr der Welt verhandelt das Problem der Arbeitslosigkeit durch Rationalisierung und Automatisierung, und selbst die Komödie Die Welt ohne Maske erinnert ihr Kinopublikum durch die prekäre Ausgangslage ihrer beiden arbeits- wie mittellosen Helden an die Folgen der Weltwirtschaftskrise. Entgegen der zeitgenössischen Debatte, in welcher der Gruppe der Ingenieure durchaus ein beträchtlicher Anteil an den Krisenursachen zugesprochen wurde – namentlich durch den Vorwurf der „Fehlrationalisierung“[903] – befindet sich die Filmfigur des Ingenieurs dabei nie in der Defensive, sondern dient allein als Lösungsinstanz.

Des Weiteren ereignen sich in allen Filmen technische Katastrophen oder zumindest Unfälle. Besonders präsent sind diese Ereignisse in allen Tunnel-Verfilmungen; in F.P.1 ANTWORTET NICHT sowie in GOLD tauchen sie in Form der Sabotage auf, in DER HERR DER WELT als Grubenunglück, in DIE WELT OHNE MASKE schließlich als Slapstick-Einlagen, die erst die Zufallserfindung ermöglichen und schlussendlich auch wieder zerstören. Diese Katastrophen-Metaphorik verweist zuvorderst auf ein Genre-eigenes Merkmal der Science-Fiction, ohne welches offenbar auch die vordergründig technikoptimistischen Zukunftsfilme nicht auskommen.[904] Gleichzeitig muss sie zum diesbezüglichen Diskurs der Zwischenkriegszeit ins Verhältnis gesetzt werden: Entgegen der pessimistisch grundierten geschichtsphilosophischen Deutung der Katastrophe als Signatur der Moderne[905] verdeutlichen die in den Zukunftsfilmen auftretenden

---

903 Vgl. Otto Bauer: Kapitalismus und Sozialismus nach dem Weltkrieg Bd. 1: Rationalisierung – Fehlrationalisierung, Berlin 1931; dazu Gunnar Stollberg: Die Rationalisierungsdebatte 1918–1933. Freie Gewerkschaften zwischen Mitwirkung und Gegenwehr, Frankfurt am Main 1981, S. 102ff.; J. Radkau: Technik in Deutschland, S. 299f. Dieser Vorwurf veranlasste 1932 einige Vertreter der technischen Elite zur mehrfachen Stellungnahme in Form von programmatischen Beiträgen in der *Zeitschrift des Vereins Deutscher Ingenieure*, in denen sie ihr gemeinwohlorientiertes Selbstverständnis gegen das tradierte Feindbild des „Finanzkapitals“ aktualisierten, vgl. bspw. A[dolph]. Nägel: Technik und Wirtschaftskrise, in: Zeitschrift des Vereins Deutscher Ingenieure 76 (1932) 14, S. 329–334; E[nno]. Heidebroek: Maschine und Arbeitslosigkeit, in: ebd. (Nr. 43), S. 1041–1048 sowie Verein deutscher Ingenieure: Kundgebung des Vereins deutscher Ingenieure, in: ebd., S. 1048. Dieselben Autoren publizierten zwei Jahre später argumentativ ähnlich gelagerte, nun ideologisch zugespitzte Beiträge in der im VDI-Verlag erschienenen technopolitischen NS-Schrift von Rudolf Heiss (Hg.): Die Sendung des Ingenieurs im neuen Staat, Berlin 1934.

904 Vgl. G. Seeßlen/F. Jung: Science Fiction, S. 32, 677.

905 Pointiert von Walter Benjamin: „Der Begriff des Fortschritts ist in der Idee der Katastrophe zu fundieren. Daß es ‚so weiter‘ geht, *ist* die Katastrophe. Sie ist nicht das jeweils Bevorstehende sondern das jeweils Gegebene.“, Walter Benjamin: Zentralpark [1938/39], in: Rolf Tiedemann/Hermann Schweppenhäuser (Hg.): Walter Benjamin.

Zwischenfälle zwar Risiken und Gestaltungsprobleme der technischen Moderne, sie bilden jedoch keinen Kontrapunkt zum Fortschrittsversprechen. Stattdessen werden sie externalisiert, das heißt, Sabotageakten oder Naturgewalten zugeschrieben. Gegenüber dem kulturkritischen Verständnis des Verhältnisses von auf Dauer gestellter Katastrophe und akuter Krise verhalten sich die technischen Katastrophen der Zukunftsfilme gewissermaßen diametral: In ihrem punktuellen Bestehen als Ausgangs- oder Wendepunkt der Erzählung dienen sie letztendlich der Krisenüberwindung.

Damit ist die Figur des Ingenieurs im deutschen Zukunftsfilm, so verschieden sich die Konfliktlinien und Lösungsangebote in den Fallbeispielen auch gestalten mögen, alles in allem *doppelt* ambivalent angelegt, da sie *erstens* mit ihren auf gesellschaftliche Problemlagen antwortenden technokratischen, auf ubiquitäre Plan- und Machbarkeitsphantasien setzenden Lösungsangeboten die zeitgenössische wahrgenommene wie tatsächliche Krisenanfälligkeit der Industriemoderne nicht etwa negiert, sondern ausdrücklich bestätigt. Somit gerät der Ingenieur auch und gerade durch die mit ihm verknüpften Heilsversprechen zur zentralen Krisenfigur: Während die ikonische Figur des Wissenschaftlers mit ihrer Einbettung in dystopische Szenarien, die von der Unbeherrschbarkeit und Dämonie der modernen Technik erzählen, die Kehrseite der Fortschrittsmedaille repräsentiert, konkretisiert sich in ihr die Hoffnung auf prinzipielle Beherrschbarkeit der modernen Technik und damit verbunden die Sehnsucht nach mittels technischer Rationalität verfügbarer wie gestaltbarer gesellschaftlicher Ordnung. Die in den analysierten Zukunftsfilmen entfalteten spezifisch modernen Ordnungsentwürfe neigen *zweitens* gerade aufgrund ihres dem *social engineering* anverwandten Planungs- und Machbarkeitsoptimismus zur totalitären Utopie, deren durch Mechanismen der kategorischen Inklusion wie Exklusion vereindeutigten Lösungsangeboten jede Form von Ambivalenz abhandenkommt. Oder kurz: Die Figur des Wissenschaftlers ist an und für sich ambivalent, die Figur des Ingenieurs treibt hingegen ihrer technizistischen Gesellschaftsutopie jegliche Ambivalenz aus und verschiebt sie gerade dadurch zum regressiv-totalitären Pol. Eine oberflächlich fortschrittsoptimistische Lesart dieser Filme übersieht, dass die Basis ihrer Krisenüberwindungsangebote auf ebenso interventionsfreudigen wie autoritären und repressionsbereiten Ordnungsentwürfen beruht.

Darüber hinaus agiert die anhand der Figurenkonstellation durch Mechanismen der Vergemeinschaftung und des Ausschlusses sich manifestierende

---

Gesammelte Schriften Bd. 1/2: Abhandlungen, Frankfurt am Main 1974, S. 655–690, hier S. 683 [Herv. i. O.].

Vermittlungsfunktion der Technik innerhalb einer geschlechtlichen Matrix, deren Struktur mithilfe des Konzepts der hegemonialen Männlichkeit entschlüsselt werden konnte. Der analytische Gewinn dieses geschlechtersoziologischen Modells von Raewyn Connell erschließt sich auch und vor allem durch den Filmvergleich, der verschiedene Variationen eines wiederkehrenden, die Figurenkonstellation prägenden Musters erkennen lässt.

So weisen alle untersuchten Filme eine generelle Verknüpfung der Repräsentationsfigur des Kapitals mit Bildern von Weiblichkeit auf, wobei hier zwei Darstellungsmodi zu unterscheiden sind:

Zum einen wird die Vorstellung eines bedrohlich entgrenzten, dabei ausländisch, zumeist anglo-amerikanisch imaginierten Finanzkapitals in der Rolle des feminisierten Unternehmers oder der Femme fatale versinnbildlicht. In Der Tunnel ist es die Figur des Spekulanten Woolf, in Die Welt ohne Maske die des südamerikanischen Industriellen Costa, die in ihrem Habitus deutlich einem feminisierten Code entsprechen, zumal mit Gustaf Gründgens und Hubert von Meyerinck beide Rollen von Darstellern übernommen wurden, deren homosexuelle Neigung ein offenes Geheimnis war. In Gold wiederum muss sich der Ingenieur zwischen zwei Frauen entscheiden: seiner deutschen Verlobten Margit und der verführerischen Tochter des schottischen Unternehmers, der die Erfindung der Goldapparatur zur persönlichen Bereicherung nutzen will. Deren Funktion als Femme fatale wurde durch die Besetzung mit Brigitte Helm, die zu ihrem Leidwesen seit Metropolis auf diese Rolle festgelegt war, zusätzlich hervorgehoben. Im Umgang mit diesen Repräsentationsfiguren ist ein wiederkehrendes Muster erkennbar: Die Gefährdungen resp. Versuchungen eines entfesselten Kapitals werden abgewehrt, indem dessen weibliche oder feminisierte Personifizierungen eliminiert (Der Tunnel) oder zumindest entmachtet bzw. der Lächerlichkeit preisgegeben werden (Gold, Die Welt ohne Maske). Zum anderen, dem entgegengesetzt, manifestiert sich die Symbolisierung eines dem Gemeinwohl dienenden, deutschen (Familien-)Unternehmertums im Typus der Unternehmersfrau, die sich schließlich mit dem Ingenieur liiert: Claire Lennartz in F.P.1 antwortet nicht mit Droste; in Der Herr der Welt ist es die Witwe des altruistischen Roboterfabrikanten, dessen sozialvisionäres Werk von Ingenieur Werner Baumann vollendet wird, der dadurch auch die Frau dazugewinnt. Die gesellschaftsverträgliche Einhegung und Vergemeinschaftung des Kapitals wird über die Domestizierung der Frau versinnbildlicht.

Hinsichtlich der Repräsentationsfiguren der Arbeit, die, mit Ausnahme der Komödie Die Welt ohne Maske, als Protagonistenkollektiv auftreten, ist erstens feststellbar, dass sie im Gegensatz zu denen des Kapitals durchgängig männlichen Geschlechts sind. In Verbindung mit den ebenfalls ausschließlich männlichen Ingenieuren wird die Produktionssphäre also als homosozialer Raum inszeniert. (Dass trotz der realiter gegebenen männlichen Dominanz in industrieller Schwerstarbeit eine andere Inszenierungsform möglich ist, beweist der britische Vergleichsfilm TRANSATLANTIC TUNNEL.) Mit Blick auf das Konzept Raewyn Connells sollte zweitens nicht diese filmische Gruppenfigur mit der zeitgenössischen Schicht- oder Klassenzugehörigkeit der Arbeiterschaft in eins gesetzt und ihr damit gleichsam a priori eine marginalisierte Männlichkeit zugesprochen werden. Ganz im Gegenteil lassen sich auch hier wiederum zwei unterschiedliche Inszenierungsmodi feststellen: zum einen die höchst stereotypisierte Darstellung der Arbeiter als manipulierbar, passiv, einfältig und desorganisiert. Ein prägnantes Beispiel hierfür ist die Massenfluchtszene in F.P.1 ANTWORTET NICHT, in der die Mannschaft der Flugplattform als indifferente Masse agiert, deren Gebaren an die Hobbessche Konzeption des *bellum omnium contra omnes* erinnert. Diese Darstellungsform taucht auch in Szenen auf, in denen einzelne Vertreter dieser Gruppenfigur porträtiert werden. So wird in DER HERR DER WELT ein generell paternalistisches Gefälle zwischen Ingenieur und Arbeiter konstruiert, wobei die Kamera gezielt der Lächerlichmachung und Infantilisierung letzterer dient, welche die per Dialog behauptete Komplizenschaft von Technik und Arbeit konterkariert. Die in Entpolitisierung und Infantilisierung sich manifestierende Entmündigung bezeichnet demnach eine untergeordnete Männlichkeit der Arbeiter. Diese Darstellung korrespondiert mit den Figuren von Technik und Kapital insofern, als die technokratische Lösung des Konflikts dessen Entpolitisierung (in der Negierung des Arbeitskampfs) bedeutet und notwendig macht.

Zum anderen lässt sich die Unterscheidung von historisch-soziologischer Sicht- resp. Klassenzugehörigkeit und filmischem Inszenierungsmodus ebenso anhand der Arbeiterschaft in DER TUNNEL (1933) verdeutlichen. Der Konflikt zwischen Arbeit und Kapital enthält hier explizit politische Dimensionen: Die Tunnelarbeiter erscheinen zunächst organisiert und diszipliniert, es gibt Versammlungen, der Generalstreik droht. Die Lösung des Konflikts wird jedoch letztendlich nicht im Arbeitskampf, sondern – sowohl dialogisch als auch bildlich – im Bündnis mit dem Ingenieur gesucht, sodass die Kollektivfigur der Arbeiterschaft in Richtung einer komplizenhaften Männlichkeit rückt.

Je mehr nun Ingenieur und Arbeiterschaft das Bündnis suchen und eingehen, desto heftiger fällt die Abwehr eines vermeintlich „entfesselten Kapitals" aus, vergeschlechtlicht symbolisiert durch die Vernichtung der untergeordneten Männlichkeit bzw. alles Weiblichen oder weiblich Codierten (DER TUNNEL (1933), GOLD). Die Domestizierung des Kapitals durch die Verbindung von deutscher Unternehmersfrau und Ingenieur korrespondiert wiederum mit einer Form von untergeordneter Männlichkeit der Arbeiterschaft (eindeutig in F.P.1 ANTWORTET NICHT; in DER HERR DER WELT wiederum finden sich sowohl auf Seiten der Arbeit wie auch des Kapitals zwei Darstellungsmodi: Dialogisch behauptete Komplizenschaft und visuell erzeugte Unterordnung der Arbeiterschaft gehen einher mit gleichzeitiger Domestizierung (Vilma) und Abwehr (Wolf) des Kapitals). Selbst die in der Figurenkonstellation markante Abweichungen aufweisende Komödie DIE WELT OHNE MASKE bestätigt diese Struktur: Die Komplizenschaft kennzeichnet hier erstens das Beziehungsgefüge zwischen den beiden Tüftlern Harry (dem Vertreter der hegemonialen Männlichkeit) und (dem eigentlichen Ingenieur) Tobias; beide agieren zweitens als Substitut für die fehlende Kollektivfigur der Arbeiterschaft, deren Interessen sie im Sinne eines imaginierten Volkswillens vertreten und folgerichtig die Repräsentationsfigur des Kapitals abwehren. Wie schon dieses Beispiel verdeutlicht, variieren auch die im Ingenieur inkorporierten Repräsentationsformen hegemonialer Männlichkeit: von der Version des Neuen Menschen, der den Erfordernissen einer Welt angepasst ist, in der die technische Rationalität selbst die zwischenmenschlichen Beziehungen überformt (F.P.1 ANTWORTET NICHT), bis zur Form der hegemonialen Männlichkeit als Führerfigur (DER HERR DER WELT, GOLD), als Messias und Märtyrer für den technischen Fortschritt (DER TUNNEL), wobei mit dieser Ingenieursfigur die spezifisch nationalsozialistische Lösung des Interessengegensatzes von Kapital und Arbeit in der Imagination einer Schichten und Status nivellierenden Volksgemeinschaft aufscheint.

Hinsichtlich der Inszenierung der Technik sind in den deutschen Zukunftsfilmen der 1930er Jahre zwei parallel laufende, sich nicht gegenseitig ausschließende Tendenzen zu beobachten: Zum einen weist die Ikonografie der Nova eine stark quasireligiöse Motivik auf. Gerade die technischen Großprojekte ähneln, verstärkt durch entsprechende Kameraperspektiven der Totale und Untersicht, sakralen Stätten. So erinnert die Flugplattform in F.P.1 ANTWORTET NICHT an eine antike Tempelkonstruktion, die Laborhalle mitsamt Goldapparatur in GOLD wiederum an Kathedrale und Altar. Die Visualisierung dieser technischen Großprojekte als Heiligtümer dient der Erzeugung des für den Science-Fiction-Film so typischen *sense of wonder*, der Herstellung eines gleichermaßen Staunen und Ehrfurcht evozierenden Blicks angesichts der überwältigenden, nicht vollends greifbaren Dimension der solchermaßen dargestellten Technik, die sie im Bereich des Erhabenen verortet. Neben dieser Sakralisierung besticht die für das Genre der Science-Fiction weitaus ungewöhnlichere Tendenz der visuellen Defuturisierung. In sämtlichen deutschen Filmen des Untersuchungskorpus finden sich (dies wiederum im markanten Gegensatz zum britischen Vergleichsfilm TRANSATLANTIC TUNNEL) nur wenige explizite Verweise auf die filmische

Zukunft; ganz im Gegenteil ist das Setting stark in der jeweiligen zeitgenössischen Gegenwart verankert. Dies wird erstens ebenfalls in der Ikonografie der zentralen Nova deutlich, die sowohl in ihrem Herstellungszusammenhang als auch im Produkt dem damaligen Stand der Technik verhaftet bleiben (besonders deutlich in DER TUNNEL (1933) und DIE WELT OHNE MASKE; mindestens für den Produktionsprozess zutreffend auch in F.P.1 ANTWORTET NICHT), oder ihren Authentizitätsbezug durch gezieltes und dabei offenkundig erfolgreiches *product placement* damaliger Industrieerzeugnisse erhalten, wie zahlreiche Filmrezensionen aufzeigen, die bspw. die AEG-Apparaturen und -zeichen in GOLD und DER HERR DER WELT als zentrales Kriterium für eine realistische, überzeugende Technikfiktion heranzogen. Zweitens verweisen auch außerhalb der eigentlichen technischen Nova zahlreiche Filmzeichen auf die zeitgenössische Gegenwart, z. B. die massive Zurschaustellung damaliger Flugzeugtypen sowie auffällige Plakatierungen in F.P.1 ANTWORTET NICHT (Werbung der Norddeutschen Lloyd) und auch in DER TUNNEL (1933; zur im gleichen Jahr stattfindenden Chicagoer Weltausstellung). Diese dienen der Betonung der prinzipiellen Mach- und Umsetzbarkeit der dargestellten fiktionalen Welten und suchen damit den Unterschied zwischen Realität und Fiktion aufzuheben. Schließlich dient drittens die Kompilation und Montage dokumentarischen Filmmaterials in ein fiktionales, dadurch gleichsam ent-fiktionalisiertes Setting – wie die Fliegerstaffelaufnahmen in F.P.1 ANTWORTET NICHT oder Teile der Wochenschausequenz in DER TUNNEL (1933) – der Plausibilisierung und Suggestion von Machbarkeit. Passend dazu wurden die Filme in Abgrenzung zur technischen Fiktion oder gar Utopie geschickt als Technikprognose bzw. -vorschau vermarktet – eine Strategie, die von den ansonsten disparat urteilenden Filmkritiken übereinstimmend aufgegriffen und reproduziert wurde. Die beiden zentralen, im Spannungsverhältnis zueinanderstehenden Tendenzen der Sakralisierung und Defuturisierung kennzeichnen das Bemühen um eine erhabene und überwältigende wie auch glaubwürdige, belehrende Technikdarstellung. Diese wiederum markiert, genregeschichtlich betrachtet, ein Spezifikum des deutschen Science-Fiction-Films der 1930er Jahre, das bereits in Fritz Langs letztem Stummfilmwerk FRAU IM MOND paradigmatisch wurde und, sowohl in filmgeschichtlicher wie auch filmästhetischer Hinsicht, ihr zentrales Dilemma ausmacht: In ihrem vordergründigen Bemühen um eine realistische Prognose und Vorhersagekraft bezüglich technologischer Entwicklungen bei gleichzeitiger Vernachlässigung der phantastischen Dimension (also märchenhaft-mythologische, religiöse und metaphysische Bezüge), die einen wichtigen Teil des überzeitlichen Unterhaltungswertes des Science-Fiction-Kinos ausmacht, riskieren diese Filme, schnell zu altern, von der technischen Wirklichkeit überholt zu werden und damit außerhalb eines genuin historischen Interesses der Vergessenheit anheimzufallen.[906] Dieser die Technikdarstellung auszeichnende starke Gegenwartsbezug wiederholt sich in der für das Genre ebenso ungewöhnlichen, außerhalb des deutschen Zukunftskinos absenten Figurenkonstellation von Technik, Arbeit und Kapital,[907] die denn auch weniger mythische Erzählmuster tradiert, als vielmehr als komplexitätsreduzierende narrative Klammer in einer Art Metaerzählung der Industriemoderne eine dezidiert zeitgenössische Debatte der deutschen Gesellschaft der Zwischenkriegszeit, ihre Konfliktwahrnehmung und Krisenbewältigungsstrategien, aufgreift. Diese Zukunftsfilme lassen sich demzufolge als fiktionalisierter, dramatisierender Beitrag eines zeitgenössisch virulenten Krisendiskurses begreifen.[908]

Diese enge Verhaftung in der Gegenwart der frühen 1930er Jahre kann zumindest in Teilen das baldige Verschwinden des Ingenieurs als Hauptfigur des deutschen Science-Fiction-Films erklären: Schließlich bot der Nationalsozialismus durch den Versuch einer praktizierten Utopie der „Volksgemeinschaft" ein zentrales Identifikations- wie Schließungsangebot hinsichtlich der sozialen und politischen Konfliktlinien innerhalb der deutschen Gesellschaft, das diejenigen Bevölkerungsteile, die vom nationalsozialistischen Vernichtungsversprechen nicht mittel- oder unmittelbar bedroht wurden, nur allzu bald und bereitwillig annahmen. Mit dieser auf Ausschluss und schließlich Eliminierung beruhenden, in diesem Sinne „erfolgreichen" Krisenüberwindungsstrategie wurde die Krisenfigur des Ingenieurs schließlich obsolet. In diesem Sinne weisen DER TUNNEL bis DIE WELT OHNE MASKE diesen zu Beginn der NS-Zeit sich ankündigenden, später radikal entgrenzt umgesetzten Schließungsmechanismen den Weg. Darüber hinaus eignet sich die Ingenieursfigur zwar nicht ausschließlich, jedoch insbesondere für ein bestimmtes Subgenre der Science-Fiction, in dem das technische Novum den tatsächlichen Erzählanlass der Geschichte bildet – hier liegt auch der enge Konnex von Ingenieur und technischem Großprojekt begründet. In den seit den 1950er Jahren sich entwickelnden Spielarten diente das Novum jedoch zunehmend als reine Hintergrundfolie, als Vehikel der Herstellung des phantastischen Modus für die eigentlich zu erzählende Abenteuergeschichte,

906 Vgl. L. Koepnick: Limits of Futurity, S. 116f.

907 Diese Figurenkonstellation hat einen prominenten Vorläufer im Zukunftsfilm der Weimarer Republik: In METROPOLIS bedrohen Maschinensturm und Klassenkampf die Gesellschaftsordnung der titelgebenden futuristischen Metropole. Allerdings agiert mit Unternehmerssohn Freder Fredersen die zentrale Mittlerfigur noch nicht als Repräsentant der Technik.

908 Vgl. C. Thonfeld: Krisenjahre revisited, S. 395.

was zunehmend andere Helden- wie auch Schurkenfiguren erforderlich werden ließ.

Die Frage, wie die Gruppe der Ingenieure ihre plötzliche Karriere als Filmfigur und Konfliktlösungsinstanz bewertete, lässt sich anhand der vorliegenden Quellen nur teilweise beantworten. In den einschlägigen Fachperiodika wie der *Zeitschrift des Vereins Deutscher Ingenieure* – gleichzeitig ein zentraler Quellenkorpus zur deutschen Ingenieursgeschichte – finden sich in den entsprechenden Jahrgängen keinerlei Verweise, wobei diese Medien auch kaum als geeignete Foren zum Meinungsaustausch über massenkulturelle Produkte gelten. Aber auch als Filmkritiker für Kinozeitschriften oder das Feuilleton betätigten sich Ingenieure nur äußerst selten.[909] Während also auf der einen Seite der filmische Realismusgehalt mit einer fachlichen Expertise der Ingenieure beworben wurde, stellten umgekehrt Zukunftsfilme mutmaßlich keine relevante Bezugsgröße oder gar Legitimationsressource für das eigene Schaffen dieser Berufsgruppe dar.

Zu klären bliebe die übergeordnete Frage nach den Gründen für den rapiden Rückgang phantastischer Spielfilmproduktionen zur Zeit des Nationalsozialismus – eine Entwicklung, von der sich die deutsche Filmlandschaft, in der dieses Genre bis heute einen gleichbleibend randständigen Status innehat, nicht mehr erholen sollte. Insgesamt geht man für die Zeit von 1933 bis 1945 von ca. 30 geplanten, ausgeführten oder verbotenen Spielfilmprojekten mit phantastischem Sujet aus, von denen allerdings nur zwölf (von insgesamt 1094 Spielfilmen) zur Uraufführung gelangten, darunter wiederum nur fünf Werke, die überhaupt dem engeren Bereich der Science-Fiction zugerechnet werden können. Der Rest fiel der staatlichen Filmzensur zum Opfer. Zugleich wurden ausländische Produktionen des Phantastischen Kinos überproportional häufig mit Verboten belegt.[910] Gerade diese restriktive Zensurpraxis lässt vermuten, dass der Nationalsozialismus dem Phantastischen, mit dessen Sinn für das hic et nunc transzendierende Möglichkeitswelten, ein gewisses subversives Potenzial zusprach, das es zu unterbinden galt: „[D]ass das Nichtvorhandene auch das Nichtgedachte bleibe, das gehörte schon auch zum faschistischen Wesen wie die Ablehnung aller ‚wilden' Phantasie."[911] Dass die ideologische Komponente wiederum nicht

---

909 Konkret konnten im Zuge dieser Arbeit nur zwei Rezensionen ausfindig gemacht werden, die von technischen Experten stammten: der Ingenieur für Spezialkinematographie A. Lassally zu DER TUNNEL (1915) sowie der Architekt Herman Sörgel zu F.P.1 ANTWORTET NICHT.

910 Vgl. H.-E. Friedrich: Science-fiction, S. 229; K. Wetzel: Liebe, Tod und Technik, S. 7.

911 G. Seeßlen/F. Jung: Science Fiction, S. 97; vgl. hierzu auch T. Haupts: The empty sky, S. 70.

die einzige, vielleicht nicht einmal die wichtigste Erklärung für das Verschwinden des Zukunftsfilms in der Zeit des Nationalsozialismus sein kann, beweist der gleichbleibende Erfolg phantastisch-utopischer Literatur, mit Hans Dominik an erster Stelle, der noch 1942 zu seinem 70. Geburtstag ein Glückwunschtelegramm von Joseph Goebbels erhielt.[912] Wirtschaftliche Fragen – da der europäische Markt weggebrochen war, lohnte sich die in der Regel technisch aufwändige und entsprechend teure Produktion phantastischer Filme nicht mehr – sowie der mit der Emigration zahlreicher Filmschaffender (Regisseure, Produzenten, Drehbuchautor_innen, Techniker und Schauspieler_innen) einsetzende Braindrain der deutschen Filmlandschaft müssen ebenfalls als zentrale, wenn nicht gar ausschlaggebende Gründe für das Verschwinden des deutschen Zukunftskinos gelten, zumal die meisten Exilanten, die in den 1920er Jahren ihre größten Erfolge insbesondere innerhalb der Phantastik feierten, mit England, Frankreich und vor allem den USA in eben jene Länder emigrierten, die in den dreißiger Jahren ein Aufblühen dieses Genres verzeichneten.[913]

Die bis in die Gegenwart sich durchziehende Unterlegenheit der deutschen Filmindustrie zum filmwirtschaftlichen wie kulturellen Hegemon Hollywood macht sich besonders an der Science-Fiction fest – dem Genre, das wie kein anderes von seiner eigenen filmtechnologischen Innovationskraft lebt und der Filmgeschichte entsprechend seinen Stempel aufgedrückt hat.[914] Die dahingehend erforderlichen finanziellen Mittel, bzw. das Fehlen ebendieser, prägte die Filmproduktion beider deutscher Nachfolgestaaten, die DDR wahrscheinlich maßgeblicher als die BRD. Regisseur Kurt Maetzig zufolge soll für den ersten Science-Fiction-Großfilm der DEFA, DER SCHWEIGENDE STERN (DDR, PL 1960), zur Visualisierung einer nuklear verseuchten und verschlammten Venusoberfläche die komplette Jahresproduktion an Leim verkocht worden sein:

> „Die Science Fiction war schuld, als 1959 in der DDR eine große Knappheit an Leim ausbrach. […] Dieses kleine Detail deutet an, was das Hauptproblem der gefilmten SF

912 Vgl. Christian Adam: Lesen unter Hitler. Autoren, Bestseller, Leser im Dritten Reich, Berlin 2010, S. 195; zur Vermischung von technischer Phantasie und NS-Ideologie im deutschen Zukunftsroman vgl. Harro Segeberg: Literatur im Medienzeitalter. Literatur Technik und Medien seit 1914, Darmstadt 2003, S. 132ff.

913 „Und besonders hier, in Hollywood, verband sich die Tradition des phantastischen deutschen Films […] mit den Möglichkeiten einer gigantischen Filmindustrie, die vor allem eines wollte: das Publikum unterhalten.", G. Seeßlen/F. Jung: Science Fiction, S. 97.

914 Vgl. L. Koepnick: Limits of Futurity, S. 134f.

unter der Ägide der staatlichen DEFA war. Der riesigen Nachfrage standen ungenügende Mittel gegenüber, sie zu befriedigen."[915]

Trotz dieser wirtschaftlichen Restriktionen war die DEFA nicht nur darauf bedacht, ihre wenigen Ausflüge zu filmischen Zukunftswelten auf der Höhe des jeweiligen filmtechnischen Knowhows zu produzieren, sondern dieses durch die Entwicklung neuer tricktechnischer Verfahren zu erweitern.[916] In den bundesdeutschen Produktionen dominierten wiederum mit SF-Thriller, -Mystery und -Komödie Subgenres, die durch ihr gegenwartsbezogenes, realistisches Setting mit wenigen Spezialeffekten auskamen und demzufolge recht günstig zu produzieren waren.[917] Selbst die einzige bundesdeutsche (und auch erste kontinentaleuropäische) Weltraumfernsehserie RAUMPATROUILLE – DIE PHANTASTISCHEN ABENTEUER DES RAUMSCHIFFES ORION (BRD 1966, Regie: Theo Mezger/Michael Braun) musste mit einem vergleichsweise bescheidenen Budget auskommen, das durch kreative Maßnahmen in der Umsetzung der Spezialeffekte kompensiert wurde.[918] Indes sind neben finanziellen Restriktionen auch ideologische und erinnerungskulturelle Gesichtspunkte als Ursache für den Bedeutungsverlust des deutschen Science-Fiction-Kinos auszumachen, und zwar, wenn auch aus genau entgegengesetzten Motivlagen, sowohl beim bundesdeutschen als auch beim DDR-Kino. Ersteres hatte bis in die sechziger Jahre hinein mit einer sich aus der Verdrängung der unmittelbaren politischen Vergangenheit speisenden tendenziellen Zukunftsverweigerung zu kämpfen; den dazu passenden Imaginationsraum lieferte vor allem der Heimatfilm. Die späteren, seit den siebziger Jahren entstehenden Gesellschaftsparabeln zeichneten (bis auf komödiantische Ausnahmen) eine skeptische bis dystopische Sicht auf technisierte Zukunfts- bzw. Gegenwartswelten, visualisiert durch einen konstant „grauen Ton in der Ikonographie […], ein zähes Unglück bis in die Details der Bilder hinein".[919] Lutz Koepnick wertet dies weniger als eine weitere geschichtspolitische Reminiszenz, denn als Widerhall der literatur- und philosophiegeschichtlich tradierten, tief

915 K. Kruschel: Leim für die Venus, S. 803.

916 Vgl. M. Grisko: Zwischen Sozialphilosophie und Actionfilm, S. 109.

917 Vgl. Georg Seeßlen/Fernand Jung: Science Fiction. Geschichte und Mythologie des Science-Fiction-Films Bd. 2, Marbung 2003, S. 700ff.

918 Vgl. ebd., S. 694 sowie Reinhard Wesel: Außenpolitik im Universum – Zur Wiederspiegelung von außen- und sicherheitspolitischen Selbstverständlichkeiten in Science Fiction-Serien, skizziert am Beispiel von RAUMSCHIFF ORION, in: Frank Hörnlein/Herbert Heinecke (Hg.): Zukunft im Film. Sozialwissenschaftliche Studien zu Star Trek und anderer Science Fiction, Magdeburg 2000, S. 87–117, hier S. 94ff.

919 G. Seeßlen/F. Jung: Science Fiction, S. 703.

liegenden deutschen Technikskepsis. Das bundesdeutsche Ressentiment gegenüber einer als vornehmlich eskapistisch und infantil verstandenen Science-Fiction war vor allem ein bildungsbürgerliches, in dem der alte Dünkel gegen die kalte, technische Zivilisation wiederauflebte.[920] Vor seiner Auflösung in gesamteuropäische, nationale Eigenheiten nivellierende Koproduktionen fand der bundesdeutsche Science-Fiction-Film denn auch vornehmlich im gesellschaftskritischen Autorenkino statt; zum konstitutiven Genrekino der „Goldenen Zwanziger“ fand er nie wieder zurück.[921]

Nahezu komplementär dazu gestalteten sich die ideologischen und geschichtspolitischen Voraussetzungen und Entwicklungen des DEFA-Science-Fiction-Kinos: Nach seiner Geburt aus dem staatstragenden antifaschistischen Dogma der erfolgreichen Vergangenheitsbewältigung, welches Ausflüge in entsprechend geläuterte Zukunftswelten ermöglichte, befand es sich in permanenter Auseinandersetzung mit der offiziellen marxistisch-leninistischen Doktrin[922] – dies nicht nur affirmativ, sondern durchaus auch untergründig systemkritisch oder die ideologischen Vorgaben subtil unterlaufend.[923] Der ambitionierte Versuch, in Anknüpfung an die filmgeschichtlichen Erfolge des Weimarer Kinos eine eigene Science-Fiction-Tradition zu begründen, scheiterte jedoch an den konkurrierenden Ansprüchen aus Politik, Utopie und Unterhaltung, die sich aus dem Spannungsfeld von Genrekonventionen einerseits und den Erfordernissen und Anforderungen an ein genuin „sozialistisches“ Kino ergaben.[924]

Indes treten gerade im DEFA-Science-Fiction-Kino einige Ingenieure in Erscheinung, wenn auch als Nebenfiguren. In den Weltraumabenteuern sind sie marginalisierter Bestandteil eines Raumfahrtkollektivs, in dem in der Regel Kapitän_innen, Piloten, Navigatoren und Wissenschaftler_innen die zentralen Rollen innehaben. Während diese Mitglieder mit der Kommandobrücke im Handlungszentrum agieren, befinden sich die zumeist im Maschinenraum des Raumschiffs ansässigen Chefingenieure und Techniker tendenziell in der Peripherie. Dessen ungeachtet verweisen diese Filme auf das Potenzial, den Ingenieur

---

920 Vgl. L. Koepnick: Limits of Futurity, S. 137ff., S. 143f.

921 Vgl. G. Seeßlen/F. Jung: Science Fiction, S. 714; T. Haupts: The empty sky, S. 72–79.

922 Vgl. L. Koepnick: Limits of Futurity, S. 137.

923 Am Beispiel der Weltraumabenteuer Eolomea (DDR 1971/72, Regie: Herrmann Zschoche) und Im Staub der Sterne (DDR 1976, Regie: Gottfried Kolditz) aufzeigend vgl. K. Kruschel: Leim für die Venus, S. 849–867 sowie Matthias Schwartz: Archaeologies of a Past Future. Science Fiction Films from Communist Eastern Europe, in: R. Rother/A. Schaefer: Future Imperfect, S. 96–117, hier S. 109ff.

924 Vgl. M. Grisko: Zwischen Sozialphilosophie und Actionfilm, S. 120.

in seinem Status als Nebenfigur der Science-Fiction auf Gemeinsamkeiten und Unterschiede zu den analysierten Hauptfiguren zu untersuchen und in Beziehung zu setzen. Darüber hinaus ließe sich, sofern dies Quellenlage und potenzieller Aufwand des Untersuchungsdesigns zulassen, die Spezifität der deutschen Filmfigur des Ingenieurs der 1930er Jahre als „Krisenfigur der Industriemoderne“ im Vergleich verschiedener nationaler Science-Fiction-Filmproduktionen untersuchen. Erste Befunde aus der jüngeren Zeitgeschichte und Gegenwart deuten darauf hin, dass der Ingenieur mit hohem Beharrungsvermögen und gleichbleibender Kontinuität als Versinnbildlichung des technisierten Fortschrittsversprechens, als dessen Bürge und Garant auftritt. Zum einen werden wieder der Hard-Science-Fiction anverwandte optimistische Szenarien verfilmt, in denen (der souveräne Umgang mit) Technik und Wissenschaft naturgemäß im Handlungsmittelpunkt stehen. The Martian (2015) handelt vom Überlebenskampf des von seiner Crew irrtümlich für tot erklärten und auf dem Mars zurückgelassenen Ingenieurs und Botanikers Mark Watney (Matt Damon). Dessen Kampfansage an das sichere Todesurteil wird in einer kurzen Einstellung, in der er, um Feuer zu machen, von einem Kruzifix Holzspäne raspelt, versinnbildlicht. Diese Profanisierung des Religiösen durch ingenieurtechnisches Handeln negiert nun nicht unbedingt vollends die Hoffnung auf göttlichen Beistand, betont aber mindestens die eigene Handlungsmacht: „Hilf dir selbst, so hilft dir Gott.“[925] Zum anderen findet sich die optimistische Konnotation dieser Filmfigur selbst in Science-Fiction-Filmen, die wie im Falle von Interstellar (2014) ein dystopisches Szenario zum Ausgangspunkt haben: In der zweiten Hälfte des 21. Jahrhunderts wiederholt sich auf globaler Ebene der amerikanische Dust Bowl der 1930er Jahre; die Erde wird zunehmend unbewohnbar. Die USA sind zu einem trostlosen Agrarland geworden, heimgesucht von einer Plage, die nur noch den spärlichen Anbau von Mais zulässt. Der Staat hat notgedrungen auf Planwirtschaft umgestellt. Pioniererrungenschaften, auf die das alte Amerika so stolz war, werden als Propaganda ausgegeben, allen voran die Mondlandung, die den aktuellen Schulbüchern zufolge nie stattgefunden hat. „We don't need more engineers“, lautet die zentrale Botschaft, gegen die der Ingenieur und ehemalige NASA-Pilot Cooper (Matthew McConaughey) – selbstverständlich erfolgreich – ankämpft. Zwar ist die Erde schließlich nicht mehr zu retten, aber immerhin die Menschheit, die zu Filmende auf der Suche nach alternativen bewohnbaren

925 Vgl. The Martian. Regie: Ridley Scott, Drehbuch: Drew Goddard, Produktion: Ridley Scott et al., Scott Free Productions u. a., USA, Großbritannien 2015. DVD, 20th Century Fox Home Entertainment 2016, Laufzeit: 136 min.

Planeten auf riesigen Raumstationen zwischenparkt. Dieses Filmende mag zwar noch lange nicht die Aussicht auf die beste aller möglichen Welten bereithalten, aber zumindest den dafür notwendigen, wenn auch nicht hinreichenden Erwartungshorizont einer offenen, gestaltbaren Zukunft, die darüber hinaus die Fehler der Vergangenheit reflektiert haben will. Was dystopisch beginnt, endet dank des Ingenieurs mit dem utopischen Entwurf einer neuen, geläuterten Menschheit.[926]

Zu guter Letzt bestätigt sich die starke Symbolkraft der Ingenieursfigur selbst in vollends dystopischen Science-Fiction-Szenarien: Im Endzeitdrama O-BI, O-BA: KONIEC CYWILIZACJI (1985) haben sich die wenigen tausend Überlebenden eines globalen Atomkriegs in den „Dom" gerettet, einen riesigen, heruntergekommenen Kuppelbau, der einen dürftigen Schutz gegen die nuklear verstrahlte Außenwelt bietet. Einzige Hoffnung der letzten Menschen, die in den unterirdischen, düsteren Katakomben ihrer Behausung vor sich hinvegetieren, ist die „Arche" – ein Raumschiff, das irgendwann kommen und sie in eine ferne, bessere Welt bringen soll. Doch Staatsdiener Soft (Jerzy Stuhr) weiß, dass die Arche nur eine Erfindung der Machthabenden ist, um die Bevölkerung weiterhin ruhig zu stellen. Als die maroden Betonwände des Doms zusammenzubrechen drohen, begibt er sich auf die Suche nach Ingenieuren, die Bau und Versorgungstechnik instand setzen sollen. Als er schließlich den letzten seiner Art findet, lehnt dieser die ihm angetragene Aufgabe ab. Die darauffolgende Debatte zwischen Staatsdiener und Ingenieur um Technik und Immanenz versus Religion und Transzendenz wird ausgerechnet von Letzterem, der die noch bestehende Welt in sicherer Erwartung des Eschatons längst aufgegeben hat, zugunsten des Jenseits entschieden.[927] Die Negation des Diesseitigen erfolgt also über die Figur, die per definitionem und qua Berufung für dessen (Um-)Gestaltung zuständig ist. Als der Ingenieur kurz nach dem Disput stirbt, wird auch dem Protagonisten klar, dass damit jegliche Hoffnung auf immanente Erlösung fahren gelassen werden muss. Die Lösung liegt im Transzendenten, wobei die radikale Weltverneinung und affirmative Zuwendung zur christlichen Eschatologie über eine symbolträchtige Figur erfolgt, die damit ihren semantischen Kern nicht negiert, sondern wieder einmal bestätigt: Die Hoffnung stirbt bekanntlich zuletzt, und mit ihr der Ingenieur.

---

926 Vgl. INTERSTELLAR. Regie: Christopher Nolan, Drehbuch: Ders./Jonathan Nolan, Produktion: Emma Thomas et al., Syncopy Films Inc., USA, Großbritannien 2014. DVD, Warner Home Video 2015, Laufzeit: 162 min.

927 Vgl. O-BI, O-BA: KONIEC CYWILIZACJI (dt.: O-BI, O-BA: DAS ENDE DER ZIVILISATION). Regie, Drehbuch: Piotr Szulkin, Produktion: Zespol Filmowy „Perspektywa", Polen 1985, Laufzeit: 88 min, in: Piotr Szulkin Box: Golem/Wojna Swiatow/O-bi, O-ba: Koniec Cywilizacji/Ga Ga Chwala Bohaterom. 4 DVDs, SPI International 2009.

Abkürzungsverzeichnis

AEG	Allgemeine Elektricitäts-Gesellschaft
BArch	Bundesarchiv
BRD	Bundesrepublik Deutschland
DDR	Deutsche Demokratische Republik
DEFA	Deutsche Film AG
DFF	Deutscher Fernsehfunk
DHDW	Der Herr der Welt
DIF	Deutsches Filminstitut e. V.
DT	Der Tunnel (1933)
DTM	Der Tunnel (1915, Filmmuseum München)
DTMS	Der Tunnel (1915, Friedrich-Wilhelm-Murnau-Stiftung)
DWOM	Die Welt ohne Maske
FP1-GB	F.P.1 (Friedrich-Wilhelm-Murnau-Stiftung)
FP1-US	F.P.1 (Sinister Cinema)
FP1AN	F.P.1 antwortet nicht (Black Hill Pictures)
FSK	Freiwillige Selbstkontrolle der Filmwirtschaft
Gestapo	Geheime Staatspolizei
KWI	Kaiser-Wilhelm-Institut
KZ	Konzentrationslager
LT	Le Tunnel
NASA	National Aeronautics and Space Administration
N.D.L.S.	Neues Deutsches Lichtspiel-Syndikat
NDW	Notgemeinschaft der deutschen Wissenschaft
NS	Nationalsozialismus
NSDAP	Nationalsozialistische Deutsche Arbeiterpartei
PAGU	Projektions-AG „Union"
PWA	Public Works Administration
RM	Reichsmark
RMVP	Reichsministerium für Volksaufklärung und Propaganda
SS	Schutzstaffel
SA	Sturmabteilung
TT	The Tunnel (Transatlantic Tunnel)
Ufa	Universum-Film Aktiengesellschaft

Quellen- und Literaturverzeichnis

Archivalien

Archivalisch erfasste Filme werden unter „Filmquellen“ aufgeführt.

Akademie der Künste Berlin, Archiv Film- und Medienkunst

B., E.: Programmheft „Der Tunnel“ 1915, Filmprogrammheftsammlung/Filmprogramme 2290.

Bundesarchiv/Filmarchiv Berlin

Anonymus: Der Streit um den ‚Tunnel‘, in: Lichtbild-Bühne Nr. 2 (1923), S. 20, FilmSG1/17394.

Anonymus: Der Tunnel, in: Die Andere Zeitung vom 08.11.1962, FilmSG1/17394.

Film-Prüfstelle: Der Herr der Welt, Prüf-Nr. 36925 vom 10.08.1934, Microfiche-Nr. 1147.

Film-Prüfstelle: Gold, Prüf-Nr. 47169 vom 29.12.1937, Microfiche-Nr. 1440.

Kraatz, Karl L.: ‚Der Tunnel‘ wird wiederaufgeführt, in: Stuttgarter Zeitung vom 10.08.1962, FilmSG1/17394.

N.D.L.S. (Hg.): Der Herr der Welt. Presse- und Propagandaheft, FilmSG1/6906.

Dies. (Hg.): Die Welt ohne Maske. Reklame-Ratschlag, FilmSG1/19071.

Ufa-Verleih G.m.b.H (Hg.): Gold. Reklame-Ratschläge, FilmSG1/5933I.

Bundesarchiv/Militärarchiv Freiburg

Bestand RL 3 (Generalluftzeugmeister/Chef der Technischen Luftrüstung).

Deutsche Nationalbibliothek Leipzig, Musikarchiv

„Airman song“: In an excerpt from the film F.P.1., Parlophone Co., Ltd, (LC 0020) A 3733 (Schellack), S. 1 v. 2/T 2016 HB 00682/CD-Kopie, Vorgangs-Nr. 2016/6719.

Deutsches Filminstitut e. V., Frankfurt am Main, Textarchiv

Anonymus: Der Tunnel, in: Die Filmwoche Nr. 46 (1933), D vor 45/11 u 7/Trf–Tz.

Anonymus: Der Tunnel, in: Frankfurter Rundschau vom 19.11.1985, D vor 45/11 u 7/Trf–Tz.

Anonymus: Der Tunnel [Filmkritik], o. O., o. J. [1933], D vor 45/11 u 7/Trf–Tz.

Anonymus: ‚Der Tunnel' mit Gründgens, in: Rheinische Post vom 28.09.1988, D vor 45/11 u 7/Trf–Tz.

Anonymus: F.P.1 antwortet nicht, in: Ufa-Filmverleih G.m.b.H. (Hg.): Filmverzeichnis 1932/33, D.v.45/Flu–Fraud.

Anonymus [hg. v. Ewert]: Gold [Broschüre], o. O., o. J. [1934], D.v.45/Glu–Goln/11 B 111.

Anonymus: Münchener Uraufführung ‚Der Tunnel', in: Der Kinematograph Nr. 214 vom 03.11.1933, D vor 45/11 u 7/Trf–Tz.

b., e.: Der Tunnel. Im Capitol, in: Berliner Morgenpost vom 07.11.1933, D vor 45/11 u 7/Trf–Tz.

Bastmann, Willy: Ein Tunnel mitten durch die Filmmisere, in: Spandauer Volksblatt vom 17.08.1962, D vor 45/11 u 7/Trf–Tz.

Bayerische Filmgesellschaft M.B.H. München (Hg.): Der Tunnel. Reklame-Ratschläge, München o. J. [1933], D vor 45/11 u 7/Trf–Tz.

Burg-Theater: Gold (Anzeige), in: Hallesche Zeitung vom 22.08.1935, D.v.45/Glu–Goln.

Deutsches Filminstitut e. V. (Hg.): Der Tunnel (1933), Produktionsnotizen, D vor 45/11 u 7/Trf–Tz.

Dies. (Hg.): Gold (1934), Produktionsnotizen, D.v.45/Glu–Goln.

Film-Kurier G.m.b.H. (Hg.): Illustrierter Filmkurier Nr. 1895: F.P.1 antwortet nicht, D.v.45/Flu–Fraud.

Film-Prüfstelle (Berlin): Die Welt ohne Maske, Prüf-Nr. 35837 vom 28.02.1934, D vor 45/11 u 7/Wej–Wenn.

Filmkunst GMBH (Hg.): Der Tunnel, Reklamevorschläge. Unter Mitarbeit von Karl L. Kraatz, Frankfurt am Main o. J. [1962], D vor 45/11 u 7/Trf–Tz.

Fischer, H. E.: Bild der Zukunftstechnik: Gold. Kampf der Menschen und der Elemente – Atomzertrümmerung im Film. Großer Erfolg im Ufa-Palast am Zoo, in: BLA vom 30.03.1934, D.v.45/Glu–Goln.

Göttler, Fritz: Gralssuche und Götterdämmerung. Spannende Stunden mit Ava Gardner, Deborah Kerr, Ginger Rogers und Gloria Swanson, in: Süddeutsche Zeitung vom 22.12.1990, D vor 45/11 u 7/Trf–Tz.

H., O. E.: Ein Meisterwerk der deutschen Filmtechnik. „Gold" im Ufa-Palast am Zoo, in: BZM vom 31.03.1934, D.v.45/Glu–Goln.

Hacker, Hermann: Gold. Ufa-Palast am Zoo, o. O., März 1934, D.v.45/Glu–Goln.

J., B.: Remake, in: Frankfurter Allgemeine Zeitung vom 20.11.1962, D vor 45/11 u 7/Trf–Tz.

Kraatz, Karl Ludwig: Auf den Spuren grosser Filme. Einige Gedanken zur Wiederaufführung des Films ‚Der Tunnel', in: Filmkunst Frankfurt, o. J. [1963], D vor 45/11 u 7/Trf–Tz.

Ders.: Kühne Technik – in der Wirklichkeit und im Film. Zur Wiederaufführung des Filmwerks ‚Der Tunnel', in: Filmkunst Frankfurt, o. J. [1962–1974], D vor 45/11 u 7/Trf–Tz.

Ks.: Der Tunnel, in: Abendpost/Nachtausgabe vom 16.11.1962, D vor 45/11 u 7/Trf–Tz.

m., b.: Die alte Garde in ihren jungen Jahren. ‚Der Tunnel' mit Gustav Gründgens und Paul Hartmann, in: Düsseldorfer Nachrichten vom 01.12.1962.

Müller, Helmut: „Als wir den Tunnel verfilmten…" Paul Hartmanns Erinnerungen an den nach Bernhard Kellermanns Roman gedrehten Film, in: Mannheimer Morgen vom 01.09.1962, D vor 45/11 u 7/Trf–Tz.

Palast-Lichtspiele: Gold (Anzeige), in: Karlsruher Tageblatt vom 20.08.1935, D.v.45/Glu–Goln.

R., G.: Der Tunnel, in: Rheinische Post vom 01.12.1962, D vor 45/11 u 7/Trf–Tz.

Riess Steinam, Curt: Die letzten Tage von F.P.1. Schlechtes Wetter, Filmstars und eine Millionendekoration, Zeitungsartikel vom 11.10.1932, D.v.45/Flu–Fraud.

Sch., J.: Tunnel sind aktuell. Anmerkungen zu einem 30 Jahre alten Film, in: Der Mittag, Düsseldorf vom 4.12.1962, D vor 45/11 u 7/Trf–Tz.

Steinbichler, H. D.: Tunnel 1933 – Wege zur Diktatur, in: Frankfurter Neue Presse vom 19.11.1962, D vor 45/11 u 7/Trf–Tz.

Ufa-Filmverleih G.m.b.H. (Hg.): Reklame-Verpflichtungen. F.P.1 antwortet nicht, D.v.45/Flu–Fraud.

Vetter, Hans: Das war damals Kunst – und heute? Der Tunnel (nach Bernhard Kellermann), in: Kölner Stadt-Anzeiger vom 13.10.1962, D vor 45/11 u 7/Trf–Tz.

Wienert, Klaus: Pioniere, Schatzsucher, Ganoven. Gustaf Gründgens, Clark Gable und Jean Harlow sind die Stars im heutigen Filmangebot, in: Süddeutsche Zeitung Nr. 22 vom 26.09.1988, S. 20, D vor 45/11 u 7/Trf–Tz.

WMH: Filmisches Erinnerungsstück. ‚Der Tunnel' ist die einzige bemerkenswerte Premiere, in: Hamburger Abendblatt vom 13.10.1962, D vor 45/11 u 7/Trf–Tz.

Filmquellen

Alien. Regie: Ridley Scott, Drehbuch: Dan O'Bannon/Ronald Shusett, Produktion: Gordon Carroll et al., 20th Century Fox/Brandywine Productions,

Großbritannien/USA 1979. VHS-Kassette, Fox Video Germany 1993, Laufzeit: 118 min.

Avatar. Regie, Drehbuch: James Cameron, Produktion: Ders./Jon Landau, Lightstorm Entertainment u. a., Großbritannien/USA 2009. DVD, Twentieth Century Fox Home Entertainment 2010, Laufzeit: 155 min.

Blade Runner. Regie: Ridley Scott, Drehbuch: Hampton Fencher/David Webb Peoples, Produktion: Michael Deeley, The Ladd Company u. a., USA 1982. DVD, Warner Home Video 2006, Laufzeit: 112 min.

Das Geheimnis von D.14. Regie, Drehbuch: Harry Piel. Produktion: Max Maschke, Luna-Film GmbH, Deutschland 1915, Länge: 4 Akte, zit. in: Matias Bleckman: Harry Piel. Ein Kino-Mythos und seine Zeit, Düsseldorf 1992, S. 446.

Das Riesenprojekt. Der Schienenweg unterm Ozean. Regie: Siegfried Dessauer/Kurt Matull, Produktion: Imperator-Film-Co.mbH, Deutschland 1915, Länge: 5 Akte, online unter https://www.filmportal.de/film/das-riesenprojekt-der-schienenweg-unterm-ozean_c33d1d1ee5074488992488a7e635684a (Abruf: 15.03.2018).

Der Herr der Welt. Regie: Harry Piel, Drehbuch: Ders./Georg Mühlen-Schulte, Produktion: Harry Piel, Ariel-Film GmbH, Deutschland 1934. 35mm, Deutsches Filminstitut e. V./10.782/Laufzeit: 94 min (2570,1 m).

Der letzte Kampf. Regie: Harry Piel, Drehbuch: Alfred Zeisler/Viktor Abel, Produktion: Harry Piel et al., Apex Film Company Limited, Deutschland 1923, Länge: 1758 m, 6 Akte, zit. in: M. Bleckman: Harry Piel, S. 455.

Der Tunnel. Regie und Drehbuch: William Wauer, Produktion: Paul Davidson, Projektions-AG „Union“, Deutschland 1915. DVD-Kopie Nr. DO927, Filmmuseum München 2015, Laufzeit: 84 min.

Ders. DVD-Kopie Nr. 3502, Friedrich-Wilhelm-Murnau-Stiftung, Laufzeit: 60 min.

Der Tunnel. Regie: Kurt Bernhardt, Drehbuch: Ders./Reinhart Steinbicker, Produktion: Bavaria Film AG/Vandor-Film, Deutschland/Frankreich 1933. VHS-Kassette, Polyband Gesellschaft für Bild- u. Tonträger mbH & Co KG 1988, Laufzeit: 73 min.

Die Große Wette. Regie, Drehbuch: Harry Piel, Produktion: Isidor Fett/Karl Wiesel, Bayerische Film-Vertriebs GmbH Gugenheim, Deutschland 1915, Länge: 4 Akte, zit. in: M. Bleckman: Harry Piel, S. 446f.

Die welt ohne Maske. Regie, Drehbuch, Produktion: Harry Piel, Ariel-Film GmbH, Deutschland 1934. 35mm, Bundesarchiv Berlin, Abteilung Filmarchiv/14607/Laufzeit: 105 min (2865m).

Ein Unsichtbarer geht durch die Stadt. Regie, Drehbuch, Produktion: Harry Piel, Ariel-Film GmbH, Deutschland 1933. DVD, Koch Media GmbH 2009, Laufzeit: 98 min.

Extreme Engineering. Staffel 1, Folge 3: Transatlantic Tunnel. Regie: Olympia Stone, Drehbuch: Ed Fields/Alan Lindgren, Produktion: Olympia Stone, Discovery Channel Pictures/Powderhouse Productions, USA 2003. TV-Ausstrahlung, DMAX (Deutschland) vom 25.07.2014, 10:15–11:15 Uhr; Laufzeit: 44 min.

F.P.1 antwortet nicht. Regie: Karl Hartl, Drehbuch: Walter Reisch/Kurt Siodmak, Produktion: Erich Pommer, Universum-Film AG, Deutschland 1932. DVD, Black Hill Pictures 2009, Laufzeit: 107min.

Ders. [F.P.1]. DVD-Kopie, Friedrich-Wilhelm-Murnau-Stiftung 2014, Laufzeit: 78 min.

Ders. [F.P.1 doesn't answer]. DVD, Sinister Cinema 2008, Laufzeit: 71 min.

F.P.1 wird Wirklichkeit. Regie, Drehbuch: Martin Rikli, Produktion: Universum-Film AG, Deutschland 1934, Bundesarchiv Berlin, Abteilung Filmarchiv, DVD-Kopie Nr. B 93597-1, Laufzeit: 12 min.

Gold. Regie: Karl Hartl, Drehbuch: Rolf E. Vanloo, Produktion: Universum-Film AG, Deutschland 1934. DVD, Concorde Home Entertainment 2018, Laufzeit: 114min.

Ders. VHS-Kassette, EuroVideo Medien GmbH 1990, Laufzeit: 105 min.

Gugusse et l'Automate. Regie, Drehbuch, Produktion: Georges Méliès, Star Film, Frankreich 1897, Laufzeit: 1 min, zit. in: Phil Hardy (Hg.): Die Science Fiction Filmenzyklopädie. 100 Jahre Science Fiction, Königswinter 1998, S. 19.

High Treason. Regie: Maurice Elvey, Drehbuch: L'Estrange Fawcett, Produktion: Gaumont British Picture Corporation, Großbritannien 1929. British Film Institute, online unter https://player.bfi.org.uk/free/film/watch-high-treason-silent-version-1929-online, Laufzeit: 75 min (Abruf: 15.03.2018).

Interstellar. Regie: Christopher Nolan, Drehbuch: Ders./Jonathan Nolan, Produktion: Emma Thomas et al., Syncopy Films Inc., USA, Großbritannien 2014. DVD, Warner Home Video 2015, Laufzeit: 162 min.

L'Or. Regie: Karl Hartl/Serge de Poligny, Drehbuch: Rolf E. Vanloo, Produktion: Alfred Zeisler, Universum-Film AG im Auftrag von Alliance Cinématographique Européenne (Paris), Deutschland 1934, Laufzeit: 118 min, zit. in: Manfred Hobsch: Gold, in: Ders. (Hg.): Film im Dritten Reich. Alle deutschen Spielfilme von 1933 bis 1945, Bd. 2 (F–H), Berlin 2010, S. 336–339, S. 336.

L'uomo meccanico. Regie, Drehbuch: André Deed, Produktion: Milano Film, Italien 1921. DVD, Alpha Video 2005, Laufzeit: 26 min.

Le Tunnel. Regie: Kurt Bernhardt, Drehbuch: Ders./Reinhart Steinbicker, Produktion: Bavaria Film AG/Vandor-Film, Deutschland/Frankreich 1933. DVD. Collection Gabin. Studiocanal 2004, Laufzeit: 72 min.

Le Tunnel sous La manche ou le cauchemar franco-anglais. Regie, Drehbuch, Produktion: Georges Méliès, Star Film, Frankreich 1907, Laufzeit: 20 min., in: Georges Méliès. Le Premier Magicien du Cinéma (1896–1913). 5 DVDs, Lobster Films 2009, DVD 4: Katalog-Nr. 936–950.

Metropolis. Regie: Fritz Lang, Drehbuch: Ders./Thea von Harbou, Produktion: Erich Pommer, Universum-Film AG, Deutschland 1927. DVD, Warner Bros. 2011, Laufzeit: 144 min.

O-bi, o-ba: Koniec cywilizacji (dt.: O-bi, o-ba: Das Ende der Zivilisation). Regie, Drehbuch: Piotr Szulkin, Produktion: Zespol Filmowy „Perspektywa", Polen 1985, Laufzeit: 88 min, in: Piotr Szulkin Box: Golem/Wojna Swiatow/O-bi, O-ba: Koniec Cywilizacji/Ga Ga Chwala Bohaterom. 4 DVDs, SPI International 2009.

Planet of the Apes. Regie: Franklin J. Schaffner, Drehbuch: Michael Wilson/Rod Serling, Produktion: Arthur P. Jacobs, APJAC Productions, USA 1968. DVD, Twentieth Century Fox Home Entertainment 2014, Laufzeit: 107 min.

Quax, der Bruchpilot. Regie: Kurt Hoffmann, Drehbuch: Robert A. Stemmle, Produktion: Heinz Rühmann, Terra-Filmkunst GmbH, Deutschland 1941. DVD, Universum-Film 2009, Laufzeit: 85 min.

Rivalen. Regie: Harry Piel, Drehbuch: Alfred Zeisler/Viktor Abel, Produktion: Harry Piel et al., Apex Film Company Limited, Deutschland 1923, Länge: 2476 m, 7 Akte, zit. in: M. Bleckman: Harry Piel, S. 455.

Star Wars. Episode IV: Eine neue Hoffnung. Regie, Drehbuch: George Lucas, Produktion: Gary Kurtz, Lucasfilm Ltd., USA 1977. DVD, Twentieth Century Fox Home Entertainment 2008, Laufzeit: 120 min.

The Automatic Motorist. Regie, Drehbuch: Walter R. Booth, Produktion: Charles Urban, Kineto Films, Großbritannien 1911, Laufzeit: 10 min, zit. in: P. Hardy: Science Fiction, S. 45.

The Great German North Sea Tunnel. Regie, Drehbuch, Produktion: Frank S. Newman, Dreadnought Films, Großbritannien 1914, Laufzeit: 40 min, zit. in: P. Hardy: Science Fiction, S. 51.

The Magnetic Monster. Regie: Curt Siodmak, Drehbuch: Ders./Ivan Tors, Produktion: Ivan Tors, Ivan Tors Films, USA 1953. Blue-ray Disc, Kino Lorber 2016, Laufzeit: 76 min.

THE MARTIAN. Regie: Ridley Scott, Drehbuch: Drew Goddard, Produktion: Ridley Scott et al., Scott Free Productions u. a., USA, Großbritannien 2015. DVD, 20th Century Fox Home Entertainment 2016, Laufzeit: 136 min.

THE MECHANICAL STATUE AND THE INGENIOUS SERVANT. Regie, Produktion: Stuart Blackton, Vitagraph Company of America, USA 1907, Laufzeit: 7 min, zit. in: P. Hardy: Science Fiction, S. 30.

THE TERMINATOR. Regie: James Cameron, Drehbuch: Ders./Gale Anne Hurd, Produktion: Gale Anne Hurd, Hemdale Film Corporation u. a., USA 1984. DVD, MGM Home Entertainment 2004, Laufzeit: 97 min.

THE TUNNEL [TRANSATLANTIC TUNNEL]. Regie: Maurice Elvey, Drehbuch: Curt Siodmak et al., Produktion: Gaumont British Picture Corporation, Großbritannien 1935. Internet Archive vom 18.03.2011, CC0 1.0 Universal Public Domain Dedication, online unter https://archive.org/details/transatlantic_tunnel, Laufzeit: 93 min (Abruf: 03.03.2018).

THINGS TO COME. Regie: William Cameron Menzies, Drehbuch: H. G. Wells, Produktion: Alexander Korda, London Film Productions, Großbritannien 1936. DVD, Image Entertainment 2001, Laufzeit: 97 min.

GEDRUCKTE QUELLEN

Anonymus: 20.15Uhr. Bayern III. Die Welt ohne Maske, in: Der Spiegel Nr. 26 vom 24.06.1974, S. 119.

Anonymus: 21.10Uhr. Hessen III. Die Welt ohne Maske, in: Der Spiegel Nr. 5 vom 26.01.1976, S. 36.

Anonymus: Airbaloney, in: Time Magazine vom 24.05.1943.

Anonymus: Airdrome Project Gets No PWA Funds, in: The New York Times vom 02.11.1934.

Anonymus: An Airplane Station in the Mid-Atlantic, in: Engineering vom 19.08.1927.

Anonymus: Anchorage for Seadrome, in: Popular Science Monthly (1929) 10, S. 53.

Anonymus: Ask Loan for Air Bases on Ocean, in: The New York Times vom 23.09.1933.

Anonymus: Atlantic Seadromes Proposed by Monro, in: The New York Times vom 12.05.1943.

Anonymus: Auf der Suche nach einem verschollenen Labor. „Die Odyssee der Neptun" mit Ben Gazzara und weitere Spielfilme vom Wochenende, in: Frankfurter Rundschau vom 25.06.1988.

Anonymus: Aus den Lichtspielhäusern. Gold. Wall-Lichtspiele, in: Oldenburgische Staatszeitung vom 01.07.1936.

Anonymus: Built 35-Foot Model to Test Ocean Landing Field, in: Popular Science Monthly (1929) 12, S. 66.

Anonymus: Dann erhält er reines Gold, in: Der Spiegel Nr. 36 vom 01.09.1949, S. 28–31.

Anonymus: „Das Geheimnis von D 14", in: Kinematographische Rundschau Nr. 393 vom 19.09.1915, S. 47.

Anonymus: Der deutsche Film in USA, in: Kinematograph 27, Nr. 199 vom 13.10.1933.

Anonymus: Der Film ist ein phototechnisches Meisterstück […], in: Lichtbild-Bühne 8 (1915) 15, S. 14.

Anonymus: [Der Herr der Welt], Berliner Tageblatt Nr. 379 vom 13.08.1934, in: Beiblatt „Der Herr der Welt" zur Retrospektive Künstliche Menschen der Internationalen Filmfestspiele, Berlin 2000.

Anonymus: Der Herr der Welt, in: Kinematograph Nr. 157 vom 16.08.1934.

Anonymus: Der Herr Der Welt, in: Österreichische Film-Zeitung Nr. 47 vom 24.11.1934, S. 3.

Anonymus: Der Tagesanzeiger in Zürich schreibt über ‚Der Tunnel', in: Kinema 7 (1917) 7, S. 22.

Anonymus: Der Tunnel, in: Deutsche Filmzeitung Nr. 46 vom 19.11.1933, S. 9.

Anonymus: Der Tunnel, in: Kinema 5 (1915) 45, S. 9, 12.

Anonymus: Der Tunnel, in: Kinematographische Rundschau Nr. 383 vom 11.07.1915, S. 44–46.

Anonymus: Der Tunnel, in: Lichtbild-Bühne Nr. 37 vom 11.09.1915, S. 14.

Anonymus: Der Tunnel (1933), in: Koll, Horst Peter (Hg.): Lexikon des Internationalen Films Bd. 3, Q–Z: Die Farbe Rot, Sciencefiction, Steven Spielberg, Werkstattgespräche, Western, Frankfurt am Main 2002, S. 3261.

Anonymus: Der Tunnel von Kellermann, in: Lichtbild-Bühne Nr. 16 vom 17.04.1915, S. 22.

Anonymus: Des îles flottantes à travers l'Atlantique, in: L'Ouest-Éclair vom 03.03.1925, S. 2.

Anonymus: Die deutsche Film-Industrie im Kriege, in: Lichtbild-Bühne 8 (1915) 24, S. 17, 20.

Anonymus: Die schwimmende Insel. Ein Wunder der Zukunft in einem Film von heute, in: Illustrierte Wochenpost Nr. 44 vom 28.10.1932, S. 15.

Anonymus: Die Welt ohne Maske. Harry-Piel-Film im Capitol, in: Völkischer Beobachter Nr. 70/71 vom 11.03.1934.

Anonymus: Filme in Karlsruhe. F.P.1 antwortet nicht im Gloria, in: General-Anzeiger (Karlsruhe) vom 20.09.1935, S. 19.

Anonymus: Filmfest Dresden ehrt Curt Siodmak. Pressemitteilung des 24. Filmfest Dresden vom 29.02.2012, Dresden 2012.

Anonymus: Filmklassiker vor Open-Air-Aufführung. Hans Albers auf der Greifswalder Oie, in: Nordkurier vom 05.07.2012.

Anonymus: Filmkritik in Amerika. Von unserem ständigen New-Yorker Berichterstatter, in: Kinematograph 28, Nr. 55 vom 20.03.1934.

Anonymus: Floating Airports of the Sea, in: Modern Mechanics and Inventions (1929) 8, S. 74–75.

Anonymus: F.P.1, in: Kinematograph Weekly (London) Nr. 1355 vom 06.04.1933, S. 17.

Anonymus: F.P.1 antwortet nicht, in: Frankfurter Rundschau vom 25.05.1985.

Anonymus: F.P.1 antwortet nicht, in: Paimann's Filmlisten (Wien) Nr. 875 vom 13.01.1933.

Anonymus: F.P.1 antwortet nicht, in: Süddeutsche Zeitung vom 26.09.1981.

Anonymus: F.P.1 antwortet nicht in Nordhausen, in: Kinematograph Nr. 48 vom 09.03.1933.

Anonymus: F.P.1 antwortet nicht. Vorwort, in: Die Woche vom 25.10.1930, S. 1269.

Anonymus: F.P.1 (British Made), in: Variety vom 19.09.1933.

Anonymus: F.P.1 in London, in: Kinematograph vom 08.04.1933.

Anonymus: F.P.1 in Paris, in: Kinematograph Nr. 155 vom 14.08.1934.

Anonymus: F.P.1 macht das Rennen, in: Kinematograph Nr. 251 vom 23.12.1932.

Anonymus: GB Shows „Tunnel" In New York Tunnel, in: Motion Picture Herald vom 16.11.1935, S. 73.

Anonymus: Glimpses of Men in the Public Eye, in: Popular Science Monthly (1929) 5, S. 20.

Anonymus: Gold, in: Kinematograph Nr. 63 vom 31.03.1936.

Anonymus: Gold. 19 Uhr 30 3SAT, in: Der Tagesspiegel (Berlin) vom 25.09.1991.

Anonymus: Government to Build Seadromes If $1,500,000 Test Is Success, in: The New York Times vom 16.11.1933.

Anonymus: Harry Piel in „Die Welt ohne Maske" (Ufa-Theater Gloria), in: Luzerner Neuste Nachrichten (LNN) vom 18.03.1934.

Anonymus: Ice Island in Mid-Atlantic Proposed, in: Modern Mechanics and Inventions (1932) 10, o. S.

Anonymus: In Bodenproben keine Spur von Hitlers Bombe, in: Physikalisch-Technische Bundesanstalt (Hg.): Jahresbericht 2006, Braunschweig 2007, S. 126.

Anonymus: James Henschel, Hamburg, in: Lichtbild-Bühne Nr. 40 vom 02.10.1915, S. 58.

Anonymus: L'Or, in: Cinémagazine Nr. 7 vom 31.05.1934.

Anonymus: Les Films de la Semaine. L'Or, in: Cinémagazine Nr. 7 vom 31.05.1934.

Anonymus: Lindberghs, in: Time Magazine vom 18.12.1933.

Anonymus: Man-made Atlantic Islands, in: The New York Times vom 13.05.1943.

Anonymus: Mitteldeutscher F.P.1-Start, in: Kinematograph Nr. 253 vom 28.12.1932.

Anonymus: Mr. S. M. Kintner, of the Westinghouse Research Laboratories [...], in: San Antonio Light vom 06.09.1931, S. 48.

Anonymus: Neues aus Portugal. Von unserem A. da C.-Korrespondenten in Lissabon, in: Kinematograph Nr. 69 vom 07.04.1933.

Anonymus: Parley Preparations, in: Time Magazine vom 18.11.1929.

Anonymus: Riesenerfolg F.P.1 antwortet nicht in Deutschland, in: Das Kino-Journal vom 07.01.1933, S. 10f.

Anonymus: Screen Notes, in: The New York Times vom 01.11.1935.

Anonymus: Sea Chain, in: Time Magazine vom 27.11.1933.

Anonymus: Seadrome, in: Time Magazine vom 28.10.1929.

Anonymus: Seadrome Design Improved, in: Popular Science Monthly (1944) 2, S. 78–79.

Anonymus: Seadromes, in: The Technology Review (1929) 4, S. 339–340.

Anonymus: Seadromes, in: Time Magazine vom 19.07.1926.

Anonymus: Seadrome Sovereignty, in: The New York Times vom 12.04.1931.

Anonymus: Seadrome Status Awaits Reports, in: The New York Times vom 17.11.1933.

Anonymus: Seadrome Survives Assault of Waves, in: The New York Times vom 17.10.1929.

Anonymus: Seadromes to Dot the Atlantic Ocean, in: Modern Mechanics and Inventions (1930) 2, S. 128–129.

Anonymus: Seadromes to Offer a Problem of Defense. International Question Is Also Faced, in: The New York Times vom 16.11.1933.

Anonymus: Technisches und dramaturgisches zum Film „Der Tunnel“, in: Der gute Film Nr. 70/71 vom 30.03.1945, S. 3.

Anonymus: Theater – Musik – Film, in: Vossische Zeitung vom 04.11.1933, S. 7.

Anonymus: The New Pictures, in: Time Magazine vom 14.08.1933.

Anonymus: „Transatlantic Tunnel“, Anzeige, in: Altoona Tribune vom 26.10.1935.

Anonymus: Uncle Sam asked to build Floating Ocean Airports, in: Popular Science Monthly (1934) 2, S. 26–27.

Anonymus: Verbotene Films, in: Lichtbild-Bühne Nr. 36 vom 04.09.1915, S. 60.

Anonymus: Versionen, in: Filmwelt vom 04.02.1934.

Anonymus: Vorführungen der Woche, in: Kinematographische Rundschau Nr. 384 vom 18.07.1915, S. 48–52.

Anonymus: Vorführungen der Woche. Der letzte Kampf, in: Der Filmbote Nr. 18 vom 05.05.1923, S. 23.

Anonymus: Vorführungen der Woche. „Rivalen“, in: Der Filmbote. Zeitschrift für alle Zweige der Kinematographie Nr. 17 vom 28.04.1923, S. 25.

Anonymus: Vorwort, in: Kurt Siodmak: F.P.1 antwortet nicht, Berlin 1931, o. S.

Anonymus: Was die Kinotechnik […], in: Lichtbild-Bühne 8 (1915) 15, S. 14.

Anonymus: Was die „L. B. B.“ erzählt, in: Lichtbild-Bühne Nr. 38 vom 18.09.1915, S. 29.

Anonymus: Was die „L. B. B.“ erzählt, in: Lichtbild-Bühne Nr. 37 vom 11.09.1915, S. 22.

Anonymus: Weißer Elefant, in: Der Spiegel vom 10.06.1984, S. 151f.

Anonymus: Weitere Erfolge von F.P.1, in: Kinematograph Nr. 256 vom 31.12.1932.

Anonymus: Will we Hop the ocean on Floating Islands?, in: Popular Science Monthly (1934) 4, S. 6.

Anonymus: Work on Seadrome to Begin in 60 Days, in: The New York Times vom 23.10.1929.

Anonymus: Zehn Jahre Filmregisseur, in: Neue Kino-Rundschau Nr. 116 vom 24.05.1919, S. 6f.

Anonymus: Zurückweisung jüdischer Anmaßung in Ägypten, in: Deutsche Filmzeitung Nr. 39 vom 20.09.1933, S. 7.

Anzeige Alfred Schloss Monopolfilm-Vertrieb, in: Lichtbild-Bühne Nr. 51 vom 17.12.1915, S. 9.

Anzeige Alfred Schloß, Monopol-Film-Vertrieb, in: Lichtbild-Bühne Nr. 38 vom 18.09.15, S. 51.

Anzeige der Imperator-Film-Co.mbH: Der Titel unseres Werkes […], in: Der Kinematograph Nr. 396 vom 29.07.1914.

Anzeige der Projektions A.-G. Union: das alleinige Recht der Verfilmung […], in: Der Kinematograph Nr. 393 vom 08.07.1914–Nr. 396 vom 29.07.1914.

Anzeige der Projektions A.-G. Union: Entscheidung des Kgl. Landgerichts zu Berlin, in: Der Kinematograph Nr. 395 vom 22.07.1914.

Anzeige der Projektions Actien-Gesellschaft UNION, in: Der Kinematograph Nr. 432 vom 07.04.1915.

Anzeige der Union Theater (U.T.) zur Uraufführung Der Tunnel, in: Berliner Volkszeitung vom 09.09.1915.

Anzeige James Henschel, in: Lichtbild-Bühne Nr. 28 vom 10.07.1915, S. 22.

Anzeigen Imperator-Film-Co.mbH „Der Tunnel", in: Der Kinematograph Nr. 393 vom 08.07.1914/Nr. 396 vom 29.07.1914.

Anzeige Philipp & Preßburger: Das grösste Werk der Kinematographie! Der Tunnel, in: Kinematographische Rundschau Nr. 391 vom 05.11.1915, S. 11–14.

Armstrong, Edward Robert: The seadrome project for transatlantic airways, Wilmington, Del. 1943.

Ders.: America–Europe via North Atlantic airways over the Armstrong seadrome system of commercial ocean transit by airplane, Wilmington, Del. 1927.

Bauer, Otto: Kapitalismus und Sozialismus nach dem Weltkrieg Bd. 1: Rationalisierung – Fehlrationalisierung, Berlin 1931.

Beck, Waldemar: Wem gehören „Schwimmende Inseln"?, in: Flugsport (1930) 25, S. 455–456.

Benjamin, Walter: Zentralpark [1938/39], in: Rolf Tiedemann/Hermann Schweppenhäuser (Hg.): Walter Benjamin. Gesammelte Schriften Bd. 1/2: Abhandlungen, Frankfurt am Main 1974, S. 655–690.

Bernhardt, Curtis/Mary Kiersch: „Ich war immer ein Romantiker". Curtis Bernhardt im Gespräch mit Mary Kiersch, in: H. Belach: Aufruhr der Gefühle, S. 86–139.

bg.: Gold, in: Deutsche Filmzeitung Nr. 15 vom 15.04.1934, S. 8.

Bolle, Carl: Verkehrsflug, in: Interessengemeinschaft der deutschen Luftfahrt (Hg.): Aviaticus. Jahrbuch der deutschen Luftfahrt, Berlin 1931, S. 186–196.

Brandt, Rolf: Die Flugzeuginsel im Meer. Phantasie wird Wirklichkeit, in: Morgenpost (Berlin) vom 19.10.1932.

Brasch, Arno/Fritz Lange: Experimentell-technische Vorbereitungen zur Atomzertrümmerung mittels hoher elektrischer Spannungen, in: Zeitschrift für Physik 70 (1931) 1, S. 10–37.

Bromberg, Serge/Eric Lange: Georges Méliès. La restauration des films, in: Georges Méliès. Le Premier Magicien du Cinéma, Paris 2009 [Begleitbroschüre zur DVD-Kollektion], S. 20f.

Brown, Raymond J.: Will We Hop the Ocean on Floating Islands?, in: Popular Science Monthly (1926) 10, S. 12–13, 144.

Byrd, Richard Evelyn: Why We May Wait 20 Years for Ocean Air Lines, in: Popular Science Monthly (1927) 8, S. 9–11, 113.

Čapek, Karel: WUR. Werstands Universal Robots [Orig.: R.U.R. Rossum's universal robots: kolektivní drama o vstupní komedii a třech aktech, 1920]. Utopisches Kollektivdrama in drei Aufzügen. Dt. v. Otto Pick, Prag, Leipzig 1922.

Clarke, Arthur C.: The City and the Stars, New York 1956.

Colmé, Georges: L'Or, in: Cinémagazine Nr. 8 vom 07.06.1934, S. 19.

Daitz, Werner: Rettet das Sparkapital und Millionen Arbeitslose durch Zinssenkung!, in: National-Sozialistischer Wirtschaftsdienst 1 (1932) 14, S. 2ff.

Dietrich, Martin: Der deutsche Transozeanluftverkehr, in: Die Luftwacht 1927/9, S. 495–499.

Dominik, Hans: Atomgewicht 500, 93. bis 102. Tsd., Berlin 1940.

Ders.: Vorwort zum 96. bis 100. Tausend, in: Ders.: Die Macht der Drei, 116. bis 120. Tsd., Berlin o. J. [um 1935], S. V–XIV.

Ders.: Eine Reise im Jahre 1970, in: Das neue Universum 30 (1927), S. 1–18.

Ders.: Der Brand der Cheopspyramide, Berlin 1925/26.

Droessler, Stefan: Der Tunnel, in: Festival El Giornate Del Cinema Muto/Catherine A. Surowiec (Hg.): Festival El Giornate Del Cinema Muto 34, 03.–11. Ottobre 2015, Catalogo, Spilimbergo 2015, S. 202–205.

Eichacker, Reinhold: Der Kampf ums Gold, 5. bis 10. Tsd., München/Leipzig 1924.

Elster, Alexander: Berliner Kinobrief in: Bild und Film 4 (1915) 12, S. 265–268.

Eve, A. S.: Rutherford. Being the Life and Letters of the Rt. Hon. Lord Rutherford, O. M., Cambridge 1939.

Everling, Emil: Aufgaben der Luftfahrt, in: Zeitschrift des Vereins Deutscher Ingenieure 72 (1928) 2, S. 1393f.

Farrère, Claude: Die Todgeweihten [Orig.: Les condamnés à mort, 1920], Berlin 1925.

Gottfried Feder: Der Deutsche Staat auf nationaler und sozialer Grundlage. Neue Wege in Staat, Finanz und Wirtschaft, 1. Aufl., München 1923.

Ders.: Das Manifest zur Brechung der Zinsknechtschaft des Geldes, Diessen vor München 1919.

Fehr, Rudi: Erinnerungen an Curtis Bernhardt. Der Cutter Rudi Fehr, in: H. Belach.: Aufruhr der Gefühle, S. 150f.

Filmpropaganda Ges.m.b.H. (Hg.): Die Welt ohne Maske. Unter Mitarbeit von Fritz Freund (= Illustrierter Film-Kurier Nr. 795), Wien o. J. [1934].

Fixel, Rowland W.: The Seadrome and International Law, in: Journal of Air Law and Commerce 2 (1931) 1, S. 24–28.

Gaumont-British Picture Corporation: „Transatlantic Tunnel", Anzeige, in: Motion Picture Herald vom 02.11.1935, S. 61.

Georg, Eugen: Der Mensch und das Geheimnis, Berlin 1934.

Gernsback, Hugo: Ralph 124 C 41+: A Romance of the Year 2660, Boston 1925.

Glück, Dr. K.: F.P.I. antwortet nicht. Uraufführuug [sic!] im Ufa-Palast am Zoo, in: Morgenpost (Berlin) vom 22.12.1932.

Goebbels, Joseph: Aus der Rede zur Eröffnung der Automobilausstellung Berlin am 17. Februar 1939, in: Deutsche Technik 7 (1939), S. 105f.

Ders.: Eintrag vom 04.01.1935, in: Ders.: Die Tagebücher. Teil 1, Aufzeichnungen 1923–1941, Teil 1,3,1: April 1934 – Februar 1936, hg. v. Angela Hermann, München 2005, S. 163.

Ders.: Eintrag vom 02.04.1934, in: Ders.: Die Tagebücher, Teil 1,3,1, S. 29.

Ders.: Eintrag vom 11.11.1933, in: Ders.: Die Tagebücher, Teil 1,2,3: Oktober 1932 – März 1934, München 2006, S. 311f.

Ders.: Rede im Kaiserhof, Berlin, am 28.3.1933, in: Gerd Albrecht: Nationalsozialistische Filmpolitik. Eine soziologische Untersuchung über die Spielfilme des Dritten Reichs, Stuttgart 1969, S. 439–442.

Ders.: Eintrag vom 26.12.1932, in: Ders.: Die Tagebücher, Teil 1,2,3, S. 91.

Ders.: Das kleine abc des Nationalsozialisten, 76. bis 85. Tsd., Elberfeld o. J. [um 1925].

Gymnich, Alfried: Die technischen Vorbedingungen des Transozean-Luftverkehrs, in: Die Luftwacht (1927) 9, S. 499–502.

H.: Der Herr der Welt, in: Wiener Neueste Nachrichten vom 20.11.1934, S. 7.

Haas, Willy: F.P.1 antwortet nicht, in: Ders.: Der Kritiker als Mitproduzent. Texte zum Film 1920–1933, hg. v. Wolfgang Jacobsen, Berlin 1991, S. 228–230.

Hall, Mordaunt: Conrad Veidt and Jill Esmond in a Film with the Novel Idea of a Mid-Sea Airplane Landing Platform, in: The New York Times vom 16.09.1933, S. 9.

Hammer, F. W.: Der Flugstützpunkt ‚Westfalen' für die Flugzeugverbindung Deutschland–Südamerika, in: Zeitschrift des Vereins Deutscher Ingenieure 78 (1934), S. 649–656.

Harrison, Harry: A Trans-Atlantic Tunnel, Hurrah!, London 1972.

Heidebroek, E[nno].: Maschine und Arbeitslosigkeit, in: Zeitschrift des Vereins Deutscher Ingenieure 76 (1932) 43, S. 1041–1048.

Heiss, Rudolf (Hg.): Die Sendung des Ingenieurs im neuen Staat, Berlin 1934.

Hitler, Adolf: Im Gespräch mit dem Dichter Hanns Johst über den Begriff des Bürgers, in: Max Domarus: Hitler. Reden und Proklamationen 1932–1945. Kommentiert von einem Zeitgenossen, Teil I: Triumph, Bd. I: 1932–1934, Leonberg 1988, S. 349–351.

Hoberman, J.: Alchemy Amok in ‚Gold' and Its Offspring, ‚The Magnetic Monster', in: The New York Times vom 01.07.2016.

Hoffmann, E. T. A.: Der Sandmann [Orig. 1817]. Textkritik, Edition, Kommentar, hg. v. Ulrich Hohoff, Berlin 1988.

Hull, David Stewart: Film in the Third Reich. A Study of the German Cinema 1933–1945, Berkeley, Los Angeles 1969.

Jhering, Herbert: F.P.1 antwortet nicht, in: Berliner Börsen-Courier vom 23.12.1932.

Kalbus, Oskar: Vom Werden deutscher Filmkunst Bd. 2: Der Tonfilm, Altona-Bahrenfeld 1935.

Kellermann, Bernhard: Der Tunnel (suhrkamp taschenbuch 2455), Frankfurt am Main 1995 [Orig. 1913].

Kepler, Johannes: Der Traum, oder: Mond-Astronomie. Somnium sive astronomia lunaris [Orig. 1634], aus dem Lat. v. Hans Bungarten, hg. v. Beatrix Langner, Berlin 2011.

Kirn, Thomas: Hans Albers zum Hundertsten. F.P.1 antwortet nicht (gestern abend in Südwest 3), in: Frankfurter Allgemeine Zeitung vom 08.09.1991.

Koeppen, Wolfgang: Ein Leuchtturm und tausend Lampen. Die Greifswalder Oie, eine Filminsel in der Ostsee, in: Marcel Reich-Ranicki (Hg.): Wolfgang Koeppen. Gesammelte Werke Bd. 5: Berichte und Skizzen 2, Frankfurt am Main 1990, S. 36–40.

Königliches Landgericht I, 4. Ferienkammer für Handelssachen, gez. Nausester: Beschluss In Sachen der Projektions-Aktiengesellschaft „Union" zu Berlin […] gegen die Firma Imperator-Film-Co. G.m.b.H. vom 15. Juli 1914, ausgefertigt in Berlin, den 16. Juli 1914 (Abschrift), in: Der Kinematograph Nr. 395 vom 22.07.1914.

Kracauer, Siegfried: F.P.1 auf der Insel Oie, in: I. Mülder-Bach: Siegfried Kracauer, S. 103–106.

Ders.: Technik und Menschen. Filmrezension: F.P.1 antwortet nicht, in: I. Mülder-Bach: Siegfried Kracauer, S. 124–126.

Laffert, Karl August von: Gold: Politischer Roman aus der Gegenwart, Berlin-Wilmersdorf 1922.

Lassally, A.: Der technische Hintergrund, in: Der Kinematograph Nr. 494 vom 14.06.1916, S. 2.

Laßwitz, Kurd: Gegen das Weltgesetz [Orig. 1877], in: Kurd Laßwitz: Bis zum Nullpunkt des Seins. Utopische Erzählungen, hg. von Adolf Scherl, Berlin 1979, S. 49–133.

Lincoln, Ben: Floating Airports to Link Continents, in: Modern Mechanix and Inventions (1934) 2, S. 60–61.

List, Friedrich: Eisenbahnen und Kanäle, Dampfboote und Dampfwagentransport, in: Carl von Rotteck/Karl Theodor Welcker (Hg.): Staats-Lexikon oder Encyklopädie der Staatswissenschaften in Verbindung mit vielen der angesehensten Publicisten Deutschlands Bd. 4, Altona 1837, S. 650–778.

Ders.: Deutschlands Eisenbahnsystem in militärischer Beziehung (1834–1836), in: Erwin v. Beckerath/Erwin Stühler (Hg.): Friedrich List. Schriften zum Verkehrswesen, Teil 1: Friedrich List. Schriften, Reden, Briefe, Bd. 3, Berlin 1929, S. 260–269.

Lübke, Anton: Technik und Mensch im Jahre 2000, München 1927.

Marshall, J. T. W.: Transatlantic Flying a Commercial Reality through Man-made Islands, in: The American Architect 132 (1930), S. 30–31, 68, 70.

Maxim, Hudson: Das 1000 jährige Reich der Maschinen, in: Arthur Bremer (Hg.): Die Welt in 100 Jahren, Hildesheim u. a. 2010 [1910], S. 5–26.

Mercier, Louis-Sébastien: Das Jahr 2440. Ein Traum aller Träume [Orig.: L'An 2440, rêve s'il en fut jamais, 1771], dt. v. Christian Felix Weiße, hg. v. Herbert Jaumann, Frankfurt am Main 1982.

Mooney: Transatlantic Tunnel, in: Motion Picture Herald vom 02.11.1935, S. 60.

Mülder-Bach, Inka (Hg.): Siegfried Kracauer. Werke Bd. 6: Schriften zum Film 1921–1961, Frankfurt am Main 2004.

Nägel, A[dolph].: Technik und Wirtschaftskrise, in: Zeitschrift des Vereins Deutscher Ingenieure 76 (1932) 14, S. 329–334.

Nebel, Hete: Brigitte Helm in „Gold“, in: Filmwelt vom 18.03.1934.

O[limsky]., F[ritz].: [Der Herr der Welt] in: Berliner Börsen-Zeitung vom 13.08.1934, in: Beiblatt „Der Herr der Welt“ zur Retrospektive Künstliche Menschen der Internationalen Filmfestspiele, Berlin 2000.

[Ders.] Oly.: Besuch im Gold-Laboratorium. Atome werden zertrümmert. – Vorläufig noch eine Utopie, in: Berliner Börsen-Zeitung Nr. 35 vom 21.01.1934, S. 11.

Ders.: Die Lichtburg. Neues Großkino am Gesundbrunnen, in: Berliner Börsenzeitung vom 19.01.1930, S. 24.

Pataky, C. F.: Wünsche eines Kino-Stammgastes, in: Kinematographische Rundschau Nr. 403 vom 28.11.1915, S. 5.

Petzet, Wolfgang: F.P.1 antwortet nicht, in: Deutsche Filmzeitung Nr. 1 vom 06.01.1933, S. 8.

Piel, Harry: Der Elektromensch. Ein phantastisches Erlebnis aus dem Jahre 2000, in: R. Aurich: Künstliche Menschen, S. 60.

Pirath, Carl: Die Hochstrassen des Weltluftverkehrs, Berlin, Göttingen, Heidelberg 1932.

Ders.: Die Luftverkehrswirtschaft in Europa und in den Vereinigten Staaten von Amerika, Berlin 1931.

Presse- und Informationszentrum der Luftwaffe (Hg.): Pressemappe aus Anlass der Kommandoübergabe der Luftwaffe von Generalleutnant Klaus-Peter Stieglitz an Generalleutnant Aarne Kreuzinger-Janik am 29. Oktober 2009 beim Jagdbombergeschwader 31 „Boelcke" in Nörvenich, Köln 2009.

R., G.: Aus den Kinematographen-Theatern, in: Kinematographische Rundschau Nr. 413 vom 06.02.1916, S. 8.

refn.: Die Welt ohne Maske. Uraufführung im Kapitol, in: Vossische Zeitung Nr. 60 vom 11.03.1934, S. 9.

Régent, Reger: ‚Le Tunnel', réplique souterraine de ‚I.F.1 ne répond plus', in: Pour Vous Nr. 254 vom 28.09.1933, S. 10.

Reichel, V.: Zensurergebnisse, in: Kinematographische Rundschau Nr. 451 vom 29.10.1916, S. 16.

S., A., Dr.: Filmkritik. F.P.1 antwortet nicht, in: Allgemeiner Tiroler Anzeiger Nr. 28 vom 03.02.1933, S. 5.

S., H.T.: At the 86th Street Casino, in: The New York Times vom 16.12.1935.

Ders.: A German Gold-Making Film, in: New York Times vom 22.10.1934.

Sauvaire-Jourdan, Ct.: Un projet de station d'avions dans l'océan Atlantique, in: La Nature 56 (1928), S. 543–545.

Schöning, Jörg: Le Tunnel, in: Internationale Filmfestspiele Berlin (Hg.): Future Imperfect. Science – Fiction – Film [Broschüre], Berlin 2017, S. 41.

Seeßlen, Georg: Karl Hartls „Gold", in: Concorde Home Entertainment (Hg.): Gold. Ein Film von Karl Hartl [DVD-Booklet], Grünwald 2018, o. S.

Sikorsky, Igor I.: Amphibians, in: Popular Science Monthly (1929) 6, S. 125.

Silverberg, Robert: Reflections: The Cleve Cartmill Affair: One, in: Asimov's Science Fiction 27 (2003) 9, S. 4–7.

Siodmak, Curt: Unter Wolfsmenschen Bd. 1: Europa, Bonn 1995.

Siodmak, Kurt: F.P.1 antwortet nicht. Mit acht Bildern aus dem gleichnamigen Film der Ufa, 26. bis 30. Tsd., Berlin o. J. [1932].

Ders.: F.P.1 antwortet nicht. Mit 11 Zeichnungen von A. B. Henninger, Berlin 1931.

Ders.: F.P.1 antwortet nicht, in: Die Woche vom 25.10.1930, S. 1269–1276.

Sörgel, Herman: Technische Randbemerkungen zu F.P.1, in: Deutsche Filmzeitung Nr. 9 vom 03.03.1933, S. 12.

v. D.: Der Tunnel, in: Völkischer Beobachter Nr. 309/310 vom 05./06.11.1933.

v. E.: Der Tunnel, in: Vossische Zeitung vom 05.11.1933, S. 14.

Valdois, Jean: I. F. 1 ne répond plus, in: Cinémagazine Nr. 11 (1933), S. 41.

Vallaux, Camille: Un projet d'île flottante pour avions dans l'océan Atlantique, in: Annales de Géographie 37 (1928) 209, S. 480.

Verein deutscher Ingenieure: Kundgebung des Vereins deutscher Ingenieure, in: Zeitschrift des Vereins Deutscher Ingenieure 76 (1932) 43, S. 1048.

Verne, Michel: Ein Schnellzug der Zukunft [Orig.: Un Express de l'avenir, 1888], in: Jules Verne, Michel Verne: Der Humbug. Vier Erzählungen, Berlin 2011, S. 94–100.

Vidal, Jean: Le Tunnel, in: Pour Vous Nr. 266 vom 21.12.1933, S. 9.

W., A.: Neue Tonfilme, in: Neuigkeits-Welt-Blatt Nr. 267 vom 20.11.1934, S. 10.

W., C.: Gold. Uraufführung im Ufa-Palast am Zoo, in: Morgenpost (Berlin) vom 31.03.1934.

Wagert, F.: Immer wieder übersteigerte Technik. „Der Herr der Welt" im Ufa-Palast am Zoo, in: Morgenpost, Berlin vom 15.08.1934.

Wells, H. G.: The World Set Free. A Story of Mankind, New York 1914.

Wilde, Oscar: Epigrams. Phrases and Philosophies for the Use of the Young, London, New York 1907.

Zuerl, Walter: Schwimmende Inseln, Flughilfsschiffe, Zwillingsflugzeug, Katapulte, Schleppsegel, Flugzeugkrane, München 1938, S. 6–13.

Internetquellen

Anonymus: Die Roboter kommen, in: Die Presse (Wien) vom 14.09.2017, online unter http://diepresse.com/home/techscience/dbt/5285455/Die-Roboter-kommen (Abruf: 14.09.2017).

Anonymus: I.F. 1 ne répond plus, online unter http://www.filmportal.de/film/if-1-ne-repond-plus_0204a452172a4104929c163e2ed05607 (Abruf: 26.01.2018).

Anonymus: Südkorea plant Tunnel nach Japan und China, in: Asienspiegel vom 06.12.2009, online unter https://asienspiegel.ch/2009/12/sudkorea-plant-tunnel-nach-japan-und-china (Abruf: 06.03.2018).

Beucler, André: A propos d'I.F.1 ne répond plus, online unter http://www.andre-beucler.com/cine/filmo/if1/if102.html (Abruf: 26.01.2018).

Boll, Matthias: „Der Tunnel" enttäuscht im Stadttheater Fürth, in: Nürnberger Nachrichten und Nürnberger Zeitung, Onlinedienst vom 19.10.2015, online unter http://www.nordbayern.de/kultur/der-tunnel-enttauscht-im-stadttheater-furth-1.4727341 (Abruf: 06.03.2018).

Bordwell, David: What's left to discover today? Plenty, vom 29.07.2014, online unter www.davidbordwell.net/blog/2014/07/29/whats-left-to-discover-today-plenty-2 (Abruf: 06.03.2018).

Cinéfiches: Le Tunnel – 1933 [Filmplakat], online unter http://www.cinefiches.com/film.php?id_film=7533&titre=LE+TUNNEL&titre2=Der+Tunnel (Abruf: 07.03.2018).

Deutsches Filminstitut e.V. (Hg.): Filmportal: Schlagwortsuche „Ingenieur", Filter: „Film", online unter https://www.filmportal.de/search?search_api_fulltext=ingenieur&f%5B0%5D=content_type%3Amovie (Abruf: 13.02.2018).

Dorminey, Bruce: The Case for Transatlantic Undersea Trains, in: Forbes vom 29.04.2016, online unter http://www.forbes.com/sites/brucedorminey/2016/04/29/the-case-for-transatlantic-undersea-trains/print/ (Abruf: 06.03.2018).

Hoffman, Carl: Trans-Atlantic Maglev. Vacuum Tube Train, in: Popular Science vom 12.04.2004, online unter http://www.popsci.com/scitech/article/2004-04/trans-atlantic-maglev (Abruf: 07.03.2018).

ING-DiBa AG (Hg.): Die Roboter kommen. Folgen der Automatisierung für den deutschen Arbeitsmarkt, 30.04.2015, online unter https://www.ing-diba.de/pdf/ueber-uns/presse/publikationen/ing-diba-economic-research-die-roboter-kommen.pdf (Abruf: 14.09.2017).

Laufenberg, Walter: Quax, der Bruchpilot, in: Das Laufenberg Netzine, online unter http://www.netzine.de/quax-der-bruchpilot (Abruf: 06.03.2018).

N.D.L.S. (Hg.): Der Herr der Welt, Filmplakat, DIF, online unter https://www.filmportal.de/node/12309/material/670250 (Abruf: 23.03.2018).

Dies. (Hg.): Der Herr der Welt, Filmplakat, online unter http://www.filmposter-archiv.de/filmplakat.php?id=2346 (Abruf: 23.03.2018).

Dies. (Hg.): Der Herr der Welt, Entwurf Filmplakat, DIF/Sammlung Erich Meerwald, online unter https://www.filmportal.de/node/12309/material/670253 (Abruf: 23.03.2018).

Naumann, Dieter: F.P.1 antwortet nicht, in: Das Blättchen. Zweiwochenschrift für Politik, Kunst und Wirtschaft 17 (2014) 12 vom 09.06.2014, online unter http://das-blaettchen.de/2014/06/f-p-1-antwortet-nicht-29167.html (Abruf: 26.01.2018).

Stadttheater Fürth: Der Tunnel. Uraufführung, online unter http://www.stadttheater.de/stf/home.nsf/contentview/tunnel (Abruf: 06.03.2018).

Stoldt, Till: Highspeed durchs Wasser. US-Forscher planen eine Magnetschwebebahn von London nach New York. Mit 7400 km/h durch den Atlantik – in 55 Minuten, in: Welt am Sonntag vom 28.03.2004, online unter http://www.welt.de/print-wams/article108415/Highspeed-durchs-Wasser.html (Abruf: 05.03.2018).

Ufa-Filmverleih G.m.b.H. (Hg.): F.P.1 antwortet nicht. Filmplakat, o. J. [1932], DIF, online unter http://www.filmportal.de/node/16671/material/662146 (Abruf: 24.01.2018).

Dies. (Hg.): Gold. Filmplakat, o. J. [1934], DIF, online unter http://www.filmportal.de/node/2521/material/625200 (Abruf: 03.03.2018).

United States Patent Office: Patent US 1983497 „Self-supporting car body made of sheet metal“, Albert Berthold Henninger, Antrag vom 27.08.1930, Seriennummer 478.160, patentiert am 04.12.1934, online unter http://www.freepatentsonline.com/1983497.pdf (Abruf: 26.01.2018).

United States Patent Office: Patent US 1523263 „Power-driven vehicle“, Albert Berthold Henninger, Antrag vom 05.04.1924, Seriennummer 704.444, patentiert am 13.01.1925, online unter http://www.freepatentsonline.com/1523263.pdf (Abruf: 26.01.2018).

Zeitgeschichte-online, Rubrik „Film & TV“, online unter http://www.zeitgeschichte-online.de/film (Abruf: 19.02.2018).

Literatur

Adam, Christian: Lesen unter Hitler. Autoren, Bestseller, Leser im Dritten Reich, Berlin 2010.

Akin, William E.: Technocracy and the American Dream: The Technocratic Movement, 1900–1941, Berkeley 1977.

Albrecht, Daniel: Hegemoniale Männlichkeit bei Titus Livius, Heidelberg 2016.

Allen, Glen Scott: Master mechanics & wicked wizards. Images of the American scientist as hero and villain from colonial times to the present. Amherst, Mass 2009.

Allen, Roy: The Pan Am Clipper – The History of Pan American's Flying-Boats 1931 to 1946, London 2000.

Alpers, Hans-Joachim/Werner Fuchs/Ronald M. Hahn/Wolfgang Jeschke (Hg.): Lexikon der Science Fiction Literatur Bd. 1, München 1980.

Asendorf, Christoph: Entgrenzung und Allgegenwart. Die Moderne und das Problem der Distanz, Paderborn 2005.

Ders.: Die Künste, der Neue Mensch und die Räume der technischen Welt, in: Nicola Lepp/Annette Beckmann (Hg.): Der Neue Mensch. Obsessionen des 20. Jahrhunderts, Ostfildern-Ruit 1999, S. 57–68.

Ders.: Super Constellation – Flugzeuge und Raumrevolution. Die Wirkung der Luftfahrt auf Kunst und Kultur der Moderne, Wien 1997.

Ashley, Mike: The History of the Science Fiction Magazine. Bd. 1: The Time Machines: The Story of the Science-Fiction Pulp Magazines from the Beginning to 1950, Liverpool 2000.

Asper, Helmut G.: „The top picture to top all top pictures". Walter Reischs Drehbuch für F.P.1 antwortet nicht, in: Günter Krenn (Hg.): Walter Reisch, Film schreiben, Wien 2004, S. 120–137.

Aurich, Rolf (Hg.): Künstliche Menschen, manische Maschinen, kontrollierte Körper, Berlin 2000.

Bachmann-Medick, Doris: Iconic Turn, in: Dies.: Cultural Turns. Neuorientierungen in den Kulturwissenschaften, Reinbek bei Hamburg 2006, S. 329–380.

Beardslee, David C./Donald D. O'Dowd: The College-Student Image of the Scientist, in: Science-Fiction Studies 133 (1961), S. 997–1001.

Beckermann, Ruth (Hg.): Ohne Untertitel. Fragmente einer Geschichte des österreichischen Kinos, Wien 1996.

Belach, Helga (Hg.): Aufruhr der Gefühle. Die Kinowelt des Curtis Bernhardt, München 1982.

Berg-Ganschow, Uta: Deutsch, Englisch, Französisch, in: W. Jacobsen: Babelsberg, S. 169–174.

Berger, Michael: Eisernes Kreuz, Doppeladler, Davidstern. Juden in deutschen und österreichisch-ungarischen Armeen, Berlin 2010.

Berghoff, Hartmut: „Dem Ziele der Menschheit entgegen". Die Verheißungen der Technik an der Wende zum 20. Jahrhundert, in: Ute Frevert (Hg.): Das neue Jahrhundert. Europäische Zeitdiagnosen und Zukunftsentwürfe um 1900, Göttingen 2000, S. 47–78.

Betz, Connie/Rainer Rother/Annika Schaefer: Visions of the Future. Science – Fiction – Film, in: R. Rother/A. Schaefer: Future Imperfect, S. 10–19.

Bleckman, Matias: Harry Piel. Ein Kino-Mythos und seine Zeit, Düsseldorf 1992.

Block, Jan: Die Wirtschaftspolitik in der Weltwirtschaftskrise 1929 bis 1932 im Urteil der Nationalsozialisten, Frankfurt am Main u. a. 1997.

Blom, Philipp: Die zerrissenen Jahre 1918–1938, München 2014.

Bluma, Lars: Der Körper des Bergmanns in der Industrialisierung. Biopolitik im Ruhrkohlenbergbau 1890–1980, in: Ders./Karsten Uhl (Hg.): Kontrollierte Arbeit – disziplinierte Körper? Zur Sozial- und Kulturgeschichte der Industriearbeit im 19. und 20. Jahrhundert, Bielefeld 2012, S. 35–72.

Ders./Karl Pichol/Wolfhard Weber (Hg.): Technikvermittlung und Technikpopularisierung. Historische und didaktische Perspektiven, Münster 2004.

Blumenberg, Hans: Lebenswelt und Technisierung unter Aspekten der Phänomenologie, in: Ders.: Wirklichkeiten, in denen wir leben, Stuttgart 1993, S. 7–54.

Brandt, Dina: Der deutsche Zukunftsroman 1918–1945. Gattungstypologie und sozialgeschichtliche Verortung, Tübingen 2007.

Braun, Hans-Joachim: Anfänge des Fernsehens, in: Ders./Walter Kaiser (Hg.): Propyläen Technikgeschichte Bd. 5: Energiewirtschaft, Automatisierung, Information, Berlin 1997, S. 159–165.

Ders.: Technik und Wirtschaftswissenschaften, in: Armin Hermann/Charlotte Schönbeck: Technik und Wissenschaft (= Technik und Kultur, Bd. 3), Düsseldorf 1991, S. 137–185.

Ders.: Professionalisierungsprozess, sozialökonomische Interessen und „Standesfragen“: Zur Sozialgeschichte des Ingenieurs 1850–1914, in: Volker Schmidtchen (Hg.): Wirtschaft, Technik und Geschichte, Berlin 1980, S. 317–332.

Breßler, Eva Susanne: Von der Experimentierbühne zum Propagandainstrument. Die Geschichte der Funkausstellung von 1924 bis 1939, Köln u. a. 2009.

Bronfen, Elisabeth: Die Maschinenfrau. Ein monströs-astrales Denkbild und seine filmischen Ausformungen, in: Michel Mettler/Basil Rogger/Peter Weber/Ruedi Widmer/Stefan Zweifel (Hg.): Holy Shit. Katalog einer verschollenen Ausstellung, Zürich 2016, S. 110–121.

Brückner, Wolfgang: „Arbeit macht frei“. Herkunft und Hintergrund der KZ-Devise, Opladen 1998.

Bruns, Karin: Kinomythen 1920–1945. Die Filmentwürfe der Thea von Harbou, Stuttgart, Weimar 1995.

Buggeln, Marc/Michael Wildt (Hg.): Arbeit im Nationalsozialismus, Berlin 2014.

Burchardt, Lothar: Technischer Fortschritt und sozialer Wandel. Das Beispiel der Taylorismus-Rezeption, in: Wilhelm Treue (Hg.): Deutsche Technikgeschichte. Vorträge vom 31. Historikertag am 24. September 1976 in Mannheim, Göttingen 1977, S. 52–98.

Burghardt, Uwe: Die Mechanisierung des Ruhrbergbaus 1890–1930, München 1995.

Campbell, Joan: Joy in Work, German Work: The National Debatte 1800–1945, Princeton, New Jersey 1989.

Candela, Andrea: The Radium Terrors. Science Fiction and Radioactivity before the Bomb, in: Nuncius. Journal of the Material and Visual History of Science 30 (2015), 2, S. 320–344.

Clark, Stephen R. L.: Science Fiction and Religion, in: David Seed (Hg.): A companion to science fiction, Malden, MA 2005, S. 95–110.

Connell, Raewyn: Der gemachte Mann. Konstruktion und Krise von Männlichkeiten, 4. durchges. u. erw. Aufl., Opladen 2015 [engl. Orig.: Robert Connell: Masculinities, Cambridge 1995].

Connell, R. W./Julian Wood: Globalization and business masculinities, in: Men and Masculinities 7 (2005) 4, S. 347–364.

Cooke, Stephanie: Atom. Die Geschichte des nuklearen Zeitalters, Köln 2010.

Cowan, Douglas E.: Sacred space. The quest for transcendence in science fiction film and television, Waco, TX 2000.

Dahlke, Günther (Hg.): Deutsche Spielfilme von den Anfängen bis 1933, 2. Aufl., Berlin 1993.

Daniel, Ute: Innovation, Moderne, Fortschritt – oder: Von der Vergangenheit der Zukunft, in: Bernd Rebe/Ute Daniel (Hg.): Humanität – Wandel – Utopie, Hildesheim 2000, S. 149–166.

Davies, Mansel: Frederick Soddy: The scientist as prophet, in: Annals of Science 49 (1992) 4, S. 351–367.

Day, Charles Rodney: Vom Arbeiter zum Ingenieur. Zur Entwicklung der „écoles d'arts et métiers" und zur Rolle ihrer ehemaligen Schüler, in: André Grelon/Heiner Stück (Hg.): Ingenieure in Frankreich, 1747–1990, Frankfurt am Main, New York 1994, S. 329–350.

Dienel, Hans-Liudger (Hg.): Der Optimismus der Ingenieure. Triumph der Technik in der Krise der Moderne um 1900, Stuttgart 1998.

Ders.: Zweckoptimismus und -pessimismus der Ingenieure um 1900, in: Ders. (Hg.): Optimismus der Ingenieure, S. 9–24.

Ders.: Herrschaft über die Natur? Naturvorstellungen deutscher Ingenieure 1871–1914, Stuttgart 1992.

Dierikx, Marc: Vision and Reality in the Technological Development of Intercontinental Air Transport, in: Hans-Liudger Dienel/Helmuth Trischler (Hg.): Geschichte der Zukunft des Verkehrs. Verkehrskonzepte von der frühen Neuzeit bis zum 21. Jahrhundert, Frankfurt am Main 1997, S. 185–207.

Dietz, Burkhard/Michael Fessner/Helmut Maier: Der „Kulturwert der Technik“ als Argument der Technischen Intelligenz für sozialen Aufstieg und Anerkennung, in: Ders. (Hg.): Technische Intelligenz und „Kulturfaktor Technik“. Kulturvorstellungen von Technikern und Ingenieuren zwischen Kaiserreich und früher Bundesrepublik Deutschland, Münster u. a. 1996, S. 1–34.

Dinges, Martin (Hg.): Männer – Macht – Körper. Hegemoniale Männlichkeiten vom Mittelalter bis heute, Frankfurt am Main 2005.

Ders.: „Hegemoniale Männlichkeit“ – Ein Konzept auf dem Prüfstand, in: Ders.: Männer – Macht – Körper, S. 7–33.

Dinzelbacher, Peter: Zur Theorie und Praxis der Mentalitätsgeschichte, in: Ders. (Hg.): Europäische Mentalitätsgeschichte: Hauptthemen in Einzeldarstellungen, Stuttgart 1993, S. XV–XXXVII.

Dittmann, Frank: Golem, Homunculus und Robot – zum Diskurs um künstliche Wesen vor 100 Jahren, in: Frank Fuchs-Kittowksi/Werner Kriesel (Hg.): Informatik und Gesellschaft, Frankfurt am Main 2016, S. 123–136.

Ders.: Mensch und Roboter – ein ungleiches Paar. in: Fabian Karsch/Arne Manzeschke (Hg.): Roboter, Computer und Hybride, Baden-Baden 2016, S. 17–46.

Doering-Manteuffel, Anselm: Mensch, Maschine, Zeit. Fortschrittsbewußtsein und Kulturkritik im ersten Drittel des 20. Jahrhunderts, in: Jahrbuch des Historischen Kollegs 2003, München 2004, S. 91–119.

Döge, Ulrich: F.P.1 antwortet nicht, in: Laurence Kardish (Hg.): Weimar Cinema, 1919–1933. Daydreams and Nightmares, New York 2010.

Dörfler, Goswin: The Tunnel, in: Heinrich Wimmer/Norbert Stresau (Hg.): Enzyklopädie des phantastischen Films, 8. Ergänzungslieferung, Weitingen 1988, S. 1–3.

Dröge, Martin: Männlichkeit und ‚Volksgemeinschaft‘. Der westfälische Landeshauptmann Karl Friedrich Kolbow (1899–1945): Biographie eines NS-Täters, Paderborn 2015.

Drux, Rudolf: Der literarische Maschinenmensch und seine technologische Antiquiertheit. Wechselbeziehungen zwischen Literatur- und Technikgeschichte, in: Dresdener Beiträge zur Geschichte der Technikwissenschaften 29 (2004), S. 3–19.

Dülmen, Richard van: „Arbeit“ in der frühneuzeitlichen Gesellschaft. Vorläufige Bemerkungen, in: Jürgen Kocka/Claus Offe/Beate Redslob (Hg.): Geschichte und Zukunft der Arbeit, Frankfurt am Main u. a. 2000, S. 80–87.

Eder, Jens: Die Figur im Film. Grundlagen der Figurenanalyse, Marburg 2008.

Eisfeld, Rainer: Frau im Mond. Technische Vision und psychologisches Zeitbild, in: Thea von Harbou: Frau im Mond, München 1989, S. 207–237.

Eitz, Thorsten: Rationalisierung, in: Ders./Isabelle Engelhardt: Diskursgeschichte der Weimarer Republik Bd. 1, Hildesheim/Zürich u. a. 2015, S. 285–288.

Eksteins, Modris: Tanz über Gräben. Die Geburt der Moderne und der Erste Weltkrieg, Reinbek bei Hamburg 1990.

Elsaesser, Thomas/Michael Wedel (Hg.): Kino der Kaiserzeit. Zwischen Tradition und Moderne, München 2002.

Elsaesser, Thomas: Flieger, grüß mir die Sonne: Österreich und Walter Reisch, in: R. Beckermann: Ohne Untertitel, S. 325–353.

Ders.: Moderne und Modernisierung. Der deutsche Film der dreißiger Jahre, in: montage/av. Zeitschrift für Theorie und Geschichte audiovisueller Medien 3 (1994) 2, S. 25–40.

Esposito, Fernando: Faschismus – Begriff und Theorien, Version: 1.0, in: Docupedia-Zeitgeschichte vom 06.05.2016, online unter http://docupedia.de/zg/esposito_faschismus_v1_de_2016 (Abruf: 21.02.2018).

Ders.: Mythische Moderne. Aviatik, Faschismus und die Sehnsucht nach Ordnung in Deutschland und Italien, Tübingen 2010.

Esselborn, Hans: Der Wandel der deutschen Science Fiction. Vom technischen Zukunftsroman zur Darstellung alternativer Welten, in: Lars Schmeink/Hans-Harald Müller (Hg.): Fremde Welten. Wege und Räume der Fantastik im 21. Jahrhundert, Berlin, Boston 2012, S. 443–456.

Ders.: Die Atomenergie in der Science Fiction, in: Inklings. Jahrbuch für Literatur und Ästhetik 25 (2007), S. 212–239.

Faulstich, Werner: Grundkurs Filmanalyse, 3. aktual. Aufl., Paderborn 2013.

Ferro, Marc: Gibt es eine filmische Sicht der Geschichte, in: Rainer Rother (Hg.): Bilder schreiben Geschichte. Der Historiker im Kino, Berlin 1991, S. 17–36.

Figala, Karin: Goldmacherei, in: Dies./Claus Priesner (Hg.): Alchemie. Lexikon einer hermetischen Wissenschaft, München 1998, S. 161–165.

Flemming, Jens: „Neue Frau“? Bilder, Projektionen, Realitäten, in: Werner Faulstich (Hg.): Die Kultur der zwanziger Jahre, München, Paderborn 2008, S. 55–70.

Fraunholz, Uwe/Anke Woschech (Hg.): Technology Fiction. Technische Visionen und Utopien in der Hochmoderne, Bielefeld 2012.

Ders./Sylvia Wölfel (Hg.): Ingenieure in der Technokratischen Hochmoderne. Thomas Hänseroth zum 60. Geburtstag, Münster u. a. 2012.

Dies.: Hochmoderne Ingenieure zwischen Altruismus und Eigensinn, in: Dies.: Ingenieure, S. 17–28.

Fraunholz, Uwe: Baumeister der neuen Gesellschaft? Chemiker und chemische Industrie im DEFA-Spielfilm, in: Dresdener Beiträge zur Geschichte der Technikwissenschaften 31 (2006), S. 81–103.

Frayling, Christopher: Mad, bad and dangerous. The scientist and the cinema, London 2005.

Freeden, Michael: Crisis? How Is That a Crisis!?: Reflections on an Overburdened Word, in: Contributions to the History of Concepts 12 (2017) 2, S. 12–28.

Frevert, Ute: Frauen-Geschichte. Zwischen bürgerlicher Verbesserung und Neuer Weiblichkeit, Frankfurt am Main 1986.

Friedrich, Hans-Edwin: Science-fiction in der deutschsprachigen Literatur. Ein Referat zur Forschung bis 1993, Tübingen 1995.

Fritzsche, Peter: A Nation of Fliers. German Aviation and the Popular Imagination, Cambridge, Mass. 1992.

Fuhrmann, Wolfgang: Imperial Projections. Screening the German Colonies, New York, Oxford 2015.

Fuhse, Jan A. (Hg.): Technik und Gesellschaft in der Science Fiction, Berlin 2008.

Ders.: Science Fiction als ästhetisches Versuchslabor der Gesellschaft, in: Ders.: Technik und Gesellschaft, S. 6–18.

Fuld, Werner: Bis an die Knöchel im Geld. Werner Fuld über Bernhard Kellermann: Der Tunnel (1913), in: Marcel Reich-Ranicki (Hg.): Romane von gestern – heute gelesen, Frankfurt am Main 1989, S. 180–186.

Gamper, Michael: Masse lesen, Masse schreiben. Eine Diskurs- und Imaginationsgeschichte der Menschenmenge 1765–1930, München 2007.

Garncarz, Joseph: Die bedrohte Internationalität des Films. Fremdsprachige Versionen deutscher Tonfilme, in: Sibylle M. Sturm (Hg.): Hallo? Berlin? Ici Paris! Deutsch-französische Filmbeziehungen 1918–1939, München 1996, S. 127–140.

Gauteur, Claude/André Bernard: Jean Gabin. Seine Filme – sein Leben, 2. Aufl., München 1985.

Gehler, Fred: F.P.1 antwortet nicht, in: G. Dahlke: Deutsche Spielfilme, S. 310–312.

Geppert, Alexander T. C.: Introduction: Rethinking the Space Age: astroculture and technoscience, in: History and Technology 28 (2012) 3, S. 219–223.

Gersch, Wolfgang: Kuhle Wampe oder Wem gehört die Welt?, in: G. Dahlke: Deutsche Spielfilme, S. 298–302.

Geschichte in Wissenschaft und Unterricht 64 (2013) 7–8: Geschichte im Film (Themenheft).

Geser, Guntram: Fritz Lang – Metropolis und die Frau im Mond: Zukunftsfilm und Zukunftstechnik in der Stabilisierungszeit der Weimarer Republik, Meitingen 1996.

Giesen, Rolf: Künstliche Menschen. Biographische Notizen: Roboter, in: R. Aurich: Künstliche Menschen, S. 198.

Ders.: Künstliche Menschen. Ein Glossar: Automaten, in: R. Aurich: Künstliche Menschen, S. 203.

Ders.: Künstliche Menschen. Ein Glossar: R.U.R. Rossums Universal Robots, in: R. Aurich: Künstliche Menschen, S. 207.

Gispen, Cornelis: New Profession, Old Order. Engineers and German Society, 1815–1914, Cambridge 1989.

Goldstein, Laurence: The Flying Machine and Modern Literature, Bloomington, IN 1986.

González de Reufels, Delia/Aidan Power/Rasmus Greiner/Winfried Pauleit (Hg.): Die Zukunft ist jetzt. Science-Fiction-Kino als audio-visueller Entwurf von Geschichte(n), Räumen und Klängen, Berlin 2016.

Göttler, Fritz: Gestohlenes Leben, fiktive Existenzen. Kurt Bernhardts französische Filme, in: H. Belach (Hg.): Aufruhr der Gefühle, S. 50–57.

Graf, Rüdiger: Die Zukunft der Weimarer Republik. Krisen und Zukunftsaneignungen in Deutschland 1918–1933, München 2008.

Grisko, Michael: Zwischen Sozialphilosophie und Actionfilm. Grenzen und Möglichkeiten des Science-fiction-Genres bei der DEFA, in: Ralf Schenk/Erika Richter (Hg.): apropos: Film 2002. Das Jahrbuch der DEFA-Stiftung, Berlin 2002, S. 108–120.

Grob, Norbert: Ein deutscher Mann der Tat. Hans Albers und seine Filme zwischen 1929 und 1944, in: Thomas Koebner (Hg.): Idole des deutschen Films. Eine Galerie von Schlüsselfiguren, München 1997, S. 188–207.

Groehler, Olaf: Der lautlose Tod, 4. Aufl., Berlin 1987.

Gronau, Martin: Der Film als Ort der Geschichts(de)konstruktion. Reflexionen zu einer geschichtswissenschaftlichen Filmanalyse, in: AEON – Forum für junge Geschichtswissenschaft 1 (2009), S. 18–39.

Guggenheimer, Eva/Heinrich Guggenheimer: Etymologisches Lexikon der jüdischen Familiennamen, München u. a. 1996.

Habel, Frank-Burkhard: Zerschnittene Filme. Zensur im Kino, Leipzig 2003.

Hachtmann, Rüdiger: Vom „Geist der Volksgemeinschaft durchpulst", in: Zeitgeschichte-online, Januar 2010, online unter http://www.zeitgeschichte-online.de/thema/vom-geist-der-volksgemeinschaft-durchpulst (Abruf: 04.03.2018).

Hagener, Malte: Kurt/Curtis Bernhardt, in: Hans-Michael Bock (Hg.): Cinegraph – Lexikon zum deutschsprachigen Film, München 1996, Lg. 27.

Hahn, Robert: Der Erfinder als Erlöser – Führerfiguren im völkischen Zukunftsroman, in: Hans Esselborn (Hg.): Utopie, Antiutopie und Science Fiction im deutschsprachigen Roman des 20. Jahrhunderts, Würzburg 2003, S. 29–46.

Hahn, Ronald M./Volker Jansen: Das Heyne-Lexikon des Science-Fiction-Films. 1500 Filme von 1902 bis heute, München 1993.

Hänseroth, Thomas: Technischer Fortschritt als Heilsversprechen und seine selbstlosen Bürgen: Zur Konstituierung einer Pathosformel der technokratischen Hochmoderne, in: Hans Vorländer (Hg.): Transzendenz und die Konstitution von Ordnungen, Berlin 2013, S. 267–288.

Ders./Uwe Fraunholz/Anke Woschech: Hochmoderne Visionen und Utopien. Zur Transzendenz technisierter Fortschrittserwartungen, in: U. Fraunholz/A. Woschech: Technology Fiction, S. 11–24.

Hardt, Ursula: From Caligari to California. Erich Pommer's Life in the International Film Wars, Providence, Oxford 1996.

Hardy, Phil (Hg.): Die Science Fiction Film Enzyklopädie. 100 Jahre Science Fiction, Königswinter 1998.

Harris, Stefanie: Calling the Nation: Karl Hartl's F.P.1 antwortet nicht (1932), in: South Central Review 29 (2012) 1/2, S. 21–40.

Hartmann, Joerg: „An absolutely fascinating period piece …“: Weltraumschiff I startet, in: Zeitschrift für Fantastikforschung 6 (2016) 1, S. 1–23.

Haupts, Tobias: The empty Sky. A brief History of German Science Fiction Film, in: R. Rother/A. Schaefer: Future imperfect, S. 64–81.

Haynes, Roslynn D.: From Madman to Crime Fighter. The Scientist in Western Culture, Baltimore, MD 2017.

Heilbron, J. L./Robert W. Seidel: Lawrence and His Laboratory. A History of the Lawrence Berkeley Laboratory Bd. 1, Berkeley u. a. 1990.

Heinzlmeier, Adolf/Berndt Schulz: Lexikon der deutschen Film- und TV-Stars, Berlin 2000.

Hellige, Hans Dieter: Technikgeschichte und Heilsgeschehen. Endzeiterwartungen in technischen Zukunftsszenarien für das Jahr 2000, in: Eva Schöck-Quinteros (Hg.): Bürgerliche Gesellschaft – Idee und Wirklichkeit. Festschrift für Manfred Hahn, Berlin 2004, S. 361–374.

Hembus, Joe/Christa Bandmann: Klassiker des deutschen Tonfilms, München 1980.

Henderson, C. J.: The Encyclopedia of Science Fiction Movies: From 1897 to the Present, New York u. a. 2001.

Herbert, Ulrich: Geschichte Deutschlands im 20. Jahrhundert, München 2014.

Herf, Jeffrey: Der nationalsozialistische Technikdiskurs. Die deutschen Eigenheiten des reaktionären Modernismus, in: Wolfgang Emmerich/Carl Wege (Hg.): Der Technikdiskurs in der Hitler-Stalin-Ära, Stuttgart u. a. 1995, S. 111–126.

Ders.: Reactionary Modernism: Technology, Culture and Politics in Weimar and the Third Reich, Cambridge u. a. 1986.

Heßler, Martina: Angst vor Technik und das Kontingentwerden „des Menschen" ', in: Markus Bernhardt/Stefan Brakensiek/Benjamin Scheller (Hg.): Ermöglichen und Verhindern. Vom Umgang mit Kontingenz, Frankfurt am Main 2016, S. 209–234.

Dies.: Die Ersetzung des Menschen? Die Debatte um das Mensch-Maschinen-Verhältnis im Automatisierungsdiskurs, in: Zeitschrift für Technikgeschichte 82 (2015) 2, S. 109–136.

Hickethier, Knut: Film- und Fernsehanalyse, Stuttgart 2007.

Ders.: Gibt es ein medientechnisches Apriori? Technikdeterminismus und Medienkonfiguration in historischen Prozessen, in: Markus Behmer/Friedrich Krotz/Rudolf Stöber/Carsten Winter (Hg.): Medienentwicklung und gesellschaftlicher Wandel. Beiträge zu einer theoretischen und empirischen Herausforderung, Wiesbaden 2003, S. 39–52.

Higson, Andrew: ‚A Film League of Nations': Gainsborough, Gaumont-British and ‚Film Europe', in: Pam Cook (Hg.): Gainsborough Pictures, London u. a. 1997, S. 60–79.

Hobbs, David: British Aircraft Carriers. Design, Development and Service Histories, Barnsley 2013.

Hobsch, Manfred (Hg.): Film im ‚Dritten Reich'. Alle deutschen Spielfilme von 1933 bis 1945 Bd. 2 (F–H), Berlin 2010.

Ders.: Gold, in: Ders.: Film im Dritten Reich, S. 336–339.

Ders.: Herr der Welt, in: Ders.: Film im Dritten Reich, S. 496f.

Ders: Der Tunnel, in: Ders. (Hg.): Film im ‚Dritten Reich'. Alle deutschen Spielfilme von 1933 bis 1945 Bd. 5 (S–V), Berlin 2010, S. 376–379.

Hoffmann, Dieter: Operation Epsilon. Die Farm-Hall-Protokolle oder Die Angst der Alliierten vor der deutschen Atombombe, Berlin 1993.

Hogue, Peter: Legion of the Lost Genre, in: Film Comment 28 (1992) 4, S. 40–51.

Hölscher, Lucian: Theoretische Grundlagen der historischen Zukunftsforschung, in: Ders. (Hg.): Die Zukunft des 20. Jahrhunderts. Dimensionen einer historischen Zukunftsforschung, Frankfurt am Main, New York 2017, S. 7–37.

Ders.: Zukunftsliteratur ohne Zukunft. Wie dem Genre buchstäblich die Zeit ausgeht, in: Sascha Mamczak/Wolfgang Jeschke (Hg.): Das Science Fiction Jahr 2007, München 2007, S. 75–94.

Homan, Lynn M./Thomas Reilly: Pan Am, Charleston 2000.

Hormann, Jörg-Michael: Flugbuch Atlantik. Deutsche Katapultflüge 1927–1939, Bielefeld 2007.

Ders.: Flugschiff DO-X. Die Chronik, Bielefeld 2006.

Hortleder, Gerd/Helmut Klages: Gesellschaftsbild und soziales Selbstverständnis des Ingenieurs im 19. und 20. Jahrhundert, in: Peter Lundgreen (Hg.): Ingenieure in Deutschland 1770–1990, Frankfurt am Main 1994, S. 269–293.

Humann, Detlev: Die „Arbeitsschlacht" als Krisenüberwindung, in: M. Buggeln/M. Wildt: Arbeit im Nationalsozialismus, S. 71–86.

Hüppauf, Bernd/Peter Weingart (Hg.): Frosch und Frankenstein. Bilder als Medium der Popularisierung von Wissenschaft, Bielefeld 2009.

Hurst, Matthias: „Piloten ist nichts verboten" und „Jede Nacht ein neues Glück": Unterhaltungskino und Filmmusik im Spannungsfeld ideologischer Werte, in: Christoph Henzel (Hg.): Musik im Unterhaltungskino des Dritten Reichs, Würzburg 2011, S. 41–76.

Ichbiah, Daniel: Roboter: Geschichte – Technik – Entwicklung, München 2005.

Ingold, Felix Philipp: Literatur und Aviatik. Europäische Flugdichtung 1909–1927, Frankfurt am Main 1980.

Jacobsen, Wolfgang/Anton Kaes/Hans Helmut Prinzler (Hg.): Geschichte des deutschen Films, 2., aktual. u. erw. Aufl., Stuttgart 2004.

Jacobsen, Wolfgang (Hg.): Babelsberg. 1912 ein Filmstudio 1992, Berlin 1992.

Jäger, Jens: Geschichtswissenschaft, in: Klaus Sachs-Hombach (Hg.): Bildwissenschaften. Disziplinen, Themen, Methoden, Frankfurt am Main 2005, S. 185–195.

Jossé, Harald: Die Entstehung des Tonfilms. Beitrag zu einer faktenorientierten Mediengeschichtsschreibung, Freiburg 1984.

Junge, Thorsten (Hg.): Wahnsinnig genial. Der Mad Scientist Reader, Aschaffenburg 2004.

Kanigel, Robert: The One Best Way. Frederick Winslow Taylor and the Enigma of Efficiency, Cambridge, Mass. 2005.

Karlsch, Rainer/Heiko Petermann (Hg.): Für und Wider „Hitlers Bombe". Studien zur Atomforschung in Deutschland, Waxmann, Münster u. a. 2007.

Karlsch, Rainer: Hitlers Bombe. Die geheime Geschichte der deutschen Kernwaffenversuche, München 2005.

Kaufmann, Anette: Der Liebesfilm. Spielregeln eines Filmgenres, Konstanz 2007.

Kehrt, Christian: Moderne Krieger. Die Technikerfahrungen deutscher Militärpiloten 1910–1945, Paderborn 2010.

Kerschagl, Richard: Die Jagd nach dem künstlichen Gold. Der Weg der Alchimie, Berlin 1973.

Kershaw, Ian: Volksgemeinschaft: Potential and Limitations of the Concept, in: Martina Steber/Bernhard Gotto (Hg.): Visions of Community in Nazi Germany. Social Engineering and Private Lives, Oxford 2014, S. 29–42.

Kettelhut, Erich/Werner Sudendorf: Der Schatten des Architekten, München 2009.

Kift, Dagmar: Die Männerwelt des Bergbaus, Bochum 2011.

Kirste, Katja: Fliegen fürs Vaterland. Tod und Patriotismus in Fliegerfilmen – eine interkulturelle Perspektive, in: Hans Krah (Hg.): Geschichte(n): NS-Film – NS-Spuren heute, Kiel 1999, S. 75–96.

Kittstein, Ulrich: Der Erfinder als Messias und das eiserne Gesetz der Arbeit. Zukunftsvisionen in den Science-Fiction-Romanen von Hans Dominik und Bernhard Kellermann, in: Sprachkunst 36 (2005) 1, S. 127–145.

Klein, Klaus-Peter: Zukunft zwischen Trauma und Mythos: Science-fiction. Zur Wirkungsästhetik, Sozialpsychologie und Didaktik eines literarischen Massenphänomens, Stuttgart 1976.

Kleinhans, Bernd: Der Erste Weltkrieg als Medienkrieg. Film und Propaganda zwischen 1914 und 1918, in: Aus Politik und Zeitgeschichte 64 (2014) 16–17, S. 32–38.

Klems, Wolfgang: Die unbewältigte Moderne. Geschichte und Kontinuität der Technikkritik, Frankfurt am Main 1988.

Kocka, Jürgen: Mehr Last als Lust. Arbeit und Arbeitsgesellschaft in der europäischen Geschichte, in: Ders.: Arbeiten an der Geschichte. Gesellschaftlicher Wandel im 19. und 20. Jahrhundert, Göttingen 2011, S. 203–224.

Koepnick, Lutz: The Limits of Futurity: German Science-Fiction Film over the Course of Time, in: Jaimey Fisher (Hg.): Generic histories of German cinema. Genre and its deviations, Rochester, NY 2013, S. 116–148.

Ders.: Screening Fascism's Unterground: Kurt Bernhardt's The Tunnel, in: New German Critique 74 (1998), S. 151–178.

König, Wolfgang: Vom Staatsdiener zum Industrieangestellten: Die Ingenieure in Frankreich und Deutschland 1750–1945, in: Walter Kaiser (Hg.): Geschichte des Ingenieurs: ein Beruf in sechs Jahrtausenden, München 2006, S. 179–228.

Ders.: Volkswagen, Volksempfänger, Volksgemeinschaft: „Volksprodukte" im Dritten Reich. Vom Scheitern einer nationalsozialistischen Konsumgesellschaft, Paderborn 2004.

Ders.: Das Scheitern einer nationalsozialistischen Konsumgesellschaft. „Volksprodukte" in Politik, Propaganda und Gesellschaft des „Dritten Reiches", in: Zeitschrift für Unternehmensgeschichte 48 (2003) 2, S. 131–163.

Ders.: Der Volksempfänger und die Radioindustrie. Ein Beitrag zum Verhältnis von Wirtschaft und Politik im Nationalsozialismus, in: Vierteljahresschrift für Sozial- und Wirtschaftsgeschichte 90 (2003) 3, S. 269–289.

Korte, Helmut: Einführung in die Systematische Filmanalyse, 4. neu bearb. u. erw. Aufl., Berlin 2010.

Koselleck, Reinhart: „Erfahrungsraum" und „Erwartungshorizont" – zwei historische Kategorien, in: Ders.: Vergangene Zukunft. Zur Semantik geschichtlicher Zeiten, Frankfurt am Main 1979, S. 349–375.

Ders.: Fortschritt, in: Otto Brunner/Werner Conze/Reinhart Koselleck (Hg.): Geschichtliche Grundbegriffe. Historisches Lexikon zur politisch-sozialen Sprache in Deutschland Bd. 2, Stuttgart 1975, S. 351–423.

Kracauer, Siegfried: Von Caligari zu Hitler. Eine psychologische Geschichte des deutschen Films, 3. Aufl., Frankfurt am Main 1995 [engl. Orig.: From Caligari to Hitler. A Psychological History of the German Film, Princeton 1947].

Kramer, Thomas: Die Welt ohne Maske, in: Ders. (Hg.): Reclams Lexikon des deutschen Films, Stuttgart 1995, S. 341f.

Kreimeier, Klaus: Karl Hartl: Homo faber und Visionär, in: R. Beckermann: Ohne Untertitel, S. 31–51.

Ders.: Aufmarsch im Bildfeld. Ambivalente Beobachtungen zur Konstruktion eines Mythos in deutschen Filmen der 30er und 40er Jahre, in: Evangelische Akademie Arnoldshain/Gemeinschaftswerk der Evangelischen Publizistik e. V. (Hg.): Filmmythos Volk. Zur Produktion kollektiver Identität im Film, Frankfurt am Main 1992, S. 21–37.

Kruschel, Karsten: Leim für die Venus. Der Science-Fiction-Film in der DDR, in: Sascha Mamczak/Wolfgang Jeschke (Hg): Das Science Fiction Jahr 2007, München 2007, S. 803–888.

Krützen, Michaela: Hans Albers. Eine deutsche Karriere, Weinheim 1995.

Laak, Dirk van: Technokratie im Europa des 20. Jahrhunderts – eine einflussreiche „Hintergrundideologie", in: Lutz Raphael (Hg.): Theorien und Experimente der Moderne. Europas Gesellschaften im 20. Jahrhundert, Köln u. a. 2012, S. 101–128.

Ders./Gabriele Metzler: Die Konkretion der Utopie. Historische Quellen der Planungsutopien der 1920er Jahre, in: Patrick Wagner/Isabell Heinemann

(Hg.): Wissenschaft – Planung – Vertreibung. Neuordnungskonzepte und Umsiedlungspolitik im 20. Jahrhundert, Stuttgart 2006, S. 23–43.

Ders.: Weiße Elefanten. Anspruch und Scheitern technischer Großprojekte, Stuttgart 1999.

Laitko, Hubert: Wissenschaftlich-technische Revolution. Akzente des Konzepts in Wissenschaft und Ideologie der DDR, in: Utopie kreativ 73/74 (1996), S. 33–50.

La Motte-Haber, Helga de/Hans Emons: Filmmusik. Eine systematische Beschreibung, München 1980.

Lange, Sigrid: Ingenieure ohne Eigenschaften und die Philosophie der Technik in der Literatur der Moderne, in: H.-L. Dienel: Optimismus der Ingenieure, S. 129–152.

Langewiesche, Dieter: Fortschritt als sozialistische Hoffnung, in: Klaus Schönhoven/Dietrich Staritz (Hg.): Sozialismus und Kommunismus im Wandel, Köln 1993, S. 39–55.

Langford, David L./Peter Robson: The representation of the professions in the cinema: the case of construction engineers and lawyers, in: Construction Management and Economics 21 (2003) 8, S. 799–807.

Langthaler, Ernst: Schlachtfelder: Alltägliches Wirtschaften in der nationalsozialistischen Agrargesellschaft, Wien u. a. 2016.

Lethen, Helmut: Verhaltenslehren der Kälte. Lebensversuche zwischen den Kriegen, Frankfurt am Main 2003.

Leucht, Robert: Die Figur des Ingenieurs im Kontext. Utopien und Utopiedebatten im ersten Drittel des 20. Jahrhunderts, in: Internationales Archiv für Sozialgeschichte der Deutschen Literatur 36 (2011) 2, S. 283–312.

Lhamon, William T.: Raising Cain. Blackface performance from Jim Crow to Hip Hop, Cambridge, Mass. 1998.

Liedl, Janice: Tales of futures past: science fiction as a historical genre, in: Rethinking History 19 (2015) 2, S. 285–299.

Loiperdinger, Martin: Filmzensur und Selbstkontrolle, in: W. Jacobsen/A. Kaes/H. Prinzler: Geschichte des deutschen Films, S. 525–544.

Luckhurst, Roger: America: Pulp Fictions and the Engineer Paradigm, in: Ders: Science Fiction, Cambridge 2005.

Macho, Thomas: Technische Utopien und Katastrophenängste, in: Gegenworte 10 (2002), S. 12–14.

Maidl, Bernhard/Leonard Schmid/Willy Ritz/Martin Herrenknecht: Hardrock Tunnel Boring Machines, Berlin 2008.

Martschukat, Jürgen/Olaf Stieglitz: Geschichte der Männlichkeiten, Frankfurt am Main 2008.

Mendlesohn, Farah: Warum schreibt eine Geschichtswissenschaftlerin über Science Fiction?, in: Zeitschrift für Fantastikforschung 3 (2013) 1, S. 88–96.

Mettele, Gisela: Geschichte in bewegten Bildern. Historisches Arbeiten mit Dokumentar- und Spielfilmen, in: Dieter Hein/Klaus Hildebrand/Andreas Schulz (Hg.): Historie und Leben. Der Historiker als Wissenschaftler und Zeitgenosse. Festschrift für Lothar Gall zum 70. Geburtstag, München 2006, S. 287–299.

Meurer, Alfred: Das Allheilmittel des 20. Jahrhunderts: eine kleine Kulturgeschichte des Radiums, Kromsdorf/Weimar 2017.

Meuser, Michael/Ursula Müller: Männlichkeiten in Gesellschaft. Zum Geleit, in: R. Connell: Der gemachte Mann, S. 9–20.

Ders./Sylka Scholtz: Hegemoniale Männlichkeit. Versuch einer Begriffsklärung aus soziologischer Perspektive, in: M. Dinges: Männer – Macht – Körper, S. 211–228.

Meyer, Steve: Rough Manhood. The Aggressive and Confrontational Shop Culture of U. S. Auto Workers During World War II, in: Journal of Social History 36 (2002) 1, S. 125–147.

Meyer, Torsten: Gottfried Feder und der nationalsozialistische Diskurs über Technik, in: Werner Lorenz/Torsten Meyer (Hg.): Technik und Verantwortung im Nationalsozialismus, Münster u. a. 2004, S. 79–107.

Meyers, Peter: Film im Geschichtsunterricht, in: Geschichte in Wissenschaft und Unterricht 52 (2001) 4, S. 246–259.

Miloradovic-Weber, Christa: Der Erfinderroman 1850–1950. Zur literarischen Verarbeitung der technischen Zivilisation – Konstituierung eines literarischen Genres, Bern 1989.

Mitterhuber, Simon: Die deutschen Katapultflugzeuge und Schleuderschiffe. Entwicklung, Einsatz und Technik, Bonn 2004.

Mühl-Benninghaus, Wolfgang: Vom Augusterlebnis zur Ufa-Gründung. Der deutsche Film im 1. Weltkrieg, Berlin 2004.

Müller, Dorit: Der Opfertod des Aviatikers – Himmelsstürmer und Heros der Technik, in: Sigrid Weigel (Hg.): Märtyrer-Porträts. Von Opfertod, Blutzeugen und heiligen Kriegern, München 2007, S. 261–264.

Müller, Rolf-Dieter: Die deutschen Gaskriegsvorbereitungen 1919–1945. Mit Giftgas zur Weltmacht? in: Militärgeschichtliche Mitteilungen 27 (1980), 1, S. 25–54.

Musekamp, Jan: Friedrich List, die Eisenbahn, das Militär und Europa, in: Themenportal Europäische Geschichte 2015, online unter www.europa.clio-online.de/essay/id/artikel-3794 (Abruf: 03.03.2018).

Museumsstiftung Post und Telekommunikation (Hg.): Die Roboter kommen: Mensch, Maschine, Kommunikation, Heidelberg 2007.

Nagl, Manfred: Science fiction. Ein Segment populärer Kultur im Medien- und Produktverbund, Tübingen 1981.

Nagl, Tobias: Die unheimliche Maschine: Rasse und Repräsentation im Weimarer Kino, München 2009.

Noble, David F.: Eiskalte Träume. Die Erlösungsphantasien der Technologen, Freiburg im Breisgau 1998.

Ders.: America by design. Science, technology, and the rise of corporate capitalism, Oxford 1979.

Nolte, Paul: Die Machbarkeit der Welt. Technik, Gesellschaft und Politik im utopischen 20. Jahrhundert, in: Klaus Geus (Hg.): Utopien, Zukunftsvorstellungen, Gedankenexperimente. Literarische Konzepte von einer „anderen" Welt im abendländischen Denken von der Antike bis zur Gegenwart, Frankfurt am Main u. a. 2011, S. 229–253.

Nonn, Christoph: Das Deutsche Kaiserreich. Von der Gründung bis zum Untergang, München 2017.

Oguntoye, Katharina: Eine afro-deutsche Geschichte. Zur Lebenssituation von Afrikanern und Afro-Deutschen in Deutschland von 1884 bis 1950, Berlin 1996.

Oliver, James A.: The Bering Strait Crossing: A 21st Century Frontier Between East and West, Exmouth 2006.

Österreichische Zeitschrift für Geschichtswissenschaften 24 (2013) 3: Die Wahrheit des Films/Cinema's Truth (Sonderheft).

Päch, Susanne: Das literarische Gedankenexperiment – zur Technikgeschichte der Science Fiction, in: Dietmar Guderian (Hg.): Technik und Kunst, Düsseldorf 1994, S. 439–449.

Pagliarulo, Magdalena: Das Motiv der Maschinenfrau von der Romantik bis ins 20. Jahrhundert. Weibliche Androiden bei E. T. A. Hoffmann, Fritz Lang und Stanislaw Lem, in: Ulrich Wergin (Hg.): Romantik. Mythos und Moderne, Würzburg 2013, S. 247–260.

Pansegrau, Petra: Zwischen Fakt und Fiktion – Stereotypen von Wissenschaftlern in Spielfilmen, in: B. Hüppauf/P. Weingart: Frosch und Frankenstein, S. 373–386.

Paul, Gerhard: Visual History, Version: 3.0, in: Docupedia-Zeitgeschichte vom 13.03.2014, online unter https://docupedia.de/zg/Visual_History_Version_3.0_Gerhard_Paul#cite_ref-4 (Abruf: 19.03.2018).

Ders. (Hg.): Das Jahrhundert der Bilder, 2 Bde.: Bildatlas I: 1900–1949, II: 1949 bis heute, Göttingen 2008–2009.

Ders. (Hg.): Visual History. Ein Studienbuch, Göttingen 2006.

Paulitz, Tanja: Mann und Maschine. Eine genealogische Wissenssoziologie des Ingenieurs und der modernen Technikwissenschaften 1850–1930, Bielefeld 2012.

Payk, Marcus M.: Hochgespannte Erwartung. H. G. Wells' Utopie einer „befreiten Welt" am Vorabend des Großen Kriegs, in: Zeithistorische Forschungen/Studies in Contemporary History 11 (2014), S. 145–149.

Perplies, Bernd: Der deutsche Science-Fiction-Film. Annäherungen an ein vernachlässigtes Genre. Magisterarbeit, München 2006.

Peukert, Detlev: Die Weimarer Republik. Krisenjahre der Klassischen Moderne, Frankfurt am Main 1987.

Ders.: Industrialisierung des Bewußtseins? Arbeitserfahrungen von Ruhrbergleuten im 20. Jahrhundert, in: Klaus Tenfelde (Hg.): Arbeit und Arbeitserfahrung in der Geschichte, Göttingen 1986, S. 92–119.

Phillips, Alastair: City of Darkness, City of Light: Emigré Filmmakers in Paris 1929–1939, Amsterdam 2003.

Popplow, Marcus: Automat, in: Friedrich Jaeger (Hg.): Enzyklopädie der Neuzeit, Bd. 15 (Nachträge), Stuttgart 2012, Sp. 689–695.

Pulla, Ralf: Raketentechnik in Deutschland. Ein Netzwerk aus Militär, Industrie und Hochschulen 1930 bis 1945, Frankfurt am Main 2006.

Pyta, Wolfgang: „Menschenökonomie": Das Ineinandergreifen von ländlicher Sozialraumgestaltung und rassenbiologischer Bevölkerungspolitik im NS, in: Historische Zeitschrift 273 (2001), S. 31–94.

Radkau, Joachim: Geschichte der Zukunft. Prognosen, Visionen, Irrungen in Deutschland von 1945 bis heute, München 2017.

Ders.: Das Neue in historischer Perspektive, in: Christian Kehrt/Peter Schüßler/Marc-Denis Weitze (Hg.): Neue Technologien in der Gesellschaft. Akteure, Erwartungen, Kontroversen und Konjunkturen, Bielefeld 2011, S. 49–61.

Ders.: Technik in Deutschland. Vom 18. Jahrhundert bis heute, Frankfurt am Main 2008.

Ders.: Revoltierten die Produktivkräfte gegen den real existierenden Sozialismus?, in: 1999. Zeitschrift für Sozialgeschichte des 20. und 21. Jahrhunderts 5 (1990), S. 13–42.

Rapp, Friedrich: Fortschritt. Entwicklung und Sinngehalt einer philosophischen Idee, Darmstadt 1992.

Reichard, Tom: Die Zeit der Zigarette. Rauchen und Temporalität in der ersten Hälfte des 20. Jahrhunderts, in: Alexander C.T. Geppert/Till Kössler (Hg.): Obsessionen der Gegenwart. Zeit im 20. Jahrhundert, Göttingen 2015, S. 92–122.

Richards, Jeffrey: Age of the Dream Palace: Cinema and Society in 1930s Britain, New York 2010.

Riedel, Heide: Fernsehen – Von der Vision zum Programm. 50 Jahre Programmdienst in Deutschland, hg. v. Deutsches Rundfunk-Museum e. V. Berlin, Berlin 1985.

Riederer, Günter: Film und Geschichtswissenschaft. Zum aktuellen Verhältnis einer schwierigen Beziehung, in: Gerhard Paul (Hg.): Visual History. Ein Studienbuch, Göttingen 2006, S. 96–113.

Rieger, Bernhard: Technology and the Culture of Modernity in Britain and Germany, 1890–1945, Cambridge 2005.

Riess, Curt: Bernhard Kellermann schreibt der Tunnel, in: Ders.: Bestseller. Bücher, die Millionen lesen, Hamburg 1960, S. 93–107.

Riskin, Jessica: The Restless Clock: A History of the Centuries-Long Argument Over What Makes Living Things Tick, Chicago 2016.

Ritzel, Fred: „…vom Paradies ein gold'ner Schein" – Schlagerpräsentationen im Tonfilm der Weimarer Republik, in: Helmut Rösing (Hg.): Populäre Musik zur Zeit der Weimarer Republik. Beiträge zur Popularmusikforschung, Freiburg 1995, S. 157–180.

Rohkrämer, Thomas: Die Vision einer deutschen Technik. Ingenieure und das „Dritte Reich", in: Wolfgang Hardtwig/Philip Cassier (Hg.): Utopie und politische Herrschaft im Europa der Zwischenkriegszeit, München 2009, S. 287–307.

Rongstock, Richard: Film als mentalitätsgeschichtliche Quelle. Eine Betrachtung aus geschichtsdidaktischer Perspektive, Berlin 2011.

Rosenthal, Jacob: Die Ehre des jüdischen Soldaten. Die Judenzählung im Ersten Weltkrieg und ihre Folgen, Frankfurt am Main 2007.

Rösgen, Petra/Juliane Steinbrecher (Hg.): Inszeniert – Deutsche Geschichte im Spielfilm, Berlin 2016.

Rother, Rainer/Annika Schaefer (Hg.): Future Imperfect: Science – Fiction – Film, Berlin 2017.

Ders.: Vom Feinde lernen. Deutsche Filmpropaganda im Ersten Weltkrieg, in: T. Elsaesser/M. Wedel: Kino der Kaiserzeit, S. 120–133.

Ders.: Die Effekte der Unterhaltung, in: W. Jacobsen: Babelsberg, S. 175–204.

Sabrow, Martin: Zukunftspathos als Legitimationsressource. Zu Charakter und Wandel des Fortschrittsparadigmas in der DDR, in: Heinz-Gerhard Haupt (Hg.): Aufbruch in die Zukunft. Die 1960er Jahre zwischen Planungseuphorie und kulturellem Wandel. DDR, CSSR und Bundesrepublik Deutschland im Vergleich, Weilerswist 2004, S. 165–184.

Safranski, Rüdiger: Romantik. Eine deutsche Affäre, Frankfurt am Main 2009.

Salewski, Michael: Technik als Vision der Zukunft um die Jahrhundertwende, in: Ders./Ilona Stölken-Fitschen (Hg.): Moderne Zeiten. Technik und Zeitgeist im 19. und 20. Jahrhundert, Stuttgart 1994, S. 77–92.

Ders.: Zeitgeist und Zeitmaschine. Science Fiction und Geschichte, München 1986.

Ders.: Science-fiction und Geschichte. Anmerkungen zu einer merk-würdigen Quellengattung, in: Joachim H. Knoll/Wolfgang Schirmacher (Hg.): Von kommenden Zeiten. Geschichtsprophetien im 19. und 20. Jahrhundert, Stuttgart 1984, S. 275–302.

Sander, Tobias: Die doppelte Defensive. Soziale Lage, Mentalitäten und Politik der Ingenieure in Deutschland 1890–1933, Wiesbaden 2009.

Schattenberg, Susanne: Als die Geschichte laufen lernte. Spielfilme als historische Quelle? Das Beispiel sowjetischer Werke der dreißiger Jahre (= Digitales Handbuch zur Geschichte und Kultur Russlands und Osteuropas), Dezember 2003, online unter http://epub.ub.uni-muenchen.de/566/1/schattenberg-film.pdf (Abruf: 26.02.2018).

Schmale, Wolfgang: Geschichte der Männlichkeit in Europa (1450–2000), Köln u. a. 2003.

Schmaltz, Florian: Kampfstoff-Forschung im Nationalsozialismus. Zur Kooperation von Kaiser-Wilhelm-Instituten, Militär und Industrie, Göttingen 2005.

Schmiechen-Ackermann, Detlef: Einführung, in: Ders. (Hg.): ‚Volksgemeinschaft': Mythos der NS-Propaganda, wirkungsmächtige soziale Verheißung oder soziale Realität im ‚Dritten Reich', Paderborn 2012, S. 13–53.

Schneider, Helmuth: Geschichte der antiken Technik, 2. Aufl., München 2012.

Scholtz, Sylka: „Hegemoniale Männlichkeit" – Innovatives Konzept oder Leerformel, in: Hella Hertzfeld/Katrin Schäfgen/Silke Veth (Hg.): Geschlechter-Verhältnisse. Analysen aus Wissenschaft, Politik und Praxis, Berlin 2004, S. 33–45.

Schreiber, Waltraud (Hg.): Geschichte im Film. Beiträge zur Förderung historischer Kompetenz, Neuried 2006.

Schriefl, Edith: Zur Konstruktion von hegemonialen Männlichkeitsbildern in Zeiten der ‚Krise'. Männlichkeitsbilder in der Anzeigenwerbung der Zeitschrift *Auto, Motor, Sport* 1965 und 1980, in: Gudrun Loster-Schneider/Maria Häusl/Stefan Horlacher/Susanne Schötz (Hg.): GenderGraduateProjets I – Geschlecht, Fürsorge, Risiko, Leipzig 2015, S. 57–75.

Schüler, Andreas: Erfindergeist und Technikkritik. Der Beitrag Amerikas zur Modernisierung und die Technikdebatte seit 1900, Stuttgart 1990.

Schulte-Sasse, Linda: Entertaining the Third Reich. Illusions of wholeness in Nazi cinema, Durham, NC 1996.

Schummer, Joachim/Tami I. Spector: Visuelle Populärbilder und Selbstbilder der Wissenschaft, in: B. Hüppauf/P. Weingart: Frosch und Frankenstein, S. 341–372.

Schütt, Hans-Werner: Auf der Suche nach dem Stein der Weisen. Die Geschichte der Alchemie, München 2000.

Schwab, Lothar: Im Labyrinth der Männerängste. Kurt Bernhardts deutsche Filme (1924–1933), in: H. Belach: Aufruhr der Gefühle, S. 26–49.

Schwankner, Robert: Das Meergoldprojekt: Berlin 1922–1927, in: Kultur & Technik 9 (1985) 2, S. 65–85.

Ders.: Verspätete Alchimie – Schauplatz Berlin: 1924–26, in: Kultur und Technik 4 (1980) 3, S. 22–24.

Schwartz, Matthias: Archaeologies of a Past Future. Science Fiction Films from Communist Eastern Europe, in: R. Rother/A. Schaefer: Future Imperfect, S. 96–117.

Schwarz, Angela: Allmacht oder Ohnmacht: Technikvorstellungen und Krisenwahrnehmung im Übergang vom 19. ins 20. Jahrhundert, in: Helga Scholten (Hg.): Die Wahrnehmung von Krisenphänomen. Fallbeispiele von der Antike bis in die Neuzeit, Wien u. a. 2007, S. 203–222.

Schwarz, Martin: ‚Werkzeuge der Geschichte.' Automatisierungsdiskurse der 1950er und 1960er Jahre im deutsch-deutschen Vergleich, in: Technikgeschichte 82 (2015) 2, S. 137–156.

Schwarz, Uta: Wochenschau, westdeutsche Identität und Geschlecht in den fünfziger Jahren, Frankfurt am Main, New York 2002.

Schwiglewski, Katja: Erzählte Technik. Die literarische Selbstdarstellung des Ingenieurs seit dem 19. Jahrhundert, Köln u. a. 1995.

Seefried, Elke: Zukünfte: Aufstieg und Krise der Zukunftsforschung 1945–1980, Berlin 2015.

Seeßlen, Georg/Fernand Jung: Science Fiction. Geschichte und Mythologie des Science-Fiction-Films, 2 Bde., Marburg 2003.

Seeßlen, Georg: Western. Geschichte und Mythologie des Western-Films, Marburg 1995.

Segeberg, Harro: Literatur im Medienzeitalter. Literatur Technik und Medien seit 1914, Darmstadt 2003.

Ders.: Zur Verschwisterung von Technik und Ökonomie II. Bernhard Kellermanns Roman ‚Der Tunnel' (1913) als fordistische Utopie, in: Ders.: Literarische Technik-Bilder. Studien zum Verhältnis von Technik- und Literaturgeschichte im 19. und frühen 20. Jahrhundert, Tübingen 1987, S. 173–208.

Ders.: Technik-Bilder in der Literatur des zwanzigsten Jahrhunderts, in: Ders.: Technik in der Literatur. Ein Forschungsüberblick und zwölf Aufsätze, Frankfurt am Main 1987, S. 411–435.

Seifert, Karl-Dieter: Der deutsche Luftverkehr 1926–1945 – auf dem Weg zum Weltverkehr, München 1999.

Sieferle, Rolf Peter: Fortschrittsfeinde? Opposition gegen Technik und Industrie von der Romantik bis zur Gegenwart, München 1984.

Siegfried, Detlef: Der Fliegerblick. Intellektuelle, Radikalismus und Flugzeugproduktion bei Junkers 1914 bis 1934, Bonn 2001.

Soister, John T./Henry Nicolella: Down from the Attic. Rare Thrillers of the Silent Era through the 1950s, Jefferson, NC 2016.

Soister, John T.: Conrad Veidt on Screen, Jefferson, NC 2002.

Speich Chassé, Daniel: Fortschritt und Entwicklung, Version: 1.0, in: Docupedia-Zeitgeschichte vom 21.09.2012, online unter http://docupedia.de/zg/chasse_fortschritt_v1_de_2012 (Abruf: 05.03.2018).

Spick, Jérôme: Le tunnel sous la Manche, Paris 1992.

Spiegel, Simon: Authentische Wunschträume. Einige Überlegungen zur Utopie im nichtfiktionalen Film, in: Komparatistik Online 1 (2013), S. 188–199.

Ders.: Die Konstitution des Wunderbaren. Zu einer Poetik des Science-Fiction-Films, Marburg 2007.

Spittel, Olaf: Science Fiction-Filme der DDR. Kino- und Fernsehfilmproduktionen, vom 21.01.2000, online unter http://www.spittel.de/sf/filme/filme.htm (Abruf: 13.02.2018).

Spörri, Myriam: Reines und gemischtes Blut: Zur Kulturgeschichte der Blutgruppenforschung 1900–1933, Bielefeld 2013.

Springman, Luke: Technikbegeisterung und nationale Machtphantasien: Science-Fiction und Sachliteratur in der Jugendliteratur der Weimarer Republik (Teil 1), in: Kinder- und Jugendliteraturforschung 13 (2007), S. 41–49.

Stableford, Brian: Steampunk, in: Ders.: Science Fact and Science Fiction: an Encyclopedia, New York 2006, S. 502f.

Ders./John Clute/Peter Nicholls: Definitions of SF, in: John Clute/Peter Nicholls (Hg.): The encyclopedia of science fiction, London 1993, S. 311–314.

Steffens, Horst: Tanz auf dem Vulkan. Bilderwelten – Bilderfluten, hg. v. Landesmuseum für Technik und Arbeit in Mannheim, Mannheim 1994.

Steinitz, David: Geschichte der deutschen Filmkritik, München 2015.

Steinmüller, Angela/Karlheinz Steinmüller: Visionen 1900, 2000, 2100. Eine Chronik der Zukunft, Hamburg 1999.

Stollberg, Gunnar: Die Rationalisierungsdebatte 1918–1933. Freie Gewerkschaften zwischen Mitwirkung und Gegenwehr, Frankfurt am Main 1981.

Strub, Erik: Soddy, Wells und die Atombombe. Eine literarische Fiktion aus physikalischer Sicht, in: Physik Journal 4 (2005) 7, S. 47–51.

Strzelczyk, Florentine: Motors and Machines, Robots and Rockets. Harry Piel and Sci-Fi Film in the Third Reich, in: German Studies Review 27 (2004) 3, S. 543–561.

Dies.: Innocent Action and Splendid Spectacle: Fascism and Entertainment in Harry Piel's Movie Die Welt ohne Maske (1934), in: The German Quarterly 77 (2004) 4, S. 427–442.

Suvin, Darko: Poetik der Science Fiction. Zur Theorie einer literarischen Gattung, Frankfurt am Main 1979.

Szöllösi-Janze, Margit: Fritz Haber 1868–1934. Eine Biographie, München 1998.

Talkenberger, Heike: Historische Erkenntnis durch Bilder. Zur Methode und Praxis der Historischen Bildkunde, in: Hans-Jürgen Goertz (Hg.): Geschichte. Ein Grundkurs, 3. überarb. u. erw. Aufl., Reinbek bei Hamburg 2007, S. 88–103.

Telotte, Jay P.: F.P.1 and the Language of a Global Science Fiction Cinema, in: Jennifer L. Feeley/Sarah Ann Wells (Hg.): Simultaneous Worlds. Global Science Fiction Cinema, London u. a. 2015, S. 103–118.

Ders.: Lost in space. Television as Science Fiction Icon, in: Journal of Popular Film and Television 33 (2006) 4, S. 178–186.

Thamer, Hans-Ulrich: ‚Volksgemeinschaft' in der Debatte. Interpretationen, Operationalisierungen, Potenziale und Kritik, in: Detlef Schmiechen-Ackermann/Marlis Buchholz/Bianca Roitsch/Christiane Schröder (Hg.): Der Ort der „Volksgemeinschaft" in der deutschen Gesellschaftsgeschichte, Paderborn 2018, S. 27–36.

Theweleit, Klaus: Männerphantasien. Bd. 1: Frauen, Fluten, Körper, Geschichte, Frankfurt am Main 1977.

Thonfeld, Christoph: Krisenjahre revisited. Die Weimarer Republik und die Klassische Moderne in der gegenwärtigen Forschung, in: Historische Zeitschrift 302 (2016) 2, S. 390–420.

Tichi, Cecelia: Shifting gears. Technology, literature, culture in modernist America, Chapel Hill 1987.

Todrowski, Christiane: Bürgerliche Technik-„Utopisten“: Ein Beitrag zur Funktion von Fortschrittsoptimismus und Technikeuphorie im bürgerlichen Denken des 19. Jahrhunderts, Münster 1996.

Tooze, Adam: Ökonomie der Zerstörung. Die Geschichte der Wirtschaft im Nationalsozialismus, München 2007.

Torp, Cornelius: The Great Transformation: German Economy and Society 1850–1914, in: Helmut Walser Smith (Hg.): The Oxford Handbook of Modern German History, Oxford 2011, S. 336–358.

Türk, Klaus: Bilder der Arbeit. Eine ikonografische Anthologie, Wiesbaden 2000.

Tyrell, Albrecht: Gottfried Feder – Der gescheiterte Programmatiker, in: Ronald Smelsner/Rainer Zitelmann (Hg.): Die braune Elite. 22 biographische Skizzen, Darmstadt 1989, S. 28–40.

Valerius, Alexander: Der Lehrstuhl Feder an der TH Berlin: Ein Akteur nationalsozialistischer Stadtplanung und Raumforschung, unveröff. Masterarbeit, TU Berlin, Berlin 2019.

Völker, Klaus: Androide, in: Hans-Otto Hügel (Hg.): Handbuch Populäre Kultur. Begriffe, Theorien und Diskussionen, Stuttgart, Weimar 2003, S. 109–114.

Ders.: Nachwort, in: Ders. (Hg.): Künstliche Menschen. Dichtungen und Dokumente über Golems, Homunculi, Androiden und liebende Statuen, München 1971, S. 425–496.

Vowe, Klaus W.: Weltherrschaft und Technik: Der verrückte Wissenschaftler als politischer Phänotyp des US-Films, in: Literatur für Leser 21 (1998) 1, S. 121–134.

Wachtel, Joachim/Günther Ott: Im Zeichen des Kranichs. Die Geschichte der Lufthansa von den Anfängen bis 1945, München u. a. 2016.

Wagner, Sven: The scientist as God. A typological study of a literary motif 1818 to the present, Heidelberg 2012.

Wahl, Chris: Sprachversionsfilme aus Babelsberg. Die internationale Strategie der Ufa 1929–1939, München 2009.

Way, Peter: Common Labor. Workers and the Digging of North American Canals, 1780–1860, Baltimore 1993.

Weber, Karsten: Roboter und Künstliche Intelligenz in Science Fiction-Filmen: Vom Werkzeug zum Akteur, in: J. A. Fuhse: Technik und Gesellschaft, S. 34–54.

Weber, Regina/Ralf Spicker/Frank Dittmann: Ausstellungsbesprechung: Die Roboter kommen! Mensch, Maschine, Kommunikation, in: Technikgeschichte 75 (2008) 1, S. 51–56.

Wedel, Michael: ‚Kino-Dynamit' als Exportschlager. Harry Piel in Holland, in: T. Elsaesser/M. Wedel: Kino der Kaiserzeit, S. 265–283.

Weiher, Sigfrid von: 90 Jahre „Made in Germany". Absicht und Auswirkung eines englischen Gesetzes, in: Jürgen Schneider (Hg.): Wirtschaftskräfte und Wirtschaftswege Bd. 3: Auf dem Weg zur Industrialisierung, Stuttgart 1978, S. 595–605.

Weingart, Peter: Von Menschenzüchtern, Weltbeherrschern und skrupellosen Genies – das Bild der Wissenschaft im Spielfilm, in: Stefan Iglhaut (Hg.): Zwischen Nanowelt und Globaler Kultur. Science+fiction, Berlin 2003, S. 218–232.

Ders./Claudia Muhl/Petra Pansegrau: Of power maniacs and unethical genius: science and scientists in fiction film, in: Public Understanding of Science 12 (2003), S. 279–287.

Wendtland, Karlheinz: Geliebter Kintopp. Sämtliche deutsche Spielfilme von 1929–1945 mit zahlreichen Künstlerbiographien. Jahrgang 1933 und 1934, Berlin 1989.

Wengenroth, Ulrich: Menschenbilder in der Technik und die säkularisierte Heilsbedürftigkeit, in: Kurt Weis/Gerd Albers (Hg.): Bilder vom Menschen in Wissenschaft, Technik und Religion, München 1993, S. 163–187.

Wesel, Reinhard: Außenpolitik im Universum – Zur Wiederspiegelung von außen- und sicherheitspolitischen Selbstverständlichkeiten in Science Fiction-Serien, skizziert am Beispiel von RAUMSCHIFF ORION, in: Frank Hörnlein/Herbert Heinecke (Hg.): Zukunft im Film. Sozialwissenschaftliche Studien zu Star Trek und anderer Science Fiction, Magdeburg 2000, S. 87–117.

Wetzel, Kraft/Peter A. Hagemann (Hg.): Liebe, Tod und Technik. Kino des Phantastischen 1933–1945, Berlin 1977.

Dies.: Kommentierte Filmographie. Der Tunnel, in: Dies.: Liebe, Tod und Technik, S. 54f.

Wetzel, Kraft: Liebe, Tod und Technik. Utopie und NS-Ideologie im Phantastischen Kino des Dritten Reiches, in: Ders./P. Hagemann: Liebe, Tod und Technik, S. 7–41.

White, Hayden: Metahistory. The Historical Imagination in Nineteenth-Century Europe, Baltimore u. a. 1974.

Wiebecke, Dieter/K. Fischer/G. Keil/R. Leibling/H. Reissigl/W. Stangel: Zur Geschichte der Transfusionsmedizin in der ersten Hälfte des 20. Jahrhunderts (unter besonderer Berücksichtigung ihrer Entwicklung in Deutschland), in: Transfusion Medicine and Hemotherapy 31 (2004) 2, S. 12–31.

Wildt, Michael: Der Begriff der Arbeit bei Hitler, in: M. Buggeln/M. Wildt: Arbeit im Nationalsozialismus, S. 3–24.

Ders.: „Volksgemeinschaft", Version: 1.0, in: Docupedia-Zeitgeschichte vom 03.06.2014, online unter http://docupedia.de/zg/wildt_volksgemeinschaft_v1_de_2014 (Abruf: 12.01.2018).

Willeke, Stefan: Die Technokratiebewegung in Nordamerika und Deutschland zwischen den Weltkriegen, Frankfurt am Main 1995.

Ders.: Die Technokratiebewegung in Deutschland zwischen den Weltkriegen, in: Technikgeschichte 62 (1995), S. 221–246.

Witte, Karsten: Film im Nationalsozialismus. Blendung und Überblendung, in: W. Jacobsen/A. Kaes/H. Prinzler: Geschichte des deutschen Films, S. 117–166.

Wohl, Robert: The Spectacle of Flight. Aviation and the Western Imagination, 1920–1950, New Haven 2005.

Woschech, Anke: Weltraumflug und künstliche Kontinente. Technische Utopien und Science Fiction als Mobilisierungsressourcen für Technik?, in: U. Fraunholz/S. Wölfel: Ingenieure, S. 195–209.

Dies.: „Ein Gesang von der mechanisierten Welt". Technikfiktionen im frühen deutschen Tonfilm am Beispiel von F.P.1 antwortet nicht, in: U. Fraunholz/A. Woschech: Technology Fiction, S. 247–270.

Wright, David C. Jr./Allan W. Austin: Space and time: essays on visions of history in science fiction and fantasy television, Jefferson, NC 2010.

STUDIEN ZUR TECHNIK-, WIRTSCHAFTS- UND SOZIALGESCHICHTE

Herausgegeben von Hans-Joachim Braun

Band 1 Hans-Joachim Braun / Rainer H. Kluwe (Hg.): Entwicklung und Selbstverständnis von Wissenschaften. Ein interdisziplinäres Colloquium. 1985.

Band 2 Stephan Tank: Stagnation oder Aufschwung? Die wirtschaftliche Entwicklung der Stadt Iserlohn in Westfalen im 19. Jahrhundert. 1990.

Band 3 Uwe Beckmann: Gewerbeausstellungen in Westeuropa vor 1851. Ausstellungswesen in Frankreich, Belgien und Deutschland, Gemeinsamkeiten und Rezeption der Veranstaltungen. 1991.

Band 4 Heike Knortz: Wirtschaftliche Demobilmachung 1918/22. Das Beispiel Rhein-Main-Gebiet. 1992.

Band 5 Bettina Dodenhoeft: "Laßt mich nach Rußland heim". Russische Emigranten in Deutschland von 1918 bis 1945. 1993.

Band 6 Hans-Ulrich Niemitz: Dampfturbinenkonstruktion bei der Brown Boveri AG & Cie nach dem Zweiten Weltkrieg. 1993.

Band 7 Stefan Willeke: Die Technokratiebewegung in Nordamerika und Deutschland zwischen den Weltkriegen. Eine vergleichende Analyse. 1995.

Band 8 Carmelita Lindemann: Chancen und Grenzen kommunaler Elektrizitätspolitik. Die Entwicklung des Elektrizitätswerkes Aachen und der Rurtalsperren-Gesellschaft von 1890-1928. 1996.

Band 9 Peter Knost: Die Interessenpolitik der Elektrotechniker in Deutschland zwischen Industrie, Staat und Wissenschaft 1880 bis 1914. 1996.

Band 10 Arne Steinert: Konzepte der Musealisierung von Technik und Arbeit. Museale Erschließung – Perspektive für das Industriedenkmal Saline Luisenhall. 1997.

Band 11 Rudolf Boch (Hrsg.): Patentschutz und Innovation in Geschichte und Gegenwart. 1999.

Band 12 Reinhold Bauer: Pkw-Bau in der DDR. Zur Innovationsschwäche von Zentralverwaltungswirtschaften. 1999.

Band 13 Heike Knortz: Ökonomische Integration und Desintegration am Oberrhein. Eine clustertheoretisch-wirtschaftshistorische Dokumentation und Analyse zum Europa der Regionen. 2003.

Band 14 Ralf Pulla: Raketentechnik in Deutschland. Ein Netzwerk aus Militär, Industrie und Hochschulen 1930 bis 1945. 2006.

Band 15 Detlev Möller: Endlagerung radioaktiver Abfälle in der Bundesrepublik Deutschland. Administrativ-politische Entscheidungsprozesse zwischen Wirtschaftlichkeit und Sicherheit, zwischen nationaler und internationaler Lösung. 2009.

Band 16 Hans-Joachim Braun (ed.): Creativity: Technology and Music. In collaboration with Susan Schmidt Horning. 2016.

Band 17 Anke Woschech: Ingenieure auf der Leinwand. Technische Visionen und Ordnungsvorstellungen im deutschen Zukunftsfilm der 1930er Jahre. 2019.

www.peterlang.com

www.ingramcontent.com/pod-product-compliance
Ingram Content Group UK Ltd.
Pitfield, Milton Keynes, MK11 3LW, UK
UKHW041827290926
8980IPUK00002B/110

9 783631 793091